日本汉语音韵学史

日本の漢語音韻学史

李无未　著

商務印書館
创于1897　The Commercial Press

图书在版编目(CIP)数据

日本汉语音韵学史/李无未著. 一北京:商务印书馆,2011
(2023.5 重印)
ISBN 978-7-100-08581-6

Ⅰ. ①日… Ⅱ. ①李… Ⅲ. ①汉语一音韵学一语言学史一日本 Ⅳ. ①H11

中国版本图书馆 CIP 数据核字(2011)第 187375 号

日本汉语音韵学史

李无未 著

商 务 印 书 馆 出 版
(北京王府井大街36号 邮政编码100710)
商 务 印 书 馆 发 行
北京虎彩文化传播有限公司印刷
ISBN 978-7-100-08581-6

2011年12月第1版 开本 710×1000 1/16
2023年5月北京第2次印刷 印张 29¼

定价:128.00元

本书由厦门大学 211 工程创新项目(2010)基金资助出版。

本课题系教育部留学归国人员基金(2005—2007)、福建省高等学校新世纪优秀人才支持计划(2006),以及厦门大学引进人才支持项目(2006)。

本書は廈門大學 211プロジェクト創新基金(2010)の援助により出版。

本課題は教育部留學帰國人員基金(2005～2007)、福建省高等學校新世紀優秀人材支持計畫(2006)及び廈門大學人材を導入する計畫の支持項目(2006)。

“特立”之著

——序李无未教授《日本汉语音韵学史》

我为李无未教授的《日本汉语音韵学史》写这篇序文，开门见山，开宗明义：这是本好书。好在何处？依我之见，好在它有特色，即有创新性，所以我称之为“特立”之著。

这是本语言学的专著，而我是语言学工作者，所以我思考问题，评述论著，总是离不开语言学的立场，离不开语言学的园地。在咱们中国语言学界，多年来的显学是什么？无可置疑的是现代汉语语法学，不论是杂志，还是学术讨论会(按，此处指的是全科性的刊物和研讨会，分科的专业性杂志和会议除外)，研讨现代汉语语法的论文在数量上总是名列第一。如果把目光投向国外，研究汉语语法的外国学者、外籍华裔学者、中国籍学者也是很多的，其研究历史颇长(在1898年《马氏文通》刊行以前欧洲学者就有研究汉语语法的著作问世)，其成果数量也很可观。但是就我浅闻，似乎至今尚无中国学者或欧美学者撰写的《欧洲汉语语法研究史》、《日本汉语语法研究史》、《美国汉语语法研究史》之类的专著问世。换言之，似乎还没有下大功夫做这种成规模、成系统的综述、总结、析理工作的学者。而这种工作于学术的承继、开拓大有作用，于文化的借鉴、互动很有意义，那是不言而喻的，惜乎尚不见这样的著作！

但是在当今并非显学的汉语音韵学的园地里却有这种专著崛起——我用“崛起”一词该是恰当的吧——这不能不令人感到兴奋，这也是我要向学术界大力推荐的原因。这本专著就是李无未教授的《日本汉语音韵学史》。今人常言，有比较，才能有鉴别。为什么在音韵学界能诞生这样的书？鄙见这应该归因于李无未教授的“识”。中国唐代史学家刘知几在其名著《史通》里说过，史家需具备才、学、识三者，我以为，为学之道，第一是“学”，有“才”更好，“识”最重要。(见拙文《愚鲁庐学思脞录：“智者高本汉”，接受学与“高本汉接受史”……》，载《历史语言学研究》第三辑，第57页，商务印书馆，2010年)读者诸君如果读了这本《日本汉语音韵学史》，对于我称李无未教授为有“识”之士，必不会认为是过誉之辞。

李无未教授是当代中国研究音韵学的专家，论著甚丰。较之其他音韵学者，其过人之处在于，由于“卓识”和机遇二者，他对日本的汉语音韵学的研究史有相当全面的了解和颇为深入的研究。这本四十多万字的著作，可谓“为他人所不能为，著他人所不能著”！(我说的这十四字中的“他人”，是指中国的音韵学人)就我的观察，当今中国语言学界，能写此书的，别无第二人。因为写这样一本书,不仅需要对汉语音韵学有很深的造诣,还要有较高的日文水平,要对日本的音韵学研究史颇有研究,还要有去日本访学得到日本众多专家帮助的机遇,等等。看来,成就这本《日本汉语音韵学史》,最重要的还是决心选这种课题、写这种专著的"卓识"。

汉语历史悠久,在中国,研究汉语语音的学问即音韵学,如果从曹魏的李登《声类》算起,已经有一千七百多年的历史,堪称源远流长。若论海外,研究汉语音韵学,最富成果,最有传统的当推邻邦日本,至于欧美则瞠乎其后矣。设若从空海算起,日本的汉语音韵学研究史也有一千三百年之久,近代、现代、当代日本的汉语音韵学的专家数量之多,成就之高,世所称誉。日本的汉语音韵学的研究史值得析理、评骘、总结,值得中国学人重视、借鉴、学习。(按,几年前我读黄耀堃教授的《日本所传我国韵目资料研究》大文即深有此感)李无未教授于2003年3月赴日访学之初就定下研究日本汉语音韵学史的目标,这是我最推许的。

《日本汉语音韵学史》一书值得赞誉的第二点是,李无未教授搜集资料之勤劬,所得之丰赡,令人羡慕。看此书引用文献之多,能不惊诧?估计有四百种左右吧。建议李无未教授本人或其弟子,作一统计。(如果此书有一"引用论著索引"就好了)记得吕叔湘先生在几十年前曾批评过语言学界存在"小本钱做大买卖"的现象,不意到如今变本加厉,浮躁益甚,能不令人扼腕长叹?都是"趋利"、"争利"使然。而无未却孜孜矻矻,旁搜远绍、细大不捐,集多年之功,始勒成此著,能不佩服?众所周知,最大限度地占有材料,难;而穷搜外邦的资料,更难!每当我读到那些严实的著作,不由得不叹服著者(或编者)的艰苦卓绝的精神。以前读严绍璗先生的《日本汉籍善本书录》、《日本中国学史稿》有此感叹,后来读卢盛江先生的《文镜秘府论汇校汇考》有此感叹,如今读李无未先生的《日本汉语音韵学史》重又发此感叹。我近年读了陈寅恪先生的一些论著,深为这位杰出的思想家、伟大的史学家(此十二字乃李慎之先生语)所震服,兹引其《赠蒋秉南序》中的一段话:"欧阳永叔少学韩昌黎之文,晚撰五代史记,作义儿冯道诸传,贬斥势利,尊崇气节,遂一匡五代之浇漓,返之淳正。"值兹世风学风浇漓之时,读陈先生此言而不禁长叹久之。

李无未教授的《日本汉语音韵学史》尚有一重要特点需要揭出。常人如我,如果写这样一本书,必然首先对日本的汉语音韵学史作概括性的叙述,然后再附以一些评说。而打开《日本汉语音韵学史》的目录,映入眼帘的是"传统日本汉语音韵学研究的特点"、"近代日本汉语音韵学研究的特点",等等。李无未教授著书,直奔评论,他对评论是何等的重视!评骘是非得失优劣,亦即中国清代学者戴震所说的"三难"之一的"识断"。我的阐释:"识断"者,"识"而"断"之也。胪陈需淹博,识断需功力,李无未教授在这本书中对日本的汉语音韵学研究史的四个阶段以及多个专题的研究都勇于评骘，这是本书的重要特点，不可不表而出之。

只要对学问有所涉猎的人都会碰到这样一些书，只罗列资料，而欠按断。可是读者呢，既需要资料，也需要按断，或者更需要按断，因为编著者的见解在学术上有启蒙或出新的作用。作为读者，我很乐于读李无未教授的评论，启迪良多之故也。我也估计到，读者在体味、品评《日本汉语音韵学史》中的评论时，会抒发自己的意见，或支持，或争辩，或反对。我以为，能唤起读者的兴趣，激发读者的思考，引出读者的见解，这就是成功。不论是什么观点，都是非常需要的，因为百家争鸣是学术进步的必要条件。

日本学者对中国的音韵学的研究绵亘千余年，积累深厚，名家辈出，成果卓著。这千余年的历史，按常规，应由日本学者首先来总结、撰作，似乎在日本至今还没有这样的专著，也许是过于谨慎的传统精神使然。如今中国学者李无未教授捷足先登，导乎先路，应予肯定。举相邻学科为例，近百年来，中国学者夏曾佑、邓之诚、吕思勉、周谷城、钱穆、尚钺、范文澜、郭沫若、翦伯赞、白寿彝等先生写了多本中国通史类的专书(其中以白寿彝先生主编的《中国通史》规模最大)，但也有日本学者、欧美学者撰写中国通史，目前影响最大的是哈佛大学编写的《剑桥中国史丛书》，十余本，都是很厚很重的书。我曾翻阅了一些，此书往往从另一个视角提出若干我们中国学人未曾有的观点，有它自己的价值，正所谓"它山之石"也。中国有一个成语叫"抛砖引玉"，这是使用者的自谦之辞，我在这里代李无未教授"自谦"，即希望日本学者自著《日本汉语音韵学史》。诗曰："他人有心，予忖度之。"无未与我，必"人同此心"。

读了李无未教授的《日本汉语音韵学史》，我有几点"引申"性的想法，提出来，供无未及诸位读者参考。无未的这本专著，长达四十多万字，我读了，很佩服，盛赞它是本好书，是送给音韵学者的厚礼，作为从业多年的音韵学工作者，我感谢他。可是我还要向无未索求更厚的礼，此话怎讲？据我的看法，《日本汉语音韵学史》还是本"通史"，我希望无未再接再厉，多写几本有关日本汉语音韵学史的"断代史"和"专题史"类的书，即专述、专论某个具体时期或某个具体专题的书。日本学者累代努力，著作甚多，我们中国音韵学人通日文的很少，要读战前的日文书，尤其是古代的日文书需要较高的日文素养，而绝大多数的中国人不具备这样的条件。无未如果多写几本"专"类的书，将扶桑众多专家的观点叙述得更具体，那必然对我们的借鉴工作将更有帮助。

例如日本人很重视悉昙学，这本《日本汉语音韵学史》有论述，但是读后知道的还是概貌，东瀛学者具体的观点和支撑的材料，我们愿闻其详。《韵镜》传到日本，日本人对它热情超常，历数百年而不衰，个中原因当然也是我们想知道的。反观中国，《韵镜》在黎庶昌、杨守敬使之返归故土时，中国那么多传世的目录书，竟不见其踪迹。之所以佚失于中土，不为学人重视当为主要原因，赖郑樵的巨著《通志》而存世的《七音略》，是跟《韵镜》同根异株的切韵图，遭到的是不冷不热的待遇。宋元切韵学的经典《韵镜》何以在一衣带水的两岸有不同的境遇，是我长期蓄积于胸而不能解决的问题，乘此写序的良机向李无未教授求教，希望他写专论书。

我对书和书店、图书馆颇有感情，见多了，识也就广了。如今中国的出版事业确实进入空前的大好时代，例证之一是“增订本”的大量出现，有些书才面世两三年，增订本就在书店的柜台上出现了。因此我希望李无未教授再过几年将陆续搜集到的新资料，不断涌现的新观点汇聚在一起，出版《日本汉语音韵学史》增订本。如果出增订本的话，谨献一愚见供无未教授参考：关于中国古典音系学中“等韵学”和“切韵学”两个名称的问题，在 20 世纪 90 年代以前，音韵学者一直未予注意，皆笼统谓之“等韵学”。而稽诸史籍，唐、五代、辽、宋、金、元，直至明初，只有“切韵”、“切韵之学”、“切韵家”、“切韵图”等名称，至今未发现上述诸名可用“等韵”置换的书证。此后历清、民国、直到当代，则流行“等韵”、“等韵图”、“等韵学”等专名。关于“(宋元)切韵学”与“(明清)等韵学”，浑言之，自无不可；析言之，似较分明。

“关键词”这个词儿，在学术界尽人皆知，因为近年论文的所谓“规范”格式里必须有它，其地位仅次于“提要”，而雄踞于正文之前。我在这里将它泛化使用一下，在音韵学里，“关键词”是很多的，仅以人名作为关键词，至少有“陆法言”、“陈彭年”、“宋濂”、“顾炎武”、“钱大昕”、“段玉裁”、“王念孙”、“陈澧”、“赵元任”、“罗常培”、“王力”、“魏建功”，等等，但是这张“关键词”“名”单里绝不能缺少瑞典学者“高本汉”。我说过，任何一本《中国语言学史》、《中国音韵学史》都少不了“高本汉”。我经常思索：一个中国人也很难在中国某学科的学术史上占一席之地，而一个外国人居然能名垂中国的一门“绝学”的学术史，为什么？高本汉学说九十年来在中国音韵学界流行的情况，我熟悉。1990 年我至东京大学访学，经常听到平山久雄教授介绍有坂秀世先生对高本汉学说的认可与修正，这次读了李无未教授的《日本汉语音韵学史》，我知道的更多了，因为此书以专章述评。日本的汉语音韵学者对高本汉学说也是在基本认同的基础上作了若干补充、商榷。为什么高本汉学说能为中、日两国的学者都基本接受？近年我接触到“接受美学”及其扩大化的“接受学”，我认为这门学问有其道理，我将它引进语言学里。我在 2008 年写了一篇纪念丁声树先生的文章首次呼吁语言学界接受“接受学”，2009 年 6 月我写了《愚鲁庐学思脞录：“智者高本汉”，接受学与“高本汉接受史”……》。现在我在思考，为什么高本汉能“一炮打响”取得成功？为什么也是旨在将西方的历史比较法推入汉语音韵学的“普林斯顿学派”却未能获得认可？我以为，缘于后者是原教旨的、教条的，高本汉不是这样。拙文《愚鲁庐学思脞录:“智者高本汉”,接受学与“高本汉接受史”……》对高本汉成功的原因已经作了叙述与评论,待他日再专文详论之。在此,我感谢李无未教授的《日本汉语音韵学史》,它激发了我的“比较”行为,促进了我的学术思考。

最后,我引用我所景仰的陈寅恪先生的话来为此序结尾:“孰谓空文于治道学术无裨益耶?”

鲁国尧

撰于钱塘江畔

2010年10月31日(上海世博会闭幕之日)

目　录

目　　録

上　篇

日本汉语音韵学研究的特点

第一章　传统日本汉语音韵学研究的特点

【本章内容提要】传统日本汉语音韵学研究的特点是：从训释汉字读音入手，展开了一系列的学术研究，赋予汉语音韵学以日本“汉字音”的丰富内涵，“汉字音”成为汉语音韵学研究的重心之所在；“汉字音”解读与“悉昙”语音理论结合，使“日本式”的汉语音韵学理论与方法更为系统化；汉日等语音的多重“考据”比较，造就了日本学者比较宽阔的学术视野，形成了东方特有的汉语音韵学研究的“比较”思维方式；模仿与创新：日本传统“汉学”名目下的音义书、辞书、韵图等著作异彩纷呈，与汉语音韵学相关著作的创作非常兴盛；汉语音韵学的标记理论十分发达，具有明显的日本化研究优势。

【关键词语】传统日本汉语音韵学　特点　汉字音　汉学　“考据”比较

一、引言

有学者认为，公元1世纪前后，汉字就传入日本，比如《后汉书·东夷传》记载：“建武中元二年(57年)，倭奴国奉供朝贺，使人自称大夫，倭国之极南界也。光武赐以印绶。”这件事被1784年在佐贺岛发现的金印所证实，上面字为小篆“汉委奴国王”。3世纪后，汉字得到比较广泛的应用。[1]大量文献表明，7世纪初叶以后，日本与中国进行比较频繁的往来与交流。以遣隋使、遣唐使名义而到中国来的留学生与留学僧，认真学习当时通行的标准语音长安音与洛阳音，由此，当时中国的长安与洛阳地方汉字读音，作为正式语音发音系统传入日本，这就是所谓的汉音。在此之前，已经亦有经由朝鲜到日本而传入的更早的中国语汉字音(很多学者认为是六朝时期的江东音与江南音)，被称为吴音。伴随着汉音、吴音的传入，一些日本学者开始了中国汉语音韵学的研究。一直到幕末、明治初时期，1200年左右的时间，已经形成了独有的日本汉语音韵学学术传统，可以称之为日本传统汉语音韵学。这种“日本式”的传统汉语音韵学，不同于中国或者其他国家学者的传统汉语音韵学，充分展现了日本学者进行汉语音韵学研究的早期特点，从研究世界范围内的汉语音韵学学术发展的历史高度来看，很值得探讨。

对日本传统汉语音韵学学术基本特点的认识，是与揭示日本汉语音韵学史运行规律紧密相关的，并成为了解日本汉语音韵学本质的关键之所在。

传统日本汉语音韵学研究的特点是什么？日本有一些学者已经在论著中涉及，但与我们观察的角度不同。中国较少有学者对日本传统汉语音韵学特点进行挖掘，这主要由于对日本传统汉语音韵学研究状况不了解造成的。从中国学者的眼光看待日本传统汉语音韵学，既要看到共同点、联系点，也要看到与中国传统汉语音韵学研究的差异。通过对日本汉语音韵学研究进行比较翔实的调查，我们感到日本传统汉语音韵学研究确实有别于中国传统汉语音韵学研究，特点很突出，需要我们认真总结。

二、传统日本汉语音韵学研究的特点

（一）从训释汉字读音入手，展开了一系列的学术研究，赋予汉语音韵学以日本“汉字音”的丰富内涵，“汉字音”成为汉语音韵学研究的重心之所在。

日本汉字音研究十分发达，这肯定与日本汉语音韵学研究形成的传统有关。一般人认为，在唐代，许多到中国的日本留学生与留学僧既精通汉字音，又往往以训释汉字与汉文读音为己任。日本佛教真言宗的创立人空海(774—835)是现在所能知道的日本最早研究汉字音的学者之一。空海《文镜秘府论》汉字的声韵调学说，尤其是“四声论”，迄今仍是我们研究汉语中古语音声调最为宝贵的资料。日本天台宗僧人圆仁(793—864)曾入唐求法，后归国于比睿山弘扬密教及天台教法，同时，也用印度“悉昙”理论整理自己所学的汉字音。据马渊和夫《日本韵学史研究》，圆仁所学“悉昙”有宗睿、全雅、宝月、难陀、元简五家，地点分别在扬州、长安等地。“悉昙汉音”中汉字汉音、吴音的声韵调描写很详细。[2]这种“悉昙”成为汉字音研究的重要资料。

经过长期的发展，日本汉字音形成了多个历史层次，对此，日本学者进行了有益的探索。以沼本克明等为代表的日本学者汲取有坂秀世等各家观点，认为日本汉字音存在古音、吴音、汉音、新汉音、宋音、唐音六类，并提出了具体的确认证据和方法。中国六朝之前的祖系音“吴音”属于“古音”阶段，镰仓时代“吴音”与平安时代“吴音”有承续关系。天台汉音有别于汉音，是一种“新汉音”。临济宗、曹洞宗文献训点“唐音”与中国宋代中原音系具有相当的一致性，可以称为“宋音”。“黄檗唐音”等被认定是江户“唐音”的代表，和“宋音”属于不同时间层次。[3]

日本汉字音发展与汉语语音变化有着十分密切的关系，有的是同步的，有的不是同步的，这就需要人们不断加以深入认识。日本汉字音研究与中国汉语音韵学研究的结合，使日本汉语音韵学研究具有了无限的生命力，反过来说，又丰富了汉语音韵学的内涵。

(二)“汉字音”解读与“悉昙”语音理论结合,使“日本式”的汉语音韵学理论与方法更为系统化。

悉昙理论传入日本,对日本汉语音韵学研究影响是巨大的。悉昙的内涵,马渊和夫引述荻原云来《实习梵语学》(明治书院,1916)中的话说:“悉昙(siddham)本来有‘使之完成’之义,但却作为梵语字母的名称。”[4]中国隋唐时代佛教兴盛,出于学习梵语的需要,重视研习《悉昙章》。《悉昙章》实际上是梵语教材,主要讲述梵文字母、字母拼合及联声等基本语音、语法知识。日本留学僧也不例外,学习《悉昙章》是必需的,因此,一定要研究梵语与汉字音关系问题,为解决汉字音读音而利用梵语字母。

日本僧人安然著《悉昙藏》是悉昙学的重要著作。全书共分八卷,每一卷为一篇。第一、二、三、四、八卷讲悉昙章基本内容,比如梵文本源、梵文元音、拼合方式等;第六、七章论述悉昙字母蕴涵的意义。而第五卷字母翻音,诸家汉字对音的差异,就是属于利用悉昙理论解读汉字音的内容。比如区分“四声”理论,为历代学者所重视,日本学者中有坂秀世、金田一春彦就对此有所考察。[5]

悉昙学的日本化,是日本学者研究汉语音韵学的独创。明觉(1056—1106)在这方面贡献很大,集中体现在他的著作《悉昙大底》、《反音作法》、《梵字形音义》、《悉昙要诀》上。明觉的理论贡献,有学者加以总结:主要是采用音图分析法。引入悉昙学的音图,对日本汉字音存在的音韵变化,方言语音,以及其中的音便等现象能够得到正确解释。[6]其他学者,如宽智(1046—1111)、东禅院心莲(?—1181)等进一步完善了悉昙学的日本化汉语音韵学理论。这个学术传统一直保持到18世纪末叶。

(三)汉日等语音的多重“考据”比较,造就了日本学者比较宽阔的学术视野,形成了东方特有的汉语音韵学研究的“比较”思维方式。

日本学者较早进行汉语、日语与其他语言的对比。比如研究朝鲜汉字音,往往与日本汉字音比较。小仓进平《朝鲜语学史》与河野六郎《日本朝鲜语研究史概观》谈到,日本德川时代就有学者对朝鲜汉字音进行研究。新井白石《东雅》就利用朝鲜语对日本语语源进行考察。藤井贞干《冲口发》(天明元年)对很多日本词语中上古朝鲜语“音转”词加以讨论,但受到本居宣长等人的批评;译官小田菅作《象胥纪闻拾遗》(天保十二年)也言及谚文、发音、方言、字音等。[7]引用朝鲜汉字音考证日本汉字音的还有太田全斋《汉吴音征》(1815),以及《音征不尽》(1815)。比如《汉吴音征》“第十七转开”“珍”字下注音:“(汉原音)知以奴。(朝鲜谚文字母)tin 畛珍尘(愚按)‘ハチハイ’ハン也。”[8]还有黑川春树《音韵考证》(文久二年),引用《类合》、《千字文》、《训蒙字会》等朝鲜汉字音材料。

再如文雄(1700—1763)《悉昙字记训蒙》用唐音注记转译梵音汉字的价值已被日本学术界所认识。[9]这就说明,文雄不仅仅注意正统的“华音”与梵音汉字的关系，也注意俗音与梵音汉字的关系，对后代学者的探讨提供了重要研究思路。

本居宣长的《汉字三音考》(1785)、太田全斋《汉吴音征》(1815)以不同方式引证汉梵对音译音。比如《汉吴音征》第二十三转开"殿"字"转音"就引《悉昙密抄》梵语音注说明(159页)。

据新村出《高桥景保的满洲语学》，日本学者对满语的研究比较早的可以追溯到江户时代后期，比如18世纪初叶徂徕著《满文考》，这是日本学者第一部收集满语材料的著作。19世纪初叶，高桥景保著有《北夷考证》(1810)、《满文辑韵》(1817)，以及《满文鉴名物语抄》(1828)等，涉及汉语、满语、荷兰语、日语对比研究情况，开创了日本学者真正进行满语研究的先河。龟井高孝《关于高桥景保满洲语学》也曾加以介绍。高桥景保之后，1849年，长崎唐通事编就《翻译满语纂要》，也很重要。[10]

还有日语语音与汉语方言语音的比较研究。比如新井白石(1657—1725)《东音谱》(1719)，研究五十音图，标注中国杭州、漳州、泉州、福州音，比较意识很强。

大规玄干《西音发微》(1826)，2卷。将汉语语音、荷兰语音、日本汉字音进行比较，阐明发音原理，引起学者们的注意。荷兰语音研究对江户时代日本汉字音研究理论与方法产生了一定的影响。

(四) 模仿与创新：日本传统"汉学"名目下的音义书、辞书、韵图等著作异彩纷呈，与汉语音韵学相关著作的创作非常兴盛。

1. 音义书。梁晓虹在《日本现存佛经音义及其史料价值》一文中介绍了日本现存佛经音义。从来源上说，可分为三类：一类是随佛教东传而来的中国僧人所撰述者，一类是在中国所传来音义基础上加工而成者，一类是日本僧人所撰述者。梁晓虹指出，后二者体现了佛经音义在日本的发展，因而更具重要的语言价值。[11]

古田东朔、筑岛裕《国语学史》谈到，日本人撰述的现存最早的音义书是《新译华严经音义私记》，二卷，小川广巳藏本。卷末有"延历十三年"(794)书写识语。它以唐慧苑《新译华严经音义》为基础，有"加笔"，特别是附记"万叶假名和训"。宫内厅书陵藏本《四分律音义》一卷，平安初期写本。也有比较多的和训标记。空海有《金刚顶经一字顶轮王仪轨音义》一卷，是属于密教仪轨音义著作。还有宽静《孔雀经音义》、明宪《唯识论音义》、最实《相好文字抄》、作者未详《具舍论音义》等。比较珍贵的是唐玄奘译《大般若经》，有日本兴福寺僧人子岛僧都真兴(934—1004)著《大般若经音训》四卷。有学者整理的逸文存在。《法华经》八卷，由姚秦的鸠摩罗什译(406)。日本学者信行有《最胜王经音义》(一卷，作于750年前)，平备有《法华经音义》(二卷，作于747年前)，都非常有名，体现了日本学者汉字音研究的直接成果，为后人考订汉字音系统提供了第一手资料。[12]

2. 辞书。据《日本书纪》载，天武天皇十一年(683)，境部连石积等奉敕编撰的《新字》一部，有四十四卷，但没有流传下来。这是日本最早的辞书。奈良时代学者所著辞书，有《杨氏汉语抄》、《弁色立成》，也是逸书，分别依据汉文加注记、“万叶假名”加“和训”，记录了当时的一些汉字音。川濑一马《古辞书研究》(22页，雄松堂出版，2007)说:《和名类聚抄》曾引用《杨氏汉语抄》、《弁色立成》。据林忠鹏《和名类聚抄文献学研究》统计，《和名类聚抄》10卷本，《杨氏汉语抄》出现180次、《杨氏抄》出现7次、《汉语抄》出现192次。《和名类聚抄》20卷本，《弁色立成》出现136次、《杨氏汉语抄》出现151次。可见，《杨氏汉语抄》、《弁色立成》在当时是很有影响的。[13]

空海撰写的《篆隶万象名义》三十卷，是日本现存最完整和最古老的辞书。它成书于天长七年(830)，有高山寺藏本的永久二年(1114)的写本。依据542个部首，把17000个汉字分类。有反切与汉文注解。该书卷第一和卷第四的一部分载有篆书，拼记篆书的是隶书，所以并称为“篆隶”。基本体例依据的是中国南朝梁顾野王《玉篇》。顾野王《玉篇》以《说文解字》为本，“总回众篇，校雠群籍”，是一部非常有价值的字书，但后来失传。宋代陈彭年、丘雍等奉敕修广益孙强本《玉篇》，更名为《大广益会玉篇》，增字颇多，已经失去了原本面貌。《篆隶万象名义》基本保存了梁顾野王《玉篇》的原貌。其反切反映的语音体系十分珍贵，日本学者河野六郎、中国学者周祖谟、周祖庠等据以研究中国南北朝中原雅音，《玉篇》成为研究汉语中古音的代表性辞书之一。

《东宫切韵》，《三代实录》“元庆四年八月三十日”条称:二十卷，由菅原是善(812—880)撰写。川濑一马《古辞书研究》(58页)认为，撰写于承和十四年到嘉祥三年之间。原书已经失传，但可以从一些典籍，比如《和名类聚抄》、《法华经释文》等47种书中找到逸文2087条。据上田正《东宫切韵论考》(《国语学》第24辑，1954年第3期)，全书20卷或23卷，12帖。引用陆法言、曹宪、郭知玄、长孙讷言、韩知十、武玄之、王仁煦等14家《切韵》。主要依据《切韵》分韵，有音注和字释，也加一些和训。它是现存所知日本最早的韵书，对于研究中国韵书与日本韵书之间的传承关系十分重要。受《东宫切韵》等韵书的影响。日本学者又编写了一系列韵书，比如《小切韵》(作者不详)、《四声小切韵》(作者不详)、《季纲切韵》(藤原季纲，1100年前后的人)、《孝韵》(藤原孝范，? —1102年以前)，也都是佚韵书。

《新撰字镜》，僧昌住撰。有三卷和十二卷两种传本。现存三卷本(享和三年，即1803年)把和训部分抄出。十二卷本是天治元年(1124)的古写本。依据序文可知，最初完成三卷，后来，作者得到《玉篇》、《切韵》，因而加以增补，扩展到十二卷。成书年代在昌泰年间(898—901)末与延喜年间(901—923)初之间。此书将10000余汉字按160部(享和本107部)归类,引《说文》、《玉篇》、《切韵》,以及《日本灵异记》、《文选》等"古训"证明,用"万叶假名"注记3700个"和训"。

《本草和名》,又称作《和名本草》、《辅仁本草》,由太医博士深根辅仁于延喜十八年(918)撰写,上下两卷。以唐《新修本草》为基础,把与药物有关的矿石、植物、动物进行分类。用"万叶假名"注记711个"和训"。

《和名类聚抄》,是源顺应醍醐天皇之皇女勤子内亲王的要求而撰写的,成书于承平年间(931—938)。它流传非常广泛,但还没有找到古写本。主要有天理图书馆藏本、真福寺藏本等。有二十卷本和十卷本两种系统。谁先谁后,目前学术界说法不一。依据道圆本,本书有40部268门,本文32部249门,而十卷本不过是24部128门。就具体的体例来看,解释汉字,字下出典名、音注、义注,用"万叶假名"注记"和训"。其语音成分是研究当时汉字音音系的重要材料。

《类聚名义抄》,按部首把汉字分类,是注记字音、意义、"和训"字书。作为日本古代"和训"最多的辞书,引起许多学者的关注。本书有"原撰本"和"增补本"两个系统。两种本在体例与内容上存在着很大的差异。"原撰本"系统是宫内厅书陵部藏本,称为"图书寮本",存有"法"部一帖,为院政时代书写,现存最古的写本。著者、成书年代并不明确。从内容上推测,大概由法相宗学僧撰写,成书在永保元年(1081)以后。"增补本"系统有观智院本,天理图书馆藏本,十一帖;高山寺本,天理图书馆藏本;莲成院本;以及西念寺本等。

《字镜》,又称为《世尊寺字镜》、《岩崎本字镜》。岩崎文库(东洋文库内设)保存二帖写本。可能为镰仓时代书写。以部首为纲,对汉字单字加音注、义注、"和训"。义注汉文较多,音注、"和训"以片假名为主。"和训"也有若干"万叶假名"注记,片假名也附有许多朱声点。"和训"与《图书寮本类聚名义抄》相符合的很多,可见,受这些辞书的影响是很深的。

此外,还有《色叶字类抄》等平安时代末期的辞书,也是研究汉字音的珍贵资料。

3. 韵图。主要是《韵镜》的研究。13世纪,中国《韵镜》传入日本,第一个解读《韵镜》的是明了房信范(1223—1296?)。《信范本奥书》记载复写《韵镜》是在建长四年二月十二日(1252)。《韵镜》在日本有很多的刊本,比如享禄本(1528)、永禄本(1564)等。

明治之前研究《韵镜》比较重要的著作是:(1)宥朔的《韵镜开奁》。六卷,宽永四年(1627)作,从悉昙学的立场解说《韵镜》。(2)大田嘉方的《韵镜遮中抄》(1687)。继续宥朔的工作,在校订《韵镜》时重视《音韵日月灯》的作用:"新刊《韵镜》辗转传写文字误多,故《日月灯》为证直删补订正,以正传写失,仍画傍鳞形,逐韵可准知也。所出《开奁》之局位相违,不载字母等在别相纹也。"(福永静哉《近世〈韵镜〉研究史》,252页,风间书房,1992)。(3)小龟益英的《韵镜谚解》

(1670)。对《韵镜》本图各转进行了校订,但福永静哉认为他的校订又有问题,所依据的"宽永五年本《韵镜》"有很多是刻印者杜撰的,不可信(《近世〈韵镜〉研究史》,362页,风间书房,1992)。(4)其他还有西村重庆的《韵镜求源抄》(1685)、马场信武的《韵镜诸抄大成》(1705)等,都从不同侧面进行研究。(5)文雄(1700—1763)《磨光韵镜》(1744),二卷。上卷是作者校订的43张图表,下卷是对《韵镜》研究的说明,包括"韵镜索引"、"翻切门法"。图表收有4200个左右汉字,每一个汉字左右分别用片假名注上汉音、吴音;在汉字的左下方片假名注上"华音"。依据中国语音进行解释,区别开口音、合口音。下卷涉及汉语音韵学的许多理论问题,比如区分华音、吴音、汉音等;还有韵图依据《切韵》系韵书而作等,非常精辟。对此,日本学者林史典有比较详细的评述。[14] 文雄《磨光韵镜》问世以后,人们对《韵镜》的价值有了新的认识,出现了一些相关著作,比如泰山蔚《音韵断》(1799)、太田全斋《汉吴音图》(1815)等,影响很大。文雄《三音正讹》(1752)也是一部汉语音韵学重要著作,其中有许多内容是讨论《韵镜》音图的。

4. 其他理论著作。(1)本居宣长(1730—1801)的《字音假字用格》(1776)。是关于"汉吴"二音假字用法的具体说明。(2)本居宣长的《汉字三音考》(1785),是对日本汉字音中最重要的汉音、吴音、唐音三音的研究。(3)行智的《悉昙字记真释》(1832),对日本古书假名字音的用法作了详细解释。(4)黑川春树的《音韵考证》(1862)。重在考订"上代"日本汉字音。(5)白井宽荫的《音韵假字用例》(1860),对五十音图"同音"而区别的音韵现象进行了研究。

(五)汉语音韵学的标记理论十分发达,具有明显的日本化研究优势。

日本传统汉语音韵学的重要标志之一就是标记理论发达。了解日本传统汉语音韵学标记理论至少要注意这样几方面内容:训点、直读、圈点、梵语音假名标记等。

日本假名标记汉字音往往被称为训点,是日本学者训释汉字与汉文读音的产物。这类资料很多,日本学术界已经进行了大量发掘,比如吴音,有圣语藏本央掘魔罗经平安初期点(800年前后),其他妙法莲华经诸本点、大般若经诸本点等。汉音,直读资料,如佛典,有孔雀经诸本点、理趣经诸本点;又汉籍,有蒙求诸本点等。新汉音,有九方便、五悔、法华忏法点、例时作法、戒品等点。宋音,主要是镰仓初期律宗僧泉涌寺所传系统点、禅宗临济宗所传系统点、曹洞宗所传系统点等。唐音,黄檗宗点等,主要是汉字的假名标记。

与日本假名标记关系十分密切的是"假名遣",即"假名使用方法"。用假名表现日语的书写的方法很多,不少是人为规定的。根据历史情况不同,分为"历史假名遣"、"定家假名遣"、"现代假名遣"等类别。其中,涉及假名语音标记的内容很多。比如《金光明最胜王经音义》与《色叶字类抄》"假名遣"的声调标记为研究日本汉字音声调历史提供了重要的资料。

圈点是标记日本汉字音的一种辅助性记号。它所具有的功能很多,比如加在文字上,可分为破音点、声点、浊声点等,其中,破音点是表现汉字四声的,产生在中国,应用在日本汉字音上。日本学者对圈点进行了卓有成效的研究。[15]

梵语音假名标记。日本平安朝初期以后的入唐僧们把梵文作为直接学习研究的对象,出于学习的需要,将梵语音对注汉字,又加假名标记。主要有:以悉昙章为中心的梵语音假名转写、汉译陀罗尼假名转写、法华经陀罗尼假名转写。像法华经陀罗尼假名转写,如高山寺藏法华经陀罗尼(1126)资料,梵字本文和汉译拼记在一起,两个方面都加上假名注音。

日本传统汉语音韵学已经积累了十分丰富的汉字音标记材料。日本现代学者对这些语音标记资料进行发掘的过程,就是对早期日本学者研究汉字音标记理论形成过程的认识。由此展开的学术研究,表面上是日本"国语"音韵学标记理论的研究,实际上,也是汉语音韵学标记理论的研究。"汉字音标记理论"成了日本现代汉语音韵学关注的一个别具特色的焦点。

三、余论

日本传统汉语音韵学研究是日本近代汉语音韵学、现代汉语音韵学研究的基础。与日本近代汉语音韵学、现代汉语音韵学研究相比,虽然还缺少现代意义上的汉语音韵学科学内涵,但传统"汉学"下的汉语音韵学与日本"国语"音韵学的双重结合,已经造就了富于日本特色的精神文化世界,形成了自身独有的思维方式,这确是宝贵的语言学遗产。有学者强调日本"国语学"的世界性意义,其根本目的在于提升日本"国语学"的世界性语言学价值。[16]日本传统汉语音韵学是日本传统"国语学"的精髓,很自然,应成为世界汉语音韵学的重要组成部分,其世界性的汉语音韵学研究意义就理应得到正确估价。

日本传统汉语音韵学研究走过了1000多年,它在汉语音韵学史上的地位和作用,从中国学者的角度上看,大多数人还不是很清楚。进入21世纪,中国还没有一部充分吸纳国内外研究成果的系统而科学的汉语音韵学通史著作,肯定是一种遗憾。中国学者在研究汉语音韵学史时,除了集中反映中国学者的成果之外,还应该把目光投向国外,国外汉语音韵学不仅仅有高本汉、马伯乐,还有日本的文雄、大矢透、平山久雄,以及韩国的崔世珍、文玄奎、姜信沆等。东方研究传统与西方研究传统并峙,都为汉语音韵学研究作出了巨大贡献,如此,才不但丰富了汉语音韵学史的内涵,而且还能够更为全面地、客观地反映汉语音韵学史的历史事实。日本传统汉语音韵学特点的挖掘,则为这种工作提供一种有益的思路,至少,为进一步研究它在汉语音韵学史上的地位和作用奠定基础。

从这个意义上说，仍然是很有必要的。

附　注

[1] 刘元满《汉字在日本的文化意义研究》，39—53页，北京大学出版社，2003。

[2] 马渊和夫《日本韵学史研究》第二章第六节，191—220页，日本学术振兴会，1962—1964。

[3] 沼本克明《日本汉字音历史的研究》，汲古书院，1997。

[4] 马渊和夫《日本韵学史研究》序章，10页。

[5] 有坂秀世、金田一春彦的考察见《关于悉昙藏所传四声》，收入《国语音韵史研究》；《日本四声古义》，收入《日本语音韵声调史研究》，吉川弘文馆，2001(1949)。

[6] 马渊和夫《日本韵学史研究》第三章，403页。

[7] 小仓进平《朝鲜语学史》，刀江书院，1940。河野六郎《增订朝鲜语学史补注》，小仓进平《增订朝鲜语学史》后附1—206页。河野六郎《增订朝鲜语学史补注》所列研究文献截止1963年4月，刀江书院，1963.10。河野六郎《日本朝鲜语研究史概观》(《アジア・アフリカ文献调查委员会の报告》第65册，1964.7；又见《河野六郎著作集》第1辑，576—589页，平凡社，1979.10。

[8] 太田全斋《汉吴音征》，1815；以及《音征不尽》(勉诚社，1815年印，1978年影印《汉吴音图》所附《汉吴音征》，146页)。

[9] 肥爪周二《依据唐音的悉昙学——以文雄〈悉昙字记训蒙〉为中心》(上、下)，《茨城大学人文学部人文学科论集》，第31辑、第32辑，1999。

[10] 新村出《高桥景保的满洲语学》，《艺文》第5年第6号，1915；龟井高孝《关于高桥景保满洲语学》，《艺文》第7年第10号，1917。

[11] 梁晓虹《日本现存佛经音义及其史料价值》，《佛经音义研究》，186—203页，上海古籍出版社，2006。

[12] 古田东朔、筑岛裕《国语学史》，43页，东京大学出版会，1997。另，川濑一马《增订古辞书研究》，雄松堂出版，2007.2。

[13] 林忠鹏《和名类聚抄文献学研究》，607—622页，勉诚出版，2002。

[14] 林史典的评述，见《磨光韵镜》所附的“解说”，1—20页，勉诚社，1981。

[15] 沼本克明《日本汉字音历史的研究》第六章，996—1032页，汲古书院，1997。

[16] 马渊和夫、出云朝子《国语学史》，1—2页，笠间书院，1999。

第二章　近代日本汉语音韵学研究的特点

【本章内容提要】近代日本汉语音韵学研究虽然只有六七十年的历史，却是传统日本汉语音韵学向现代日本汉语音韵学转变的过渡时期，蕴含着比较丰富的汉语音韵学内涵，它所呈现的特点是：在汉语音韵学的各个门类上都有所建树，已经形成了蓄势待发的势头；汉语音韵学在传统"汉学"与新"东洋学"理念冲突下的研究，两种学术倾向并存；注重"训点"等新材料的挖掘，使音韵学研究更加具有科学性；沿袭与发展"比较"的传统，进一步强调域外材料对音韵学研究的作用，扩大音韵学研究的学术视野。也存在着明显的时代局限性：因为处于过渡阶段，汉语音韵学研究不免带有明显的"草创"印记，许多课题的研究尚需深入；虽然在汉语音韵学的各个门类上取得了一定的成绩，但成果比重并不平衡；汉语音韵学的一些研究领域有待于进一步确立，非科学因素尚待排除；汉语音韵学的现代实用性功能还不突出。

【关键词语】近代日本汉语音韵学　研究特点　时代局限性

一、引言

日本汉语音韵学研究走过了传统汉语音韵学、近代汉语音韵学、现代汉语音韵学、当代汉语音韵学四个发展阶段。在19世纪中后期之前，传统汉语音韵学研究时期长达1200余年。19世纪中后期（幕末、明治时期）到20世纪初期（大正、昭和初期），西方语言学理论传入日本，对日本汉语音韵学研究产生了比较大的影响，这应当是近代日本汉语音韵学时期。以高本汉汉语音韵学研究传入日本为契机，日本汉语音韵学研究逐渐走上了现代汉语音韵学的道路。1928年高畑彦次郎《中国语语言学的研究》的发表，是日本学者对高本汉汉语音韵学理论全面引入之始，更是一个迈向现代的汉语音韵学的转折点。[1]而1945年日本战败后，日本汉语音韵学进入了一个全盛时期，取得了卓越的成就，可称之为当代汉语音韵学时期。

研究日本汉语音韵学历史因其审视的角度不同而所获肯定会有所不同。日本汉语音韵学研究的特点就是其中比较有吸引力的问题之一。

近代日本汉语音韵学研究虽然只有六七十年的历史，却是传统日本汉语音韵学向现代日本汉语音韵学转变的过渡时期，蕴含着比较丰富的汉语音韵学内涵，那么，它的特点是什么呢？过去我国学者对这个问题注意不够，现在，随着我们对日本汉语音韵学历史研究的注意，有必要把我们观察到的情况提出来加以讨论。

二、近代的日本汉语音韵学研究特点

（一）近代的日本汉语音韵学研究取得了令人瞩目的成绩，为现代的日本汉语音韵学繁荣奠定了坚实的基础。它所呈现的特点是十分突出的。

1. 在汉语音韵学的各个门类上都有所建树，已经形成了蓄势待发的势头。

（1）上古音研究。有后藤朝太郎《说文反映的音韵现象》（《史学杂志》第19卷第6期第12号，1908）、《文字的研究》（森北书店，1909），大矢透《仮名源流考及正本写真》（1911）、《周代古音考》（1914），满田新造《支那音韵历史的研究》（1915）[2]，大岛正健《支那古韵考》（丸善书店，1897）、《汉字声符考》（启成社，1912）、《支那古韵史》（富山房，1929）等。

（2）中古音研究。冈本保孝的学生木村正辞（1827—1913）的《字音辨证》（1855）在《汉吴音图》的基础上，发展本居宣长的学说。大矢透（1850—1928）有《仮名遣及仮名字体沿革史料》（1910）、《仮名源流考及正本写真》（1911）等，以及冈井慎吾的《所见篆隶万象名义》（《日本语声调》，1928）等。

冈田希雄对《切韵》一系韵书日本《东宫切韵》逸文的研究成就显著，为后来学者进一步探讨《东宫切韵》与相关韵书关系奠定了基础。[3]冈井慎吾亦有《关于王氏刊本〈切韵〉》（《艺文》第15年第12号，1924）、《关于唐写本〈唐韵〉》（《艺文》第2年第10号，1911）等论著。

（3）近代音研究。1913年，日本《东洋学报》第3卷发表金井保三的《关于中原音韵》一文，是迄今为止一般学者所能见到的20世纪日本最早系统研究《中原音韵》的论文。而石山福治《考订中原音韵》是世界范围内第一部系统研究《中原音韵》的专著。[4]石山福治还有专著《中国现代音源流考》（1923），比较了北方官话音与北京官话音、北京官话音与《中原音韵》音的异同，得出了元代北方官话音以北京官话语音为基础音系，而《中原音韵》音是北京官话音的代表，但《中原音韵》音系还不能完全等同于当时的北京官话语音的结论。

与此同时，满田新造发表了《中原音韵和南京音》（《艺文》第9年第7号，1918）、《〈词韵〉即晚唐音，是近世音》（《艺文》第10年第2号，1919）、《近世中国语音的发生》（《艺文》第10年第12号，1919）等系列论文，颇具影响力。

（4）等韵学研究。比如大矢透有《〈切韵指掌图〉为司马温公伪托考》（《国学院杂志》第25卷第4号，1893）一文。最为突出的是《韵镜》研究。大矢透《韵镜考》（1924）对《韵镜》的时代、性质、等位与内外转理论等方面进行了研究，有许多看法迄今为止仍是"《韵镜》学"研究最具影响力的重要观点。大岛正健《韵镜音韵考》（启成社，1911）、《韵镜と唐韵广韵》（1925）、《改订韵镜》（启成社，1911）、《韵镜新解》（1925）、《汉音吴音の研究》（第一书房，1931），以及《进行"享禄版〈韵镜〉"

校订的理由》(《国学院杂志》第19卷第1号,1913)、《〈韵镜〉的诸转内外开合校订》(《国学院杂志》第26卷第7号)等论文。以日本汉字音为切入点考订《韵镜》语音。冈井慎吾《〈韵镜〉学书目解题》系列论文(《国学院杂志》第11卷12号至第12卷第10号,1906)对《韵镜考》涉及的《韵镜》研究著作进行考订,又补充了许多《韵镜考》未涉及的新的材料,包括许多校勘性质的著作。

其他研究《韵镜》的论著,如桥本进吉《嘉吉本韵镜解说》、后藤朝太郎《汉字音系统》(六合馆,1909)、《文字的研究》(森北书店,1910年出版,1942年修订);《隋唐音图》(大村书店,1931);满田新造《关于〈韵镜〉著作的年代》(《国学院杂志》第23卷第10号,1917)等系列论文也代表了这个时期的《韵镜》研究重要成就。

(5) 通论性著作。如敷天年治《音韵启蒙》(鹿田静七刊,1874)、后藤朝太郎《汉字音系统》(六合馆,1908)、《文字的研究》(森北书店,1909)、《文字的沿革》(岩翠堂,1926)、佐藤仁之助《汉字音韵提要》(明善社,1924)等。

2. 汉语音韵学在传统"汉学"与新"东洋学"理念冲突下的研究,两种学术倾向并存。当时兴起的新的"东洋学"概念内涵比较明确,以"中国学"为中心,传统"汉学"则包含了日本"国学"的内容,比较含混。实际上,汉语音韵学成为"东洋学"的一个门类,而"汉学"则包含有汉语音韵学与日本"国语音韵学"双重内容。西方语言学研究理论的系统引入,给汉语音韵学与日本"国语音韵学"研究注入了新鲜活力,形成了比较大的学术冲击力。滨田敦(1952)提到:在德国、法国留学归国的上田万年(1867—1937)博士于1894年在日本率先引入历史比较语言学。从1894年开始主持东京大学言语学、国语学(1898)的讲座,培养出小仓进平、金田一京助、新村出、桥本进吉等具有新气象的著名语言学家。他的《清浊考》、《促音考》、《p音考》等论著,明显带有西方语言学理论色彩,强烈冲击着当时的音韵学研究观念,对日本汉语音韵学与国语音韵学研究具有十分重要的意义。[5]

受此影响,这一阶段学者研究汉语语音,注意用"音声学"的理论与方法。比较典型的是强调了音系"构拟"与分析方法的运用。大岛正健在《汉音、吴音和中国音的比较》系列论文中把《韵镜》音、梵汉对音、"现实"的官话、江南音、福州音、厦门音、广东音进行对比。具体的描写,用罗马字母标音。过去用罗马字母标音取其近似,现在力求精确。诸家记法不同,往往选择最恰当的罗马字母来使用。按照这个原则,比如Baorudaogien的《福州方言集》,开始记[p]、[t]、[k],后来记[b]、[d]、[g]。Macikugalien的《厦门方言集》也屡见改变。《韵镜》音,用Ayiteru《梵汉对译》的同时,也参照和汉对音,即以经过审订而可靠的《古事记》、《日本记》、《万叶集》音为依据,比如"音之部",对涉及的《韵镜》声母进行了构拟。帮、滂、並、明分别是[p]、[p']、[b]、[m]。其中次清拟作送气音。在"韵之部”，对涉及的《韵镜》韵母进行了构拟，初步考虑到了开合口、内外转，以及等位因素，贯穿了一定的历史比较语言学理论意识。[6]

金井保三(1913)用罗马字母依据当时的北京官话对《中原音韵》19 韵部音值加以拟订，比如：

一、东钟：ung(通共)，èng(风峰)，iɑng(兄凶)

二、江阳：iang(相降)，uang(晃圹)，ang(王亡)

三、支思：ih (时史)，u(丝此)，êrh(二耳)

四、齐微：ih(耻赤)，i(西儿)，ei (杯威)，ui(吹推)

石山福治《考订中原音韵》在“诸本记录的记音法”一节中说明了具体的构拟步骤。先是比较《中原音韵》与《洪武正韵》语音的异同。将《中原音韵》小空同音字组代表字列上，比如：“卧”。《中原音韵》语音用王文璧《中州音韵》反切。个别有异议的，王(文璧增注)本反切与叶(以震校本)本反切相参照。即“王过切[wo]”。《洪武正韵》反切“五个切[wu]”。“异同”结论是“异”。在同一章第十三节“由韵母区别而观察音切”中，对《中原音韵》19 韵部涉及的每一个韵母进行了构拟，并说明依据。相应在同一章第十四节“由首音而观察音切”中对《中原音韵》涉及的每一个声母进行了构拟，也提出了一定依据。

但旧“汉学”学派本居宣长、文雄、太田全斋的学术影响在当时还是不可低估的，一些学者研究汉语音韵学仍然有强调“《韵镜》万能主义”倾向，主张“考证”先行。冈井慎吾《太田全斋》一文对太田全斋学术研究作了比较肯定的评价，尤其是强调了他对《韵镜》研究的独特贡献。比如，他不拘于等韵门法，就等韵图而知音的研究方法等等。[7]对此，亦有学者对旧“汉学”进行学术清算，比如太田全斋《汉吴音图》完成于 1815 年，对文雄《磨光韵镜》各韵图所记日语汉音、吴音进行了考证。满田新造《〈汉吴音图〉的解剖批判——关于音韵研究法》(上、下)，对太田全斋《汉吴音图》音韵研究方法进行了非常详细的研究，并提出了严厉的批评。批评的主要内容是：《汉吴音图》所记载的“原音”、“次音”大半是错误的。造成错误的因由，满田新造认为有 12 点，比如：误读朝鲜音；无视古今音的变化；把相似的音当做同一音来处理；把方音与讹音当做正音来处理；滥用“原音”、“次音”；杜撰“汉音”与“吴音”的区别；等等。[8]可见，当时“东洋学”与旧“汉学”的冲突还是比较激烈的。

桥本进吉等完成《校本万叶集》编订工作(1924)，直接促进了日本音韵学界“文献批判”思潮的流行，其意义在于，推动音韵材料使用的“原本”科学化进程，也可以看做是“东洋学”与旧“汉学”的矛盾冲突的继续。[9]

3. 注重“训点”等新材料的挖掘，使音韵学研究更加具有科学性。大矢透(1850—1928)所进行的“训点资料”的调查与研究，从调查与研究“训点资料”开始，以假名为中心，力图解释清楚“假名字使用方法”(仮名谴)、“假名字体”等内容的历史变迁状况。其中，把能够在古训点数据中挖掘到的汉字音标记的实例大多加以介绍，第一次把它作为日本语的“史”的研究资料向学界提供。比如《仮名谴及仮名字体沿革史料》(1909)、《仮名源流考及正本写真》(1911)对日本假名的字体、用法的历史文献变迁情况加以辨析，按照年代顺序进行编辑，开拓了日本汉字音研究的新途径。但是，在当时像他这样能够灵活运用古训点资料中汉字音标记文献的学者毕竟不多见。不过，对后来学者研究音韵学影响是巨大的。沿着这条道路，吉泽义则、春日政治、中田筑夫、小林芳规等又发掘与解读了更多的“训点资料”，贡献巨大。大矢透研究《韵镜》，也是充分利用日本古训点中汉字音标记资料，视角非常独特。

冈井慎吾《关于唐写本〈唐韵〉》(《艺文》第2年第10号，1911)、《再谈唐写本〈唐韵〉》(《艺文》第3年第6号，1912)、《关于西域考古图谱的唐钞本〈唐韵〉》(《艺文》第7年第7号，1916)、《关于王氏刊本〈切韵〉》(《艺文》第15年第12号，1924)，以及《玉篇》研究等，对新发现的材料(其中包括敦煌写本)非常重视，都表现了十分明确的历史语音科学意识。

4. 沿袭与发展“比较”的传统，进一步强调域外文献对音韵学研究的作用，扩大音韵学研究的学术视野。日本学者进行音韵学研究有着比较成型的“比较”的传统，比如：新井白石(1657—1725)《东音谱》(1719)有意识地把五十音、日本汉字音与中国杭州、泉州、漳州、福州音进行对比，力图究明他所关注的“东音”正音性质。

江户后期，日本学者研究“汉字”音韵学，运用文献，除了“唐音”、“悉昙学”对音之外，还参照朝鲜汉字音、“和兰”对音语音资料，比如高井伴宽《音训假字用格》(1825)。

近代日本汉语音韵学研究则沿袭与发展了这个传统，并扩大域外文献使用范围，按照新的“拟音理论与方法模式”发挥它的学术效应，这是有别于旧的“比较”思维方式的。比如：满田新造《〈中原音韵〉分韵概说》(《艺文》第9年第12号，1918)研究《中原音韵》，是利用日本汉字音、朝鲜韵书《四声通解》与朝鲜典籍《华音启蒙》、蒙古文《元朝秘史》等对音材料，为《中原音韵》19韵部拟音服务的。

石山福治《考订中原音韵》在“音类的考订方法”一节中谈了7条构拟具体方法，其中利用对音译音材料构拟《中原音韵》音系内容的有5条：

(1) 依据能够见到的日本汉字音及佛经传入中国后的汉字译音，假设它是传到唐宋时代的一种中古音；同时，另一方面，利用现代方音把要追溯的古代语音接续起来。

(2) 参照《汉书》、《后汉书》以后表现各个时代外国地名的汉字译音。

(3) 参考散见在"西人"记录中的,并能够和汉字相对应的当时地名、人名字音。

(4) 把《元朝秘史》中用蒙古语音译写的汉字音与《中原音韵》所录字音相对照,看这些汉字当时的语音情况。

(5) 利用朝鲜韵书《四声通解》(崔世珍著)及《三音声汇》(洪纯甫编)索考所要知道的汉字当时字音。

元田修三《日韩语比较研究史》(《国学院杂志》第29卷第9号,1893)回顾日韩语比较研究的历史,仍然与汉语音韵学的研究紧密结合,强调汉语与日语、朝鲜语语音关系的研究重要性。小仓进平1914年6月、7月相继发表了《关于朝鲜的日汉满蒙语辞书》(《朝鲜与满洲》第83号)与《关于朝鲜日汉满蒙语读本》(《东洋学报》第4卷第2号)、1916年9月发表《关于朝鲜中国语学》(《朝鲜与满洲》第110号)三篇重要论文,还有专著《朝鲜语学史》(刀江书院,1920)等,对朝鲜汉字音与汉语语音关系问题提出了比较成型的看法。

渡部薰太郎《满洲语、女真语和汉字音的关系》(《亚细亚研究》第2号,1925)强调了满语、女真语和日本汉字音之间的"相似性",进而说明汉语近代语音的性质。

羽田亨《汉番对音千字文断简》(《东洋学报》第13卷第3号,1923)、内藤湖南《拉萨唐蕃会盟碑》(《研几小录》,弘文堂)、宫本正尊《对敦煌出土大乘中宗的见解及其研究》(《宗教研究》新6卷第4号,1929),尝试的是汉藏对音译音研究,让人耳目一新,比如羽田亨,把敦煌写本材料的藏文对音用罗马字译写出来,逐一同北京音比较。后来的中国学者罗常培又有所发展,利用更多的汉藏对音材料撰成《唐五代西北方音》(1933)一书。高田时雄《依据敦煌资料研究中国语史》(创文社,1988)对羽田亨等人的历史性贡献予以了高度评价。

近代时期的日本汉语音韵学研究已经成为日本汉语音韵学研究历史上的一个值得特别注意的时期,它所具有的学术意义,需要我们深入挖掘与思考。

(二) 近代时期的日本汉语音韵学研究也存在着明显的时代局限性。

1. 因为处于过渡阶段,汉语音韵学研究不免带有明显的"草创"印记,许多课题的研究尚需深入。比如当时的中古音研究,《切韵》之外的中古音材料亟待发掘,像《慧琳音义》音注。中国学者黄淬伯考订其反切音系(1930)之后,日本学者对《慧琳音义》反切音系非常关注,比如河野六郎(1964—1967)、上田正(1983)、三根谷彻(1993)等,对黄淬伯的研究有补充,还有订正。《慧琳音义》反切音系的研究,被认为是确定唐代长安音,即所谓"秦音"音系的非常重要的工作,而"秦音"是当时通行的"雅言",《慧琳音义》反切音系当然会被认为是"正音"的代表。日本汉音被认为是脱胎于唐代长安音,与《切韵》音系虽然有一些差别,但是很小,由此,可以认为,《切韵》音系与日本汉音语音体系基本是相等的,而《慧琳音义》反切音系则成为日本汉音是否符合"正音"的标准之一。没有进行《慧琳音义》反切音系的研究,就很难找到衡量日本汉音的基本标准,近代时期的日本汉语音韵学研究对此还是显得无能为力。

还有对音研究,羽田亨(1923)虽然已经懂得藏汉语音比较,但还是存在着局限性,正如罗常培所说:"缺乏历史的起点"、"错用比较材料"、"校阅的疏忽"(《唐五代西北方音》,3—4 页,1933)等。问题不少。

当时的近代音研究以《中原音韵》为核心,但此时,其他的语音材料还没有得到有效开发,像《中原音韵》一系韵书,《中州乐府音韵类编》、《词林韵释》、《琼林雅韵》、《中州全韵》等未得到充分利用。至于《韵略易通》、《韵略汇通》等材料,更是没有人去关注。后来的永岛荣一郎在罗常培、赵荫棠等研究基础上,撰有《近代中国语特别是北方语系统音韵史研究资料》(1941)一文,强调"《中原音韵》在近世中国语音韵史的地位",言及《中原音韵》对元卓从之《中州乐府音韵类编》及其相关韵书、《洪武正韵》一派韵书、兰茂《韵略易通》一派等后世韵书的影响,就让人们感到十分深刻,系统性很强。[10]

2. 虽然在汉语音韵学的各个门类上取得了一定的成绩,但成果比重并不平衡。以等韵研究为例,《韵镜》研究硕果累累,但《韵镜》之外的宋元明等韵图研究就显得十分薄弱,《切韵指掌图》、《四声等子》、《经史正音切韵指南》、《起数诀》、《韵法直图》、《司马温公等韵图经》等各类性质的等韵图没有学者进行深入研究,就很难做到像后来学者那样对传统等韵学具有精辟的认识。

3. 汉语音韵学的一些研究领域有待于进一步确立,非科学因素尚待排除。在当时的历史条件下,日本科学而系统的现代汉语音韵学确立时机并不成熟,这与中国的情况很类似,中国学者钱玄同《文字学音篇》(1918),被认为是中国第一部汉语音韵学通论性著作,但仍然比较浅显而粗略。直到张世禄《中国声韵学概要》(1929)出版,才算是有了富于科学思想的汉语音韵学入门学习通论性著作。全书共四编十三章,以语音原理、声韵调的构成与分析、历代语音变迁以及拼音的历史演进几个部分组成,尤其注意从语言学理论上阐述声韵问题,这给人们留下十分深刻的印象。日本敷天年治《音韵启蒙》(鹿田静七刊,1874)分 17 项介绍汉语音韵学与日本国语音韵学内容,但重在汉音、吴音的阐释上。与此相关,后藤朝太郎《汉字音系统》(六合馆,1908)、《文字的研究》(森北书店,1909)、《文字的沿革》(岩翠堂,1926)也涉及汉语音韵学与日本国语音韵学基本知识的普及问题。但可以说,高畑彦次郎《支那语の言语学的研究》(1928)之前的日本汉语音韵学,学科体系并不完善,与汉语音韵学一些研究领域没有确立起来有直接密切关系。比如科学而系统的汉语音韵学史、汉语等韵学等,这肯定与当时人们意识中的一些非科学因素有关。科学的发展是一个逐步积累而逐渐加深认识的过程，我们现在倡导汉语音韵学应该建立科学的汉语语音史、汉语方音史、汉语音韵学研究思想发展史，是基于几代人深入思考而凝聚智慧的结晶，更是摆脱非科学因素干扰的过程。

4. 汉语音韵学的现代实用性功能还不突出。近代时期的日本汉语音韵学研究，虽然与日本国语音韵学研究紧密结合，但我们看到，与汉语研究相脱节的状况十分突出。中国传统音韵学是具有很强的实用性的，比如正音、通经、发蒙。现代汉语音韵学的实用性功能主要是服务于语言研究和语言教学，服务于汉语规范化，并服务于其他学科，如文学、历史、考古、哲学等。当时的日本汉语音韵学，大多停留在本学科的研究上，还很少走出书斋，更难以谈到对汉语文字学、训诂学、语法学等语言研究所应该发挥的作用。反而在日本中国语教学学界，面对现实，完成了由南京官话向北京官话的转变。这是值得注意的现象。

三、余论

对近代日本汉语音韵学研究特点的总结，是与认识日本汉语音韵学研究的历史价值紧密相关的。日本学者对近代日本汉语音韵学研究特点的探讨，使我们洞悉了日本学者对自己日本汉语音韵学研究历史了解进程，正可以成为我们研究近代日本汉语音韵学历史的借鉴。从中国当代汉语音韵学学者的角度审视近代日本汉语音韵学历史，其眼光当然有别于日本学者。总结近代日本汉语音韵学研究特点的目的在于理清近代日本汉语音韵学研究的学术脉络，进而与其他时段汉语音韵学研究加以比较，凸显出它作为一个特定时段的汉语音韵学研究意义之所在，为进一步研究整个日本汉语音韵学历史奠定基础，从这个角度上看，本论则是一个有益的尝试。

附　注

[1] 高畑彦次郎《支那语の言语学的研究(一)》，《艺文》第 19 年第 8 号，1928。

[2] 满田新造《支那音韵の历史的研究》，又称《支那音韵断》，发表于 1915 年，后整理为 1923 年博士学位论文，《中国音韵史论考》，武藏野书院，1963。

[3] 上田正《东宫切韵论考》，《国语学》第 24 辑，1955。

[4] 石山福治《考订中原音韵》，《东洋文库论丛》第 1 辑，1925。

[5] 滨田敦《关于明治以后国语音韵史研究》，《国语学》第 9 辑，3—12 页，1952。

[6] 大岛正健《汉音、吴音和中国音的比较》(系列论文)，《国学院杂志》第 5 卷第 2 号—第 6 卷第 2 号，1898—1899。

[7] 冈井慎吾、太田全斋《日本汉字学史》，381—383 页，明治书院，1933。

[8] 满田新造《〈汉吴音图〉的解剖批判——关于音韵研究法》(上、下),《东洋学报》第 11 卷第 2 号与《东洋学报》第 11 卷第 4 号上,1921。
[9] 古田东朔、筑岛裕《国语学史》,350 页,东京大学出版会,1997。
[10] 永岛荣一郎《近世支那语特に北方语系统に与ける音韵史研究资料に就いて》。《言语研究》第 8 号,147—161 页;第 9 号,17—79 页;1941。

第三章　现代日本汉语音韵学研究的特点

【本章内容提要】现代日本汉语音韵学研究时期的特点是:以高本汉汉语音韵学研究理论与方法传入为契机,汉语音韵学研究逐渐进入一个多元并举的时代;新的文献材料不断发掘,构成了汉语音韵学研究的一些新突破;汉语语音的多学科研究,促进了汉语音韵学研究深入进行;"国语"与"汉语"两翼齐头并进,相互融合,相互发展,赢得汉语音韵学的更大生存空间。中国现代学者的汉语音韵学研究正在崛起,不同程度地引起日本音韵学学界的注意,永岛荣一郎的分析也折射出这一个时期日本汉语音韵学研究的某些现状,近代汉语语音与《韵镜》之外的等韵学研究的不景气,带来了人们对日本汉语音韵学研究局限性的反思。这个时期日本军国主义意识的浓郁,造就了"畸形"汉语音韵学的实用功能,偏离了正常的汉语音韵学研究轨道。

【关键词语】现代日本汉语音韵学　特点　研究局限　偏离轨道

一、引言

20 世纪 20 年代中期至 1945 年前后的日本汉语音韵学,摆脱了"摇篮期"而处于成长与发展阶段。我们把它称为现代日本汉语音韵学研究时期。

这一阶段的中日关系很不正常。日本军国主义继 1895 年"甲午战争"强迫中国政府签订《马关条约》,以及 1900 年与其他国家组成八国联军一起侵略北京之后,又在 1931 年与 1937 年相继发动第三次对中国的侵略战争。在这一大的政治背景下,日本政府推行的很显然是典型的"殖民地教育"、"文化侵略"政策。受其影响,日本学者研究汉语,难以避免打上"文化侵略"的烙印,所以,我们在考察日本现代汉语音韵学研究特点时,必须注意到这方面因素所起的作用。

另一方面,高本汉汉语音韵学研究理论与方法也传入日本,与影响中国汉语音韵学研究一样,也对日本汉语音韵学研究产生了相当大的学术冲击效应。日本学者在吸收高本汉汉语音韵学研究理论与方法时,也是接受与批判的倾向并存,因此,我们应该清醒地认识到,日本现代汉语音韵学的研究呈现着多元理论并行的格局。对高本汉理论的反思与对高本汉理论的不适应尤其值得注意。

日本现代汉语音韵学研究特点有哪些?无论是在日本还是在中国,还是很少有学者关注的。我们根据自己的研究所得,尝试论之。

二、现代日本汉语音韵学研究特点

(一) 以高本汉汉语音韵学研究理论与方法传入为契机,汉语音韵学研究

逐渐进入一个多元并举的时代。

高本汉《中国音韵学研究》发表后不久就在日本汉语音韵学界产生十分重要的影响。译介、修订、补充等研究的著作很快就出现。比如满田新造《カールグレン氏古韵研究の根本思想を评す》(1924)、高畑彦次郎《支那语の言语学的研究》(副题是《音声史的研究》,以下称《音声》,1928—1930)、岩村忍、鱼返善雄《支那学者カールグレンの业绩》(1936)等。[1]

满田新造(1924)称,是由羽田亨介绍而认真研读了高本汉的法文版著作,不久,发表论文提出批评,在日本成为第一个对高本汉《切韵》研究理论进行比较全面评述的学者。他对高本汉的音韵学说是大加赞赏的,但也提出了很尖锐地批评,主要有 8 个方面:认为高本汉所说的《切韵》音通行当时中国全国,所有近代方音是由《切韵》音"派生"出来的没有事实根据;《切韵》以隋代一个方音为依据,是不符合事实的;《切韵》在北方音之外参考了南方音,某种程度上也参考了古代的语音;他的中古音研究采用了宋代以后的韵图,意味着进行了近代音研究;以印欧语法则推论中国语法则;以近代音作为研究《切韵》音的基础,缺乏统一的标准;三等、四等诸韵区别为三种类型的说明存在着矛盾性;还有许多拟音有问题,等等。可见,满田新造对高本汉学说还是不大接受,批评大于肯定。

高畑彦次郎《音声》(1928—1930)内容主要有:音声史研究的材料、音声史的研究、《广韵》反切下字的研究、《广韵》反切上字的研究、关于 206 韵、四声的研究、《切韵》资料研究。对《广韵》的构拟与研究占了全文相当大的篇幅。

《音声》对高本汉研究进行补充与修订的主要内容是:十分重视《广韵》文献的鉴别与运用,变《广韵》"第二手资料"为"第一手资料";在具体构拟《广韵》音时,除了以高本汉的方音材料为依据外,还吸取其他学者方言研究的成果,进一步丰富自己的方言材料;等韵图的运用回归到中国学者陈澧等的研究思路上来,真正明确等韵图"辨韵析等"的客观依据功能;对《广韵》反切音系归纳吸取了中国学者陈澧的处理方法,注意音类区分的系统性;在语音分析上,注意对中国明清以及现代学者的音韵学分析的引述,并作为研究的一项十分重要内容,说明作者熟悉中国学者的学术文献与传统;不是简单地全面接受,而是有意识地补充与修订高本汉的《广韵》构拟。

但《音声》对高本汉研究进行补充与修订还存在着一定的局限性:高畑彦次郎《音声》最大的问题还是在许多看法上难以摆脱高本汉思维模式的束缚,使得自己的研究明显带有"跟着跑"的痕迹;在许多问题上,限于当时的认识水平,还停留在一般层次的理解上,比如"重纽"问题;限于活的方音材料匮乏,证据明显不足,有待于后人进一步修订与完善。

虽然如此,高畑彦次郎《音声》对高本汉研究进行补充与修订具有重要意义:从汉语中古音构拟入手,全面介绍高本汉理论与方法,并且融入自己的研究成果,改变了日本汉语音韵学研究的旧有面貌,引起了日本汉语音韵学界的很大震动,形成了以往所不曾见到过的学术格局,很显然,对日本汉语音韵学研究产生了极其深远的影响;《音声》大量吸取中国学者的古今汉语音韵学研究成果,在当时有着十分重要的意义,即高畑彦次郎正确评估中国学者的汉语音韵学研究,实际上,是尊重学术研究的客观历史事实,直接推动了中日汉语音韵学研究的学术交流。

高畑彦次郎《音声》之后,一些日本学者仍然对高本汉汉语音韵学学说进行补充与修订,比如:岩村忍《カールグレンの支那语学方法论》(1936),有坂秀世《カールグレン氏の拗音说を评す》(1937.11—1939.7)、《音韵论》(1940),神田喜一郎《karlgren 氏の著述》(1948.10)等。[2]

其中,有坂秀世的研究非常突出。比如印证"重纽"的存在。据平山久雄先生考察,"重纽"是由中国学者陈澧提出的,却是由日本学者桥本进吉《国语音声史の研究》(1927)开始区别音值的,但具体论证还是由有坂秀世等学者,而不是高本汉给出的。有坂秀世《万叶假名杂考》(1935)、《关于汉字的朝鲜音》(1936)、《カールグレン氏の拗音说を评す》(1937.11—1939.7)、河野六郎《朝鲜汉字音的特质》(1939)等论文对这个问题进行论述。其中,有坂(1937.11—1939.7)最为详尽。主要证据是:日本"万叶假名"里元音有甲类与乙类的区别;朝鲜字音与越南汉字音等材料,存在三等与四等的不同,由此,推断重纽是介音[i](四等)和[ɪ](三等)的对立。可见,日本学者在一些问题上的研究已经很深入了,开始超越了高本汉。[3]

有坂秀世《音韵论》第三部第一篇"总论""汉字音(古代中国语的音韵组织)"一章更是在"绪论"、"纽论"、"韵论"、"古音论"、"音节的构造"各节中力图全面补充与修订高本汉汉语音韵学学说,可以说,在许多方面超越了高畑彦次郎《音声》研究。

高本汉汉语音韵学学说之外,其他一些理论与方法也很盛行。比如:日本传统汉语音韵学的"比较"研究,像大岛正健《支那古韵史》(1929)、大矢透《隋唐音图》(1931);还有新的"东洋学"下的"音声学"的理论与方法,以及传统考据学的理论与方法,仍然占有相当的分量,或多或少影响着汉语音韵学研究的进行,其影响力也是不可低估的。

(二) 新的文献材料不断发掘,构成了汉语音韵学研究的一些新突破。

这一时期的学者,非常重视对汉语音韵学研究资料的发掘与整理,并融入到实际研究中去。主要有:

1. 日本汉字音"训点"与"万叶假名"资料。春日政治(《金光明最胜王经古点の国语学的研究》，岩波书店，1942）等继承大矢透"训点资料"的调查与研究的传统，取得了很大的成绩。有坂秀世《万叶假名杂考》（《国语研究》第3卷第7号，1935）对《日本书纪》等文献用万叶假名汉字记述内容涉及的音韵现象进行了分析，认定万叶假名的汉字包含有日本、中国、朝鲜的古音，存在牙音与喉音，全清音与次清音的混用等问题。

2. 声明资料。桥本进吉《国语史研究资料としての声明》（《密教研究》第32号，1939）有感于汉语音韵学和日本国语音韵学的研究资料匮乏，就比较早地倡导利用"声明"资料。"声明"是一种佛教音乐资料，从日本学者的"汉音声明"研究来看，利用"汉语赞"、"和语赞"、"梵语赞"中"节博士"研究汉音或者吴音声调，确实较一般的不标明调值的汉语语音资料具有一定的优越性，尤其是调值高度变化类型的拟订，所建立的理论方法模式比较成熟，后来学者的研究表明，桥本进吉的倡导是非常有先见之明的。

3. 汉语方言资料。中国中央研究院历史语言研究所成立（1928）后，赵元任、白涤洲、罗常培等调查了100多个方言点，还拟定了调查方言的总计划，开启中国学者大量调查方言的端绪。日本学者不但利用中国学者的这些方言调查材料，也进行中国方言调查，比如广州、上海、福州等，这就丰富了汉语音韵学研究的内涵。

4. 其他对音资料。主要有：

(1) 梵汉对音。高畑彦次郎《支那语の言语学的研究》（七）（《艺文》第20年第3号，1929）；大岛正健《汉音吴音の研究》"《韵镜》と《梵汉字汇》"一节（第一书房，1931）；赤沼智善《印度佛教固有名词辞典》（破尘阁，1931）；松本文三郎《支那に於ける印度音译字の二三に就て》（《怀德》第12号，1934）；冈田希雄《梵语辞书史概说》（《立命馆文学》第2卷第8号，1935）；荻原云来《汉译对照梵和大辞典》（铃木学术财团，1940）；辻直四郎《〈西天馆译书〉调查报告》（序言）（《东洋学报》第31卷第1号，1947）等。

(2) 汉藏对音资料。羽田亨《汉番对音千字文の断简》（《东洋学报》第13卷第3号，390—410页，1923）；宫本正尊《敦煌出土大乘中宗见解及びその研究》（《宗教研究》新6卷第4号，501—526页，1929）；财津爱象《敦煌出土汉藏对音の材料と〈韵镜〉との比较》（其一，《东洋学丛编》第1卷，105—153页，1934。もと《怀德》第10号，1932）；金山正好《大乘中宗见解とその汉藏对音》（《大正大学学报》第30号、第31号，335—370页，1940）。

(3) 八思巴字译音资料。日本学者研究八思巴文字比较早的是鸳渊一。鸳渊一《〈中原音韵〉中の八思巴字にて写されたる汉字音に就いて》（《小川博士还历纪念史学地理学论丛》，1931.10）一文运用八思巴字译音研究《中原音韵》音系。八思巴字是当世语音资料，很有说服力。八思巴字译音之外，还把现代北京官话作为重要拟音参照对象，强调北京官话语音对《中原音韵》音系研究的作用。

(4) 蒙古译音资料。《至元译语》的研究。主要有：石田干之助《〈至元译语〉に就いて》（《东洋学丛》第 1 号，1934）；竹内几之助《〈至元译语〉に表はれたる支那语音》（《支那语学报》第 3 号，1936）；《元朝秘史》与汉语语音的关系很密切。最为重要的著作是服部四郎《元朝秘史の蒙古语を表はす汉字の研究》（东京文求堂，1946）。

(5) 女真译音资料。小仓进平《朝鲜语学史》（大阪屋号书店，1920.11。此书后又以《增订朝鲜语学史》为名由刀江书院于 1940 年 5 月出版。刀江书院又在 1963 年出版《增订朝鲜语学史》。其中《补注》由河野六郎作）。在第六章"女真语学"中，他论述了朝鲜学者的"女真语研究史""女真语读本""女真语学者"。其他则有：渡部薰太郎《满洲语、女真语と汉字音との关系》（《亚细亚研究》第 2 号，1925）；石田干之助《女真语研究の新资料》（《桑原博士还历纪念东洋史论丛》1930，京都）；今西龙《满洲语のはなし》（《青丘说丛》卷二，1931）；稻叶岩吉《〈吾妻镜〉女真字の新研究》（《青丘学丛》第 9 号，1931）；长田夏树《满洲语と女真语》（《神户言语学会报》，1949）。

5. 扩大其他材料应用范围。永岛荣一郎《近世支那语特に北方语系统に於ける音韵史研究资料に就いて》（《言语研究》第 8 号、第 9 号，1941），列举了《中原音韵》及其以后的四十种北方汉语音系统的音韵史研究资料，有韵书，也有韵图。永岛说："这些资料与其说历来都没有被充分重视过，毋宁说就是轻视。""在以往的日本汉语语言学界自不待言，即便是在中国的国语学界也没有受到过多重视。时至今日，这些资料的价值才得到认可。"所以，"从收集资料开始，用全新的眼光重新认识汉语"。与赵荫棠《等韵源流》并称为当时的中日汉语等韵的非常有名的"姊妹篇"。

材料的发掘，扩大了学者们的视野，也使一些汉语音韵学问题得到了有效解决，更是开阔了人们的研究思路。

(三) 汉语语音的多学科研究，促进了汉语音韵学研究深入进行。

1. 实验语音学。中国学者刘复《四声实验录》（1924）首次用浪纹计研究汉语语音声调，揭示汉语声调音高模式，为汉语声调的定量研究提供了技术手段，对日本学者产生了不小的影响，或者引用，或者介绍。比如高田久彦《〈四声变化试验〉の一例》（《支那及支那语》第 4 卷第 9 号，1942、1943）、《刘复の四声试验に就いて》（《中国语学》第 22 号，1948.12）就是如此，他为从另一个角度认识汉语音韵学声调问题提供了新的思路。

2. 汉语方言学。这个时期的日本学者对汉语方言的调查与研究超过了以往任何时候,取得了很大的成绩。比如:1.北京语。有永岛荣一郎《支那语(北京语)の母音に就いて》(《中国文学月报》第5卷第42号、第43号,1938—1939)、梶原昌八《北京话音声学研究》(《言语研究》第12号,1943.3)。2.东北方言。有平井和夫《满洲土语集》(《支那语》第3卷第10、11、12号,1934.10—1934.12)、有坂秀世《山东系の一方音に就いて》(《方言》第7卷第1号,1937)。3.吴语。有仓石武四郎《吴语研究资料展观目录》(中国语学研究会,1946)。4.闽语。有牛岛德次《福建语研究资料展观目录》(中国语学研究会,1946)。5.粤语。有《广东语研究资料展观目录》(中国语学研究会,1946)。6.客家语。有石田武夫《客家语研究资料展观目录》(中国语学研究会,1946)。等等。客观上,为汉语音韵学研究提供了坚实的第一手资料。

3. 中国民族语言学。中国学者,比如赵元任对广西壮语的调查,李方桂对贵州布依语的调查,罗常培对云南独龙语、傣语、怒语的调查,袁家骅、马学良、高华年对云南彝语的调查都取得了第一手资料。日本学者有关中国民族语言的调查与研究开展得比较晚,这个时期的成果还是很少,只有山本达郎《印度支那诸民族に关する民族学的研究の现状》(《帝国学士院东亚诸民族调查室报告集》第8辑,1942)等,但他们比较注意中国学者的研究。小川环树就翻译了李方桂论文《支那における诸民族の言语と方言》(《支那学》第11卷第4号,1946)。中日两国学者对中国民族语言的挖掘,直接促进了人们对汉语语音现象的深入认识。

无论是实验语音学、汉语方言学,还是中国民族语言学,都和汉语音韵学建设有关系,这些学科的完善与发展,十分有益于汉语音韵学研究,使日本学者思考汉语音韵学问题开始突破了过去的那种单纯的传统汉语音韵学的视野,推动了多学科交叉的汉语音韵学研究的进行。

(四)“国语”与“汉语”两翼齐头并进,相互融合,相互发展,赢得汉语音韵学的更大发展空间。

我们读有坂秀世《国语音韵史の研究》(1944),它分为三部分,还有“增补”部分。据有坂秀世1944年初版《序》分类,第一部分,关于国语音韵史;第二部分,关于汉语音韵史;第三部分,关于音韵及音韵史的一般问题。有坂秀世似乎有意区别日本音韵史与汉语音韵史,但实际上二者难以区别开,即“你中有我,我中有你”。比如《讽经の唐音に反映した镰仓时代の音韵状态》(《言语研究》第2号,1939)一文由宋末元初汉语鼻音韵尾[-m][-n][-ŋ]在吴语杭州音中混同的情况说起,谈到日本讽经唐音状态反映“原音”借入的年代,实际上,也为我们研究日语唐音与汉语近代语音变化关系提供了有益线索,讨论的既是日本唐音问题,也是汉语近代语音问题。[4]

这个时期日本学者开始有意识地系统思考音韵学的理论问题,一些比较系统的音韵学理论著作开始出现。比较重要的是菊泽季生《国语音韵论》(1932)和有坂秀世《音韵论》(三省堂,1940)。

菊泽季生《国语音韵论》分为四章,第一章,“音素论”;第二章,“成音论”;第三章,“音韵的变化”;第四章,“音韵变迁中的问题”。作者认为,“国语学”应该分为分析的和综合的两部分;分析的方面分为音韵论和意义论两部分;综合的方面分为样相论和构成论两部分。而在这其中,音韵论的地位是很重要的,定位为语言外形的分析研究。《国语音韵论》最重要的部分是第四章,占了全书篇幅的一半以上。

在第四章,菊泽季生把日本国语音韵史分为原始时代、奈良朝时代、平安朝时代、院政镰仓时代、室町时代、江户时代、东京时代七个时期。其结论为,国语音韵变迁的总趋势是,呈现了唇音减退,“口盖音”隆盛的倾向。与汉语音韵文献结合论述,是其重要特点之一。

有坂秀世(1936)一方面认定高本汉汉语音韵学是介绍欧洲音韵理论的重要著作,打破了片断式、随笔式的研究模式,尝试进行新的综合的科学的系统的考察,另一方面,也指出其粗疏与缺陷之处,包括文献应用方面的失误。[5]

表面看来,《国语音韵论》建构的是日本“国语音韵学”的系统音韵学的理论系统,实际上,也在深层次思考“国语音韵学”中的汉语音韵学的系统理论问题。应该说,对日本汉语音韵学的理论建树也是非常必要的。有坂秀世称赞它利用了丰富的汉籍资料,并引用了中国学者的一些观点,分析透彻,就是认定它的汉语音韵学的理论与实际价值。

有坂秀世《音韵论》后来收在《上代音韵考》(1955)中。庆谷寿信《有坂理论の展开》(1992)认为,《上代音韵考》第一、二、三部就是以 1930 年 12 月有坂秀世向东京帝国大学文学部提交论文的提纲为基础而写出的。其中,第二部,修订于 1932 年 7 月—1933 年 7 月病中。[6]

《上代音韵考》全书三部为:第一部,关于古代日本语音节结合的法则;第二部,关于音韵变化;第三部,关于奈良朝时代国语的音韵组织结构。主要以《音韵论》为框架。

《音韵论》以“国语音韵学”理论为建设目标,在日本国语音韵学理论史上具有十分重要的地位,被誉为日本国语音韵学理论史上标志性著作。关于这一点,庆谷寿信《有坂秀世〈音韵论〉》、《有坂理论の展开》系列论文等已经进行了全面论述,确认了他所发挥的日本国语音韵学理论先驱的卓越作用。[7]

就我们来看,《音韵论》在日本汉语音韵研究史上也是具有重要地位的,除了日本国语音韵学与日本汉语音韵学上具有的共同理论建设外,还对汉语音韵学研究提出了许多值得深思的理论思考意见，这可以在《音韵论》第三部第一篇“总论”的“汉字音(古代中国语的音韵组织)”一章看到(198—369页)。

“汉字音(古代中国语的音韵组织)”一章分为“绪论”、“纽论”、“韵论”、“古音论”、“音节的构造”五节。

在“绪论”中，作者称，以高本汉汉语音韵理论为基础，但也要注意高本汉的研究缺欠，比如，使用“第二手资料”而陷入“循环论证”境地问题，更要吸取高本汉新的修订学说，使用通行的国际音标。

在“纽论”中，对高本汉《广韵》反切声母构拟进行了分析，提出了一些不同的修订意见。比如：禅母高本汉拟音[Z]，有坂秀世从梵汉对音角度考虑为[dz]，因为很多的方音是摩擦音；还有，高本汉把三等声母拟成[j]化，或者称为“喻化”，有坂秀世也表示怀疑，所以，并不采用。

在“韵论”中，对高本汉《广韵》反切韵母构拟进行了分析，也提出了一些不同意见。作者不满意的韵目拟音就用※号表示，比如支(开合)脂(合)微(开合)鱼(合)阳(开)药(开)等。其中，止摄诸韵的唇牙喉音三等四等是否有区别问题，认为高本汉与高畑彦次郎的“同音”看法是错误的，还是从“重纽”角度理解合适。

关于“古音论”，讨论“古韵研究法”“古纽研究法”。高本汉对《诗经》用韵能否作为研究上古音的韵母表示怀疑，因此，认定中国清代上古音韵母研究方法存在严重的缺陷。有坂秀世不同意高本汉的观点，认为清代上古音韵母研究方法有其科学的一面，不可轻视，《诗经》用韵与根据“谐声”分韵方法价值很大。同时，也推崇日本学者大矢透《周代古音考》(1911)、满田新造《中国音韵历史研究》(1923)的上古音韵母研究。讨论了一些韵母具体的构拟音值问题。“古纽研究法”谈的不多，涉及的是“形声音符使用法”，以及与舌音、齿音等上古音声母相关的构拟问题。

关于“音节的构造”，回归到日本汉字音的音节构造上来。比如奈良朝时代日语的音韵组织结构存在着一些特殊的结构形式。比如清浊辅音互换词语，比如“栗(くり)”—“久利(《万叶》卷五)”，而又有“每都具理能(《记》中卷)”注音。说明，当时语音上具有的相近点，存在清浊通用法则。

与国语音韵学理论结合，促进了汉语音韵学研究的深刻认识，构成了日本现代汉语音韵研究史上的一个十分显著的特色，从而扩大了汉语音韵学研究的应用空间，既适应日本国语音韵学研究，也适应汉语音韵学研究，个性十分突出。

三、余论

中国现代学者的汉语音韵学研究正在崛起，不同程度地引起日本音韵学学

界的注意，带来了人们对日本汉语音韵学研究局限的反思，这是一个值得研究的现象。永岛荣一郎《近世支那语特に北方语系统に与ける音韵史研究资料に就いて》就说：

> 最近可以看到中国汉语语言学研究普遍地有了显著的发展，特别是在钱玄同先生以后的音韵学研究取得了突破性的进展，他们通过有限资料，取得了巨大的成绩。另一方面，反观日本的汉语语言学研究情况如何呢？在日中两国漫长的历史上，政治、文化的交流确实是超乎于想象的，特别是汉语及汉字对我国的影响极大，为此从很早以前，就对汉语和汉字做了关注与研究，但偶尔也有消长。不过，在此消彼长的过程中也取得了一些成绩。可是现在应如何评价日本的汉语语言学研究？学术方面，普遍表现为积极向上的势头。在中国的领域内，我国的汉语语言学并不完全居于领先的地位，在这方面，人们的研究精神已经呈现出退步的趋势。虽然原因有多种，但是其研究态度就完全没有可取之处。必须重新搜求那些既能作为研究对象，又能作为研究资料的东西，其意义在于振兴日本的汉语语言学研究。[8]

永岛荣一郎的评估，在当时有一些是符合实际的，比如，在汉语音韵学一些领域，中国学者已经显示出强劲的势头，出现了一批学术大家与高水平著作，不能不令日本学者惊异，上古音、中古音之外，尤其是近代汉语语音研究，比如白涤洲《北音入声演变考》(1931)、罗常培《中原音韵声类考》(1932)、赵荫棠《中原音韵研究》(1936)与《等韵源流》(1941)、陆志韦近代汉语语音研究系列论文等成就显著。其他方面，像汉藏对音研究，如罗常培《唐五代西北方音》(1933)也是一鸣惊人。很显然，面对这些，永岛荣一郎先生是有感而发的。从另一个角度讲，他在北京大学任教多年，与中国学者，包括赵荫棠等人有比较密切的来往，所以，对中国音韵学的发展情况也非常熟悉，所提出的看法具有相当的可信性。

永岛荣一郎的分析也折射出这一个时期日本汉语音韵学研究的某些现状，近代汉语语音与《韵镜》之外的等韵学研究的不景气，所以才带来了人们对日本汉语音韵学研究局限性的反思。

其实，何止是近代汉语语音与《韵镜》之外的等韵学研究？中国学者的《切韵》等中古音文献整理与研究、魏晋南北朝隋唐韵文用韵，以及上古音一些专题的讨论都非常深入，令日本学者刮目相看也是很自然的。

出现这种情况，追寻原因，我们认为，至少是：这个时期日本军国主义意识的浓郁，造就了"畸形"汉语音韵学的实用功能，偏离了正常的汉语音韵学研究轨道。我们观察到，这一个阶段日本的一些学者关心汉语语音，重在现代，而轻视古代。学习现代汉语语音，是为了培养"中国通"的实用的目的，即为侵略战争服务的，而汉语音韵学与其实用目的很远，所以，不被重视也是完全料想得到的。

应该反省的是：汉语音韵学研究上的自我中心主义，开始有忽视科学实证性研究的倾向，日本汉语音韵学研究的缺憾出现不可避免。

附　注

[1] 满田新造《カールグレン氏古韵研究の根本思想を评す》(《东洋学报》第 13 卷第 4 号，1924；第 14 卷第 1 号，1924)。高畑彦次郎《支那语の言语学的研究》(副题是《音声史的研究》，以下称《音声》，载《艺文》第 19 年第 8 号，昭和三年(1928)8 月第 21 年第 12 号—昭和五年(1930)12 月第 22 号)、岩村忍与鱼返善雄《支那学者カールグレンの业绩》(《日华学报》第 56 号、第 57 号，1936)。

[2] 岩村忍《カールグレンの支那语学方法论》(《日华学报》第 57 号，1936)，有坂秀世《カールグレン氏の拗音说を评す》(《音声学学会会报》第 4、9、51、53、58 号，1937.11—1939.7)、《音韵论》(三省堂，1940.2)，神田喜一郎《karlgren 氏の著述》(《中国语学》第 20 号，1948.10)等。

[3] 有坂秀世《万叶假名杂考》(《国语研究》第 3 卷第 7 号，1935)、《关于汉字的朝鲜音》(《方言》第 6 卷第 4 号，1936)、《カールグレン氏の拗音说を评す》(《音声学学会会报》第 4、9、51、53、58 号，1937.11—1939.7)、河野六郎《朝鲜汉字音的特质》(《言语研究》第 3 号，1939)等论文对这个问题进行论述。其中，有坂的论述最为详尽。主要证据是：日本"万叶假名"里元音有甲类与乙类的区别，朝鲜字音与越南汉字音等材料，存在三等与四等的不同，由此，推断重纽是介音[i](四等)和[ï] (三等)的对立。可见，日本学者在一些问题上的研究已经很深入了，开始超越了高本汉。见平山久雄《重纽问题在日本》，《声韵论丛》第 6 辑，1995。

[4] 有坂秀世《国语音韵史の研究》，三省堂，1944 年初版，1957 年 10 月增补。

[5] 有坂秀世书评《菊泽季生著〈国语音韵论〉》，《国语和国文学》第 13 卷第 5 号，1936.5。

[6] 有坂秀世的《音韵论》后来收在《上代音韵考》(三省堂，1955)中。庆谷寿信《有坂理论の展开》(《东京都立大学人文学报》第 234 号，1—35 页，1992.3)认为，《上代音韵考》第一、二、三部就是以 1930 年 12 月有坂秀世向东京帝国大学文学部提交论文的提纲为基础而写出的。其中，第二部修订于 1932 年 7 月—1933 年 7 月病中。

[7] 庆谷寿信《有坂秀世〈音韵论〉》、《有坂理论の展开》系列论文(还见《东京都立大学人文学报》第 197 号、第 253 号)、金田一春彦《有坂秀世〈音韵论〉私观》(东京大学国语研究室创设百年纪念《国语研究论集》，1327—1340 页，1998.2)。

[8] 永岛荣一郎《近世支那语特に北方语系统に与ける音韵史研究资料に就いて》，《言语研究》第 8 号、第 9 号，1941。

第四章　当代日本汉语音韵学研究的特点

【本章内容提要】当代日本汉语音韵学进入全面发展和繁荣时期，标志是：汉语音韵学研究步入了正轨，不再是"军事战略"、"大陆政策"下的语言研究附庸；汉语音韵学与日本"日本汉字音学"走向分野，各自承担着独立的学科职责；一些与汉语音韵学研究紧密相关的学术团体十分活跃；学术流派意识明显增强；与世界汉语音韵学研究的潮流相适应，更加注重学科本身体系的建设；与发源地中国的学术交流有步骤地进行，成果开始进入了中国学者的视野；各个门类研究获得了全面的发展，出现了一批富于代表性的成果。其特点是：在汉语音韵学许多问题的研究上突破原有的思维束缚，创新意识显著增强；现代科学方法的引入，促进了学科意识的强化；"比较"传统得到了新的弘扬，因而"比较"研究的科学性增强；学术发展明显受到中国等国学者的直接影响；文献相承关系的研究形成一定的规模优势，使得研究基础更为厚实，视野更为开阔。日本汉语音韵学研究还存在一些需要继续强化的方面，比如汉语方音史研究还很薄弱等。

【关键词语】当代日本汉语音韵学　标志与特点　局限

我们把1945年到现在的64年时间称之为当代日本汉语音韵学时期。当代日本汉语音韵学研究成就很大，是世界当代汉语音韵学研究的重要组成部分，其理论与实际蕴涵着丰富的内涵，很值得研究。我们在一些学者汇集资料进行研究的基础上进一步加以探讨，提炼出有代表性意义的特征。

一、当代日本汉语音韵学研究发展与繁荣标志

1945年日本"战败"，经过了一个短暂的恢复、调整阶段以后，日本汉语音韵学进入了全面发展与繁荣时期。其基本标志是：

（一）汉语音韵学研究步入了正轨，不再是"军事战略""大陆政策"下的语言研究附庸。

战后，日本大学体制发生了相当大的变化，"大学基准"受美国大学"基准"影响很大，大学开设普通教育和专业教育两大类别。普通教育课程包括人文、社会、自然三大领域，其中，国语、中国语属于人文学科领域。1956年以后，日本大学课程改革要求增加专业教育课程的呼声很高，由此，与国语、中国语相关的课程不断增加；1971年的"课程综合化"和1991年的"课程设置自由化"改革，更使国语、中国语的课程设置朝着多样化和专业化方向发展。[1]另外，仓石武四

郎、藤堂明保等先生出于发展日中友好关系的目的，倡导学习中国语，也客观上促进中国语研究向着繁荣的方向发展（安藤彦太郎著，卞立强译《中国语与近代日本》，北京大学出版社，1991）。日本汉语音韵学适应这个趋势，成为专业教育的基础，也是理所当然的。

（二）汉语音韵学与日本“日本汉字音学”走向分野，各自承担着独立的学科职责。

钱婉约说道：在近代日本，把中国语作为一门外语而进行学科性建设和科学研究的中国语教育，开始于20世纪三四十年代，到第二次世界大战结束，进一步完善。1943年，战争中的日本教育部门专文发布了“中等学校令”：取消中等学校“汉文”学科科目，将之并入“国语”，成为“国民科”的一部分，而“中国语”则成为一门法定的“外语”。[2] 相应地随着学科体系的完善，汉语音韵学与日本“日本汉字音学”的分野也就成为必然，分属于不同的学科领域。在当代日本许多大学课程设置，汉语音韵学一般和中国语一样属于“外语”领域；而“日本汉字音学”则属于“国语”领域，并不相混。

（三）一些与汉语音韵学研究紧密相关的学术团体十分活跃，学术活动有规律地运行，学术刊物不断涌现，由此而使学术成果十分丰硕。

日本中国学会，1949年建立，学会会刊《日本中国学会会报》刊登许多有价值的汉语音韵学研究论著；日本中国语学会，1946年在京都帝国大学成立，会刊《中国语学》1947年发行；还有一些汉语音韵学研究学者，编辑《均社论丛》，从1974年开始，持续了很长时间。1985年早稻田大学文学院中国文学科中国语学研究班开办，其成果结集为《中国语学研究》（开篇），由好文出版社出版。日本训点语学会《训点资料和训点语研究》已经编了120多辑。知名的《东洋学集刊》、《东方学报》仍然不懈地刊载着汉语音韵学研究论著；还有许多大学的“学报”，更是以弘扬汉语音韵学研究传统为己任，大量的优秀论著就是从这里发表，走向世界的。

（四）汉语音韵学研究学术流派意识明显增强。

一百多年以来，在从汉学到中国学学科体系建立的过程中，日本汉语音韵学研究逐渐形成了多个学术流派竞放争荣的局面。比较典型的是以东京大学汉语音韵学学人为主的“东大学派”和以京都大学汉语音韵学学人为主的“京大学派”。日本所涌现的许多卓越的汉语音韵学学家各自学有渊源，推陈出新，成就蜚声国内外。战前的如：白鸟库吉、金泽庄三郎、大矢透、冈井慎吾、大岛正健、伊泽修二、金井保三、上田万年、石山福治、满田新造、高畑彦次郎、有坂秀世、小仓进平、桥本进吉、金田一京助、服部四郎、饭田利行、河野六郎、永岛荣一郎等；战后的如：水谷真成、上田正、藤堂明保、小川环树、马渊和夫、赖惟勤、三根谷彻、坂井健一、尾崎雄二郎、辻本春彦、金田一春彦、本田实信、平山久雄、桥本万太郎、三泽谆治郎、大岛正二、庆谷寿信、长田夏树、西田龙雄、福永静哉、高松政雄、望月真澄、筑岛裕、林史典、沼本克明、中野美代子、高田时雄、水谷诚、花登正宏、佐藤昭、清水史、森博达、平田昌司、小仓肇、赞井唯允、佐佐木猛、岩田礼、清濑义三郎则府、古屋昭弘、太田斋、冈本勋、伊藤智ゆき、中村雅之、富平美波、汤译质幸、岩田宪幸、落合守和、吉池孝一、内田庆市、远藤光晓、木津佑子、大岩本幸次、清水正明等，个性独步，异彩纷呈。

(五) 与世界汉语音韵学研究的潮流相适应，更加注重学科本身体系的建设。

战后出现了大量的与汉语音韵学研究相关的通论和专论性著作。比如：山崎忠《〈华夷译语〉研究小史》(1952)、滨田敦《关于明治以后国语音韵史研究》(1952)、藤堂明保《中国语史的音韵论》(1953)和《中国语音韵论》(1957)、马渊和夫《日本音韵史研究》(1962—1965)和《悉昙章研究》(2006)，以及《影印注解悉昙学书选集》(全六卷，1985—1992)、高松政雄《日本汉字音研究》(1982)、尾崎雄二郎、平田昌司编《汉语史诸问题》(1988)、福永静哉《近世〈韵镜〉研究史》(1992) 高田时雄主编《中国语史的资料和方法》(1994)、杉本つつとむ与岩渊匡《日本语学辞典》(中国语部分，1994)、筑岛裕《日本汉音史论辑》(1995)、古田东朔与佐藤喜代治编《汉字研究の步み》(1996)、筑岛裕《国语学史》(1997)、沼本克明《日本汉字音历史的研究》(1997)、大岛正二《中国言语学史》(1997)、佐藤昭《中国语语音史——从中古音到现代音》(2002)、大岩本幸次《金代字书的研究》(2007)等。这与从前形成了明显不同的态势，更加注重强调学科本身内涵的科学化、系统化。

(六) 与发源地中国的汉语音韵学学术交流有步骤地进行，日本汉语音韵学成果开始进入了中国学者的视野。

长期以来，由于政治等多重因素的制约，日本汉语音韵学研究成果基本上不为中国学者所了解。1949 年之前，除了个别学者的研究为中国学者读到外，比如大矢透《韵镜考》，绝大多数成果不为中国学者提及。1949 年以后，一直到 20 世纪 90 年代，仍然维持着这种局面。中国学者介绍日本学者的论著很少，我们所能够知道的，只有杨耐思、鲁国尧、蒋绍愚、石汝杰、冯蒸等少数学者对日本汉语音韵学研究论著进行了介绍。比如冯蒸《1965—1979 年国外汉语音韵学研究述评》(《汉字汉语学术研讨会论文集(下)》230 页，吉林教育出版社，1991)一文评述了不为中国学者所知道的松浦友久的上古音声调等研究，就使我们开阔了学术视野。近20年，尤其是近10年，日本学者不间断地到中国参加与汉语音韵学相关的学术会议，比如平山久雄、平田昌司、佐佐木猛、岩田宪幸、水谷诚、古屋昭弘、木津佑子、臼田真佐子等；中国学者也有一些到日本去考察日本汉语音韵学研究或者参加日本的相关学术会议，还有一部分学者在日本大学任教（如丁锋、石汝杰等）；更有一些学者有意识地译介日本汉语音韵学论著，比如日本南山大学梁晓虹、首都师范大学冯蒸、厦门大学李无未、浙江大学陈东辉、山西大学冯良珍等，我们对日本学者汉语音韵学研究有了一定程度的了解，并且有意识地引用，日本汉语音韵学与中国汉语音韵学的交流开始发挥应有的效用。

（七）日本汉语音韵学的各个门类研究获得了全面的发展，出现了一批富于代表性的成果。

日本学者60多年的汉语音韵学研究成果占据着日本汉语音韵学研究总量的大部分，与其他各个时期相比，除了数量上具有明显优势之外，更为重要的是，在汉语音韵学各个学术门类均取得了重要的学术新进展，学术质量大为提高。比如上古音，有藤堂明保《中国语史的音韵论》(1953)，《中国语音韵论》(1957)，赖惟勤《上古中国语的喉音韵尾》(1953)，真武直《日华汉语音韵论考》(1969)，松浦友久《有关声调历史变化的二、三个问题》(1975)，水谷真成《上中古之间音韵史上的诸问题》(1977)，小仓肇《上古汉语的音韵体系》(1978、1979)，平山久雄《汉语声调起源窥探》(1991)等重要收获。中古音，比如《切韵》系韵书研究，有平山久雄《唐代语音史中的轻唇音化问题》(1967)、《论〈切韵〉蒸职韵和之韵的音值》(1966)，上田正《切韵残卷诸本补正》(1973)、《切韵逸文研究》(1984)、《慧琳反切总览》(1988)，辻本春彦《广韵切韵谱》(1986，又见2008，森博达编)，坂井健一《宋本广韵全译》(1998—2009)，佐佐木猛《增修互注礼部韵略切韵谱》(1996)、《集韵切韵谱》(2000)，花登正宏《古今韵会举要研究》(1997)，水谷诚《〈集韵〉系韵书研究》(2004)，大岩本幸次《金代字书研究》等论述。近代音，有服部四郎、藤堂明保《中原音韵研究》"校本编"(1958)，藤堂明保《中国语概论》(1979)，佐佐木猛《依据〈中州乐府音韵类编〉能纠正〈中原音韵〉所包含的错误吗?》(1981)、《朱权〈琼林雅韵〉》(上、下)(1991—1992)、《最后的北曲韵书——〈词林韵释〉或者〈词林要韵〉》(1994)，庆谷寿信等《中州音韵》(1991)、远藤光晓《〈中原音韵〉的成书过程》(1995)等论述。等韵学，比如《韵镜》研究，有马渊和夫《〈韵镜〉校本和〈广韵〉索引》后编《〈韵镜〉研究史考》(1954)，三泽谆治郎《〈韵镜〉的研究》(1960)，藤堂明保、小林博《音注韵镜校本》(1970)，小仓肇教授《〈韵镜〉的术语》(1992)，福永静哉《近世〈韵镜〉研究史》(1992)等论述。超越了日本以往任何一个时期。所谓硕果累累，一点也不为过。

这些情况表明，当代日本汉语音韵学确实不同于以往，显现了日本汉语音韵学学术发展历史进程中所具有的新气象，由此也说明了在世界范围内日本汉语音韵学研究的地位明显上升，就使得日本汉语音韵学的学术成果开始得到了有效的关注。

二、当代日本汉语音韵学研究特点

如果我们认真审视的话，确实可以提取到当代日本汉语音韵学一些富于感染力的特别内容。我们把当代日本汉语音韵学研究与以往日本汉语音韵学研究相比较，感到其特点是十分突出的。

（一）在汉语音韵学许多问题的研究上突破原有的思维束缚，创新意识显著增强，因而视角独特，构成了日本当代汉语音韵学研究的亮丽景致。

比如上古音，有水谷真成、赖惟勤、真武直、松浦友久、平山久雄、小仓肇等的研究；韵书及韵书与制度关系研究，如马渊和夫《日本韵学史研究》、上田正《切韵逸文研究》、水谷诚《〈集韵〉系韵书研究》、大岩本幸次《金代字书研究》，以及平田昌司以制度为切入点进行《切韵》研究；日本韵书和中国《切韵》的承继关系，大友信一《韵书的系谱》对前代学者关于日本韵书的系谱关系的研究成果进行了梳理；辻本春彦《洪武正韵》研究；庆谷寿信、赞井唯允、佐佐木猛、铃木胜则、远藤光晓等对《中原音韵》一系韵书关系研究；河野六郎(1964)、伊藤智ゆき(2007)对朝鲜汉字音体系的研究；高田时雄对敦煌汉藏对音资料的整理和研究；赖惟勤"声明"及其与日语汉字音、汉语语音声调关系研究；藤堂明保、岩田宪幸等有关北京官话语音变化的研究；岩田礼、佐藤昭等的汉语历史方音研究，等等，都非常突出。而且，有一些音韵研究不仅仅停留在实际操作上，还形成独有的理论模式，比如平山久雄有关"声调调值变化环流说"，引起了中国和其他国家学者的广泛关注。唐作藩教授就说："平山先生与众不同，他对此(调值演变的历史)不仅有浓厚的兴趣，而且还下了很大工夫，既对南北一些具体方言的调值及其历史进行研究与构拟，又提出一套研究声调调值的理论与方法，这就是从描写、记录现代方言的变调入手，结合历史文献的分析，运用内部构拟和方言比较的方法，以拟测出该方言古调值或祖调值，从而说明声调调值的变化趋势。平山先生把他这个理论称之为环流说，这是在坚实的基础上的创新，给我们以很大的启发。"(《平山久雄语言学论文集》第3页，"唐作藩序言"，商务印书馆，2005)

值得一提的是，从真武直《日华汉语音韵论考》(1969)开始，尤其是近些年来，出土文献语音研究在日本开始受到重视，比如大西克也对《郭店楚简》字读音问题的探讨(2000，2007)。

（二）现代科学方法的引入，促进了日本汉语音韵学的学科意识的强化；汉语音韵学理论与汉语音韵学实际的结合，更突显出日本研究的特色。

我们读《日本语学辞典》(1994)“研究略年表”，可以看到，1949年以后，日本有关世界新语言学理论的介绍和与日汉语音学研究相关的著作不断涌现，比如《世界言语概说》、《日本方言学》、《国语学辞典》、《中国语音韵论》、《言语学的方法》、《音声研究》、《训点语研究》、《日本语音韵研究》、《言语地理学方法》、《上代国语音韵研究》、《日本声调史论考》、《聚分韵略研究》、《国语声调史研究》、《中国字书史研究》、《日本语和乌拉尔语的比较》、《音声学》、《和刻本辞书字典集成》、《中国音韵史研究》、《数理言语学》、《语言的构造》、《汉语研究的构想》、《角笔文献的国语学研究》、《唐音研究》、《古代音韵比较研究》、《计量国语学和日本语处理》、《近世韵镜研究史》、《中古汉语和越南汉字音》、《文化言语学》、《国语学史基础论》、《古辞书研究》等。[3]这些著作涉及了现代语言学理论和汉日语音学研究的结合问题，视野非常开阔，大大拓展了思维的空间，扎扎实实，一步一个脚印，走出了一条属于当代日本汉语音韵学研究的道路。

（三）汉语音韵学的“比较”传统得到了新的弘扬，因而“比较”研究的科学性增强；运用译音对音文献研究汉语语音史，仍然占有很大的优势。

日本学者运用译音对音文献研究汉语音韵学已经形成了一个久盛不衰的传统，进入当代，更是精益求精，衍生出了“比较”研究的许多学术领域，直接促进了汉语音韵学和其他相关语言语音研究的结合，把汉语音韵学译音对音研究推上了一个新的高度，造就了一批蜚声国内外的重要学术人物。

当代汉语音韵学译音对音研究最为深入而又在世界享有巨大声誉的仍然是日本汉字音研究，因为属于“国语学”，受到举国上下的空前重视自在情理之中。沼本克明《日本汉字音历史的研究》(1997)系统而全面地总结了前人的研究成果，提出了汉字音分类应该考虑分为6项，即“古音”、“吴音”、“汉音”、“新汉音”、“宋音”、“唐音”的看法，这代表了现在许多日本汉字音学者的新观点。其中大多和汉语语音史研究相关，蕴涵了大量有关汉语语音史的有价值的信息。其他著作，比如奥村三雄《日本汉字音体系》(1956)、马渊和夫《日本韵学史研究》(1962)、高松政雄《日本汉字音研究》(1982)和《日本汉字音概论》(1986)、汤泽质幸《唐音研究》(1987)、小仓肇《日语吴音研究》(1995)、森博达《古代音韵和日本书纪的成立》(1991)、筑岛裕编《日本汉字音史论辑》(1995)也是这其中的重要代表。

当代朝鲜汉字音研究，继承小仓进平等学者的研究传统，成果也很丰硕，比如，河野六郎《朝鲜汉字音研究》，系统而全面地论及了研究朝鲜汉字音的许多重要问题，被认为是研究该领域具有里程碑式的著作。其他著作，如鹣殿伦次

《华音启蒙谚解》系列；中村雅之《四声通解》和《蒙古韵略》对比；伊藤智ゆき对中期朝鲜汉字音声调探讨；小林芳规、西村浩子《韩国遗存的角笔文献调查报告》；伊藤智ゆき(2007)《朝鲜汉字音研究》(本文篇、资料篇)等都具有很高的学术价值。

当代越南汉字音研究，以三根谷彻为首要领军人物，他有《关于汉字的安南音》(1948)、《安南语声调体系》(1953)、《〈韵镜〉和越南汉字音》(1965)，以及《越南汉字音研究》(1972)等重要著作。近年来，以和田正彦、清水正明为代表，尤其是清水正明，对新材料的挖掘，以及越南语音节构造历史变迁的新视点尤为引人注目。

当代日本学者对汉满(汉女真)对音译音的研究，长田夏树、山本守、清濑义三郎则府、池上二良、藤堂明保、赞井唯允、岩田宪幸、中村雅之、落合守和、锄田智彦等学者最为著名，涉及了《女真译语》、《音韵逢源》、《满汉字清文启蒙》、《满文金瓶梅》等文献的解读，论文论及与近代汉语语音研究相关的一系列问题。

日本对汉梵对音译音研究具有悠久的历史，当代学者成绩也很大。比如水谷真成对汉梵对音译音资料的分析与理论建树；马渊和夫对汉梵对音译音资料的考订与整理；平山久雄对《悉昙藏》里唐代声调资料的利用；沼本克明有关"梵语音"的汉字标记与假名标记理论；金田一春彦等借助于汉梵对音译音等资料研究汉语声调；小岛通正研究日本梵语学史，以及小林明美的圆仁语音理论、五十音图原理等的研究，在各自感兴趣的问题上取得了世人注目的成绩。

当代日本学者研究唐五代汉藏对音译音，论及唐五代汉藏对音译音转写、语音系统、方音性质等问题。其中，高田时雄《依据敦煌资料研究中国语史》最为著名。它虽然以中国学者罗常培《唐五代西北方音》作为研究的基础，但视野则更为宽广，材料收集得更为全面，在许多问题上富于创见。其他学者，如饭田利行、冈本勋等的研究课题也与此相关。西田龙雄以《华夷译语》的《西番译语》为代表的 16 世纪四川松藩镇松茂道的藏语方言为研究对象，成果显著，也很为学者们所称道。

当代日本学者对汉蒙对音译音研究成绩也不小。比如桥本万太郎、服部四郎、尾崎雄二郎、中野美代子、花登正宏等利用八思巴文字材料研究汉语语音；长田夏树对《至元译语》蒙古语的考订；服部四郎对《元朝秘史》中表现蒙古语汉字的研究贡献突出。汉语与契丹语、维吾尔语、波斯语、琉球语等中外语言对音译音关系研究，比如契丹语与汉语语音关系，有长田夏树；维吾尔语与汉语语音的关系，有庄垣内正弘；波斯语与汉语语音的关系，有本田实信《回回馆译语》研究；琉球对音与官话语音关系，有濑户口律子《琉球官话课本研究》、西田龙雄《西夏语研究》等。

（四）当代日本汉语音韵学的发展明显受到中国等国学者汉语音韵学研究的直接影响。

1949年以后，中国汉语音韵学研究取得了长足的发展，如何吸取中国学者的研究信息是日本学者思考得最多的问题。日本学者关注中国学者汉语音韵学研究的方式主要有：1. 翻译中国学者研究著作。比如唐作藩《汉语音韵学常识》就有日译本两种，即日本京都府立大学中国文学研究室发行所1962年本，日本明治书院1979年本，由池田武雄和本桥春光分别翻译。2. 对中国学者的研究进展进行介绍。比如《日本中国学会报》"语学"综述，定期有学者对中国的汉语音韵学学术动态进行报道，以期引起日本学者的注意。辻本春彦教授有《中国音韵学概况》(1957)、《中国人的音韵研究》(1957)等，属于这类论文。3. 编写与汉语音韵学相关教科书，大量采纳中国学者的研究成果。比如大岛正二《中国言语学史》，其基本框架则以中国学者的研究为主，俨然一部中国式的中国语言学史著作，其汉语音韵学部分更是如此。4. 专题性研究中国学者汉语音韵学论著。比如臼田真佐子、冈本勋、富平美波、大桥由美、大岛正二等有关中国古音学史的研究系列。5. 在论著中广泛注引中国学者成果。比如赖惟勤《中国音韵学史上的问题点》(1982)一文引用的中国学者主要有：章太炎、赵元任、陆志韦、王力、周法高、王静如、董同龢等。笔者在日本看到，许多大学图书馆中国期刊非常丰富，中国刊印的重要期刊几乎都可以找到，所以，日本学者可以比较全面地阅读到中国学者的最新成果。由于种种历史原因，我们的重点大学图书馆很难找到日本的语言学主要期刊，更何谈一般的学报和期刊。

日本学者对其他国家学者的研究也很注意，比如对韩国学者的研究，像金东昭著《韩国语变迁史》就有栗田英二的译本（明石书店，2003)。日本学者对欧美各国汉语音韵学研究著作的译介则更为重视。

得益于汉语音韵学学术信息传播手段的发达，当代日本学者汉语音韵学研究的目标和课题不断加以调整，学术进展迅猛就理所当然了。

（五）音韵学文献相承关系的研究形成一定的规模优势，使得研究基础更为厚实，视野更为开阔。

如果说，1949年之前的日本汉语音韵学研究基本上属于单兵作战的话，而1949年以后的研究则往往有"群体"攻关的因素在里面，如此，形成了不可忽视的学术团体力量，使得一些汉语音韵学研究具有了一定的规模优势。《均社论丛》就是以关西地区为主体的一批汉语音韵学研究者定期"专题讨论"的结晶。庆谷寿信主持下的《中州音韵》等韵书研究，也是发挥"群体"优势，从韵书语音研究到编制韵书索引，分工明确，次序井然。由此就有了庆谷寿信等《内阁文库藏王文璧〈中州音韵〉校本校勘记试稿》、大桥由美《根据许德宝氏绍介而以上海图书馆藏〈中州音韵〉和内阁文库藏王文璧〈中州音韵〉的比较为中心》、吉田雅子《王文璧〈中州音韵〉校勘上的一个问题——和〈洪武正韵〉的比较》、加护谷春江等《关于〈中州音韵〉义注》、庆谷寿信、赞井唯允等《〈中州音韵〉音注索引》、庆谷寿信、赞井唯允等《〈词林韵释〉索引》等系列成果。《中州音韵》与《中原音韵》等韵书相承关系由此一点点揭示出来。小林芳规著《角笔文献的国语学研究》和《角笔文献研究导论》把新发现的"角笔文献"纳入到东亚汉文解读的语音相承关系视野研究，突出了"角笔文献"对研究汉语、日语、朝鲜语历史语音的重要价值。

当代日本汉语音韵学的特点是突出的，既与以往的日本研究不同，也与中国等国家学者的研究有区别，独步于世界汉语音韵学之林，是十分引人注目的。

三、当代日本汉语音韵学研究需要继续强化的内容

当代日本汉语音韵学研究成就很大，这是我们必须看到的，但我们也注意到，日本汉语音韵学研究还存在一些需要继续强化的方面，主要有：

（一）重视汉语方音史研究是日本汉语音韵学研究的出路之一。

日本学者有着重视汉语方音史的传统，比如研究日本汉字音，往往和长安音、吴音结合起来，形成了习惯心理定势。战后，这种情况有所改变，一些学者比较重视中国区域方音的历史研究，比如佐藤昭、内田庆市、古屋昭弘、岩田礼等，并取得了一些有益的成果，但就整体研究形势而言，还很薄弱，需要进一步强化。

（二）等韵图研究固然有了雄厚的研究基础，比如《韵镜》、《七音略》、《切韵指掌图》等，但《韵镜》、《七音略》之外的等韵图研究还是不尽如人意。

从宋代到明清时代，主要等韵图都有人研究，有的还很精细，而且讨论得十分深入，但还没有看到像永岛荣一郎那样所进行的系统区域方音等韵图研究著作，更没有像中国学者那样集中讨论一个时代或某一类区域方音等韵图的情况出现，这是值得反思的问题。

（三）已经有利用出土文献研究上古音的著述开始发表，但更为有分量的专著还没有出现。

这几年上古音研究在中国十分热闹，其中研究方法的讨论则更为深入，日本虽然有学者关注，但总体来看，还没有激烈的反映。我们还没有看到这几年有系统性很强的上古音研究著作发表。

（四）日本之外的一些学者尝试着将实验语音学等现代科学方法引入汉语音韵学研究领域。

试图给予历史语音研究的一些科学解释，这种研究不论是否得到学术界的承认，探索的过程是很有益的。诸如此类，我们认为，日本的汉语音韵学学者是求稳有余，而冒风险不足。

（五）日本已经有平田昌司等学者在音韵与制度关系研究方面取得了很大的成绩。

在中国也有重量级学者倡导"文史"音韵学，比如鲁国尧教授，与此论极其相似，"英雄所见略同"。中日两国学者在这方面还有进一步拓展的空间，从而形成研究的规模效应。

（六）中国学者比较重视汉语音韵学资料的"复合"特性的研究。

比如杨耐思、宁继福等学者使用的"剥离法"，就是要挖掘蕴涵在汉语音韵学资料中的多重信息，如层层剥笋，像宁继福研究《五音集韵》第二音系就是如此。还有，一些学者倡导"时间层次"分析方法，其实也是要区别语音系统的时间顺序。也很像一些学者运用的"时空投影法"，通过方言和亲属语言的读音分布去推断其某一语音历时演变的先后。日本学者对"时空投影法"也有自己的认识，比如藤堂明保(1954)有感于高本汉运用"投影法"，由中古汉语追溯，而复原周代上古汉语音系的弊端，而进一步从上古的押韵法、经师音读、谐声音系等长期相互积集的材料中，挖掘上古方言的痕迹。小仓肇《上古汉语的音韵体系》(1978、1979)依据"投影法"理论，也对上古汉语音韵体系进行全面思考。但往往限于上古音，对其他时期的汉语语音研究还比较少见，而且对此问题思考有所深入的并不多见。

（七）受当代意识的影响，和中国一样，20世纪七八十年代出生的汉语音韵学后备力量不足情况也很严重。

有感于汉语音韵学研究太难，又不易出成果，对之畏惧，造成了日本汉语音韵学研究的"新生代"凋零局面。日本汉语音韵学界有识之士已经指出，日本汉语音韵学研究的兴盛时代似乎过去，前景十分堪忧。由此，培养优秀的汉语音韵学后备力量问题显得十分紧迫，应该采取有力措施加以解决。

四、余论

对当代日本汉语音韵学研究的评估，虽然可能仁者见仁、智者见智，但有一点是可以达成共识的，就是对汉语音韵学研究存在的实际问题只能正视，不可回避。大岛正二《中国言语学史》“写在前面的话”(3页，汲古书院，2003)说到希望《中国言语学史》读者特别留意的几个方面，其中之一就是：

> 避免站在今日研究的方向和水准过低评价各类研究成果和著述，宁可努力从研究者、著述者的意识和语言观角度叙述。但是，“学史”是要使人们在思考今后的学术方向时受到启发，由此，鉴别那些成果“史的价值”和“学问的价值”，做必要的判断和评价时，要依从客观的基准进行。[4]

实际上，从研究者、著述者的意识和语言观角度叙述容易，但要从是否符合客观的基准角度检讨则很困难。因为真正的客观的基准是很难科学把握的，“客观”不是绝对的，而一定会带有主观因素的。日本学者评价自己的汉语音韵学研究很自然有自己的所谓“客观的基准”，主观要素避免不了；中国学者评价日本的汉语音韵学研究，也有自己的所谓“客观的基准”，当然避免不了中国学者的主观要素。由此我们对当代日本汉语音韵学研究评估的“中国眼光”肯定存在，尤其需要提醒读者注意。

附　注

[1] 陈俊英《战后日本大学的课程设置和教育内容改革》，《外国教育研究》2004年第10期。

[2] 钱婉约《从汉学到中国学》，79—85页，中华书局，2007.3。安藤彦太郎著、卞立强译《中国语与近代日本》，北京大学出版社，1991。

[3] 杉本つつとむ、岩渊匡《日本语学辞典》，おうふう社，1994。

[4] 大岛正二《中国言语学史》“写在前面的话”，3页，汲古书院，2003。

中　篇

音韵文献与汉语语音史研究

第一章　日本学者汉语上古音研究

【本章内容提要】本文关涉日本学者汉语上古音研究历史概述、日本学者对汉语上古音基本问题的探讨，以及日本学者对日语汉字音与汉语上古音关系的研究三个方面。

【关键词语】上古音　历史　基本问题　日语汉字音与上古音关系

一、古代近代日本汉语上古音研究

在日本，比较早而有意识地把汉语上古音纳入到自己的研究视野中来，据大矢透《周代古音考》(1914)，有释观海、中井履轩两位。

释观海的情况我们并不清楚，也应该是德川时代人，比中井履轩要早。中井履轩(1732—1817)是日本德川后期十分重要的哲学家、经学家、小学家。冈井慎吾《日本汉字学史》(明治书院，1933；375页，有名书房，1994)记述：中井履轩，名积德，字长叔，号履轩，通称德三。"在我国，为中国古韵立说的人是绝无仅有的"，他是最为著名的。中井履轩认为：古韵有平上去之别。区别古韵为九类：

第一类　东冬东钟江蒸登
第二类　支脂之微齐佳皆灰哈
第三类　鱼虞模歌戈麻
第四类　真谆臻文欣元魂痕寒桓删山先仙侵覃谈盐添咸
第五类　阳唐庚耕清青
第六类　尤幽侯萧宵肴豪
第七类　屋沃烛觉药铎陌麦昔锡职德
第八类　质术栉勿月没曷末辖屑薛
第九类　缉合盍叶帖洽狎业乏

仓石武四郎《本邦における支那学の发达》(东京大学讲义，1946；汲古书院，2007)也说，中井履轩，原名积德，号履轩，有《履轩古韵》、《谐韵瑚琏》等古音著作。仓石武四郎估计中井履轩看过顾炎武的《音学五书》。释观海、中井履轩应该读到过清人的古音著作是可以肯定的，他们所归纳的汉语上古音韵部分部与当时清人的《诗经》用韵研究传统存在着一定关系，不过，影响并不大。

臼田真佐子《顾炎武的古音学在日本》(论文，中国音韵学会学术讨论会，南昌，2008.8)说，日本江户时代学者山梨稻川(1771—1826)，字玄度，名治宪，通称东平，号稻川居士，有《文纬》三十卷，音韵著作主要是《古声谱》一卷。《古声谱》这部书的古音部分的分部就是根据顾炎武的十部说。山梨氏还引用顾炎武《古音表》。《古声谱》归纳先秦到两汉的韵文用韵，引证顾炎武的十部来证明中国上古韵部实际（小川环树《山梨稻川の说文学の著述——天理图书馆所藏の稿本について》，1959，《中国语学研究》，254—271页，创文社，1977）。冈井慎吾《日本汉字学史》（376页，1933、1994）也有比较详细的介绍，还提到他有《考声微》三卷、《谐声图》二卷等著作。说他20岁就特别喜好读顾炎武的《音学五书》，33岁写下了《古今韵笺》的自序，表明自己对汉语上古音"古韵"的一些看法。

臼田真佐子教授在日本、中国大陆、台湾地区查阅过几种《音学五书》，并写有《顾炎武〈音学五书〉访书记》一文（爱知大学文学会《文学论丛》第134辑，236—254页，2006）。可知，日本国立公文书馆内阁文库藏两种《音学五书》（清刊，徐乾学等校），一种是红叶山文库本，来源于德川家康设置的文库；另一种是昌平坂学问所本。在昌平坂学问所本中，能够看到阅读人写的按语和逗号。由此看来，这是一个旁证，就是江户时代的日本学者查阅过顾炎武的《音学五书》。

在汉语音韵学诸多领域中，日本古代汉语上古音研究并不发达，其中的原因何在？饭田利行认为，对于日本人来说主要是"斯学难解"[1]，所以，人们往往望而却步。除了这个原因，还有没有另外的因素在起作用？不得而知。

明治时期受西方语言学理论影响，结合中国清代学者的研究成果，日本学者的上古音研究观念开始发生明显变化，主要是，希望在求得音类的基础上再拟定音值。代表性论著是大岛正健（1859—1938）《支那古韵考》（丸善书店，1898）、后藤朝太郎《说文反映的音韵现象》（《史学杂志》第19卷第6期第12号，1908）、大矢透《周代古音考》（1914）、满田新造《支那音韵历史的研究》（1915）、大岛正健《支那古韵史》（富山房，1919、1929）等。

后藤朝太郎认定《说文》"读若"包含有上古音成分，他是开启日本系统研究《说文》语音先河的学者之一。

大矢透（1914）把《毛诗》韵脚用字作为主要依据，辅之以周代群书押韵材料。考订声母（头音）主要是梵音对译、《说文》读若等材料。其古韵21部是：

> 1. 阿部[a]；2. 区部[u]；3. 固部[uɔ]；4. 州部[uu]；5. 少部[aeu]；6. 台部[oi]；7. 解部[aei]；8. 大部[ay]；9. 类部[uy]；10. 尔部[iy]；11. 相部[ang]；12. 曾部[ong]；13. 公部[uông]；14. 宫部[ung]；15. 成部[ing]；16. 山部[an]；17. 云部[un]；18. 真部[in]；19. 淡部[am]；20. 今部[um]；21. 叶部[ap]

在附图中，大矢透列有18家古韵分韵比较图。18家有郑庠、顾炎武、戴震等16位中国学者，也有释观海、中井履轩两位日本学者。大矢透认为，上古声调存在四声之别。

他的上古音声母则有23个，没有轻唇音、正齿音、舌上音、日母。喻母二分为喻、于。见于《古音23母图》。他推定的音值是：

舌本开音：影[a]晓[h]匣[G]　　齿头擦音：邪[z]心[s]
舌本闭音：见[k]溪[k']群[g]疑[ng]　舌头开音：喻[y]
舌 背 音：来[L]　　唇上开音：于[u]
舌头闭音：泥[n]定[d]透[t']端[t]　唇上闭音：帮[p]滂[p']並[b]明[m]
舌尖闭音：精[ts]清[ts']从[dz]

满田新造(1915)列先秦18韵类、汉晋16类、南北朝27类。18韵类是：

1.东钟江；2.冬；3.阳唐；4.庚耕清青；5.蒸登；6.真臻先仙；7.谆文殷魂痕；8.元寒桓删山；9.侵；10.覃谈咸衔盐添严凡；11.支佳；12.脂微齐皆灰；13.贻之；14.尤侯；15.幽；16.鱼虞模；17.萧宵肴豪；18.歌戈麻

考订先秦韵类，满田新造(1915)主要是从检讨中国学者研究情况开始的。在第四篇第一章"古韵研究的沿革"中，首先概括了中国学者的研究特点。他说：

有人认为，中国学者古韵研究因为模糊不确实，数百年间没有多少的进步，其实，这是很大的误解。唐宋是研究准备充分的时代；明代是研究起始的时代，许多问题都有所考证；清代初期，开始进行分类研究，到了中期，已经完成了大部分通韵的分类。(《中国音韵史论考》，77页，武藏野书院，1963)

但是，他也批评道，其中也有一些学者对具体问题的表述存在着不清楚的地方，成为后人难以理解的问题。比如，同一项内容，学者们用不同的术语进行表达，还有一些不认真的学者强立奇说，不玩味前人的研究，却提出浅薄的意见，从而搅乱了学术界。

在"唐宋时代的古音论"一节，提到后周沈重《毛诗音义》"协韵"之说，认为其说虽然不正确，但对后世古韵研究者给予了暗示，其功劳不可没。"协韵"论者还提到陆德明和朱熹。针对于吴棫是"叶音说的元祖"的看法提出不同意见，认为吴棫是真正的"古音研究者"，他的贡献是把古韵分为六类。

在"明以后古音研究"一节，提到明末杨慎、陈第所发表的古音研究成果，认为明人研究的特点是重字音的研究，但没有进行分类的研究。清代顾炎武开始分类研究，承续的是江永、段玉裁、戴震、王念孙、孔广森、丁履恒、江有诰等学者。特点是，渐次精密，不过，他更重视的是段玉裁的研究。除去名目上的"异论"，实际上的"异论"主要有：1.尤幽和侯是一括通用还是二分通用；2.东冬钟江是一括通用还是二分通用；3.真臻先谆文殷魂痕是一括通用还是二分通用；4.祭泰夬废的归属如何；5.[-m]尾韵通韵上的分类如何；6.入声韵的归属如何。对这些问题，作者都有所讨论，并提出自己的看法。比如，对祭泰夬废四韵就不同意独立分部。

满田新造还专门设章讨论"先秦韵的发音"问题。关于"先秦音的推定方法"，他说，先秦时代的遗留语音几乎没有流传下来，所以，从后世汉晋语音推定。这个推定有两个假设：一是没有限定特别的理由，把先秦的语音和汉晋语音看做是同一的；二是先秦韵部的种类没有超出今天中国韵部（主要是北京音）的种类范围，换句话说，因为先秦语音失传，就制作了今天没有的音去说明先秦语音。这两个假设使先秦的语音研究显得混乱。很自然，满田新造反对这种做法。

《支那古韵考》开启了日本近代上古音研究的先河，是大岛正健早期古韵研究著作。后期《支那古韵史》对《支那古韵考》的提法进行了修订，应该代表了大岛正健的有关于上古音的主要观点。

大岛正健在回顾《支那古韵史》研究的经过时说，写作《支那古韵考》后，感到自己对中国学者的研究情况了解不多，此时得到友人武田佐膳的帮助，就找来顾炎武的《音学五书》、江永《古韵标准》和所购买的段玉裁《六书音均表》相对照，"精读熟思，受到指导甚多"[2]。这之后，又遍览清人古韵著作，收获更大，逐渐形成了研究中国古韵的新想法。可见，中国清代学者对日本古近代汉语上古音研究的影响是不可低估的。

大岛正健《支那古韵史》（1919、1929）分为两编，前编是古韵的变迁，后编是古韵的发声。附录则是：古韵四声之别、古音通转，以及古韵的去声与入声等。分古韵 10 部 21 类，晚年则改为 20 类：

喉音第一部　无尾音：意[oi]，有尾音：应[oing]
喉音第二部　无尾音：奥[ou]，有尾音：融[oung]
喉音第三部　无尾音：区[o]，有尾音：翁[ong]
喉音第四部　无尾音：於[ô]，有尾音：央[ông]
喉音第五部　无尾音：娃[a̱]，有尾音：婴[a̱ng]
舌音第六部　无尾音：乙[oi]，有尾音：因[oin]
舌音第七部　无尾音：衣[o͡e]，有尾音：殷[o͡en]
舌音第八部　无尾音：阿[a]，有尾音：安[an]
唇音第九部　无尾音：邑[o]，有尾音：音[om]
唇音第十部　无尾音：⿰火奄[ô]，有尾音：奄[ôm]

对清人的研究，大岛正健也有自己的想法："清朝学者的学说，一般的情况是考证得很细密。读他们的著作时，沉溺于其中，有不知不觉间被他们捕捉住而诱入迷宫的感觉，所以很担心走不出迷宫。各家对自己的学说论证极其精细，见解各不相同，应该信从哪一家呢？作为一个人应该不仅仅为此而迷失其方向，应该感悟到，沉溺于其间，有很大的研究空间。”

他的方法是：“清朝学者的著书，唯其借用他们的材料而参考使用，不能紧紧抓住不放。尝试独力探求古书，搜罗事实，确立说明的法则。”[3]

冈井慎吾认为大岛正健《支那古韵史》的特点是：它借鉴中国清代学者王念孙、孔广森、段玉裁等的一些古韵思想，参酌日本汉字音、“常呼音”、中国现代各地方音，加上谐声字所反映的语音系统，确立研究古韵正法与变法的押韵轨迹，力图反映古韵实际情况，这肯定了他的研究方法的独创性。[4]

二、现代日本汉语上古音研究

高畑彦次郎(1883—1945)是日本20世纪20年代至40年代卓有成就的汉语上古音研究家，曾经发表过专著《周秦汉三代の古纽研究》(第2卷，东方文化学院京都研究所，1937)、《古韵研究》(东方文化研究所，1939)、《唇音を语尾子音とする古韵研究》(《东方学报》第8册，1937.10)、《支那原始音の研究》，(《中国语杂志》第4卷第4号，1949.9)等。

其中《古纽研究》分为“古纽学史”、“古纽资料的研究”两编，探讨上古音声母问题。涉及古纽研究历史和一些相关理论问题，比如高本汉的现代上古音研究理论与方法，探讨极其深入，在当时的国内外汉语音韵学界产生了极其广泛的影响。

高畑彦次郎《古纽研究》(1937)探讨“古纽学史”，确定“古纽”的概念内涵。“古纽”，即反切上字显示的音，又叫声类。但为了有别于“四声”的“声”，还是称作“纽”。

高畑彦次郎认为，“古纽”研究发轫于汉代，但专门性的研究还是清人钱大昕。“钱大昕古纽说”，主要是“古无轻唇音说”、“古音类隔不可信说”、“晓匣影喻无区别说”。“戴震古纽说”，可以通过查《声类表》看见纽的配列情况，即有喉音、舌音、颚音、齿音、唇音5类，20个声类。不过，戴震的古纽是以其语音转化而训诂互通为前提的。对王念孙声纽的分类说明，依据王国维对《释大》7篇的挖掘，有23声纽。章炳麟说，依据《国故论衡》、《新方言》、《文始》等文献，得21纽。黄侃说，主要可见《与友人论治小学书》，有41纽，分为本声19，变声22。对黄侃影喻不分学说修订意见，举了曾运乾《喻母古读考》一文(《东北大学季刊》，1928)，但曾运乾说也存在着诸多疑问，见敖士英《关于研究古音的一个商榷》(《国学季刊》第2卷第3号)。日本大矢透说，依据《周代古音考》，古音23母图。高本汉学说，依据《中国语分析字汇》(16—33页)等材料。高本汉的古纽说，确立了一个基本的“谐声文字原则”。

关于高本汉的“谐声文字原则”。高畑彦次郎对涉及的声类考证进行了详尽的引用和分析，指出，“谐声文字”经过了几个世纪，作者情况十分复杂，存在一些例外，对例外毫无疑问还是要进行精密研究的。由此，他提出了一些看法：比如语言学上的青年语法家学派“音声法则”附加条件不是叙述的问题，从青年语法家学派一定要考虑排除外来语一说来看不存在异议。同样，高本汉不注意“谐声文字”的例外，还是有一个语言的古今和地域问题。对高本汉照组构拟也存在着疑问，照组和端组关系密切的，时代可以确定在后汉之前。车的古纽是见母[k]。[l]是从[d]古纽发展而来的。因为高本汉[d]、[t']、[t]和[ts]、[ts']、[dz]、[s]、[z]没有互通，遇到“羊”、“祥”的情况就难以解释了。[s]也是和其他的音不能互通，也存在同样的问题。

“古纽资料的研究”，涉及《说文解字》、同义异文、假借、音训、读如、读若、方音、印度支那语族、外来语材料的使用问题，高畑彦次郎提出了一些具体的使用原则和方法。

高畑彦次郎的论文发表后，引起了日本汉语音韵学界的广泛注意，河野六郎发表《高畑彦次郎〈周秦汉三代の古纽研究〉》(第十册，东方文化学院京都研究所，1937.3)一文加以评述，也表明了自己对汉语上古音研究的一些看法。

诚如河野六郎所说，高畑彦次郎在汉语上古音研究这块处女地上深深地挖了一锹，这一挖很有意义，因为当时日本汉语上古音研究的学者寥寥无几，当然在国内外也就缺乏广泛的影响力。

河野六郎强调，“古纽学史”是对诸家研究古纽的介绍和评判，有的看法是正确的，有的看法则是错误的。高畑彦次郎对钱大昕的“古无轻唇说”、“舌音类隔不可信说”、“照母比端母更为发达说”表示赞同，结论是妥当的；但对“晓匣影喻无区别说”、“牙喉音无区别说”，河野六郎断定为谬误。对戴震把声纽转化说成是训诂互通，河野六郎表示赞同，不过，也认为，所论微喻混合，肯定是存在谬误。王念孙之说，三十六字母中轻唇音、舌上音、正齿音十三母除外，确认的是二十三母。河野六郎指出，高畑彦次郎有关正齿音照母等比精母等发达、日母独立的观点并不正确。关于王国维之说，高畑彦次郎最为看重的是他的研究方法。河野六郎为了说明这个问题，引用了王国维在《国学论丛》第三号发表的《致北京大学研究所国学门主任沈兼士书》中一段话，对王国维上古音声母研究的理想没有实现感到遗憾。河野六郎批评高畑彦次郎有关章太炎、黄侃、曾运乾研究的一些看法，认为，应该赞同曾氏少量匣母向于母变化的观点，并用《原本玉篇》反切、《切韵》以前旧反切为实证，但难以确认高本汉推测[g]声母，就是定喻的变化也是难以知晓。关于曾氏的论证方法，尤其是收集同义异文之例研究古纽古韵，高畑彦次郎予以积极评价。高畑彦次郎介绍了日本大矢透的看法，但认为“无视历史变化”，所以“古纽说”并不完备。高畑彦次郎介绍高本汉的理论，他的意见有三点，河野六郎认为其中有两条不符合实际之例，高畑彦次郎更没有作不同的说明，所以，留下了不少疑问。高畑彦次郎批判高本汉最为重要的是第一条。比如说："高本汉对谐声文字的音声一致的例外当然归于谐声文字制作年代太久，多数制作者及制作者的不注意。不注意的话不成其为问题，年代太久，以及多数作者毕竟成为言语的古今和地域的问题，换言之，纵的和横的方言错杂在一起。"但河野六郎也指出，仅仅以例外为理由恐怕难以说服读者接受。尽信奉高本汉的图式主义，是评者之甚，令人感到遗憾。有关古代语音资料并没有，其方法也难以通行。

对高畑彦次郎所提到的印度—支那语族、外来语材料的使用问题，河野六郎也发表了自己的看法，即，把它们作为直接论证是很危险的，实际上，论述汉语上古音最应该看重的是中国语自身的资料。中国语自身的资料中最为重要的是形声文字。甲骨文、金石文字的研究已经取得了进展，严格地说，形声文字的研究应该考虑以甲骨文、金石文字等上古发达文字变迁为前提，然而，现在的状态是，还没有利用甲骨文、金石文字，而以在传世形声文字中见到的规则性为立脚点，会出现很大程度上的谬误。尽管高畑彦次郎没有在文中提到这一点，但一定会持有相同的观点的。

对高畑彦次郎认同高本汉的"音韵法则"而推导古纽问题，即以允许有三成谐声文字的例外的这一观点，河野六郎也认为需要重新检讨。高畑彦次郎处置例外的法则有几种，其中之一就是，要考虑谐声文字的例外，好多其实不是形声文字，而是会意文字。还有就是依音响类似而归于互通的方法，比如以之作声符的文字，这个方法在高本汉的《分析字典》能够见到。河野六郎也表示了不同的意见。

有坂秀世主要有《音韵论》[5]、《先秦音の研究と拗音的要素の问题》(《音声学协会会报》第60期、第61期，1940.3，又见《国语音韵史の研究》)等。

在《音韵论》"古音论"中，有坂秀世以"古韵研究法"、"古纽研究法"为题讨论了汉语上古音研究的一些理论和方法问题。主要认为，高本汉批评中国古韵学研究在方法上存在着重大的缺陷。

有坂秀世(1930)在"古韵研究法"中提到，从明末到现代，很多中国学者非常努力地研究周代诗赋押韵形态，对此，高本汉进行了批评："我不得不怀疑，过去数世纪间，中国学者研究古音，重在提升古代诗赋押韵例的价值。""研究古韵最主要的材料是《诗经》韵例，当时中国存在众多小国的诗歌，其诗歌韵例占了大部分，所以，那韵例中包含了各种方言，不能把它们一刀切地对待。另外，对当时诗人押韵韵位的正确理解还存在着一些疑问。《诗经》作品大部分是民谣，如同斯堪的那维亚和英国的民谣，我知道的是，拥有与此类似的语音现象，押韵情况相同。"

很明显，高本汉批评中国古韵学研究在方法上存在着重大的缺陷，主要是研究材料比较贫乏，不管《颂》、《雅》、《风》时代和地域相异的情况，一概纳入进来，从中归纳出共同的语音法则。

有坂秀世不同意高本汉的观点，依据历来诸家研究的分部，认为，可以见到的结果是，接近周代陕西地方的音韵状态。为何如此说呢？他认为，在《诗》300余篇中，大体上可以肯定的是，用陕西地方语言创作的是秦风、豳风、大雅、小雅，以及周颂等，占了159篇，其他的诸篇，不过152篇，而且篇幅也比较短。理想的办法是，选择纯粹的陕西地方出来的材料，以此为范围详细研究分韵状态，然后把分韵结果和其他的地方出来的材料进行比较去看其异同。但是，即便如此，问题还是存在的，就是认为清代上古音韵母研究方法有其科学的一面，不可轻视，《诗经》用韵与根据"谐声"分韵方法价值很大。同时，也推崇日本学者大矢透《周代古音考》(1911)、满田新造《中国音韵历史研究》(1923)的上古音韵母研究。讨论了一些韵母具体的构拟音值问题。"古纽研究法"谈的不多，涉及的是"形声音符使用法"，以及与舌音、齿音等上古音声母相关的构拟问题。

有坂秀世有关汉语上古音研究的理论与方法，已经进入一定的成熟阶段，不但有对以往中国学者，以及高本汉、日本学者等学说的深入检讨与总结，而且还有相当大的发展，在汉语上古音研究历史上值得特别重视。

其他学者，主要有：冈井慎吾《支那にて古韵说の成立するまで》(《斯文》第19卷第4期，1937)、饭田利行《日本に残存せる支那古韵の研究》(富山房，1941)、仓石武四郎《六书音均表について》(《支那学》第10卷，1942.4)。

饭田利行是大岛正健的学生，他继承大岛正健的古韵分类思想，力图弥补大岛正健研究的缺憾，比如，大岛正健分古韵10部21类主要是依据中国清代学者王念孙的学说，也注意了孔广森"阴阳对转学说"，不过，在一些具体的问题认识上，还有与其解释相矛盾的地方。饭田利行的做法是，一方面注意吸取清人的研究成果，另一方面，在古音构拟上有意出新。

饭田利行(1941)利用日本汉字音资料为古韵音值提供重要的构拟理论依据很值得注意。如此，他在材料与方法上有所突破，力图超越前人。他分部的具体情况是：

第一部　甲类(无韵尾)[o͡i]

　　第一门　第一纲之韵；第二纲止韵；第三纲志韵。

　　第二门　第一纲咍韵；第二纲海韵；第三纲代韵；第四纲灰韵；第五纲队韵；第六纲皆韵。

　　第三门　第一纲尤韵；第二纲有韵；第三纲宥韵。

　　第四门　第一纲职韵；第二纲德韵。

第一部　乙类(有韵尾)[o͡eng]

第一纲蒸韵;第二纲证韵。

第二部　甲类(无韵尾)[o͡u]

第一纲豪韵;第二纲晧韵;第三纲号韵;第四纲肴韵;第五纲效韵;第六纲宵韵;第七纲小韵;第八纲萧韵;第九纲啸韵;第十纲尤韵;第十一纲有韵;第十二纲宥韵;第十三纲屋(郁)韵;第十四纲幽韵;第十五纲黝韵;第十六纲屋(郁)韵。

第二部　乙类(有韵尾)[o͡ung]

第一纲冬韵;第二纲东(中)韵。

第三部　甲类(无韵尾)[o]

第一门　第一纲侯韵;第二纲厚韵;第三纲候韵;第四纲屋韵。

第二门　第一纲虞韵;第二纲麌韵;第三纲遇韵;第四纲烛韵。

第三门　觉韵　第一纲由沃韵并入觉韵;第二纲由屋韵并入觉韵;第三纲由烛韵并入觉韵;第四纲由铎韵并入觉韵。

第三部　乙类(有韵尾)[ong]

第一门　第一纲东韵;第二纲董韵;第三纲送韵;第四纲钟韵;第五纲肿韵。

第二门　江讲绛韵。

第四部　甲类(无韵尾)[ō]

第一门　第一纲鱼韵;第二纲语韵;第三纲御韵;第四纲模韵;第五纲姥韵;第六纲暮韵;第七纲铎韵;第八纲陌韵。

第二门　第一纲虞韵;第二纲麌韵;第三纲遇韵。

第三门　第一纲麻韵;第二纲马韵;第三纲祃韵。

第四部　乙类(有韵尾)[ōng]

第一门　第一纲阳韵;第二纲养韵;第三纲漾韵;第四纲唐韵。

第二门　第一纲庚韵;第二纲梗韵。

第五部　甲类(无韵尾)[a̰]

第一门　卦韵。

第二门　第一纲昔韵;第二纲锡韵:甲、本来的锡韵;乙、由第二部的沃韵移来的锡韵;丙、由第二部的郁韵移来的锡韵;第三纲麦韵。

第五部　乙类(有韵尾)[a̰ng]

第一纲清韵:甲、本来的清韵;乙、由第四部的移来的清韵。

第二纲静韵:甲、本来的清韵;乙、由第四部的移来的清韵。

第三纲劲韵:甲、本来的劲韵;乙、由第四部的移来的劲韵。

第四纲青韵。

第六部　甲类(无韵尾)[o͡i] 至韵。

第六部　乙类(有韵尾)[o͡in]

第一门　第一纲真韵;第二纲震韵。

第二门　第一纲先韵;第二纲霰韵。

第七部　甲类(无韵尾)[c͡e]

第一门　第一纲脂韵;第二纲旨韵。

第二门　第一纲微韵;第二纲未韵;第三纲物韵;第四纲没韵。

第三门　第一纲齐韵;第二纲荠韵;第三纲霁韵。

第四门　第一纲灰韵;第二纲骇韵。

第七部　乙类(有韵尾)[o͡en]

第一门　第一纲文韵;第二纲问韵;第三纲欣韵;第四纲隐韵。

第二门　第一纲谆韵;第二纲魂韵;第三纲混韵;第四纲慁韵。

第八部　甲类(无韵尾)[a]

第一门　第一纲歌韵;第二纲哿韵、个韵;第三纲戈韵、果韵、过韵。

第二门　第一纲支韵;第二纲寘韵。

第三门　第一纲泰韵、祭韵;第二纲月韵;第三纲末韵;第四纲曷韵、薛韵。

第八部　乙类(有韵尾)[an]

第一门　第一纲山韵;第二纲删韵。

第二门　仙韵。

第三门　第一纲元韵;第二纲阮韵;第三纲愿韵。

第九部　甲类(无韵尾)[op] 缉韵。

第九部　乙类(有韵尾)[om]

第一门　第一纲侵韵;第二纲寝韵;第三纲沁韵。

第二门　第一纲覃韵;第二纲感韵;第三纲勘韵。

第十部　甲类(无韵尾)[ōp]。第一纲叶韵;第二纲业韵;第三纲狎韵、乏韵。

第十部　乙类(有韵尾)[ōm]

第一门　第一纲盐韵、艳韵;第二纲添韵;第三纲严韵、俨韵。

第二门　第一纲谈韵;第二纲凡韵、范韵。

他的韵部研究与清人还有许多差别。在分类上,部是大类,部下还以有无韵尾加以区分。以韵尾区分之后,有的需要再分门列纲。有 10 部,20 类。20 类其实就是 20 古韵部。最让人感兴趣的是他的古音构拟依据,已经不局限于传统的中国先秦典籍材料,还有了更多的日本典籍或日本假名标记材料,因此,汉字音比较意识更为浓郁。比如第一部分为甲类与乙类两类,对两类的区别,从构拟上说,是无韵尾韵与有韵尾韵的差异,分别拟为[o͡i]、[o͡ing]。这样构拟的根据,固然有《楚辞》、《诗经》、《管子》、《列子》、《黄帝内经》等中国先秦、两汉时代的典籍用韵材料，更有日本典籍中汉字音资料。比如，甲类第一门，第一纲列有《古事记》、《万叶集》、《平家物语》、《倭名类聚钞》、《日本书纪》等材料。比如之韵“其”字，《古事记》“加多理其登母”句假名注为“ゴ”；《万叶集》“吾恋流其腾”句假名注为“コ”，主要元音是[o]。

仓石武四郎(1942)推崇段玉裁的古韵研究方法，尤其是肯定以谐声系统分部所具有的科学性。后来，又写过《段懋堂的音韵学》(1974)加以系统论述。

三、当代日本汉语上古音研究

战后的日本汉语上古音研究发展十分迅速。主要成果有：藤堂明保《上古汉语的方言——特别是周秦方言的特色》(1954年发表，《中国语学论集》，22—40页，汲古书院，1987)、《中国语史的音韵论》第四节(《日本中国学会报》第6集，1953)、《中国语音韵论》第六章(江南书院，1957)、《上古汉语的音韵》(中国文化丛书《言语》，33—89页，大修馆，1977.11)；庆谷寿信《董同龢〈上古音韵表稿〉索引》附订正表(采华书林，1969)；坂井健一《魏晋南北朝字音研究》(汲古书院，1975)；水谷真成《上中古之间音韵史上的诸问题》(中国文化丛书《言语》，90—111页，大修馆，1977.11)；赖惟勤《上古中国语的喉音韵尾》(《御茶之水女子大学人文学科纪要》第3号，1953)、《关于清朝以前的协韵说》(《御茶之水女子大学附属高等学校研究纪要》第8号，1956)、《中古汉语的喉音韵尾》(1956)、《关于上古汉语韵母的两三个问题》(1957)、《中国音韵史上的问题点》(《御茶之水女子大学附属高等学校研究纪要》第27号，1982)。赖惟勤其他的论文，如《上古音分部图说》、《上古中国语的舌音韵尾诸部的分部问题》、《段玉裁的异平同入说》、《关于段玉裁的古音第十二部》、《上古中国语的喉音韵尾》、《与上古中国语韵母有关的二三问题》、《关于上古韵母》、《中国上古的部和中古的重纽》等。真武直《日华汉语音韵论考》(樱枫社，1969.9)；臼田真佐子《段玉裁的古音第十五部的押韵字和谐声符》(《中国语学》第233号，1986.10)；冈本勋《清末民初古音学的大成——关于王念孙、江有诰、章炳麟》(《中京大学文学部纪要》第27卷第1号，1992)、《作为上古汉语研究资料的同源字》(《中京大学文学部纪要》第31卷第1号，1996)、《上古韵母的体系》(《中京大学文学部纪要》第31卷第2号，1996)、《上古汉语入声和阴声韵尾》(《中京大学文学部纪要》第32卷第1号，1997)；小仓肇《上古汉语的音韵体系》(《言语研究》第79号，33—69页，1978、1979)；富平美波《刘熙载的〈谐声制字六图〉观——以〈推阐七音略图〉为中心》(《中国语学》第231号，1984.10)、《刘熙载的古韵学》(《东京都立大学人文学报》第180号，1986.3)、《〈毛诗古音考〉本证一览》(《东京都立大学人文学报》第198号，1988.3)；尾崎雄二郎《关于上古汉语的复声母》(《立命馆文学》第264号，1967)；高田时雄

《上古浊塞音韵尾》(《均社论丛》第1卷第2号,1974);大桥由美《对段玉裁古谐声说的一个考察》(《东京都立大学人文学报》第213号,1990.3);大岛正二《上古汉语一、二等韵》(《现代言语学》,三省堂,1972)、《中国言语学史》第五章第一节(汲古书院,2003);大西克也《谈谈郭店楚简〈老子甲本〉字的读音和训释问题》(《中国出土资料研究》第4号,74—83页,中国出土资料学会,2000)、《战国楚系文字中的两种告字——兼释上博简〈容成氏〉的"三倍"》(《简帛》第1辑,上海古籍出版社,2006)、《由楚简而论第一腭化的几个声符问题》(《佐藤进教授还历纪念中国语学论集》,好文出版,2007);臼田真佐子《顾炎武〈唐韵正〉入声部分分别和〈广韵〉》(爱知大学文学会《文学论丛》第128辑,2003);冈本勋《关于周祖谟"审母古音考"》(《中京国文学》第24号,2005)、《上古的声调——周祖谟"古音有无上去二声辨"》(《中京大学文学部纪要》第40卷第1号,2005)、《依据周祖谟古音研究史的视点》(《中京大学文学部纪要》第40卷第2号,2005);臼田真佐子《顾炎武〈音学五书〉访书记》(爱知大学文学会《文学论丛》第134辑,2006);冈本勋《依据周祖谟研究中国上古音韵》(《中京大学文学部纪要》第41卷第1号,2006);平山久雄《上古汉语的音素体系》(早稻田大学文学院《中国语学研究》(开篇)第25辑,2006.5);古屋昭弘《出土文献和上古中国语的音韵》(早稻田大学中国文学会《中国文学研究》第29号,2003)、《儒学和中国语学——出土文献和上古音》(土田健次郎《近世儒学研究方法和课题》,汲古书院,2006)、《上古音研究和战国楚简形声文字》(《中国语学》第257号,2010);渡边大《顾炎武"五方之音说"和它的批判——以毛奇龄、钱大昕所说为中心》(中国文化学会《中国文化——研究和教育》第64辑,2006);野原将辉《出土文献和章太炎"古音娘日二纽归泥说"》(《KOTONOHA》第50号,2007)、《围绕上古音"侵部"、"冬部"》(《KOTONOHA》第49号,2007)、《上古中国语音韵体系 T-type/L-type 声母——以楚地出土竹简为中心》(《中国语学》第256号,2009)、《有关上古音研究中国"新派"的研究》(《中国语学》第257号,2010)等。

其中,藤堂明保《中国语史的音韵论》第四节(1953)"序说"谈了上古韵部分类和阴入阳类、谐声系、音通、音韵变化和借用等,都是韵部拟定问题。藤堂明保的"上古韵母系统"分为之蒸、微对文、辑侵、幽中、侯东、宵、鱼阳、歌祭元、叶盐、之耕、脂至真11部。"上古声母系统"分19母,没有舌上、齿上、舌面音。关于舌头、舌面音的关系,他依据的是中国学者陆志韦的"谐声"解释。

藤堂明保《中国语音韵论》(1957)也很有代表性,其第六章"上古汉语的投影法",涉及上古音研究的许多方面内容,非常系统。主要是:上古汉语、上古韵部的分类、上古韵部的体系、入声类的分析方法、阳声类的韵尾[-g][-d][-r][-b]形的韵尾、谐声文字、谐声系统的成立、谐声系统的传承、上古汉语的投影法、谐声音符表、上古韵系和《切韵》的 34 等复韵、上古舌音齿音和《切韵》的声母、由文献学所见的齿上音舌上音和正齿音、审禅喻邪母、于匣喻群母、上古声母系统、上古二重声母(复辅音)、上古韵母系统。[6]

藤堂明保(1977)“上古汉语音韵”一章，主要内容是：一是回顾上古音研究的历史；二是重点阐述上古韵部的分类，包括《诗经》押韵字的分类、上古韵部的体系、谐声文字的系列、上古韵母系统推定的原则等；三是对上古声母的推定。

藤堂明保(1954)有感于高本汉运用“投影法”，由中古汉语追溯，而复原周的上古汉语音系的弊端，而进一步从上古的押韵法、经师音读、谐声音系等长期相互积集的材料中，挖掘上古方言的痕迹。作者探讨“合韵还是方言”问题，以上古 30 部为基准，认定，有一些韵部因为“音彩”相近，适用于“合韵说”，比如幽和宵两部。但从侵、蒸、中、东的押韵到真、耕的押韵就不能简单用“合韵说”来解释，顾炎武、江永怀疑的正是这一点。江永、戴震、孔广森、章炳麟发展了对转说，其合韵例的一部分，能够运用音韵论解释为同语源的语音通转，是有力的学说，有的可以明确是方言现象，有的是[r]化现象。可以把上古方言主要分为周畿以东和周畿以西两种方言。

《中国语音韵论》(1957)应该代表藤堂明保早期的汉语上古音研究成果。值得注意的是：涉及韵部考订，一是比较重视对中外学者上古音韵部分类成果的缕析，比如顾炎武、江永、段玉裁、戴震、王念孙、孔广森、江有诰、章炳麟、黄侃、高本汉、王力、董同龢的观点；二是对上古汉语韵部体系的拟定，从“阴阳对转”出发，注意韵部之间的相互关系，吸取中国学者江永、戴震、孔广森、章炳麟的意见；三是强化“谐声系统”表现上古语音的功能。涉及声母考订，需要注意，一是运用“互补分布”理论。比如，中古舌上音、正齿音、舌头音之间形成明显的“互补分布”状态。很明显，流露了上古音声母正齿音舌音化的痕迹，印证了钱大昕的说法。二是文献上的证据。比如谐声文字系列，观察声母之间的亲密关系，这参照了中国学者陆志韦的做法。陆志韦《说文广韵中间声类转变之大势》(《燕京学报》第 28 期，1940)运用关系频度计算方法求得声母的研究结果。还有经籍异文的考证。取的是钱大昕和章太炎的研究成果，补正自己的结论。还有以方言和文献求得审禅喻邪母属于同一来源。关于复辅音，作者同意林语堂等观点的同时，还注意从联绵词的语音构造去观察，无论是古代汉语还是现代汉语，例证不少，比如[kl]，骨碌、窟窿、葫芦子、佝偻、旮旯儿、穹隆、果赢等，都有“圆的”、“回转”的基本含义。同一语源关系，谐声偏旁也都是考证的基础。藤堂明保比较认同中国学者黄侃的考订，但也有自己的考虑，比如二等韵是“直音”，拥有松弛的中间元音，因而和齿上音和舌上音相拼合，等等。他认为上古汉语声母是 22 个。遗憾的是，藤堂明保没有对人们关心的声调问题进行讨论。

藤堂明保(1977)回顾上古音研究的历史，从区分汉语的时代开始。他认为

3000多年的汉语分为五个时期：即太古汉语(前15世纪—前10世纪)、上古汉语(前7世纪—4世纪)、中古汉语(6世纪—10世纪)、中世汉语(11世纪—16世纪)、近代汉语(17世纪—20世纪)。“尚古思想的功罪”一节，对中国人理解古典语言所倾注的心血予以评说，认为，存在着正负两方面的影响，过分尊崇古典的直接结果就是忽视了“语言的历史”和“语言的变化”，像“协韵”说，就是这种偏见的产物。

“上古音研究的黎明”，以宋朝吴棫和明朝陈第为代表。吴棫着眼于谐声文字系列的语音关系，是一个重大的发现，而陈第《毛诗古音考》导入了“音韵变化”的研究，这用焦竑的话说是“千古的卓说”。

“真正的研究进展是顾炎武”。顾氏的贡献：重视中古韵书、对上古音十部的分类、有关四声的考察。藤堂明保认为，阴阳入关系密切，与谐声系列相配，揭开了后来学者“阴阳入对转”理论的端绪。有关清及清以后学者的上古音韵部的分类，藤堂明保列有11家，即：顾炎武、江永、段玉裁、戴震、王念孙、孔广森、江有诰、章炳麟、黄侃、高本汉、董同龢。在总结11家学者上古音韵部分类的基础上，他从《诗经》押韵字分类谈起，并推崇江有诰《诗经韵读》的韵部分类。有意思的是，《葛覃》诗韵例非常复杂，藤堂明保吸取前人观点，确定韵位，进行韵部分类，并举出日本汉字音来证明其音值。

上古韵部的体系。阴入阳类的关联性是他首先关注的焦点。《广韵》已经蕴涵着明确的“阳入对应”的规则，但“阴入对应”则是模糊不清，不过，从一个字的阴入两音来判断，“阴入对应”是完全可能的。比如“度出塞画祝尉帅”等字就是如此。确认上古“阳入对应”、“阴入对应”的比较早的是清初的江永，形成科学理论的是戴震。尽管当时对上古韵部的分类还不十分完备和精密，但作为一种体系的把握已经比较清楚了。上古25韵部的“收音”可以分为“收喉音”、“收鼻音”、“收舌音”、“收唇音”四类，就是明确而完备的“体系”。其次，是对“辅音韵尾的推定”。相对于上古阴类，拥有某种的辅音韵尾。民国初年，胡适就在《入声考》一文提出来了。此前，欧洲一些学者也提出同样的观点。比如W.Simon，以及B.Karlgren。像歌部、脂部是[-r]型语尾；之部、宵部、尤部，以及侯部、鱼部、支部是[-g]型语尾；队术部、至质部、祭月部是[-d][-t]型语尾。这里，[-r]和[-d]是舌尖韵尾；[-g]表现的是舌根音韵尾。为了说明它是事实，他举了《诗经》押韵、谐声文字、一字两读的实例。谐声文字的系列，主要考虑上古韵部和谐声系列的关系。藤堂明保的观点比较明确，即，“谐声古文字的研究和古代韵文押韵法的研究并行，都是上古汉语研究的最大支柱”。作者以相当大的篇幅专门探讨了“段玉裁和谐声音符表”问题。他非常赞同段玉裁《古十七部谐声表》和《诗经韵十七部表》相互印证的做法。在段玉裁《古十七部谐声表》的基础上，根据现代学者的研究，划分古韵30部，然后，把这30部的谐声关系全部罗列出来，确定上古音30部的构拟体系。

上古声母的推定。基本方法是，从中古音推断，比如，利用《韵镜》寻求上古音声母变化的痕迹，像直音一等和假四等与声母相拼，是保存上古以来的原形，保守的是固有的上古声母。他依据中国黄侃的《音略》学说，认为"古本纽"存在于中古声母系统之中，比如见、精、端、影、帮组声母；"今变纽"则如知、庄、照、日，以及后来的非组声母。还有就是从源流角度进一步观察黄侃的《音略》"今变纽"的实质，比如"舌上音和齿上音"、"正齿音和日母"、"喻邪于"的源流关系，主要以陆志韦《说文广韵中间声类转变之大势》(《燕京学报》第28期，1940)为依据，结合章太炎等的研究，以及日本汉字音、中国方言语音材料加以判断。

赖惟勤《上古中国语的喉音韵尾》(1953)认为，汉语中古音有两种喉音韵尾，上古音也有两种喉音韵尾。关于这个观点，李方桂教授有所采纳，但也有日本学者(花登正宏)指出，李方桂并没有明确指明出处。是不是这样还有待于考证。由两种喉音韵尾创见引发了赖惟勤的有关上古音的一系列的思考。

《关于上古汉语韵母的两三个问题》(1957)一文是赖氏受到三根谷彻的启发后，对自己的"合口性喉音韵尾"说进行修订。后来，赖氏又提出新的看法，从上古声调的角度否定阴类浊声韵尾[-ug]。《中国音韵史上的问题点》(《御茶之水女子大学附属高等学校研究纪要》第27号，1982)。其他的论文，如《上古音分部图说》、《上古中国语的舌音韵尾诸部的分部问题》等论文继续对这个问题不断提出新的看法。

赖惟勤其他的论文也很值得说明，比如《关于清朝以前的协韵说》(1956)。主要有两部分：一、协韵说的兴隆；二、协韵说的大成和崩坏。第一部分有：陆德明协韵的记录、协韵的起源、六朝隋唐诸家的协韵意识、协韵兴隆的理由、协韵说的实情、站在一般的立场看协韵、协韵的矛盾性、协韵的方言性等内容。第二部分有：集协韵说之大成者吴棫、徐蒇、朱熹、戴侗、陈第、顾炎武、毛奇龄、江永等。附有："考古与审音"、"协韵资料"。作者谈清朝以前的协韵说历史，意在究明古人认识古音的历史进程以及内在的机制，比如，"古人韵缓"的实质，存在着以今音律古音的倾向。还有协韵兴隆的理由，强调了沈约"四声说"对协韵研究的影响。作者认为，吴棫、陈第、江永是协韵说之大成者最为重要的学者，代表了不同历史时期协韵说学术成就，但也不回避其研究的负面影响。比如"本证"和"旁证"中材料时空间模糊的情况。

再如《关于顾炎武的诗本音》(1981)。主要内容是：阐明整理顾氏《诗本音》的重要性。出于理解顾炎武学说的需要，也是为了理解顾炎武之后的学说，因为顾炎武之后的学说基本上以他的学说为基础。附以顾炎武《诗本音》10部押韵表，和江永、段玉裁17部，以及段玉裁晚年分部比较说明，提出问题。对《诗本音》材料进行比较分析，确定它在上古音韵部研究上的地位和作用。

关于赖惟勤《上古中国语的喉音韵尾》(1953)，我们结合筱崎摄子《赖惟勤"合口性喉音韵尾说"简介》加以说明。[7]

董同龢《上古音韵表稿》(1944)把上古韵部分成22类(下面i—v依据赖氏分类)：

侯东幽中宵——— i
鱼阳之蒸佳耕—— ii
祭元微文脂真—— iii
歌——————— iv
叶谈缉侵———— v

按一般通行的看法，i、ii类收喉音韵尾，iii类是收舌音韵尾，iv类无韵尾，v类收唇音韵尾。赖惟勤教授从收喉音韵尾的韵部比收唇音和舌音韵尾的韵部多得多，以至于影响了整个语音系统的整齐性的事实出发，推测喉音韵尾韵部并非只有一类，而应该分成两类，即上面的i类和ii类。赖氏的研究采取的步骤是：先把这些喉音韵部分成两类，考察这两类在中古音介音、主要元音、韵尾等各方面差异，然后从语音学(音韵学)的角度来对这些差异进行解释，证明这两类之间明确地存在着语音上的差异，即韵尾上的差异：ii类的韵尾是一般所说的喉音韵尾[-g][-k][-ŋ]；i类则是"合口性喉音韵尾"[-ɢw][-qw][-nw]。

赖惟勤教授反对把i类主要元音构拟成像[u]那么高的后元音。上古主要元音里本来没有构拟[i]的余地，像[i]的高元音只出现在介音和韵尾里，而不出现在主要元音里。同样，对上古主要元音也不能轻易构拟成高元音[u]。如果把两类的差异归结为主要元音作用的结果，不能不构拟高元音的主要元音，这是赖氏所反对的。

如果两类的差异是由于韵尾所致，那么，应该构拟何种韵尾呢？从没有开合对立来看，i类的韵尾应该是有双唇作用的音，即一种有双唇作用的喉音。基于这种看法，赖氏把ii类的韵尾构拟成一般的喉音[-g][-k][-ŋ]，把i类的韵尾构拟成有双唇作用的喉音，即合口性喉音[-ɢw][-qw][-nw]。

其解释的理由是：如果两类的差异是由于韵尾造成的，两类主要元音之间当然没有明显的差异。i类阳声韵的主要元音里没有前元音，这个事实可以解释为"合口性喉音韵尾"的作用，即到中古时代它把前元音变成部位靠后的元音。i类里没有所谓二等重韵的现象也可以作出同样的解释。并且两类的差异如果归于韵尾的差异，对两类的主要元音就可以构拟相同的元音，而用不着构拟成主要元音[u]。

从上古到中古的变化中，阴声韵尾[-ɢw]大概会变成[u]，同时，[-g]也会变成[-i][-u][-o]。对古代泰语借音的韵尾也可以作出类似的解释。《切韵》系韵书的入声、阳声的排列，按赖氏的看法，反映中古喉音韵尾也有[-qw][-nw]和[-k][-ŋ]的两套，在韵书里把[-qw][-nw]排列在前面，把[-k][-ŋ]排列在后面。

构拟[-ɢw][-qw][-nw]和[-g][-k][-ŋ]的两套喉音韵尾的根据主要是：一是虽然迄今为止在现代方言中尚未发现这两套喉音韵尾的存在，但是可以举出曾经存在两套喉音韵尾的例证。比如西南官话、兰州与平凉等(西安、三水、温州、《现代吴语研究》、《中原音韵》、《李氏音鉴》、北京)、客家话、日本新汉音、安南、日本汉音(旧)。二是上古舌音韵尾好像也可以推测为两种韵尾。三是现代北京方言的儿化韵尾[-r]有的是唇音化的，有的是非唇音化的。

虽然现代方言中还没有报告过[-ɢw][-qw][-nw]韵尾的存在，可是，有些方言的声母里存在着这种合口性喉音辅音(广州方言声母[kw][k‘w]、侗水语方言[q-][q‘-])。一般来说，声母和韵尾之间存在着密切关系，至少韵尾的调点跟辅音声母的调音点相同，既然声母里有[-ɢw][-qw][-nw]，那么，也可以认为韵尾里存在着[-ɢw][-qw][-nw]。

《上古中国语的喉音韵尾》(1953)一文发表后，赖氏提出的“合口性喉音韵尾”引起了不小的反响，一方面给他人研究提供了重要的启发性思路，另一方面赖氏也根据他人的新成果不断地修正自己的学说。《中古汉语的喉音韵尾》(1956)主张中古韵尾也存在着两套韵尾，比如[-ŋ]，西南官话事实上分成收[-ŋ]和[-n]两类，两个[-ŋ]韵尾的上古来源不同，中古汉语里存在着四种鼻音韵尾。

冯蒸教授《1965—1979年国外汉语音韵学研究述评》(见袁晓园主编《汉字汉语学术研讨会论文集》，223页，吉林教育出版社，1991)提到，赖惟勤在鸟居久靖先生华诞纪念论文集《中国的语言和文学》一书中发表的论文《上古韵母》(1972)。全文结构为：前言、上古的声调、上古22部韵母、上古介音和中古等位、中古的韵母、上古的主要元音。对上古韵母系统的构拟提出了一些新意见。他认为，上古韵母有22部，阴类是主要元音为[a] [ʌ][e] 再加上[-u][-ɯ][-i][-y][-ï]尾，相对阳类是上述各主要元音与各相应韵尾结合后再加上阳声尾[-N][-n][-ŋ][-m]等。入声包括在阴类里。

赖惟勤因主张上古汉语有一套圆唇舌根音韵尾[-gw][-qw][- ŋw]等而闻名于国际汉语学界。对日本学者产生了比较大的影响，比如大岛正二《中国言语学史》第五章第一节(汲古书院，2003)，除了吸取中国学者，以及日本学者藤堂明保的研究成果外，参照赖惟勤教授的相关研究比较多，说明赖惟勤教授上古音研究成果赢得了日本学者的广泛认同。

小仓肇《上古汉语的音韵体系》(1978、1979)依据“投影法”理论，对上古汉语音韵体系进行全面思考,因而是一篇比较有代表性的,分量很重的论文。

所谓的"投影法",是指研究以先秦时代为中心的上古音,把《诗经》押韵字和谐声文字作为主要材料,基于这些材料进行归纳而构成了音韵体系,并依据《切韵》系韵书反切所显示的中古音体系对这个上古音体系进行再构拟。实际上,是以构拟好的《切韵》音系为枢纽,上推上古音,进而构拟上古音体系的一种研究方法。

小仓肇认为,上古音系统作为一种音韵体系,从顾炎武开始,清朝的考证学(古音学)已经大致解明,以其研究为基础,依据高本汉、董同龢、陆志韦等很多学者的研究尝试再行构拟很有必要。但是,把中古音体系作为基础,并向上古音推移没有矛盾的形式,而且在成为一应匀整的体系假定下进行再行构拟也存在一些值得思考的问题。河野六郎指出:"对中古音体系的解释有所改变的话,肯定对上古音体系产生很大的影响"[8] 由此,根据高本汉等学者采用不同的中古音体系解释,认真考虑得到更为整齐的科学上古音体系的可能性。

高本汉把形声文字作为考订上古汉语声母的主要材料,据此构拟上古音声母的音值。董同龢对高本汉的上古汉语声母学说进行了修订,也有一些不同的看法。因为是三根谷彻的学生,很自然,秉承师命不敢有违,所以,小仓肇教授《上古汉语的音韵体系》就把三根谷彻对中古音体系的解释作为基础,参酌各家学说,阐述他依据中古音体系对科学上古音体系的看法。

三根谷彻的中古音学说主要可见于《关于唐代的标准语音》(《东洋学报》第57卷第1号、第2号,1976)、《越南汉字音研究》(东洋文库,1972)、《中古汉语的韵母体系——〈切韵〉的性格》(《言语研究》第31号,1957)等论著中。

对上古声母的考订。三根谷彻中古音唇牙喉音声母有所谓[p-]系(p-,p'-,b-m)、[k-]系(k-,k-,g-,ŋ-,x-,r-);[pj-]系(pj-,pj-,bj-,mj-)、[kj-]系(kj-,kj-,gj-,ŋj-,xj-,j-)等非口盖化和口盖化声母的2系列。这样,决定了把"重纽介母和主元音的对立以及中立问题"进行"声母之别的解释"。因此,需要对是否设定上古音[p-]系、[k-]系:[pj-]系、[kj-]系2系列声母的检讨。另外,高本汉、董同龢确认,中古音舌齿音声母[t-]系、[ts-]系变为口盖化声母。从形声系看,中古[ts-]系声母源于舌音、牙喉音2系。中古喻母四等[j],从形声系看,和[ʦ'-]系声母一样,源于舌音、牙喉音2系。高本汉假定上古音系有[* z-][* d-][g-],董同龢则反对有[* z-]而加以修订。经过细致考虑,作者认为,上古音系假定有[* ʦ-]系:[* ʦj-]系的解释的话,一定有2种介音的假定。上古声母为:

p-系:[* p-][* p'-][* b-][* m-]
t-系:[* t-][* t'-][* d-][* n-][* l-][* ç-][* j-]
ts-系:[* ts-][* ts'-][* ʣ-]　　　[* s-][* z-]

k-系：[* k-][* k'-][* g-][* ŋ-]　　[* x-][* r-]

对上古韵类的考订。上古韵类的研究，把《诗经》押韵以及形声字作为主要材料，其韵母的构拟还是把它看成是中古音体系的“投影”。作者认为，董同龢的分部和中古韵的对应关系看法已经被认为是“通说”。依据董同龢说，根据自己的思考，对上古音韵母体系进行修订。例如，与之部阴声、之部入声相对的之部、职部，给予入声类名称，并成为一个独立的部。入声类名称依从罗常培、周祖谟《汉魏晋南北朝韵部演变研究》第一分册（科学出版社，1958）。上古音韵母系统分为 31 部：

之职蒸　幽沃中　宵药　侯屋东　鱼铎阳　佳锡耕
歌　祭月元　微术文　脂质真　叶谈　缉侵

上古音韵尾，依据高本汉、董同龢，假定阴声类有[-ø][-g][-r][-d][-b]5 种，入声韵有[-k][-t][-p]3 种，阳声韵有[-ŋ][-n][-m]3 种。小仓肇教授修订是以韵尾的种别和主元音的系统来进行的。他分为所谓的[a]群、[β]群、[r]群，和 31 部相配。这个思路来源还是赖惟勤教授。赖惟勤《上古中国语的喉音韵尾》（1953），把各部代表的主元音称为“代表主元音”，认为有[ə][a][e]三种。小仓肇教授把拥有[ə][a][e]的各部分为[a]群、[β]群、[r]群。基本情况是：

	[-g]	[-k]	[-ŋ]	[-ug]	[-uk]	[-uŋ]	[-r]	[-d]	[-t]	[-n]	[-b]	[-p]	[-m]
[a]群	之	职	蒸	幽	沃	中	微	微	术	文	缉	缉	侵
[β]群	鱼	铎	阳	侯宵	屋药	东	歌	祭	月	元	叶	叶	谈
[r]群	佳	锡	耕	宵	药		脂	脂	质	真			

依据这个体系，小仓肇教授进行了卓有成效的解释，也归纳了自己的系统，制作了《韵母表》。

关于上古音声调问题，小仓肇教授认为，调类、调值或者浊辅音韵尾有关系，但未解决的问题很多，所以，只好采取保留的态度。

平山久雄（2006）把中古音作为考订上古音的基础，所以，先对“中古音的音素体系”进行了说明，比如，坚持作者 1967 年的观点，但个别地方有所修订，吸取了董同龢、李方桂等人研究成果，然后分上古声母、上古韵母、上古音韵简表及标音进行说明，代表了作者最新的上古音研究成果。

和小仓肇教授一样，平山久雄教授（2006）也是从中古音入手上推上古音。他的上古音声母体系表现了“口盖化”要素。[* mh][* lh][* jh]等的送气，表现为无声化。推定无声鼻音、无声流音依据李方桂（1971）和 Baxter（1992）。至于上古音到中古音的声母变化通则，列为表 1－1。

表 1－1　上古音・中古音声母变化表

上古>中古	备考	上古>中古	备考
*p>p	*m^h>h	*pi>pi	*m^{h}i>hi
*p$_j$>p		*p$_j$i>p$_j$i;pi	*m^h_ji>h$_j$i
*k>k	*g>ɦ; *^{h}ŋ>h	*ki>ki	*ŋ^{h}i>hi
*k$_j$>k	*g$_j$>ɦ$_j$; *ŋ^h_j>h	*k$_j$i>k$_j$i;TS$_j$i;ki	*ɦ$_j$i>ji^h; *ŋ^h_ji>h$_j$i;s$_j$i
*T>T	*n^h>t^h; *l^h>t^h	*Ti>T$_j$i	*li>li; *n^{h}i>t^h_ji; *l^{h}i>t^h_ji
*T$_j$>T$_j$	*l$_j$>l	*T$_j$i>TS$_j$i	*ji>ji; *j^{h}i>s$_j$i; *n^h_ji>s$_j$i
*TS>TS		*TSi>TSi	
*>		*TS$_j$i>TS$_r$i;TS$_r$	*z$_j$i>z$_j$i;ʐi

上古音的韵母考订也是从上古和中古的韵母对应关系入手,列为表 1－2。

表 1－2　上古音的韵母体系、上古和中古韵母对应关系表

E MY	*-ɯ	*-k	*-ŋ	*-u	*-^{w}k	*-^{w}ŋ	*-ɑ	*-i	*-t	*-n	*-p	*-m
*ɑ-	[鱼]模麻	铎陌	阳唐庚	[侯]侯	屋觉	[东]东江	[歌]歌麻	[祭]泰夬	曷辖	元寒删	叶盍狎	[谈]谈衔
*iɑ-	鱼	药	阳	虞	烛觉	钟江	麻	废夬	月辖	元删	叶乏狎	严凡衔
*uɑ-	模麻	铎陌	唐庚				戈麻	泰夬	末辖	桓删		
*yɑ-	虞	药	阳					废夬	月辖	元删		
*a-				宵豪肴	铎觉			齐皆	屑黠	先山	帖洽	添咸
*ia-	麻麻	陌陌	庚庚	宵肴	药觉		支麻	祭皆	薛黠	仙山	叶洽	盐衔
*ua-								齐	屑黠	先山		
*ya-			庚				支麻	祭皆	薛黠	仙		
*e-	[佳]齐佳	锡麦	[耕]青耕	萧	锡			[脂]齐皆	屑黠	[真]先山	缉帖洽	[侵]添咸
*ie-	支佳	陌锡麦	庚清耕	[幽]萧幽	锡			脂皆	质栉	真臻	缉	侵
*ue-	齐佳	锡麦	青耕					齐	屑黠	先		
*ye-	支	昔	庚清					脂	术质	谆真		
*ʌ-	[之]哈皆	德麦	蒸登耕	豪肴	沃觉	[中]冬江		[微]哈皆	没黠	[文]痕先山	合	覃
*iʌ-	之	职职 e	蒸蒸 e	尤幽	屋	东		微脂	迄质	欣真臻		东
*uʌ-	灰皆	德麦	登耕					灰皆	没黠	魂山		
*yʌ-	尤脂	屋职	东					微脂	物术	文谆真		

上古音的声调。平山久雄(《汉语声调起源窥探》,《语言研究》第 1 期,145—151 页,1991;《平山久雄语言学论文集》,288—301 页,商务印书馆,2005)认为,如果上古汉语有声调,其调值应该是:

平声:偏高的平调或微降调,可以记为“44”或“43”。

上声:低降调,可记为“35”。

去声：低降调，可记为“31”。

入声：低降促调，可记为“$\underline{31}$”。

拟测上古调值的方法是：一方面从“官话祖调值”出发，再往上溯回“环流”，一面试图能圆满解释《诗经》里异调字通押频率的大小。

但由音韵论而看，上古汉语不存在声调。代之以主要元音、韵尾，有伴随着喉头紧张的紧喉音素和不能伴随着喉头紧张的非紧喉音素对立。由紧喉主元音而产生中古上声，紧喉韵尾产生中古去声以及入声。中古平声是由主要元音、韵尾非紧喉音素音节化而产生，主要元音、韵尾相对于紧喉音素韵母不存在异化作用。本文就此涉及的一些问题而进一步加以讨论，比如阴入通用的解释、中古韵尾[-p]和[-i]的关系、歌部的韵尾、一部复数主元音说和单一主元音说的可能性等。像歌部的韵尾构拟、一部复数主元音说和单一主元音说问题对李方桂、董同龢、郑张尚芳等学者的研究提出自己的一些看法。作者不大同意郑张尚芳有关歌部的韵尾[*-r][*-i]的看法，但却认为郑张尚芳单一主元音说是有道理的。

对平山久雄(2006)的研究，佐藤昭教授认为这个成果是：

> 平山氏多年研究显示，这是今日到达顶点的集大成著作，具有很高的学术的价值。作为上古音推定的基础，首先展示中古音体系，最终拿出上古音的体系，那是为了明快地说明从上古到中古发生了怎样的音韵变化而进行的研究。(佐藤昭《学界展望》(语学)，《日本中国学会报》第59集，414页，2006)

利用出土文献研究上古音，应该提及的是真武直《日华汉语音韵论考》(樱枫社，1969.9)。真武直在“序”中称，他以中古汉语研究为起始，围绕《切韵》系中古汉语音韵和日本上代特殊假名的语音关系进行比较考察，然后才是以此为基础，向上追述周秦时代的音韵事实源流，此即所谓第三部：“上古汉语音韵考”。其中，探讨两周金文系上古韵的特质，就包括金文系上古韵和魏晋南北朝诸音韵家的韵分合；日本上代特殊假名甲乙两类别和魏晋南北朝诸音韵家的韵分合；金文系上古韵的分部和主要韵目等内容。真武直的研究十分引人注目。

真武直《日华汉语音韵论考》(1969)“上古汉语音韵考”的基本思路是：

其一，两周金文系上古韵的特质。包括金文系上古韵和魏晋南北朝诸音韵家的韵分合；日本上代特殊假名甲乙两类别和魏晋南北朝诸音韵家的韵分合；金文系上古韵的分部和主要韵目。

需要说明的是，两周金文押韵材料，王国维较早利用，他写有“两周金石文韵读”(《观堂集林》卷五)，材料有石鼓文9篇，还有《宗周鼎》等36篇铭文。金文押韵例79组。郭沫若在此基础上写有《金文韵读补遗》(《金文论丛》),器数35,对王国维的研究有所补充与订正,比如订正有5器,比如《邾公华钟》等。真武直声称,他只是就两位押韵分部上的是否合适问题进行探讨,根据往往是《诗经》韵例,还有谐声字资料。然后再作音理分析与推定韵部,计23个。他选取使用频度较高的韵目与《韵镜》加以比较,看与汉语中古音的关系,如表1-3:

表1-3

摄	转位	平	上	去	入
止摄	八转	之			
遇摄	十一转		语	御	
宕摄	三十一转	阳	养	漾	药
梗摄	三十三转	庚		映	陌
流摄	三十七转	尤	有	宥	
曾摄	四十二转				职

其二,周汉群经诸子韵文用韵特质的历史推移和日本上代特殊假名甲乙两类别。上古、中古汉语音韵的史地演变和上代特殊假名音的两类别。

其三,特殊假名甲乙两类音和先秦上古韵文的用韵、经今古文异文的异音的用法。中国上古音分部形成的史、地的契机和日本上代特殊假名甲乙两类别的因由和背景,包括中国西北系文献的使用韵和东南系文献的使用韵的偏向性;西北系音和东南系音的特质的地域的对差性。

其四,中国上古音分部的混成的形成地域和确定的时代以及向后世传成的经纬;日本上代特殊假名甲类音、乙类音和阳声调东南系音、阴声调西北系音别和对应性;日本上代特殊假名甲乙两类别的因由和背景。

在第四部"各论"中,还有"从两周秦汉韵文的用韵看夏音与楚音"一篇,包括"两周金文用韵现象"、"《毛诗·国风篇》用韵现象"等内容。"《春秋》三传经异文假借的使用和其音韵现象"一篇,包括"三传经异文假借的使用和其用字音","从三传经异文使用看使用音韵的转讹及其语音规则性质"等内容。《附录资料》中还有金文韵读;周秦群经诸子独用韵篇章表;古音分部和特殊假名甲乙两类别及两周金石文经传诸子独用韵、通用韵目表。也都和汉字音与中国上古音考订有关系。

水谷真成《上中古之间音韵史上的诸问题》(中国文化丛书《言语》,90—111页,大修馆,1966.11)也与上古音研究相关。

水谷真成(1966)认为,先秦时期的上古音和隋唐时期的中古音研究已经取得了辉煌的成果,其中重要的原因之一是标准资料得到正确传承而今日被幸运地保存着。可是,在上古和中古之间的800—1000年期间,一般中国史似乎是那样，从语言历史角度观察，只有时间长久、地域扩张、民族迁移、异民族入侵等等内涵，不论是注意到哪一项，都会有各种各样的问题包含在其中。由此，伴随着上古音和中古音两种语音体系，构成一条直线。但依据这种音声推移变化理论说明会充分表现其危险性。思考这两个体系之间存在的诸种问题，不仅能解决“中间期”问题，而且作为两种语音体系“上下对接”的“补强”工作也是必需的。

可是，在上古音和中古音之间音韵上的诸问题一直以来很少有人研究也是实情。究其原因是多方面的。在此期间，中国传统学问的经学不会被看得太重要，关心的人也很少，又是处于政治上的分裂期。有人指出，由于是地理的、民族的非常复杂的时期，进行语言学上的审视是很困难的，特别是后汉以后，一般地说，文献急剧增加，作为音韵资料没有显著的优越地位，或者不能够及时传播等是主要原因。所以，有必要对上古音和中古音之间的过渡性音韵问题进行深入研究。

研究“上中古之间音韵史上的诸问题”，水谷真成(1966)以“由语言学上所见到的当时环境”为主题，分中国本土的情况与西域的关系、与东方国家的关系探讨；其次，以“上中古之间音韵史研究历史”为题，回顾研究的历史和现状。最后是“上中古之间音韵史研究问题点”。

回顾研究历史，主要涉及四家的成果。一是日本学者满田新造《中国音韵断》；二是于海晏《汉魏六朝韵谱》；三是王力《南北朝诗人用韵考》；四是罗常培、周祖谟《汉魏晋南北朝韵部演变研究》。满田新造的分期成为水谷真成引述的内容：

> 有关韵的发音变化区别三个时期。第一期是先秦时代，第二期是汉唐时代，第三期是宋元以后。特别是第二期，区分为四个时代：汉魏时代、晋代、南北朝时代、唐代。

满田新造把韵文作为主要的使用资料，显示中古音韵部206韵的通押状况，各个时代的音值则通过汉译佛典的音译汉字、《古事记》、《日本书纪》万叶假名等使用实例加以推定。在中国语学草创初期，具有如此广阔的视野、丰富的资料，成为后继学者们订补的对象，学者们也予以很高的评价，即使在今天也具有重要的应用价值。

从韵部的演变来看，于海晏也分为汉、魏晋宋、齐梁陈隋三个时期，通过中古音206韵分合反映当时的韵部状况，但没有做音值推定工作。

王力限定南北朝，由用韵的变迁而细分为三个时期。相对于于海晏以诗篇为单位的分类，王力以诗人为单位分类，特别是诗人的籍贯，分为山西、河北、山东、河南、南阳、江南六系，结果，发现时代的先后对用韵有很大的影响，而地理上的差异影响很小。结论慎重，研究十分出色。

罗常培、周祖谟的研究最为详细，分为两汉、魏晋宋、齐梁陈隋三个时期，仅仅出版了第一册两汉时期。在网罗资料、分类整理上，更注意上古音和中古音之间的韵部分类变迁情况，实证性非常强。

水谷真成认为，以往的研究缺欠是明显的，比如各个韵部的音值构拟就比较困难；始终限于文献学的操作方法；声类的变化情况很难见到是肯定的；无视声母、韵母之间的相互制约、相互影响下的变化推移。

关于"上中古之间音韵史研究问题点"。水谷真成把上中古之间音韵史概括为：是上古音的特色消失过程和中古音特色生成过程。主要涉及的问题是：上古音去声韵尾的消失；舌上音的音值；正齿音的音值；浊声母的弱化和鼻音的弱化；轻唇音的成立。很明显，水谷真成注意到的问题主要是声母和声调的过渡状态，而韵母的过渡状态还是关注不足。就使用材料而言，除了韵书、韵文、谐声、异文等传统资料外，梵汉对音、日本汉字音、现代方言资料也成为重要根据；在方法上也是力图出新，明显不同于以往的汉语古代语音研究。

坂井健一《魏晋南北朝字音研究》(汲古书院，1975)，以《经典释文》为分析对象，梳理出 20 家音义的声类、韵类、声调系统，可以和水谷真成(1966)的研究相印证，也是出于研究上古音和中古音之间的"过渡音"的目的。与此相类的还有：佐藤进《释名声训考》(1976)、内野雄一郎《关于毛诗经典释文中的"毛郑音切"》(1976)；山本岩《关于服虔应劭的反切》(1977)，等等。[6] 比如佐藤进(1976)依据董同龢上古音系对《释名》声训进行了归纳，制作了《声训表》，除了"同部通训"外，发现了一些"隔部通训"现象，主要有：之部幽部通训；幽部宵部通训；佳部歌部通训；佳部脂部通训。他参照罗常培、周祖谟《汉魏晋南北朝韵部演变研究》第一分册(1958)进行解释，主要是语音发生了变化。也可以发现，刘熙"同部通训"以当时的语音体系为基础，体现了"音韵的同一性"原则。

水谷真成之后值得一提的是冈本勋评述中国学者周祖谟齐梁陈隋诗文用韵研究成果。在《齐梁陈隋に就いて——周祖谟の诗文押韵研究より》(《中京大学文学部纪要》第 37 卷第 2 号，2002)中，冈本勋根据周祖谟《齐梁陈隋时期诗文韵部研究》(《周祖谟语言文史论集》，浙江古籍出版社，1988)一文，探讨了周祖谟研究齐梁陈隋时期诗文韵部的方法。把周祖谟的成果和《切韵》分韵比较，可以看出已经非常接近了。由此把上古中古之间音韵史的一些特点突出出来。类似的研究还有，比如：平田直子《关于〈古今韵表新编〉中的中古上声全浊字》(《吴语读本音声主题的作成和公开》，2004)一文则从清人仇迁模《古今韵表新编》所研究的上古音到中古音的变化看汉语语音演变实际情况。还有樋口泰裕《北魏用韵考》(筑波大学《外国语教育论集》第 25 集，2003)、《北齐用韵考(附北周韵谱)》(筑波大学《外国语教育论集》第 26 集，2004)等。

冯蒸教授(254—255 页，1991)认为：1965—1979 年日本汉语上古音韵学史研究应该提及的是庆谷寿信《中国音韵学史上的一问题——关于顾炎武的"二合音"》(《入矢教授、小川教授退休纪念中国文语语学论集》,23—35 页,1974);仓石武四郎《段懋堂的古音学》(376 页,均社,1974);松浦友久《有关声调历史变化的二、三个问题》(《中国文学研究》第 1 号,19—30 页,1975;《早稻田大学大学院文学研究科纪要》第 21 号,95—113 页,1976);木下铁矢《古音学的历史:此学科认识的形成以及深化的过程》(《中国思想史研究》,33—65 页,1977);平田昌司《段玉裁〈六书音均表〉译著》(《均社论丛》第 6 卷第 1 号,1978);日本"清代经学研究班"的《顾炎武〈音论〉译注》(《东方学报》第 51 册,617—723 页,1979)等等论著。

这里面,松浦友久的论文值得注意。松浦友久是早稻田大学文学部教授。全文共分 15 节:"无四声之辨"说;"四声一贯"说;"平上入"三声说;"平上长入短入"四声说;"平上去"三声说;"平入"二声说;"阴阳入"三声说;"平上去入"四声说;"阳类(平)阴类(平上去入)五声"说;"平上长去短去入五声"说;"平上去平入降入五声"说;先行诸说的系统图;"平上去"三声与"阴阳入"三类;口语言与诗的语言;结语。此文概括地评述了清代和近代学者关于上古声调的有关学说,对于我们今后更为深入地研究上古汉语的声调问题有一定的帮助。[9]

臼田真佐子、冈本勋、富平美波、大桥由美、大岛正二等有关中国古音学史的研究,也非常具有针对性。比如冈本勋认为,近代中国古音学史,从研究的理论来看,区别很大,分为文献学派和音韵学派(见《上古韵母的体系》),和中国学者所分考古派和审音派一样。文献学派代表人物是顾炎武、段玉裁、孔广森、王念孙、严可均、江有诰、章太炎;音韵学派代表人物是江永、戴震、刘逢禄、黄侃等。文献学派从上古资料出发,采取客观归纳的方法,而音韵学派则把等韵作为出发点,依据等韵理论,论证古音。音韵学派最大的特点是入声完全独立,即阴阳入三分,所以比起文献学派来说分韵韵部就多。冈本勋《上古韵母的体系》讨论的上古音研究问题,主要是检讨谐声系列、阴阳对转、声调、开合、洪细、字音和语义的关系等;罗列各家说法,然后加以取舍。还有,从具体的一位学者上古音研究成果观察古音学史脉络,比如富平美波(1984)认为,刘熙载《推阐七音略图》是研究宋代郑樵《谐声制字六图》的成果。刘熙载通过研究《谐声制字六图》,认定郑樵是研究上古音的先驱,应该予以重视。

大西克也(2000、2006、2007)、古屋昭弘(2003、2006、2010)、野原将辉(2007、2008、2009、2010)等把上古音研究和出土文献结合起来考虑,是近年来日本上古音研究的新动向,扩大了上古音研究的应用范围,拓展了上古音研究的文献视野空间,是非常值得注意的。比如古屋昭弘(2010)总结有关上古音新学说,以战国楚简为主要材料来讨论通假字的确认度、形声字的发音、字和词的区别等问题,并建议根据两周出土文献编制各时各地的共时性谐声谱;野原将辉(2010)重点介绍了中国上古音研究中的“新派”的主要观点。大西克也(2006)研究了楚系文字“告”字有两种字体,在假借的范围内相异。一种“告”,属于见组声母;另一种“告”,属于精组声母。依据传世文献知道,“造”、“告”谐声系列中的属于从母的“造”字可以构拟为[* sg]的复声母,这就补充了楚系资料的不足,显示了二者结合的必要性。

在(2006)研究的基础上,大西克也(2007)研究了与第一腭化有关的楚简声符的情况。中古音属于正齿章组的字中,有和牙喉音系相关且共有声符的。河野六郎(1950、1979)曾提出“第一腭化说”,即认定属于章组的字在上古音是牙喉音,在一定条件下变为章组。楚简语言反映出,牙喉音文字和章组的字接触而被认定为假借时,存在不少需要解决的问题。考察的对象是郭店简的已刊部分(1—5 册),以及相关的楚系资料。比如“只”声和“旨”声、“川”声、“赤”声、“处”声、“氏”声和“氐”声等。

中国学者与此呼应的也不少,比如洪飏《古文字考释通假关系研究》(吉林大学博士学位论文, 2006)、叶玉英《古文字构形与上古音研究》(厦门大学出版社,2009.11)就是如此。

可以看出,当代日本汉语上古音研究的思考已经进入到了一定的科学境地,显现了日本当代汉语上古音研究的雄厚实力。

四、日本学者对日语汉字音与汉语上古音关系的研究

日本学者比较注意发挥日本汉字音在研究上古音中的作用,这可以算是日本学者研究上古音的一个突出特点,比如日语汉字音与汉语上古音研究互动关系的研究。日语汉字音与汉语上古音研究也存在着互动关系,这是可以肯定的,但存在怎样的“互动”关系?如何去加以探讨?在日本已经有一些学者进行了许多艰苦的探索。[10]这里可先举出两位日本著名学者的研究,从中可以看出一些值得思考的理论问题。

1. 满田新造《日本の古书に见ゆる上古音に就て》、《朝鲜字音と日本吴音と类似点に就いて——朝鲜に於ける字音传来の经路》(《东洋学报》第 15 卷第 3 号,384—410 页所附《附说》,1926.6)两文对日本古书的假名中保存的上古音进行论述。主要是之(イ)韵和咍(アイ)韵用为オ韵音;以及支(イ)韵用为ア韵。证明材料主要有:其一,古书实例。比如《和多抄》“枸杞”。“杞”,俗音久古(コ音)。《万叶集》十七:“伊麻能其等。”“其”,“今の如(ゴ)”等等。其二,押韵上的证明。依据段玉裁《六书音均表》古韵分部、《诗经》之《君子于役》第一章,《南山有台》第一章,还有《楚辞》之《惜往日》押韵。之韵与咍韵错杂押韵。其三,发音的说明。其四,汉代上古音遗存。其五,传到日本的上古汉字音的路线。即从

乐浪等地传入朝鲜半岛，先是北部，后是百济、新罗，再到日本。

2. 赖惟勤《臺堆都音变考》(《汉文教室》第38号，1958)。日本汉字音“アイ”韵“来回害买皆快废祭体”。它的元音不同，要通过古音来推定。比如“来回害”三字属哈灰泰韵。泰韵，《诗经》用韵主要元音是[a]，后来，有了[i]，成了[ai]；而哈灰，在《诗经》用韵主要元音是[ə]，后来有了[i]，成了[əi]，接近[ai]。史书《魏志・倭人传》有“邪马臺”，《隋书・倭国传》有“邪摩堆”。前者在3世纪，后者在7世纪前半期。“臺”属哈韵，“堆”属灰韵，日本汉字音“ト”属上古音，主要元音[o]，这也反映了向[əi][ai]变化。《魏志・倭人传》“伊都国”，汉字音“イト”。日本福冈县糸岛(“イト”)郡保留了这个读音。《古事纪》“伊斗村”(“イト”)。《魏志・倭人传》鱼部字例还有很多，比如，“末卢国”、“奴国”之“卢奴”。“都”，上古属鱼部，主元音是[a]。后向[o]变化。六朝后属模韵，再向[u]转化。如此，作者认为日本汉字音与中国上古音有了清楚的对应关系。

在此之前，赖惟勤《中国における上古の部と中古の重纽》(《国语学》第28集，1957)谈《广韵》重纽三四等的上古音来源，以及中古重纽的变化，亦参用日本“特殊假名谴”的例证。

利用日本语汉字音资料研究汉语上古音，这是日本学者的一个不同于中国学者的明显优势传统。早期的大矢透《仮名源流考及正本写真》(1911)、《周代古音考》(1914)、满田新造《支那音韵の历史的研究》(又称《支那音韵断》，1915)、大岛正健《支那古韵史》(1929)等就是如此。他们之后的一些学者，比如饭田利行《日本に残存せる支那古韵の研究》(1941)；有坂秀世《上代音韵考》(1955)第三部中的“汉字音”、“古音论”等章；真武直《日华汉语音韵论考》(1969)等著作均显现了这个特色。

大矢透(1911)对日本推古天皇遗文《伊豫道后温汤碑文》、《元兴寺露盘铭》、《同丈六佛》、《法隆寺金汤药师佛》、《同寺迦佛》、《同三尊佛光背铭》等九种铭文进行研究，认为：其假名汉字音与一般汉音表现中古汉语语音明显不同，追寻其语音踪迹，保留的是中国周秦之间古音。周秦古音之外，另一个语音层次是后汉至魏时古音。后来学者称之为向中古音过渡的语音。

《周代古音考》考订韵部，把《毛诗》韵脚作为主要材料，辅之以周代群书押韵材料。考订声母(头音)主要是梵音对译、《说文》读若等材料。汉字音材料并不多见。

满田新造列先秦18韵类、汉晋16类、南北朝27类。考订先秦韵类，满田新造主要是检讨清代学者的研究，间或涉及日本汉字音，但并不多见。比如脂微齐皆灰读音，提到了日本汉字音。可以看出，满田新造的日本汉字音与汉语上古音关系的自主比较意识还不是很强烈的。

冈井慎吾在《日本汉字学史》(1934)“大岛正健”条认为大岛正健《支那古韵

史》，确定汉字音"原音"性质，这实际上强调了他的研究方法的独创性，肯定了《支那古韵史》的重要学术价值。这其中，日本汉字音所发挥的重要作用不可忽视。

但我们也看到，大岛正健对日本汉字音材料的运用，与这之前的日本学者一样也有牵强附会的成分在里面。有许多假名标记的年代较晚，性质也很难确定，这样就模糊了语音材料的时空间界限，所以，这种研究的可靠程度到底有多大往往让人怀疑。再有，构拟的语音系统性解释力也很不够，也有让人难以理解的地方。比如第九部与第十部的甲类说是没有韵尾，可是，却标记上入声韵尾，还是难以解释这种矛盾性。就是中国学者的研究成果，比如段玉裁等学者运用异文谐声的材料研究的结果也是没有充分吸取，研究的局限性暴露出来了，降低了应有的学术价值。另外，日本汉字音材料的内在性质十分复杂，"古音"与"吴音"纠葛在一起，难以分辨。"汉音"出现的时代较晚，又与汉语上古音缺乏可比性，当然带来了研究上的困难。

有坂秀世(1955)"汉字音"章"绪论"称，研究"古代中国语的音韵组织"以高本汉的学说理论为主要参照。尽管如此，这并不等于说他会完全照搬高本汉的看法。其实他与高本汉的观点有许多是不同的。比如古韵研究的方法，认为高本汉过分轻蔑中国古韵学者的研究结果，并说只可以作"辅助材料"，在学术态度上不可取。对日本学者的古音研究进行了检讨。比如，大矢透《假名源流考》在钱大昕古无舌头、舌上之分，只有舌头音的观点基础上，认为既然舌音没有拗音，唇齿等音也应该是如此。有坂秀世从汉字假借关系、方言条件等方面考察，认为钱大昕的说法过于绝对化，更不赞同大矢透的日本汉字音观点。

其次是古声纽研究的方法。古声纽研究的直接材料是《毛诗》、《周易》等"双声对用"之例，用的是形声音符的使用法。形声文字表现的音和那个音符文字表现的音之间关系，两者一定一致，仅限于韵形，声母不一致的情况也有。但有坂秀世认为大矢透所得出的声母大多数一致的结论是合适的。

其他，关于舌音及齿音、台部、固部、相部、成部、解部、阿部、区部、州部、尔部、类部、真部、云部，以及合口等问题的讨论非常详细。比如固部，综合大矢透《仮名源流考》、《周代古音考》，以及满田新造《支那音韵断》、大岛正健《支那古韵史》等学者的研究，固部拟音应该是[i̯uâ][ï̯uâ]，《切韵》虞麌遇韵[ï̯u][ï̯u]是从固部[i̯uâ][ï̯uâ]来的。有坂秀世的构拟，有梵汉对音、日本汉字音，比如《万叶集》、《播磨风土记》语音的证据。比起前人的研究，更为细致而深化。

真武直(1969)在《日华汉语音韵论考》比较注意日本上代特殊假名材料。日本语五十音图ア行和ヤ行的エ，以及キヒミケヘメコソトノヨロモ等14个清音，并ギビゲベゴゾド等7个浊音，每个音在"万叶假名标记"的字形群上有两类的区别，即所谓特殊假名音的甲类与乙类。书写在《古事记》、《日本书纪》、

《万叶集》文献上，属于奈良朝以前的时代。两种语音音值不同，因为这种假名音借用了汉语语音，所以近似于“原音”，这是一般学者的看法。依据大矢透(《仮名源流考及正本写真》)、桥本进吉(《国语音韵の研究》)、有坂秀世(《国语音韵史の研究》)等研究，它的来源比较复杂，有可能与上古音发生承续关系。所以，与上古音资料才有了进行比较的可能。

日本学者对日语汉字音与汉语上古音关系的研究，与日语汉字音与汉语中古音关系的研究相比还不是很充分，对许多问题的认识还停留在一般性的思考上，有待于进一步深入进行。我们认为，今后的日语汉字音与汉语上古音关系的研究一方面要对前人的研究进行各个角度的反思，另一方面，还要在研究理论与研究方法上不断创新与开拓。比如，学术视野的拓展，像朝鲜汉字音所反映的汉语上古音与日语汉字音、汉语上古音声母的比较，例如复辅音研究；还有，中国汉语音韵学有关汉语上古音研究的学术进展很快，相关的成果不断涌现，日本学者对此关注不够，等等，都是应该加以注意的问题。我们认为，开辟日语汉字音与汉语上古音研究的新途径，就必须冲破传统思维藩篱的束缚，否则，很难脱离出前人研究的窠臼，更谈不到改变研究现状了。

附　注：

[1]《日本に残存せる支那古韵の研究》，3页，富山房，1941。

[2]《支那古韵史》，3—4页，1919年“序”，富山房，1929。

[3]《支那古韵史》，3—4页，1919年“序”，富山房，1929。

[4]《日本汉字学史》，“大岛正健”条，明治书院，1934。

[5] 收在《上代音韵考》，1955。庆谷寿信认为，《上代音韵考》第一、二、三部就是以1930年12月有坂秀世向东京帝国大学文学部提交论文的提纲为基础而写出的。其中，第二部，修订于1932年7月—1933年7月病中。见《有坂理论の展开》，《东京都立大学人文学报》第234号，1—35页，1992.3。

[6] 藤堂明保《中国语音韵论》，243—320页，1957。佐藤进《释名声训考》，《东京都立大学人文学报》第112号，63—79页，1976。

[7] 筱崎摄子《赖惟勤“合口性喉音韵尾说”简介》，《语苑撷英——庆祝唐作藩教授七十寿辰学术论文集》，15—30页，北京语言文化大学出版社，1998.1。

[8]《河野六郎著作集》第2辑，530页，平凡社，1979。

[9] 冯蒸《1965—1979年国外汉语音韵学研究述评》，《汉字汉语学术研讨会论文集(下)》，230页，吉林教育出版社，1991.8。

[10] 李无未《日本学者对日语汉字音与汉语上古音关系的研究》，《延边大学学报》2004年第3期。

第二章　日本学者《玉篇》等字书语音研究

【本章内容提要】日本冈井慎吾《玉篇の研究》全力挖掘《玉篇》版本，迄今仍然是收集《玉篇》材料最为全面的著作之一；河野六郎《玉篇反切音韵研究》则主要侧重反切语音研究，是以揭示《玉篇》反切语音系统为目的，进而说明《玉篇》反切语音的性质，推崇《玉篇》反切语音对研究汉语中古语音的意义。冈井慎吾和河野六郎的著作，在日本相辅相成，俨然已成为姊妹篇。古屋昭弘对《正字通》语音研究也很重要。

【关键词语】冈井慎吾　河野六郎　《玉篇》　版本与语音　古屋昭弘

一、冈井慎吾和河野六郎《玉篇》研究

中国学者研究《玉篇》语音的主要是罗振玉、周祖谟、周祖庠等人，无论是从顾野王原本《玉篇》残卷、空海《篆隶万象名义》反切，还是从《大广益会玉篇》，都有所涉及，取得了很大的成绩。

境外学者，尤其是日本学者研究《玉篇》的不少，其中，冈井慎吾《玉篇の研究》(《东洋文库论丛》第19辑，1933)、河野六郎的《玉篇に现れたる反切の音韵的研究》(东京帝国大学文学学科论文，1937)尤为系统。[1]

(一) 冈井慎吾的《玉篇の研究》

冈井慎吾《玉篇の研究》的基本结构分为"绪言"、"《玉篇》研究前篇"、"《玉篇》研究后篇"三大部分。

1. "《玉篇》研究前篇"

(1)《玉篇》考，正篇：顾野王以及原本《玉篇》。第一章，有关《玉篇》的记载。有汉土书籍、日本书籍；第二章，顾野王传记和著作；第三章，《玉篇》卷数、述作年月、完成的时代、分部；第四章，现存的原本。总说和"各说"介绍了早稻田大学本和福井本；"原本《玉篇》的印行"一节，介绍了柏木本、古逸丛书本、高山寺本、神宫文库本、原本《玉篇》本、被访书余录所收者、东方文化学院影印本；对这些版本之间的关系、谬误也进行了探讨。第五章，《玉篇》的体貌。主要是收字的范围、或为术语、音切、训义、与《说文》的比较、与《字林》的比较、与《篆隶万象名义》的比较，还有与《新撰字镜》的关系。

(2)《玉篇》考，续篇：非顾氏之旧《玉篇》。第一章，宋本。原本和宋本的比较、宋本和《广韵》的关系、"字样"差异、《四声五音九弄反纽图》、宋本的其他版本

(图书寮本、天禄琳琅书目、《经籍访古志》所载版本)。第二章,元本。关于《玉篇广韵指南》:字有六书、字有八体、切字要法、辨字五音法、辨十四声法、三十六字母五音五行清浊旁通撮要图、三十六字母切韵法、辨四声轻清重浊总例、双声叠韵法、奇字指迷、字当避俗等、与宋本的比较、元本的谬误、其他各种元本(圆沙书院延祐本、泰定本、内阁文库、内藤博士本、至正丙申丙午本、建安郑氏本、建安蔡氏本、铁琴铜剑楼本、开封府所翻本等)。第三章,明本。有永乐中朱氏与耕堂本、弘治辛酉文明书堂本、永乐甲午广勤书堂本、宣德中清江书堂本、弘治中詹氏进德堂本、万历初元益王府本、内府司礼监本、南京国子监本、开封府所翻本、刘氏明德堂本、福建书房本(附《玉篇直音》)。第四章,清刊本。有泽存堂本、见楝亭本、小学汇函本、邓氏本。第五章,本朝(日本)刊本。有五山本、庆长九年本、宽永八年本、宽永廿一年本、庆安二年本、庆安四年本、万治二年本、宽文三年本、宽文四年本、元禄五年本、天宝五年官版本。第六章,《倭玉篇》。各种版本:《倭玉篇》两种、长亭本、玉篇要略集、米泽本(同类《便蒙字义》、《元龟字丛》)、铃鹿本、大槻本、庆长九年本、庆长十年东井本、庆长十年贤秀本、庆长十年梦梅本、庆长十五年本、庆长十八年本、元和缩印本、宽永五年本、宽永七年本、宽永九年本、推定宽永本、宽永十五年本、宽永十六年本、宽永二十年本、新刊真草和玉篇、正保三年本、正保四年本、庆安二年本、庆安三年本、庆安四年本、庆安五年本、宽文二年本、宽文四年本、宽文七年本、宽文十年本、宽文十二年本、延宝九年本、增训画引和玉图汇、小篆增字和玉篇、改正真草画引大广益和玉篇、篆字和玉篇纲目、早引和玉篇大成、倭玉真草字典大成、头书韵附四声和训画引增益和玉篇、草体本行真体左行本。第七章,附录三种:耶稣会士刊行《玉篇》、朝鲜通行的《韵会玉篇》、《全韵玉篇》。

2.“《玉篇》研究后篇”

《玉篇》逸文,内篇:顾氏原本的思考。补《妙法莲华经释文成实论天长点所引》。《玉篇》逸文,外篇:顾氏原本的异趣。大槻本、贤秀本、梦梅本、宽永二十年本、宽文四年本、增训画引和玉图汇、小玉篇图版。

据其“绪言”,冈井慎吾的研究起因于看到黎庶昌所编《古逸丛书》收录《玉篇》逸文。原本《玉篇》在中国早已经失传,所以才觉得《玉篇》逸文以及流传研究是十分重要的,于是,全力挖掘《玉篇》版本,让读者真正看到了《玉篇》版本的真实面貌。从《玉篇》版本收集角度上看,冈井慎吾的研究迄今仍然是最为全面而系统的文献研究之一,可资借鉴之处甚多,对汉语字书及中古音研究具有很重要的学术意义。

(二) 河野六郎的《玉篇反切音韵研究》

河野六郎的《玉篇に现れたる反切の音韵的研究》(以下简称《玉篇反切音

韵研究》)与冈井慎吾《玉篇の研究》研究的角度有些不同,主要是以揭示《玉篇》反切语音系统为目的,进而说明《玉篇》反切语音的性质,推崇《玉篇》反切语音对研究汉语中古语音的意义。二者在日本相辅相成,俨然已成为姊妹篇。

《玉篇反切音韵研究》基本结构分为三部分:第一部分是总说,包括第一章序论、第二章《玉篇》、第三章方法。第二部分是《玉篇》音韵论,包括第一章序论、第二章声母、第三章韵母。第三部分是结论。下面我们按照河野六郎(1937)原文次序加以介绍。

二、河野六郎《玉篇反切音韵研究》的总说

河野六郎《玉篇反切音韵研究》第一部分是总说。

在第一章序论中,河野六郎对如何研究中国音韵学提出了自己的看法。以某一个时期为出发点的话,从与之相关的资料寻求上,可以说,六朝末和唐初最为便利。中国人对自己的语言加以反省,主要是在诗文的音调方面。出于那样的动机,传来的佛教和在中国所进行的佛教经典翻译,以及把魏李登《声类》作为始祖韵书的工作越来越精细,于是,陆法言《切韵》成为人们认可的集大成的语音著作。

河野六郎提到,《切韵》因为成为后世的语音标准,以此资料为基础所揭示的种种语音意义促使人们进一步加以思考。加之同时代文献,例如,诸经中的汉藏对音、慧琳《一切经音义》等种种资料价值被明显突出出来。另外,朝鲜汉字音、日本汉字音、越南汉字音也大体贴近这个时代。其他,如佛教经典翻译,从六朝开始渐渐引起人们的重视,数量大大增加。特别是进入唐代,玄奘、义净等名僧的译音细致入微,都给语音的研究提供了便利。

具有如此创新的见地,尝试复原这个时代音韵的,当推瑞典硕学高本汉,以及法国马伯乐。马伯乐补充高本汉研究的内容不少,也值得特别注意。

河野六郎谈到,中国音韵学界呈现了比较活跃的气氛,其中,罗常培《唐五代西北方音》(《历史语言研究所单刊》甲种十二,1933)、黄淬伯《慧琳一切经音义反切考》(《历史语言研究所专刊》之六,1931)值得推崇。其他,如魏建功、赵元任、王力等人的著作在各个方面的贡献是相当大的。

与此相比较,河野六郎感叹,日本中国音韵学研究的专门学者实在太少。失去了大矢透博士这样的学者,后继之人又很少,只有大岛正健博士、高畠学士还在进行研究。最近与国语学相关联进行研究的,先辈学者中还有有坂秀世。另外,就是其畏友永岛学士。

河野六郎称,东西方学者就《切韵》的研究来看,成就不小,可以说是渐次精密,但和《切韵》时间相距不算远的《玉篇》,从音韵学角度进行研究的没有听说

过。《玉篇》是南朝的著作，仅凭这一点，就对《切韵》，乃至于中国音韵学研究会产生十分重要的影响。所以，他就把它作为研究的对象。

河野六郎认为，中国学者论音韵的出发点往往是把六朝末乃至唐初（《切韵》时代）作为研究的选择对象，以便复原当时的音韵组织，但无论怎么说，根据这些材料，去发现那之前或以后语音发展情况仍然是很困难的。纵令对唐代每一个字音判定，不限文字形体组织，即便那些文字保留每一个时代的字音，如果没有反切的限制，而考虑到字音的变迁的话，一定会得到各个时代的字音。隋唐以后的时代，伴随着音韵学的发展，学者们对《切韵》材料进行补正，编撰新的韵书，确实能够由此填补近代语音研究资料的空缺。然而，按这个方法研究隋唐以前语音则是不可能的。通过诗歌韵脚的变迁能够明确韵的性质，并依据反切以前表音法，比如汉儒喜欢用的同音或者把近音文字比喻说明的解释法，能够窥知韵的几分内涵，但也是个很不合时宜的方法。不能如《说文》"从某声"或者"读若某"那般彻底，毕竟它还不能成为外国语音的标记。随便运用这等方法，似乎能够窥知语音一些情况，但却不能指望见到全豹。

然而，另一方面，如果对上述字音进行研究，就能够阐明当时的音韵组织，直接接触到材料所保留的当时的语言信息。上述诸种资料之一是辞典，不过，在那里能够见到显示字的语音组织要素的材料，经过研究，其结果不过是探知到了每一个字的字音。每一个字字音，换一种说法，是把音称为字的符号，由汉字的特性而推知字音的中国独特思考方法，完全是主客颠倒的谬见，一定是彻底的表现文字的特性，而判断得到字音却不可能，结果，一定是把握住了言语形态，即见到言语应该如何表现字的外形的。

然而如何把握言语形态？研究字音的结果，不就是抓住了语言当时的外形吗？《切韵》等字典表现的字由祖先传承而见到的古老的字——成为已经死去的语言显示的字——当时俗语表现的语言的字杂然交错，难以设想那之间的巨大差别，从而难以整理出研究言语需要的材料。所以，从如此字典中，能够得到当时音韵组织，却绝不可能表现当时的语言。在这种情况下，对中国语史的探究所具有的这一层复杂局面，短时间内是难以改变的。

果然这样的话，中国语史的探究应该如何做呢？河野六郎的叙述，提出了一个十分重要的问题。由以上思考可以看出，河野六郎在《切韵》之外寻求研究中古音的出路，《玉篇》语音资料则是最佳的选择。

三、河野六郎论《玉篇》编撰主旨及流传

在第一部分的第二章《玉篇》一节中，河野六郎认为，由六朝到隋唐南方语音最重要的研究材料是梁顾野王的《玉篇》。此书是梁大同九年（543）完成的字

书。其编撰的主旨可见于顾野王的"序"。

此书的原本已佚,现在所见不过是日本仅存的数种残卷。因为入宋以后重修的《大广益会玉篇》完全失去了原形,而在残存断片上却可以见到此书原本显示字的意义,而且揭示出很多意义,在后世字典中,罕有能和这个《玉篇》相匹敌的。特别之处在于,那里引用的经典章句是没有经过开成石经改字以前的东西,是经书文献学中最为贵重的资料。如此,可以肯定,《玉篇》是字书,但在每一个字下却是反切,不用说,这些反切作为字音的研究资料十分重要。河野六郎认为,可以依据这些反切推定梁代南方音。

《玉篇》编撰完成后不久,即太清二年(548),经萧恺的手删改,见于《梁书·萧子显传》,后来,进入唐代高宗上元元年(674),由孙强增字,但这些资料皆已亡佚,现存的还是宋大中祥符六年(1013)陈彭年、吴锐、丘雍等重修的《大广益会玉篇》。

《玉篇》传入日本,所流传下来的原本残卷却是梁顾野王的原本,即经萧恺的手删改、还有孙强的增加字本。孙强的增加字本被认为是传入原本内容,没有大的失误。在现存《玉篇》残卷中,能够见到的是:心部(卷八)之一小部(久原文库藏);从卷九的言部到幸部(早稻田大学本福井氏藏本);从卷十八的放部到方部(藤田男爵家藏);卷十九水部的一部(藤田家藏);由卷廿二的山部到私部(神宫文库藏);卷廿四的鱼部的一小部(大福光寺藏);从卷廿七的糸部到索部(前半高山寺藏,后半石山寺藏)七种。《古逸丛书》、《续古逸丛书》收录。在这七种中,写本能够判明年代的是:卷九(治安元年,1021)、卷十八(庆云四年,707)、卷廿二(延喜四年,904)三种。关于《玉篇》原本残卷的研究,当推冈井慎吾《玉篇の研究》,不过,属于书志学的研究。

河野六郎认为,原本《玉篇》残卷七种写本存在着明显的时代差异,字数少,资料的使用也受到种种限制。陈彭年等所作修订本无论是字的解说还是反切标注,面目全非,作为语言资料的价值很小。幸而日本弘法大师所撰《隶篆万象名义》基本保存着《玉篇》原貌。山田孝雄博士将这本书收在《崇文丛书》中之际,在《隶篆万象名义》的跋文中,依照其记载的内容判定它应该是依据《玉篇》。然而,人们乍一看《隶篆万象名义》的现存写本(高山寺本,《崇文丛书》收),一定会认为其依据《玉篇》是杜撰。误字到处都能够发现,所释本字掺入了注文中,注文代替了本文,或者疏于字义的解释,实在是"使用时寻找很难,容易产生疑惑"的字书。这是因为写本的作者没有学问,除去谬误,一定能够见到本书的构造。暂时放下简略的注释,《玉篇》揭示反切的两方面情况,这本书两种记载,除了其中之一,有时,把两种当成一种,自此以外,犹可见到书两音字和告白的,无论何人,他的博学,不能说是弘法大师之作吧!如果此书是弘法大师所作的话,何故后世人不利用这本字书?利用这本书的文献,仅见于圣德太子平氏传杂勘文两处。由这个理由可以说明《隶篆万象名义》不是弘法大师所作，大概是伪托大师之名吧！

乍一看，人们认为，这本《隶篆万象名义》和《玉篇》有关系，而且保存了完本，是填补原本《玉篇》空隙的重要资料。冈井慎吾认为，从《隶篆万象名义》卷数次序难以推断《玉篇》原形，《隶篆万象名义》的反切和残存《玉篇》反切之间有怎样的关系呢？换言之，《隶篆万象名义》是否依据《玉篇》，有必要把所有的内容纳入到视野中考察。但可惜的是，当时这方面的工作还不尽如人意。

河野六郎从原本《玉篇》残卷七种和《隶篆万象名义》字的配列次序、反切的异同等方面进行比较，发现二者之间大体一致。有少量反切存在差异，反映了《隶篆万象名义》反切补充原本《玉篇》的情况，由此可以认定，《隶篆万象名义》对于研究原本《玉篇》意义之重大。

中国学者周祖谟《〈万象名义〉中之原本〈玉篇〉音系》（见《问学集》（上），270—404页，中华书局，1966（1936））和河野六郎的做法大体一致，也是要比较"《隶篆万象名义》与原本《玉篇》之异同"。结论是："《名义》反切除用字与原本《玉篇》不尽相同以外，其声韵不合者，至少可知《名义》之反切即本于原本《玉篇》矣。"由此，肯定了《隶篆万象名义》对于研究原本《玉篇》的重要价值。[2]

四、河野六郎《玉篇》语音的研究方法

在第一部分的第三章"方法"一节中，河野六郎提出了研究《玉篇》语音的方法。

河野六郎指出，《玉篇》是字书不是韵书，依附于各字的反切难以反映具有什么样的语音组织。归纳这些反切的结果，相互之间没有什么关系。建立这个系联组织，必须借助于《切韵》。但因为参照《切韵》反切音类而考订，这也可以称之为反切语音结构组织化。清儒陈澧的研究（《切韵考》）明确了《切韵》的组织。应该注意的是，仅仅系联《切韵》反切而建立语音组织结构，还不能称为《切韵》自身的语音结构分析，而依从《韵镜》等韵图声韵调配合关系却可以帮助分析《切韵》语音结构，这才不至于犯了年代确认上的错误。完全相当于王力研究诗文押韵例所明确韵的时代变迁，即"与其根据宋人的韵图去假定《切韵》的音值，不如根据南北朝诗人用韵的远近，因为南北朝离《切韵》的时代很近，而且诗歌里的韵类，总比韵图里的更系统、更自然些"。河野六郎对此完全有同感。从六朝诗文押韵例证看到用韵的语音远近，是有关《玉篇》语音研究的重要材料。另外，《韵镜》等韵图的各项规定是非常严格的，把中国音韵结构分析，全部压缩在四十个图中，虽然也有不合理的情况，特别是此等韵图，与《玉篇》的语音组织有时代的距离，则不必要迷惑于韵图的繁琐的术语，而以自由的态度面对却是很

自然的。

具体做法，河野六郎说，归纳《玉篇》反切音系，尤其是把音系和《切韵》以及诗韵的用例相参验，一应会得到它的语音组织。然而，它的语音组织，亦如高本汉所言，不过是显示单纯的音类，具体的音值，如果依据它还是不能直接得到。但当见到整理的反切音系结果，却发现，《玉篇》和《切韵》大体一致，让人很兴奋，因为，能够见到的是，连当时语音的细微之点都相似。从某种程度上讲，高本汉复原的《切韵》音值与《玉篇》相当。以此来判断，高本汉复原《切韵》音值的做法很妥当，应该蹈袭之。但《玉篇》和《切韵》语音显著相异之点，也是不能不考虑的。

河野六郎认为，拟定《玉篇》音值，日本、朝鲜、越南的字音以及现代中国的诸方言，尤其是南方方言的参照是必需的。现在还不能指望这些材料的真实性，要得等到一一调查清楚才可以使用，如此，才建立起庞大的研究计划。考订《玉篇》价值，必须依据下列的资料：日本汉字音，包括汉音、吴音两种；朝鲜汉字音，比如谚解等材料；越南汉字音，中国南方方音，并依据高本汉的整理和研究。此外，还要参照同时代，即梁代的译经，梵汉对音、汉藏对音等材料。河野六郎强调，在材料使用的广泛性上，已经比高本汉时代更为优越，论证则会更为精密。

中国学者周祖谟(1936)设专节谈“研究《名义》反切之方法”，首先考虑到文献的校勘问题：“然《名义》一书抄录草率，讹字累累，欲研究《名义》之反切，首当正其讹字。”“有原本《玉篇》残卷可据者，即取原本《玉篇》订其讹误。”“但原本《玉篇》仅存字两千余，其他不见于原本《玉篇》者，则不得不采用今本《玉篇》。今本《玉篇》虽经唐宋两代之增改已非原本之旧，但其中反切相因不改者尚多，亦足以刊正《名义》之纰缪……惟《名义》所出之音有与今本《玉篇》不相符合者，未易定其是否有误，则须参考他书以定其然否。”将《玉篇》反切文字考订无误，才可以进行《玉篇》语音系统的研究。

周祖谟认为，进行《玉篇》语音系统研究，主要以陈澧“反切系联法”为手段。在正式进行《玉篇》反切系联之前，还要考虑对《玉篇》反切做“详审分合，参互比证，以定其类别”的工作。他所归纳的“比证之法”有六：以原本《玉篇》一字之两切语互证；以正文反切与或体反切比证；以《名义》每卷卷首部目之反切与卷中部目之反切比证；以今本《玉篇》之反切互相参证；参考《玉篇》之逸文；参考《广韵》之声韵部类。

对《玉篇》反切进行系联，周祖谟先行拟定“反切系联条例”：1. 取《万象名义》一万六千余反切与原本《玉篇》残卷及今本《玉篇》、《广韵》等勘校，然后依据陈澧系联《广韵》反切之法，以反切上字之同用、互用、递用者系联之，定其声类；以反切下字之同用、互用、递用者系联之，定其韵类；进而排比其音系。2. 原本《玉篇》

残卷一字有两切者，《名义》仅存其一。今一以《名义》反切为主；《名义》未收者，概不阑入。3. 原本《玉篇》残卷所存之反切，与《名义》用字不同者，系联时暂从《名义》。4.《名义》之反切上下字有脱误者，参酌今本《玉篇》之反切，审定其音类。5.《名义》之反切用字有不见于本书者，则参考今本《玉篇》以定其属，附于末尾。6. 凡《名义》中反切有两读者，系联时一以其所切诸字之音为准，定其归类。7. 凡由反切可以系联者，固当定为一类，但有时因用字之疏，致本非同类之字而混用者，今据其所切之字是否相合而定。审音不合者，仍分别归类。8. 系联时，有审音为一类，而反切用字无法系属者，则据前节所述比证之法定其类别。

周祖谟所提出的研究《玉篇》语音的方法与河野六郎存在一定的差别。

五、河野六郎《玉篇》音韵论和结论

（一）河野六郎论文的第二部分是《玉篇》音韵论

1. 第一章序论。河野六郎指出，因为汉字是表意文字，了解汉字的语音不能仅仅从汉字去判断，而应该注意注音形式，其中，反切是语音研究的重点。反切，实际上是各个字的表音法。

关于反切的起源，有一种说法，一般人认为，是魏孙炎创制的，但真伪不明。无论如何，后汉以后受佛教东传的刺激而作似乎是确定的。然而，梵语的研究促进了中国的语言研究，但没有直接参与反切的创制。反切成为定性模型依赖于中国语自身动力而产生的变化现象，即不律为笔、蒺藜为茨、不可为叵、单音节化现象成为反切直接的原型。（见顾炎武《音学五书》卷下"反切之始"条）

河野六郎说，反切的构造，概括地讲，构成反切的上字表声母，反切下字表韵母。表示复杂的音节语情况，反切上下字存在着微妙之点。比如黄淬伯分析慧琳《一切经音义》反切，不设定唇音字有开合之别。原因是：

> 字切语下字歧用开合口字，与喉腭舌齿诸纽字之切语下字，任协唇音字，而不论其开合，错集紊乱，与本编盖同。惟古人定切，独于唇音字，开合口音不能井然有别，此乃语音学上可注意之事也。（黄淬伯《〈慧琳一切经音义〉反切考》，34页）

河野六郎认为，黄淬伯的观察是很细致的，而陈澧没有注意到这个事实，所以，黄淬伯指出陈澧的失误：

> 按陈兰甫《切韵考》中一韵部分数类者，见唇音字切语下字歧用之状，即疑为讹误，如怪韵拜字布戒切（开口），而以张本曹本《广韵》布怪切（合

口)为非,不知唐写本王仁煦《刊谬补缺切韵》正作博怪切……

如此,河野六郎将《玉篇》、《切韵》、《广韵》进行比较,发现,《玉篇》反切不如后世韵书反切音节结构的组织严密,而是一种自由的构成,所以,就必须进行整理,为此,河野六郎制成了《音韵表》。

2. 第二章声母。一般学者把宋人三十六字母当做论及中古声母的起始,河野六郎则从《广韵》声母研究的实际出发,吸取中外学者的成果,把中古声母分为四十一,即考虑将正齿的照组声母分为两类,喻母有三等四等的区别,并把四十一声母作为讨论《玉篇》语音声母的基准。四十一声母是:

牙喉音:见溪群疑影晓匣喻羽

舌音:端透定泥知彻澄娘日来

齿音:精清从心邪照穿神审禅庄初床山

唇音:帮滂並明非敷奉微

按照这个字母的次序,河野六郎详加考辨,认为,《玉篇》语音声母应该有 35 个:

喉音:[ø]影[r]匣

舌根音:[k]见[k]溪[g]群[ŋ]疑[χ]晓

舌尖后音:[n]日[s]审[z]禅[ʦ]照[ʦ]穿[ʣ]神

舌叶音:[s]山[z]庄[ts]庄[ts]初[dz]床

舌尖前音:[s]心[z]邪[ts]精[ts]清[dz]从

舌尖中音:[t]端[t]透[d]定[n]泥[l]来

双唇辅音:[p]帮[p]滂[b]並[m]明

唇齿辅音:[pf]非[pf]敷[bv]奉

周祖谟研究《玉篇》语音声类 39 个,所代表的音位声母有 36 个。与宋人三十六字母比较,明微为一类,泥娘为一类,从邪为一类,床三和禅为一类。照穿床审二等与三等有别,所以,总数还是 36 个。

3. 第三章韵母。一般学者的韵类研究,都把《广韵》206 韵作为标准,而且这个 206 韵的韵又有所谓一二三四等的分类。这个分类依据的是韵图分类法。河野六郎分类虽然也依据韵图的分类法,但有一些调整,分为七类:

第一类,一等韵歌戈灰咍泰豪寒桓覃谈唐

第二类,一等韵东冬模侯魂痕登,加上二等韵江

第三类,除了江之外二等韵的全部,麻佳皆肴删山咸衔庚耕

第四类,三等韵的支脂之真侵蒸

第五类,三等韵的东钟虞鱼尤幽元严废文微

第六类,三等韵的麻祭宵仙盐庚清阳

第七类,四等韵的全部,齐萧先添青

经过考证，河野六郎得出的《玉篇》韵母音值如下（以平赅上去入，有些符号，比如[̥̂]等出于印刷的考虑没有注出）：

[ɑ]歌　[uɑ]歌　[ɑi]哈　[uɑi]哈　[ɑi]泰　[uɑi]泰　[ɑu]豪　[ɑn]寒　[uɑn]寒　[ɑm]谈　[ɑŋ]唐　[uɑŋ]唐　[iɑŋ]阳　[iɑŋ]阳　[ïɑŋ]阳　[ï^{W}ɑŋ]阳　[a]麻　[ua]麻　[ia]麻　[ai]佳　[uai]佳　[iai]祭　[ï^{W}ai]祭　[$_{ɐ}$i]皆　[u$_{ɐ}$i]皆　[au]肴　[iau]宵　[ïau]宵　[an]山　[uan]山　[ian]仙　[i^{W}an]仙　[ïan]仙　[ï^{W}an]仙　[ɐn]删　[uɐn]删　[am]咸　[iam]盐　[ïam]盐　[ɐm]衔　[aŋ]庚　[uaŋ]庚　[iaŋ]清　[i^{W}aŋ]清　[ïaŋ]庚　[ï^{W}aŋ]庚　[ɐŋ]耕　[uɐŋ]耕　[ai]齐　[uai]齐　[au]萧　[an]先　[uan]先　[am]添　[aŋ]青　[uaŋ]青　[o]模　[iu]虞　[ïu]虞　[iɔ]鱼　[ïɔ]鱼　[ou]侯　[iou]尤　[ïou]尤幽　[ïou]尤　[uŋ]东　[iuŋ]东　[ïuŋ]东　[oŋ]冬　[ioŋ]钟　[ïoŋ]钟　[ɔŋ]江　[uən]魂　[ïuən]文　[ïuɔn]元　[ən]痕　[ïɔn]元　[əm]覃　[ïɔm]严　[əŋ]登　[uək]德　[ii^{ə}ŋ]蒸　[ïi^{ə}ŋ]蒸　[ï^{W}i^{ə}k]职　[ïuɔi]废　[ïuəi]微　[ïəi]微　[ie]支　[i^{W}e]支　[ïe]支　[ï^{W}e]支　[ii]脂　[i^{W}i]脂　[ïi]脂　[ï^{W}i]脂　[iin]真　[i^{W}in]真　[ïin]真　[ï^{W}in]真　[iim]侵　[ïim]侵

周祖谟研究《玉篇》语音韵类52个，178韵。区别较大。

（二）河野六郎论文的第三部分是结论

河野六郎认为，通过研究《玉篇》语音，可以见到，它的音韵组织和《切韵》相异点并不多见，特别是韵类，连细微之点都酷似，更让人相信它们之间确实存在着亲密关系。这两本书的相似性表明，它们都以当时的标准音为基础。如此，《切韵》参照诸种韵书和古今字书，斟酌考究当时诸种方言而进行的编纂，是最小公倍数的韵书，不是依据某一方言而成的说法是十分有力的。依据《玉篇》反切，《切韵》复杂的分类绝不是如此分类的结果，几乎是详尽地分析了当时标准音音韵，这样说并不过分。

河野六郎不同意高本汉、马伯乐关于当时中国标准音是长安方言的意见，引述有坂秀世(《隋代的中国语方言》)和林语堂(《前汉方音区域考》)的意见，认为，从后汉开始的500年间，政治中心是以洛阳为首的河南地区，此地语音成为标准音，即便是晋室南迁，也没有改变，可以称为"江东标准语"。伴随着晋室南渡，《玉篇》基于移住于江东的士人语言，即标准语。经过归纳《玉篇》反切，结果表明，这个"江东标准语"与河南的标准语是一致的。

河野六郎认为，《玉篇》反切语音和《切韵》反切语音的差异主要是：

一是存在匣母羽母喻母之别；

二是存在神母禅母之别；

三是存在从母邪母之别；
四是唇音声母存在着所谓轻重之别的征兆；
五是存在舌头舌上之别；
六是存在脂之两韵之别；
七是存在臻欣两韵和真韵之别；
八是平声尤幽混同；
九是严凡混同，但入声业乏有别。

周祖谟《论〈篆隶万象名义〉》(1936年完成，见《问学集》(下)，896—918页，中华书局，1966)说，他研究《篆隶万象名义》和冈井慎吾一样是受杨守敬《日本访书志》的影响而始知其重要价值的。他说："杨氏发端示例，颇足为治顾书者开一坦途。今日人冈井慎吾氏于《原本玉篇残卷》已研究有得(见所著《玉篇的研究》)，而于《名义》一书尚未有人探求(仅有山田孝雄氏之《解题》及冈井慎吾氏之《读〈篆隶万象名义〉》二文)。因此取此书与原本《玉篇》、今本《玉篇》及《说文》等，比观异同，略论得失，以为考订《玉篇》者之参考。"周祖谟教授此时并不知道河野六郎也在利用《篆隶万象名义》研究原本《玉篇》音系之事。[3]

周祖谟在《〈万象名义〉中之原本〈玉篇〉音系》(1966)"后记"中说，承其师罗常培指导，研究《篆隶万象名义》中的原本《玉篇》音系，完成于1936年。可是，日本侵略中国，致使大量资料散失，耽搁20多年而不能修订。周祖谟早于河野六郎一年完成却不能及时发表，留下了种种遗憾。虽然如此，周祖谟的研究仍然是后来学者研究原本《玉篇》音系的最重要参考著作。

陈东辉(2008)《日本的汉语史研究概观》提到，冈井慎吾和河野六郎《玉篇》研究之外，值得注意的是：上田正的《〈玉篇〉反切总览》(562页，著者自印，1986.12)和太田斋的《〈玄应音义〉反切和〈玉篇〉反切的一致》(《中国语学研究》(开篇)第17号，好文出版，1998.6)也取得了很大的成绩。其他，如上田正的《〈玉篇〉残卷论考》、《〈玉篇逸文〉论考》，西宫一民的《令集解と玉篇》，森鹿三的《令集解所引玉篇考》，井野口孝的《〈新译华严经音义私记〉所引〈玉篇〉佚文》、《大治本〈新华藏经〉音义所引〈玉篇〉佚文》、《关于智光〈净名玄论略述〉所引的〈玉篇〉》，井上顺理的《〈令集解〉引〈玉篇〉佚文考——〈孟子传来考〉附论》，西端幸雄的《〈玉篇〉零卷出典索引》、《〈玉篇〉佚文补正汉字索引》，高田时雄的《〈玉篇〉の敦煌本、〈玉篇〉の敦煌本补遗》，长泽规矩也的《原本〈玉篇〉古写本断简の行方》，贞苅伊德的《关于〈玉篇〉和〈篆隶万象名义〉》，木田章义的《〈玉篇〉及其周边》，太田斋的《〈玄应音义〉对〈玉篇〉的利用》，小岛宪之的《关于原本〈玉篇〉佚文拾遗的问题》，佐藤义宽的《〈三教指归成安注〉所引〈玉篇〉佚文集及其研究》等。杉本つとむ编有《异体字研究资料集成》，同时，他还著有《汉字入门——〈干禄字书〉及对它的考察》等书以及《〈干禄字书〉觉书——关于汉字音的若干考察》等论文。此外，松尾良树撰有《〈干禄字书〉浅说》一文；贞苅伊德著有《新撰字镜の研究》，涉及《玉篇》与《篆隶万象名义》的关系，等等。[4] 这些成果从不同认识角度深化了《玉篇》的研究，大大提升了《玉篇》的汉语语言史的文献价值。

六、古屋昭弘《张自烈〈正字通〉字音研究》

最近几年，有关日本汉语字书语音研究必须提及的是古屋昭弘教授的《张自烈〈正字通〉字音研究》(2009)一书。[5] 古屋昭弘教授对张自烈《正字通》字音研究历时 20 年，他的著作是目前国内外《正字通》字音研究领域最重要的著作。其体例为：

第一部是历史、版本篇。对《正字通》成书、版本，以及张自烈《增补字汇》、张自烈年谱等问题进行了详尽的考证，得出了许多为人信服的结论。

第二部是音韵篇。主要内容：《正字通》和 17 世纪的江西方音、白鹿书院本《正字通》最初的音注、白鹿书院本《正字通》声韵调分析、同音字表、《正字通》中古全浊上声字、《芑山诗集》、张自烈的读书音等。

古屋教授认为，《正字通》语音声母的最大特征是中古全浊声母不拘平仄和次清声母合流。为了证明这一点，他将与之关系密切的《字汇》、《字汇辩》、《增补字汇》与《正字通》反切进行了对比，可以明显看出确实非同寻常。韵母的最大特征是山咸二摄、止蟹二摄跨摄混同，尤其是臻深梗曾四摄合流，被认为是北方官话很少有的现象。声调则是阴平、阳平、上声、去声、入声五类。作者认为，理解《正字通》语音特征的性质，要从现代方言中寻找答案，而最直接地满足这些条件的就是赣方言，这与张自烈故乡宜春的关系十分密切。依据陈昌仪《赣方言概要》(江西教育出版社，1991)的调查发现，《正字通》语音系统和 12 个方言点语音近似，其中 6 个属于宜春。这应当不是偶然的，一定是和张自烈口语语音介入有关，这就肯定了《正字通》字音对研究江西宜春语音历史变化的价值。这个发现，意义重大，如此，《正字通》字音蕴涵的方音内容十分丰富，就不仅仅局限于官话“正音”了。

古屋昭弘教授并不满足于对张自烈口语语音价值的发掘，还通过《芑山诗集》的诗歌用韵对张自烈读书音也进行了研究，看到《宿牛首》诗“青林”叶韵，超出了“平水韵”规定范围。张自烈其他的诗也不同程度地反映这种语音事实，说明，张自烈读书音与当时的官话读书音有一脉相承的关系。

总之，《张自烈〈正字通〉字音研究》取得的成就是多方面的，代表了 21 世纪日本学者研究汉语字书语音的新趋势。

附　注

[1] 冈井慎吾《玉篇の研究》,《东洋文库论丛》第19辑,1933。河野六郎的《玉篇に现れたる反切の音韵的研究》,东京帝国大学文学学科论文,1937。《河野六郎著作集》第2辑,3—154页,平凡社,1979。

[2] 周祖谟《〈万象名义〉中之原本〈玉篇〉音系》,见《问学集》(上),270—404页,中华书局,1966(1936)。

[3] 周祖谟《论〈篆隶万象名义〉》,写于1936年,见《问学集》(下),896—918页,中华书局,1966。

[4] 陈东辉《日本的汉语史研究概观》,王宝平主编《中日文化交流史》,345—411页,上海辞书出版社,2008年第2期。

[5] 古屋昭弘《张自烈〈正字通〉字音研究》,好文出版,2009.1。

第三章　日本学者《切韵》及相关韵书研究

【本章内容提要】主要从《切韵》传入日本与日本早期《切韵》系韵书、《切韵》与日本早期字书、辞书、音义书等文献音注、明治以前《切韵》系韵书的考订与研究、近现代日本《切韵》系韵书的考订与研究、当代日本《切韵》系韵书的文献考订、当代日本《切韵》系韵书以及中古音的构拟理论与方法、当代日本《切韵》系韵书音系及其相关问题研究、日本《切韵》系韵书研究的价值及意义等方面来论述日本《切韵》及《切韵》系韵书研究的历史和现状等诸多问题，理出比较清楚的线索。

【关键词语】《切韵》传入日本　《切韵》系韵书研究　历史和现状

日本学者对《切韵》及相关韵书研究历史悠久，影响面较广，成就很大，已经成为日本国语音韵学史与汉语音韵学史上的重要内容。从中国学者的角度研究它的历史，一方面可以认识到它对日本国语音韵学的巨大价值，另一方面，也可以看到它在日本汉语音韵学史上所发挥的重要作用，对中国汉语音韵学研究也会有所启迪，更可以理清中国《切韵》及相关韵书在日本的影响脉络。

一、《切韵》传入日本与日本早期《切韵》系韵书

《切韵》传入日本的具体时间很难确定，日本信睿《成唯识论了义灯抄》成书于“宝龟四年”(773)，引用《切韵》3 条，《大切韵》1 条。《日本纪略》“宝龟七年”(776)条也已经能够见到《切韵》之名。从对日本韵书形成的影响来看，《切韵》传入亦不会太晚。“遣唐僧”也较早做了这项工作。日本僧人圆仁(793—864)《入唐求法巡礼行记》卷三有这么一段记载：

> (开成五年)八月二日，雨下，有桂轮座主。初见则不喜，后语话始欢喜，曾讲《涅磐经》数遍，兼解《外典》。新造《唐韵略》及《大藏经音》八卷，拟进今上，未毕功绩。

唐开成五年，即 840 年。饭田利行《日本に残存せる中国近世音の研究》认为，这里的《唐韵略》就是圆仁所著《切韵》系韵书，与孙愐《唐韵》有直接关系(68 页)，[1]但马渊和夫《日本韵学史の研究》(1)179 页认为是桂轮座主著。我们认为，“新造”之前的主语应是圆仁。由此，圆仁是日本最早的编订《切韵》系韵书的学者之一。[2]

川口久雄《平安朝日本汉文学史の研究》(增补合册，第 22 章第 5 节，1964)

将日本韵书和中国韵书关系结合分类，其中韵书类，就有《切韵》系，又分为对各家《切韵》增补集成，以及节略改编两种。对各家《切韵》增补集成一种，具有代表性的就是《东宫切韵》、《季纲切韵》、《小切韵》，这当中最为重要的是菅原是善《东宫切韵》。

关于《东宫切韵》。日本学者冈田希雄《东宫切韵考》、川濑一马《东宫切韵について》和《古辞书の研究》、上田正《东宫切韵论考》等进行了探讨。[3] 该书虽然已经佚失，但其逸文还保留在《和名类聚抄》、《法华经释文》等典籍中。上田正就在《和名类聚抄》等 47 种书中辑佚出 2087 条。

根据学者们的研究，菅原是善《东宫切韵》的撰述在 860? —880 年之间。菅原是善是日本文德天皇在储之日的东宫学士。此书为何称为《东宫切韵》？一种说法是："东者韵之始，宫者音之宗。"（川濑一马引《三僧记》观点），另一种说法是《江谈抄》卷五"本朝丽藻文选少帖，东宫切韵撰事者"条有："东宫切韵者，菅家主刑部尚书，集十三家切韵，为一家之作者，著述之日，圣庙执笔，令滞缀云云。"

"集十三家切韵"之说，《三僧记》举出的十三家有陆法言、郭知玄、尺氏、长孙讷言、韩知十、武玄之、薛峋、麻杲、王仁煦、祝尚丘、孙愐、孙伷、沙门清彻。另外，有学者补充，还收了曹宪一家。由此，可以看出，《切韵》传入日本，既有《切韵》原本，也有唐代的刊谬补缺《切韵》，更有《唐韵》，传入的时间先后不一，从隋末到唐代中晚期，传入的种类也是非常丰富，几乎与《切韵》的产生与修订同步，可以肯定地说，这其中，遣隋使与遣唐僧、遣唐使的努力分不开的。

《东宫切韵》体例情况如何？依据上田正(1956)，由《和汉汉年号抄》看到，韵目排列次序为：东、冬钟、支、脂之、微、鱼、虞、齐、灰咍、真谆、文、元、寒、先仙、萧宵、歌、麻、阳唐、庚清、青、蒸登、侵、覃谈、盐。文本形式是：大多先列陆法言反切，然后是诸家注文。所以，肯定是承袭《切韵》的。比较现存《切韵》残卷，相同的地方非常多。中村雅之《孙愐〈唐韵〉について》，根据上田正(1956)的研究，与《东宫切韵》的关系，以及《三僧记》的记载，认为，孙愐《唐韵》成书在 733 年，然后，又进一步依据《和汉年号抄》中的《东宫切韵》逸文所见 180 条孙愐《唐韵》材料，确认孙愐《唐韵》的基本特征，发现，这里的孙愐《唐韵》逸文训义和宋代的《广韵》大多一致。由此，又进一步说明，《广韵》编撰时所依据的蓝本情况，最为重要的还是孙愐《唐韵》，证实了《广韵》所收孙愐序文的积极意义，对研究《广韵》与前代《切韵》系韵书的关系十分必要。[4]

《东宫切韵》的著述意图是什么？上田正(1956)有说明，主要以汇集诸家《切韵》异训为目的，并明确各家训释的先后关系，但也有一个问题，省略了诸家《切韵》文字上的正俗形体内容。实际上，还是以供日本天皇宫中皇族读汉文作诗而用的工具书，反映了《切韵》传入日本后，被加以改造而趋于实用的功能。

日本《东宫切韵》对《切韵》系韵书的增补与改编也直接影响了日本《切韵》系其他的韵书。大友信一《韵书の系谱》对前代学者关于日本韵书的系谱关系的研究成果进行了梳理，认为，日本古代韵书的分类应该是：[5]

第一类：汉字韵韵书。（一）《切韵》类。按韵目归字，目的是训释汉字字义。还分为两类：1. 全韵。有《东宫切韵》、《季纲切韵》、《小切韵》。2. 略韵。《倭注切韵》。（二）准《切韵》类。虽然以《切韵》为准，但在训释汉字字义基础上，还侧重与所释汉字有关的熟语及用例解释。分为两类：1. 全韵。《聚分韵略》。2. 略韵。《平安韵字集》、《童蒙颂韵》、《文凤抄》、《略韵》、《广益略韵》、《诗语韵集》、《句韵集》、《十一韵》、《汉和三五韵》。

第二类："いろは"韵书。（一）平仄辞书。1.《平他字类抄》；2.《新韵集》；3.《伊吕叶字平它》；4.《色叶文字》；5.《伊露葩字》；6.《伊吕波韵》；7.《伊吕波韵》刊本。（二）韵书。1.《以路波韵平它》；2.《伊吕波韵》刊本。

其中的《童蒙颂韵》，三善为康撰，有天仁二年（1109）序。卷首载有韵目（《切韵逸文研究》，485 页，汲古书院，1984）：

> 东一、冬钟二、江三、支四、脂之五、微六、鱼七、虞模八、齐九、佳皆十、灰哈十一、真臻十二、文殷十三、元痕魂十四、寒十五、删山十六、先仙一、萧宵二、肴三、豪四、歌五、麻六、阳唐七、庚耕清十二、青九、蒸登十、尤侯幽十一、侵十二、覃谈十三、盐添十四、咸衔十五、严凡十六。

误写误脱的地方不少，主要是：庚耕清十二是八的误写；庚韵韵次误记；没有合口韵的谆、戈韵。另一种《童蒙颂韵》韵目记为上田正《东宫切韵论考》，（《国语学》第 24 集，92 页，1956）：

> 东一、冬钟二、江三、支四、脂之五、微六、鱼七、虞模八、齐九、佳皆十、灰哈十一、真臻十二、文殷十三、元痕魂十四、寒十五、删山十六、先仙一、萧宵二、肴三、豪四、歌五、麻六、覃谈七、阳唐八、庚耕清九、青十、尤侯幽十一、侵十二、盐添十三、蒸登十四、咸衔十五、严凡十六。

很显然，与《东宫切韵》分韵基本一致，带有明显的《平水韵》意味，但后人有所订正（《切韵逸文研究》，485 页）。

无论是哪类韵书，可以确定，中国《切韵》的影响无处不在，这是必须看到的。

二、《切韵》与日本早期字书、辞书、音义书等文献音注

《切韵》传入日本，不仅促进了日本韵书的编写，还渗透到了与音注相关的

文献编写中来。

（一）日本字书。

《新撰字镜》是日本历史上有名的字书，由僧人昌住编写，成书在898—900年之间。上田正《新撰字镜の切韵部分について》、《切韵逸文研究》(汲古书院，1984)已经考订，引用《切韵》3434条，几乎占了《切韵》原书四分之一以上。可以肯定，属于长孙讷言系统的《切韵》。[6]

（二）日本辞书。

《和名类聚抄》是日本历史上有名"百科事典"性质的汉和辞书，由原顺(911—983)于承平四年(935)受醍醐天皇第四公主、勤子内亲王之命而完成。林忠鹏《和名类聚抄の文献学的研究》提到，无论十卷本还是二十卷本，都和《切韵》关系密切，引用《切韵》数量较多。[7]其"《和名抄》所引《切韵》关系统计表"(559页)可见：

> 十卷本/二十卷本：《唐韵》(435/418)、《陆词切韵》(55/56)、《蒋鲂切韵》(48/47)、《孙愐切韵》(43/43)、《考声切韵》(29/30)、《东宫切韵》(7/7)、《郭知玄切韵》(5/5)、《祝尚丘切韵》(3/3)、《麻果切韵》(3/2)、《释氏切韵》(2/3)、《薛峋切韵》(2/1)、《裴务齐切韵》(1/1)、《王仁煦切韵》(1/1)、《韩知十切韵》(1/1)，总计：635/618。

（三）日本音义书。

以下所据主要是上田正《切韵逸文研究》(1984)。

1.《大乘理趣六波萝蜜经释文》。撰者不详，成书在794—810年之间。引用《切韵》116条、《唐韵》44条、《韵诠》17条。上田正将《切韵》和《东宫切韵》逸文对校，推定是《释氏切韵》。看得出来，该书没有《东宫切韵》的痕迹，因此，依据的不是《东宫切韵》，所以，应该撰写在《东宫切韵》之前。

2.《大般涅槃经音义》。安然撰，880年，《大正藏经》卷84收。引用陆法言《切韵序》、武玄之《韵诠》的凡例和韵目，即"真旦韵五十韵头"。

3.《佛说观普贤菩萨行法经记》。888年，由圆珍撰。《大正藏经》卷56收。本书采用《玉篇》、《唐韵》、《静法华严音义》、《崇福一切经音义》、《小卷音义》、《法华记》，给《观普贤经》加上注疏。引用《唐韵》29条，其内容和元泰定本《广韵》近似。分别在平声、上声、去声。

4.《孔雀经音义》。观静于956年完成。《大正藏经》卷61收，引用《切韵》8条、《韵诠》6条。

5.《妙法莲华经释文》。中算于 976 年撰。引用《东宫切韵》941 条。《东宫切韵》之外,《蒋鲂切韵》20 条、《切韵》33 条、《古切韵》2 条、《新切韵》10 条、《唐切韵》1 条、《唐韵》16 条、《孙愐唐韵》2 条、《新唐韵》6 条。

6.《相好文字抄》。撰者不详。1129 年已成书。见《切韵》33 条,《唐韵》19 条。

除了辞书、音义书与《切韵》关系密切外,其他的日本典籍也可以找到《切韵》应用的影子。比如与《东宫切韵》同时代的《令集解》(约在 859—876 年间成书),是由明法博士惟宗直本所撰写的关于养老令的注释书。据藏中进《〈令集解〉所引〈切韵〉》,对书中出现的一些字词进行注解,就引用了《切韵》。藏中进说,引用中,直接说明引用陆法言《切韵》5 条、“陆词曰”4 条。这些《切韵》引文均与早期《切韵》韵书有关,令人浮想联翩,更证明《切韵》传入日本之早,以及应用范围之广泛。[8]

《〈汉书・杨雄传〉天历点》。根据学者们研究,能够在藤原良秀的旁注(训点)上看到《切韵》16 条,但应该是陆法言之后不久的《切韵》系韵书。藤原良秀的旁注作于天历二年(948)。

《悉昙要诀》。明觉撰于 1084—1093 年之间。根据《大正藏经》卷 84,引用《切韵》39 条、《唐韵》37 条、《小切韵》16 条。本书所引《切韵》有“和,胡过反”,平声是通例。《小切韵》寒桓韵没有分开。

《二中历》。编者不详。和田英松《本朝书籍目录考证》(明治书院,1936)日本六条天皇(1165—1168 在位)时,《怀中历》和《掌中历》已经合在一起。在《掌中历》、《词章历》部分,有以“切韵户主字”为题的“四声韵目”。和田英松认为,它完成于 1123 年或 1124 年。和《童蒙颂韵》相同。其韵目和陆法言《切韵》旧目还有些不同,比如,将入声“质栉”合在一起,韵目次序有更动。另外,《二中历》中的《切韵》韵目和《童蒙颂韵》韵目在“同用”、“独用”问题上,也和《广韵》不同,比如,《广韵》“支脂之同用”,但《二中历》与《童蒙颂韵》“支独用”与“脂之同用”分立,是《切韵》原本形式如此,表现的是当时的语音形态,还是《切韵》传入日本后发生的变化?如果是《切韵》传入日本后发生的变化,那么,原因何在呢?需要进一步弄清楚。上田正《慧琳音の韵の通用关する统计的研究》(《均社论丛》第 10 辑)观察到,《玄应音义》脂之韵的舌齿音通用,和支韵通用很少。《慧琳音义》“支脂之通用”增加,但分用趋势还是十分明显。

三、明治以前《切韵》系韵书的考订与研究

《切韵》传入日本后对日本早期《切韵》系韵书,以及日本的字书、辞书、音义书等文献音注构成影响很大,这是非常明确的。很自然,日本学者也在不倦地

对《切韵》及相关韵书进行考订与研究。

《日本国见在书目录》，藤原佐世于宽平三年(891)撰，重点记述了当时有关《切韵》以及相关韵书的存世情况。比如：

> 《韵诠》十卷(武玄之撰)、《切韵》五卷(陆法言撰)、《切韵》五卷(王仁煦撰)、《切韵》十卷(释弘演撰)、《切韵》五卷(麻杲撰)、《切韵》五卷(孙愐撰)、《切韵》五卷(孙伷撰)、《切韵》五卷(长孙讷言撰)、《切韵》五卷(祝尚丘撰)、《切韵》五卷(王存蓺撰)、《切韵》五卷(裴务齐撰)、《切韵》五卷(陈道固撰)、《切韵》五卷(沙门清彻撰)、《切韵》五卷(卢自始撰)、《切韵》五卷(蒋鲂撰)、《切韵》五卷(郭知玄撰)、《切韵》五卷(韩知十撰)、《唐韵正义》五卷、《韵集》五卷、《切韵图》一卷。

这可以与中国现有《切韵》系韵书目录资料的记载相印证。黄耀堃《日本所传我国韵目资料》也提到这个材料。[9]他还说，如果从其他日本古籍的引文，更可发现上述各书所无的韵书名称，如《韵圃》、《四声字苑》、《曹氏切韵》、《释氏切韵》、《考声切韵》等(《本朝书籍目录》"字类"。见《本朝书籍目录考证》，东京：明治书院，1936)。

日本翻刻《切韵》以及相关韵书的情况。冈井慎吾《日本汉字学史》"汉土小学书的翻刻"提到，《官板书籍解题略》(杉山精一，天宝十五年，即1844年)与《诸藩藏板目录》(东条耕，天宝十四年，即1843年)对日本翻刻《切韵》等书进行记载：有《重修广韵》五卷五册、《集韵》十卷十册、《集韵》十卷十册、《古今韵略》五卷五册等。具体刊刻人物、时间还没有更明确的记载。日本现存翻刻《广韵》还能够看到的主要是：日本天保二年(1831)江户昌平黉刊《广韵》五卷，分别在公文书馆、东洋文库等图书馆能够找到。[10]

《切韵》与印度"悉昙"的关系是日本学者比较早关注的内容。日僧安然《悉昙藏》(880)"序文"(《大正新修大藏经》第84册)叙述道：

> 则述，真旦五行五音，内发四声四音，外响六律六吕。亦述，印度五轮五音亦生四声四音，亦合六律六吕，能摄五十《切韵》，能收十一音条。亦述，八声八音六十四音。七例八转九十六声。亦述，四时四念诵，三密行三平等，评为一味一切智声。

对此，日本学者马渊和夫亦有研究(《日本韵学史の研究》(1)，304页，日本学术振兴会，1962)，实际上，它涉及了印度和中国语音学的许多方面。其中，五十《切韵》与唐武玄之《韵诠》的关系非常密切，并举《韵诠》五十韵头以及悉昙十六韵头和《切韵》平声五十七韵进行比较，认为，在理论上承袭关系明确，安然的视野相当开阔，印中日语音研究学说的相互关系一目了然。但王国维认为，《韵诠》的作者是武玄之。他指出："而自侵部别出岑部，亦诸家所无"（《观堂集林》卷八，391页）。黄耀堃（2004）补充说："其实《韵诠》还有移韵，也是《切韵》所无。《韵诠》的韵目大部分与《唐写全本王仁煦刊补缺切韵》（王三）相同，小部分未见于其他韵书。如果从小韵的结构来考虑，这几个特点也许得到较满意的解释。"

安然《悉昙藏》"序文"引用《切韵序》进而论及"轻重"：

> 则述，秦陇则平为入，梁益则平似去。我国旧来二家，或无上去轻重，或无平去之轻重。新来二家，或上去轻重稍近，或平上平去相涉。评为，大唐吴汉二音天竺中道别音，中天之音多用汉音，少用吴音；南天之音用吴音，少用汉音。北天之音多用汉音，少用吴音。又其悉昙必须昂低，字母唯须同音。且出四说，略示浮沉。

将《切韵序》中的方言理论和日本汉字音声调悉昙梵音标记结合，《切韵》理论日本化可见一斑。

明觉（1055—？）《悉昙要诀》（1101）（《大正藏经》2706）谈清浊问题：

> 《切韵序》云："吴楚则时伤清浅，燕赵则多涉重浊。"闻于入唐人云："北国其音浊，如明泥等；南国其音清，如明泥等。"

光明山重誉释《悉昙字纪抄》（1142）中有一些属于明觉学说。引用了《东宫切韵》与《宋韵》。这里的《宋韵》就是《广韵》：

> 《东宫切韵》第廿五云："孙愐云：一宿再宿曰信宿。"
> 《宋韵》第五云："《左传》曰：一宿为舍，再宿为信。"

承澄（1204）书写的《反音抄》（1232）反映了承澄等人对《切韵》系韵书研究的一些成果。主要有：

1. 撰写的《四声韵纲目》分为平上去入四段，反映了韵书韵目四声相承的关系。其用朱笔注记喉内、舌内、唇内、空、炎等，表现了作者对韵书声母发音部位与方法的认识。不但如此，还在每个韵目上用片假名标记注明音值。《四声韵纲目》依据的是《广韵》，但与《广韵》比较的话，还是存在若干不同的字。小西甚一《文镜秘府论考》（研究篇上）认为，《四声韵纲目》与《广韵》不同的字却和《刊谬补缺切韵》一致，看来，承澄是以《广韵》为基础，依据唐代《切韵》进行修订。另外，此时虽然没有发现《韵镜》，但已经存在《韵镜》雏形了。这是值得注意的。

2. 将悉昙十二韵头与《广韵》五十七韵比较，看到一一对应，并阐明二者关系，还表明音值。即：

> 又以真旦《广韵》五十韵头，于天竺悉昙十二韵头皆悉摄尽，更无遗余。先注平声上去同之。任长短用声韵，入声诸韵摄恶云云。

马渊和夫(544页,1962)认为,承澄是受安然《悉昙藏》的影响,只不过安然是举《韵诠》五十韵头以及悉昙十六韵头和《切韵》平声比较,而承澄举的是《广韵》五十七韵罢了,但不同点也是明显的,比如假名音值标注。

3. 绘制与《广韵》相关的《五韵图》。日本明觉的反切方法主要是以《切韵》或《唐韵》反切为分析主体,结合悉昙原理加以说明,而承澄则以《广韵》反切为分析主体,并以图表形式说明,这就是所谓的《五韵图》。比如涉及反切上字之间的关系,有所谓"正双声"、"正倒双声"、"傍倒双声"名目关系。

信范对《广韵》的研究可以说是《切韵》韵书系研究的一个转折点(1223—1296)。《悉昙私抄》(1260)有"梵汉反切配合事"项,其中,《九弄十纽图》继承承澄《反音抄》思想,有所发展,与《广韵》反切声母分析有关。《调声要诀抄》(1283)有《五字傍通二音相加图》,还是《广韵》等韵书的反切之法,对《广韵》等反切"五音个别"、"五音相类"理论加以解释,但显得比较混乱。《悉昙字记闻书》(1285.7)值得一提就是,它虽然是《悉昙字记》的注释书,但在引证文献上,以及音韵理论建树上有自己的独特的东西。比如马渊和夫(1962,591页)所分析的,"翻字"与"清浊"分别依据《广韵》给汉字加注,依据《韵镜》区别清浊,非常巧妙:

> 五句,翻字临于《切韵》正,检其声本体,平声也;其中或有相通上声之字,或有相兼去声之字,或有相亘四声字,又付《指微韵竟》各傍注清浊字下,为令易解也。滥勿刊直矣。

将《广韵》和《韵镜》结合研究语音,近代科学意识的端倪已经充分显露,这在中日两国汉语音韵学史上还是最早见到的。无论是对日本国语音韵学还是对于汉语音韵学研究来说,意义重大。根据现有材料记载,信范又是日本《韵镜》抄写的第一人,因为在现存的《信范本韵镜》有"建长四年二月十二日书写了。明了房信范"字样,是信范手迹。建长四年即1252年,信范时年30岁。对此,许多日本学者有考证(马渊和夫,1962,611—615页)。

《广韵》和《韵镜》相结合研究语音在信范的另一部著作《九弄十纽图私释》(1285.10)中也有所采用。比如对"傍纽"、"正纽"、"双声"术语的注解,就有"清浊之流因兹别派也者,付《指微韵镜》检四声清浊,以张良帐着等十六字为清浊字"的记载,更有"《广韵指南》"字样(马渊和夫,1962,601—604页)。这个《广韵指南》名称颇令人猜疑,是《切韵指南》的另一个名称呢?还是《韵镜》的别称?抑或是另一本韵图?马渊和夫则把它当做《广韵》的别本来处理,从信范的叙述来看,它没有必要用《广韵指南》来代指《韵镜》,如果是《切韵指南》也无可能,因为,《切韵指南》语音系统已经具有近代汉语语音的一些特点,与《广韵》语音的分析距离远了一些。很可能是另一本韵图,是否与《七音略》有关呢?我们这里只是个假设。

有意思的是，信范的最后一部著作《悉昙秘传记》(1296)还提到了《切韵指掌图》，“以反切三字配父母子事”，有“《切韵指掌图》云，切脚如德为父，红为母，德红反切即生东字。此乃《切韵》相生天然混成，非人意可为也。梵文、摩多体文合成亦复如是”的记载(马渊和夫，1962，608—609页)。这个时期，正相当于中国元朝元贞二年，距南宋王朝终结17年。看来，至少在南宋末，《切韵指掌图》已经传到了日本。可以想见，《切韵指掌图》除了等韵图之外，还应该有《切韵》反切的“切脚”一类的考证文字，与今所传本《切韵指掌图》的体例有一些区别。《切韵指掌图》与《切韵》系韵书关系的一些变化由此可以一见。

信范之后的日本国语音韵学与汉语音韵学研究，比如“东寺三宝”、高野山印融等研究，或多或少地都开始发生观念上的转变，由悉昙、《切韵》、日本汉字音结合研究的思路，逐渐向悉昙、《切韵》、日本汉字音、《韵镜》结合，并以《韵镜》为主体的方向迈进。《韵镜》成了解释音韵学问题的钥匙，与悉昙学、《切韵》学的衰退形成了鲜明的对比，一直到江户时代后期仍然是如此。

日本明治以前《韵镜》研究书，有一部分是与校订《切韵》学相关的，对此，福永静哉《近世韵镜研究史》有比较详细的研究。[11] 利用《切韵》系韵书校订《韵镜》，比较典型的是《韵镜》注释书《韵镜开奁》(文雄认为作者是释宥朔，见《磨光韵镜余论》。福永静哉认为还不是宥朔，有可能是一个老释对“师说”的传承)。《韵镜开奁》成书在宽永四年(1627)之前。《韵镜开奁》宥朔“序”称：“近世流布《韵镜》诸本，有文字多少，局位同异，模写辗转，讹谬非一，故求反者多困，不得正体。”其校订方法是：依据《玉篇》、《广韵》、《礼部韵》反切，以及《切韵指掌图》求证。第十三转(福永静哉，94页)：

> 洒，蟹韵，骇韵十三转ニ入タルハ凭韵也。
>
> 诸本ニ齿音第二ノ浊ノ上声三位ニ入タル谬也。第二ノ清第二ノ位ニ入ヘキ也。广——蟹韵ノ所蟹切ト又ハ所绮ノ切、玉——ニ所买ノ切ト、礼——ニモ所蟹切ト、指——ニ第二ノ清第二等ニ入タリ、是レ皆其ノ证也。广——马ノ韵沙下切ト、又寘ノ韵ニ屣ノ字子ニシテ所寄ノ切ト、又纸ノ韵ニ躧ノ字子ニシテ所尔ノ切ト、又卦ノ韵晒ノ字子ニテシ所壳ノ切ト云。右纸寘马卦ノ四韵ニ入ル时モ上声去声俱ニ第二ノ清第二ノ位ニ收ル亦是其ノ准处也。

《韵镜开奁》的意思很明确，诸本都在十三转齿音第二浊上声三等骇韵之空位放入“洒”字是错误的。福永静哉(1992，95页)看到，为了证明这一点，举出《玉篇》、《广韵》、《礼部韵》反切，其文字应该齿音第二清的第二位，等位不是三等而是二等。

大田嘉方《韵镜指南抄》(宽文十一年，1671)“自序”很能说明问题：

> 张氏《韵镜序》云:实以《广韵》、《玉篇》之字配以五音清浊之属,然则《韵镜》以《广韵》、《玉篇》为所依,故愚所集者,陈州司法孙愐《广韵》全部五卷,字母反切悉举之,《韵镜》反音为证。所谓近世流布《韵镜》诸本,有文字多少局位差异,模写辗转讹谬非一,故求反音者多,困不得正体。愚上所订正《韵镜》,是谌非愚见之所致,偏据《广韵》、《礼部韵》、《日月灯》等韵书所著反切之法校合其正与不正而已。

校勘《韵镜》依据《广韵》、《玉篇》,他所考虑的是《韵镜》制作之初也是将《广韵》、《玉篇》反切音系"平面化",把它们当做"本证"是理所当然的。有意思的是,其"自序"把《广韵》作者称为孙愐,说明还是重视《唐韵》的作用,《唐韵》即是《广韵》。汤浅重庆《韵镜求源钞》(1685)校正《韵镜》注解也称"盖反切《广韵》、《玉篇》、《礼部韵》为正,其余皆《集韵》也。"(福永静哉,1992,425 页)都是此意。

日僧文雄(1700—1763)《韵镜》研究成就巨大,涉及了"韵镜学"的许多方面。比如十分注意区分汉音、吴音、华音。《磨光韵镜》(下)《韵镜索隐》(1744)提到:[12]

> 本邦传习之音,汉、吴二音也。汉音为儒家所用,吴音为佛家所用。窃按,二音昔日虽应华人所传,而四声正,五音分,于今辗转成讹,四声淆乱,七音乖舛,清浊交误,轻重不分,鉴之《韵镜》则不协正律,讹转自见,浑然国音也。故二音共称和音。近世传习中华正音,当称华音,俗称谓唐音。其音也,呼法严,如七音,四声轻重清浊开口合口齐齿撮口等之条理分明也。正之《韵镜》则如合符节,故学音韵者必不可不由华音,学华音者必不可不由《韵镜》。

区分汉音、吴音、华音,就依靠《韵镜》,使得传统语音研究的"惯势"被打破,《广韵》、《玉篇》、《礼部韵》"为正"的观念显然不合要求。比如,"晓匣二母,清浊二音素不同。混之以为一者,中原雅音也。洪为音烘,何为音诃,行为音亨之类是也,具载《韵学集成》,素不正音,予以为俗音,学者以雅音之称同,相混者非矣。"(《磨光韵镜》(下),136 页)这里的《韵学集成》是指明代章黼所撰《韵学集成》(1460),《韵学集成》收有大量《中原雅音》韵书语音材料,邵荣芬《〈中原雅音〉研究》就辑得 1293 条。[13]《中原雅音》是《中原音韵》一系韵书,与文雄所说的"华音"或"唐音"语音系统十分相近,而与《玉篇》、《广韵》、《礼部韵》为代表的《切韵》系韵书语音相距甚远。《玉篇》、《广韵》、《礼部韵》"为正"变成了"三音",即《切韵》音的"汉音"、非《切韵》音的吴音、《中原雅音》音的"华音"分立。给《韵镜》注以"三音",尤其是假名标记表明的音值,成为"为正"的重要依据,很显然与《韵镜开奁》大不相同,《玉篇》、《广韵》、《礼部韵》的"正音"与据以"校订"的主要功能大为削弱,这是一个十分突出的转变。

太田全斋《汉吴音图》(1815)抛开纷繁复杂的“等韵门法”,直接进入《韵镜》内在结构区分汉音、吴音,被一些学者称之为“理论先行”的考证主义(《汉吴音图》,257—266页“解说”,作者林史典),用的是演绎的方法。[14]《汉吴音图》分为《汉吴音图》(上)、《汉吴音征》(中)、《汉吴音图说》(下)三部分。《汉吴音图》(上)直接给《韵镜》字用片假名注上汉音吴音,汉音吴音又分“原音”、“次音”,是字音解释的总揽。《汉吴音征》(中)则对《韵镜》字音进行详细考证,把每一种字音的依据一一举出来。材料非常丰富,不但是中国的文献,日本的文献,就是朝鲜的文献,以及梵文文献也是能够大量见到。《汉吴音图说》(下)则是对音图的进一步归纳总结与考证。有学者对《汉吴音图》进行了严厉地批判,比如满田新造(《〈汉吴音图〉的解剖批判——关于音韵研究法》(上、下)),批评的主要内容是:《汉吴音图》所记载的“原音”、“次音”大半是错误的。造成错误的原因,满田新造分析有12点,比如:误读朝鲜音;无视古今音的变化;把相似的音当做同一音来处理;把方音与讹音当做正音来处理;滥用“原音”、“次音”;杜撰“汉音”与“吴音”的区别;归纳法的滥用;等等。[15]

由于太田全斋研究《韵镜》方法的特殊性,《切韵》一系韵书所发挥的作用已经十分微弱,只见到一些少数字音考订而用《切韵》一系韵书,比如第三十三转(180页):

> 諻,[愚按]《康熙字典》引《广韵》虎横切,《集韵》、《韵会》呼横切,又音訇。訇字,《唐韵》余倾切、《集韵》维倾切,又音营。《正韵》于平切,音荣,又横ト同音ノアルオハ嵘于平切音荣第二等上ウ中エ下イノ音アルベシ。

在大多数情况下,《汉吴音图》引用的是与《切韵》一系韵书音系关系不大的典籍,比如《洪武正韵》、《中原雅音》、《汉音阿弥陀经》、《朝鲜谚文字母》、《悉昙三密抄》、《校详篇海》、《倭名抄》、《小补韵会》、《字汇》、《万叶集》、《倭字正滥抄》、《日本纪》等,走得很远,已经显示不出《切韵》一系韵书对《韵镜》研究的基本价值了。

四、近现代日本《切韵》系韵书的考订与研究

(一)明治以后日本学者受西方语言理论的影响以及新材料的发掘,对《切韵》一系韵书的研究逐渐上升到一种科学认识上来。

20世纪初,学者们又在中国敦煌发现《切韵》一系韵书残卷,使《切韵》的相关问题研究又更加深入,从而带动了中古音研究的全面进步。

从20世纪初到1945年前后,日本学者研究《切韵》及相关韵书《广韵》等考订的主要成果是:

冈井慎吾发表了一系列研究论著:《唐写本唐韵につきて》(《艺文》第2年第10号,1911)、《再び唐写本唐韵につきて》(《艺文》第3年第6号,1912)、《西域考古图谱なる唐抄本唐韵につきて》(《艺文》第7年第7号,1916)、《王氏刊本切韵につきて》(《艺文》第15年第12号,1924)、《四库全书总目の广韵提要》(《支那学》第3卷第12号,1925.12)、《重松教授将来の切韵及び玉篇の写真について》(《斯文》第19卷第9期,1937)、《重修广韵以前の广韵》(《服部先生古稀祝贺纪念论文集》,1936.4)、《刊谬补缺切韵につきて》(《立命馆文学》第3卷第1号,1936)、《再び刊谬补缺切韵につきて》(《立命馆文学》第3卷第7号,1936)。

其他,大岛正健《汉音吴音と支那音との比较》(《国学院杂志》第5卷第1号、第4号;第10卷第14号,1898、1899)、满田新造《〈广韵〉〈韵镜〉と北方支那音》(《国学院杂志》第23卷第12号,1917.12)、《支那音韵の历史的研究》(1923年博士学位论文,见《中国音韵史论考》,1—133页,武藏野书院,1963.9)、《カールグレン氏支那古韵研究の根本思想を评す》(《东洋学报》第13卷第4号、第14卷第1号,1924)、大岛正健《〈韵镜〉と〈唐韵〉〈广韵〉》(《国学院杂志》第24卷第7号,1918)、高畑彦次郎《支那语の言语学的研究》(副题是《音声史的研究》,以下称《音声》,载《艺文》第19年第8号,昭和三年(1928)8月第21年第12号—昭和五年(1930)12月第23年第22号)、长泽规矩也《宋刊本广韵刻年の推定》(《书志学》第2号、第3号,1934)、武内义雄《唐抄本韵书と印本切韵との断片》(《文化》第2—7号,1935)、岩村忍、鱼返善雄《支那学者カールグレンの业绩》(《日华学报》第56号、第57号,1936)、岩村忍《カールグレンの支那语方法论》(《日华学报》第57号,1936)、有坂秀世《隋代の支那方言》(《方言》第6卷第1号,1936)、《カールグレン氏の拗音说を评す》(《音声学学会会报》第4、9、51、53、58号,1937.11—1939.7)、《音韵论》(三省堂,1940.2)、《唐音を辨ずる词と韵目谙诵する词》(《国语研究》第8卷第4、6、7号,1940.4—1940.7)、神田喜一郎《敦煌秘籍留真》,又《新编》(1938、1947)、《karlgren氏の著述》(《中国语学》第20号,1948.10)等。

归结起来,这些成果可以分为以下几方面内容:一是对《切韵》系韵书的文献考订,比如敦煌发现《切韵》一系韵书残卷涉及版本辑佚等一系列问题;二是有关《切韵》系韵书的构拟理论与方法,比如对高本汉(カールグレン)《中国音韵学研究》运用历史比较语言学理论研究《切韵》音系的理论反思和检讨;三是对《切韵》系韵书的音系研究,比如对声母韵母音值的构拟;四是涉及《切韵》系韵书其他问题,比如《切韵》系韵书与方言关系的研究。

除了对《切韵》及相关韵书《广韵》考订与研究之外,还有一些《切韵》及《广韵》之外的日本相关韵书的考订与研究也应该是《切韵》系研究的重要组成部分,尤其应该注意考察。比如:冈田希雄《东宫切韵考》(《立命馆文学》第3卷第1号,1935);冈田希雄《东宫切韵佚文考》(《立命馆文学》第3卷第7号,1935);冈田希雄《和汉年号字抄と东宫切韵佚文》(《艺文》第2年第10号,1935)等。

(二)近现代日本学者《切韵》系韵书和中古音的理论研究也是超出前人的。比较重要的是高畑彦次郎《支那语の言语学的研究》(1928—1931)、菊泽季生《国语音韵论》(1932)和有坂秀世《音韵论》(三省堂,1940)等论著。

满田新造、高畑彦次郎的《切韵》研究我们另行评述。这里需要提及菊泽季生《国语音韵论》(1932)和有坂秀世《音韵论》(三省堂,1940)。

菊泽季生《国语音韵论》分为四章,第一章,“音素论”;第二章,“成音论”;第三章,“音韵的变化”;第四章,“音韵变迁中的问题”。他把“国语学”分为分析的和综合的两部分;分析的方面区分为音韵论和意义论两类;综合的方面分为样相论和构成论两部分。把音韵论定位为语言外形的分析研究。《国语音韵论》第四章是主体部分,认为日本国语音韵史应该分为原始时代、奈良朝时代、平安朝时代、院政镰仓时代、室町时代、江户时代、东京时代七个时期。其结论为,国语音韵变迁的总趋势是,呈现了唇音减退,“口盖音”隆盛的倾向。

《国语音韵论》努力建构的是日本“国语音韵学”的系统音韵学的理论系统,但也在思考“国语音韵学”中的汉语音韵学的深层次系统理论问题。有坂秀世称赞它利用了丰富的汉籍资料,并引用了中国学者的一些观点,分析透彻,认定他对汉语音韵学的理论建树与实际价值,实际上是肯定了它在当时日本汉语音韵学的突出地位。

有坂秀世《上代音韵考》全书三部为:第一部,“关于古代日本语音节结合的法则”;第二部,“关于音韵变化”;第三部,“关于奈良朝时代国语的音韵组织结构”。主要以《音韵论》为框架。

《音韵论》在日本汉语音韵研究史上也是具有重要地位的,除了日本国语音韵学与日本汉语音韵学上具有的共同理论建设外,还对汉语音韵学研究提出了许多值得深思的理论思考意见。《音韵论》第三部第一篇“总论”的“汉字音(古代中国语的音韵组织)”一章分为“绪论”、“纽论”、“韵论”、“古音论”、“音节的构造”五节。

在“绪论”中,作者称,以高本汉汉语音韵理论为基础,但也要注意高本汉的研究缺欠,比如,使用“第二手资料”而陷入“循环论证”境地问题,更要吸取高本汉新的修订学说,使用通行的国际音标。

在“纽论”中,对高本汉《广韵》反切声母构拟进行了分析,提出了一些不同修订意见。比如,禅母高本汉拟音[ź],有坂秀世从梵汉对音考路考虑为[d'z],因为很多的方音是摩擦音;还有,高本汉把三等声母拟成[j]化,或者称为“喻化”,有坂秀世也表示怀疑,所以,并不采用。

在"韵论"中，对高本汉《广韵》反切韵母构拟进行了分析，也提出了一些不同意见。作者不满意的韵目拟音就用※号表示，比如支（开合）脂（合）微（开合）鱼（合）阳（开）药（开）等。其中，止摄诸韵的唇牙喉音三等四等的是否有区别问题，认为高本汉与高畑彦次郎的"同音"看法是错误的，还是从"重纽"角度理解合适。

"古音论"则讨论"古韵研究法"、"古纽研究法"。"音节的构造"，讨论了奈良朝时代日语的音韵组织结构存在着一些特殊的结构形式问题。比如存在清浊通用法则。

对有坂秀世音韵理论的研究，赖惟勤《有坂理论的学说——论文〈隋代中国方言〉》（《东大中文学会会报》第11辑，1957）；金田一春彦《有坂音韵论私观》（东京大学国语研究室创设百周年纪念《国语研究论集》，汲古书院，1998）；庆谷寿信《有坂秀世〈音韵论〉》（《东京都立大学人文学报》第198号，1988）、《有坂理论的展开（上）》（《东京都立大学人文学报》第234号，1992）、《有坂理论的展开（下）》（《东京都立大学人文学报》第253号，1994）等。

《切韵》作于隋代，但《切韵》依据哪里的方言并不明确，有坂秀世论文《隋代中国方言》有自己的理解。赖惟勤（1957）认为，有坂秀世解读《颜氏家训》"音辞篇"，很显然是从方言的角度理解的。有坂秀世以"士庶易服"记载的视角，看到，安然《悉昙藏》所记"吴音汉音"对应南北方标准语的区别；他推究南北方言的实质，也是参照各家学说，资料非常丰富，解释角度独到；对《切韵》所依据的方言、时代背景以及金陵、洛阳、长安的历史文化地位、参与编撰的人员经历方面检讨，认定以洛阳方言为基础，比较可信。

金田一春彦认为，有坂秀世《音韵论》涉及的音韵理论有许多是值得重新思考的，比如音韵意图说、音节观、声调的本质、音韵的正体，很显然提出不同的看法。

五、当代日本《切韵》系韵书的文献考订

1945年，日本战败投降，经过恢复和重建，汉语音韵学研究开始逐渐步入正轨，至2010年，60多年时间过去，日本学者研究《切韵》及相关韵书《广韵》等文献研究取得了不小的成就，我们在这里进行简要介绍。其主要成果是：

（一）对《切韵》的文献考订

比如《切韵》逸文的钩沉，主要是版本、结构、辑佚、校勘，以及与其他韵书的关系。主要成果有：上田正《陆法言切韵集逸》（《东方学》第36辑，1968.9）；上田正书评《潘重规著〈瀛涯敦煌韵辑新编〉》（《东方学》第47辑）；上田正书评《李永

富著〈切韵辑斠〉》(《东方学》第47辑);上田正《切韵诸本反切总览》(均社,京都大学中文研究室,1975.10);山口角鹰《蒋鲂切韵とその逸文集录》(《日本中国学会报》第23集);辻星儿《倭名抄所引の陆词切韵について》(《冈山大学法文学部学术纪要》第40号(文学篇),1978);上田正《新撰字镜の切韵部分について》(《国语学》第127辑,1980);上田正《ソ连にある切韵残卷》(《东方学》第62辑,1980);平田昌司《刊谬补缺切韵的内部结构与五家韵书(一)》(《均社论丛》第10辑,1981)、《刊谬补缺切韵的内部结构与五家韵书(二)》(《均社论丛》第11辑,1981);古屋昭弘《王仁煦〈切韵〉新加部分に见える引用书名等について》(《中国文学研究》第9号,1983);上田正《切韵逸文研究》(汲古书院,1984);大岛正二《字音资料の取扱い方について——〈切韵〉の性格に关する邵荣芬の一论据を巡つて》(《伊藤漱平教授退官纪念中国学论集》,1985);中村雅之《同字省略符号「"」による切韵残卷の类别》(《中国语学》第233号,1985);中村雅之《〈倭名类聚抄〉所引の〈陆词切韵〉——东宫切韵利用の问题をめぐつて》(汲古书院,1988);远藤光晓《〈切韵〉反切の诸来源——反切下字による识别》(《日本中国学会报》第41集,1989);上田正《书评周祖谟著〈唐五代韵书集存〉》(《均社论丛》第16辑,1989);冈本勋《切韵以前の字典》(《中京大学文学部纪要》第25卷第1号,1990);铃木慎吾《切韵残卷诸本补正未收的切韵残卷诸本》(早稻田大学《中国语学》(开篇)第23号,2004);水谷诚《杜甫使用哪本韵书呢——以〈刊谬补缺切韵〉为指标》(《追悼纪念松浦友久博士中国古典文学论集》,研文社,2006);仓石武四郎、赖惟勤《韵目部次表》(《人文研究》第2卷第5分册、第6分册,1950);平山久雄《切韵系韵书の例外的反切の理解について一为,薳支反切をめぐつて》(《日本中国学会报》第14集,1962.10);尾崎雄二郎《切韵系韵书における韵の排列について》(《日本中国学会报》第22集);尾崎雄二郎《切韵の规范性について》(京都大学教养部《人文》第17辑,1971);赖惟勤《切韵について》(《宇野哲人先生白寿祝贺纪念东洋学论丛》);古屋昭弘《王仁煦切韵に见える原本系玉篇の反切——又音反切を中心に》(早稻田大学中国文学会《中国文学研究》第5号,1978);古屋昭弘《王仁煦切韵と顾野王玉篇》(《东洋学报》第65卷第3号、第4号,1983);平山久雄《切韵序と陆爽》(《中国语学研究》(开篇)第6号,好文出版,1988);远藤光晓《切韵小韵の层位わけ》(青山学院大学一般教育部会《论集》第30辑,1989);《切韵の韵序について》(《艺文研究》第54期,庆应义塾大学艺文学会,1989);《切韵序について》(青山学院大学一般教育部会《论集》第31辑,1990);《切韵における稀少反切上字の分布》(《中国语学》第237号,1990);冈本勋《王仁煦刊谬补缺切韵の成立时期》(《中京大学文学部纪要》第33卷第2号,1998);中村雅之《孙愐唐韵について》(富山大学《人文学部纪要》第17号,1991);赖惟勤、水谷诚《切韵系韵书(一)——中国古典を读むために(15)》(《汉

文教室》第 175 号,1993);赖惟勤、水谷诚《切韵系韵书(二)(三)(四)》(《汉文教室》第 177—179 号,1994);清水史《切韵の性格——陆法言序と切韵音系》(《表现研究》第 61 号,1995);冈本勋《守温の韵学残卷について》(《中京大学文学部纪要》第 32 号(特集号),1998);小助川贞次《上野本汉书扬雄传天历二年点引用的切韵和玉篇》(《筑岛裕博士伞寿纪念国语学论集》,汲古书院,2005);花登正宏《关于李邺切韵考的反切理解》(中国音韵学研究会第十一届学术讨论大会《汉语音韵学第六届国际学术研讨会论文集》,香港文化教育出版社有限公司,2000);小川环树《论〈说文篆韵谱〉部次问题——李舟〈切韵〉考质疑》(《语言研究》第 1 期,1983);吉池孝一《倭名类聚抄所引の考声切韵逸文の反切と慧琳音义の反切》(《汲古》第 13 期,汲古书院,1988);浦山あゆみ《问奇一览附切韵捷法考》(日本中国语学会《中国语学》第 243 号,1996);冈本勋《周祖谟による陈澧切韵考の研究》(中京大学《文学部纪要》第 35 卷第 3 号,2001);伊藤美重子《长孙纳言笺注本〈切韵〉の说文引用例について——S 二〇五五、P 三六九三を例として》(お茶の水女子大学《人文科学纪要》第 52 号,1999)。

上田正《切韵残卷诸本补正》(1973)和《切韵逸文研究》(1984)比较典型。

《切韵残卷诸本补正》是作者对已刊、未刊 43 件《切韵》残卷的校勘和补正成果。作者在《自序》中说:"余调查《切韵》残卷已经有很长时间了,不倦地收集与之相关的影印本著书论文等,得到神田喜一郎博士、武内义雄博士、那波利贞博士、马渊和夫博士的许可,对他们访欧之际所作的那些手记、照片、微缩胶卷进行转写和复制。因为得知现在日中英法俄各国保存孤本的全部情况,这里未公开刊行的十件,加上已经公开刊行的三十三件校勘记,决定提供给研究者利用。"最初的工作,从潘重规《瀛涯敦煌韵辑新编》(新亚研究所刊,1972)入手,因此,对潘重规的成果既有吸收也有补充与订正,为下一步工作奠定了基础。

《切韵逸文研究》在许多学者研究的基础上,经过 30 多年的努力,从 285 种中日古籍中挖掘《切韵》逸文,形成比较可观的规模。全书结构分为两部分:第一部分是《逸文篇》,有"凡例,附《切韵略称表》"、"逸文出典略称表"、"韵目索引"、"逸文总览"、"逸文索引"、"附录,《说文解字篆韵谱》";第二部分是《解说篇》,有"逸文书目"、"逸文书解说"、"切韵各说"、"切韵总说"、"解说篇索引"、"逸文篇补遗分韵索引"。《逸文篇》中"逸文总览",既是本篇主体部分,也是全书的主干,计五卷:卷一平声上、卷二平声下、卷三上声、卷四去声、卷五入声。力图复原《切韵》原貌,最能显示上田正的学术功力。《解说篇》对 285 种中日古籍进行了考辨,也将每一本古籍中所保存的《切韵》条目的精确数量一一加以说明。涉及每一本古籍具体的版本、校勘、著录问题,以及与《切韵》的关系,尤其审慎、可信。《切韵逸文研究》虽然晚出,但却是后来者居上,应该是当时研究《切韵》佚文的最重要的学术成果,以其很高的学术价值引起了中外学者们的广泛关注。在此之前，作者已经出版了《切韵残卷诸本补正》(1973)、《切韵诸本反切总览》(均社单刊，1975.10)，给学者们提供了研究《切韵》各种版本反切文献资料的便利。

平田昌司《刊谬补缺切韵的内部结构与五家韵书(一)(二)》(1981)试图分析宋跋本《刊谬补缺切韵》的内部结构，即韵目、小韵的排列次序，并指出其特点，并通过这些特点看看能否说明《切韵》与所谓"五家韵书"，即《切韵序》所说的"吕静《韵集》、夏侯该《韵略》、阳休之《韵略》、李季节《音谱》、杜台卿《韵略》"五种晋南北朝时期韵书的关系。

平田昌司指出，就当时来看，讨论《切韵》内部结构问题的文章较为少见。从一东到五十四凡的韵目次序根据什么原则？从这一角度讨论《切韵》小韵的排列次序的著作，自《古今韵会举要》以来只有姜亮夫《切韵系统》、赖惟勤《关于切韵》两篇。

姜亮夫根据《切韵》与五家韵书韵部分合的亲疏，就说："每纽在一韵中的先后次序，陆法言是否有所本呢？这倒是一个问题。因为他的书既然是'参考诸家音韵，古今字书而成'，则是以一家为底本而参正诸家呢？还是各家混合起来重新编排？这是两种方法。那么，有底本则出入参正者乃字音，而纽次不必更易。无底本则出入参正兼及纽次安排。但以陆氏全书的情形来看，他的韵部分析特详，在五家中近夏侯该，而且夏侯已分的他必然分。我疑心他是以夏书为底本的，则纽次的安排其亦夏氏之旧欤？"平田昌司认为，姜亮夫没有提出足以证明这个看法的积极证据。

赖惟勤调查《广韵》里面具有平声、同摄、同声母三个条件的韵组，例如东冬、支脂之、鱼虞的第一个、第二个小韵的声母，得出了如下结论：第一个小韵互相同声的时候，第二个小韵也有互相同声的倾向。他还扩大调查范围，可见，第三个小韵也互相同声等。此外，还指出，合韵，即《切韵》的开合口合韵、一三等合韵等的真、歌、东等韵的韵首有"孤立"现象(比如真韵第一个字是开口字，而第二字到第八个字是合口字，第九个到第二十八个字是开口字)。

据此，赖惟勤提出几个假设：《切韵》以前存在它的"原材料"或"稿本"(只按照韵母分部，没有考虑声母系统)；当确定韵目，互相类似的韵就用同声母的字做韵目。互相类似的韵是：四声相配；同摄同等；虽然不同摄而关系较近的韵部；如果改变韵目，新韵目字位于旧韵目字前面；有时候，韵目字后面加上另外一对同声母字，强调两个韵的不同；加工这些韵，平声做得很细。赖惟勤以此说明《切韵》编撰过程以及解释韵首"孤立"等现象。

在姜亮夫、赖惟勤研究的基础上，平田昌司进一步研究宋跋本《刊谬补缺切韵》，更加深化了《切韵》与所谓"五家韵书"的关系的认识，很有启发意义。

(二) 对《广韵》的文献考订

也主要涉及《广韵》版本、结构、校勘，以及与其他韵书的关系，还有《广韵》的整理和研究。

比如，原田种成《广韵反切索引》(无穷会东洋文化研究所，85 页，油印，1966)；石井一二三《中古汉字音字典》(全书 558 页，1967)；坂井健一《广韵研究—同字异语について(二)》(日本大学《人文科学研究所研究纪要》第 22 号，1978)；松尾良树《宋刊巾箱本广韵の反切》(《均社论丛》第 2 卷第 1 号，1979)；矢放昭文《韵书を作つた学者たち——广韵ができるまで》，(《人物で读む汉字の历史》第 13 卷第 12 号，《特集》第 1 号，大修馆，2002)；水谷诚《大宋重修广韵と大广益会玉篇》(创价大学《人文论集》第 14 辑，2002)；住谷芳幸《广韵索引フアィルについて》(《岐阜女子大学纪要》第 25 号，1996)；狩野充德《张士俊泽存堂本〈广韵〉の修改本——初印本との相违について》(《广岛大学文学部纪要》第 49 号，1990)；狩野充德《朱彝尊重刊广韵序について》(《广岛大学文学部纪要》第 50 号，1991)；狩野充德《顾广圻书元椠广韵后について》(《广岛大学文学部纪要》第 51 号，1992)；狩野充德《潘耒重刊古本广韵序について》(《广岛大学文学部纪要》第 52 号，1993)；大熊久子《梦梅本倭玉篇と广韵・增韵・韵会——梦梅本の编纂补缀资料について》(《国学院杂志》第 91 卷第 6 号，1990)；冈本勋《广韵の成立とその性格について——附、译注张世禄著〈广韵研究〉》(《中京大学文学部纪要》第 23 卷第 1 号，1988)；狩野充德《张士俊泽存堂本广韵の系谱》(《汲古》第 11 号，汲古书院，1988)；辻本春彦《广韵切韵谱》(《均社论丛》，1986)；远藤由里子《广韵隽再考》(《中国语学》第 230 号，1982)；远藤由里子《广韵隽に就いて》(《中国语学》第 229 号，1981)；原田种成《广韵反切索引正误表》(《东洋文化复刊》第 17 号，1968. 2)；坂井健一《广韵中の同音同义同字语について》(《汉学研究》第 6 辑，1963. 3)；鸟井克之《万叶字音假名と广韵》(《中国语学》第 127 号，1963. 1—1963. 2)；坂井健一《〈宋本广韵〉全译第 1 分册(通摄・江摄)》(汲古书院，1998)；坂井健一《〈宋本广韵〉全译第 2 分册(止摄)》(汲古书院，1999)；坂井健一《〈宋本广韵〉全译第 3 分册(遇摄)》(汲古书院，2000)；坂井健一《〈宋本广韵〉全译第 4 分册(蟹摄)》(汲古书院，2001)；坂井健一《〈宋本广韵〉全译第 5 分册(果摄・假摄)》(汲古书院，2002)；坂井健一《〈宋本广韵〉全译第 6 分册(宕摄)》(汲古书院，2002)；坂井健一《〈宋本广韵〉全译第 7 分册(臻摄)》(汲古书院，2002)；坂井健一《〈宋本广韵〉全译第 8 分册(流摄)》(汲古书院，2003)；坂井健一《〈宋本广韵〉全译第 9 分册(山摄)》(汲古书院，2005)；坂井健一《〈宋本广韵〉全译第 10 分册(效摄)》(汲古书院，2005)；坂井健一《〈宋本广韵〉全译第 11 分册(梗摄、曾摄)》(汲古书院，2006)；冈本勋《周祖谟的广韵观》(《中京国文学》

第23号，2004)；坂井健一《〈广韵〉研究——通摄·江摄重出字小考》(《日本大学人文科学研究所研究纪要》第31号，1984)；水谷诚《〈广韵〉〈毛增〉小韵对照表(平声篇)》(《中国语学研究》(开篇)第7号，1991)；水谷诚《〈广韵〉〈毛增〉小韵对照表(平声篇Ⅱ)》(《中国语学研究》(开篇)第8号，1991)；水谷诚《〈广韵〉〈毛韵〉小韵对照表(去声编)》(《中国语学研究》(开篇)第9号，好文出版，1992)；水谷诚《〈广韵〉〈毛增〉小韵对照表(上声篇)》(《中国语学研究》(开篇)第11号，好文出版，1993)；臼田真佐子《〈广韵〉〈集韵〉の韵目の异同について》(《中国语学研究》(开篇)第7号，好文出版，1990)。

辻本春彦《广韵切韵谱》(1986)把《广韵》所有反切按照《韵镜》基本形式加以配列，充分表现中古音音系，形成完备的语音框架。它把《广韵》所载的小韵代表字按声、韵类及调类排列成图表，共51张。它的独创之处在于：1. 表格仿效《音韵阐微·音图》，由23行，16段格组成。2. 23行"七音"排列次序是牙音、舌音、唇音、齿音、喉音、舌音齿、喉音声母排列的次序，与《韵镜》有区别。3. 16段格由上而下，依次分为一等、二等、三等、四等，每一等都分为平上去入四声。4. 每个小韵都附上反切。5. 标出该小韵在同一韵中的次序(森博达、佐佐木猛、矢放昭文、岩田宪幸《〈广韵切韵谱〉——辻本春彦老师在〈广韵〉研究上的成就》，中国音韵学研究会第十五届学术讨论会暨汉语音韵学第十届国际学术研讨会论文，2008年8月22日—24日，南昌大学)。从读者使用来看，利用这个"反切谱"，可以非常清楚地把握《广韵》音系，它被许多日本学者认定为是汉语音韵学史研究上的一个重要性的贡献。

《广韵切韵谱》第一版，1973年写成，均社所印行的是第三版。森博达编、辻本春彦著的《广韵切韵谱》(2008)以1986年本为基础进一步修订而成，也增加了一些新的研究成果。主要内容：第一部，新订增补《广韵切韵谱》；第二部，《广韵切韵谱》作成基础诸表；第三部，《广韵切韵谱》反切索引；第四部，"所谓三等重纽问题"(汉译《所谓三等重纽问题》，岩田宪幸)；第五部，"附诸表索引"《广韵切韵谱》校勘记(小出敦)等。

据森博达、佐佐木猛等(2008)，辻本春彦还有一些遗稿没有刊行，主要有：《〈广韵〉单字表》、《〈广韵〉小韵序列表》、《〈广韵〉单字表与〈集韵〉》、《〈广韵切韵谱〉附注〈集韵〉序数》、《〈五音集韵〉与〈广韵〉》、《〈广韵〉韵类表附〈释文互注礼部韵略〉》、《〈广韵〉〈集韵〉小韵号码表》、《〈广韵〉今读》(现代汉语与中古汉语)、《〈广韵〉又读又切注拾遗》(《广韵》又读一览表)等等。图表数量庞大，为历代音韵学者之最。

再比如，坂井健一《〈宋本广韵〉全译》系列、水谷诚有关《广韵》研究的一些论著也很引人注目。

坂井健一《〈宋本广韵〉全译》以摄为单位，几乎是一摄为一本书，个别是两摄为一本书，规模很宏大，可以说是《广韵》文献整理的有益尝试。水谷诚研究的特点是将《广韵》和《毛增》的小韵进行全面比较而寻求异同和两者之间的关系。

（三）对《切韵》系其他韵书的文献考订

主要有：上田正《〈东宫切韵〉所引〈曹宪〉について》（《训点语と训点资料》第66辑，1980）；上田正《东宫切韵考》（《言语研究》第31号，1957）；伊藤弥太郎《集韵端透定泥の反切字に就いて》（1942、1943）；水谷诚《〈群经音辨〉から见た〈集韵〉と〈经典释文〉（上）》（创价大学文学部外国语学科中国语专攻《创大中国论集》第1集，1998）；平田昌司《〈广韵〉与〈集韵〉》（台湾大学中国文学系《中国文学的多层面探讨国际学术会议论文集》，1996）；水谷诚《〈集韵〉における〈经典释文〉の二层に分かれる利用形态について》（《创大中国论集》第4集，2001）；绪方哲也《〈增修互注礼部韵略〉の小韵と〈洪武正韵〉の小韵の分割について》（《东北大学中国语学文学论集》第6集、第7集，2002）；花登正宏《〈古今韵会举要小补〉の刊行について》（《集刊东洋学》第88号，2002）；水谷诚撰、张丽娟译《关于真福寺本礼部韵略》（《古汉语研究》第4期，2000）；水谷诚《真福寺本〈礼部韵略〉の义注について》（《创大中国论集》第3集，2000）；大岩本幸次《〈五音集韵〉研究略史》（《东北大学中国语学文学论集》，2000）；水谷诚《真福寺本〈礼部韵略〉について》（创价大学《人文论集》第11集，1999）；大岩本幸次《韩道昭〈五音篇海〉とその依据した韵书》（东北大学《文化》第63卷第1号、第2号，1999）；花登正宏著、王欣译《〈古今韵会〉和〈古今韵会举要〉》（《河北师范学院学报》第4期，83—88页，1996）；水谷诚《〈附释文互注礼部韵略〉义注よりみた〈集韵〉义注》（早稻田大学中国文学会《中国文学研究》第22号，1996）；花登正宏《〈古今韵会举要〉の反映する音の特色とその依据した音系》（《文化》第59卷第3号、第4号，1996）；佐佐木猛《增修互注礼部韵略切韵谱》（中国书店，1996）；花登正宏《〈古今韵会举要〉の依据した音系について》（东北大学文学部《社会と文化における中心と边境》，1995）；水谷诚《〈增修互注礼部韵略〉增入・重增札记（4）》（《创价大学文学部外国语学科纪要》第5号，1995）；臼田真佐子《论李焘〈说文解字五音韵谱〉标目的读若与〈集韵〉》（新竹清华大学主办《第三届国际暨第十二届全国声韵学学术研讨会论文集》第18—24页，1994.5）；水谷诚《〈增修互注礼部韵略〉增入・重增札记（三）》（《创价大学外国语学科纪要》第4号，1994）；中村雅之《〈蒙古字韵〉と〈古今韵会举要〉》（《富山大学人文学部纪要》第20号，1994）；中村雅之《（书评）近世韵书の萌芽——〈校订五音集韵〉》（《富山大学人文学部纪要》第20号，1994）；中村雅之《〈蒙古字韵〉と〈五音集韵〉》（日本中国语学会《中国语学》第240号，1993）；水谷诚《〈增修互注礼部韵略〉增入・重增札记（1）》（《创价大学外

国语学科纪要》第2号，1992)；水谷诚《〈增修互注礼部韵略〉索引稿Ⅶ Ⅷ Ⅸ》(《中京大学教养论丛》第29卷第4号、第30卷第1号、第30卷第2号，1989)；水谷诚《〈增修互注礼部韵略〉索引稿Ⅰ～Ⅵ》(《中京大学教养论丛》第28卷第2号—第4号、第29卷第1号—第3号，1988)；花登正宏《古今韵会と古今韵会举要》(大阪市立大学文学部《人文研究》第39号第3分册，1986)；水谷诚《〈五音集韵〉について》(《稻田大学大学院文学研究科纪要》别册第6号，1979)；坂井健一《古今韵会举要の特色について》(《中国文化研究会论文集》第2号—第4号，1957)；水谷诚《〈增修互注礼部韵略〉索引稿Ⅹ》(《中京大学教养论丛》第30卷第3号，1989)；花登正宏《〈古今韵会举要〉反切考ーとくに反切上字について》(《东方学》第58辑，1978)；花登正宏《古今韵会举要研究》(汲古书院，1997)、《关于〈古今韵会举要小补〉》(《东北大学中国语学文学论集》第3号，2005)；坂井健一《古今韵会举要に於けるロ盖化について》(《中国文化研究会会报》第1卷第1号，1950.12)；水谷诚《增修互注礼部韵略索引》(昆仑书房，1993)；佐佐木猛《〈附释文互注礼部韵略〉の反切下字》(《中国诗人论冈村繁教授退官纪念论集》，汲古书院，1986)；花登正宏《礼部韵略七音三十六母通考韵母考》(《音韵学研究》第二辑，中华书局，1986)；野间晃《闽南语韵书研究略史》(《东北大学中国语学文学论集》第3号，1998)；望月真澄《集韵の吴语的侧面》(《筑波大学文艺言语研究言语篇》第23号，1993)；水谷诚《关于〈集韵〉的增补》(创价大学《中国论集》第8集，2005)；水谷诚《〈集韵〉〈礼部韵略〉不同的反切》(《国学院杂志》第106卷，2004)；水谷诚《〈集韵〉系韵书研究》(白帝社，2004)；冈本勋《周祖谟五代刻本〈切韵〉系韵书研究》，(《中京大学文学部纪要》第39号，2004)；樱井智美《元代科举考试许可持有书——以〈文场备用排字礼部韵注〉为中心》(岩井茂树编《中国近世社会秩序的形成》，京都大学人文科学研究所，2004)；樱井智美《文场备用排字礼部韵注浅析》(京都大学人文科学研究所《面向人文知识综合第2回报告书1(历史篇)》，2004)；住吉朋彦《〈韵府群玉〉版本考(五)》(《斯道文库论集》第39号，2004)；花登正宏《明代非坊刻本小学书的刊行》(《东北大学中国语学文学论集》第9号，2004)；水谷诚《〈集韵〉义注的可信赖性》(《中国学・日本语学论文集・平井胜利教授退官纪念》，白帝社，2004)；望月真澄《洪武正韵依据方言是温州音》(《中国文化》第62号，2004)；吉田久美子《〈合并集韵〉的反切》(《神户市外国语大学研究科论集》第6号，2003)；平山久雄《〈集韵〉反切上字的声调分布及其在反切法上的意义》(《南大语言学》(第二编)，商务印书馆，2005)；大岩本幸次《金王文郁新刊韵略》(大阪市立大学《人文研究》第57号，2006)、《金代字书の研究》(东北大学出版会，2007)等。

中村雅之有关《〈蒙古字韵〉と〈古今韵会举要〉》、《〈蒙古字韵〉と〈五音集韵〉》等系列论文也有一定的代表性。比如后者分为五个部分，其中，小韵的配列、"微母"举例、收录字的配列是主干部分。在吉池孝一、花登正宏等学者研究的基础上,进一步确定两者的关系。

佐佐木猛教授系辻本春彦先生的学生,著有《增修互注礼部韵略切韵谱》(福冈中国书店,1996)、《集韵切韵谱》(中国书店,2000)。

《增修互注礼部韵略切韵谱》(1996)。在"后记"中作者称,《增修互注礼部韵略》由反映了中古汉语音系的《礼部韵略》改编而成,带有近世音或者江南汉语的特征,作为与本来的《礼部韵略》相异的资料而引起人们关注,还是明初《洪武正韵》编撰的重要依据,因此,是研究《洪武正韵》不可缺少的韵书。

编制《韵谱》的具体做法是,将《附释文互注礼部韵略》反切按照辻本春彦先生《广韵切韵谱》的形式整理反切谱,制作《附释文互注礼部韵略切韵谱》。其次,将《附释文互注礼部韵略》所有音节和《增修互注礼部韵略》所有音节进行比较,通过对照显示两者之间的差异。由此,提供了一份研究《增修互注礼部韵略》和《附释文互注礼部韵略》的完备图表资料。

《集韵切韵谱》(2000)。辻本春彦《广韵切韵谱》(1986)发表后,许多学者认为,《广韵》以外的各类韵书也有按照同一形式整理的必要。把各类韵书反切按这个《切韵谱》的形式"定式化",对每一个反切加以检讨,能够准确把握反切系统的音韵特征。《集韵》以其在韵书史上的重要地位,当然应该率先被编制成韵谱。基于这样的认识,作者完成《集韵切韵谱》。我们看到,该韵谱不是 43 图,而是 49 图,这是基于《集韵》反切比起《广韵》更为复杂的情况而调整的,但总体来看,还是按照《韵镜》框架安排的。

花登正宏《古今韵会举要研究》(1997)。是作者的博士学位论文,作者在"后记"中称,从 1972 年开始就接触《古今韵会举要》,到 1997 年《古今韵会举要研究》出版,历经 25 年的时间。

《古今韵会举要研究》全书分为六章和五种附录。"序章"主要说明研究目的,以及论述《古今韵会举要》研究的历史。对《古今韵会举要》研究的历史,作者专门谈了"从旧学的传统的立场进行的研究",然后,考察了"1945 年以前的研究"和"1945 年以后的研究"。"1945 年以后的研究"重点阐发了日本学者服部四郎、坂井健一,中国学者应裕康、郑再发、董同龢、邵荣芬、李新魁、杨耐思、竺家宁、宁继福等的学术贡献。

第一章,关于《古今韵会举要》的版本;第二章,关于《古今韵会举要》韵书。涉及作者、年代、体裁,以及《四声通解》所引《古今韵会》、《古今韵会》与《古今韵会举要》关系等问题。第三章,《古今韵会举要》反切的特色——特别是以反切上字为中心。

第四章,《古今韵会举要》的音韵体系和特色。这是该书的精髓部分。作者在"研究目的和方法"中谈到,研究《古今韵会举要》的声母、韵母、声调,除了对

《古今韵会举要》反切进行整理之外，很重要的依据是利用附载在卷首的等韵图，即《礼部韵略七音三十六字母通考》(简称《字母通考》)。但，二者毕竟是各自独立的音韵著作，所以，作者要先考证清楚《古今韵会举要》和《字母通考》、《蒙古字韵》的关系，如此，才能确定《字母通考》对研究《古今韵会举要》语音系统的作用。在这一章里，有：《字母通考》声母、《古今韵会举要》声母、《古今韵会举要》三等重纽诸韵、《古今韵会举要》韵类(阴声韵、阳声韵、入声韵)、《字母通考》韵母。第五章，《古今韵会举要》所引《说文解字》。

第六章，《古今韵会举要》所反映的语音特色和所依据的音系。作者认为，《古今韵会举要》应该是南宋南迁移民所用的"南系官话"，而与之仅相距30年的《中原音韵》音系应该是"北系官话"，所以，比较赞同中国学者黄笑山的意见(《古今韵会举要研究》，242页)。[16] 黄笑山《〈切韵〉和中唐五代音位系统》说(8—9页)：

> 宋金之时，实际上已经形成了两系官话，中原及南宋南迁移民所用的是包括河洛一带的"南系官话"，女直皇室所习的是中原以北的官话。

花登正宏的研究是在坂井健一、董同龢的"中古音→《举要》→《中原音韵》"思维模式的基础上而进行的探讨，进而看到《古今韵会举要》中古音体制下的现实语音要素，所以就勾画出这样的一个语音格局：

中古音——→近世音
  (a) 《中原音韵》
  (b) 《古今韵会举要》

由此，得出汉语近世音并行着《中原音韵》和《古今韵会举要》两种"雅音"的结论(《古今韵会举要研究》，237页)。这样，大大提升了《古今韵会举要》汉语语音史价值。

水谷诚《〈集韵〉系韵书研究》(2004)，是作者十余年发表的有关《礼部韵略》和《集韵》研究的一系列论文的汇集，既各自独立，又相互关联。主要有两编12章：第一编是《礼部韵略》，第二编是《集韵》。关于《礼部韵略》，有：《礼部韵略》的"讳名韵"；"真福寺本"——特别是小韵、反切、增字；"真福寺本"的义注；"附释文本"的祖本追溯到哪里呢？由"附释文本"义注见《集韵》义注；韵图技法在"附释文本"的影响。关于《集韵》，有：《礼部韵略》、《集韵》、《广韵》三书比较考；从《群经音辨》看《集韵》和《经典释文》；《集韵》如何利用《经典释文》？《集韵》区分和利用《经典释文》两个层面的形态；《集韵》义注的可信赖性；《大宋重修广韵》和《大广益会玉篇》——和《集韵》的关系及位置。作者在许多问题上提出了非常独到的见解，尤其是利用"真福寺本"《礼部韵略》进行研究，引起了许多学者们的关注。应该说，这是日本和中国有关《集韵》内部构成和与相关韵书字书关系研究的最重要著作之一。中国学者李子君《礼部韵略研究》(南京大学博士学位论文,2003)与此相呼应,并提出许多不同的看法,可以参看。

平山久雄《〈集韵〉反切上字的声调分布及其在反切法上的意义》(2005)首先以统计数字来揭示《集韵》反切上字的声调选择有力求与被切字相配的趋势。然后指出,采用这样一种反切结构,其目的除了使拼读反切更加和谐以外,还在于要使反切切合全浊和次浊声母的音值随声调而发生分歧的情况,在反切法演进史上,这应该是值得注意的一个发明。

平山久雄说,《集韵》反切对《广韵》为代表的切韵音系反切的"改良",其内容为:在反切上字方面,是将反切上字的声调、开合、等第、类隔加以调整,旨在将反切上字的语音特征设计得与被切字相协甚或相同,以图反切上下字的拼合尽可能和谐。在声调方面,将反切上字调整得和被切字同调,即平声反切力求采用平声上字,上声反切力求采用上声上字,入声反切力求采用入声上字,只是去声反切看不出明显的调整规律,上、入声反切也有对声调未加调整的。以上诸项经白涤洲(1931)以来的学者相继阐发,已成为学界的共同认识了。

樱井智美《〈礼部韵略〉与元代科举》(2004)认为,进入20世纪90年代,《礼部韵略》才开始引起重视,并引申到和《古今韵会举要》的关系上,比如水谷诚的系列论文,从避讳角度进行分析;宁继福《古今韵会举要及相关韵书》清楚地说明了《平水韵》的起源问题,认为,在整个宋元、金元时期,《礼部韵略》的地位是十分关键的。与此同时,花登正宏《古今韵会举要研究》也推重《礼部韵略》的韵书史价值。樱井智美参照这些学者的研究,整理具有代表性的《礼部韵略》版本系统,然后,看它们在科举考试中的实施情况。根据现存的元代《礼部韵略》版本情况,可以分为南北两个系统,在各种版本之间存在诸多不同情况下,官方一直没有表示统一的看法,这就跟宋代、金代不一样。其中,《新刊韵略》具有如下特征:一是刊载《章表回避字样》;二是避御名讳一览中不见英宗以后皇帝;三是留下"壬子新增"的注记。这表明该书是科举考试参考用韵书。[17]

大岩本幸次《金代字书の研究》(2007)。大岩本幸次是东北大学花登正宏教授的学生,现供职于大阪市立大学文学部。

《金代字书の研究》一书的构成,主要是两部分:一是金代韵书;一是金代字书。具体来看,分为九章。序章,对字书的内涵进行界定,本书的基本内容;第一章,《五音集韵》研究史。分为清代和现代评述,其中尤其重视《四库提要》和谢启昆《小学考》的看法。现代学者涉及的主要有福田襄之介、应裕康、水谷诚、麦耘、宁继福、姜忠姬等人的成果。第二章,《五音集韵》的成书过程。有书的构造、韵目合并、声类明确标记、增字几节,还有荆璞《五音集韵》——对宁氏说的检讨,即对宁继福有关韩道昭《改并五音集韵》是直接在荆璞《五音集韵》基础上修订、增补、改并而成的观点提出五点质疑,认为证据不充分。第三章,作为音韵史资料的《五音集韵》。讨论"作为音韵史资料的《五音集韵》诸种情况"有"韵外移动",即从开合整理、等位整理观察;有"韵内合并",即反切的改变、新增字归属(声类、韵类的关联)去看。讨论"和依据方音相关的问题",也是声类、韵类入手研究。第四章,王文郁《新刊韵略》。论及大德本《礼部韵略》、《新刊韵略》所依据的韵书、《新刊韵略》的诸种特征、关于增加字。第五章,《五音篇海》和它所依据的韵书。论及《五音篇海》成书过程、《五音篇海》内容、《五音篇海》所依据的韵书。第六章,王太《增广类玉篇海》和《群籍玉篇》、《五音篇海》。第七章,《群籍玉篇》所见金代通行的字书、韵书。第四章至第七章所论都是和《五音集韵》相关的字书和韵书之间的关系问题。最后一章,对前面所论进行总结。作者认为,宁继福《五音集韵》涉及音韵史和音韵文献上的问题很多,是一个良好的开端,但还让人存有许多疑问,尤其是文献上的字书和韵书之间复杂的关系问题还有进一步深入探讨的空间。在最后的"展望"中,希望今后的研究要重视探讨金代字书和韵书对后代字书和韵书影响的研究。

2008年,大岩本幸次发表《关于黑城遗迹出土韵书残叶TK.5》一文(《东北大学中国语文学论集》第13号,2008),就聂鸿音《西夏黑水城出土韵书残页考》(《辽金西夏史研究》,天津古籍出版社,1997)文中所论及的西夏黑水城出土韵书两种残页观点进行辨析。聂鸿音认为,一种是宋版《广韵》残页,另一种是金王文郁《新刊韵略》之前的韵书,是现存最早的"平水韵"系韵书。大岩本幸次基本上同意聂鸿音的观点,但认为还需要进行具体的验证。其方法是:对残叶TK.5的韵目处理方式进行说明,比如和《礼部韵略》、"平水韵"韵目的比较,可以看出残叶TK.5的韵目和它们之间的直接继承关系;其次,看其小韵的排列次序。经过比较,知道了残叶TK.5小韵排列和《新刊韵略》小韵排列的相合特点。还有就是音注、义训和《新刊韵略》的关系。由此,认为,残叶TK.5一方面受到了《附释文互注礼部韵略》、《增修互注礼部韵略》等《集韵》系韵书的影响,另一方面,和《广韵》相合的部分,以及《新刊韵略》所收熟语群的"诗藻"有"共通"的义训。但仅仅这些还不能足以论定残叶TK.5和《新刊韵略》的直接联系,即残叶TK.5有在《新刊韵略》之前编定的可能性。因为,它已经呈现了《集韵》系和《广韵》系的"混淆",所以,残叶TK.5和《新刊韵略》系统相异,可能是新编订的一种与前不同系统的韵书。[18]

六、当代日本《切韵》系韵书以及中古音的构拟理论与方法

涉及《切韵》系韵书以及中古音的构拟理论与方法,日本的学者也进行了非常大的努力,成果主要有:远藤光晓《〈切韵〉における唇音の开合について》(《日本中国学会报》第43集,1991);藤堂明保《中古汉语の音韵论的对立》(《日本中

国学会报》第1集，1950.3）；真武直《中古汉语音韵形成の过程》（《支那学研究》第23号，1959.12）；平山久雄《重纽问题在日本》（《第四届国际暨第十三届全国声韵学学术研讨会论文》，中国台湾，1995.5）；三根谷彻《中古汉语の韵母の体系——切韵の性格》（上）（《佛教史学》第2卷第2号，1957.3）；三根谷彻《中古汉语の韵母の体系——切韵の性格》（中）（《史学杂志》第29卷第5号，1957.3）；水谷真成《唐代における中国语语头鼻音のDenasalization进行过程》（1957.3）；三根谷彻《中古汉语の韵母の体系——切韵の性格》（下）（《言语研究》第31号，1957.3）；赖惟勤《汉字の中古の韵について》（《日本语のアクセント》，1956.7）；木下正俊《唇内韵尾の省略される场合 》（东京文理大学《国语国文学会纪要》第3号，1954.1）；平山久雄《中古汉语的音韵》（中国文化丛书《语言》，112—166页，大修馆，1966.11）、《中古音における舌头音舌上音の对立语例の成因について》（《日本中国学会会报》第20集，1968.11）；平山久雄《中古汉语における重纽韵介音の音价について》（《东京大学东洋文化研究所纪要》第114号，1991）；金田一春彦《日本四声古义》（《朝鲜学报》第1号，1951.12）；金田一春彦《日本四声古义》（《言语研究》第3号，1951.12）；中村雅之《中古音重纽の音韵论的解释をめぐつて》（《富山大学人文学部纪要》第18号，1992）；林武实《〈切韵〉韵母体系再构案》（《兴膳教授退官纪念中国文学论集》，2000）；桥本万太郎《中古汉语的卷舌韵尾》（《语文研究》第17号，1984）；日下部文夫《切韵の韵母を解释する》（《冈山大学法文学部学术纪要》第3号，1954.3）；冈本勋《切韵の分韵と现实の音韵》（《中京大学文学部纪要》第34卷第1号，1999）；佐藤昭《中国语语音史——中古音から现代音まで》（白帝社，2002）等。

有关日本学者中古汉语语音理论研究问题，冯蒸（1991）认为，日本平山久雄《唐代语音史中的轻唇音化问题》（《北海道大学文学部纪要》第15卷第2号，3—59页，1967）十分重要。他的《论〈切韵〉蒸职韵和之韵的音值》（《东洋学报》第49卷第1号，42—68页，1966）和《〈切韵〉蒸职韵开口牙喉音的音值》（《东洋学报》第55卷第2号，64—94页，1972）将蒸韵音值构拟为：[-iʌŋ]，职韵为[-iuʌk]，之韵为[-ɯ]尾，是[-iʌɯ]。关于中古元音系统，桥本万太郎有《中古汉语a元音的内部构拟》（《アジア・アフリカ言语文化研究》第5号，1—23页，1972）一文，可以参考。中古音重纽，平山久雄《中古音重纽的语音表现与声调的关系》（1977），全文长达40余页。中古音韵尾最值得注意的是桥本万太郎1965年在美国俄亥俄州立大学的博士论文《中古汉语的音韵机制》（Mantaro. Hashimoto; Honology of Ancient Chinese，Volume1. Tokyo，Institute for the Study of Languages Cultures of Asia Africa. 1978. pp. vii，273.），此书最重要的特点之一就是广泛利用八思巴文字对音、藏文译音和西夏文译音考订中古汉语的音系。认为，中古音系中除了[-p][-t][-k][-m][-n][-ŋ]韵尾之外，还有一套腭音[-ȵ][-ȶ]。中古音的调值主要可见水谷真成的论文。不过，水谷真成以文献记录加以分析，对象也多是唐代中晚期北方（以长安为中心）的声调调值为主。

这里，我们仅以藤堂明保《中国语音韵论》、平山久雄《中古汉语的音韵》、佐藤昭《中国语语音史》为例说明。

藤堂明保《中国语音韵论》（1957）结构是："序说"、第一章"音韵学的方法"、第二章"北京话和苏州话音韵论"、第三章"比较方法"、第四章"资料的解说"、第五章"中古汉语的再构"、第六章"上古汉语的投影法"，以及"附录"。近代汉语语音没有设专章讲，把它和中古音的对比变化结合来论述。

研究理论与方法。第一章主要有这样一些内容："音韵论的立场和音韵"，主要介绍1890年前后出现的"实验语音学"，以及由此而生发的"音韵论"（或"音素论"）理论内涵界定。对此问题的思考，介绍了有关"音韵"的一些定义，有心理的、物理的、抽象的等。"音韵体系"，着眼于"具有语音区别作用的条件"，比如送气和不送气、发音部位和发音方法等。"作为共时论的音韵论"，强调音韵论是探求某一种特定的言语体系的学问，在价值论的前提下，不能将"通时的观点"混入"特定的共时的言语"中，所以，称为"史的音韵论"的学问。"音韵论的方法"，贯彻"探求某一种特定的言语音系"的原则，从音声学的角度观察，不能不整理音系。解释音系内部单位之间的相互关系，构成一种体系。其要素在体系中发挥怎样的作用，涉及：并行的序列、音韵论的对立，比如北京话音韵体系图式；揭示音系的真相，依从"经济的原则"。还有"音节分析"和"声调的分析"。"声调的分析"区别固有调、中性调、轻声。

第三章内容为：比较语言学、言语的变化、音韵变化、借用、方言的分立、基本语和下位语、对应和基本语的再构、再构陷入的误区。属于理论上的探讨。

第五章内容为："从音韵论角度看语音的对立综合"，认为"基语的再构和剪辑照片的作业近似"，尽量希望使用更多的方言与借用音，以及《广韵》和《韵镜》等文献记载的中古汉语，把音系作为一个体系加以解释。还有"五音的框架"、"清浊"、"影母和喻母"、"舌根音来母和唇音"、"舌上音和正齿音、齿上音"、"入声和阳类韵的韵尾"、"开口合口"、"1、2等和3、4等的区别"、"3等、4等和重纽"、"3等、4等的区别"、"3等、4等的区别和反切下字"、"《切韵》音系和《韵镜》的差异"、"纯3等韵"、"假4等韵"、"3、4等单韵"、"齿头音精清从心邪母"、"唇音的合口性"、"内转和外转"、"16摄"、"第一类a、e组韵母"、"第二类o、u组韵母"、"第三类ö、i组韵母"、"1等和2等的重韵"、"中古汉语的韵母表"、"唐末长安音系"。对中古汉语的构拟进行了全面的说明，吸取了学术界的一些新成果，代表了藤堂明保中古汉语的语音体系和研究思路，有许多方面与高本汉的观点明显不同。比如承认重纽的存在、采纳陈澧的系联法、充分肯定《韵镜》对研究《切韵》音系作用等。

平山久雄《中古汉语的音韵》(1966)专门设置了“音值拟定的方法”一节。他说：

> 拟定中古音的音值有怎样的方法呢？拟定中古音的音值以现代诸方言语音以及外国借音资料为主，可能适用于比较语言学的方法。韵图语音组织和反切用字法等也成为拟定音值的重要参考。

由此，平山久雄教授在介绍韵图语音组织和反切用字法的基础上，对现代诸方言语音以及外国借音资料进行了详尽的说明。

关于现代诸方言语音。他认为，现代中国幅员辽阔，存在着众多方言，在音韵层面上的差异非常显著，尽管如此，各个方言之间，有着清楚的音韵对应关系。这却不是偶然的，可以理解为，这些方言本来就由同一祖语分化而来。祖语音韵因方言相异而变化，但却是有规则对应。比较语言学就是怎样把方言的对应作为基础从而拟定祖语的音类和音值的。拟定出的中古音声母韵母依据方言变异的方向完全可以说明现代诸方言语音的状态。

关于外国借音。平山久雄教授主要介绍了日本汉字音、朝鲜汉字音、越南汉字音三类。他强调，由于这些借音和汉语中古音时代相近，对于拟定中古音的音值是非常重要的参考资料。除了这三类借音，他还介绍了梵汉对音和藏汉对音。

涉及“音值拟定的方法”，很自然平山久雄教授谈起了高本汉的贡献：

> 有关高本汉氏音值拟定研究，就整体来说，用心周到细致，而且结论也是妥当的。但是，涉及拟音细节，存在着各种各样的不完备的地方，由拟定的音值而生发的不同意见不少。因此，后来拟定中古音，主要是对高本汉学说的批判和修订。

在“音值拟定实例”中，以牙音见溪群疑为例说明。也专门谈了“拟定音值的界限”问题。有关拟定音值的一些具体的事项，主要是韵母和声调的细节拟定问题，比如“直音 4 等韵的音值”、“声母 j 化问题”、“重纽问题”、“之韵和蒸韵的音值”、“韵尾-uŋ、uk”、“四声的调值”，以及“韵母的音韵论解释”等问题。具体论述中，涉及中国学者、日本学者，以及相关欧洲学者的成果，视野相当广阔，具有很强的理论性。

佐藤昭《中国语语音史——从中古音到现代音》(2002)框架结构是：第 1 章序论，第 2 章声母的变迁，第 3 章韵母的变迁，第 4 章声调的变迁。

在第 1 章序论中，首先，谈中国语语音史的时代划分。即上古音，公元前 11 世纪到 4 世纪，周、秦代—汉代—三国—晋代；中古音，5 世纪到 11 世纪，南北朝时代—隋唐时代—宋代;近代音,12 世纪到 19 世纪,金、元—明代、清代;现代音,20 世纪。作者认为,如果把宋代作为近代音起始的话,那么,一直到明代的语音变化研究还存在着各种各样的异说,而把金、元作为近代音起始,主要的特征基本上是清楚的。

其次,本书把《切韵》中古音作为起点,经由现代北京音的最早的源泉《中原音韵》,而向现代音转变,由此叙述中国语音历史变迁发展的过程。中古时代各种语音到现代发展之间发生了哪些变化,以及变化的时代顺序等进行“通时”的考察。

最后,作者明确表明,对他的研究启发特别大的是:高本汉《中国音韵学研究》和王力《汉语史稿》(上册)。该书主要参考文献为:王力《汉语语音史》、蒋冀骋《近代汉语音韵研究》、林焘与耿振生《声韵学》、叶宝奎《明清官话音系》、日本中国语学研究会编《中国语学新辞典》,还有唐作藩《普通话语音史讲话》、邵荣芬《汉语语音史讲话》等。可见,作者充分吸取中国学者的有关研究成果。

在第 2 章声母的变迁中,“中古音声母”的确定,主要依据丁声树撰文、李荣制表的《汉语音韵学讲义》(1984)而有所修订,有 41 个,4 系,即帮系、端系、知系、见系;12 组,即帮组、非组、端组、泥组、精组、知组、庄组、章组、日组、见组、晓组、影组。这个分类是按照声母的发音部位来确定的。作者称,每个声母音值的拟定参酌诸位学者的说法,再依据自己的研究判定。值得注意的是,非组声母不是按《切韵》体系来定,而是遵循中唐时代语音实际而独立出来。

在第 3 章韵母的变迁中,“中古音声母”的确定,主要依据丁声树撰文、李荣制表的《汉语音韵学讲义》(1984)《广韵》韵母表而有所修订,开口韵母有 79 个、合口韵母有 62 个。按 16 摄顺序排列。各摄所属韵的韵母:无韵尾的,果假遇 3 摄;元音韵尾[i]的,蟹止 2 摄;元音韵尾[u]的,效流 2 摄;辅音韵尾[m][p],咸深 2 摄;辅音韵尾[n][t],山臻 2 摄;辅音韵尾[ŋ][k],宕江曾梗通 5 摄。此外,还有“开合”、“等”的配属情况。比如“等”,1 等韵 27 韵 33 韵母;2 等韵 19 韵 31 韵母;3 等韵子类 14 韵 20 韵母;3 等韵丑类 17 韵 23 韵母;3 等韵寅类 16 韵 21 韵母;4 等韵 8 韵 13 韵母。还有“中古声母和韵母结合关系”的 6 个规则。

在第 4 章声调的变迁中,“中古音声调”的确定,依据沼本克明《日本汉字音历史》(1986),日本汉字音作为传来的声调(唐代长安音),情况是:中国语平声分为,全清、次清音字——“平声清”;次浊、全浊音字——“平声重”;入声二分,全清、次清、次浊音字——“入声清”和全浊音字——“入声重”;上声,全浊音字——去声。调值,平声重低平调,上声高平调,去声上升调。关于入声分布,主要依据平山久雄《中古入声和北京语声调对应通则》来确定。实际上,平山久雄还有《中古汉语的清入声与北京话声调对应规律》(《平山久雄语言学论文集》,142—159 页,商务印书馆,2005)一文可以补充说明清入声的分布情况。

《中国语语音史——从中古音到现代音》(2002)是佐藤昭教授作为北九州市立大学大学院学生学习中国音韵学、汉语语音史教科书而写就的，所以，代表了当今日本学者研究中古音理论与方法的一些基本认识。

七、余论

如果从中国唐代时期日本信睿《成唯识论了义灯抄》[成书于“宝龟四年”(773)]引用《切韵》算起的话，日本学者研究《切韵》至少已经1230多年了，时间可谓良久。

日本学者研究《切韵》系韵书，以日本“遣隋使”、“遣唐使”回国传播中国文化为始。隋唐优秀的诗歌浸染了日本学者，也直接促进了日本汉诗的发达，再加上历代天皇对汉诗创作的崇尚和奖掖，以及“以诗赋取士”作为科举考试的内容之一，汉诗发展蔚为大观，也就完全可以料想到。这一点，中国学者肖瑞峰《日本汉诗发展史(第一卷)》(1992)有比较详细的考证。[19]作诗必用韵，《切韵》系韵书受到重视理所当然。日本学者作汉诗不但充分利用《切韵》系韵书，而且还以编定《切韵》式韵书为能事，《东宫切韵》的产生，从模仿起步就是很好的说明。

对《切韵》系韵书研究形成传统，是与日本学者对本国语言文字的研究分不开的。日本汉字音中汉音非常重要，传自于中国中古时期，而研究汉音又不能不和《切韵》音系联系起来考虑，重视《切韵》系韵书所发挥的作用是必需的。其中，反切表记就是研究汉音的符号工具。学者们从平安时代的训点本著作中完全可以体会到这一点，比如《央掘魔罗经》，平安期初点，就留有利用韵书标记的痕迹。“五十音图”的形成也离不开《切韵》系韵书，比如《孔雀经音义》写本“音图”所具有的“假名反”音注：读，同谷反，对文而口唱，又抽也；颂，去，松用反。黄耀堃(2004)提到：自从大矢透《音图及手习词歌考》介绍了一个记录在《五韵次第》的韵目以来，有许多学者认为它记有最早的日本假名五十音图。可见，《切韵》系韵书研究已经逐渐融入到日本“国语学”中去，难以分清是中国的还是日本的。《切韵》系韵书的“双面”标签，大大扩展了它们的应用领域，日本《切韵》系韵书研究传统的定型性由此可见一斑。

汤则质幸《汉音奖励和大学寮》(1993)谈到，从奈良时代(710—793)末期到平安时代，日本朝廷和佛学界实行了一种汉音奖励制度，当然也是出于政治方面的考虑。《日本纪略》载，延历十一年(792年)闰十一月二十日：“敕，明经之徒，不事习者，发声诵读，既致讹谬，宜熟习汉音。”这个“敕”叙述了汉音奖励的最初法令，朝廷明确干涉大学寮“明经之徒”的汉音学习事宜。有学者认为，这是朝廷把汉音作为“正音”，排斥吴音的证据。一般来看，当时，是古代汉籍用汉音而佛典用吴音，大学寮以汉籍学习为基础，汉籍的古训点本使用的是汉音。汉音与《切韵》音系吻合,可以证明日本朝廷强制这里的汉音学习,也一定和推行《切韵》音系有直接关系。汤则质幸没有明说这一点,但我们可以通过逻辑推理得出这个信息。可见,日本汉音学习的传统是离不开《切韵》作为指导教科书的。[20]

与重视《切韵》系韵书相辅相成的《韵镜》研究在日本的发达也是出于同样的原因,《韵镜》的解说,借助于《切韵》系韵书,而《切韵》系韵书研究也需要《韵镜》的理论支撑,二者在日本"国语学"中的地位十分显赫,完全是由它们对日本"国语学"研究所发挥的重大作用而确定的,无论是过去,还是现在,还没有任何韵书韵图能够加以替代。

值得庆幸的是,高本汉现代中国音韵学研究的思维模式又十分重视发挥《切韵》系韵书以及《韵镜》的理论的解释性作用,从某种意义上说,暗合中日语音研究传统,所以,容易为中日学者所接受,如此,就带来了《切韵》系韵书以及《韵镜》研究的新的契机。再加上新材料的发现、新的理论的输入与创造,《切韵》系韵书研究新著层出不穷,花样翻新,令人眼花缭乱,形成了现当代研究的繁荣局面。

我们看到,现当代日本学者《切韵》系韵书研究吸取中国学者成果的情况越来越普遍,对中国学者的研究信息反馈十分迅捷,但观点和方法却越来越接近。这说明,中日两国学者的《切韵》系韵书研究存在着一种从理论到材料,以至于研究思路的"趋同"倾向,各自研究的个性特征越来越不明显,这是尤其应该引起高度重视的,不能不说存在着一种隐忧。

附　注

[1] 饭田利行《日本に残存せる中国近世音の研究》,驹泽大学中国文学研究室,1955. 11。

[2] 马渊和夫《日本韵学史の研究》(1)—(3),日本学术振兴会,1962—1965 年。

[3] 冈田希雄《东宫切韵考》,《立命馆文学》第 2 卷第 5 号,1935;川濑一马《东宫切韵について》,东京文理科大学《国语》复刊号第 1 卷第 1 号,1951;《古辞书の研究》55—59 页收录,讲谈社,1955;上田正《东宫切韵论考》,《国语学》第 24 辑,1956。

[4] 中村雅之《孙愐〈唐韵〉について》,《富山大学人文学部纪要》第 17 号,1991。

[5] 大友信一《韵书の系谱》,《冈山大学法文学部学术纪要》第 39 号,142—152 页,1978。

[6] 上田正《新撰字镜の切韵部分について》,《国语学》第 127 辑,1981;《切韵逸文研究》,汲古书院,1984。

[7] 林忠鹏《和名类聚抄の文献学的研究》,勉诚社,2002。

[8] 藏中进《〈令集解〉所引〈切韵〉》,《神户外大论丛》第 19 卷第 3 号,45—62 页,1968。

[9] 黄耀堃《日本所传我国韵目资料》,《黄耀堃语言学论文集》,125—138 页,凤凰出版社,2004。

[10] 冈井慎吾,《日本汉字学史》,257 页,明治书院,1935。

[11] 福永静哉《近世韵镜研究史》,风间书房,1992。
[12] 文雄《磨光韵镜》中《韵镜索隐》(1744),126—127 页,勉诚社,1981。
[13] 邵荣芬《〈中原雅音〉研究》,山东人民出版社,1981。
[14] 太田全斋《汉吴音图》(1815),257—266 页"解说",作者林史典,勉诚社,1979。
[15] 满田新造《〈汉吴音图〉的解剖批判——关于音韵研究法》(上、下),刊于《东洋学报》第 11 卷第 2 号与《东洋学报》第 11 卷第 4 号上,1921.4、1921.11。
[16] 黄笑山《〈切韵〉和中唐五代音位系统》,8—9 页,文津出版社(台湾),1995。
[17] 樱井智美《〈礼部韵略〉与元代科举》,《元史论丛》第 9 辑,中国广播电视出版社,2004。
[18] 大岩本幸次《关于黑城遗迹出土韵书残叶 TK.5》,《东北大学中国语文学论集》第 13 号,2008。
[19] 肖瑞峰《日本汉诗发展史(第一卷)》,吉林大学出版社,1992。
[20] 汤则质幸《汉音奖励和大学寮》,《小松英雄博士退官纪念日本语学论集》,609—624 页,三省堂,1993。

第四章　满田新造对高本汉《切韵》研究的批评意识

【本章内容提要】满田新造对高本汉《切韵》研究批评的着眼点主要集中在两个方面：一是音韵研究的基本主导思想；二是具体的音韵研究方法。以今人的眼光来判断，满田新造的批评，有的看法不失为一种有益的见解；有的是满田新造对历史比较语言学理论与方法的误解；有的存在着一些争议，还不能说是高本汉自身理论的问题。从日本汉语音韵学史的历史发展脉络来观察，它所具有的学术意义不可等闲视之。

【关键词语】满田新造　高本汉《切韵》研究　批评意识

一、满田新造批评独树一帜

高本汉《中国音韵学研究》在1915—1926年发表后，在日本汉语音韵学界产生了很大的反响，译介、修订、补充、批判等研究性的论著很快就出现，比如满田新造(1875—1927)的《カールグレン氏支那古韵研究の根本思想を评す——再び音韵研究法に就いて(上下)》(《东洋学报》第13卷第4号，第14卷第1号，1924)，高畑彦次郎《支那语の言语学的研究》(副题是《音声史的研究》，以下称《音声》，载《艺文》第19年第8号，昭和三年(1928)八月第21年第12号至昭和五年(1930)十二月第23年第22号)，岩村忍、鱼返善雄《支那学者カールグレンの业绩》(《日华学报》第56号、第57号，1936)，岩村忍、鱼返善雄译，高本汉著《支那言语学概论》(文求堂书店，1936.2)，岩村忍《カールグレンの支那语学方法论》(《日华学报》第57号，1936)等。

通过研究，我们知道，为了使日本汉语音韵学界认识高本汉音韵理论的学术价值，高畑彦次郎的《音声》把重心放在全面地译介、修订、补充高本汉音韵理论与方法上，很有系统性，应该是当时日本学者阐释高本汉《切韵》学说最重要的学术专著之一。

如果按时间次序来看的话，满田新造所发表的论文比高畑彦次郎《音声》要更早，应该是日本第一篇对高本汉音韵理论进行系统研究的论著。据他自己介绍说，他是由羽田亨介绍而认真研读了高本汉的法文版著作《中国音韵学研究》。初步印象是：七百页大书《中国音韵学研究》，汇集了西洋有关中国音韵学学说，同时，对它们的观点加以评判，所论详细绵密，见解独特，往往闪熠着神采之光。并认定，隋唐音(切韵音)与宋代以后语音判然有别。

与高畑彦次郎《音声》不同，满田新造一方面对高本汉的音韵学说大加赞赏，但另一方面，也对高本汉的音韵学说提出了很严厉地批评。以今人的眼光来看这些批评，有一些是正确的，并富于一定的启发性；也有一些受制于当时的历史局限性，误解高本汉的地方，甚至还有一些偏见，也值得我们深思。很显然，他在日本高本汉音韵理论研究史上是独树一帜的，非常值得关注。[1]

二、满田新造对高本汉《切韵》研究批评的着眼点

满田新造对高本汉《切韵》研究的批评意识是我们关注的焦点。

满田新造对高本汉《切韵》研究批评的着眼点主要集中在两个方面：一是音韵研究的基本主导思想；二是具体的音韵研究方法。其论述次序为：

（一）高本汉认为，《切韵》音施行一时，中国全国无论什么地方也不遗漏的话，其结果就是，近代方音全部由《切韵》音派生出来。

高本汉所谓“近代方音全部由《切韵》音派生出来”的理由，就是他考虑到：“《广韵》的反切是代表一个不比纪元600年更后的完整的中国语言了。”（20页，商务印书馆，2003.6）

满田新造认为这没有事实根据，高本汉的论断意味着：唐代初期中国的“国语”是同质（homogène）的，泱泱大国在漫长的一个世纪之间没有产生显著的方音差异，但在今天各地方音却存在着各种各样的差异，被认定来源于古代方音之中的一个，即从《切韵》音派生出来的，完全表现了“政治上的事情”。

满田新造从五个方面论证这个论断的不合理性：一是明太祖强制遵用《洪武正韵》并不成功。《洪武正韵》分韵和元代《中原音韵》大体相同，但一般人还是尊奉《广韵》押韵，如果遵用《洪武正韵》，一定改变了人们积久而成的“习惯”，所以引起人们的不满。没有能够实现遵用《洪武正韵》愿望，即使是帝王之威和政治之力也不起作用。二是据《唐书》“经籍志”和《新唐书》“艺文志”，唐玄宗在天宝十四年发布《韵英》，力图实行韵书分韵革新，但还是不了了之。《宋史》“艺文志”就不见其名。三是有确切证据表明，唐代存在着方音对立。比如陆德明《经典释文序》说“楚夏异声，南北语殊”；颜师古《匡谬正俗》方音差异证据明显；张守节《史记正义》“论例”也说“然方言差别固自不同，河北、江南最为巨异”；慧琳《一切经音义》“景审序”、日本安然《悉昙藏》卷五、唐末李涪《刊误》等文献记载翔实。四是《广韵》成为官韵的意义。把它作为“作诗作赋”之际押韵的准则，并没有考虑方音的影响，而是以政府之力施加推行影响。五是《切韵》和方音之间存在相似点不足为奇。

高本汉的主旨在于，以西洋语言学中的语音变化理论为手段施之于中国语

语音研究，从而达到科学阐释汉语近现代音如何发生的目的。

（二）高本汉单纯地认为《切韵》以隋代的一个方音（长安音）为依据，这与事实并不符合。在北方音之外，《切韵》参考了南方音，从某种程度上讲，也参考了古代的语音。

满田新造从五个方面去看高本汉这个论断的缺失：一是高本汉有关《切韵》分韵依据一个地域语音的见解并不稳妥。因为在北方音之外，《切韵》参考了南方音，从某种程度上讲，《切韵》也参考了古代的语音。二是以北方音为主的证据。《切韵》著作产生的时代，即隋唐时代帝王之都在中国北方；《切韵》作者陆法言是纯粹的北方人。就是议纲“八人”都是北方人，其中三个人只在南方居住过；中国帝都除了东晋南迁之外，2000 年都在北方。三是《切韵》参考南方音的证据。《切韵序》、《颜氏家训》“音辞篇”、《广韵》区分鱼韵和虞韵等文献可以说明问题。四是从某种程度上讲，《切韵》也参考了古代的语音。中国学者“尚古”风气十足，韵书编写也不例外。《切韵序》就说取“古今通塞”、“古今字书”；其他，“支脂之”三韵之别；江韵和日本吴音，以及段氏《六书音均表》等材料吻合。五是“异韵”不一定“异音”。这些都表明，当时《切韵》存在着历史和地域的差别。

（三）高本汉所谓古音研究，实际上，恰当地说，是他对自己制作的“音表”所进行的研究。

高本汉制作的“音表”，区别开合及四等，并采用了近代音的组织结构理论分析宋代以后的“音图”。高本汉自己也明说，他的古音研究从某种意义上说是进行了近代音研究。

满田新造的理由：一是高本汉明确认为古今音不同，比如把《切韵指掌图》反映的宋音和《切韵》反映的隋唐音比较。二是高本汉“明言”其“古音表”的排列本于近代音。三是高本汉所谓“正当的理由”存在着明显的缺欠。比如在一般情况下，音图本于反切，但这里又强调，可以相互参考说明，问题是，这里的“音图”并不是源于《切韵》反切，实际上是批评高本汉混淆了音图的近代音主观性和反切古音的客观性的区别。四是高本汉“音表”“开合四等”制作参考了《切韵指掌图》、《切韵指南》、《康熙字典》所列《切音指南》，依据的是近代音等韵图。五是把本来属于《切韵》音的《韵镜》音变成了近代音。六是高本汉对近代韵书的态度值得怀疑，即对近代韵书韵图尽信不疑，十分机械。因此，也影响了他的判断。

（四）高本汉的论述，推理很多。

多数时候把音韵变化法则作为推理的基础。因为这使用的是印欧语法则，就很少顾及中国语规则。

满田新造认为：一是进行历史事实的研究，不可以在方法上以推理为主。

高本汉的论述，推理很多，所以，应该称之为“思索的音韵学”(Speculative phonology)，不是以事实为根据。二是确认中国音韵变化的特征，高本汉发挥想象依据西洋的语音特点，忽略了汉语的独特性。三是高本汉依据印欧语法则研究中国音韵的变化，“循环论证”的痕迹十分明显。满田新造并不是主张印欧语的法则和中国语的法则完全不同，但在进行中国音韵研究时只能把印欧语的法则作为旁证，其引用是有益的，而不是作为“正证”使用。四是高本汉确认西洋学者的研究，认为印欧语法则适用于其他国家语言。但古里奥德已经认识到了中国语存在不同于印欧语的音韵法则，却不被重视。五是依据实例进行批判，比如日母、微韵等声母韵母拟音，就有套用印欧语法则的嫌疑。

(五) 高本汉把其了解的方音全部(大多数是近现代音)作为推定《切韵》古音的基础，并认为它们和《切韵》古音存在着密切关系。

研究古音，应该把传递古音信息的外国字音作为基础。高本汉的研究，存在古音推定的两个不同标准，二者存在对立而缺乏统一。

满田新造认为：一是把全部方音作为推定古音的基础并不能成立，这里存在着明显的矛盾性，即和高本汉构拟一个区域方音的主张并不对应，就只能以偏赅全。取了若干个方音(33个)，还是不够，因为还有成百上千的方音还没有调查。所以，就不能称之为全部方音。二是应该成为《切韵》研究基础的实际上既不是西方音，也不是南方音，而是北方音。三是古韵的研究应该把古代的材料作为基础，即充分利用日本、朝鲜、安南三个古方音材料。它们是“正证”，而近现代中国方音材料则只应该是“旁证”。否则，把它们混合处理，就使得古韵研究陷入到了两个不同标准的“古音”和“近代音”的对立困境之中。

(六) 高本汉使用喜好的古音类推理论方法。

一般的古音类推的理论方法很难说是正确的，高本汉也认为自己古音类推的理论方法也不足以依赖。在古音类推的名下，把特称判断变更为全称判断的地方也有，是难以让人认可的理论方法。

满田新造认为：高本汉试以依据印欧语法则简单推理之外，重视使用类推的理论和方法，尝试建立发音拟定原理，但类推究竟是不是确实可行的理论和方法，还很难说。高本汉所谓的“类推”，可议之处不少，他自己也有误用。实际上，其类推中有必要区别两种不同的理论和方法，即：第一类，内容即发音是类似(analogue)、平行(paralelle)的诸摄之间关系适用类推的理论和方法；第二类，没有判定内容，在单纯的同一名称情况下，使用类推的理论和方法。这还不能看做是逻辑学上的比较类推和同一律。就可以说是逻辑推理的三段论误用，等于把特称判断全都看做了全称判断。

满田新造对第一类类推的批判。这一类研究的结论往往是疑而未定的。涉及具体的实例，比如一等、二等[a]区别，以山果两摄为例，构拟一致，就是从类似和平行推断的结果，证据并不充分。证明其类推不真实的实例，臻摄三等、四等真韵[iən]、一等痕韵[ən]之间关系不是类似。蟹摄[a]音有长短之别，也是类推的结果不真实。

满田新造对第二类类推的批判。把特称判断全都看做了全称判断的实例，比如一等合口[u]强、二等合口[w]弱的证明，以唇音字母为例，进而得出结论是片面的，唇音字母之外未必是如此。二等韵有[i]介音的证明，也是以少数例证证明，而忽视了大多数例证所显示的规律。其他，在数学计算上也存在着归纳法和演绎法的一些使用问题。

（七）高本汉将三等、四等诸韵区别为三种类型的说明，存在着矛盾性，难以让人认同。

满田新造说，高本汉将三等、四等诸韵区别为 a、b、r 三种类型：1. a 型韵：兼属三等、四等的韵，有东钟支脂之鱼虞祭真谆仙宵麻阳清尤侵盐蒸十九韵。2. b 型韵：专属三等的韵，有微废欣文元庚严凡八韵。3. r 型韵：专属四等的韵，有齐先青幽添五韵。

其中，a 型、b 型[i]介音没有朝鲜音、一般方音的证据，只是从理论上加以推论。而 a 型韵的兼属三等、四等韵在朝鲜汉字音中是有区别的，所以，推论也是不合理的。高本汉 b 型[i]介音之说，也不确切，存在着明显的循环变化。因此，将三等、四等诸韵区别为 a、b、r 三种类型是空洞的理论，没有实际意义。

（八）高本汉所拟定的各韵发音还存在着许多问题。

1. [a]和[â]是否应该区别十分重要，要重新考虑。2. 短音[a][â]和长音[a][â]的区别也是一样。3. 介音强弱没有区别，前边已经说明。4. 合口音的强弱也没有区别。5. [ie]和[iä]的主要元音存在区别不过是空洞的理论。这里满田新造主要是总结了拟音的缺失，其实也是前面批评的继续。

三、满田新造对高本汉《切韵》研究批评内容解析

满田新造对高本汉《切韵》研究的批评，以今人的眼光来判断，有的看法不失为一种有益的见解，比如第（二）（三）（四）；有的是满田新造对历史比较语言学理论与方法的误解，比如第（一）（六）（七）；有的存在着一些争议，还不能说是高本汉自身理论的问题，比如第（五）。

我们之所以说第（二）（三）（四）提出了有益的见解，是因为满田新造对高本

汉《切韵》研究的一些理论与方法的重要缺失已经有所认识。

比如第(二),涉及对《切韵》音系性质的理解问题。高本汉认为,《切韵》代表的是隋代都城长安的方言,这是持单一音系说,现在,大多数学者认为,《切韵》非一时一地之音而代表的是古今南北的综合音系,但还是有一定的音系基础的。其音系基础就是以洛阳为中心的北方语音。满田新造认为,在北方音之外,《切韵》参考了南方音,从某种程度上讲,也参考了古代的语音。就是承认了《切韵》非一时一地之音而代表的是古今南北的综合音系,和后来的学者们意见不谋而合,非常难得。

还如第(三),满田新造的批评可以归结为两个方面,一是对高本汉中古音研究所依据的汉语文献资料年代存在着相当大的矛盾性,二是对高本汉"音表"的客观性提出质疑。

对高本汉中古音研究所依据的汉语文献资料矛盾性的批评,主要是看到了高本汉使用的文献资料缺憾,即年代不对应。《切韵》反映的是 6 世纪前后的汉语语音系统,而《切韵指掌图》、《切韵指南》、《康熙字典》所列《切音指南》所反映的至少是 10 世纪以后的汉语语音系统,一个是中古音,一个是近代音,杂糅在一起,所建立的中古汉语语音结构分析系统肯定是不真实的。后来学者们批评高本汉这一做法,和满田新造的批评如出一辙,比如赵元任、罗常培、李方桂在《中国音韵学研究》"译者提纲"中指出:"这几章里所引用的书本上的材料可惜还不是最完全精确可能的材料。因为著书的时候著者没有见到《切韵》的各种残卷,没有见到过《集韵》、《韵镜》、《切韵指南》的本书,而所引《广韵》反切往往是《康熙字典》里所引错的反切,结果在好些地方都不免有细节上的错误(译文里都改正过了)。"[2]董同龢《中国语音史》(1953)也说:"未能充分利用《广韵》以前的韵书和早期的韵图。"[美]罗杰瑞(Jerry Nornman)的《汉语概说》(*Chinese*)就说:"高本汉错误地把《切韵指掌图》认作是现存最早的韵图,并用来构拟中古音。"[3]

实际上,除了年代不对应外,还有就是运用了"二手"或"三手"文献资料。没有见到《切韵》原本,没有引用唐五代《切韵》系韵书,也没有用反映中古音系的《韵镜》,而只是用了《康熙字典》引用的《广韵》,以及《康熙字典》所附《切音指南》,等等。出现问题并不奇怪。[4]

高本汉自己制作的"音表"客观性问题,满田新造指出了"古今音杂糅"性质。实际上,隐含着对高本汉研究还存在一些具体方法问题的批评。比如,他的"音表"、"音类框架"。后来学者也正是从这个角度入手来批评的。比如,徐通锵说:高本汉"音表"、"音类框架"是根据《广韵》。(作者按:《康熙字典》引用的《广韵》)的反切整理出来的,但他所根据的反切不是整部《广韵》的反切,而只包括 3100 多个常用字。这个范围对于方言音系的调查可以说是够了,但是要建立以反切为基础的音系显然会遗漏一些重要的线索。[5])放着清人陈澧"反切系联法”不用，却根据需要“选字定类”，出现问题在所难免。他的“音表”、“音类框架”的基础就不牢靠了。再加上，如满田新造所说的依据后代韵图定“等开合口”，“历史上的旧材料”的运用疏漏，当然会影响历史比较的效果。其“音表”的客观性肯定得不到应有的保证。由此，可以看出，满田新造的质疑是很有价值的。

第(四)，满田新造提出了一个中古音研究如何结合东方音韵研究传统问题。中国清代考据学对日本学者研究汉语音韵学影响很大。考据学的一个基本思路是运用归纳推理的方法，用材料说话。高本汉把欧洲历史比较法运用到中国中古音历史研究中来，比较方言的差异，和《切韵》系韵书等材料结合起来加以构拟，已经考虑到了汉语的独特性，但在具体研究时免不了有“演绎”推理的思维形式存在，依据印欧语法则研究中国音韵的变化“循环论证”，有不顾及事实之嫌，所以，引起了满田新造的不满也是正常的。他看到印欧语的法则和中国语的法则完全不同，所以认为，在进行中国音韵研究时只能是把印欧语的法则作为旁证，而不是作为“正证”使用。就是要提醒人们继续完善历史比较法和中国传统汉语音韵学结合的“新路”，批评是善意的。对今天的汉语音韵学研究的启发作用也是很大的，不能不引起我们的注意。

关于第(一)(六)(七)。我们认为，在一定程度上说，是属于满田新造误解高本汉研究的理论内涵。为何如此说？

比如第(一)，对近代方音全部由《切韵》音派生出来的观点表示怀疑，这其实是对高本汉在汉语史研究中把语言在空间上的差异和时间上的发展结合起来的思路的误解。学者们指出：汉语音韵研究长期以来只局限于对时间方面的因素与汉民族文化传统密切关系的研究，分立韵部、尊经解经，以古为是，以古为准、以古证今。(徐通锵 1991：126 页)而高本汉以《切韵》为枢纽，下联今天的方音，上推先秦古音，用以解释古今汉语语音的变化情况。实际上他找到了一个比较方便的有效的参照点，即通过《切韵》说明汉语发展的过程和规律，从而打破了旧有的研究思路，遵循的是一条正确的方法论原则。(徐通锵 1991：130—131 页)满田新造的问题在于，只考虑到《切韵》音系的单一性，而没有考虑到它的综合性参照作用，更没有理解历时比较语言学基本思路和方法的科学性内核，至于把“政治上的事情”和《切韵》联系起来考虑，则走得更远，与高本汉的方法论原则并不相干，是“风马牛不相及”的。

第(六)，满田新造对高本汉古音类推方法的怀疑，实际上是对历史比较法中的“规律”和“例外”理论的不理解。

历史比较法中的“规律”，又称为语音演变规律，或者是语音对应规律。是指语音从前一状态到后一状态的有规律、有次序的变化。同样的语言现象在不同地区的演变方向、演变规律是不同的，因而在方言或亲属语言的差异中会呈现出有规律的语音对应关系。但德国语言学家格里姆研究发现,音变规律有“例外”,即任何规律免不了有例外,这就补充了丹麦语言学家拉斯克理论的不足。对于音变规律实现方式,青年语法家学派提出了渐变性的解释。在此基础上,一些学者又指出,形式的联想,即通过“类推”产生语言新形式,在语言后来的发展中起到了非常重要的作用。“类推”与音变规律无“例外”并列。“类推”一般分为“类推拉平”和“类推创新”两类。(徐通锵 1991:101—117 页)。

青年语法家学派“类推”理论对高本汉汉语中古音研究的影响是显而易见的。“类推”理论可以帮助高本汉去解释汉语语音演变过程中不同原因所造成的“例外”现象。对于汉语语音演变研究理论的建树是一个很大的贡献。“类推”理论的运用,不可避免地用少数语音例证推论,当然也就忽视了一些大多数例证所能显示的规律,出现满田新造所说的“把特称判断变更为全称判断”情况不足为奇。

第(七),满田新造认定高本汉将三等、四等诸韵区别为三种类型的说明,存在着矛盾性,主要是从朝鲜汉字音材料,而不是其他资料出发来加以鉴定的,也有以偏赅全的倾向,实际上,高本汉的三种类型区别是根据等韵图音韵地位表现的结果来确定的,不一定是单纯的“传来字音”材料分析的结果。所以,在《切韵》音节结构分析上具有十分重要的理论意义,用“空洞”一词来概括肯定显得武断,由此,满田新造误解了高本汉三等、四等诸韵类型的分类原则。

第(五)的批评,涉及“构拟”汉语中古音的基础材料的“证据”问题。满田新造认为,应该以日本、朝鲜、安南三个古方音为“正证”,而近现代中国方音材料则只应该是“旁证”。这和高本汉主张把全部方音(大多数是近现代音)作为推定《切韵》古音的基础,并认为它们和《切韵》古音存在着密切关系的看法差别很大。

罗杰瑞(1995:37 页)提到,Pulleyblank(1970)、Miller(1975)对高本汉理论与方法提出质疑。其中,Pulleyblank 第一个反对直接根据韵图来构拟《切韵》,理由是最早的韵图也已在 200 年以后,根据的又是另一个地区的方言标准。认为应先独立地构拟韵图音,然后再用它和其他有关材料一起构拟《切韵》音。而 Miller 更为激烈,认为 1975 年以前的构拟,多数价值不大。罗杰瑞认为:“《切韵》仍然是中古音研究的核心。韵图比现代方言、域外借音、古代译语并无更大的价值,其解释只是推测而已。中国本土的方言比域外借音更重要,域外借音只是邻国所用的交际媒介,服从于他国语言内部发展的历史规律。域外借音只有在经过进一步研究以后才可用来解释早期的汉语。汉语方言是中古汉语的直接后代,应该作为构拟古音的主要依据。其他邻近语言,如越南、泰语、苗瑶语及其他语言的汉语借词需要进一步加以重视。”“另一种研究也是可能的,那就是从现在的方言出发,构拟它的早期读音。”此即“普林斯顿学派”的做法。

究竟如何看待高本汉“构拟”《切韵》音理论与方法,尽管现在还存在着一些不同看法，也在探索新的理论和方法，但从总的评价倾向来看，对高本汉"构拟"基本理论体系仍然是肯定大于怀疑，这是应该明确的。

四、满田新造对高本汉《切韵》研究批评的学术意义

满田新造博士对高本汉《切韵》研究能够进行比较有意义的批评，并得出一些有益的结论，主要原因在于，在1899年毕业于日本东京帝国大学汉文学科前，他接受过西方语言学理论的熏陶，对西方语言学理论的缺憾有着比较清醒的认识。同时，他也具有深厚的"东方语言学"的素养，对中国传统小学十分精通，曾经于1919年、1921年两次到过中国，与中国许多语言学家有过交往，视野非常广阔。最为重要的更在于他对汉语音韵学研究十分深入，始终站在学术的前沿，成果丰硕，1921年提交《中国音韵历史的研究》论文获得博士学位，所以，能够对高本汉《切韵》研究存在的一些问题洞晓明晰。

我们翻看《中国音韵史论考》(1963)，1924年前，满田新造博士发表了大量的音韵学著作，比如《中国音韵历史的研究》(1915)、《关于叶韵》(1916)、《〈韵镜〉的地位和其本质(上、下)》(1917)、《〈广韵〉〈韵镜〉和北方中国音》(1917)、《中原音和南京音》(1918)、《〈中原音韵〉分韵概说》(1918)、《〈汉吴音图〉的解剖批判——关于音韵研究法》(上、下)(1921)、《〈韵镜〉四等的解释》(1920)、《难以利用〈韵镜〉说明中古音的诸点》(1919)、《作为〈韵镜〉研究的〈音韵考证〉》(1922)、《文雄在〈韵镜〉研究史上的位置》(1922)等。[6]这些著作，在中日汉语音韵学史上地位十分重要，代表了当时日本汉语音韵学研究应有的学术水准，应该与其有关高本汉《切韵》研究的论述一样产生了相当大的影响，构成了他的汉语音韵学研究的整个理论系统，由此，他对高本汉《切韵》研究的批评意识的形成就不是偶然的，与其深厚研究积淀密不可分。

应该注意的是，满田新造也存在着一些对高本汉《切韵》研究理解上的偏差。我们认为，造成满田新造理解上的偏差原因是多方面的。首先，以东方汉语音韵学学术思维的眼光理解高本汉《切韵》研究，必然会有许多不对应，比如演绎的思维方式，可以根据不完备的材料加以推论，这是东方汉语音韵学学术"归纳式"思维方式所排斥的，产生激烈的反应并不奇怪。其次，满田新造虽然对当时西方语言学理论有所关注，但毕竟对西方语言学理论的理解还存在着一些模糊认识，比如对"类推"理论研究汉语音韵学的优越性还看不到。再次，对高本汉《切韵》研究某些语言学问题的认识，趋向于政治化理解、简单化倾向比较严重。最后，对某些对音译音材料，比如日本朝鲜汉字音"借音"的历史作用过于夸大，过于自信。实际上，他没有考虑到，以不同系属语言构拟语音系统所带来的"危险性"因素。

尽管满田新造对高本汉《切韵》研究的批评存在着明显的历史局限性，我们认为，从日本汉语音韵学史的历史发展脉络来观察，它所具有的学术意义不可等闲视之。

1. 满田新造对高本汉《切韵》研究批评毕竟是东西方汉语音韵学研究理论和方法的最早的正面碰撞，所产生的学术轰动效应是前所未有的，肯定会引发人们对西方汉语音韵学研究缺憾的反思，超越了满田新造论文本身所具有的批评价值。

2. 满田新造对高本汉《切韵》研究的批评，即使是今天看来，有许多意见也是正确的，说明他的批评非常具有前瞻性，我们应该继续坚持。

3. 满田新造对高本汉《切韵》研究批评，标志着日本汉语音韵学开始走出了近代时期，进入了现代音韵学时期，为日本现代汉语音韵学理论与方法的成熟奠定了坚实的基础，所以才有了高畑彦次郎、有坂秀世等学者对高本汉汉语音韵学研究理论的继承和更为深刻的批评。从这个意义上说，满田新造既是日本近代汉语音韵学的殿军，又是现代现代汉语音韵学理论与方法的开拓者。

4. 以对高本汉《切韵》研究的批评为代表的满田新造汉语音韵学学术体系创造了日本汉语音韵学的学术辉煌，丰富了日本汉语音韵学的学术内涵。以史为鉴，对我们今天的研究一定会有所启发。

附　注

[1] 满田新造《カールグレン氏支那古韵研究の根本思想を评す——再び音韵研究法に就いて(上、下)》,《东洋学报》第13卷第4号,第14卷第1号,1924。

[2] 高本汉《中国音韵学研究》,赵元任、罗常培、李方桂"译者提纲"。

[3] 罗杰瑞(Jerry Nornman)《汉语概说》(*Chinese*),27页,语文出版社,1995.1。

[4] 李无未、秦曰龙《高本汉"二手资料"构拟〈广韵〉之检讨》,《吉林大学社会科学学报》2008年第1期。

[5] 徐通锵《历史语言学》,132页,商务印书馆,1991.11。

[6] 满田新造《中国音韵史论考》,武藏野书院,1963.9。

第五章 高畑彦次郎对高本汉《广韵》研究的补充与修订

【本章内容提要】日本学者高畑彦次郎的《音声》从对高本汉《中国音韵学研究》中《广韵》研究补充与修订出发，全面介绍高本汉理论与方法，对日本汉语音韵学研究产生了比较广泛的影响。从中国学者的角度认识高畑彦次郎《音声》，有助于我们更好地了解日本与中国汉语音韵学交流关系的历史，彰显中日汉语音韵学研究的学术特色。我们研究高畑彦次郎《音声》弥补与修订高本汉构拟《广韵》，不是为了简单地总结这段历史，而是在审视历史中求得更深刻的学术认识，即在突出高本汉汉语现代音韵学的历史功绩的同时，更重视那些为完善高本汉现代音韵学而付出艰苦努力的学者们的贡献，并在此基础上确定高本汉现代音韵学在新世纪的学术价值。

【关键词语】高畑彦次郎《音声》　高本汉《广韵》研究　补充与修订

一、高畑彦次郎和《中国音韵学研究》

高本汉《中国音韵学研究》在1915—1926年发表后不久，就在日本汉语音韵学界产生了很大的反响，译介、修订、补充、批判等研究性的论著很快就出现，比如满田新造《カールグレン氏支那古韵研究の根本思想を评す——再び音韵研究法に就いて(上、下)》(《东洋学报》第13卷第4号，第14卷第1号，1924)，高畑彦次郎《支那语の言语学的研究》(副题是《音声史的研究》，以下称《音声》，载《艺文》第19年第8号，昭和三年(1928)八月第21年第12号至昭和五年(1930)十二月第23年第22号)；岩村忍、鱼返善雄《支那学者カールグレンの业绩》(《日华学报》第56号、第57号，1936)及所译高本汉《支那言语学概论》(文求堂书店，1936)；岩村忍《カールグレンの支那语学方法论》(《日华学报》第57号，1936)等。

满田新造由羽田亨介绍而认真研读了高本汉的法文版著作，较早地在日本对高本汉《切韵》研究进行了评述。他既对高本汉的音韵学说大加赞赏，也提出了一些批评，主要有八个方面：认为高本汉所说的近代语音是由《切韵》音“派生”出来的没有事实根据；《切韵》在北方音之外参考了南方音，某种程度上也参考了古代的语音；中古音研究采用了宋代以后的韵图，意味着进行了近代音研究；以印欧语法则推论中国语法则；以近代音作为《切韵》音的基础，缺乏统一的标准；三等、四等诸韵区别为三种类型的说明存在着矛盾性；还有许多拟音有问题。[1]

高畑彦次郎(1883—1945)是日本20世纪20年代到40年代卓有成就的汉

语音韵学家，曾经发表过专著《支那语の言语学的研究》(《音声》)、《周秦汉三代の古纽研究》(第2卷，东方文化学院京都研究所，1937)、《古韵研究》(东方文化研究所，1939)，论文《支那言语学序说》(《东方学报》第5册，1934.7)、《唇音を语尾子音とする古韵研究》(《东方学报》第8册，1937.10)等。其中，《音声》是最负盛名的系统性学术著作。《音声》与满田新造的一味批判不同，重在译介、修订、补充，很有系统性，应该是当时日本研究高本汉《广韵》构拟的最重要的学术专著，值得特别注意。

《音声》的内容主要有：音声史研究的材料、音声史的研究、《广韵》反切下字的研究、《广韵》反切上字的研究、关于206韵、四声的研究、《切韵》资料研究。可以看出，对《广韵》的构拟与研究占了相当大的篇幅。[2]

高畑彦次郎《音声》的研究特点突出，也应该在汉语音韵研究史上占有一席之地。因为：

其一，反应迅速。《中国音韵学研究》于1915—1926年分四次陆续发表法文本，后来由赵元任、罗常培、李方桂合译的中文繁体本，由商务印书馆于1940年初版，1948年再版。而他则直接阅读法文本，在1928年就已经发表有关研究《广韵》的语音论著，不能不说对高本汉《广韵》构拟理论接受速度之快。其二，精熟高本汉理论与方法，但又不失东方语言研究传统。高畑彦次郎参照钱玄同《文字学音篇》对汉语历史分期的观点，用发展的眼光审视汉语研究各个历史阶段的材料，进而确立《广韵》在汉语语音研究史上的地位和作用，推导出历史比较语言学理论与方法对汉语研究的重要性以及高本汉在构拟《广韵》上的突出贡献。在高本汉的基础上，进一步形成自己的研究体系。其三，结合日本与中国的实际对高本汉的研究进行补充与修订。高本汉重视汉语方言语音在构拟《广韵》上的作用，使用了33种汉语方言以及译音对音，但也存在着一些问题，比如"二手数据"占了很大的比重，削弱了汉语方言以及译音对音构拟《广韵》的功能，也成为后继学者批评的主要因素。[3]高畑彦次郎《音声》在极短的时间内迅速调整研究思路，对高本汉的研究缺欠进行弥补，发展与完善高本汉的学说，在当时应该说是极其难得的，应该予以充分肯定。

二、《音声》对高本汉《广韵》构拟的修订与补充

高畑彦次郎《音声》对高本汉的研究进行补充与修订具体体现在哪些方面？我们观察到有这样几个方面比较突出：

（一）十分重视《广韵》文献的运用，变《广韵》“第二手文献”为“第一手资料”。

高本汉运用中国传统音韵文献“第二手资料”曾经引起许多学者的批评，比如所引《广韵》反切以《康熙字典》为依据，往往是《康熙字典》里所引错的反切，结果在好些地方都不免有细节上的错误。

在“音声史研究的材料”、“音声史的研究”两章中，高畑彦次郎一再强调《广韵》反切的作用，并且在文献的使用上注意宋本《广韵》与唐写本《切韵》残卷、唐写本《唐韵》残卷、王仁煦《刊谬补缺切韵》等结合，在材料上尽量贴合实际，向“第一手资料”靠近。比如他在“音声史的研究”一章提道：

> 《切韵》反切在语言学上因为被称作严格的“比较再造法”[作者按，指用历史比较法来构拟(重建)古音的工作]，如果得到应用的话，才能够见到隋代的《切韵》音。但是在今天，《切韵》亡佚，就是以它为基础进行增补的《唐韵》也已经失传，作为完整版本的只是宋代的《广韵》。《广韵》所收字数是26194。据《封氏闻见记》，陆法言《切韵》则收12158个字，然而，《广韵》字数几乎是《切韵》原文的一倍，直到今天，《切韵》原文和后人增加的字难以区别。依据陈澧所言，以《广韵》同音之字为一条，每条第一字注上切语及同音字数，这就应该是陆氏的旧例。对这样的反切进行校订，以张士俊刻本为主，并校以明刻本、顾亭林刻本、曹楝亭刻本，以及徐铉、徐锴《说文》反切、《玉篇》反切，陈澧确立了具有独自见解而进行的声韵研究，即他的《切韵考》。另外，今天的研究，还应该参照唐写本《切韵》残卷、唐写本《唐韵》残卷、王仁煦《刊谬补缺缺切韵》等反切。[4]

很显然，纠正了高本汉《广韵》应用上的失误。在《音声》第20至22三讲中，还重点进行了“《切韵》文献”的研究。比如敦煌出土唐写本《切韵》残卷韵目与《广韵》韵目、反切的比较，目的还是求得进一步弄清楚《切韵》原本面目，也是高本汉不曾注意的。

（二）在具体构拟《广韵》音时，除了以高本汉的方音材料为依据外，还吸取其他学者方言研究的成果，进一步丰富自己的方言材料。

1924年，北京大学方言调查会成立，不久，拟定“方言调查会字母草案”。高畑彦次郎与许多人一样，认为是中国现代方言调查研究的开端。高本汉《中国音韵学研究》发表后，法国汉学家马伯乐在《唐代长安方言》中就《切韵》和唐代语言变化以及《切韵》语音音系拟定、梵语译音材料使用等问题提出许多看法，[5]26 很显然与高本汉存在不同意见，但可以部分弥补高氏研究之不足。所以，高畑彦次郎往往也吸取马伯乐的意见。

刘复的《四声实验录》(1924)用浪纹计记下北京、武汉、广州等 12 个方言的声调曲线,然后,经过计算后用五线谱的形式标出声调的绝对音高。这是第一部以实验手段研究汉语方言声调的著作。赵元任的《现代吴语的研究》(1928),是 1926 年在清华学校国学研究院工作时所作的调查,记录了江苏、浙江两省吴方言区 33 个方言点的声韵调和 30 个方言点的 75 个词语,还有方言声韵调和中古音的比较。这是中国学者完成的第一部通过田野调查、用国际音标准确记音的方言著作。高畑彦次郎对刘、赵的研究不但大加赞扬,而且在《广韵》具体构拟中多次加以采纳。比如《音声》(六)对见溪群三母、《音声》(九)喻母的构拟中,明确说明吸取了赵元任的成果。[6]87,71

(三) 等韵图运用回归到中国学者陈澧等的研究思路上来,真正明确等韵图"辨韵析等"的客观依据功能。

高本汉运用中国传统等韵文献"第二手资料",与《广韵》一样也受到了后世学者的抨击,所引用《康熙字典》卷首之《切音指南》与刘鉴之《经史正音切韵指南》虽同出一源,而内容颇有出入,使人们对高本汉的依据产生怀疑。

高畑彦次郎认为,等韵文献是运用"比较再造法"构拟《切韵》音的关键,所以,要注意发挥等韵图"辨韵析等"的作用。他重点提及《韵镜》、《七音略》、《切韵指掌图》、《四声等子》、《五音集韵》、《切音指南》六种等韵图。对《广韵》韵类区分重视陈澧的研究结果,即 311 类,并且在确定其开合等位时,也明确说明主要参照陈澧《切韵考・外篇》,而不是高本汉的"开合等位表"。

(四) 对《广韵》反切音系归纳吸取了中国学者陈澧的处理方法,注意音类区分的系统性。

高本汉对《康熙字典》中的《广韵》反切采用"抽样选字"方法选取 3100 多字获得音类,这样的做法还存在着由于"字音不足"而带来的语音研究缺乏系统性的问题。高畑彦次郎《音声》看到了高本汉的失误,所以,十分注意吸取清人陈澧的研究方法,即所谓的"反切系联法",称《切韵考》是自己的立论依据,对陈澧的贡献评价甚高。(《音声》(二))

高畑彦次郎在《音声》(二)中全面介绍了陈澧"反切系联法",比如对反切上字的系联基本条例:有同用、互用、递用关系"声必同类",也介绍了"补充条例",以"多得都当"为证。他还详细说明了人们应用陈澧"反切系联法"研究《广韵》声类的结果:整理反切上字 452 个,分为 40 类,并和宋人 36 字母进行了比较,根据自己的研究所得,确定 37 个声类的结果。对反切下字应用陈澧"反切系联法"系联的结果也是如此:《广韵》韵类是 311 类,而高本汉"抽样选字"却得出 284 类的结论。高畑彦次郎依据张氏泽存堂本,附以唐写本《切韵》残卷、唐写本《唐韵》残卷、王仁煦《刊谬补缺缺切韵》材料，在文献使用上已经完全超越了陈澧、高本汉。

（五）在语音分析上，注意对中国明清以及现代学者的音韵学分析的引述，并作为研究的一项十分重要内容，说明作者熟悉中国学者的学术文献与传统。

高本汉构拟《广韵》音，以《康熙字典》音注和韵图为基本材料，对这之外的中国明清以及现代学者的音韵学分析并不熟悉，难以引起中国学者的共鸣，局限性明显。我们在高畑彦次郎《音声》看到，与高本汉正相反，他很重视传统汉语音韵学的研究成果，因此，东方学术色彩浓郁。

比如《音声》（五）“比较构造论”一节，谈到中国没有严密的“比较再造论”思想，但“参考对理解古音有重要作用的方音是十分必要的”。潘耒《类音》“南北音论”条就阐述了这一点：

> 若夫合口之字，北人读之最真；撮口之字，南人读之最明。清母之阴阳，北人天然自分，浊母之阴阳，南人矢口能辨，此其所长也……而昔人所未发者，亦钩深探赜而得之，于是五十母四呼二十四类之说定，而图谱成焉。[7]

江永《音学辨微》“六辨疑似”条：

> 刘熙《释名》云：天，豫司兖冀，以舌腹言之，天，颠也，在上高显也。青徐，以舌头言之，天，坦然而高远也。舌腹，今人所谓舌上也。天字分明是舌头，乃有以舌上呼之，方音之不正者也。朱子《楚辞辨证论》：《九歌》，灵何为乎水中之中字云：此处人，以中为当，是呼东韵如阳，知母如端，舌上如舌头也。安溪李文贞公光地谓：闽广人知彻澄犹作舌头音，意其如此类耳！[8]

还有劳乃宣《等韵一得・外篇》“四声”条内容丰富，也是高畑彦次郎重点引用的对象，增强了作者的中国文献说服力，给人以坚实的感觉。

引用中国学者看法，意在突出语音历史变化的线索。比如日母构拟，高畑彦次郎就重视章太炎《国故论衡》上卷《小学篇》“古音娘日二纽归泥说”论证，同意章太炎的看法，进而对上古音到《广韵》日母的变化加以说明，然后对高本汉日元音值构拟依据进行分析，提出自己的认识。在谈到知照两母的语音变化，即《切韵》之前和《切韵》之后语音比较时，就引用了黄侃与钱玄同的说法。黄侃在《与友人论治小学书》中提出“古韵二十八部”说，钱玄同在《文字学音篇》提出上古声母19母说。从上古声母19母齿音和舌音分立到《切韵》的舌头音、舌上音、齿头音、正齿音（二等）、正齿音（三等）重新分化与组合线索，高畑彦次郎叙述得比较清楚，也突出了中国学者的贡献。[9]十八，67—77；十九，57—74

《音声》(十三)“关于206韵”一节提到,高畑彦次郎与中国学者闻宥关系密切,闻宥曾向他提供了中国学者的一些研究成果。比如,讨论《切韵》音系基础时,就《切韵》音系依据中国南方音还是北方音问题,参考了罗常培《〈切韵序〉校释》一文[10]。有一些意见是受罗常培的启发而得出的,作者并不避讳这一点。比如他对罗常培“具论是切”、“共为一韵”是互文同义的观点就表示赞同。[11]23—39

(六)对高本汉构拟《广韵》不是简单地全面接受,而是有意识地补充与修订高本汉的《广韵》构拟。

高畑彦次郎发挥汉语音韵学学术研究传统优势构拟《广韵》融入了一些日本学者的成果。比如《音声》(十四)“钟韵”,《韵镜》为合口,日本古音也是如此,高畑彦次郎就依据大矢透《假名谴及假名沿革史料》“供共恭”[kuwiyou]、“勇邕”[wiyou]等字假名注音材料说明。

《音声》(十四),涉及鱼韵构拟,高本汉认为是合口三等,作者采纳大岛正健《改订韵镜》的说法,认为应该是开口。《音声》(十六)“关于支脂之三韵”,他批评高本汉想象的成分重的同时,也不同意马伯乐的观点,从三韵历史发展的角度,利用各种材料,包括假名材料谈了其分合变化。最后认为,应该是:支[jie]脂[jiê]之[jiə](开口),支[juie]脂[juiê]之[juiə](合口)。关于臻韵(《音声》(十八))臻诜,高本汉《方言字汇》中没有记载,但在《韵镜》十七转齿音二等韵有。高畑彦次郎从诜与臻的关系,以及各种方言材料的记载,推定是[en]。关于夬韵(《音声》(十八))音值,高本汉认为与卦同音,但没有说明理由,高畑彦次郎认为高本汉的看法不大令人信服。他看到夬韵因为数量少,涉及的面很窄,不像祭韵与废韵那样和入声的关系可以推定,很难确定去入之间的关系,所以,得出了夬韵音值“不明”的结论,暂时存疑。

有人批评高本汉不重视《切韵》音系声调的研究,高畑彦次郎已经看到了高本汉的这方面缺憾,从《音声》(十八)开始,到《音声》“四声”(十九)专门设“四声研究”专题讨论以便于弥补。[12]23—39

中国学者“四声”研究涉及的问题有:1. 五声。李登《声类》“五声命字”、吕静《韵集》宫商角徵羽五篇。所谓“五”,其中包含“平声二分”以及上去入的因素。2. 四声有清浊之分。江永就在《音学辨微》中持有这个观点,提出“八声”概念。3. 四声清浊和现代方音之间的关系。劳乃宣等就这个问题进行了比较详细的论述,比如《等韵一得》。

高畑彦次郎认为最应该讨论的是《切韵》四声和现代方言声调的关系。这要分几个方面来观察:1.《切韵》四声和北京、汉口、四川、南京、扬州官话的比较;2.《切韵》四声和客家方言声调的比较;3.《切韵》四声和福州及厦门方言声调的比较;4.《切韵》四声和上海温州及安南音声调的比较;5.《切韵》四声和广东方言声调的比较。比较的结果，表面上相合的是上海、温州及安南音声调。他综合高本汉和马伯乐的意见，提出几点意见：1.《切韵》下平声与安南音中属于明母等的上平声对应，与属于並母等声母的下平声对应。2.《切韵》调值降低的与高升的调值相当，这限于明母等字；属于並母等的没有。3. 闽方言属于明母等的和清辅音声母的调值高升是上声；属于並母等的和调值低降的相当是下去声，规律比较明显。高畑彦次郎对《切韵》四声的分析比起高本汉来要更为细致一些。

三、《音声》本身的局限性

高畑彦次郎《音声》后出于高本汉只有两年，却取得了如此骄人的成绩，这是件很了不起的事情。但也应当看到，他毕竟与高本汉是属于同一个时代的学者，由此，《音声》存在着一些局限性也就难以避免。

（一）高畑彦次郎《音声》最大的问题还是在许多看法上难以摆脱高本汉思维模式的束缚，使得自己的研究明显带有“跟着跑”的痕迹。比如：

高本汉把全浊声母“並定群从澄崇船”等构拟为送气音，遭到了马伯乐等学者的驳斥，马伯乐等认为是不送气音，这从梵汉对音可以得到证明。[13]26 高畑彦次郎《音声》虽然也承认马伯乐的说法有一定道理，但还是取了高本汉的看法，这实际上是不顾事实的一种学术倾向。

高本汉把三等声母拟成[j]化，或者称为“喻化”，这当然受到了学者们的强烈批评，主要原因在于，在汉语方言里还难以挖掘到“喻化”的例证。另外，高本汉给三等字还拟了弱的[i]，四等字则拟了强的[i]，弱的[i]可以使声母“喻化”，强的[i]却不能，理论上说不过去。高畑彦次郎没有考虑到这个因素，却呼应说是高本汉的一大发现，让人不能理解。

明明承认陈澧《切韵考》的反切下字分 311 类比高本汉的 288 类有许多地方是合理的，应该根据实际调整，确定自己的分类。可是，他在比较了两者之后还是认定高本汉的分类是“事实上的当时北方的发音分类”，所以，还是同意了高本汉的观点。同一章，“韵的构造”一节，论述蟹摄诸韵关系以及音值，除了皆佳两韵音值区别存疑外，不顾林语堂的意见[14]496 是否合理，最后，还是回到高本汉构拟的老路上来。[15]十二,23—39

（二）在许多问题上，限于当时的认识水平，还停留在一般层次的理解上。

比如《音声》（十二）对“重纽”看法。高畑彦次郎《切韵》唇音构拟（《音声》（十一））实际上涉及了“重纽”问题。重纽现象出现在《广韵》“支脂祭真仙宵侵盐”八类三等韵中，在韵图上被它们划分为两类，一类排在三等位置，一类排在四等位置,从《广韵》切下字系联的情况来看,韵图所分的两类系联也往往分为两类,但有时也有系联成一类的情况。如陂(彼为切)、皮(符羁切)、縻(靡为切)在三等位,卑(府移切)、陴(符支切)、弥(武移切)在四等位。学术界一般把列在三等位置的字称为B类字,列在四等位置上的字称为A类字。

最早发现重纽现象的是清代学者陈澧,他根据反切的原理,把对立的反切分成两类,承认重纽的存在,但这两套切语反映了怎样的语音差异,陈澧还不能作出解释。比如,从陈澧的研究可以看到,属于唇音的支纸寘韵反切经过系联分为三类:彼甫委、俾並弭二类(甫並,声同类);诡与比彼同一类;"又臂卑义自为一类"。[16]15,17 而高本汉、黄侃分为两类,在《韵镜》和《切韵指掌图》上显示的是一二四等为一类,三等为一类。

章炳麟和黄侃认为"重纽"没有什么语音上的差别。高本汉以为所谓重纽字基本同音,他以声母的"j化"来加以区别,一类是"j化"音,一类是非"j化"音。后来陆志韦不同意高本汉的看法,他首先从介音的角度来看待问题,在《古音说略》中他把一类字的介音拟为[I],另一类拟为[i]。日本学者有坂秀世的《国语音韵史的研究》、河野六郎的《朝鲜汉字音的特质》等,以及李荣的《切韵音系》也都从介音的角度来区别重纽。李荣把一类拟作[j],一类作[i]。王静如《论开合口》、《论古汉语之腭介音》从声母和介音两个角度来区别重纽,认为一类字后的介音是[i](A类),另一类带有"假合口"介音[W],这一类的见组声母等都是唇化的[K^{W}]。也有人认为重纽是主元音的差别,其代表是董同龢、周法高、周祖谟。周祖谟在《万象篆隶名义中之原本玉篇音系》一文中说:"《切韵》三等韵牙喉唇三类有重纽者,其牙喉音字韵图列于三等者,元音盖皆偏后偏低,甚至为央元音。"[17]

"重纽"现象的存在是事实,照理来说,高畑彦次郎应该照陈澧的思路进一步思考,完全比高本汉有条件发现"重纽"的特殊性,可是,他都是在对陈澧的研究罗列之后,以"同韵同类"或"只是语言上的理由"为托辞,予以否定,还是不加考虑地赞同高本汉和黄侃的看法。我们不能责怪高畑彦次郎是在"跟风",而应该从他的认识水平入手看待这个问题。受时代的局限,高畑彦次郎不可能像日本学者有坂秀世那样在"重纽"问题上"洞察入微",出现缺失是可以理解的。

(三)限于活的方音材料匮乏,证据明显不足,有待于后人的进一步修订与完善。

许多学者已经谈到,高本汉构拟《广韵》用了许多"第二手资料",比如书面文献有三类:朝鲜日本越南译音对音;《康熙字典》里所引的《唐韵》跟《广韵》的反切、《康熙字典》卷首的韵表《经史正音切韵指南》;还有方言材料:"印出来的"传教士调查的材料有十种。他所说的"第一手活的方言资料",主要是"曾经很细心地亲自调查了这些地方方言中的十七种”，仅有一半。[18]无论是“第二手资料”还是“第一手资料”，北方的居多。两年以后，高畑彦次郎所遇到的书面文献情况要好一些，但“活的方音材料”情况没有多少改变，仅仅比高本汉多见到了赵元任《现代吴语的研究》。如此，在对《广韵》进行构拟时还是难以突破高本汉的思维框架，即使是偶尔有独到的想法，但因为缺乏“活的方音材料”证明，也难以令人信服，只好期待着未来学者“后出转精”了。

（四）看到了汉语历史语音的方言差异，但在具体研究上，总的来看，还是以《切韵》为线性发展脉络，缺少语音变化性的研究。

我们看到，高畑彦次郎《音声》个别时候已经具有明显的方言差异意识了，比如《音声》（十八）、（十九）对《切韵》四声和现代方言声调的关系模式，以及《音声》（九）、（十）对《切韵》日母在现代方言的分布分析，让人感到，对“历史上的旧材料”《切韵》在现代汉语方言中的“时空间”特征有所描写，突出了方言差异的一面，不再局限于《切韵》的视野，但实际上，这仅仅是“端倪”而已，总体来看，《音声》还是没有脱离《切韵》的框架，仍然拘泥于《切韵》而不敢越雷池一步。所想到的仍然是《切韵》音系到现代方言的发展是对应分化的，不去考虑在《切韵》时代也是存在方言歧异的。中古到现代的汉语方言的复杂性难以得到一定程度的认识。

正因为高畑彦次郎《音声》存在着这些缺陷，一些日本学者对高本汉《广韵》构拟有意进一步深入研究。比如有坂秀世《音韵论》的第三部第一篇“总论”“汉字音（古代中国语的音韵组织）”一章在“绪论”、“纽论”、“韵论”各节中力图全面补充与修订高本汉汉语音韵学学说。[19]也可以讲，有坂秀世在许多方面完善了高畑彦次郎的观点，视野更加广阔，属于后出转精之作，引起了日本国语音韵学界与汉语音韵学界的高度重视。

四、对高畑彦次郎《音声史》研究的认识

高畑彦次郎《音声》对高本汉《广韵》构拟进行补充与修订的意义和价值主要有：

（一）从汉语现代音韵学的发展历程考察，高畑彦次郎《音声》对高本汉研究进行补充与修订是必然的。

在高本汉之前，汉语音韵学研究的缺欠是十分明显的，主要表现在研究理论与方法的落伍，即以重视书面文献为要务，力图从书面文献的挖掘中建立自己的语音历史。高本汉将历史比较语言学理论同中国传统音韵学文献的结合，

很好地解决了由于语言学与语文学分化而带来的历史比较语言学中活的语音材料与文献语音材料相脱节问题，这在当时是世界范围内汉语音韵学研究上的一次成功的革命。但随着研究的逐渐深入，人们认识到，高本汉也不可能是尽善尽美的，缺憾也很多。高本汉汉语现代音韵学传到日本后，日本汉语音韵学学者也不是一味地承袭，在继承高本汉汉语现代音韵学优秀传统的同时，更对其研究进行反思，高畑彦次郎《音声》就是这种反思的集中反映。因此说，高畑彦次郎《音声》的出现不是偶然的，是人们对高本汉汉语现代音韵学进行研究的一定时期的产物。

（二）日本汉语音韵学的发展也是经历了一个由传统汉语音韵学到近代汉语音韵学，以至于现代汉语音韵学的过程，高畑彦次郎《音声》是接受高本汉现代汉语音韵学理论的转折点，在日本汉语音韵学史上很值得关注。

研究日本汉语音韵学发展的历史，我们会感到日本学者汉语音韵学研究虽然与中国汉语音韵学存在着一定的差异，但也是以高本汉汉语音韵学理论与方法的传入为契机而步入现代汉语音韵学阶段的。《音声》从汉语中古音构拟入手，全面介绍高本汉理论与方法，并且融入自己的研究成果，突出了汉语音韵学研究的新思路，引起了日本汉语音韵学界的广泛瞩目，很显然，对日本汉语音韵学研究产生了很重要的影响。我们认为，客观地看待高畑彦次郎的贡献，是十分必要的。

（三）从中国学者的角度认识高畑彦次郎《音声》，有助于研究日本与中国汉语音韵学交流关系的历史。

高畑彦次郎《音声》大量吸取中国学者的古今汉语音韵学研究成果，在当时有着比较重要的意义：即高畑彦次郎正确评估中国学者的汉语音韵学研究，实际上，是尊重汉语音韵学学术研究的客观历史事实，直接推动了中日汉语音韵学研究的学术交流。这种学术交流，也找到了中日汉语音韵学研究的学术契合点，即“东方式”的汉语音韵学研究传统的“共同点”，亟须高本汉汉语音韵学理论与方法的浸润。这种“东西方的有机结合”，更彰显了中日汉语音韵学研究的学术特色，突出了中日汉语音韵学在现代汉语音韵学史上的地位和作用，因此，高畑彦次郎的功绩是不可小视的。

（四）无论是对高本汉研究《切韵》音系的历史回顾，还是对高畑彦次郎《音声》价值的确认，都肯定与挖掘他们研究成果的现代学术意义紧密相关。

高本汉将历史比较语言学理论同中国传统音韵学文献的结合焕发了中国现代音韵学的历史新面貌。80 多年的历史事实证明，它是行之有效的，应该发扬光大。我们论及高畑彦次郎《音声》弥补与修订高本汉构拟的《广韵》，不是为了简单地总结这段历史，而是在审视历史中求得更深刻的学术认识，即在突出高本汉汉语现代音韵学的历史功绩的同时，更应该重视那些为完善高本汉现代音韵学而付出艰苦努力的学者们的贡献，并在此基础上确定高本汉现代音韵学在新世纪的学术价值。

附　注

[1] 满田新造《カ-ルグレン氏支那古韵研究の根本思想を评す——再び音韵研究法に就いて(上、下)》，满田新造《中国音韵史论考》，武藏野书院，1964。

[2][4][6][9][11][12][15]高畑彦次郎《支那语の言语学的研究——音声史的研究》，《艺文》，1928年第21年第12号至1930年第23年第22号。

[3] 李无未、秦曰龙《高本汉"二手材料"构拟〈广韵〉之检讨》，《吉林大学社会科学学报》，2008年第1期。

[5][13] 马伯乐《唐代长安方言考》，聂鸿音译，中华书局，2005。

[7] 潘耒《类音》，影印藏清雍正潘氏遂初堂刻本，《续修四库全书》第258册经部小学类，上海辞书出版社，1995。

[8] 江永《音学辨微》，影印湖北省图书馆藏清乾隆二十四年刻本，《续修四库全书》第253册经部小学类，上海辞书出版社，1995。

[10] 罗常培《切韵序校释》，国立中山大学语言历史学研究所《周刊》，《切韵》专号，1928。

[14] 林语堂《国学季刊》，第1卷第3号，1923。

[16] 陈澧《切韵考》，罗伟豪点校，广东教育出版社，2004。

[17] 周祖谟《万象篆隶名义中之原本玉篇音系》，周祖谟《问学集》上册，中华书局，1966。

[18] 高本汉《中国音韵学研究》，赵元任、罗常培、李方桂译，商务印书馆，1994。

[19] 有坂秀世《音韵论》，三省堂，1940。

第六章　日本学者对《经典释文》等音义书语音的考订

【本章内容提要】日本《经典释文》等音义书语音研究分为“儒家经典”、“史部经典”、“佛教经典”，以及其他类别。其研究特点是：基础文献整理工作扎实；注意从语音的学习标准功能角度发掘音义的价值；研究视野很开阔；语音分析细致而科学；对中国所传来的音义书的加工而成者、或日本僧人所撰述的音义书的语音研究，和中国古代音义书的语音研究齐头并进，相互印证，极大地突出了“音义书”语音的学术价值。

【关键词语】日本　《经典释文》等音义书　语音研究　特点

中国古代的音义书文献，因其包含着丰富的语音资料而被国内外音韵学者所重视，中国学者黄淬伯、王力、周祖谟、邵荣芬、蒋希文等为研究音义书语音而付出了许多努力，成就卓著。日本学者对中国古代的音义书语音也进行了挖掘，取得了令人瞩目的成果，也很有总结的必要。本章力图提供一些有益的资料线索。

一、日本《经典释文》等音义书语音研究概述

按照一般人的理解，音义书主要分为“儒家经典”、“史部经典”、“佛教经典”以及其他类别，下面对日本学者的中国古代音义书语音研究根据这个分类分别加以说明。

第一类，“儒家经典”音义书语音。比较早地从文献、校勘入手，有和泉屋庄治郎《经典释文盛事》（江户书房庆元堂，1811）；狩野直喜《唐抄本尚书释文考误》（京都大学《艺文》第 6 年第 3 号，1916）、《旧抄本经典释文校记》（京都大学文学部影印旧抄本第二卷，1935）；小岛祐马《庄子音义（伯 3602）》（《沙洲诸子》第 26 种，弘文堂书房，1929）、《毛诗音义残卷》（《敦煌遗书所见录》，1930）；武内一雄《〈经典释文〉读》（《东方学》第 2 号，1951）；神田喜一郎《〈古文尚书〉和〈经典释文序录〉》（大阪市立大学文学部《人文研究》第 3 卷第 7 号，1952）；内野雄一郎《奈良与福寺本礼记释文残卷考》（《中国文化研究会会报》第 4 卷第 2 号，1955）、《常用通志堂本经典释文所引汉魏诸家音义考》（《东方学报》第 59 册，1980）。松尾良树《〈经典释文序录疏证〉译注》（京都大学《均学论丛》第 5 卷第 1 号、第 2 号，

1978)。其他,从语音角度研究,主要是:满田新造《关于叶韵》(《东亚研究》第六卷第六号,1916)、赖惟勤《清朝以前の协韵说について》(《茶水女子大学人文科学纪要》第8卷,1956)、藤堂明保《六朝末期の读书音の集大成という事业》、《それが读音统一の规准と定められた》(《中国语音韵论》,江南书院,1957);坂井健一《中古文语の研究——经典释文を中心として》(《中国文化研究会会报》第3卷第2号,1953.10)、《论所谓郑玄音义——〈经典释文〉所引音义考》(《汉学研究》第10号,1957);日本大学中国文学研究室《经典释文的综合研究报告》(《日本大学人文科学研究室研究纪要》第15号,1973);坂井健一《魏晋南北朝字音研究》(汲古书院,1975)等。

许多学者从敦煌出土本中发掘《经典释文》残卷与传世《经典释文》进行比较,力图搞清楚它们之间的关系。藤堂明保则肯定了《经典释文》的读书音性质,认为它是研究六朝时期标准音的最重要资料。

坂井健一《魏晋南北朝字音研究》则将《经典释文》和《切韵》结合起来,作为考察魏晋南北朝语音的主要依据。其《研究篇》"序论"从时代性、资料性、关联性三个方面探讨《经典释文》和《切韵》的语音研究的可行性。"本论"有"资料各论",一方面,说明《经典释文》的构成和特点,另一方面,进行《经典释文》所引音注家考。引音注释家有25家,比如徐邈音义、李轨音义、刘昌宗音义、郭璞音义、郭象音义、韦昭音义、向秀音义、王元规音义、沈重音义、孙炎音义、字林(吕忱)音义、郑玄音义等。"研究各论"有《切韵》成书的由来、《切韵》字音体系、声类、韵类、声调、总论六节。其声类、韵类、声调三节,各以徐邈音义、李轨音义等为单位说明,如徐邈音义声类、徐邈音义韵类、徐邈音义声调。其总论一节,则综合各家音类加以总结,得出结论。"结论"则有:共时的价值论和通时的价值论两方面。最后还附有《资料篇》对《经典释文》的原始资料加以汇总。

看得出来,藤堂明保与坂井健一的出发点基本上是一样的,都把《经典释文》作为当时的标准音系统来认识,而不是分别考虑它们的时空间语音特性,与中国许多学者研究的角度还是有差别的。

满田新造(1916)从纠正对"叶韵"误解入手,力图搞清楚音注"叶韵"的真实内涵。涉及音注的"叶韵",材料主要有:陆德明《经典释文》、吴棫《毛诗补音》、朱熹《诗集传》等音义著作。肯定了吴棫《毛诗补音》认识"叶韵"古音价值的贡献。

赖惟勤(1956)涉及《经典释文》中许多音义"协韵"资料,在"协韵"研究史上十分突出,称为有意识的"协韵"时期,这就肯定了沈重等人的贡献,对进一步研究上古音韵部非常有益。

此外值得注意的是木岛史雄《经典释文著述构想とその变用の构图》(京都大学《东方学报》第71册,1999.3)。他的研究也是与《经典释文》编撰的语音功用相关联。[1]

第二类，“史部经典”音义书语音。有石田干之助《〈诸史夷语音义〉について》(《金田一博士古稀纪念〈言语民俗论丛〉》，三省堂，1952.5)、赖惟勤《清朝以前の协韵说について》(《茶水女子大学人文科学纪要》第8卷，1956)等；大岛正二《唐代字音の研究》(汲古书院，1980.2)专门介绍了颜师古《汉书音义》、李贤等《后汉书音义》、司马贞《史记索隐》、张守节《史记正义》、何超《晋书音义》等材料。还有远藤由里子《颜师古注〈汉书〉所采纳的〈汉书音义〉》(《庆谷寿信教授纪念——中国语学论集》，好文出版，2002.11)等。[2]

石田干之助所关注的抄本《诸史夷语音义》，四册，由明人陈士元撰于1587年，藏于庆应义塾大学图书馆。本书从二十一史以及一些杂书中抽出外国语词语进行注解，既有释义，也有释音。石田干之助指出，以今天人的眼光来看，作者的解释有一些带有明显的臆测成分，疏漏比较多，需要厘清。注音也是如此。因为属于介绍性质，作者并未继续开掘，所以，还有待于后继学者们深入探讨。尽管如此，石田干之助将之定性为“不完整的夷语索引”的文献，肯定陈士元的学术视野之广阔还是值得推许的，功绩不小。

赖惟勤收罗“协韵”材料不局限于《经典释文》，还从许多“音义”著作中挖掘“协韵”材料，比如颜师古《汉书注》、李贤《后汉书注》、司马贞《史记索隐》、张守节《史记正义》、何超《晋书音义》。这些“协韵”材料构成了“协韵”兴盛局面，对宋以后的上古音研究裨益良多。赖惟勤仍然站在“协韵”研究史的角度确定“音义”、“协韵”的价值。

大岛正二(1980)在资料部分重点介绍了颜师古《汉书注》、李贤《后汉书注》、司马贞《史记索隐》、张守节《史记正义》、何超《晋书音义》，而把颜元孙《干禄字书》、慧苑《一切经音义》、张参《五经文字》、撰者不详《敦煌出土毛诗音残卷》、撰者不详的《首愣严经音》作为“补充材料”对待。“资料整理方法”分两个方面：音韵体系的探索和反切用字法的调查。把《切韵》音系作为语音标准，进而衡量资料的语音特点；使用陈澧“反切系联法”的同时，也不忘记吸取陆志韦和平山久雄“数理统计方法”而寻求反切用字上的特征，再推定音系音值。第四部分是“资料反映的语音特征”，分声类、韵类、声调以及反切构造几方面论述。声类、韵类、声调的分析按语音现象的材料次序排列，井然有序。“反切构造”重点探讨了“反切上下字的相关关系”，以系统变化而识见反切构造对语音研究的影响。第五部分是“唐代字音总说”，主要涉及“唐代字音的真相和基础”、“唐代字音的变迁”。最后是“资料”，也有两个方面：一是“音注总表”，一是“反切上下字相关表”。“史部经典”音义书材料的作用得到尽情发挥。

远藤由里子(2002)说，颜师古《汉书》注，是东汉至唐代《汉书》注释的集大成著作。《汉书叙例》主要介绍《汉书》旧注五家，其实，还有十八家。《汉书音义》并非只有服虔、应劭，应该提到的还有晋代臣瓒的诸家《汉书》音义总辑的《集解》，只不过是有人误将臣瓒之作理解为应劭之作。远藤由里子从理解颜师古《汉书》注音义的实际需要出发，从《史记集解》所引用《汉书音义》，以及颜师古《汉书》自注的"《汉书音义》曰"考证臣瓒等注《汉书》的一些资料。由于考证翔实，给相关研究带来了很大的启发。比如后人利用颜师古《汉书》注语音材料研究唐代语音时，就要区别对待。

第三类，"佛教经典"音义书语音。梁晓虹《日本现存佛经音义及其史料价值》(2006)认为：从来源上说，日本现存佛经音义可分为三类：一类是随佛教东传而来的中国僧人所撰述者；一类是在中国所传来音义基础上加工而成者；一类是日本僧人所撰述者。[3]我们这里主要涉及的是第一类。

日本学者对第一类著作所进行的基础性工作，比如考订学者事迹的，有神田喜一郎《缁流の二大小学家(智骞与玄应)》(《支那学》第7卷第1号，1933.5)；还有编目，如水谷真成《佛典音义书目》(《大谷学报》第28卷第2号，1949.3)分12部：众经部、华严部、方等部、般若部、法华部、涅槃部、律部、印度论部、秘密部、诸宗部、杂部、音义书目部。编订详细，当然也包含了随佛教东传而来的中国僧人所撰述者。值得注意的是现代学者的研究成果也一并收入，比如中国清代学者田炤《一切经音义引说文笺》(1924)、现代学者黄淬伯的论文《慧琳一切经音义反切考》，还有工具书，如清代学者陈作霖《一切经音义通检》(1923)、山田孝雄《一切经音义索引》(1925)等。

水谷真成(1949)之后，一些日本学者继续在这方面进行努力，比如工具书，有神田弋春《慧琳一切经音义反切索引》(槿风庄，1955.5)，以及《慧琳一切经音义反切索引补正录》(槿风庄，1956.5)。对两书的情况专门有学者评述，比如辻星儿《慧琳一切经音义反切索引》一文，见《国语学》(1978)。诚如辻星儿所说，这个索引不是简单的材料的归纳，而是在黄淬伯研究的基础上，依据《切韵》、《韵镜》的体系分类而索引化，这就超越了前人。最为令人称道的是上田正的《慧琳反切总览》(1988)。矢放昭文《(书评)上田正〈慧琳反切总览〉》(1989)认为，《慧琳反切总览》克服了黄淬伯、神田弋春资料不完备等缺点，把27558个反切纳入到《切韵》框架中加以整理，给人们进一步归纳音系奠定了基础，但也存在着一些值得思考的问题。一是把中古音作为整理反切而对之进行分类的基准问题；二是重纽韵舌齿音为何在区分A、B两类之后又多出了个C类问题；三是"慧琳音的二重性"语音观之下，反切"口唱"之际的审音基准问题。[4]上田正还有《玄应反切总览》(私家版，1986)、《希麟反切总览》(私家版，1987)等音义反切研究书，也具有十分重要的学术价值。

当然，从语音系统角度研究成绩也十分可观，如河野六郎《慧琳众经音义の反切の特色》(《中国文化研究会会报》第 5 号第 1 期,1955. 11)、《希麟一切经音义反切考——阳韵尾类について》(《中国文化研究会会报》第 5 号第 1 期,1955. 11)、水谷真成《慧琳の言语系谱——北天系转字汉字の对音》(《佛教文化研究》第 5 号,1955)、《慧琳音义杂考》(大谷大学《支那学报》创刊号,1956. 3)、《慧苑音义音韵考》(《大谷大学研究年报》第 11 辑,143—221 页,1958. 1。《中国语史研究》,三省堂,1994. 8)、吉田金彦《新译华严经音义私记の反切について》(《静冈女子短大纪要》第 3 号,1956. 12)。还有大岛正二《唐代字音の研究》(汲古书院,1980.2)中涉及《首楞严经音》,以及上田正《慧琳音论考》(《日本中国学会报》第 35 集,1983)、望月真澄《慧琳音义における反切の特征について》(《金泽大学文学部论集》"文学科篇"第 5 号,1985. 2);切通しのぶ《对〈续一切经音义〉希麟音切考察》(《九州中国学会报》第 42 号,2004)等。

河野六郎等学者的研究与汉语中古音的探讨紧密结合起来,肯定丝丝相扣于《切韵》音系的讨论。水谷真成的研究似乎走向另外一个研究思路,梵汉对音译音对音义反切的解释,成为佛典音义语音问题更为深刻的思考,在方法上有很大突破。比如《慧苑音义音韵考》,对慧苑音义语音研究,设置"反切篇",有"声韵表",然后分"声母"、"韵母"、"声调"描写,这与一般的学者研究没有更大的区别,而这之后设置的"音译汉字篇"则凸显了研究特色,即分为"拥有梵语音标记汉字的反切"、"表现正统梵音的汉字"两节。"拥有梵语音标记汉字的反切"又从"梵语字母"和"对应于实叉难陀音译汉字的慧苑音注"两方面说明;而"表现正梵音的汉字"一节分为"语汇"、"对音表"、"对应上的特征"三个方面论述。由此,反切系联和梵语音汉字标记对应研究互为支撑,相互印证,解释效果十分明显,避免了各自的材料缺憾,构拟的可信度很高。大岛正二从《切韵》到《慧琳音义》语音变化的角度否定《切韵》和《慧琳音义》一致性,动摇了《慧琳音义》作为传统规范语音的地位;上田正力图求得资料检讨的精密化,认为"《慧琳音义》具有二重性",即"《切韵》以来的传统规范反切和口头上的秦音"性质;而望月真澄在此基础上,则进一步强调了《慧琳音义》反切形式的多样性和复杂性。比如考察慧琳反切注意区分"慧琳反切中的传统反切"、"慧琳纯反切"。前者用庆谷寿信的说法称为"继承传统"的反切,而后者,则是"独自的反切",特色很明显。由此可见,各位学者在对《慧琳音义》语音性质的认识上所存在的分歧越来越大。

池田证寿《玄应音义と新撰字镜》(《国语学》第 130 辑,1982. 10)、太田斋《玄应音义反切和玉篇反切的一致》(《中国语学研究》(开篇)第 17 号,好文出版,1998. 6)则从文献比较看语音材料的关系。池田证寿的研究比较有代表性。日僧昌住《新撰字镜》有三卷和十二卷两种传本。依据序文可知,最初完成三卷,后来,作者得到《玉篇》、《切韵》,因而加以增补,扩展到十二卷。成书年代在日本昌泰年间(898—901)之末,延喜(901—923)初之间。此书将 10000 余汉字按 160

部(享和本 107 部)归类,引《说文》、《玉篇》、《切韵》、《玄应音义》,以及《日本灵异记》、《文选》等"古训"证明,用"万叶假名"注记 3700 个"和训"。其中,《玄应音义》引用 1577 项。池田证寿观察到,昌住最初编写《新撰字镜》时重点引用特定的《玄应音义》某些卷音注,而不是全面引用,所以,考订《新撰字镜》语音就不必一定以之为主要参照,这就是说,《玄应音义》语音对《新撰字镜》的影响远没有想象得那么大。[5]

第四类,其他音义书语音。比如出土文献音义材料:平山久雄《敦煌毛诗音残卷反切の研究(上)》(《北海道大学文学部纪要》第 14 卷第 3 号,1966)、《敦煌毛诗音残卷反切の研究(中 1)》(《东洋文化研究所纪要》第 78 集,1979)、庆谷寿信《敦煌出土の音韵资料》(上)(《东京都立大学人文学报》第 78 号,1970. 3)、《敦煌出土の音韵资料》(中)(《东京都立大学人文学报》第 91 号,1973. 2)、《敦煌出土の音韵资料》(下)(《东京都立大学人文学报》第 98 号,1974.3)。大岛正二《敦煌出土礼记音残卷について》(《东方学》第 52 号,1976)、《唐代字音の研究》(汲古书院,1980. 2),依据平山久雄、庆谷寿信的研究,对《敦煌出土毛诗音残卷》也进行了介绍。还有坂井健一《敦煌出土庄子音义写本残卷(ペリオ360)と经典释文音义との比较考察》(日本大学人文科学研究所《研究纪要》第 15 号,1973);花登正宏《明代通俗小说〈律条公案〉的音注》(《均社论丛》第 10 辑,1981)、黄华珍《庄子音义の构成について》(《二松》第 8 号,1994);佐藤浩一《仇兆鳌〈杜诗详注〉音注——超过一万条音注意味着什么?》(《日本中国学会报》第 58 集,2006);浦山あゆみ《陈景元的音注——以〈南华真经章句音义〉和〈庄子音义〉的异同为中心》(《大谷大学文艺学会》第 68 号,2007)等。

平山久雄研究依据的是出土的《敦煌毛诗音残卷》。《敦煌毛诗音残卷》,有斯坦因等编号的敦煌写本文书三种,虽然撰写者不清楚,但可以肯定的是,书写的年代是唐代。依据音注的语音分析可以寻找出唐代某一个时期的语音特点,大致可以推测为从 7 世纪中叶到 8 世纪中叶之间。三种音注数量分别为:1120 个、752 个和 142 个。《敦煌〈毛诗音〉残卷反切的结构特点》(1990,又见《平山久雄语言学论文集》,1—24 页,商务印书馆,2005)通过对敦煌《毛诗音》残卷几种注音形式的分析研究,指出其反切结构基本相同,当来自隋代的一个祖本;揭示其反切结构的特色主要表现在反切上字的选用上,即贯彻了切上字与被切字洪细开合一致的原则(见唐作藩序,3 页)。这在当时《切韵》等一般反切中是看不到的,多数传统派反切的结构被切字、下字和上字之间只有遵循"洪细一致的原则"。

庆谷寿信(1970)研究的对象是敦煌出土斯坦因本 6691 号《金光明最胜王经音》,以《首愣严经》为具体分析目标,参照《大正新修大藏经》第 19 卷,提出文字上的异同问题，进而对学术界所谓《首愣严经》为伪经的观点提出自己的看法，认为它不是伪经，这就肯定了它作为中国音韵史重要资料的应有存在价值。《敦煌出土の音韵资料(中)》是对《首愣严经》研究的继续。庆谷寿信主要进行了《首愣严经》反切和宋濂跋本《王仁煦刊谬补缺切韵》反切的比较，得出结论，他们之间的一致率达到了60%多。可见，与《切韵》一系韵书的关系是相当密切的。《敦煌出土の音韵资料》(下)则是对其语音现象的进一步分析。

大岛正二(1976)提出一些自己的看法，比如关于《礼记音残卷》撰述年代，他认为，是7世纪初期到中叶。还有著者，不同意王重民《敦煌古籍叙录》所说的是东晋徐邈的推断，并提出了一些反证。然后，对《礼记音残卷》所见声类、韵类的情况分析，像声类，全浊声母和次清声母的混同，如：並帮、定端、澄知混；韵类，像一等重韵混同，覃合、谈盍两韵的混同；二等重韵的混同，佳皆混；三等韵和四等韵相混；还有脂齐两韵的混同。作者认为，这些都反映了7世纪初期到中叶的北方字音的真实情况，但具体是以哪一个地域语音为基础一时难以定论。

花登正宏(1981)以内阁文库藏《新刻海若汤先生汇集古今律条公案》音注为研究对象，整理出它的音系。类似《律条公案》的近代通俗小说，很少有音注材料，而这部小说却是个例外。它的刊行年代没有记述，但通过文本中所见洪熙间(1425)和万历二十二年(1594)年号，可以确定为万历二十二年以后。《律条公案》文本的右侧，可见有学者加上的小字旁注，总计有1250例。有三种类别：音注、声调标注、义注。其音注所见音韵特征：其声母，中古全浊声母一般用全浊声母注音，和清音对应的不多；晓匣母合口和清唇音字混，舌上音正齿音二等和齿头音混，舌上音三等和正齿音三等，以及端母和来母字对应。其韵母，蟹止摄和遇摄三等通用；入声韵尾[-p][-t][-k]通用；有入声和阴声通用例；以及韵尾[-n][-ŋ]通用等。其声调，全浊上声去声化；次浊上声去声化。花登正宏认为，《律条公案》的音注和江西临川音极其接近，可能依据的是临川音。

二、日本《经典释文》等音义书语音研究特点

日本学者的中国古代音义书语音研究特点是比较明显的，主要有：

(一) 基础文献整理工作扎实。

比如十分注重文献考订。像狩野直喜对《经典释文》的校勘，石田干之助对日本藏抄本《诸史夷语音义》的整理，大岛正二对《礼记音残卷》撰述年代、作者的考辨，以及水谷真成对《佛典音义书目》编目，山田孝雄对《一切经音义》编制索引等，都是很明显的。

(二) 注意从语音的学习标准功能角度发掘音义的价值。

比如藤堂明保与坂井健一研究《经典释文》作为当时的标准音系统考虑。以及河野六郎、上田正对《慧琳音义》的研究就是如此。

(三) 一些学者的研究视野很开阔。

比如水谷真成《慧苑音义音韵考》,进行《切韵》与《慧苑音义》反切比较之后,则重点放在"音译汉字"的整理上,厘清梵语音汉字标记与原音的关系,充分发挥了"音译汉字"作用,因而特色突出。所得出的结论很有意义,比如"梵语长元音对应汉语去声"、"由第 2 个音节到梵语终结,对应汉语的上声"、"辅音中唇音轻唇化"。还有跟踪相关学科的发展动向,比如对"敦煌出土音韵资料"的重视,拓宽了研究资料的范围。

(四) 语音分析细致而科学。无论是反切系联法的,还是反切比较法,其使用的目的还是从系统出发描写语音特点。

像坂井健一《魏晋南北朝字音研究》和大岛正二《唐代字音研究》,表面上是显现了"分而再合"和"合而求异"的研究思路不同,实际上,是"殊途同归",都是为描写语音系统服务的,求得对语音现象进行合理的解释。比如坂井健一声类的研究,个体的如"刘昌宗音义声类"和"郭象音义声类",分别进行考订,其结果,有很多是一致的,比如都有"正齿音(照系三等章组)和舌音系相通"、"齿上音(照系三等庄组)齿头音相通"、"喻母四等(余系)舌音系音相通"、"喻母三等(于系)匣母相通"、"日母泥母娘母相通"、"送气音和不送气音声母相通"、"清音声母和浊音声母相通"现象,在总括描写时很自然要考虑到这些共同的语音特点。

(五) 以音义语音为切入点,结合其他语音资料进而实现揭示某一段时音面貌,还是尽力达到服务于汉语语音史的目的。

我们看到,大岛正二研究的唐代语音线索比较明晰,比如声母(1980：101—109 页),他根据资料分析得出的结果是:重唇音和轻唇音的分化,通过早期资料可以明显看出来;关于全浊声母清音化,已经有迹象表明;舌上音和舌头音的区别就北方音来看是让人怀疑的,但《文选》音却表现的南方音是混同的。舌上音三等和正齿音三等关系密切;唐代南方音的特征之一匣于两母的混同。还有韵母(221—226 页),比如"一等重韵"合流的情况始见于初唐;"二等重韵"合流也是如此;初唐见止摄诸韵的合流;唇音声母影响下的尤虞二韵合流"直音化";佳麻合流明显;唐初全浊上声已经开始向去声的转化。这些结论,无论是对唐代时音还是对方音研究都是十分重要的。

（六）对中国传来音义书的加工而成者、或日本僧人所撰述音义书的语音研究，和中国古代音义书的语音研究齐头并进，相互印证，极大地突出了“音义书”语音的学术价值。

小林明美《三册本〈孔雀经音义〉の写本系谱》(1985)的考察比较有说服力。三册本《孔雀经音义》收于《大正大藏经》，是以高野山释迦文院本(1723年写)为底本，参照高野山正智院本(1838年写)、三宝院国宝本(1111年写)等校订刊行。三宝院国宝本的原本是产生在956年，比较早。小林明美把《孔雀经音义》写本系谱排列清楚的目的不仅仅是为着理顺版本年代次序和关系，还在于说明，《孔雀经音义》是如何从中国佛典音义著作变为日本佛典音义著作的。《孔雀经音义》的日本化，反映在音注上应该是时空间层次复杂，中国和日本语音的混合，必须加以清理。在具体的研究中，既要区别又要联系考虑，互为补充。[6]

日本音义著作现存年代最古老的是《新译华严经音义私记》二卷，有小川广已藏本。卷末有“延历十三年”(794)书写识语。它以唐慧苑《新译华严经音义》为基础，有假名标记“加笔”，特别是附记“万叶假名和训”。比如：“摧殄，音最川久太久。下，徒典反。病也，尽也，灭也。”“最川久太久”就是和训的假名标记。

宫内厅书陵藏本《四分律音义》一卷。平安初期写本。也有比较多的和训标记，类似于《新译华严经音义私记》。比如，“麻衣，阿佐衣。”

空海有《金刚顶经一字顶轮王仪轨音义》一卷，是属于密教仪轨音义著作。还有宽静《孔雀经音义》、明宪《唯识论音义》、最实《相好文字抄》、作者未详的《具舍论音义》等。比较珍贵的是日本兴福寺僧人子岛僧都真兴(934—1004)著《大般若经音训》四卷，其《大般若经》，由唐玄奘译。《大般若经音训》，已经有学者将其逸文加以整理。此外，还有日本学者信行的《最胜王经音义》一卷，作于750年前；平备《法华经音义》二卷，作于747年前，也都非常有名。这些音义书是日本学者对汉字音研究的直接成果，体现了日本学者的语言研究智慧，为后人考订日本汉字音系统提供了第一手资料(古田东朔、筑岛裕，1997)。[7]比如大矢透对训点材料的挖掘，其中就包括对日本音义假名标音价值的肯定。其他学者的研究，如春日政治、中田祝夫、马渊和夫、小林芳规、金田一春彦，以至于沼本克明、小仓肇等都在这方面付出过努力。小仓肇《日本吴音研究》(新典社，1995)比较典型，它以《法华经音义》音注(包括训点)资料为主要考察对象，研究日本吴音的中古存在形态，以及对日本吴音与汉语中古音关系的描写真实可靠，影响颇大。

附　注

[1] 木岛史雄《经典释文著述构想とその变用の构图》，京都大学《东方学报》第71册，1999.3。

[2] 石田干之助《〈诸史夷语音义〉について》，《金田一博士古稀纪念〈言语民俗论丛〉》，三省堂，1952.5；赖惟勤《清朝以前の协韵说について》，《茶水女子大学人文科学纪要》第8卷，

1956；大岛正二《唐代字音の研究》，汲古书院，1980. 2；远藤由里子《颜师古注〈汉书〉所采纳的〈汉书音义〉》，《庆谷寿信教授纪念——中国语学论集》，好文出版，2002. 11；等等。

[3] 梁晓虹《日本现存佛经音义及其史料价值》，徐时仪等主编《佛经音义研究》，186—203 页，上海古籍出版社，2006。

[4] 矢放昭文《上田正〈慧琳反切总览〉》（书评），《均社论丛》第 16 辑，1989. 9。

[5] 池田证寿《玄应音义と新撰字镜》，《国语学》第 130 辑，1982. 10。

[6] 小林明美《三册本〈孔雀经音义〉の写本系谱》，《大阪外国语大学学报》第 69 期，1985。

[7] 古田东朔、筑岛裕《国语学史》，41—53 页，东京大学出版会，1997。

第七章　日本学者的《韵镜》研究

【本章内容提要】《韵镜》传入日本700余年来，已经形成内涵非常丰富的"《韵镜》学"，故有《韵镜》产生在中国，而"《韵镜》学"形成在日本的说法。本章从七个方面对日本学者的《韵镜》研究情况进行详细总结，比较全面地介绍日本学者研究《韵镜》的实绩。有资料的大量汇集，也有一定的客观评述，还有对日本"《韵镜》学" 发达原因的追寻，力图使研究《韵镜》的学者从中得到有益的启示。

【关键词语】"《韵镜》学"　日本研究《韵镜》实绩　原因追寻

《韵镜》是中国现存最早的汉语音韵学等韵图著作，南宋张麟之刊行后不久就传入日本。这之后的700余年间，日本学者对《韵镜》的刊校与研究作出了卓越的贡献，硕果累累，形成了具有明显超越国界与民族文化的，非常富于国际性色彩的"韵镜学"。尤其是进入20世纪，更是异常辉煌，出现了许多标志性的专著与论文。这些成果对推动《韵镜》研究的深入进行无疑是具有重要意义的。"它山之石，可以攻玉"，回眸日本学者的《韵镜》研究，无论是研究视野，还是研究理论与方法，以及所得出的许多结论，都可以让我们从中得到十分有益的启示，促使我们在研究《韵镜》时有所借鉴，并转换思维方式，充分挖掘《韵镜》的学术价值，真正确立它在中国汉语等韵学历史上的地位。

一、《韵镜》的产生与形成

《韵镜》的作者是谁已不可考，南宋张麟之刊行时，就发出"此书其用也博，其来也远，不可得指名其人"的感叹。而言及《韵镜》撰作的时代，张氏序题小注有"旧以翼祖讳敬，故为《韵鉴》，今迁祧庙，复从本名"的观点。

这个看法对日本学术界影响很大。本居宣长(1730—1801)《字音假字用格》就认为"此书(《韵镜》)应该在唐末产生。"满田新造《〈韵镜〉著作的写作年代》(1917)认为《韵镜》产生在赵宋开国之前，即唐灭前25年。他就从《韵镜》的"镜"字入手，涉及宋太祖的父亲，按照同音避讳的规则讳"敬"，"镜"字改为"鉴"，因此，称为《韵鉴》。具体的时代，可以认定是五代时期。他还补充了一些证据，按《智证大师传》与《上智慧轮三藏决疑表》的记载，圆珍(智证大师)入唐归来时，即天安二年(858)所带来的有关"悉昙"著作中，没有《韵镜》的情况。回归日本后的24年，即元庆六年(882)，在唐灭前25年，圆珍将僧三惠抄写的唐《大藏经》残本

340 余卷,以及长安大兴善寺赠送《智慧轮三藏》经文和有关悉昙的书籍奉上给朝廷,也没有提到《韵镜》。[1]冈井慎吾《〈韵镜〉的发现》也是认为制作在唐末(《日本汉字学史》,179 页,明治书院,1933)。[2]

河野六郎认为,像《韵镜》、《七音略》这样的韵图,制作年代难以搞得十分清楚,大概出现在宋代之初(《言语学大辞典》第六卷,三省堂,1996)。大岛正二《关于〈韵镜〉撰述的年代》(1993)从韵的混同、合流,以及三、四等两属韵的三等和四等的区别混乱,并显示的消失结果判定,《韵镜》在宋代撰述的可能性极大(1998)。这与中国学者李新魁、麦耘教授的观点基本一致。李新魁、麦耘《韵学古籍述要》推断《韵镜》据《景德韵略》而作,如此,《韵镜》的撰作年代当在《景德韵略》成书的宋景德四年(1007)之后。[3]

大矢透(1849—1928)《韵镜考》(1924)认为《韵镜》的原型早在隋代已经形成。原因在于,从《韵镜》的构成,即内外转的分别,开合口图的对比,四声等位的差异等方面来看,他不拘于错综复杂的关系,秩序井然,亦见其作者的苦心,非一朝一夕之力。将蒋斧写本《唐韵》入声一屋"音头"字和《韵镜》内转第一开入声图进行对比,发现具有相当的统一性,因此推测,《切韵》编辑之时,就构想了与之匹配的等韵图形式。[4]

1953 年,小川环树通过对《通志·校雠略》的记载的考证,认为颜真卿《韵海镜源》是比较可靠的早期韵图形式,但没有明确它与《韵镜》的关系。藤堂明保、小林博(1977)明确认为,《韵镜》韵图的原型,应当是唐代中期出现的《韵海镜源》(颜真卿)。《韵海镜源》中含有《内外转归字图》与《内外转钤指归图》篇。其具体内容,已经难以知晓,但却可以从敦煌唐末写本《守温韵学残卷》了解到。由此认定《韵镜》是隋唐汉语"全音节的发音表"。福永静哉(1992)也认为《韵镜》产生在唐末、五代之时。[5]

关于音图的制作,大矢透(1924)认为,《切韵》作者在记录音头文字的时候,反切难以解决的正音问题,只有通过音图来解决,所以就形成了韵书与音图共生共存的局面。也是隋唐统一天下正音的需要。韵图的制作,最初以韵书规定的标准而进行,表现韵书反切语音体系,处理发音部位、发音方法上的清浊等韵书难以解决的问题。

尾崎雄二郎(1970)《与汉语史相关联的梵语学》总结学者们的一般看法,即韵图的制作借鉴了胡僧所提供的精密梵语学知识,《韵镜》的产生也不会脱离这个背景。[6]

至于《韵镜》和张麟之的关系,清水史《〈韵镜〉与张麟之》(1996)利用现有资料进行了比较详细的考证。[7]

应该说,满田新造关于《韵镜》产生于唐五代的说法有相当的可靠性,不过,《韵镜》产生以后,又经过宋人的改动,所以,才具有宋代语音的特点。语音的不同年代层次反映在《韵镜》音系框架中，这就提醒研究者，不能孤立地看待《韵镜》中的某一种语音现象。

二、《韵镜》的版本

长期以来，《韵镜》在中国境内失传。清末，黎庶昌出使日本，带回日本人翻刻的"永禄七年(1564)重校本"，收入《古逸丛书》。后来，另一日本刻本"宽永十八年(1644)本"也流传回中国。由此，中国大陆一些学者主要依据这两个版本进行研究。

许多日本学者认为，《韵镜》传入日本，应该自明了房信范(1223—1296?)复写《韵镜》始。《信范本奥书》记载复写是在建长四年(1252)二月十二日。此后700余年，流传日本的《韵镜》的版本，仅据日本学者马渊和夫《韵镜校本和广韵索引》第三部前编《〈韵镜〉诸本考》和后编《韵镜研究史考》(1954)的记载就达几十种之多。[8]中国台湾已故学者孔仲温教授在《韵镜研究》(1987)中，将马渊和夫《韵镜》版本的考录系统分为写本系统与刊本系统[9]：

> 甲、写本系统有：元德三年本、嘉吉本、延德识语本、文龟本、天文十年本、元龟本、元和本、佐藤本附信范本、上野图书馆本九种。马渊和夫后又于"前编新订版进录"附录有应永元年本、福德二年本、大永二年本、天文十九年本、文龟二年本。天理大学附属图书馆藏别本六种古写本。即属写本系统者凡二十种之多。
>
> 乙、刊本系统有：享禄本，据享禄刊本抄写之天文八年抄本、永禄本。庆长十三年古活字本，据庆长十三年古活字本复刻、整刊两种。宽永五年本，据宽永五年刊本之廿一年本、正保二年本、正保四年本、庆安元年仲秋本、庆安元年异版本、万治二年本、宽文四年本、宽文十年韵镜谚解本、延宝三年本、延宝七年本十种，宽永十八年刊记本，与宽永十八年本同系统之宽永十八年刊记本、明历二年本、宽文二年本、改字韵镜、贞享二年正字韵镜、享保十一年韵鉴古义标注本、宽保三年改点韵鉴本七种。万治三年本，与万治三年本同系统之宽文三年本、贞享四年本、头书韵镜、订正韵镜、唐本韵镜五种。天和二年校正韵镜，与天和二年校正韵镜同系统之元禄九年新刊改字校正韵镜。其他尚有元禄六年订正韵镜、元禄六年校正韵镜、元禄六年改正韵镜、五百字增补韵镜、备考韵镜、卷怀韵镜、观象斋韵鉴。即属刊本系统者凡四十种之多。

现在能够确切知道的，比较早对《韵镜》进行校订的有宥朔《韵镜校夽》，它成书于宽永丁卯年(1627)，对《韵镜》做了不少校订工作。作者在《序文》中称：

"近世流布韵镜诸本，有文字多少，局位同异，模写展转，讹谬非一，故求反音者多困不得正体。"具体的校勘方法："今依传来的本并师说检考订诀，削不善，从善，以备反切之正证。"

大田嘉方《韵镜遮中抄》(1660)继续宥朔的工作，在校订《韵镜》时重视《音韵日月灯》的作用："新刊《韵镜》展转传写文字误多，故《日月灯》为证直删补订正，以正传写失，仍画傍鳞形，逐韵可准知也。所出《开奁》之局位相违，不载字母等在别相纹也。"

小龟益英《韵镜谚解》(1670)对《韵镜》本图各转进行了校订，但福永静哉认为他的校订又有问题，所依据的"宽永五年本《韵镜》"有很多是刻印者杜撰的，不可信(《近世〈韵镜〉研究史》,362 页)。

文雄在《磨光韵镜序言》中也说："昔者，宗仲蠹鱼之余出乎臆裁焉，尔来诸家增损者不下数十本……愈订愈误。"所以，就花大力气校订《韵镜》。他的具体做法是"考之顾《篇》、孙《韵》之翻切则率不律，虽《篇》、《韵》原无等第之可见，校之韩《韵》刘《图》，则如视诸掌乎？遂校成一本，于是可谓韵镜复原矣。"[10]

本居宣长(1730—1801)《字音假字用格》(1776)受文雄影响很大，以《韵镜》规范汉语语音，而解释日本汉字音。所谓"古典的假名与《韵镜》的有机结合"，成了人们认识本居宣长研究的主要特点。

进入 19 世纪，日本学者对《韵镜》校订仍作不懈努力，出现了一些校订成果，如冈井慎吾经常提到的冈本保孝(1798—1878)《磨光韵镜考》，涉及《韵镜》各类的版本校勘问题很多。冈本保孝的学生木村正辞(1827—1913)的《字音辨证》(1855)在《汉吴音图》的基础上，发展了本居宣长的学说。

到了 20 世纪初，冈井慎吾本人作有《〈韵镜〉学书目解题》系列论文(《国学院杂志》第 11 卷 12 号至第 12 卷第 10 号,1906)对《韵镜考》涉及的研究《韵镜》的著作进行考订，又补充了许多《韵镜考》未涉及的新的内容，包括许多校勘著作。比如，与元禄十二年本相同的《归元韵镜》和与宽保二年本《改点韵鉴》校订情况。

大岛正健有《进行"享禄版〈韵镜〉"校订的理由》(1913)一文，说道"享禄版《韵镜》"谬误的问题。又有《〈韵镜〉的诸转内外开合校订》(1917)一文。如："第一，内转开。享禄本作开，宽文本订正《韵镜》以后，诸本很多作合。《七音略》作重中重。重中重即是开，应该依从。"[11] 大矢透《韵镜考》(1924)第十九章《韵镜异本的比较》提到，他在东京帝国大学国语研究室看到所藏的明了房信范于建长四年(1252)抄写本的复写本，与醍醐三宝院所藏的嘉吉元年书写本很接近，并将"信范本"和享禄本《韵镜》进行比校。比如，享禄本有字，信范本不见，而其他本见的；享禄本无字，信范本却能见到，并成为《广韵》字头的，等等。其他研究《韵镜》版本的论著，如桥本进吉《嘉吉本韵镜解说》，冈井慎吾《韵镜学书目解题》

(1906)，大谷大学图书馆编《韵镜诸本目录》(《大谷学报》第20卷第4号，1939)，三泽谆治郎《韵镜诸本并关系书目》(南庄社书店，1951.5)等，很有名。马渊和夫写有《韵镜赖势传的研究》(《国语学》第52辑，1951)一文。其专著《韵镜校本和广韵索引》第三部"宽永以后《韵镜》研究书目"243种(学振社，1954.3)包括不少校订版本《韵镜》。

三泽谆治郎《韵镜的研究》(1960)第五篇《新订韵镜》主要以《信范本韵镜》为底本，参校郑樵《七音略》中的《七音韵鉴》而整理。作者称，"信范本"原书已失传，大矢透曾将"信范本"移写本和享禄本比校，但还是有不周全的地方。信范书写的《韵镜》在日本算是最早的《韵镜》，最接近南宋张麟之的原本。[12]

藤堂明保、小林博(1977)提到，《韵镜》传入日本后，许多悉昙学者、国学者、汉学者为《韵镜》加了各种各样的注释、校订，还有各种刊本问世，亨禄、永禄、元和、宽永、明历、宽文等，比较复杂。20世纪以来，对《韵镜》进行校订，通行的主要有：大岛正健《改订韵镜》(启成社，1912)、马渊和夫《韵镜校本》(1954.3)、三泽谆治郎《新订韵镜》(三宅誊写堂，1960)，但是，仍然免不了存在一些文字上的脱误。所以，藤堂明保、小林博又对《韵镜》重新进行校订，写成《音注韵镜校本》一书(1977)。

此外，也有学者陆续刊载一些《韵镜》考订成果，涉及一些珍贵版本，比如清水义秋《关于宝生寺藏福德二年本〈韵镜〉》(《相模工业大学纪要》第14卷，1979)。在此本之后还有清水史的《资料分析》。

三、《韵镜》传入日本与日本的《韵镜》研究书

《韵镜》传入日本的情况，日本学者经常引用《旧记》的记载，河野通清《〈韵鉴〉古义标注》就是如此：

> 皇和人王八十九世，龟山院文永之间，南都转经院律师始得《韵鉴》于唐本库焉。然不辨知有甚益。又同时有明了房信范能达悉昙，卦锡于南京极乐院，阅此书，而即加和点。自是《韵镜》流行本邦也。

冈本保孝《韵镜考》也有所提及。大矢透《韵镜考》(1924)第二章谈到《〈韵镜〉传入我国以来的状况》时，认为"旧记"的出典应该见于东京大学国语研究室的《韵镜看拔集》的卷首：

> 南都转经院律师，此《韵镜》久虽所持不能读之间，上聪，前司公氏属令点之处，非悉昙师难叶，终返之。爰小河嫡弟明了房圣人有之。悉昙奥义究日域无双，人属之初加点者也。

这个《看拔集》在日本天皇宽永十一年(1637)三月廿一日午刻书毕，早于《古义标注》一百余年。东京大学国语研究室还藏有弥勒二年丁卯书写的秘书《韵镜》，书云，建长四年二月十二日“书写了”。日本天皇建长四年是公元1252年。建长年间(1249—1255)与文永(1264—1274)仅9年之差。可以说，在《韵镜》刊刻第三版之后的四五十年就传入了日本。此后，日本学者抄写与研究不断。

前面提到的冈本保孝《韵镜考》和冈井慎吾本人作有《〈韵镜〉学书目解题》，对前人研究《韵镜》著作进行了比较全面地探讨，可以说，是后来学者研究的基础。

据马渊和夫《〈韵镜〉校本与〈广韵〉索引》后编《〈韵镜〉研究史考》与福永静哉《近世〈韵镜〉研究史》(1992)，《韵镜》古注释书产生在宽永年代之前的可以考订的主要有：《元盛疏》、《道惠抄》、《指微韵鉴略抄》、《三切一律抄・指微韵镜私抄略》、《韵镜字相传口授・韵镜闻书・韵镜珪玷集》、《韵镜赖世传》、《三四反切私抄》、《韵镜略抄》、《韵鉴纪闻》、《韵镜看拔集》、《韵字秘典》、《韵镜抄》等。

而在宽永年代以后的《韵镜》研究书目，可以知道明确年代的有159种，年代不明确的有83种。按福永静哉《近世〈韵镜〉研究史》的介绍，应该列出的主要有：无弦《韵镜切要抄》，法桥《韵镜开奁》，大田嘉方《韵镜遮中抄》、《韵镜字汇》、《韵镜指南抄》，著者不明的《韵镜集解切抄》，井上松斋《韵镜见妖解》，牧野重长述《韵镜顿悟集》，周海《韵镜反切指要》，小龟益英《韵镜密事》、《韵镜密事大全》、《韵镜谚解》、《九弄指南抄》、《韵镜谚解大成》、《韵镜密录》，汤浅重庆《韵镜求源录》、《韵镜问答抄》、《合类韵镜》，毛利贞斋《韵镜袖中抄》、《韵镜袖中抄人名反切续编愚蒙记》、《韵镜袖中密传抄》，沙门盛典《韵镜易解》、《韵镜字子列位》、《新增韵镜易解大全》、《九弄反纽相传和解》，萍风子《韵镜详说大全》、《改订韵镜》，著者不明的《韵镜详解评林》，僧尊惠《韵镜图解纲目》，鹭崎正亲《韵镜清浊辨音抄》，马场信武《韵镜诸抄大成》，涟窝先生《韵鉴古义标注》，印融《三四反切私抄》等。

福永静哉《近世〈韵镜〉研究史》汇集了大量前人与今人的研究成果，并提出许多新见解，是有关近代日本学术界考订《韵镜》研究历史的精审总结之作。[13]

总结明治之前学者《韵镜》的研究成果，福永静哉之外，其他学者也付出了不少心力。满田新造自不必说，还有竹田铁山《本居宣长翁的国语学和悉昙》(《密教研究》第62号、第64号，1937)；冈岛昭浩《文雄〈磨光韵镜〉华音十七转十九转mu标记的意味》(九州大学《文学研究》，1985)；高松正雄《日本汉字音概论》(风间书房，1986)，等等。其中高松正雄对江户时期流行的所谓“《韵镜》万能主义思潮”形成的原因的分析值得特别注意。

至于明治之后研究《韵镜》的学者与专著，应该提到的很多，《汉字研究的脚步》(佐藤喜代治等，明治书院，1989)将日本汉字研究分为三个时期，每一个时期都涉及许多《韵镜》研究著作。尤其是第一时期，即明治到大正年间。出现了后藤朝太郎、大矢透、大岛正健、满田新造等学者。后藤朝太郎《汉字音系统》(六合馆，1909)、《文字的研究》(森北书店，1910 年出版，1942 年修订)；大矢透《韵镜考》(1924)、《隋唐音图》(大村书店，1931)；大岛正健《韵镜音韵考》(启成社，1911)、《韵镜和唐韵广韵》(1925)、《改订韵镜》(启成社，1911)、《韵镜新解》(1925)、《汉音吴音研究》(第一书房，1931)；满田新造《韵镜》研究系列论文；冈井慎吾《韵镜》研究系列论文(《日本汉字学史》，179 页，明治书院，1933)等，代表了这个时期的《韵镜》研究成就。

后两个时期比较重要的人物是有坂秀世、河野六郎，比如重纽的研究。还有藤堂明保、马渊和夫、三泽谆治郎、三根谷彻、福永静哉等，出现了诸如《〈韵镜〉研究史考》、《韵镜的研究》、《韵镜入门》(三泽谆治郎自印，年代不详)、《韵镜新释》(あそか书林，1955)、《近世〈韵镜〉研究史》等研究《韵镜》的名作，无论是在研究理论上还是研究方法上都与前人有所不同，取得了很大的突破。

现今活跃在《韵镜》研究学术舞台的学者，主要是平山久雄教授，还有正值中年的关西学院大学小仓肇教授等，他们对《韵镜》诸问题的思考与前人有所不同，更趋精密化。但以我们的观察，从总体的情况看来，日本学者研究《韵镜》的热情已经大不如前，难得再现过去的《韵镜》研究的热潮，《韵镜》研究的学者群体与成果数量显现了衰落的迹象。

四、《韵镜》的内在结构形式

满田新造(1922)指出，18 世纪中期之前，日本学者对《韵镜》三十六字母的解说并不加细致区别，只有到了僧人文雄时，才参考中国杭州音解释三十六字母，区别唇音、舌音、齿音的轻重，以及区别晓母、匣母等。

对于开合口音的区别，文雄依据日本拗音假名论述，比如鱼韵与模韵的合口问题，这是一大创见。

文雄研究《韵镜》从一开始就善于抓住《韵镜》的本质，没有陷入等韵门法的窠臼。《三音正讹》及《韵镜指要录》就确认《韵镜》为唐代的语音反切而作，不是南宋当世人语音反切音图，即《磨光韵镜》的本图实际上是依照《广韵》、《集韵》的文字排列次序而订正增补的。这就为后人研究《韵镜》内在结构奠定了理论基础。[14]

(一) 七音三十六字母

1898 年，大岛正健《汉音吴音和中国音的比较》系列论文发表，对《韵镜》声母的拟订是，重唇音：[p][p‘][b][m]；轻唇音：[f][f‘][v][m]；舌头音：[t][t‘][d][n]；舌上音：[ch][ch‘][dj][ny]；牙音：[k][k‘][g][ng]；齿头音：[ts][ts‘][dz][s]

[z]；正齿音：[tsh][tsh'][dzh][sh][zh]；喉音：[Ø][h][Ø'][y]；半舌音：[l]；半齿音：[j]。次清音送气在日本汉字音中没有表现，在中国官话以及苏州音、广东音中比较明确。从清浊对立的角度看，作者认为《韵镜》与日语吴音相协。在后来出版的《汉音吴音研究》(第一书房，1931)中，作者对此有所修订。[15]

大矢透《韵镜考》(1924)对七音中的唇音进行论定时，把《悉昙字记》与三十六字母两相对照，看到，三十六字母有轻音，而《悉昙字记》没有；《悉昙字记》有次浊音，而三十六字母没有。王肃音与徐邈音混用，可以看到魏晋时代的情况，与《悉昙字记》吻合。陈澧《切韵考》中的"声类考"表现的是，唇音清浊大体分明，只有明微混用。在《韵镜》中，轻唇音在第三等的多。宋以后的韵书、韵图，以三等字为轻唇音的定位。由此明确了隋唐音的变迁痕迹。宋以后的韵图，按唇音的清浊、轻重，将明微二母二分，合并正齿音的二等和三等两类，兼有照穿床禅审五母。把属于喉音的唇舌二母合一为喻母，所以声母总数减少。《韵镜》并未使用三十六字母名称，可是以三十六字母次序排列，内在音系声母却完全基于悉昙的音译声母。大矢透已经看出《韵镜》声母安排上的内在的矛盾性。与此相关的是永田吉太郎《韵镜字母考》(《国学院杂志》第 39 卷第 5 号，1933. 5)也提出了自己的看法。

三根谷彻写有《关于唐代的标准音》一文(1976)，以慧琳反切音系与切韵韵书音系相区别的特点，看唐代标准音的变迁，自然也涉及唐代标准音声母。他介绍了黄淬伯的慧琳反切声类的分类。在《宋代等韵图的构成》一文(1978)中，利用这一成果，认为《韵镜》与慧琳反切声母一样，没有失去"清・浊"的对立。但又认为黄淬伯的慧琳反切声类的分类不理想，以之为依据还存在一些难以解释的问题。[16]

(二) 声调

《韵镜》声调安排为：每一图内自上而下分为四栏，分列平、上、去、入各韵的字，每栏左边注韵目。它所表明的是：《韵镜》音系的声调是四声。

大岛正健(1898)认为，今天的官话(他认为是南京官话)比起江南音(他以苏州为代表)来上平、下平的分别是很明显的。入声也消失，与《韵镜》差别不小，感到在比较说明上有困难；而福州、厦门、广东声调都有八个，进行比较也有很大的麻烦。

大矢透(《韵镜考》)(1924)认为，此四声自周汉以来至唐宋一贯，但不能否认口语上的方音的差异。比如，中原地方是四声一贯，而南方诸区域是有一些差异的。从日本汉字音来看，传入日本的齐梁时代的语音，在日本是吴音，传入的唐代时音在日本是汉音，四声明显不同。另外，读书上的语音与俗读口语上的语音也大相径庭。汉魏至隋唐的读书语音以中原音为基础，把南北学者的观点加以取舍,统括而成,所以四声不变。这在隋唐的韵书声调的表现上十分突出,《韵镜》遵循的也是这个原则。不过,在当时调值的描写上,以《悉昙藏》的记载来看,四声之别因人而异,还是很具体的,比如提到的表、金二僧口语语音:

> 日本国元传二音,表则平声直低有轻有重,上声直昂有清无重,去声稍引无轻无重,入声径止无内无外。平中怒声与重无别,上中重音与去不分。金则声势低昂,与表不殊。但上声之重,稍似相合,平声轻重始重终轻,呼之为异。唇舌之间有差舛。

三根谷彻《宋代等韵图的构成》(1978)以唐代慧琳音声调的变化来看《韵镜》声调安排,认为它从属于韵书声调,不能反映时音声调情况。慧琳音声调"浊上归去"倾向已很明显。就是《韵镜》,张麟之在《序例》里也说到当时"浊上归去"与"清浊"失去对立的情况。很显然,《韵镜》声调与时音声调是有距离的。

(三)等位与206韵及转次的关系

《韵镜》音图的内部结构,从表面上看,以统纳《广韵》206韵为主线,但又要考虑韵母介音、主要元音、韵尾的差别以及它们之间的搭配关系、等的位次安排所体现的原则,是研究者关心的重要问题。

1898年,大岛正健《汉音吴音和中国音的比较》对《韵镜》韵目音值的拟订,将206韵合并,依从106韵分类法。比如平声30韵中的东冬江支4韵,东韵:东[ong]公[ong]崇[yung]终[yung]隆[yung]融[ung];冬韵:冬[ong]宗[ong]重[yong]匈[yong]松[ong];江韵:降[yang]双[yang];支韵:师[yi]宜[yi]尼[yi]悲[wyi]为[wyi]慈[i]伊[i]随[wi]。将206韵加以归并,也初步考虑到等次、内外转的拟音处理问题。

满田新造认为,《韵镜》音总体安排上表现的是近代汉语语音系统,但也包括了汉语中古音体系内容。如何理解这种复合性质,从中古音入手是关键,但也遇到了说明上的困难,四等的区别就是如此,比如第二十七转、第二十八转戈韵,中古音是[a],近代音是[o]。此[a]音在日本汉字音、朝鲜汉字音有明确表现,佛典梵语音译也是如此,但在《韵镜》音绝不是这样,最主要的证据是第十九转、第三十转的麻韵分离,另外收在第二十七转、第二十八转的一等中。这表明,它的主要元音应该是[o],说明歌戈韵的《韵镜》音是近代音。类似的还有一些(《〈韵镜〉在中古音上难于解说的诸问题》,1919)。[17]

大矢透(1924)以清人江永《音学辨微》对四等的发音机制阐发,如"一二三四等列,一等洪大、二等次大、三四等俱细,而四尤细"理论为认识基础,说明《韵镜》归字分等的"真义"。具体看来,又有所谓"张口呼体韵"与"撮口呼体韵"的各自分等特点。关于206韵,唐初封演《闻见记》就提到有"苦其苛细"而"详议以其韵窄奏合而用之者也”的情况，说明当时已经实行“近韵同用”，但为何在《韵镜》中还是以 206 韵分之？这是由“口舌上”与“文学上”的区别决定，“文学上”考虑折合南北音，必然保留韵目分别。只是在如何按照“呼法”安排上，因为呼法失传，后人并不清楚。

《文镜秘府论》曾提到，北齐之时有 56 韵，但宋末则是 107 韵，处于这之间的是 206 韵，刚好说明韵书折合南北音这一点。但又不是偶然的，在《悉昙藏》记有唐武玄之《韵诠》50“韵头”字与反切，都是平声，它是“以平赅上去入”。与《广韵》206 韵中平声 57 韵头比较，除了用字不一样外，比如，以“罗家周春琴”代替“歌麻尤谆侵”，还减少了“脂真欣痕删桓戈衔凡”9 韵，都是《广韵》“同用”中的。这略等于“口舌上的音”，显示了“言语上的实际的韵”，《韵镜》的等位就是如此。而 206 韵，可以确知的，应该指的是诗的创作上的同韵使用范围。在《七音略》、《韵镜》的音图上，一个“韵头”处于一等；如果是处于二、三等，还处于一个“韵头”，就跨开合二转，或开合自立。它们韵头相异，大概由于“口舌上的韵”和“韵头的韵”最相近。

《韵镜》206 韵的次序和四十三转的顺序相似性，还应当从韵图与所据韵书的内在关系上看。如从第一转到第十二转的韵次与《切韵》、《广韵》一致就是如此。永田吉太郎《韵镜等位考》(《国学院杂志》第 40 卷第 1 号，1934. 1)也有这方面的考虑。平山久雄(1992)认为《韵镜》与《七音略》两种韵图各转排列的次序基本上是按《切韵》系韵书各韵排列的次序而定，只是第三十一转至第四十一转次序不同，如果要解释其中的原因，可以假定《韵镜》对祖本韵图转次进行了调整，而《七音略》则未改变。[18]

三泽谆治郎《〈韵镜〉的研究》(1960)第四章《经纬图的特色》中设“韵的分类”一节，把《七音韵鉴》、《指微韵镜》与《切韵指掌图》转图之数相比较，找出韵的分类的差异。比如《切韵指掌图》效韵四等有“宵”等三字空缺，而《韵镜》却有，分属于喉牙齿音四等。究其原因：一个是关注审音精细，一个是便于反切的粗略阐释；一个是着眼于理想的韵的细分，一个是另有实用的目的。

《韵镜》对 206 韵的安排确实让后人存有不少疑问。比如属于蟹摄去声的废韵置于第九转(开口)止摄微韵(上声尾韵、去声未韵)的入声三等栏中，第十转(唇音及合口)止摄微韵(上声尾韵、去声未韵)的入声三等栏中，加注“去声寄此”。与废韵同样命运的去声夬韵也置于第十三转(开口)、第十四转(合口)的入声二等栏中。关西学院大学的小仓肇教授(2002)指出，这种安排存在着不合理性，需要作出更为令人信服的解释，它肯定不是表现中古音音系的韵图，而是反映韵图编撰时的音韵体系韵图。[19]早稻田大学平山久雄教授充分考虑小仓肇教授的意见，认为从校正《韵镜》的角度，过本春彦先生的做法不无不可(《广韵切韵谱》第三版，京都大学均社单刊第二种，1986)，但还可以看做是宋代蟹摄三、四等与止摄三、四等合流的变化现象在韵图上的反应(平山久雄《关于〈韵镜〉〈七音略〉转图的拼合、分离》,《东洋学报》第84卷第4号,2003.3)。平山久雄对于类似的歌韵、麻韵处于不同转图的问题也一并加以解释。《韵镜》二十七转“合”的情况,可以在坂井健一处理《集韵》类似问题的做法上得到启示(坂井健一《关于〈集韵〉果、假摄的特色》,《中国文化研究会报》第6卷第1号,1995),从今武汉、成都、扬州方言来看,合口化完全可以理解。《韵镜》第三十七转尤、幽两韵处于不同等列,大矢透推定应该都配于三等韵,辻本春彦认为应该分开为两个转图,如此,《韵镜》是四十四个转图,多出来一个。这是基于幽韵有唇音小韵三等与牙喉音小韵四等区别而是重纽韵的认识(《广韵切韵谱》第三版,京都大学均社单刊第二种,1986)。平山久雄则把它看做是宋代失去重纽区别的可能性造成的结果。

(四)内外转

处于18世纪的文雄,在《〈韵镜〉索引》中比较早的涉及这一问题。他先引《切韵指掌》、《音韵日月灯》的看法:

> 《切韵指掌》云:内转者,取唇舌牙后四音,更无第二等字,唯齿音方具足。外转者,五音四等都具足。旧图以通止遇果宕曾流深八字括内转六十七韵,江蟹臻山效假梗咸八字括外转一百三十九韵。
>
> 《音韵日月灯》云:二等,别母无字,唯照二有字,以字少拘于照之内,是曰内转也。二等各母俱有字,以字多出于照之外,是曰外转也。

然后认为,《切韵指掌》与《音韵日月灯》的说法并不稳妥,他的解释是:“按转,《广韵》云,陟究切也,旋也。音旋于口内,是曰内转,通止等八字所属之韵是也。音旋于口外是曰外转,江蟹等八字所属之韵是也。”(《磨光韵镜》,147—148页,1980)

从元音的内外高低分配上解释内外转的区别,大岛正健《改订韵镜》(启成社,1912)比较早的注意了。不过,在校订的“内外转”方面,与《韵镜》“内外转”的关系上还存在着解释上的矛盾性(小仓肇教授《〈韵镜〉的术语》(1),见《弘前大学国语国文学》第14号,1992)。

大矢透《韵镜考》(1924)认识内外转,其方法是将《四声等子》、《古写本切韵指掌》、《板本切韵指掌图》、《切韵指南》、《重编改正四声全形等子》的内外转之别及目次的异同揭示出来,再和《七音略》、《韵镜》的情况联系起来考虑。《七音略》、《韵镜》内转是第二等没有文字,外转第二等大部分有文字,但从第十七图(有的版本是第十八图)至第二十外转图却没有。这就和外传的定义不相吻合。但对于旧图已经佚失的《韵镜》来说,情况也许不是这样。以十六摄区分,可以看到,《四声等子》、《切韵指掌》第二等无字的通止遇臻果宕流深曾九摄,除果宕二摄外,"体韵"呈撮口形态;江蟹山效假梗咸七摄,"体韵"都呈张口形态。《七音略》不拘于这种形态。从日本汉字音,即隋唐音考察,属于果摄的文字,其体韵已经成为"张口呼"(开口呼),正应该归入外转。比起唐《韵诠》五十音头,悉昙十六"韵头"的韵尾分别更加清楚,作为后代十六摄的前身,与《韵镜》内外转的关系不可忽视。

在《隋唐音图》(大村书店,1932)中,大矢透也是注意从元音的内外高低分配上解释内外转的区别,与中国学者罗常培的着眼点非常相似。

1935年,峰春三郎对改订"内外转"所属的意见表明了相反的立场(《关于〈韵镜〉的内外转》,《藤冈博士功绩纪念言语学论文集》,岩波书店)。"内转"与"外转"的韵母差别在于,"内转"是后舌元音及中舌元音,而"外转"是前舌元音。把它作为"内外深浅说"的代表性理论是由藤堂明保明确提出来的(《中古汉语的对立音韵论》,《日本中国学会会报》第1号,1949)。

三根谷彻《〈韵镜〉中"歌(戈)"韵的位置》(《东洋学报》第35卷第3号、第4号,1953)一文指出,相对于假摄的外转,果摄的内转表现了时音的变化。其实,满田新造早已提出了相似的看法,只不过未就"内外转"问题明确加以说明。与此相应,三根谷彻又提出《韵镜》"内外转"是标准音以外的音韵体系的说法(《〈韵镜〉与越南汉字音》,《言语研究》第48号,1965)。

依据"独用"、"同用"的押韵范围解释"内外转",三泽谆治郎在《〈韵镜〉的研究》(1960)第六章"内外转的意义"中提出了自己的看法。他的两个原则是:第一,A在"独用"、"同用"范围内构成"纽图"的是内转。B超越"独用"、"同用"的范围而构成的"纽图"是"外转"。第二,把二等变韵作为主体而构成的纽是外转。小仓肇教授评论说:"依据第一个原则,第三转江韵,第二十九转、第三十转麻韵,因为在外转是不能说明的,所以,把二等变韵作为主体而构成的纽是外转的第二个原则是不能成立的……迫切需要重视摄的分别,从而确立第三原则。"(《〈韵镜〉的术语》(1),《弘前大学国语国文学》第14号,1992)。

藤堂明保、小林博《音注韵镜校本》(1970)对《韵镜》内外转的解释是,直音的韵配列了一等(内转)和二等(外转),而拗音的韵,配列了三等(内转)与四等(外转)。如此,含有一等韵的,不含有二等韵的转图,是"内"。含有二等韵的转图是"外"。只是三等韵,如果含有三等拗音的转图,是"内"。只是四等韵的转图,称为"外"。

远藤光晓《三个"内外转"》(1988)把"内外转"的"转"看成是口语唱读之际"调音点"转移的过程。比如,从一等到四等口语唱读之际主元音"调音点"由后(内)向前(外)转移而构成外转;"内转"主元音不能转移。由前(外)到后(内)转移的次序是受声母的影响而变化。[20]

いしゐのぞむ《〈韵镜〉内外转决疑》(《长崎总合科学大学纪要》第46卷第2号,2006)对以往的研究又提出了一些值得思考的看法。

(五) 开合口

大岛正健比较早地对《韵镜》开合口问题进行系统研究。比如《汉音、吴音和中国音的比较》(1898)对"虞韵"的拟音,就说:"此韵在《韵镜》属于合口,所以在拟音时加上w音。"《字音开合之辩》(《国学院杂志》第21卷第2号,1915.2)肯定了文雄以日语汉字音确定《韵镜》开合性质的看法。在后来的《〈韵镜〉解疑》(《国学院杂志》第23卷第4号,1917.4)中有"开合口之辩"一节进一步加以说明:"中国音的合口呼产生于口腔内,未到唇",所以,就用罗马字[w]作标记。《汉字合口音的记法》(《国学院杂志》第26卷第12号,1920.12)补充说明合口用[w]还是用[u]的问题,作者认为用[w]无论从哪一个角度讲都是具有合理性的。

后来的日本学者一般还是倾向于用[u],已经没有更多的异议。小仓肇教授说:"《韵镜》的开合意味着介母[-u-]的有无。即是有合口要素的是合口,那种没有合口要素的是开口。这个开合在《韵镜》中能够见到是基于开合对立的概念用语,但是,需要注意一点是,《韵镜》的'开合'必须相一致的。而且,与所谓四呼的开口呼、合口呼、齐齿呼、撮口呼相关联。"(《〈韵镜〉的术语》(1),《弘前大学国语国文学》第14号,1992)但在《韵镜》中,关于"开合"有两个问题比较突出:第一个是有些转图标的是合口,实际上,难于以合口来论定。比如,三十八转侵韵,四十转谈衔严盐韵,四十一转凡韵介音没有[-u-]却称为"合"。因为可以推定的是,这些韵的韵尾是[-m(-p)]。它们唇音性的韵尾似乎能够用合口解释,但拥有相同韵尾三十九转覃咸盐添韵却是开口,因此问题不能得到解决。还有,歌韵,信范本是开口,应永本以下是合口。第二个是《韵镜》第二、三、四、十二转图以"开合"为标记,这就使问题更加复杂化了。

第一个问题是仁者见仁,智者见智。内转第三十八转图合,文雄《磨光韵镜》、大矢透《隋唐音图》都以为"开"。外转第四十转图合,文雄《磨光韵镜》、马渊和夫《韵镜校本和广韵索引》作"开"。

第二个问题争论较多。罗常培认为"开合"是"开"、"合"之外的自成一类,与《切韵指掌图》"独韵",《四声等子》"启口呼"属同一性质(见《汉语音韵学导论》与《释轻重》)。三泽谆治郎《韵镜的研究》(1960)赞同独韵说。对李荣《切韵音系》的有关这方面的处理既表示赞同,又认为有说明上的困难。

对于这种情况还有另一种解释,大岛正健就认为,它比起唐代的语音来说,开合混乱,做到精密区别很难,实际上是以宋代音为标准。他主张,或开或合取其一,应该废止"开合"的名称(《〈韵镜〉解疑》)。大岛正健又有《〈韵镜〉的诸转内外开合校订》(《国学院杂志》第26卷第7号,1920)一文,对《韵镜》诸内外转开合逐一进行校订。因此这一派学者比较注意从校勘角度论定，比如，内转第二转图，文雄《磨光韵镜》、大岛正健《改订韵镜》、大矢透《隋唐音图》亦皆以为"开合"即为"合口"。《广韵》中皆是合口音。外转第三开合转图，大岛正健《改订韵镜》、大矢透《隋唐音图》亦皆以为"开"，文雄《磨光韵镜》以为"合"。内转第四开合转图，文雄《磨光韵镜》、大岛正健《改订韵镜》、大矢透《隋唐音图》亦皆以为"开"。内转第十二开合转图，文雄《磨光韵镜》、大岛正健《改订韵镜》、大矢透《隋唐音图》亦皆以为"合"。对于这种情况，从校勘上看，中国学者李新魁、麦耘也有自己的认识，"可能的解释是：宣贤跋提到'泉南宗仲论师'曾订正《韵镜》，此人可能是明代旅日的泉州和尚。今视泉州方音，此数图之字多有开合两读，岂南宗仲论师曾依其乡音改订此数图之标法耶？总之，'开合'的标法必非原貌，而是后人所改。"（《韵学古籍述要》，203 页）。

将《七音略》的轻重与《韵镜》的开合关系联系起来考虑，即可以看到二者之间存在着一定的差异，又可以看到其同一性。三泽谆治郎（《韵镜的研究》）、小仓肇教授（《〈韵镜〉的术语》(1)）在这方面提出了许多令人深思的问题。

五、《韵镜》与汉日、汉朝鲜、汉越南、汉藏对音

把《韵镜》与日语语音分析结合研究由来已久。山田孝雄《五十音图的历史》（宝文馆，1938）提到，日语五十音图的来源有几种说法，其中之一与悉昙学者有关。这包含了一个很重要的思想，就是等韵图原理启发了日本学者创制五十音图。新井白石（1657—1725）《东音谱》（1719）有意识地把五十音、日本汉字音与中国杭州、泉州、漳州、福州音对比，许多概念如轻重、清浊等，明显与《韵镜》、《七音略》等韵图原理相关。文雄《字音假字用格》也是这种看法，吉田令世《声文私言》则继承这个观点。五十音图在平安朝的末期已经存在。五十音图产生后，又不断加以完善，《韵镜》在这其中的作用是显而易见的。主要是《韵镜》的语音结构分析模式潜在地影响了五十音图的分析模式。近代日本学者重视《韵镜》与日本汉字音的关系研究已经形成了悠久的传统。无论是新井白石、文雄，还是他们之后的学者，莫不如此。比如文雄的《磨光韵镜》（中泽信幸《〈磨光韵镜〉和〈磨光韵镜字库〉》，《国语学》第 55 辑第 1 号，2004）；汤泽质幸《由近世韵学看吴音和汉音的分类——从〈韵镜易解〉到〈磨光韵镜〉》，（《训点语和训点资料》第 113 辑，2004）；《由近世韵学看吴音和汉音的分类和〈韵镜〉——徂徕和文雄》，（《筑波大学地域研究》第 27 集，2006）等著作。

太田全斋于（1759—1829）1815 年完成的《汉吴音图》，黑川春树于 1862 年发表的《音韵考证》，大岛正健于 1898 年发表的《汉音、吴音和中国音的比较》等，都把日本汉字音和《韵镜》音进行各种形式的比较，目的是深入认识《韵镜》语音在

日本汉字音研究上所能发挥的作用。

20世纪的日本学者思维更是活跃,一方面仍然沿袭这个传统,比如大岛正健《〈韵镜〉谈片》(《国学院杂志》第25卷第7号,1919)一文,贯穿着比较浓郁的日语汉字音与《韵镜》音对比意识。当代的一些学者也是如此,比如山口角鹰《假名与〈韵镜〉》(见《日本汉字史论考》,松云堂书店,1985)一文,以平安期为下限,把音借假名与《韵镜》通过音图的形式相对照。冈本勲《日本汉字音の比较音韵史的研究》(1991)第三章列有《关于日本汉字音止摄的长音标记——〈韵镜〉的开合、开、合的分类基准与关联》、《关于〈韵镜〉"开合"的意义——围绕日本汉字音的虞韵长音标记问题》都是把日本汉字音与《韵镜》的研究结合起来,从而解决日本汉字音与《韵镜》研究中的关键性问题。[21]

不过,许多学者已经不满足于日本汉字音与《韵镜》的关系,还把视野扩大到其他语音的比较研究。比如《韵镜》与朝鲜汉字音的关系。太田全斋的《汉吴音征》(1815)考订日本汉字音的来源,就引用了较多的朝鲜汉字音,朝鲜汉字音的年代层次也很复杂。有坂秀世证明《韵镜》唇牙喉音三、四等重纽区别,有意识地使用朝鲜汉字音材料(《关于汉字的朝鲜音》,《方言》第6卷第4号,1936);河野六郎也就朝鲜汉字音材料反映《韵镜》等唇牙喉音三、四等重纽区别问题进行详细研究(《朝鲜汉字音的特质》,《言语研究》第3号,1939)等,都把朝鲜汉字音与《韵镜》关系的考察作为重要研究内容。

《韵镜》与越南语汉字音的关系。比如:三根谷彻《〈韵镜〉和越南汉字音》(1965)一文。该文主体内容于1959年形成。他说,日本学者研究北京官话声调应该考虑到与越南语汉字音的关系,越南与汉字文化具有深厚历史渊源关系的背景,决定了汉字音带有汉语语音不同时代的特点。《韵镜》不单纯用"清"、"次清"、"浊"、"清浊"来显示声母的发音方法的区别,还有显示声调特色的可能。比如《韵镜》的"清浊"特征在越南汉字音平声的第1声,仄声的第4声、第6声的分布有所反映。由此可以找到它们之间的某些共同点。[22]

《韵镜》与古藏语语音的关系。从汉藏对音角度研究《韵镜》,比较重要的文章是财津爱象《敦煌出土汉藏对音的材料与〈韵镜〉的比较》(《怀德》第10卷第1号,又《东洋学丛编》,1932),把敦煌出土汉藏对音的材料放到《韵镜》语音框架中认识,这是具有非常明确的新方法论意识的。金山正好《大乘中宗见解とその汉藏对音》(《大正大学学报》第30号、第31号,335—370页,1940)也是将汉藏对音材料与《韵镜》对比研究。有坂秀世证明《韵镜》唇牙喉音三、四等重纽区别(1936),除了采纳朝鲜汉字音材料之外,还多次引用中国学者罗常培《唐五代西北方音》中的汉藏对音证据。多少年以后,高田时雄《依据敦煌资料对中国语史的研究》(创文社,1988)是继罗常培《唐五代西北方音》之后的又一部研究唐五代西北方音的力作。从藏汉对音材料看当时的西北方音实况,研究非常精细。许多结论超越前人。在分析方法上，作者虽然没有明说《韵镜》所发挥的作用，但实际上，依据《韵镜》分析藏汉语音对比现象，随处可见。《韵镜》作为桥梁在藏汉语音对比上的功绩是显而易见的。比如声母韵母等的分析，开合口，其理论意识都与《韵镜》有关。

六、《韵镜》的语音性质论争

日僧文雄早在18世纪中叶就认为《韵镜》的语音为汉语南方音。比如在《磨光韵镜》"韵镜索引"中提到《韵镜》"晓匣双飞"的安排时说："按，晓匣二母清浊二音素不同，混之以为一者，中原雅音也。"（勉诚社，136页）言下之意，《韵镜》的语音不是中原音。那么是哪里的语音呢？在《韵镜指要录》十七中明确说是"吴音"。这与他一贯倡导的汉语语音有吴音、汉音、华音之别有关（见《三音正讹》）。

对这个观点，满田新造有自己的看法，在《评文雄〈韵镜〉南方音说》(1923)中，先是以"《广韵》、《韵镜》的北方音的事实"为出发点，列举了文雄自相矛盾的情况。比如，文雄以《广韵》、《集韵》为依据，订正增补《韵镜》本身就有问题。满田新造的意思是，二书的前身《切韵》作者陆法言是北方人，《切韵》、《广韵》、《集韵》三书处于隋唐宋时代，帝都在长安和汴京，都是北方。以南方音为依据是不可能的。文雄又在《三音正讹》"华音"条说"中原雅音者不正"，这不是"前者"与"后者""自家相撞"而发生矛盾吗？然后在"关于吴音的浊音存在"一节中，逐一以汉语方音、日语《古事记》区别清浊实例批驳文雄《韵镜》区别清浊就是与吴音一致而定性为吴音的结论。接着，分别列"《广韵》依据北方音，兼参考南方音"、"日本汉音不是传自汉语北方音与事实不符"、"汉语北方音在上代没有浊音吗"三节进一步论证文雄观点的不可信实性。以今天学者看来，满田新造对文雄的批评有一定的简单化倾向，带有明显的时代痕迹。

满田新造的批评与他早已确立的《韵镜》音系性质的看法有着极为密切的关系。在此之前发表的两篇文章，即在《〈广韵〉〈韵镜〉和北方汉语音》(《国学院杂志》第23卷第12号，1917)《再论韵镜和北方汉语音》(《国学院杂志》第25卷第3号，1919)中详细论证了《韵镜》的北方音性质。前者不但从《韵镜》所本的《切韵》产生地理位置与作者生存地域是北方的情况判断，而且还从《切韵》系韵书被采纳的政府行为角度认定作为官颁韵书，一定是北方音。后者，将《切韵指掌图》与《韵镜》进行比较，认定《韵镜》与《切韵指掌图》的韵图构造是相同的，反映北方音内容一致。论定《切韵指掌图》依据北方音编撰。所以，确定《韵镜》的语音性质为北方音。

与满田新造几乎同时，大岛正健发表了自己的看法，他认为，张本（张麟之本《韵镜》)比起原作来,混入了宋音,不得不称作谬误。作为时音,显示的是宋代语音现象,从其韵目排列的顺序来看,还能找到南宋107韵的痕迹,所以,《韵镜》是唐宋音的混合体(《〈韵镜〉与〈唐韵〉〈广韵〉》,《国学院杂志》第24卷第7号,40页,1918)。

大矢透《韵镜考》(1924)的看法与大岛正健基本一致,不过,认为《韵镜》的原型早在隋代形成,即《韵镜》有墨守《切韵》音系陈规的一面,按照最初的规定制作,但还有用后代时音归字的另一面。有古音,有时音,融合得非常密切。

根据《韵镜》的语音性质来确定它的利用价值,清水史有比较具体的分析(《关于等韵图利用学史上的问题——韵图的性质和利用的目的》,《小松英雄博士退官纪念日本语学论集》,三省堂,1993)。看来,《韵镜》音系性质不是一时能够确立的,仍有许多问题需要深思熟虑才可以下结论。就目前所见,大岛正健与大矢透的看法能够为更多的人所接受。

七、《韵镜》研究的理论与方法

19世纪末叶,大岛正健研究《韵镜》,就当时来说,在理论与方法上独树一帜。比如他在《汉音、吴音和中国音的比较》一文中就宣称,以旧说为根基,面向新境界,进行新考证。他提出不同于以往的观点,比如,日语吴音也有新旧之分,汉音也有隋唐音与其他时段语音之分。要深入研究汉音、吴音与中国语音的关系,必须扩大视野,于是把《韵镜》音、梵汉对音、"现实"的官话、江南音、福州音、厦门音、广东音进行对比。他解释说,官话不取北京官话,而取南京官话。江南音以苏州音为代表,包括上海、杭州、宁波等,但大同小异。具体的描写,用罗马字母标音。过去用罗马字母标音取其近似,现在力求精确。诸家记法不同,选择最恰当的使用。按照这个原则,比如baorudaogien的《福州方言集》,开始记[p][t][k],后来记[b][d][g]。macikugalien的《厦门方言集》也屡见改变。《韵镜》音,用ayiteru。《梵汉对译》的同时,也参照和汉对音,以经过审订而可靠的《古事记》、《日本记》、《万叶集》音为依据,当时主要的可引用的成果是楫取鱼彦《古言梯》、石冢龙磨《古言清浊考》、春登上人《万叶用字格》。比如"音之部",对涉及的《韵镜》声母进行了构拟。帮滂並明分别是[p][p'][b][m]。其中次清拟作送气音。在"韵之部",对涉及的《韵镜》韵母进行了构拟,初步考虑到了开合口、内外转,以及等位因素,贯穿了一定的历史比较语言学理论意识。如此对《韵镜》音所作的比较研究,在《韵镜》音近代研究史上还是不多见,具有重要的理论方法论意义。

此后的《韵镜》研究,随着时间的推移,在理论与方法上愈来愈趋于成熟,比如对《韵镜》四等理论的理解，满田新造《〈韵镜〉四等的解释》、《依据日本汉音对韵镜四等的解释》、《有关〈韵镜〉四等的解释补遗》，大矢透《读满田新造君〈韵镜四等的解释〉》；以及大矢透《韵镜考》、尾崎雄二郎《关于等韵图三等的一种考虑》和三泽谆治郎《〈韵镜〉的研究》；马渊和夫《韵镜校本和广韵索引》，藤堂明保、小林博《音注韵镜校本》"解题"等均有非常深刻的阐述。[23]

其中最为引人注目的算是"重纽"问题。平山久雄《"重纽"问题在日本》(1997)有非常详细的介绍。对《韵镜》等韵图上唇牙喉音三、四等重纽现象，日本人注意得很早，因为古代日本"万叶假名"里元音有甲类与乙类的区别。关于重纽的音值，20 世纪 30 年代有坂秀世、河野六郎提出了一致的看法，即根据朝鲜借音与越南借音等材料，推断重纽是介音[i](四等)和[ï](三等)的对立。如有坂秀世《万叶假名杂考》(《国语研究》第 3 卷第 7 号，1935)；《关于汉字的朝鲜音》(《方言》第 6 卷第 4 号，1936)；《上代音韵考》(三省堂，1955)；《国语音韵史的研究》(三省堂，1957)；河野六郎《朝鲜汉字音的特质》(《言语研究》第 3 号，1939)；《河野六郎著作集》第 2 辑《中国音韵史论文集》(平凡社，1979)。后来，三根谷彻《关于〈韵镜〉的三四等》(《言语研究》第 22 号、第 23 号，1953. 3)、藤堂明保《中国语史的音韵论》(《日本中国学会报》第 6 集，1954)、《中国语音韵论》(江南书院，1957)等，提出了新的音位解释，认为在音位的层次上重纽是声母包含颚化成分(四等)与不颚化成分(三等)的对立。平山久雄在其基础上，又认为在语音层次上重纽的表现要视声母、声调及方言等条件而有所不同。[24]

满田新造《〈汉吴音图〉的解剖批判》(上、下，分别刊于《东洋学报》第 11 卷第 2 号与《东洋学报》第 11 卷第 4 号上，1921. 4、1921. 11)、《作为〈韵镜〉研究的〈音韵考证〉》(《东洋学报》第 12 卷第 2 号)涉及《韵镜》的研究方法问题。

太田全斋《汉吴音图》完成于 1815 年，对文雄《磨光韵镜》各韵图所记日语汉音、吴音进行了考证。冈井慎吾《太田全斋》一文作比较肯定的评价，尤其强调他的独特贡献。比如，他不拘于等韵门法，就等韵图而知音的研究方法等(《日本汉字学史》，381—383 页，1933)。福井久藏《国语学史》(厚生阁，1942)中"《韵镜》的研究"一节有介绍。满田新造《〈汉吴音图〉的解剖批判——关于音韵研究法》一文对太田全斋《汉吴音图》音韵研究法进行了非常详细的研究，并提出严厉地批评。批评的主要内容是：《汉吴音图》所记载的"原音"、"次音"大半是错误的。造成错误的原因，满田新造分析有 12 点，主要有：误读朝鲜音；无视古今音的变化；把相似的音当做同一音来处理；把方音与讹音当做正音例证来处理；音释的解释失误，而且把一个音释两用，增加虚假之音；把不是音释的例证当做音释使用；本音之外借用别的韵之音，即拼合二韵之音为一韵的汉吴音，又作为原次音；滥用"原音"、"次音"；杜撰"汉音"与"吴音"的区别；归纳法的滥用；等等。满田新造的批评，有的是正确的，有的则是错误的，还有的是与太田全斋思维方式存在着差异。应该作具体分析。

与此相关的是,满田新造又对江户时代的学者黑川春树(1799—1866)《音韵考证》(文久二年,即 1862 年)的研究方法提出了批评,比如把汉吴音当做别的音;引用近世音;缺乏对古音的了解,而且滥用古音的名称;等等。讨论得非常细致。满田新造认为这种研究不能代替《韵镜》自身的研究,其结果只能使《韵镜》研究陷入误区。

三根谷彻《宋代等韵图的构成》(1978)谈到《韵镜》的构成时,以唐代慧琳音这个不同于《切韵》音系的语音体系考察,可以发现许多问题。三根谷彻主要把慧琳音韵母系统作为比较内容。比如《韵镜》各转图语音结构与慧琳音韵母系统配置,并不如"切韵音"那么相近,而《切韵指掌图》却相反,都相对一致地反映了极度简略化的韵母体系。

佐藤仁之助《〈韵镜〉研究法大意》总结以往《韵镜》研究的理论与实际,比如文雄"三音"理论,提出一系列研究《韵镜》的系统方法(自印,东京神田松云堂,1930)。可以说,它的认识就当时来看,已经达到了一定的理论高度。马渊和夫《为了使用〈韵镜〉的人》(《国语学》第 19 辑,1954)一文在推崇佐藤仁之助对《韵镜》研究的理论的总结的同时,又提出比较具体的"利用《韵镜》的方法",进一步强调《韵镜》对日语语音与汉语语音研究的重要价值。近年来日本学者的探讨更深入一步,比如中泽信幸《转图字书的发生和盛典——对〈韵镜〉研究的理论和实用》(名古屋大学《国语国文学》第 99 号,2007)。

当代日本学者对《韵镜》研究理论方法的总结与研究得还不够,今后这仍是一个需要进一步深入探讨的课题。

八、结语

在汉语音韵学诸文献中,除了《切韵》一系韵书外,我们还很难再找出一部能对日本学者具有如此长久魅力的著作。当我们看到日本学者《韵镜》研究的丰硕成果时,就不得不使我们感慨系之,《韵镜》产生在中国,"《韵镜》学"却形成在日本,这是不争的事实。

面对着学术界这一奇异的现象,我们认为,中国音韵学者不能刻意回避,而有责任对此作出比较合适的解释。我认为有几点是必须明确的:

其一,《韵镜》在中国失传,造成了长时期研究的空当,没有雄厚的研究基础作铺垫,100 多年断断续续的研究,难以形成研究传统,所以,不存在事实上的"《韵镜》学"也就可以理解了。而日本恰恰相反,从《韵镜》传入不久就开始有人进行研究,700 余年来,从未间断,优秀学者与新思想、学术流派不断涌现,"《韵镜》学"内涵之丰厚,确实是难以用语言来概括。

其二,《韵镜》本身的内容与结构形式所具有的学术磁力,很富于挑战性。《韵镜》之谜太多,到现在我们还在不懈地探索,有些问题的谜底也许是永远也解不开。但越是这样,越有人知难而进,直至找出相对合理的答案。这也是《韵镜》之所以成为汉语音韵学研究焦点的原因之一。

其三,《韵镜》阐释汉语语音的方式与方法非常科学,具有成熟的"东方型"学术思维模式。不管学者们从何种角度探讨,《韵镜》受何种等韵理论的影响而成形,梵学的语音解释理论潜在的作用确实是公认的。《韵镜》分析汉语中古音音节结构的精密特点与日语近代语音音节结构特点的分析相通性,很容易使日本学者接受,并紧密结合,比如五十音图的产生与《韵镜》就有难以否认的密切关系。由此,《韵镜》的研究超越了国家与民族的界限,形成了区域性的国际学术,日本学者把《韵镜》当做自己的语音学术研究的一部分是完全可以理解的。比如福井久藏《国语学史》在近代史部分就专门列"《韵镜》的研究"一节加以介绍(厚生阁,1942. 7)。

其四,19 世纪末,20 世纪初,音韵学在高本汉等学者手里发展成为显学,形成了汉语音韵学研究的现代范式。将西方历史比较语言学理论与中国东方语言研究传统相结合,是高本汉取得成功的重要法宝之一。其中,等韵图又是开启汉语古代语音与日本汉字音、朝鲜汉字音、越南汉字音等诸难题的锁钥之一。《韵镜》恰恰是其中的经典性的著作,所发挥的理论解释作用是其他等韵图著作无与伦比的。随着时间的推移,它的价值愈加显露。《韵镜》与现代音韵学的合拍,客观上也使日本学者们顺应学术潮流,注重它的现代学术效应而"引无数英雄竞折腰",又使《韵镜》研究更加深入,现代韵镜学之"热"在所难免。

中国学者对《韵镜》的研究也是随着《韵镜》在清末的回归祖国而逐步展开。特别是高本汉等现代音韵学理论的传入,使《韵镜》在汉语音韵学上的学术价值得到前所未有的充分认识。以罗常培、李荣等为代表的中国《韵镜》研究学者,在许多问题上的探索取得了学术界公认的成就,代表了中国学者应有的学术水准,其后来居上之势,令国内外同行刮目相看。但就这几年的情况来说,我们认为,中国大陆还没有形成自己的《韵镜》学术流派与非常成型的理论体系,标志之一就是站在当前《韵镜》研究学术最前沿的专著还很少出现,这是让我们感到非常遗憾的。我们认为,这种情况肯定与一些学者不了解国内外《韵镜》研究的历史与现状有关。从我国《韵镜》学发展的未来着眼,时刻洞悉国内外《韵镜》研究的动态是十分必要的。

附　注

[1] 满田新造《〈韵镜〉著作的写作年代》,《国学院杂志》第 23 卷第 10 号,1917. 10。

[2] 冈井慎吾《〈韵镜〉的发现》,《日本汉字学史》,179 页,明治书院,1933。

[3] 大岛正二《关于〈韵镜〉撰述的年代》，《日本中国学会创立五十年纪念论文集》，汲古书院，1998.10。李新魁、麦耘《韵学古籍述要》，204页，陕西人民出版社，1993.2。

[4] 大矢透(1849—1928)，《韵镜考》第五章，明名堂印刷所，大正十三年十二月，即1924年12月。

[5] 小川环树《中国语学研究》，66—76页，创文社，1977(1953)。藤堂明保、小林博《音注韵镜校本》"解题"，木耳社，1977.3。福永静哉《近世韵镜研究史》第一章，风间书房，1992。

[6] 尾崎雄二郎《与汉语史相关联的梵语学》，《中国语音韵史的研究》，创文社，1970。

[7] 清水史《〈韵镜〉与张麟之》，《爱文》第31号，1996.3。

[8] 马渊和夫《韵镜校本和广韵索引》第三部前编《〈韵镜〉诸本考》和后编《韵镜研究史考》，学振社，1954.3。

[9] 孔仲温《韵镜研究》，学生书局，1987.10。

[10] 文雄《磨光韵镜》，勉诚社，1987年7月影印。

[11] 大岛正健《进行"享禄版〈韵镜〉"校订的理由》，《国学院杂志》第19卷第1号，1913；《〈韵镜〉的诸转内外开合校订》，《国学院杂志》第26卷第7号，1917。

[12] 三泽谆治郎《韵镜的研究》，三宅眷写堂，1960.3。

[13] 福永静哉《近世〈韵镜〉研究史》，风间书房，1992.2。

[14] 满田新造《文雄在〈韵镜〉研究史上的地位》，《国学院杂志》第28卷第12号，大正十一年十二月，即1922年12月；《评文雄〈韵镜〉南方音说》，《国学院杂志》第29卷第4号，1923.12。

[15] 大岛正健《汉音吴音和中国音的比较》系列论文，《国学院杂志》第5卷第2号—第6卷第2号，1898.12—1899.2。

[16] 三根谷彻《关于唐代的标准音》，《东洋学报》第57卷第1号、第2号，1976；《宋代等韵图的构成》，《东洋学报》第60卷第1号、第2号，1978。

[17] 满田新造《〈韵镜〉在中古音上难于解说的诸问题》，《艺文》第10年第5号，大正八年五月，即1919年5月。

[18] 平山久雄《〈韵镜〉二事》，《纪念王力先生九十诞辰文集》，山东教育出版社，1992。

[19] 小仓肇《〈韵镜〉〈七音略〉的构造》，未刊稿，2002.10；又见《日本文艺研究》第58卷第1—3号，2006。

[20] 远藤光晓《三个"内外转"》，《日本中国学会报》第40集，1988。

[21] 冈本勲《日本汉字音の比较音韵史的研究》，樱枫社，1991。

[22] 三根谷彻《〈韵镜〉和越南汉字音》(《言语研究》第48号，1965)一文，收在小仓肇等编辑的《中古汉语与越南汉字音》，汲古书院，1993.5。

[23] 满田新造《〈韵镜〉四等的解释》，《艺文》第11年第5号，1920.5；《依据日本汉音对韵镜四等的解释》，《艺文》第12年第3号，1921.3；《有关〈韵镜〉四等的解释补遗》，《艺文》第12年第7号，1921.7；大矢透《读满田新造君〈韵镜四等的解释〉》，《艺文》第11年第7号，1920.7；以及大矢透《韵镜考》(1924)、尾崎雄二郎《关于等韵图三等的一种考虑》(1967.12)，见《中国语音韵史的研究》，创文社，1970.2。

[24] 平山久雄《"重纽"问题在日本》，《声韵论丛》第6辑，1997。

第八章　大矢透《韵镜考》"要说"寻绎

【本章内容提要】大矢透《韵镜考》(1924)是中日《韵镜》研究史上具有里程碑意义的学术著作之一,"开启"了现代学者研究《韵镜》的"头绪"。它的主要贡献是什么?本章从大矢透所列"著者特别提请读者注意的要项"入手,条分缕析,揭示他的独特建树以及科学预见性特点,目的是进一步强调《韵镜考》的现代学术意义,同时,也不回避它所存在的一些时代局限性。学者们对《韵镜考》的研究所涉问题讨论较为集中,本文体现了中国学者对《韵镜考》研究的另一种学术理解。

【关键词语】日本大矢透　《韵镜考》"要说"　独特建树　现代学术意义

一、《韵镜考》与大矢透《假名通考》构想

日本学者大矢透(1850—1928)的《韵镜考》(1924),在《韵镜》研究史上的地位是许多音韵学者所认可的。小松英雄认为,明治至昭和这段时间的日本语言学,可以称之为"摇篮期",大矢透"假名"研究在"摇篮期"所发挥的作用是非常明显的,主要是"开启头绪",而《韵镜考》则是"开启头绪"中的"扛鼎"之作。[1]

大矢透对假名研究的宏大构想是,"研究其起源,寻绎假名传播途径,审视假名形体的变迁和用法的沿革"。为了实现这个目标,他构思了庞大的计划,定名为《假名通考》。《韵镜考》是大矢透《假名通考》体系的"外编"之五。《假名通考》体系是:

本编:

第一篇　假名源流考

第二篇　假名字体沿革考

第三篇　国语假名遣沿革考

第四篇　音图及手习词歌考

外编:

第一篇　周代古音考

第二篇　汉吴音考

第三篇　古韩音考

第四篇　汉魏六朝古音考

第五篇　韵镜考

"本编"与"外编"以"与假名有关"以及"间接有关"为区分标准。《韵镜考》大

约是与假名考证间接有关，所以，列在“外编”。

在《韵镜考》“凡例”中，大矢透强调《韵镜考》的着眼点是“考证与《韵镜》相关诸事项”。《韵镜考》体现了大矢透诸种学术思考，其精髓是什么？在“凡例”之后，大矢透列有“《韵镜考》著者特别提请读者注意的要项”五条，可以看作是他赠送给读者解开《韵镜考》之谜的锁钥：

> 第一，音图完成的时代。
> 第二，反切制作的时代。
> 第三，206 韵的性质。
> 第四，等位的解释。
> 第五，内外转之别与十六摄目之用。

大矢透所提供的锁钥是否能够顺利解开《韵镜考》之谜，并不取决于他自己的自信心如何，而是取决于学者们对《韵镜》研究实践的验证，以及对《韵镜考》的认可程度。

二、大矢透《韵镜考》“要说”寻绎

大矢透“《韵镜考》著者特别提请读者注意的要项”五条，是作为《韵镜考》“要说”而被大矢透隆重推出的，寻绎起来，确实存在着值得玩味的东西。

(一) 关于等韵图完成的时代

大矢透强调，自宋代以来，一般学者认为，等韵图产生在唐末以后，但根据《韵镜》可知，《韵镜》是由隋唐时代传到宋代的“切韵图”，这一点，又可以从唐初武玄之《韵诠》“悉昙藏”(《见在书目》十卷、《通志》十五卷)得到印证，通过它的“同式”音图能够推知。原文是：

> 《韵诠》“名义例”云：凡为韵之例四也：一则四声有定位，平上去入之例是也；二则正纽以相证，令上下自明，人忍仞日之例是也；三则傍通以取韵使声不误，春真人伦之例是也；四则虽有其声而无其字，则阙而不书，辰蜃昚之例是也。

根据这个材料，大矢透制作了它的音图形式，如表 8-1：

表 8-1

		平				上				去				入			
		一	二	三	四	一	二	三	四	一	二	三	四	一	二	三	四
齿舌音	清浊	○	○	人	○	○	○	忍	○	○	○	仞	○	○	○	日	○

这很像《韵镜》第十七转中的音图，如表 8－2：

表 8－2

		平				上				去				入			
		一	二	三	四	一	二	三	四	一	二	三	四	一	二	三	四
齿舌音	清浊	○	○	人	○	○	○	忍	○	○	○	仞	○	○	○	日	○

以同样的方法推断，其他的，如傍通春真人伦之例、辰蜃脣之例等，则从《韵镜》第十七转中的齿音三等以及舌齿音、齿音音图找到同式。大矢透认为，武玄之是唐高宗时代的人，唐初已经存在和《韵镜》同式音图殆无可怀疑，而且，武玄之自己创作此图未必是唐初，应该是隋代。《见在书目》中《集字》二十卷下载有《四声韵音》一卷、《四声指挥》一卷、《清浊音》一卷、《韵集》五卷、《切韵图》一卷。由自然的需求，应该说，伴随着《切韵》类字书的出现，制作一种音图是当然的。此外，他还将初唐写本《切韵》屋韵字反切按次序和《韵镜》第一转中的入声段进行比较，发现，同属于屋韵的文字，第一等和第二、第三、第四等判然分明，根据其反切上下字的语音性质排列，和《韵镜》归字在同一列位。从这些情况判定，《切韵》编辑之时，即隋代，存在着一个音图。通过两方面证据可以断定，《韵镜》的原型早在隋代已经形成。

为什么会在隋代存在《韵镜》的原型音图？大矢透分析，原因在于：一是在隋代由于天下一统而韵书"国定"。南北异音之人，在朝廷汇集，无论从哪一个方面来说都十分不便。只好指定定夺人事之人先董理各地官员"共通"的音图，对于每一个字，审定其音，以音图"正音"为准，就避免了仅仅依据韵书反切而把标准字音误读为方音的问题。二是音图标准在隋代制定，却主要通行在唐代。宋代很难用时音理解其"国定"韵书反切，只好以隋代音图为基础结合宋代时音加以改造，这就形成了现在所能见到的《七音略》、《韵镜》形式，隋代标准音图是《韵镜》的原型音图也就可以理解了。

大矢透的推论，有的与中国学者存在明显差异，有的则与中国学者所见非常相近。罗常培同意大矢透的观点，但又有所补充，认为等韵图肇自唐代而非宋代。[2]赵荫棠认为证据不充分，《悉昙章》出现以后，对宋代韵图产生影响的即是《唐写本守温韵学残卷》。守温是三十字母，而不是三十六字母。《三十六母图》一卷出现于《玉海》及《通志·艺文略》，并没有标明朝代，代表了宋人的声母观念，等韵图还是创制于宋人之手。[3]

潘文国承认，韵图制作的办法归根结蒂是印度传过来的。材料除了《婆罗门书》，就是《悉昙章》和《华严字母谱》。韵图已经发展到另一个阶段，即所谓"第二步"，就是需要"声韵相配格局的汉化"。唐高宗时人武玄之所作的《韵诠》就是已经颇具规模的音韵著作。原书虽已亡佚，但从这本书《明义例》，可以考得《韵诠》安排大略。由二例中“上下自明”、四例中“阙而不书”两例，足证《韵诠》一书确为图表形式的韵书，并驳斥赵荫棠以为《韵诠》只为《广韵》、《集韵》一类韵书的说法。

如果说，从韵图角度来说，《韵诠》十分粗糙，那么，到了孙愐的《唐韵》就是已经具备声纽分类的条件了。孙愐的《唐韵序》中说“纽其唇齿喉舌牙，部件而次之”，证明孙愐的五音说并不是直接脱胎于梵文之悉昙，而是已经参考过《韵诠》一类韵书的做法之后，依照汉字的反切上字所归纳出来的。孙愐可能做过《切韵》的系联工作，孙愐曾在《唐韵序》中说：“若细分其条目，则令韵部繁碎，徒拘桎于文辞。”当时孙愐可能见过这种“细分条目”、“韵部繁碎”的韵书；因其不利于“广文路”，是以编《唐韵》时并无采取，而后世学者也就无法见到。然而我们从既有的文献当中，依然可以得知当时确有一部条分而缕析的韵书，就是《天宝韵英》。黄粹伯在《慧琳〈一切经音义〉反切考》中说：“又有所谓《天宝韵英》者。《唐志》：‘《韵英》五卷，天宝十四年撰。’《唐会要》：‘天宝十四年四月，出御撰《韵英》五卷，付集贤院缮写引用。’《玉海》韦述《集贤记》注云：‘上以自古用韵不甚区分，陆法言《切韵》又未能厘革，乃改撰《韵英》，仍旧为五卷，旧韵四百三十九，新增一百五十一，合五百八十(案：应作五百九十)，一万九千一百七十七字，分析至细。’”

潘文国强调，《天宝韵英》的韵部之所以能够“分析至细”，仅有一种可能性：进一步分析陆法言的《切韵》。至于分析的标准，则是“清浊”与“轻重”二者。“清浊”即是后来的阴阳调，而“轻重”则是指开合。声母分清浊的概念既已形成，加上孙愐的分五韵，声纽的分析和分类亦已完成，各方面的条件都已成熟，韵图的产生是指日可待了。[4]

值得注意的是，在罗常培、赵荫棠、潘文国的著作中，都重点引用了大矢透的观点(潘文国转引赵荫棠)，可见，大矢透的某些认识已经引起中国学者的关注。大矢透有关《韵镜》的原型早在隋代已经形成的观点，今天仍不失为一种比较特别的看法，只是我们还没有更多的有效材料对他的观点加以证明。

(二) 关于反切制作的时代

自隋唐时代以来，许多学者认为，反切由三国魏孙炎所作。比如《颜氏家训·音辞篇》：“孙叔然创《尔雅音义》，是汉末人独知反语。至于魏世，此事大行。”唐陆德明《经典释文·叙录》也说：“孙炎始为反语。”

大矢透认为，反切制作的时代应当确定在后汉译经之时，根据是，《后汉书·和帝纪》李贤注引用了许慎的反切。《后汉书·和帝纪》李贤注记载：“许慎《说文》：肇，大可反，上讳之也。”而《经典释文》所举出的汉人反切都是后人伪托。许慎反切的真实性，还可以从多方面印证，比如曾国藩印行的唐写本《说文》“木部”

残卷、旧抄本《说文》“口部”残片；《隋书·经籍志》有《说文音隐》，也为唐以前传注家所称引。后汉明帝之世，梵僧来中国，开始着手译佛经，首先碰到的问题是，如何把“二分文字”、“悉昙”语音合为一种“音节”语音，于是，创造了把两个汉字合为一音的注音方法，它和中国固有的“合音”法，比如“不可为叵”、“之乎为诸”的天然拼音方法相吻合，“自然之为”与“人为”的契合，就使“反切”注音方法产生，并很快通行士人中间。许慎等学者率先使用“反切”，加快了反切方法推行的速度，就使得反切方法扩大了应用范围。

中国学者有关反切制作的时代除了三国魏“孙炎所作”一说之外，尚有反切创制于先秦的观点。顾炎武《音学五书·音论》卷下说：“按反切之语，自汉以上即已经有之。”此外，还有始于东汉初年之说。刘盼遂《反切不始于孙叔然辨》则认为东汉光武、明、章之际，反切已正式产生。

综合地来看，反切在东汉时代产生的说法基本上是可以行得通的。至于反切产生的机理，大矢透实际上折合了顾炎武“合音”和宋人陈振孙、郑樵、沈括受东汉佛经翻译梵文拼音原理启发制作的观点。由于比较合乎理据，很容易为多数人所接受。可惜的是，一些学者并不了解这一点。

（三）关于206韵的性质

大矢透谈到，在隋初，之所以确定206韵，主要是为了取得诗赋押韵上的南北语音一致。求得南北语音两者相通（论南北是非，古今通塞），多以“同用”视之。以“同用”为主要分析方式，明确四声之别，区分口舌上的开合、四等，合并真韵（口舌上的韵）。并以若干个韵同为一个韵头，或一个韵数个韵头为分析对象，就会取得相当数目的“韵”。如果不限于减少声调，就成为辞句运用上的自在押韵。所以，结合音图上的等位的206韵，应该知道口舌上的韵全数。

通过《切韵》残卷了解到，《切韵》全书分为193韵，唐代孙愐《唐韵》是195韵，只有到了《广韵》才分为206韵，大矢透未必不知道这一点，他称《切韵》的206韵是取了戴震《声韵考》“其206韵，盖法言之旧”的说法。

《韵镜考》第十一章体现了大矢透对206韵分韵性质的认识。就其基本方法来说，还是力图要通过分析《韵镜》搞清问题。《韵镜》的等位、开合口、转次都是研究的着眼点。前提还是《切韵》韵书产生之初就制作了与之匹配的等韵图，二者相辅相成，研究《切韵》韵书就必须研究等韵图，研究等韵图就必须研究《切韵》韵书，二者互为解开对方之谜的钥匙。

作者还要弄清楚一个问题，即是《文镜秘府论》所提到的北齐阳休之《韵略》“56韵”，为何到了隋朝陆法言《切韵》却是206韵，而宋末刘渊《平水韵》变成107韵？

阳休之《韵略》原书已经失传，大矢透举出“悉昙藏”中唐武玄之《韵诠》“50

韵头"分析,发现,"50 韵头"是平声"韵头",实际上,兼有"上去入"三声。阳休之《韵略》"56 韵"可能也是属于这个性质的。阳休之《韵略》"56 韵"与 206 韵中平声 57 韵,只差了 1 个韵,如果兼有"上去入",与 206 韵数目很接近。至于《平水韵》是将 206 韵"同用"合并的结果,而且,和"口舌上"的自然语音契合,变成了"官韵"。

在《韵镜考》中,我们还没有看到大矢透运用陈澧《切韵考》"反切系联法"。许多中国学者研究《切韵》音系,比较推崇"反切系联法"。陈澧据《广韵》反切上下字的系联考订四十声类、三百一十一韵类,后人又不断有所补充,这就使人们对《切韵》音系有了正确的理解。其实,运用"反切系联法"就可以解决大矢透提出的北齐阳休之《韵略》"56 韵",为何到了隋朝陆法言《切韵》却是 206 韵,而宋末刘渊《平水韵》变成 107 韵的问题。道理很简单,"韵目不等于韵类,也不等于韵母。韵目的增多并不意味着韵类和韵母的增多。"[5]

高本汉运用历史比较法拟测《切韵》音系,又弥补了陈澧只能区分音类而不能求出声类、韵类实际读音,即音值的缺憾,比起大矢透只依靠日本汉音,并只能用"假名"来定音值的方法来看,也是前进了一大步,当然,在 206 韵的性质问题的说明上就更为占优势。

(四) 关于等位的解释

大矢透说,《韵镜》等音图纵横交错,犹如假名五十音图。无论横行还是纵行,依次排列,模仿的是"悉昙"。四等之列,语音实质如何解释?他认为,中国清代江永、戴震等鸿儒的理论可以值得借鉴。日本汉字音也有暗合等位的发音情形,又可以作为证据。

江永《音学辨微》云:"一二三四等列,一等洪大、二等次大、三四等俱细,而四尤细。"大矢透解释到,这实际上着眼于发声之时口腔之形大小。一二三四等,依次开口度最大、次大、狭小、最小。口型可以描写为圆、椭圆、扁狭、最扁狭。用日本假名对应,即:一等洪大——アウ[ɑ]、二等次大——アエウ[i]、三等细——エウ[ɯ]、四等尤细——エウ[ɯ]。四等尤细——エウ[ɯ]又拟为[iɯ]。

现代学者认为,所谓洪大,是指发音时元音的舌位比较后比较低;所谓细,是指发音时元音舌位比较前比较高。高还有高和半高之分,低还有低和半低之别,所以,大有洪大、次大,细有细、尤细的区别。[6]

大矢透没有见到高本汉等现代学者的构拟,但却根据江永《音学辨微》的描述、日语假名标记文献对四等进行描述,其结论与现代学者的认识并无二致,非常难能可贵。

（五）关于内外转之别与十六摄目之用

《韵镜》韵图有着"内外"之别，而且，比较起来，不同韵图之间，"内外"韵图也存在着差异。但为什么不同韵图之间"内外"韵图也存在着差异，其中原因还是难以弄清楚。大矢透观察到，从《切韵指掌图》来看，齿音以外，都以二等"有字无字"而加以区分，这一点，也与《七音略》、《韵镜》韵图相吻合。他认为，通观《七音略》等韵图，比较它们的异同结果，内外转，字音省去头尾的辅音呼为体韵（元音）区别口型，即是オ、ウ、イ，由一等到四等连呼时候用撮口发出，恰有如同在内部转动的感觉，所以，称之为内转。ア、エ开口连呼时，特别好似向外面转动的感觉，所以，命名为外转。随之每转图端用十六摄名目记入，依据发音口型确定，内转，检录其摄目，为通止遇臻果流深曾。元音是撮口呼，记为外转，检录其摄目，为宕江梗效假蟹山咸。

日本学者对内外转的考虑，据我们所知，观点还有几种：18 世纪的文雄在《〈韵镜〉索引》中比较早的涉及这一问题："按转，《广韵》云，陟兖切也，旋也。音旋于口内，是曰内转，通止等八字所属之韵是也。音旋于口外是曰外转，江蟹等八字所属之韵是也。"还是以有无二等韵作为内外转的标志。[7]

1935 年，峰春三郎认为，"内转"是后舌元音及中舌元音，"外转"是前舌元音。藤堂明保明确提出来"内外深浅说"。[8]

三根谷彻指出，相对于假摄的外转，果摄的内转表现了时音的变化。与此相应，他又提出《韵镜》"内外转"是标准音以外的音韵体系的说法。[9]

三泽谆治郎则依据"独用"、"同用"的押韵情况解释"内外转"。他的两个基本原则是：第一，A 在"独用"、"同用"范围内构成"纽图"的是内转。B 超越"独用"、"同用"的范围而构成的"纽图" 是"外转"。第二，把二等变韵作为主体而构成的纽是外转。小仓肇教授评论说："依据这第一个原则，第三转江韵，第二十九转、第三十转麻韵，因为在外转是不能说明的，所以，把二等变韵作为主体而构成的纽是外转的第二个原则是不能成立的……迫切需要重视摄的分别，从而确立第三原则。"[10]

藤堂明保、小林博《音注韵镜校本》（1970）对《韵镜》内外转的解释是，直音的韵配列了一等（内转）和二等（外转），而 イ 型拗音的韵，配列了三等（内转）与四等（外转）。如此，含有一等韵的，不含有二等韵的转图，是"内"。含有二等韵的转图是"外"。只是三等韵，如果含有三等拗音的转图，是"内"。只是四等韵的转图，称为"外"。[11]

远藤光晓把"内外转"的"转"看成是口语唱读之际"调音点"转移的过程。比如，从一等到四等口语唱读之际主元音"调音点"由后（内）向前（外）转移而构成外转；"内转"主元音不能转移。由前（外）到后（内）转移的次序受声母的影响而变化。[12]

从元音的内外高低分配上解释内外转的区别,大岛正健《改订韵镜》比较早的注意了。不过,在校订的“内外转”方面,与《韵镜》“内外转”的关系上还存在着解释上的矛盾。[13]

在《隋唐音图》(大村书店,1932)中,大矢透进一步强调,从元音的内外高低分配上解释内外转的区别。这个结论受到中国学者罗常培的重视,罗常培在《释内外传》中重点引用,并加以补充说明。罗常培的观点赢得很多人的重视,应该说,不是偶然的,“英雄所见略同”,与罗常培一样,大矢透确实有他独到的一面。[14]

关于十六摄,日本学者冈本保孝有《十六摄通考》论著。在此基础上,大矢透进一步认为,十六摄目与悉昙十六韵头相关,其依据还是唐武玄之所作的《韵诠》。方法是将《韵诠》五十韵头和悉昙十六韵头进行对比,发现韵腹与韵尾有相当的一致性,由此,得出结论,悉昙十六韵头是后世十六摄目的前身,而唐《韵诠》五十韵头有可能是根据悉昙十六韵头而分摄的。这样,影响到了《切韵指掌图》和《切韵指南》、《四声等子》摄目的确定。这种看法,比起现在一般学者认为十六摄产生于宋元时代仍然有所不同。

大矢透认为,《韵镜考》这五点“要说”代表了他在20世纪20年代初对《韵镜》研究的一些想法。经过寻绎,线索可以得到基本确认,清楚地表明他的观点是不同凡响的。

三、大矢透《韵镜考》“要说”补议

其实,大矢透《韵镜考》的独特想法不只如他自己申说的那样,仅仅是这五个方面,还有一些值得推许的地方。

(一)《韵镜》影喻二母和日语语音アヤワ三行的关系。

对《韵镜》音图“影喻”二母的具体“译音”音值,日本学者存在着不同的看法。比如本居宣长《字音假名遣》(作者按:遣,拼写法。),依据口腔开合之见拟订アヤワ三行字音,ア行之イウエ、ヤ行之エヨ、ワ行之ヲサ三行声母基本一致。太田全斋《汉吴音图》ア行之音相当于影母文字,ヤ行之音等同于喻母四等文字,ワ行之音相当于合转的喻母三等文字。日语字音ヤ行定位为影喻四等,アワ行之音影晓匣喻四母均有。正音是这些字书的主要目的。大矢透认为,应该依据隋唐“原音”弄清楚影喻二母和日语语音アヤワ三行的关系。他的做法是抄出《广韵》反切属于影母的上字19个,互用为同音母,其他还有喻母(喻三)的14个上字、喻母(喻四)的12个上字。喻三、喻四不混,有区别,为两类。汉音中,属于影母安爱哀握之数母与ア行ア相当;伊乙一之イ、衣依烟翳之エ、纡忧乌之ウ，在アヤワ三行中加以分辨。喻母第一类王是ワ行。于羽云雲之ウ、韦为洧筠之イ、永远荣之エ也是如此。其第二类余予弋翼与羊属于ヤ行不乱。移荣悦之属于アヤワ三行应该是确切的。但在现代日语中表现得并不如此清晰。在等韵图中，喻母第一类字母，于羽王有等为反切上字的文字占有三等的位置，而喻母第二类字母余以羊翼等为反切上字的文字占有四等的位置，判然有别，和《广韵》反切取得一致。日语语音アヤワ三行各个历史阶段发生音变，应该与此有直接关系。

大矢透利用了日本"旁训"汉字音声点资料研究《韵镜》影喻二母的等次，看到了语音的动态变化情况，突破了前人的局限。

（二）二十图式音图作者年代并与之相关门法的关系。

《切韵指掌图》二十图与《韵镜》四十三转图差别很大。引起人们注意的是它的作者、年代以及相关的等韵门法问题。

大矢透针对《切韵指掌图》为司马光所作观点，提出五点疑问，其中二十图源出于司马光时代不合情理，因为与他同时的杨中修只有四十四图式的《切韵类例》，南宋郑樵《七音略》，以及《韵镜》序作者张麟之都是四十三、四十四图式，并没有提及司马光作《切韵指掌图》的事儿。其他，如司马光著作以及后人记述都没有涉及此事等。种种迹象表明，司马光不可能作《切韵指掌图》。

从等韵门法来看，大矢透认为，可以考虑《切韵指掌图》和辽僧智光有一定关系。辽僧智光就是为辽僧行均《龙龛手鉴》一书作序的人。依据智光二十图式音图讨论音韵问题的是王宗道《切韵指玄论》。

这里面有两个问题：一、智光是谁？二、王宗道《切韵指玄论》与智光的关系如何？

智光，《四声等子》提到"智公"，其序云："切韵之作，始乎陆氏；关键之设，肇自智公。"另外，辽僧智光曾为行均《龙龛手鉴》作序，赵荫棠、竺家宁认为，"肇自智公"之"智公"即辽僧智光。赵荫棠同意大矢透的看法，认为《切韵指玄论》作者即嘉定年间(1208—1224)之前的王宗道。[15]

聂鸿音、孙伯君指出，俄藏黑水城出土音韵学文献数种，其中就有《解释歌义》。原文分为两部分：一部分是"颂"，作者是王忍公。他有感于拼读韵书反切门法创立者智邦所作《指玄论》，用歌诀形式对其进行了阐释。另一部分是"义"，是□(某)髓对王忍公"颂"的疏解。聂鸿音、孙伯君二位认为《解释歌义》作于12世纪和13世纪之交。作者□(某)髓可能是金代女真人。《解释歌义》提到智邦及其《指玄论》大概有十多处。这里的智邦就是智公。王忍公曾就反切原理、等韵概念等请教智公。王忍公应该是智公的晚辈，生活在北宋初年。智公作《指玄论》与晁公武《郡斋读书志》著录的王宗彦《切韵指玄论》(三卷)《四声等第图》

(一卷)的关系如何？聂、孙推测,《解释歌义》出自《四声等第图》,王忍公就是王宗彦,不是他之后的100多年的王宗道,王宗道不过是托名而已。如此,王宗彦解释智公《指玄论》而作《切韵指玄论》、《四声等第图》或《解释歌义》问题迎刃而解了。智公《指玄论》在10世纪已经出现。最为重要的是,打破了等韵门法肇自于宋人张麟之的传统说法,二十图式音图也是出现很早的,当在唐五代与宋初之间。[16]

80多年前的大矢透很显然不可能看到过《解释歌义》,却已经认识到了《切韵指掌图》二十图式音图的玄妙之所在,其科学预见性可见一斑。

通过以上分析,可以看到,大矢透《韵镜考》确实已经具有了不同于此前许多学者,比如文雄《磨光韵镜》、太田全斋《汉吴音图》的《韵镜》"汉、吴、华"三音汉语语音史思想意识,形成了比较科学的语言观念。大矢透的主要研究特点可以概括为几点:其一,文献考据与科学论证相结合,比如对隋代存在《韵镜》原型音图的研究;其二,运用汉日语音比较新材料,日本汉字音新材料的使用,比如"训点资料"是第一手资料而非第二手资料;[17]其三,虽然没有直接接触到"反切系联法",但已经注意到《广韵》反切上字的"互用"、"通用"问题,实际上就是认定它们的联系性、系统性。由此,其学术观点引起了中国学者,诸如罗常培、赵荫棠的重视。应该说,不是偶然的。

但我们也看到,《韵镜考》也存在着一些时代局限性,如果苛求的话,一个很重要的事实是,当时欧洲历史比较语言学已经传到日本,日本学者已经开始运用历史比较语言学理论研究日本语音问题,但在《韵镜考》中似乎还看不到历史比较语言学理论与方法的影子。还有,《韵镜考》很少运用中国现代方言资料,这对构拟《韵镜》音系非常不利,也是非常明显的。此外,用日本汉字音原理解释《韵镜》语音,还有牵强附会的地方,等等。虽然如此,我们认为,它并不妨碍我们对《韵镜考》历史性的学术贡献的认同,就当时来看,它的《韵镜》学术观点已经走在前列,无论是在《韵镜》研究史上,还是中日音韵学史上,都应该占有重要的一席之地,是毋庸置疑的。

观察中外学者的《韵镜》研究,大矢透确实"特立独行",无论是研究思路,还是文献材料的使用,以及具体的问题考辨都是超出前人的,并能够启迪后人,至今仍闪耀着智慧的光芒。[18]

应该特别指出的是,作为大矢透假名研究宏大构想《假名通考》的一个重要组成部分,他的视点没有局限在汉语等韵图研究范畴内,而是为充分实现"研究其(假名)起源,寻绎假名传播途径,审视假名形体的变迁和用法的沿革"目标服务的。由此,《韵镜考》的学术标签就具有了"双重"国籍身份——中国"汉语音韵学"与日本"国语音韵学",这确是它的真实应用范围,其学术意义不言而喻。

附　注

[1] 大矢透《〈韵镜考〉〈隋唐音图〉》,377 页"解说"。《韵镜考、隋唐音图》,勉诚社,1977。

[2] 罗常培《〈通志·七音略〉研究》,《历史语言研究所集刊》第 5 本第 3 分,1935。又见《罗常培语言学论文集》,139—155 页,商务印书馆,2004。

[3] 赵荫棠《等韵源流》,46 页,文史哲出版社,1985。

[4] 潘文国《韵图考》,24—34 页,华东师范大学出版社,1997。其中引黄粹伯《慧琳〈一切经音义〉反切考》,见《史语所集刊》单行本,2—3 页,1931。

[5] 唐作藩《音韵学教程》,133 页,北京大学出版社,2001。

[6] 唐作藩《音韵学教程》,69 页,北京大学出版社,2001。

[7] 文雄《磨光韵镜》,147—148 页,勉诚社,1980。

[8] 峰春三郎《关于〈韵镜〉的内外转》,《藤冈博士功绩纪念言语学论文集》,岩波书店,1935。藤堂明保《中古汉语的对立音韵论》,《日本中国学会会报》第 1 号,1949。

[9] 三根谷彻《〈韵镜〉中"歌(戈)"韵的位置》(《东洋学报》第 35 卷第 3 号、第 4 号,1953);《〈韵镜〉与越南汉字音》(《言语研究》第 48 号,1965)。

[10] 三泽谆治郎《〈韵镜〉的研究》第六章,1960;小仓肇《〈韵镜〉的术语》(1),《弘前大学国语国文学》第 14 号,1992。

[11] 藤堂明保、小林博《音注韵镜校本》,1970。

[12] 远藤光晓《三个"内外转"》,《日本中国学会报》第 40 集,1988。

[13] 大岛正健《改订韵镜》,启成社,1912;小仓肇《〈韵镜〉的术语》(1),《弘前大学国语国文学》第 14 号,1992。以上"内外转"观点又可见李无未《日本学者的〈韵镜〉研究》,《古汉语研究》2004 年第 4 期。

[14] 罗常培《释内外传》,《罗常培语言学论文集》,115—135 页,商务印书馆,2004。李新魁《论内外传》,认为内外转以某一音类为范围,立足点是三等韵。与三等韵有关的是的是内转,无关的是外转。见《音韵学研究》(二),249—256 页,中华书局,1986。

[15] 赵荫棠《等韵源流》,75—76 页,文史哲出版社,1985。竺家宁《佛教传入与等韵图的兴起》,《国际佛学研究》创刊号,1991. 12。

[16] 聂鸿音、孙伯君《黑水城出土音韵学文献研究》,文物出版社,2006。又见孙伯君《解释歌义研究》,41 页,甘肃文化出版社,2004。

[17] 大矢透(1850—1928)所进行的"训点资料"的调查与研究。从调查与研究"训点资料"开始,大矢透以假名为中心,力图解释清楚"假名字拼读方法"(仮名遣)、"假名字体"等内容的历史变迁状况。其中,把能够在古训点数据中挖掘到的汉字音标记的实例大多加以介绍,第一次把它作为日本语的"史"的研究资料向学界提供。比如《仮名遣及仮名字体沿革史料》(1909)、《仮名源流考及正本写真》(1911)对日本假名的字体、用法的历史文献变迁情况加以辨析,按照年代顺序进行编辑,开拓了日本汉字音研究的新途径。但是,在当时像他这样能够灵活运用古训点资料中汉字音标记文献的学者毕竟不多见。不过,却对后来学者研究音韵学影响是巨大的。沿着这条道路,吉泽义则、春日政治、中田筑夫、小林芳规等又发掘与解读了更多的"训点资料",贡献巨大。大矢透研究《韵镜》,也是充分利用日本

古训点中汉字音标记资料，视角非常独特。见李无未《近代日本汉语音韵学研究的特点》，《厦门大学学报》2006年第4期。大矢透的研究成就见春日政治《以古训点调查为中心的大矢透博士研究》(《国语与国文学》第五卷第七号，118—128页，1927.7)一文，以及冈井慎吾《大矢翁与韵镜考》(《国语与国文学》第五卷，第七号，129—135页)一文，二人都对大矢透所做研究进行了介绍。

[18] 平山久雄《大矢透和他的〈周代古音考〉》还对他的上古音贡献进行了评述，见北京大学中国传统文化研究中心《文化的馈赠》，377—388页，北京大学出版社，2000。

第九章　日本学者宋元等韵图研究

【本章内容提要】从文献考订、音系及语音史价值、研究理论与方法等方面对日本学者的宋辽金元等韵图，比如《七音略》、《皇极经世·声音唱和图》、《皇极经世解起数诀》、《切韵指掌图》、《四声等子》、《经史正音切韵指南》等研究情况加以总结与评述。

【关键词语】宋辽金元等韵图　文献考订、音系　理论与方法

中国学者罗常培于1935年发表《〈通志·七音略〉研究》一文，把宋元等韵图分为三派：《七音略》、《韵镜》为第一系；《四声等子》与《切韵指南》各分十六摄，又以入声兼承阴阳，这是第二系；《切韵指掌图》，自成一系。[1]从日本学者对宋元等韵图的研究来看，一些学者是赞同这种分类的，但这一时期等韵图之间关系比较复杂，有一些具体问题还应该进一步探讨。笔者曾对日本学者《韵镜》研究作过考察，这里不再说明；这里拟从文献考订、音系及语音史价值、研究理论与方法等方面对日本学者的宋辽金元等韵图研究加以总结与评述。

一、宋元等韵图文献考订

宋元等韵图的文献考订，涉及日本学者对宋元等韵图作者、时代与形制等与等韵图编撰相关问题的研究。

（一）《七音略》

作者与时代。满田新造的《关于〈韵镜〉著作的年代》（1917）以郑樵的自述为依据，追述等韵图制作，认为等韵图与“悉昙学”有直接密切的关系，《七音略》和《韵镜》也不例外。大岛正健《〈韵镜〉と〈唐韵〉〈广韵〉》（1918）认为《七音略》留有很远的唐代语音的“面影”，比张麟之所刊《韵镜》更为可信。在《〈韵镜〉诸转内外开合校订》一文中，进一步阐述这种看法：《七音略》不是郑樵原作，其作者可能依据唐代语音而作。这就是说，《七音略》的原形有产生在唐代的可能性（1920）。[2]

大矢透《韵镜考》第四章（1924）提到，郑樵在《七音序略》中说，最初得到《七音韵鉴》，一唱三叹，然后，对《七音韵鉴》“取舍增损”，由此而成《七音略》。[3]

中国学者罗常培（1935）认为，《七音略》、《韵镜》的成书时代未可分先后。他说：“以转次及废韵所寄言，则《七音略》似古于《韵镜》；以声类不标纽目及入声专承阳韵言，则《韵镜》又似古于《七音略》；要之，皆于原形有所损益，实未可强分先

后也。"(《罗常培语言学论文选集》)。罗常培看法与一些日本学者显然有所不同。一定要"强分先后",很难找到直接证据,比较实际。

构成与形制。大岛正健研究《韵镜》,往往以《七音略》为参照对象。在韵图的构成与形制上也是这样。关于废韵的位置问题,大岛正健在《〈韵镜〉片言》(1919)已经有所涉及。大岛正健提到,《韵镜》诸本把废韵作为寄韵放置在内转第九、第十图内,而《七音略》"韵鉴"独置寄韵于外转第十六图。如果要解释的话,这种安排与唐代语音相合。在《〈韵镜〉和〈唐韵〉〈广韵〉》(1918)中亦云:"吾初睹郑本(《七音略》)时,因已习惯于《韵镜》,即觉其转次异样。今得以与《唐韵》相比较,乃发现郑本为全据《唐韵》者。"更是直截了当。[4]

大矢透(1924)说,《七音略》与《韵镜》相比较,都是四十三转,只是韵部排列次序不同。

坂井健一《七音略》(《中国语学新辞典》,光生馆,1969)指出,《七音略》按陆氏《切韵》音系的韵目次序排列,而《韵镜》则依据李舟《切韵》音系排列。

平山久雄《〈韵镜〉二三事》(1992)在"转图的排列次序"中谈到,《韵镜》与《七音略》韵图虽然都分为四十三转,各转排列次序基本按《切韵》系韵书各韵排列的次序而定,但第三十一转至第四十一转次序不一致。《七音略》与《韵镜》转次的不同,原因可能在于:祖本韵图根据《切韵》原来的韵次编制了转图,但为了制图的需要将咸摄八韵皆集中于假摄之后,而《七音略》保存着祖本的转次;《韵镜》则按照上面假定的韵书对祖本的转次加以调整。

平山久雄《与〈韵镜〉〈七音略〉相关的转图的拼合、分离》(2003)将《韵镜》与《七音略》对比,论及了一些异同点。比如,废韵的位置。《七音略》在第十转以及第十五转的入声栏中只列废韵之名,而《韵镜》列有"去声寄此"等内容。平山久雄考虑到这是《七音略》对《七音韵鉴》修订的内容。《七音韵鉴》应该还是写本。《七音略》转图的主要部分没有表示四声、七音等标志,比起《韵镜》来更单纯、朴素。歌韵、戈韵的位置两韵书相同,属于"果假分立型"。[5]

小仓肇《〈韵镜〉〈七音略〉的构造》(未刊稿,2003)也谈到《七音略》与《韵镜》的韵图转图顺序,即转次基本一致,但也有不同点。在坂井健一(1969)研究的基础上,经过考察认定,《七音略》遵守陆氏《切韵》音系的韵目排列次序,导入了韵摄配置的观点,比如,臻摄、山摄。而《韵镜》虽然主要依据李舟《切韵》音系韵目次序排列,但不拘泥于李舟《切韵》韵目次序,有所调整。这个研究,更加细致深入。

(二)《皇极经世·声音唱和图》

中国学者周祖谟、陆志韦、李荣等对《声音唱和图》比较早地进行了细致的研究。日本学者的研究思路还有所不同,比如构成与形制。

长田夏树《关于〈皇极经世书〉声音图的音值与〈韵略易通〉的音韵体系》

(1979)在介绍邵雍之外,主要阐明《声音唱和图》与《易》诸概念的关系。在“声”、“音”各字母中从数词“一”到“十”和百千万,并渗透八卦“乾”、“兑”、“离”、“震”、“巽”、“坎”、“艮”、“坤”意识。在表中,有表现“有其声音无其字者”,还有表现“无其声音有其字者”。也有的是实际上并不存在,仅仅是理论上的图。与实际音系考订没有关系。[6]

平田昌司《〈皇极经世·声音唱和图〉与〈切韵指掌图〉》(1984)认为《声音唱和图》不是邵雍的独创。袭用了其父邵古《正音》所具有的象数概念与佛教的语言神秘思想。从其归纳的音系来看,由于《声音唱和图》以体现诸类之术数的语言神秘思想为主线,增加了人为的语音因素,所以有重新研究其音系基础的必要。韩国学者俞昌均(1978)说:“(邵雍)编写《声音唱和图》的动机,大概由于他的语言哲学”,“所以,他的韵图企图描写音韵的普遍体系”。《声音唱和图》可能反映的是比 11 世纪中期更早阶段的北方语音,有些语音部分地参考了各地方音折中而定。[7]

平山久雄《邵雍〈皇极经世·声音唱和图〉的音韵体系》(1993)说,《声音唱和图》把中国语音节分解成“声”和“音”,把“声”当做天,把“音”当做地,由天地的配合而产生可能的一切音节。把“声”和“音”代表一定的汉字,即整齐排列字母组合(天声即韵类;地音即声类)的反切形式而加以利用。同时,他对长田夏树、平田昌司的研究予以充分肯定。[8]

(三)《皇极经世解起数诀》

平田昌司(1984)认为祝泌《起数诀》的意义在于“以声起数,以数合卦”。邵古定出了理想的音系,邵雍利用语音表现万物的变化,而祝泌却利用语音推断吉凶。这是他和邵氏父子最大不同之处。

《起数诀》共八十图。声母名称采用邵雍的 152 音(排列方法沿用一般等韵图的体裁),韵母名称采用 206 韵,按照《声音唱和图》的清浊、开发收闭分图。它横列声母,纵列四声相成的四韵(入声兼配阴阳声),各韵分四等,体裁极类似于《韵镜》、《七音略》。首附《112 声目录并八卦》和《152 音八卦》,以便找出相应的《易卦》。

大岩本幸次《〈皇极经世解起数诀〉“声音韵谱”校异记》(2003)从文献学角度对材料进行了辨析。“校异版本”主要依据“四库本”、“静嘉本”、“台北故宫本”、“南京本”。如此,涉及的“声音韵谱”八十张图,大多数可以合并,四种本子中的错字、误列、讹脱均出校,价值很大。[9]

(四)《切韵指掌图》

作者与时代。满田新造《再论〈韵镜〉和北方中国音》(1919)认为是司马光所作。大矢透《伪托司马温公作〈切韵指掌〉说考》(1919)引述一些学者对伪托司马温公作《切韵指掌图》的考证意见，像邹特夫据宋人孙觌《切韵类例》序，认为《切韵指掌图》的作者应当是南宋杨中修等。在此基础上，也提出了自己的一些看法。比如，《小学考》中的《切韵类例》，依据孙觌《切韵类例》序，其音图是四十四个，而《切韵指掌图》是二十图，这就是明显不同的地方。因此，推断杨中修《切韵类例》之外，还有二十图。大矢透把孙觌《切韵类例》序前段十四行之后的一段文字与司马温公《切韵指掌图》的序文进行对照，发现非常相似，由此，提出第一个疑问点。其他还有四个疑问点，其中，《司马文正公传家集》中未见有《切韵指掌图》的记载；以及在董南一之前未见有人提及等。其实都是对董南一伪托司马光所作说的再证。此后，中国学者赵荫棠(1934)、董同龢(1948)继续深入考证董南一伪托司马光所作说的不可靠性。日本学者藤堂明保《中国语音韵论——その历史的研究》(1980)同意董同龢(1948)的看法。[10]

满田新造针对大矢透的不同意见又发表了《关于〈切韵指掌图〉的作者》(1919)一文，坚持自己的说法。反驳大矢透关于王宗道是董南一之前人，而董南一剽窃王宗道《切韵指玄论》的说法。《切韵指掌图》二十图式不是辽行均《龙龛》、《五音图》。《司马文正公传家集》中未见有《切韵指掌图》的记载并不能证明《切韵指掌图》不是司马光所作，等等。[11]

平田昌司《〈皇极经世·声音唱和图〉与〈切韵指掌图〉》(1984)同意董南一伪托司马光所作说，认为是定论，并补充南宋孙奕《履斋示儿编》有关"温公之图近行于世"记载的事实。对《切韵指掌图》托名司马光所作的原因，平田昌司认为与"声音律吕"术数家的影响有关。《切韵指掌图》卷首的掌图术数色彩很浓，董南一序的"三百八十四声"具有密教悉昙学上的意义；司马光与术数家的密切关系，比如他和邵雍的往来，都成为《切韵指掌图》托名司马光的缘由之一。

编撰结构。大岛正健在《〈韵镜〉片言》(1919)已经有所涉及。他说，《切韵指掌图》把废、祭、未、至、霁置于同一个地方，可见，那个时代废和未已经很接近了。

满田新造(1919)认为《韵镜》与《切韵指掌图》的韵图编撰结构一致。比如韵图的排列顺序。

三泽谆治郎《〈韵镜〉の研究》(1960)认为《切韵指掌图》与《守温韵学》属于同一系统。其特点是：没有内外转、开合标志，阴声配于入声，四韵混列。[12]

藤堂明保(1980)提到，南宋至元代学者熊忠《古今韵会举要凡例》(1297)说，司马温公作《切韵指掌图》，始定七音律。熊忠《韵会》声母排列顺序与《切韵指掌图》声母配列顺序是一样的。

(五)《四声等子》

从内外转混等的情况来看，三泽谆治郎(1960)认为日本最古的写本《信范本韵镜》与《四声等子》相同。

大岛正二《中国言语学史》(汲古书院，1997)依据中国学者李新魁等的分析。

认为《四声等子》撰述在北宋与南宋之间。它的二十图把《韵镜》、《七音略》数个转图合为一个韵图。其韵类依据十六摄统括，一摄之内开合分图。声母与《七音略》一样，但排列次序有别。分四栏为四等，每等内再列平上去入。

小出敦《〈重编改正四声全形等子〉的音韵特征》(《京都产业大学论集人文科学系列》第30集，2003)，也是一篇很有见地的论文。

(六)《经史正音切韵指南》

大岛正二(1997)与中国学者李新魁等观点一样，认为《切韵指南》成书于1336年。据刘鉴《自序》，“与韩氏(道昭)《五音集韵》互为体用。诸韵字音，皆由此韵而出也。”分为十六摄，各注内外，均与《四声等子》一致，但各摄次序不同。由此可以看出，《切韵指南》“因其旧制”，就是在体例上等方面主要沿袭《四声等子》，配列韵字则仿《五音集韵》。

(七) 西夏语韵图《五音切韵》

西田龙雄《西夏语韵图〈五音切韵〉研究》，发表于《京都大学文学部研究纪要》第20—22期(1978—1980)。是迄今所能见到的研究西夏语韵图《五音切韵》最为详尽的论著。

在《西夏语韵图〈五音切韵〉研究》(上)中，西田龙雄对西夏语韵书的形成过程与系统进行了细致的考证。涉及其中唯一韵图资料《五音切韵》，先是考察了与之相关的韵表《九音显门》。在《西夏语韵图〈五音切韵〉研究》(中、下)中，又对《五音切韵》主要韵图《众漂海入门》进行了分析。《众漂海入门》虽然模仿汉语韵图，但在编撰结构与方法上与传统等韵图《七音略》与《韵镜》存在着较大的差别。作者将《众漂海入门》韵图与西夏语韵书《文海》进行比较，揭示出西夏语音节形式的构成。[13]

二、宋元等韵图音系及语音史价值

(一)《七音略》

大岛正二(1997)指出，《七音略》与《韵镜》一样所反映的是《切韵》一系韵书的语音系统。依据罗常培《〈通志·七音略〉研究》，具体来说，是陆法言《切韵》孙愐《唐韵》语音系统。但有一点很特别，就是入声的铎药韵兼配阳唐韵和豪肴韵，这与整个系统产生矛盾，可能是后代韵图入声兼承阴阳声韵的先兆。这个看法也与中国学者李新魁相一致。不过，在没有弄清楚入声的铎药韵兼配阳唐韵和豪肴韵情况出现的原因之前，进行这样的推断还为时过早。假如有学者认为是后人掺入的内容，校勘不精也是可能的。

(二)《皇极经世·声音唱和图》

藤堂明保(1979)认为,它是表现12世纪华中语言的珍贵资料。在北方音系中,是最早显示全浊声母消失和声调的阴阳调的分化的韵图。所以,谈北方语音系的变迁,以及北京话音系的形成必须从它谈起。次浊声母的字,在平去入中属于阳调,上声属于阴调,与今北京音状况相同。全浊上声变为去声。《声音唱和图》入声韵尾似乎已经消失。轻唇音声母已经完成。正齿音与舌上音还能区别。止摄齿头音韵母失去[i],变成[ɿ]。

平山久雄(1993)"解读"《声音唱和图》主要有:(1)"音"的解读。比如,"清水"所配的是中古音的全清字;"清土" 所配的是中古音的次清音字。与此相对的是,"浊火"所配的是中古音的全浊仄声字;"浊石"所配的是中古音的全浊平声字。"浊音二分"与"清音二分"不同。平山久雄认为,"浊音二分"指的是全浊音平声发音为送气浊音,全浊音仄声发音为不送气浊音。这是同一因素的有条件变异。后来,全浊音平声与次清音,仄声与全清音各自合流。声调的分合。比如"浊上归去"。其他还有所谓"一音群"、"四音群"等音值。(2)"声"的解说。包括舒声与促声音值。在此基础上,确定《声音唱和图》的声母、韵母、声调体系。平山久雄总结《声音唱和图》的特点是:与周祖谟考订的北宋诗词用韵的价值不同,语音材料更为丰富;人为要素很多,比如鱼韵与虞韵区别值得怀疑。以规范的正音为基础,反映的是当时汴洛一带的标准语音。

(三)《皇极经世解起数诀》

平田昌司(1984)认为祝泌《起数诀》根据几种等韵图改编而成,又依据代表"中州之声音"的《唐韵》音系加以修改。可以说,这是一部比较保守的韵图。例如,阴阳入相配的方法颇有特色,可能利用了古音知识(昔配支清、质配脂真、职配之蒸、勿配微文)。但如"赀雌疵斯"等字列为一等,是承袭《声音唱和图》的。

(四)《切韵指掌图》

三根谷彻《宋代等韵图的构成》(1978)一文讨论《切韵指掌图》韵母体系时,认为它表现了宋代标准音韵母系统。比如不但可以看到"阳入"相配,还能见到"阴入"相配。入声[-k][-t]的区别消失。但没有系统讨论声母、声调体系问题。[14]

藤堂明保(1980)认为《切韵指掌图》是无入声韵尾配列;止摄齿头音[ɿ]等的安排,显示舌面介音[j]已经不存在;麻韵"姐"、"谢"等与薛韵对应,在当时已变成[-je]。中国青年学者李红《切韵指掌图研究》(吉林大学博士学位论文,2006)所得出的结论与此十分近似,说明入声消失不是孤立的现象。

(五)《四声等子》

大岛正二(1997)举出《四声等子》的语音特点,将入声韵兼配阴、阳声韵。他的结论是入声韵尾已经消失。这与李新魁的结论有些不同。李新魁认为《四声等子》入声韵尾变为喉壁音。

(六)《经史正音切韵指南》

永岛荣一郎(1941)推重《中原音韵》的价值，但不局限于《中原音韵》，考订《中原音韵》韵母，上溯到与《切韵指南》十六摄的韵母相比较而发生变化问题。由此肯定《切韵指南》在研究宋元以来北方语音演变历史上的作用。[15]

大岛正二(1997)指出，《切韵指南》卷首"分五音"、"辨清浊"说明"五音"界限在消失，尤其是"浊音清化"，引人注目。所列"交互音"的歌诀"知照、非敷递互通，泥娘、穿彻用时同，澄床、疑喻相连属，六母交参一处穷"，说明了语音变化现象，它们之间的区别已消失。卷末"叶声韵"梗曾摄、止蟹摄、江宕摄、流遇摄之间通用。但《切韵指南》韵图内却没有更多地表现这些变化。

(七) 西夏语韵图《五音切韵》

西田龙雄《西夏语韵图〈五音切韵〉研究》(1978—1980)。这是一项非常重要的研究成果，在中国学术界也引起了相当大的反响。

三、宋元等韵图研究理论与方法

(一) 关于内外转的理论。

三泽谆治郎(1960)第五章"内外转的解释"在中国学者罗常培《释内外转》一文总结前人观点的基础上，列举了日中两国学者对内外转解释的不同看法。

A. 前人的观点。

甲、结构说。(1)二等无字说——《四声等子》、《切韵指掌图》、吕维淇《音韵日月灯》。(2)内三外二说——《切韵指南》、《七音略门法解》、周春《小学余论》、梁僧宝《切韵求蒙》。(3)二等盈缩说——袁子让《字学元元》。

乙、发声说。(1)发声(外)收声(内)——《字学元元》、《音韵日月灯》。(2)开口呼(外)合口呼(内)——戴震《声韵考》；开口(内)合口(外)——邹汉勋《五均论》、s. h. schaank。(3)翕音(内)辟音(外)——方以智《通雅》(邵子衍说)。翕音(外)辟音(内)——释宗常《切韵正音经纬图》。(4)吸音(内)呼音(外)——毛利贞斋《韵镜袖中抄》、沙门盛典《韵镜易解》(依据《悉昙藏》)。(5)舌缩(内)舌舒(外)——汤浅重庆《韵镜问答抄》、河野通清《韵鉴古义标注》。(6)口内旋(内)口外旋(外)——释文雄《磨光韵镜》。

丙、韵形说。(1)弇(内)侈(外)——江永《古韵标准》。(2)初韵说。津高益奥《韵镜谚解大成》。

B. 近人观点。

甲、大岛正健说。主要依据《韵镜新解》(观点形成于1918年前后,1926年书自印刊行)。(1)内转,所说一等为[o],一等缺位时,二等以下为[o]、[u]。有[i]元音的也是如此。外转,所说一等、还有二等为[a],三等、四等为[e]的元音。(2)内外转应该同样有吸音、呼音之别,即内转(吸音)、外转(呼音)。(3)转概念根据发声的位置,应该是在口腔内外发生音转之义。(4)果摄、宕摄作为内转,臻摄需要更改为内转。

乙、大矢透说。依据《韵镜考》。(1)体韵的撮口呼在内转,张口呼在外转。(2)二等字的有无是制图上的偶然现象,原因不可解。(3)把宕摄作为外转,把臻摄作为内转,果摄作为外转。

丙、罗常培说。依据《释内外转》。(1)内外转应该以主要元音的弇侈而区分。(2)内转都是含有后元音[u][o],中元音[ə],以及前高元音[i][e]的韵。外转都是含有前元音[e][ɛ][æ][a],中元音[ɐ]后低元音[ɑ][ɔ]的韵。(3)其结果,把臻摄作为内转,把果摄、宕摄改为外转。(4)二等具足与否不是内外转唯一的特征。(5)以声"经"韵"纬",纵横成"叶"图作为一转,源于梵音"悉昙藏"。

丁、峰村三郎说。峰村三郎的论文发表于罗常培文后两年。依据《关于〈韵镜〉的内外转》(1935)。峰春三郎对改订"内外转"所属的意见表明了相反的立场。"内转"与"外转"的韵母差别在于,"内转"是后舌元音及中舌元音,而"外转"是前舌元音。材料主要依据斯坦因等发掘的藏文《金刚经》、《千字文》、日本汉字音,以及现代汉语方言等。把它作为"内外深浅说"的代表性理论是由藤堂明保明确提出来的(1949)。赖惟勤《关于内转外转》(1948)与《关于中古中国语的内外转》(1958)对大矢透、罗常培等学者的看法补充了许多方言与其他文献资料,希图搞清楚内转与外转的本质。[16]

依据"独用"、"同用"的押韵范围解释"内外转",三泽谆治郎在《〈韵镜〉的研究》(1960)第六章"内外转的意义"中提出了自己的看法。他的两个原则是:第一,A在"独用"、"同用"范围内构成"纽图"的是内转。B超越"独用"、"同用"的范围而构成的"纽图"是"外转"。第二,把二等变韵作为主体而构成的纽是外转。小仓肇教授评论说:"依据这第一个原则,第三转江韵,第二十九转、第三十转麻韵,因为在外转是不能说明的,所以,把二等变韵作为主体而构成的纽是外转的第二个原则是不能成立的……迫切需要重视摄的分别,从而确立第三原则。"(《〈韵镜〉的术语》(1),《弘前大学国语国文学》第14号,1992)。

(二)关于开合口与轻重。

三泽谆治郎(1960)第三篇"《韵镜》开合的分别和《七音略》的轻重"涉及这方面内容。三泽谆治郎研究这个问题的前提是设定《七音略》与《韵镜》有姊妹关系。而且,《七音略》更像"祖本"。比如以"七音"标目,使用"轻重"概念区别介音。作者比较《七音略》"轻重"与《韵镜》开合,发现并不完全符合,比如《七音略》

第二、三、四、十二、二十六、三十二、四十一转就是如此。

《韵镜》最先用开合的概念，与“祖本”不同，可能考虑到，《切韵》时代分韵依据“韵母的音声学特质”而区分。比如韵母“带唇化”。《唐韵》比起《切韵》来，分韵的要求更细致。从李舟《切韵》后，突破“轻重”观，审音“开合”观念渐渐明确。等等。

关于开合口音。满田新造《中国音韵断》的观点，即认为合口音有两种区别，第一类是[u]或[ü]，换言之，不能冠于其他元音之首。第二类是与日本ワ行拗音属于同一性质。三泽谆治郎也注意到中国学者李荣的看法。李荣《切韵音系》仍然采用《切韵指掌图》与《切韵指南》“独韵”分类。其一，开合口韵。开合经常出现对立，但唇音字例外。其二，独韵。开或合没有对立。他认定满田新造与李荣主要着眼于《四声等子》的开合口音的分类。

三泽谆治郎分析了满田新造与李荣观点所面临的问题与解释上的困难，也提出了自己的一些思考。认识《韵镜》区别开合的基础，一是当时通行的观念，比如通摄所包含韵的分类；二是大韵的相互关系，即轻重“明显的开合”意味；三是“同音重纽”，即在大韵中存在两类以上的反切下字系统，可以发现在大韵中包含着开合的轻重；等等。

关于开合的定义。主要有两点：一是包含主要元音[v]，作为开口，把含有[uv]或[wv]的称为合口；二是把含有主要元音[u]或变音[ü]的称为合口，从而[iu]或[iü]也是合口。其他，如对高本汉的学说也进行了评述。

除此之外，日本学者对宋元等韵图和韵书音系的关系研究也是需要说明的。比如三根谷彻《宋代等韵图的构成》(1978)认定《韵镜》依据《切韵》系韵书反切，而《切韵指掌图》把慧琳音作为标准音参照对象，由此构成了两个不同的语音系统。

四、余论

日本学者比较重视宋元等韵图的研究，这当然和日本学者业已形成的《韵镜》研究传统紧密相关。它所涉及的除了《韵镜》、《切韵》、《广韵》等和日本传统“国语学”内容有联系之外，还和日本汉字音史研究也是密不可分，所以，才成为比较成熟的“日本宋元等韵学”。

值得一提的是，与日本宋元等韵图研究相关的是，中国学者鲁国尧教授于1990年秋在东京从事合作研究时，在日本国立国会图书馆发现了《卢宗迈切韵法》这一宇内孤本。鲁先生以宋代音韵学史作为广阔的背景，对《卢宗迈切韵法》进行了深入而细致的研究，撰成长达3万字的论文，相继在《中国语文》上发表。卢宗迈《切韵法》所依据的是《集韵》系的切韵图四十四图，虽然已经佚失，但《广韵》系切韵图的《韵镜》(四十三图)还在，跟它原理完全相同，足以说明，《卢宗迈切韵法》还是属于“切韵学”研究范畴之内。《广韵》作为《切韵》系韵书的重要组成部分，所以具有了“切韵学”的观念，宋元等韵图以《切韵》音系阐释为目的，当然是“切韵学”的另一种体现。鲁国尧教授曾提出“宋元无严格的等韵学，只有切韵学”的观点。无独有偶，日本学者在60年代也明确地提出了这种观点（三泽谆治郎《韵镜研究》，三宅誊写堂，1960）。而且明确表示就是受文雄的启发才生发出来的，所以，文雄“切韵学”意识不是简单的一种思考，而是有着现实意义的。从这个意义上说，日本宋元等韵图研究也是“切韵学”研究，并不为过。

附　注

[1] 罗常培《〈通志・七音略〉研究》，《历史语言研究所集刊》第5本第4分，1935。

[2] 大岛正健《〈韵镜〉と〈唐韵〉〈广韵〉》，《国学院杂志》第24卷第7号，1918。《〈韵镜〉诸转内外开合校订》，《国学院杂志》第26卷第7号，1920。

[3] 大矢透《韵镜考》第四章，明名堂，1924.12。

[4] 大岛正健《〈韵镜〉片言》，《国学院杂志》第25卷第7号，1919。

[5] 平山久雄《〈韵镜〉二三事》，《纪念王力九十诞辰文集》，山东教育出版社，1992；《与〈韵镜〉〈七音略〉相关的转图的拼合、分离》，《东洋学报》第84卷，2003。

[6] 长田夏树《关于〈皇极经世书〉声音图的音值与〈韵略易通〉的音韵体系》，《神户外大论丛》第30卷第3号，1979。

[7] 平田昌司《〈皇极经世・声音唱和图〉与〈切韵指掌图〉》，《东方学报》第56册，1984.3。俞昌均《朝鲜时代世宗朝语言政策的历史特点》，东洋文库《东洋学报》第59卷第3号、第4号，1978。

[8] 平山久雄《邵雍〈皇极经世・声音唱和图〉的音韵体系》，《东洋文化研究所纪要》第120册，1993。

[9] 大岩本幸次《〈皇极经世解起数诀〉“声音韵谱”校异记》，《东北大学中国语学文学论集》第8号，2003。

[10] 满田新造《再论〈韵镜〉和北方中国音》，《国学院杂志》第25卷第3号，1919；大矢透《伪托司马温公作〈切韵指掌〉说考》，《国学院杂志》第25卷第5号，1919；藤堂明保《中国语音韵论——その历史的研究》，光生馆，1980；董同龢《〈切韵指掌图〉中的几个问题》，《历史语言研究所集刊》第17辑，1948。

[11] 满田新造《关于〈切韵指掌图〉的作者》，《国学院杂志》第25卷第9号，1919。

[12] 三泽谆治郎《〈韵镜〉研究》，三宅誊写堂，1960。

[13] 西田龙雄《西夏语韵图〈五音切韵〉研究》，《京都大学文学部研究纪要》第20—22期，1978—1980。

[14] 三根谷彻《宋代等韵图的构成》，《东洋学报》第60卷第1号、第2号，1978。

[15] 永岛荣一郎《近世支那语特に北方语系统に与ける音韵史研究资料に就いて》，《言语研究》第8号、第9号，1941。

[16] 峰村三郎《关于〈韵镜〉的内外转》，《藤冈博士功绩纪念言语学论文集》，岩波书店，1935；藤堂明保《中古汉语的对立音韵论》，《日本中国学会会报》第1号，1949；赖惟勤《关于内转外转》，《中国语学》第19号，1948；《关于中古中国语的内外转》，《御茶之水女子大学人文科学纪要》第11卷，1958。

第十章　日本学者明代等韵图研究

【本章内容提要】从文献考订、音系及语音史价值、研究理论与方法等方面对日本学者的明代等韵图《书文音义便考私编》、《切韵枢纽》韵表、《重订司马温公等韵图经》、《元韵谱》等研究加以总结与评述。其中主要介绍了永岛荣一郎的成果，突出了他的学术贡献。

【关键词语】明清等韵图　日本学者　文献考订、音系、理论与方法　永岛荣一郎的贡献

日本学者对明代等韵图研究的侧重点有所不同，比如永岛荣一郎《近世支那语特に北方语系统に与ける音韵史研究资料に就いて》(1941)，把明代表现"时音"的韵图与北方语音系统研究结合起来，从而凸显它的汉语语音史史料价值。明代表现"时音"的韵图由永岛荣一郎的研究可见：吴元满《万籁中声》所附《切韵枢细》韵表、李登《书文音义便考私编》、徐孝《重订司马温公等韵图经》、乔中和《元韵谱》、金尼阁《西儒耳目资》、萧云从《韵通》、方以智《切韵声原》。永岛荣一郎未列入的"时音"等韵图日本学者也有研究，比如吕坤《交泰韵》、梅膺祚《韵法直图》、李世泽《韵法横图》等。梅膺祚《韵法直图》、李世泽《韵法横图》被大岛正二(1997)列为第三派等韵图，标志是"四呼"已出现。[1]

一、日本学者对明代等韵图音系及语音史价值的挖掘

(一)《万籁中声》所附《切韵枢纽》韵表

吴元满《万籁中声》所附《切韵枢纽》韵表有自序(1582)。永岛荣一郎介绍说：

> 《万籁中声》，吴元满(字敬甫，安徽歙县人)著。我个人藏品中，还附带有《切韵枢纽》、《四声韵母》、《韵学释疑》。在《万籁中声》中有田蓺蘅的万历壬午(1582)序，在《切韵枢纽》中有同年的自序。该书的刻本是罕见本(注一)。目前还没有学者对它进行研究。作者还著有《六书正义二卷》、《六书总要五卷》(注二)、《谐声指南二卷》(注三)等，吴元满是一位在文字学史、音韵学史上值得关注的人物。《万籁中声》属于韵书，《切韵枢纽》属于韵图，这些对于我们的研究来说都是很珍贵的资料。

永岛荣一郎解释道，注一，《千顷堂书目》中著录，但《四库全书》中未收；注二、注三，本书现在不多见，属私藏本。

中国台湾学者林平和《明代等韵学之研究》(1975)没有提到永岛荣一郎的研究，但对吴元满情况的考订也补充了一些资料，比如，吴元满，自号肖峰山人，生而独目。研究文字学、音韵学50年，还著有《谐声指南》、《六书溯原直音》等。林平和对《切韵枢纽》音系的考订结论与永岛一样，但没有拟音。[2]

永岛荣一郎依据《万籁中声》知道声类有31个。但由于“浊音清化”，韵表实际声母为21个：见群[k]、溪群[kʻ]、疑[ŋ]、端定[t]、透定[tʻ]、泥[n]、帮並[p]、滂並[pʻ]、明[m]、精从[ts]、清从[tsʻ]、心邪[s]、照床[tʂ]、穿床[tʂʻ]、审禅[ʂ]、晓匣[x]、影喻[o]、非奉[f]、微[v]、来[l]、日[ʐ]。

韵表韵目，平上去三声31个，入声15个。永岛荣一郎《切韵枢纽》韵表拟音如表10－1：

表10－1

	第一图	第二图	第三图	第四图	第五图	第六图	第七图	第八图	第九图	第十图	第十一图	第十二图	第十三图	第十四图	第十五图
一段	东	容	阳	冈	光	先	元	真	淳	庚	萌	文	桓	寒	咸
	uŋ	yŋ	iɑŋ	ɑŋ	uɑŋ	iɛn	yɛn	iəŋ	yəŋ	əŋ	uəŋ	uən	uɑn	ian	i
二段	侯	尤	宵	豪		遮	遮	齐		之		灰	瓜	麻	加
	ou	iou	iɑu	ɑu		iɛ		i		ï·ʅ		uei	ua	a	ia
三段	孤	鱼		歌									乖	哈	皆
	u	y		o									uai	ai	iai
入声	笃	浴	药	各	郭	屑	月	质	述	革	末	勿	豁	曷	狎
	u	y	iɑu	o	ɑu	iɛ	yɛ	i	yə	ə	uə	ue	ua	a	ia

永岛荣一郎在给“入声韵目”拟音作注中说：“关于入声注音不过是大体显示，尚须再加考虑。”意思很明确，声调有入声，在韵母中是否存在入声韵尾还是个难以下结论的问题。

他所总结的韵母特点主要是：[-m]尾消失；[-n][-ŋ]尾混合；[o]和[uo]没有区别；韵表中增加了[ia]。

声调五个：阴平、阳平、上声、去声、入声。永岛荣一郎认为，此表特点很多，又未有人涉及，还有待于进一步发掘其价值。

(二)《书文音义便考私编》

李登著。李登，字士龙，江苏上元人。《书文音义便考私编》现已收入《续四库全书》经部小学类。据故宫博物院图书馆藏明万历十五年陈邦泰刻本影印。有自序(1585)。

永岛荣一郎得到的是原刻本。在赵荫棠研究(《明清等韵之北音系统》)的基础上，永岛荣一郎看到，李登平声字母（31个）与仄声字母（21个）分开。实际上，声母是21个。即见[k]、溪群[k‘]、疑[ŋ]、晓匣[x]、影喻[o]、敷奉[f]、微[v]、帮[p]、滂平[p‘]、明[m]、端[t]、透廷[t‘]、尼[n]、来[l]、照[tʂ]、穿床[tʂ‘]、审禅[ʂ]、日[ʐ]、精[ts]、清从[ts‘]、心邪[s]。叶宝奎《明清官话音系》(2001)认为，照[tʂ]、穿床[tʂ‘]、审禅[ʂ]，还有[tʃ][tʃ‘][ʃ]一读。[3]

韵类，平声22韵目，入声9韵目。“内有自辨”云：[-n][-m]韵目归并，[-m]向[-n]尾转化。各韵中“开”、“闭”分列。存在[uœn][iɛn]和[ian]分立。[uəŋ][yəŋ]也独立，属于不同的类。在各韵中使用必要的对应的“开”、“闭”、“卷”、“抵”、“撮”、“合”、“正”术语。叶宝奎(2001：162)对《私编》韵母进行了细致构拟。认为韵母系统的特点是：[-m]尾并入[-n]尾；山摄合口一等与合口二等有区别；东与庚分韵，未合流，以及牙喉音开口二等韵腭化（梗摄除外）。入声韵尾弱化为喉塞音等。包含55个韵母。

从表面上看，分为平上去入四声，事实上，平声二分，入声独立。所以，分为五声。

（三）《交泰韵》

明末宁陵（开封府）人吕坤作。望月真澄《〈交泰韵〉について》(1974)认为，《交泰韵》不是如藤堂明保《17世纪の开封方言——吕坤〈交泰韵〉について》一文所说的那样，是17世纪の开封方言的反映（也见藤堂明保《中国语音韵论》，100页，江南书院，1957），而反映的是河南省扶沟方言。望月真澄把中国河南省扶沟人留学生作为调查对象，结合《河南方音概况》提供的材料，得出了这个结论。[4]

（四）《重订司马温公等韵图经》

张元善校刊，徐孝著。徐孝，号韵轩居士，顺天人，为张元善门客，终身布衣。生平不详。

与赵荫棠的研究还有些不同。永岛荣一郎认为《重订司马温公等韵图经》各韵表的声类是22个，实际上是19个。主要是敷、微不存在，[v]消失，囮母字属于南方系统语音，北方不存在。帮母和非母在各韵表中都收于同一行之内。非母存在的情况，在各摄中合口篇第三栏（即撮口呼）。能够知道现在的方言中，称为非音，不叫做破裂音，伴随着很强的摩擦[-p]，从[f]开始，向撮口呼移动，即[fyi]音。作为非母[f]从帮母分离出来而独立。精清心与照穿审在同一行。照穿审又出现在韵表的第二栏。在很多方言中[tʂ][tʂ‘][ʂ]和[ts][ts‘][s]同音。稔[z]有种种变异性，可看做[ʐ]。如此，声母是16个。即见[k]、溪[k‘]、端[t]、透[tʻ]、泥[n]、帮[p]、滂[pʻ]、明[m]、非[f]、精[ts]、清[tsʻ]、心[s]、稔[ʐ]、影[o]、晓[x]、来[l]。叶宝奎(2001：142)则是19个声母。

韵分十三摄25图。一摄之中有“开口篇”、“合口篇”，只有祝摄是“独韵篇”。下分三栏，第一栏列开口和合口字，第二栏列照穿稔审母字，第三栏列齐齿呼与撮口呼字。每栏再分平上去入四声。按赵荫棠的研究，《中原音韵》庚青、东钟两韵在这里成为一摄；原属日母“尔而二”等字没有在稔母，属于影母；垒摄的垒类雷等在开口篇，作为[lei]近于“国音”；臻摄真文侵寻韵，即[-n][-m]合并；等等。叶宝奎(2001：151)拟有韵母43个。

韵表按平(阴平)上去如(阳平)四声顺序排列，入声消失。这与中国学者陆志韦《记徐孝重订司马温公等韵图经》一文意见不一致。陆志韦认为这个音系的原清声母入声字可能还读作“短音”，或者还有喉塞音韵尾。

藤堂明保(1980)推重陆志韦的研究，认为，《等韵图经》音系特点主要有：(1)徐孝把阳平声称为“如声”。(2)齿音二、三等字一律变成翘舌音。(3)[ər]的出现。(4)唇音呈现合口倾向。(5)通摄与曾摄统合为一个韵，与《五方元音》相同。(6)“官:关”和“欢:患”一起成为[-wan]。(7)“间;肩”为[-jian]；“交:叫”为[-jaw]。均合流。(8)“师、诗、支”:“知、耻、制、世”等韵母没有区别。等等。耿振生《明清等韵学概论》则把《等韵图经》列在北京地区韵图。

(五)《元韵谱》

《元韵谱》声类，按“释目”为“七十六”。“七十六”的由来是“于旧三十六位，删之为十九。四焉而为七十六，去蒙音四，得七十有二。数出自然，非强也”。永岛荣一郎依据赵荫棠研究，认为应该是25母。排列如表10－2：

表10－2

拟音	-p	pʻ	m	f	v	t	tʻ	n	l	ts	tsʻ	s	tʂ	tʂʻ
合-u-	帮	滂	门			端	退	农	雷	钻	存	捐	中	揣
撮-y-				非	微	冬	彤	纽	伦	遵	从	雪	追	穿
开						德	透	能	来	臧	仓	三	臻	产
齐-i-	並	皮	明			定	剔	泥	林	精	清	心	知	彻

拟音	ʂ	ʐ	o	x	ɕ	k	tɕ	kʻ	tɕʻ	ŋ	ɲ
合-u-	谁	戎	翁	怀		光		孔		外	
撮-y-	顺	闰	喻		训		倦		群		元
开	沙	仍	恩	寒		庚		慨		咢	
齐-i-	审	日	影	晓		见		奇		疑	

声类中非母[f-]属于次清。另外，单纯依据开合齐撮四呼而理解四种声母(训晓[ɕ]、倦见[tɕ]、群奇[tɕʻ]、元疑[ɲ])的产生理由并不充分，特别是见系、晓系

的齐齿呼、撮口呼依据[i][y] 而腭化,应该是特殊的情况。排除这一点,《元韵谱》实有 21 个声母。

乔中和全书分十二佸。由赵荫棠、永岛荣一郎对十二佸的拟音(如表 10-3)可见其特点:

表 10-3

	一 骿 佸	二 搡 佸	三 奔 佸	四 般 佸	五 褒 佸	六 帮 佸	七 博 佸	八 北 佸	九 百 佸	十 八 佸	十一 孛 佸	十二 卜 佸
第一类(合)	uŋ	uou	uən	uɑn	uɑu	uɑŋ	uo	uei	uai	ua	uɛ	u
第二类(撮)	mŋ	you	yən	yæn	yɑu	yɑŋ	yo	yei	yai	ya	yɛ	yu
第三类(开)	əŋ	ou	ən	an	ɑu	ɑŋ	o	ʅ·ɿ	ai	a	ɛ	ɥ
第四类(齐)	iəŋ	iou	iən	iæn	iɑu	iɑŋ	io	i	iai	ia	iɛ	iu

声调分为五:阴平、阳平、上声、去声、入声。后六佸配入声。

耿振生《明清等韵学概论》则把《元韵谱》列在河北及天津韵图之列。也认为实际声母有 21 个,十二佸的拟音和赵荫棠、永岛荣一郎有许多区别。汪银峰《明代以来内丘、尧山语音演变研究》(吉林大学博士学位论文,2008)把它和《五方元音》联系起来考虑,认为,它对研究方音很有价值。

(六)《韵法直图》

大岛正二《中国言语学史》(2003)依据劳乃宣《等韵一得》对《韵法直图》进行了评述,并把它和《韵法横图》归在第三派等韵图中。《韵法直图》附于梅膺祚《字汇》卷末,其作者和成书年代不详。大岛正二认为,《韵法直图》打破常规,废止旧有的四等两呼形式,依据新的"呼"的名称对韵类进行分类,是等韵学史上的一大变革。[5]

全书共有四十四图,每一图是一韵,采用韵图第一个字作为韵目代表字,表示一个韵目。各转图依据"呼"来分类,有开口、齐齿、合口、撮口四呼。同一呼的字配置在一图。即开口呼七图、齐齿呼十图、合口呼十一图、撮口呼五图。另外,还有混呼,即一图兼有两呼,如合撮混、开齐混。还有九个图有所谓"平入开口呼,上去混呼"、"咬齿呼"、"舌向上呼"、"齐齿卷舌呼"、"齐齿卷舌而闭"、"闭口呼"。分呼的名称并不统一,因为繁杂而缺少合理性。

《韵法直图》有 148 韵,其中入声 32 韵配置阳声韵。声母 36 类,实际上 32 类,知彻澄娘母、穿床泥母合并。声调平上去入四类。

中国学者邵荣芬(1998)认为,虽然《韵法直图》作者说32个声母是比较标准的语音系统,但他自己的实际语音却与此有很大的距离,这主要表现在存浊系统的虚设上,结果,实际上只剩下了21个声母。《韵法直图》应该有42个韵母,它的入声不全配阴声而兼配阴阳,不严格按照韵母相同的原则相配,所以,把入声单拟。韵尾[-m][-n][-ŋ]无别,四呼是从《韵法横图》抄袭来的。声调表面上作平上去入四类,实际上是五个调,即平分阴阳。[6]

(七)《韵法横图》

大岛正二《中国言语学史》还评述了《韵法横图》。《韵法横图》,成书年代不详,明末上元人李世泽著。李世泽,又名嘉绍,生卒年不详。

《韵法横图》也附于梅膺祚《字汇》卷末,原名《切韵射标》。与过去的等韵图不同,以声调分图,平声、上声、去声各二图,入声一图,共七图。每图横列36个字母,为23行,端组和知组、帮组和非组、精组和照组相重。纵列各韵,纵横交错处列所切各字。分舒声42类,入声16类。

与《直图》一样,《横图》除了有开口、齐齿、合口、撮口四呼之外,还有"混呼"、"闭口呼"等名目,但取消了"咬齿呼"、"舌向上呼"。

大岛正二也说,《韵法横图》对后代韵图的发展产生了很大的影响,明陈盖谟《皇极图韵》、清沈寂《七音韵准》等都在体例上和它有很亲密的关系。

中国学者邵荣芬把《韵法横图》音系和南京音系联系起来考虑。虽然《韵法直图》作者说它有36个声母,但《韵法横图》透露的实际语音表明,应该是21个,与李登《书文音义便考私编》表现的南京话语音是一致的。《韵法横图》舒声42韵,入声单立,分为16韵,总计58韵。但考虑到它的存古因素,以及刻意韵变、入声韵尾混合为喉塞韵尾,参照今天的南京话,认定有65个实际韵母(《〈韵法横图〉与明末南京方音》,《汉字文化》,1998年第3期)。

(八)《西儒耳目资》

中国学者罗常培《耶苏会士在音韵学上的贡献》(1930)一文较早论述金尼阁《西儒耳目资》音系。永岛荣一郎称,他看过赵荫棠秘藏原刊本。

声类中20个"同鸣字父",算上[o]声母,是21个。即[ts][ts'][tʂ][tʂ'][k][k'][p][p'][t][t'][ʐ][v][f][ŋ][l][m][n][s][ʂ][x][o]。

韵母有50个,如表10-4所示:

表 10－4

开	a		ɛ		ə				o	ʊ				ai	
齐	ia		iɛ		iə	i			io	iʊ			iɥ	iai	
合	ua	ua	uɛ	uɛ		ui	uɛi	uɛi	uo	uʊ	u	ʅ	ɥ	uai	uai
撮			yɛ												
开	ɑu		ɑŋ		an			əu	eŋ	en					
齐	eɑu	iɑu	eɑŋ	iɑŋ	iɛn			iəu	iŋ	in					
合			uɑŋ	uɑŋ	uan	uan	uœn		ueŋ	uen	uen		ər	uŋ	un
撮					yɛn									yŋ	yn

韵母系统最大的特点是没有闭口韵。声调分清平、浊平、上声、去声、入声五声。

永岛荣一郎之后，服部四郎在《〈元朝秘史〉中表现蒙古语的汉字标记研究》（龙文书局，1946）一书中提到，《西儒耳目资》虽然是外国人用罗马字母记音之始，但也可以看到中国韵书《洪武正韵》等的影响。

藤堂明保《从官话形成过程看〈西儒耳目资〉》（《东方学》第5辑，1952）称，以罗常培、赵荫棠、陆志韦研究为基础，对《西儒耳目资》在近代官话形成过程中的地位进行了估价。其一，它处于古官话与近代官话之间，因其用罗马字母标记与用八思巴字标音的《蒙古字韵》并称音韵学史上的"双璧"。其二，不是记载单一方言的语音著作。既有北京正统官话，又兼载晋陕官话。其三，参考《洪武正韵》与《韵会小补》。涉及具体的语音系统问题提出了自己的看法。比如声调，对陆志韦"北京话""浊上归去"过程处于不稳定的两读阶段的观点表示不同意见。《西儒耳目资》属于晋陕官话调型。声母，舌齿音二、三等有合流倾向；禅与神、邪与从混同；存在疑母；微母[w]存在。韵母，[-m]韵尾消失；一、二等唇音混同，例如[pao]与[mao]合流；止摄三四等唇音混同；效摄三、四等陨[ieu]→[iau]转化，等等，涉及的古官话与近代官话语音问题很多，是当时研究《西儒耳目资》音系最为全面而系统的著作。[7]

太田斋《推测〈西儒耳目资〉编纂过程的线索》（1997）和《推测〈西儒耳目资〉编纂过程的线索（续）》（1997）对服部四郎（1946）关于《西儒耳目资》编纂受中国韵书《洪武正韵》等的影响问题作进一步考订。比如《译音首谱》、《洪武正韵》、《列边正谱》、毛晃《增韵》等韵书和《西儒耳目资》编纂的关系，非常具体。[8]

（九）《韵通》

永岛荣一郎认为萧云从的《韵通》作于天启、崇祯之间。参考赵荫棠的研究，以及韵表卷首《今另编二十字母以旧母旁注则重复者字见共多一十六母》，声母为 20 个，如表 10－5：

表 10－5

贡	琼	维	帝	统	凝	宝	丕	民	宗	苍	雪	瞻	春	石	华	风	舞	浪	茸
见	溪	疑	定	透	泥	帮	滂	明	精	从	心	照	穿	审	晓	方	微	来	日
	群	影	端		娘	並				清	邪	知	彻	禅	匣	凤			
		喻												澄		夫			
														床					
k	kʻ	o	t	tʻ	n	p	pʻ	m	ts	tsʻ	s	tʂ	tʂʻ	ʂ	x	f	v	l	ʐ

《韵通》韵母系统也是根据韵表，44 个韵类，拟音如下：

公 uŋ　弓 yŋ　觥 uəŋ　裩 uən　庚 əŋ　根 ən　金 iəm　京 iəŋ　巾 iən　簪（只有少数字，拟音难以确定）　君 yən　扃 yəŋ　涓 yæn　坚 iæn　兼 iæm　艰 an　龛 am　关 uan　官 uœn　干 ɑn　甘 ɑm　歌 o　戈 uo　佳 a　泷 ɑ　嘉 ia　瓜 ua　皆 iai　该 ai　乖 uai　规 uei　姑 u　居 y　基 i　赀 ï·ʅ　交 iɑu　骄 iau　高 ɑu　钩 ou　鸠 iou　光 uɑŋ　冈 ɑŋ　江 iɑŋ　爹 iɛ

《韵通》韵母存在[-m]尾，少数字[-n][ŋ]混同。

声调。如凡例所云，有天（阴声）、朝（阳声）、统（上声）、万（去声）、国（入声）五声。各韵表也是按这个顺序记述。

（十）《切韵声原》

永岛荣一郎说道，《切韵声原》，方以智著。方以智，字密之，方孔炤之子，安徽桐城人。该书收在作者《通雅》的第五十卷内。自序中只提到辛巳，大概成书于崇祯十四年（1641）。在本卷中有关于韵学的多种记述，在音韵学史上也应该占有重要的地位。现在主要根据其韵图来介绍。声类，用图 10－1 中的 20 个字母来代表：

见	溪群	疑影喻	端	透定	泥娘	帮	滂並	明	精	从清	心邪	知照	穿彻床澄	审禅	晓匣	夫非奉	微	来	日
[k]	[kʻ]	[o]	[t]	[tʻ]	[n]	[p]	[pʻ]	[m]	[ts]	[tsʻ]	[s]	[tʂ]	[tʂʻ]	[ʂ]	[x]	[f]	[v]	[l]	[ʐ]

图 10－1

方以智依照发音方法把这些声母分为“发”、“送”、“收”三类，如图 10－2 所示。作者观察细致并且使用“发”、“送”、“收”这样的分类名称是该书作者的功绩。

帮羽初发声	滂羽送气声	明羽宫忍收声	见角发	溪角送	疑角宫收即为宫深发	晓宫浅发送	夫羽宫送	微宫收
端徵发声	透徵发声	泥徵宫收	清商发	精商送	心商宫收	知徵商合发	穿徵商合送	审徵商合宫收
		来收余						日收收余

图 10－2

耿振生《明清等韵学概论》(250 页)说,《切韵声原》声母是 21 个,但没有具体论述。

韵类共分 16 摄,并依此制作了 16 个韵图,各摄内容如图 10－3:

	(1) 翁 雍	(2) 乌 于	(3) 噫 支	(4) 隈 挨	(5) 品 恩	(6) 欢 安	(7) 湾 闲	(8) 渊 烟	(9) 呵 阿	(10) 呀 揶	(11) 央 汪	(12) 亨 青	(13) 爊 夭	(14) 讴 幽	(15) 音 唵	(16) 淹 咸
(开)			[ɿ·ʅ]	[ai]	[ən]	[ɑn]	[an]		[o]	[æ] (注二)	[ɑŋ]	[əŋ]	[ɑu]	[ou]	[ɑm] [əm] (注三)	[am]
(齐)			[i]	[iai]	[iən]		[æn] (注一)	[iɛn]		[iɛ]	[iɑŋ]	[iəŋ]	[iɑu]	[iou]	[iəm]	[iɛm] [iæm] (注四)
(合)	[uŋ]	[u]	[uei]	[uai]	[uən]	[uœn]	[uan]		[uo]	[ua]	[uɑŋ]	[uəŋ]				
(撮)	[yn]	[y]			[yən]			[yɛn]	[yo]	[yɛ]		[yəŋ]				

图 10－3

永岛荣一郎说明:注一,因假定为韵母[ian]有难点,所以在此暂且拟作[æn]。注二,因假定为韵母[a]和[ia]有难点,所以在此暂且作[æ]。注三,有设置[ɑm][əm]二韵的必要。注四,韵母[iɛm]没有问题,难以肯定韵母[iæm],暂且如此设置。

永岛荣一郎认为,虽然韵母有二、三处难以肯定的地方,但可以体现其概况。据此可知,该书保存了[-m]尾韵,[uœn]韵母独立,另外还应必须看到[ɑn][an]、[ɑm][am]等韵母区别的存在。

永岛荣一郎认定,该韵书的声调分为(1)开啌平,(2)承嘡平,(3)转上,(4)纵去,(5)合入,共五类。书中称:"……平中自有阴阳,张世南以轻清为阳、重浊为阴,周德清以空喉清平为阴、以堂喉浊平为阳、智故以腔嘡定例……。"入声的排列可见于阴声韵和阳声韵两处,并被自由地安置在适当的地方。

二、日本学者研究明代等韵图的特点

早期的日本学者不大在意明代等韵图研究,现代学者永岛荣一郎由于有与中国学者赵荫棠的特殊关系,非常重视对明代等韵图的汉语语音史价值的挖掘,并且和汉语北方官话的研究紧密结合,凸显了明代等韵图的特殊语音史意义,而且,开拓了日本学者研究明代等韵图的新路。这在 20 世纪 40 年代的日本汉语音韵学界是十分突出的,也是独树一帜的。由此,弥补了日本汉语音韵学的明代等韵图研究相对薄弱的缺憾,值得特别注意。

其次,永岛荣一郎的研究与中国学者赵荫棠的研究如出一辙,但并不是赵荫棠研究的日本翻版,而具有自己的特点,可以说,是互为补充、互为辉映的,因此,研究赵荫棠的明代等韵图贡献也必须研究永岛荣一郎的贡献,二者缺一不可。

再次，永岛荣一郎之后的日本学者，如藤堂明保、服部四郎、大岛正二等研究明代等韵图的视野更加开阔，挖掘更加深入。藤堂明保把它和早期北京官话的形成结合起来；服部四郎则和《洪武正韵》"正音"联系起来，都是很有特色的。

中国台湾学者林平和《明代等韵学之研究》(1975)将明代等韵图分为三个类别：一是声母存浊系统韵图；二是声母化浊入清系统韵图；三是外籍人士拼音韵图。对明代等韵学的特质也进行了总结：一是废除门法，芟夷繁琐；二是注重时音，变等为呼；三是改良反切，采用拼音。他是着眼于整个明代的等韵学，而不是像永岛那样仅仅就它的北方实际语音史价值而言的，但这也可以从中看出中日两国学者研究的角度是不一样的。

附　注

[1] 永岛荣一郎《近世支那语特に北方语系统に与ける音韵史研究资料に就いて》,《言语研究》第 8 号,147—161 页;第 9 号,17—79 页;1941;本文引用永岛荣一郎原文,系李无未、董冰华、傅羽弘译文,未刊稿,2008。

[2] 林平和《明代等韵学之研究》,52—58 页,1975 年 3 月自印本。

[3] 叶宝奎《明清官话音系》,155 页,厦门大学出版社,2001。

[4] 望月真澄《〈交泰韵〉について》,《金泽大学文学部论集》"文学科篇"第 8 号,1974。

[5] 大岛正二《中国言语学史》(增订本),86—288 页,汲古书院,2003。

[6] 邵荣芬《释〈韵法直图〉》,《语言文字学》1998 年第 11 期。

[7] 藤堂明保《从官话形成过程看〈西儒耳目资〉》,《东方学》第 5 辑,1952。

[8] 太田斋《推测〈西儒耳目资〉编纂过程的线索》,《神户外大论丛》第 48 卷第 2 号,1997. 9;《推测〈西儒耳目资〉编纂过程的线索(续)》,《神户外大论丛》第 48 卷第 5 号,1997. 10。

第十一章　日本学者清代等韵图研究

【本章内容提要】从文献考订、音系及语音史价值、研究理论与方法等方面对日本学者的清代等韵图《拙庵韵悟》、《等音》、《三教经书文字根本》等研究加以总结与评述。其中主要介绍了永岛荣一郎的成果，也有岩田宪幸、中国学者赵荫棠等的论著，突出了他们的学术贡献。

【关键词语】清代等韵图　日本学者　文献考订、音系、理论与方法　永岛荣一郎　赵荫棠

一、概说

从等韵图的功用角度，日本学者对清代等韵图的研究思考方法是不同的。比如以永岛荣一郎为代表的学者，对近代北方语音的演变仍然兴致盎然；有些日本学者对清代学者"古音"韵图制作感兴趣，挖掘它对上古音研究的价值；还有些日本学者对方音韵图感兴趣，研究方音韵图在方音历史与现实研究上的作用。由此，使日本学者对汉语等韵图的研究展现了崭新的气象。

日本学者对表现清代北方官话语音韵图进行的研究，关注个体的多，整体考察的少。永岛荣一郎的研究迄今仍然是日本研究清代等韵图最为系统的，所以，我们主要引用永岛荣一郎(1941)的原文直接加以说明(除了特殊的情况外，一般不再注明)。

二、永岛荣一郎等对清代等韵图音系研究

(一)《拙庵韵悟》

《拙庵韵悟》，赵绍箕著。赵绍箕，字宁拙，河北易水人。永岛荣一郎考订，书中有康熙甲寅(1674)年自序。该书以韵图为主，稿本收藏在国立北平图书馆。永岛荣一郎借得赵荫棠先生藏本，并依据该本加以介绍。另外，赵荫棠先生就该书已经发表了《清初审音家赵绍箕及其贡献》一文(《辅仁学志》第三卷第二期)，永岛荣一郎说，详细的内容请参照此文，这里简单地叙述该书要点。应裕康(1972：363)认为成书年代在1674年。谈及该书的体例，应氏称："赵氏此书，枝目极多，此亦清代等韵学家之流风。"涉及许多术语，比如"六呼"、"八应"、"八吸"等。[1]

声类。永岛荣一郎说，在卷首所示《二十二纬》中的第一行下面，可用图11－1中22个字母表示。

姑	枯	呼	乌	朱	初	舒	如	租	粗	苏	苏	都	瑹	奴	卢	逋	铺	模	夫	巫	夫
[k]	[k']	[x]	[o]	[tʂ]	[tʂ']	[ʂ]	[ʐ]	[ts]	[ts']	[s]	[z]	[t]	[t']	[n]	[l]	[p]	[p']	[m]	[Φ]	[v]	[f]

图 11-1

他解释道：其中的第十一苏和第十二苏同时用"苏"字表示，那么暂且就用这个"苏"字。虽然这个字母在各韵图中时常以其他不同的字母形式出现。不过是可以用该字母表示的。但是这 22 个字母中的"苏"、"夫"、"巫"三个字母在平、上、去三声的韵图中未被采用，只有在《入声韵目图》中可以看到巫母有"勿"和"嶙"字，夫母有"弗"字。其结果是苏母作[z]似乎只用于南方，因此是没有必要的，故巫母作[v]，不过未见有例字存在。夫母并入重唇音作[ɸ]音，但同样未见例字，因此，若去掉这 3 个字母，实际上只有 19 个声类。

应裕康(1972：374)与此有区别，认为有 20 个声母，即 22 声母中，"苏"、"夫"二母可以不计。如此，与《韵略易通》"早梅诗"所示 20 字母相当。

其韵类可用《韵纲总图》表示，大致如图 11-2：

宫(合口)	姑	昆	规	蝈	公	姑欧	戈〔姑儿〕	宫	乖	姑肥	光	姑爊	瓜〔瓜儿〕
	[u]	[uən]	[uei]	[uə]	[uŋ]		[uo]	[uɑn]	[uai]		[uɑŋ]		[ua]
商(开口)	格	根	革	格	庚	钩	歌〔格儿〕	甘	该	格耶	冈	高	阁〔阁儿〕
		[ən]	[ei]		[əŋ]	[ou]	[o]	[an]	[ai]		[ɑŋ]	[au]	[ɑ](注二)
角(启唇)	基	巾	基厄	基阨	京	鸠	角〔基儿〕	坚	皆	迦	姜	交	加〔加儿〕
	[i]	[iən]			[iəŋ]	[iou]	[io]	[iæn]	[iai]	[iɛ]	[iɑŋ]	[iɑu]	[ia]
徵(齐齿)	支	真	摘	支阨	征	周	灼〔支儿〕	占	斋	遮	张	招	查〔查儿〕
	[ʅ]	[ʅəb]			[ʅəŋ]	[ʅou]	[ʅo]	[ʅan]	[ʅai]	[ʅɛ]	[ʅɑŋ]	[ʅɑu]	[ʅa]
徵(交牙)	咨	先	则	次阨	会	陬	作〔咨儿〕	赞	哉	咨耶	臧	遭	匝〔匝儿〕
	[ɿ]	[ɿən](注一)			[ɿəŋ]	[ɿou]	[ɿo]	[ɿan]	[ɿai]		[ɿaŋ]	[ɿau]	[ɿa]
羽(撮唇)	居	君	居威	居隅	扃	居攸	居倭〔居儿〕	沮	居歪	厥	居汪	居幺	居哇〔厥儿〕
	[y]	[yən]			[yəŋ]			[yæn]		[yɛ]			

图 11-2

永岛荣一郎说明，《韵目图》按照宫音天声、宫音平声、宫音上声、宫音去声、商音天声……的顺序制作了韵图。其中必须特别注意的是徵音独立的现象。该现象只存在于精系、照系中。虽说如此，也不是说此外就不存在精系、照系字。此处是该书的特色，也有研究的必要性。在这里，对于徵音中的齐齿用[ʅ]、交牙用[ɿ]符号来区别。另外一个特色是[姑儿]、[瓜儿]的存在，采用了在口语中流行的"儿"化音，这是很有趣的。总而言之，这些特色，说明了该书作者对于语音的观察是很周到细致的。再有，关于入声韵目，据《入声韵纲图》(如图 11-3)所示，依此可以看到该书入声的大致拟音([]内)。没有拟音的地方，是表明书中未记载具体的内容。

谷	蝈	郭	谷月	刮
[u]	[uə]	[uo]	[uɛ]	[ua]
格	格	各	格扼	合
[ə]	[ei]	[o]		[a]
吉	吉阨	角	竭	甲
[i]		[io]	[iɛ]	[ia]
质	质阨	酌	折	札
[ʅ]		[ʅo]	[ʅɛ]	[ʅa]
自	则	作	自热	杂

图 11-3

《入声韵目表》也有少量杂乱的地方，经过整理后，永岛荣一郎制作了上面的图表。

声调问题。该书使用天声、平声、上声、去声、入声这样的词语，把声调分成五声。这里的天声相当于阴平、平声相当于阳平。如上所述，入声成为一个独立的声调。作为韵图创制了其他的《入声韵目图》。

耿振生《明清等韵学概论》(182 页)则把《拙庵韵悟》列在河北及天津韵图之列。认为实际声母有 20 个，十四通韵包括两个儿化韵，和其他韵部并列，说明当时儿化音已经非常普遍。[2]

(二)《等音》

《等音》，马自援著于康熙十三年至康熙四十七年(1670—1708)间。马自援，陕西米脂人，李新魁说，他原籍陕西米脂，后移居云南沾益州(《韵学古籍述要》，259 页)。

该书梅建的重订本有康熙戊子(1708)梅建的序。另外，有乾隆二十五年(1760)璩万鉴编《等韵新集》本。还有，《花薰阁诗述》中附《云南丛书》，有《等音》与《声位》合集等。比较梅建本和璩万鉴本，有很大不同之处。永岛荣一郎依梅建本来叙述。无论哪个版本都分成两部，梅建本分为内集和外集，在内集中有韵图。

该书的声类，用以下的 21 个字母来表示。通常认为微母、疑母独立，微母拟作[v]，疑母拟作[ŋ]，共有 21 个声类。永岛荣一郎的构拟如图 11-4 所示：

见	溪	疑	端	透	泥	邦	滂	明	精	清	心	照	穿	审	晓	影	非	微	来	日
[k]	[k‘]	[ŋ]	[t]	[t‘]	[n]	[p]	[p‘]	[m]	[ts]	[ts‘]	[s]	[tʂ]	[tʂ‘]	[ʂ]	[x]	[o]	[f]	[v]	[l]	[ʐ]

图 11-4

李新魁认为，马氏花那么多口舌来细辨，也说明当时许多人已不能读出这个疑母来了。实际上，认定疑母变为零声母。[3]

韵类，马自援用《必读三章》中的《纵读韵首章第一》图来表示，此外，在韵图中特殊出现的字加入○，如图 11-5 所示：

	第一韵	第二韵	第三韵	第四韵	第五韵	第六韵	第七韵	第八韵	第九韵	第十韵	第十一韵	第十二韵	第十三韵
宫音合口呼	光 [uɑŋ]	官 [uɑn]	公 [uŋ]	棍 [uən]	包 [uɑu]	乖 [uai]	邹 [uou]	规 [uei]	戈 [uo]	国 [uɛ]	孤 [u]	骨 [ɥ]	瓜 [ua]
商音开口呼	冈 [ɑŋ]	干 [an]	庚 [əŋ]	根 [ən]	高 [ɑu]	该 [ai]	钩 [ou]	杯 [ei]	歌 [o]	革 [ɛ]		赀 [ɿ]	迦 [a]
角音闭口混呼	姜 [nm]	兼 [iæm]	絅 [iəm]	金 [iəm]									
徵音齐齿启唇	江 [iɑŋ]	间 [iæn]	京 [iəŋ]	巾 [iən]	交 [iɑu]	皆 [iai]	鸠 [iou]	非 [iei]	脚 [io]	结 [iɛ]	急 [iə]	基 [i]	家 [ia]
羽音撮口呼	惶 [yɑŋ]	涓 [yæn]	弓 [yŋ]	君 [yən]			樛 [you]			决 [yɛ]	俱 [y]	居 [yɥ]	

图 11－5

永岛荣一郎认为,如果研究这里的韵母及属于该韵母的字,就可以看到存在很多问题。其韵母,第一个特色是角音的这一段,其他的四段依等呼而分,不过这种情况只存于阳声中。而且这四韵中,[-m]尾韵字居多,但也有[-ŋ]尾韵字,这是一个难以解决的问题。但是,就算现在假定有[-m]尾韵,也不能说它是依照于传统的东西,有必要回忆一下陕西北部米脂人的一些情况。在这方面,通常认为资料的处理是最困难的,而且是应该引起注意的。其他诸如惶、樛、骨、居韵的独立;包、邹、杯、非、急等韵的存在,都隐藏着一些有趣的问题。

李新魁认为,这 13 韵与樊腾凤《五方元音》的 12 韵大体相近。13 韵分五音,减去无音之位,实得 43 位。

永岛荣一郎说,该书声调,针对宫、商、角、徵、羽诸音,分别设制了平声、上声、去声、入声、全声五个韵图。这里的全声相当于阳平,结果该书与其他的韵书一样,共有五个声调。再有,入声在各音中独立,作为阴声来处理,被收在第九韵戈以下的五个韵部中。

(三)《声位》

《声位》,著者林本裕,字益长,辽左奉天人。李新魁说,本辽东人,生长在云南。永岛荣一郎说,一般认为是康熙四十七年(1708)前后的著作(赵荫棠《明清等韵之北音系统》,《辅仁学志》第六卷第一、第二合期,64 页附表)。关于该书的声类,书中《二十四母论》配上《二十四母次序图》,列举了以下的 24 个字母,据此我们就可以了解它的声类。该书目前在《云南丛书》中收录的《等音声位合汇》中可以看到。此书作为资料来讲,最重要的地方在于它的韵图。它的结构与马氏的《等音》非常相似,所以,一些学者研究《声位》,往往联系《等音》,比如应裕康(1972：390)就说:"在云南丛书内,林氏之作,多承马氏,而略有修订,惟不离马氏之范围,故今以马、林二书,并章而论之也。"但是,《声位》又具有自己的特色,比如声母(如图 11－6):

见	溪	疑	端	透	泥	邦	滂	明	精	清	心	知	穿	审	非	微	晓	来	日	◎	瑟吒	诃婆	曷罗多
发	送	收	发	送	收	发	送	收	发	送	收	发	送	收	送	收	转发送	收余	收余	发初	发	送	收
一	二	三	四	五	六	七	八	九	十	十一	十二	十三	十四	十五	十六	十七	十八	十九	二十	廿一	廿二	廿三	廿四
[k]	[k']	[o]	[t]	[t']	[n]	[p]	[p']	[m]	[ts]	[ts']	[s]	[tʂ]	[tʂ']	[ʂ]	[f]	[v]	[x]	[l]	[ʐ]				

图 11－6

永岛荣一郎解释道，这里的“◎”母被称为五音会归，是受方以智的影响。另外，瑟吒、诃婆、曷罗多这三个声母被称之为梵音。现在，在各韵图中，由于这四个声母的地方都是空白的，所以实际上也是不必要的。因此，到日母为止的这 20 个字母就已经很充分了，也就是该书共有 20 个声类。与马氏的《等音》相比，减少了一个[ŋ]母。这与后来李新魁的考订是一样的，也认为是 20 个声母。

关于该书的韵类，可以在《十三韵论》中的《五声十三韵首图》下表的上半部看到。所谓的开、承、转、纵、合表示的是后面要叙述的如阴平、阳平、上声、去声、入声。另外，在《五音论》中关于等呼这样说：“宫，合口呼；商，开口呼；角，闭口呼，卷舌混呼；徵，启口齐齿呼；羽，撮口呼。”现在依此来表示其内容，如图 11－7 所示：

开承转纵合	光狂广诳借九	官⿰尢雚管贯借十	宫颊拱贡借十一	昆豚究棍借十二	高敖杲告借九	乖诡楞怪借十	钩齵苟姤借十一	圭葵癸桂借十二	锅讹果过郭	遮蛇者蔗国	沽吾古固谷	初锄沮著汩	瓜华寡卦刮
宫合口呼	[uɑŋ]	[uɑn]	[uŋ]	[uən]		[uai]		[uei]	[uo]	[uɛ]（注十三）	[u]	[ɥ]（注十八）	[ua]
商开口呼	[ɑŋ]	[an]	[əŋ]	[ən]	[ɑu]	[ai]	[ou]	[ei]	[o]	[ɛ]	[ə]	[ʅ·ə]（注十五）	[a]
角闭口呼、卷舌混呼	[ ]（注一）	[am]	[uəŋ]（注三）	[əm]	[ ]（注四）		[ ]（注七）		[ ]（注十）	[ ]（注十四）	[ ]（注十六）	[ ]（注十九）	[ ]（注二十）
徵启口齐齿呼	[iɑŋ]	[iæn]	[iəŋ]	[iən]	[iɑu]	[iai]	[iou]	[iei]（注八）	[io]（注十一）	[iɛ]	[iə]（注十七）	[i]	[ia]
羽撮口呼	[ ]（注二）	[yæn]	[yŋ]	[yən]	[ ]（注五）	[ ]（注六）	[you]	[ ]（注九）	[yo]（注十二）	[yɛ]	[y]	[yɥ]	

图 11－7

永岛荣一郎认为，该书的韵类与马氏的《等音》相比较，可以看出在结构上非常类似，但是仔细查看其内容便可以发现很多的相异之处。最大的差异在第三段的“角”中。在其他的几段当中被附上了“闭口混呼”和注。但是在此段附有“闭口卷舌混呼”和注。属于这种情况的有很多，因此目前要解决的困难很多。此外，只用[]来表示的是有疑问的地方。但这其中一定隐藏着应该研究的问题，应该说，该书比马氏的《等音》更为复杂。应裕康（1972：407）也说：“据以上目次观之，可知林氏《声位》，大抵法袭马氏，而沿方以智氏《切韵声原》之说者，亦复不少。”

最后关于该书的声调，共分为五个声调。声调的名称很特别，在《四声论》

中的《五声图》里，如图 11－8 所示：

□开声一　⊔承声二　⊏转声三　⊐纵声四　⊓合声五

图 11－8

这依据的是方以智的《切韵声原》之例，开声代表阴平、承声代表阳平、转声代表上声、纵声代表去声、合声代表入声。另外，入声独立。不过，作为原则，在韵图中收在第九韵以下的郭、国、谷、汩、刮这五韵当中。

(四)《三教经书文字根本》

《三教经书文字根本》，阿摩利谛著。关于作者及其著作的年代，目前还不明确。其著作年代，赵荫棠先生认为成书于"康熙三十八年至康熙四十年(1699—1701)之间"。(赵荫棠《明清等韵之北音系统》，《辅仁学志》第六卷第一、第二合期，101 页)据赵先生的研究，该书与《康熙字典》卷首的《字母切韵要法》有很密切的关系。书中有两种韵图，作为研究资料是很有意义的。永岛荣一郎依据《大藏字母九音等韵图》来介绍。此书流传甚少，在此，完全凭借赵荫棠所收集的一个本子来说明。

永岛荣一郎认为，在本韵图中，每一个韵图之上都揭示了下面的 21 个字母，其中疑母拟作[ŋ]、微母拟作[v]，实际上共有 21 个声类。如表 11－1 所示：

表 11－1

见	群	疑	端	透	娘	帮	滂	明	奉	微	精	从	邪	照	床	审	影	晓	来	日
[K]	[K']	[ŋ]	[t]	[t']	[n]	[p]	[p']	[m]	[f]	[v]	[ts]	[ts']	[s]	[tʂ]	[tʂ']	[ʂ]	[o]	[x]	[l]	[ʐ]

该书的韵类，如图 11－9 所示，共设有十二摄，把十二摄分成开口与合口，制作成韵图。开口再进一步分成开口正韵、开口副韵；合口再进一步分成合口正韵、合口副韵。同时，正韵被收在上段，副韵被收在下段。开口正韵、开口副韵、合口正韵、合口副韵这样的名称，在后世的韵图中被普遍地应用。不过那是开、齐、合、撮的意思。作为该书的特色，更有意思的是："开口正韵口张八分、开口副韵口张六分、合口正韵口张四分、合口副韵口张二分。"这里所谓的八分、六分、四分、二分表示的是开口度的大小。

		及摄章第一	干摄章第二	庚摄章第三	罡摄章第四	根摄章第五	该摄章第六	杰摄章第七	高摄章第八	勾摄章第九	裓摄章第十	革摄章第十一	佘摄章第十二
开口	开口正韵口张八分	[ɿ]	[an]	[əŋ]	[ɑŋ]	[ən]	[ai]		[ɑu]	[ou]	[ei]	[o]	[a]
	开口副韵口张六分	[i]	[iæn]	[iəŋ]	[iɑŋ]	[iən]	[iai]	[iɛ]	[iɑu]	[iou]		[io]	[ia]

合口	合口正韵口张四分	[u]	[uɑn]	[uŋ]	[uɑŋ]	[uən]	[uai]		[uei]	[uo]	[ua]
	合口副韵口张二分	[y]	[yæn]	[yŋ]	[yɑŋ]	[yən]	[yai]	[yɛ]	[yei]	[yo]	[ya]

图 11 - 9

永岛荣一郎分析道，这个图表与《五方元音》非常地类似。不同之处在于它的[u]韵，这个韵要是在《五方元音》中，单设一个韵目。祴摄在该书中仍然是独立的。然而，关于[y]韵，两者同时做了相同的处理。另外，作为该书的一般性的特色，[ei]韵存于所谓的开口正韵口张八分图中，在这里可以看到“刻”、“得”、“北”、“美”、“贼”、“黑”等很多例字。在[uei][yei]韵之间，最和醉、碎和岁、雷和垒等字是有区别的；在[u][y]韵中，助和住、初和出、数和暑等字是分开的。照、穿、审声母的字，原则上不存在开口正韵、合口正韵，也就是不存在开与合的问题（[u]韵除外）。由此，合口副韵即在撮口呼中还存在二、三个特殊的韵母等，这也是一个很重要的现象。

关于该书的声调。作者在卷首《分四声法》中说：“调声平道莫低昂，理声高呼猛烈强，韵声分明哀道远，音声短促急收藏。”这里的调声相当于阴平、理声相当于上声、韵声相当于去声、音声相当于阴平。各韵也按照着这个顺序来排列。由此可知，该书没有入声。上述的四声，被适当地收在韵图当中。其结果就是该书共有四个声调。于是入声失去了作为入声的特色，被派入他声。

永岛荣一郎提醒，这方面的资料有：《中原音韵》与《重订司马温公等韵图经》，此外就只有此书了。在这之后，大约是《音韵逢源》。然而，这种现象在本文目前所列举资料中存在，不过，关于这个问题，未必在其他的资料中就没有。（例如：在后边要叙述的李氏《音鉴》中也有这种现象。）即使只有这个事实，我们也必须认识到它们作为资料的价值。不过，我们所看到的不仅仅是这样的一个现象，另外，也体现了持有这种态度的作者的意图。倘若有，即使是异常的，我们也必须相信。我们并不希望就算是过去的资料，也要完全按照固定的形式，而毫无特异性。该书的价值，不单单是入声的问题，而且，在其他方面价值也一定存在的。

永岛荣一郎认定“入声消失”，注意和其他资料联系起来考虑，从而提升了《三教经书文字根本》语音史价值。

（五）《五音通韵》

永岛荣一郎说，《五音通韵》是最近在执笔本稿的过程中得到的稿本。目前，关于它的作者及写作年代并不详知，但是从它的纸质及内容来看，通常认为应该是康熙年间末期的韵书，这个问题可以暂且存疑。李无未与秦曰龙《〈五音通韵〉的音系拟订问题》(2009)认为，成书的上限不早于雍正二年(1724)。李无未已经看到，永岛荣一郎所提到的版本，见于日本庆应义塾大学图书馆永岛文库。另一部藏在台湾师范大学图书馆。[4]

永岛荣一郎讲述了一个故事。他说，该书是一部韵书，但是在卷首载有韵图。在本稿执笔中的某一天，永岛自赵荫棠先生那里听到了这样的话，他说："最近在北京鼓楼以东的小古书店里有《五音通韵》的稿本。目前辅仁大学图书馆正欲买此书，可是在北京，真正地明白这本书价值的只有你和我。"在十二月四日，永岛荣一郎和赵荫棠先生在鼓楼附近一起共进晚餐之后，顺便去了那个书店，辅仁大学没有购买此书。据说这个书店的店主是一位出了名的一口价，因此，在买书时，店主说低于二百五十元绝不出手。经过讨价还价，最终以一百元的价格买到手。但是事实上，永岛认为三十元的价位正合适。可是因为急于把该书的内容添加到本稿中，所以只好买下来。这直接记载了永岛荣一郎和赵荫棠之间的友谊片段。

永岛荣一郎对语音系统进行了拟定。在该书卷首的韵图中，揭示了表 11－2中的 19 个字母，这 19 个字母代表着该书的声类。

表 11－2

阿	呼	苏	孤	枯	租	粗	都	土	卢	奴	夫	模	逋	铺	书	如	诸	初
[o]	[x]	[s]	[K]	[K']	[ts]	[ts']	[t]	[t']	[l]	[n]	[f]	[m]	[p]	[p']	[ʂ]	[ʐ]	[tʂ]	[tʂ']

这些用来作为字母的字，除了"阿"以外，因全部都是[u]韵母字而非常统一。另外，在各字母的排列组合等方面也可以看到该书的特色。

中国台湾学者应裕康《清代韵图之研究》(1972)对声母的构拟与永岛荣一郎明显不同之处在于"书如诸初"四母。永岛荣一郎将它们拟为舌尖后音，而应裕康将它们拟为舌叶音。应裕康在谈到自己的考虑时说：

> 按齿音一组，大略与等韵三十六字母知、照二系相当。照系本为齿音，知系则属舌上，然本书《凡例》云："知彻澄古属舌音，今属齿音。"是明知、照两系之合并……本组字之拟音，不出[tʃ]系、[tʂ]系两者之外。考本书十二摄，本组各字，除五摄第十外，其余十一摄，皆与细音相配，因拟本组各母为[tʃ](诸)[tʃ'](初)[ʃ](书)[ʒ](如)。

关于十二摄，永岛荣一郎的构拟如图 11－10：

	一 心	二 别	三 光	四 果	五 行	六 泰	七 贤	八 卦	九 州	十 位	十一 逍	十二 支
齐齿呼	[iən]	[iɛ]	[iɑŋ]	[io]	[iəŋ]	[iai]	[iæn]	[ia]	[iou]		[iɑu]	[i]
开口呼	[ən]		[ɑŋ]	[o]	[əŋ]	[ai]	[an]	[a]	[ou]		[ɑu]	[ʅ·ə] (注一)
合口呼	[uən]		[uɑŋ]	[uo]	[uŋ]	[uai]	[uɑn]	[ua]		[uei]		[u]
撮口呼	[yən]	[yɛ]			[yŋ]		[yæn]					[y]

图 11－10

永岛荣一郎解释道:注一,照系字中因为收的是[i]韵字,所以[ʅ]韵没有必要。由此,精系和入声设置了[ɿ]韵和[ə]韵。

永岛荣一郎说明,关于十二摄的用字,与其前后的资料也有改变。现在,就它的内容来叙述,该书与《五方元音》、《三教经书文字根本》相比较,大体上类似。但是两者间也有相异之处。把[u][y]韵并入到支摄中,与《三教经书文字根本》相似,位摄[uei]独立也与《三教经书文字根本》相似。由此可以看到它们之间的相似之处,但是也有不同点。相异之处在于韵母的减少,即撮口呼的韵母减半,[ei]韵消失。归根到底在结构上该书与《三教经书文字根本》相同,但是韵母数量减少。该书确实是按照正确的秩序排列的,进而,就每个字来研究的时候,或许真的值二百五十元。

应裕康的构拟如表 11－3:

表 11－3

	一	二	三	四	五	六	七	八	九	十	十一	十二
	心	别	光	果	行	泰	贤	卦	州	位	逍	支
齐齿呼	[iən]	[ie]	[iaŋ]	[io]	[iəŋ]	[iai]	[ian]	[ia]	[iou]		[iau]	[i]
开口呼	[ən]		[aŋ]	[o]	[əŋ]	[ai]	[an]	[a]	[ou]		[au]	[ɿ·ɤ]
合口呼	[uən]		[uaŋ]	[uo]	[uəŋ]	[uai]	[uan]	[ua]		[uei]		[u]
撮口呼	[yən]	[ye]		[yo]	[uəŋ]		[yan]					[y]

应裕康与永岛荣一郎十二摄音值构拟还有一些明显的不同之处:一是没有舌面后低不圆唇元音[ɑ];二是没有舌面前半低不圆唇元音[æ];三是没有舌面前半低不圆唇元音[ɛ];四是在“四果”摄的构拟中多了一个撮口呼[yo];五是“五行”摄合口呼与撮口呼的构拟增加了[ə],因而使四呼主要元音取得了一致,比起永岛荣一郎构拟更为整齐;六是“七贤”摄主要元音统一为[a],避免了永岛荣一郎构拟的非系统性;七是“十一逍”摄主要元音为[a]而不是[ɑ];八是“十二支”摄开口呼又构拟了舌面后半高不圆唇元音[ɤ],而不是舌面后半高央元音[ə]。

永岛荣一郎说,该书的声调,在韵图中没有明确标记。不过是按照阴、阳、上、去的顺序排列的。另外,在该书中,清楚地标记着上平、下平,因此,该书共有五个调类。入声方面,原则上属于阴声,但是在韵图中附了“○”的入声字,也有放置在阳声中的。

李无未与秦曰龙《〈五音通韵〉的音系拟订问题》认为,声调分为“阴平、阳平、上声、去声、入声”五声,但实际上,“入声”是虚列,所强调的是它的原本调类,不具有实际意义。应该看到,应裕康与永岛荣一郎对韵母的构拟就没有考虑到“入声”的存在,所以,韵母系统不存在入声韵尾。

(六)《万韵书》

永岛荣一郎说,《万韵书》为刘汉昇著。刘汉昇,字殿臣,山东青州府人。书中有雍正十一年(1733)自序,似乎同年也有刊刻本。永岛个人收藏的这个版本附有乾隆四十三年(1778)刘谦光的序。该书属于韵书,依据所谓的《山东十五音》系统。中国学者张鸿魁《〈万韵书〉述略》(2001)认为,该书为山东高苑(今高青)人刘振统依据无名氏同音字表所作,其后经过郑尚信、刘桂等人的增补。张鸿魁从民间购得光绪三年(1877)子云堂版(《增补万韵新书》)。书前有刘振统乾隆六年(1741)所写的《万韵书序》,认为该书最早成书于乾隆初年,即18世纪中叶。[5]

《万韵书》声类,永岛荣一郎说,书中没有特别说明,不过从各韵上所出现的字母推测,共有表11-4中的19个声母:

表 11-4

见	溪	疑	端	透	泥	知	彻	审	精	清	心	帮	滂	明	非	晓	来	日
[k]	[kʻ]	[o]	[t]	[tʻ]	[n]	[tṣ]	[tṣʻ]	[ṣ]	[ts]	[tsʻ]	[s]	[p]	[pʻ]	[m]	[f]	[x]	[l]	[ẓ]

张树铮《清代山东方言语音研究》(2005)认为《万韵书》也是19个声母。声类特点:全浊声母消失;知庄章三组声母合而为一,读[tṣ][tṣʻ][ṣ];影疑以云微五母合并;见组字细音与精组字不混,来母与日母不混。与永岛荣一郎基本一致。[6]

其次,是该书的韵类。永岛荣一郎说,该书在《字母十五韵》中列举了如图11-11中的韵目。不过,进一步把这些韵目分开,可以看到在该韵目下面的韵部拟音。另外,最后的一段即便只是《增补十五音》的韵目,但亦可作为参考之用。

	(一)宫韵	(二)刚韵	(三)高韵	(四)子韵	(五)举韵	(六)官韵	(七)该韵	(八)家韵	(九)杰韵	(十)孤韵	(十一)金韵	(十二)国韵	(十三)勾韵	(十四)吉韵	(十五)戈韵
(开)	[əŋ]	[ɑŋ]	[ɑu]	[ʅ·ɿ](注一)		[an]	[ai]	[a]	[ɛ]	[　]	[ən]	[ei]	[ou]	[ʅ]	[o]
(齐)	[iəŋ]	[iɑŋ]	[iɑu]			[iæn]	[iai]	[ia]	[iɛ]		[iən]		[iou]	[i]	
(合)	[uŋ]	[uɑŋ]			([ɥ])(注二)	[uɑn]	[uai]	[ua]		[u]	[uən]	[uei]			
(撮)	[yŋ]				[y]	[yæn]			[yɛ]		[yən]				

图 11-11

永岛荣一郎解释道:注一,[ʅ]韵或许是没有必要的。注二,此韵也不是必要的。

图11-12是《韵略汇通》韵目:

一东	二江	三萧	四支	九虞	六元	十一皆	十三家	十四遮	十姑	七真	八微	十五幽	五齐	十二歌

图 11－12

永岛荣一郎认为，因为《山东十五音》与《韵略汇通》有直接关系，所以该书也可与《韵略汇通》相比较，可以看到《韵略汇通》的东洪韵、庚晴韵在该书合并成为宫韵；先全韵、山寒韵合并成为官韵；居鱼韵的[i][y]韵在此书中已经分立。由此，减少一个韵。其他每个韵母的增减也有问题，在此从略。

张树铮《清代山东方言语音研究》参照现代山东方言，将四呼介音分别定为：开口呼[o]、齐齿呼[i]、合口呼[u]、撮口呼[y]。高韵和该韵，拟为复合元音，只是开口度可能比北京的[au][ai]略小；官韵和金韵，拟以鼻音韵尾。

古入声韵与今高青等地方言相互辉映，表现十足的方言性质。还有，见系声母果摄字均读合口；通摄三等精组和来母字的读音多读细音。蟹摄二等见系开口字的韵母读[iai]等。

永岛荣一郎认为，该书的声调共有五种。它的排列方法与其他的韵书不同，即用㊀㊁㊂㊃㊄分开。㊀表示阴平、㊁表示入声、㊂表示去声、㊃表示上声、㊄表示阳平。观其入声的所属，全部归入到阴声中。因此，在阳平中不存在㊁，也就是不存在入声。《万韵书》中声调的排列除了将阴平列在最前之外，其余的排列便是别出心裁的了。张鸿魁说，这当是作者的有意安排，并且提到了“作者家乡一带数县仍保存着清入独立为一种调类(无辅音韵尾)，周围市县则清入归进阴平”的方言事实。张树铮认为，从现代方言来看，高青一带仍保留的阴入调为中平调 33 或 44，调型及调值与方言的上声(55)更为相近一些，而与阴平(213)稍远一些。因此，《万韵书》将阴入承接阴平排列的做法可能出于作者对读者理解上的考虑(159 页)。现代山东方言，阴入归阴平的方言更广泛，包围着阴入独立的高青等地，而像省会济南这样的政治中心也是如此，作者自然是清楚的。

(七)《切韵考》

永岛荣一郎写道，《切韵考》，李邺著。李邺，字衡山，江苏江都县广陵人，在卷首有自序。著作年代不详。由于目前无暇考证，因此，依据《贩书偶记》的作者孙殿起的经验而得来的第六感判断，似可假定为雍正年间的作品而加以处理。耿振生《明清等韵学概论》(251)认为，李邺是扬州人，成书时间大约在康熙年间。

该书内容由卷之一集说、卷之二图表、卷之三韵谱、卷之四切法组成。在卷之三韵谱中有韵图。另外，其原刻本是精刻本，最近也出现了该书的影刻本。

关于该书的声类，永岛荣一郎提到，应该注意在卷之二图表中有《七音图》。通过此图可以得知该书的声类，所示如图 11 - 13。各韵图也依此排列，共得到 21 个声母。在这里应该注意的是在轻唇音中，[f]母以外还存在[f‘]母。

喉音	见 [k]	溪 群 [k‘]	疑 影 喻 [o]	舌音	端 [t]	透 定 [t‘]	泥 娘 [n]	重唇音	帮 [p]	滂 並 [p‘]	明 [m]	缝唇音	非 [f]	敷 奉 [f‘]	微 [v]	齿音	精 [ts]	清 从 [ts‘]	心 邪 [s]
腭音	照 知 [tʂ]	穿 床 彻澄 [tʂ‘]	审 禅 [ʂ]	余音	晓 匣 [x]	来 [l]	日 [ʐ]												

图 11 - 13

韵类。在卷之三韵谱中，作为“目”有十二纲，如图 11 - 14 所示，它们能够代表其韵类。据此可知，该书共创制了 44 个韵图。

	纲一 绷	纲二 逋	纲三 陂	纲四 牌	纲五 宾崩			纲六 波	纲七 巴	纳八 邦	纲九 包		纲十 裒	纲十一 鞭		纲十二 斑	
(开)			赀 [ʅ·ɿ]	该 [ai]	簪 [əm]	庚 [əŋ]		歌 [o]	家 [a]	冈 [ɑŋ]	高 [ɑu]		钩 [ou]	根 [ən]		干 [an]	甘 [am]
(齐)			基 [i]	皆 [iai]	金 [iəm]	巾 [iən]	京 [iəŋ]	迦 [iə] (注一)	嘉 [ia]	姜江 [iɑŋ] (注三)	交 [iɑu] (注四)	骄 [iau]	鸠 [iou]	坚 [iæn]	兼 [iæm]	艰 [ian]	监 [iam]
(合)	公 [uŋ]	姑 [u]	规 [uei]	乖 [uai]		觥 [uəŋ]		戈 [uo]	瓜 [ua]	光 [uɑŋ]				昆 [uən]		关 [uan]	官 [uœn]
(撮)	恭 [yŋ]	居 [y]			均 [yən]	坰 [yəŋ]		鞾 [yə] (注二)						涓 [yæn]			

图 11 - 14

永岛荣一郎解释道：注一、注二，现在认为当为[iə][yə]。通常认为纲六波的共同韵母或许拟作[ə]为好。注三，在本韵目中，腭音(即照系)分为两类，这种现象值得注意。注四，交韵和骄韵，用[iɑu][iau]韵区别。

这其中，[-m]尾的诸韵目及官韵的独立、交韵与骄韵对立、坚兼韵和艰监韵对立等现象也应该注意。还有，要是就每一个韵母的归属来讲，可以看到非常特别的现象。通常认为或许也有一些追随传统的地方，不过某种程度上也受到了方言的影响。

声调分为阴、阳、上、去、入五类。另外，入声只归属在阳声中。

日本学者花登正宏的《关于李邺〈切韵考〉反切理解》(2000)，在永岛荣一郎研究的基础上，对李邺《切韵考》反切进行了研究。理解李邺《切韵考》反切必须借助于《韵谱》,《韵谱》列于《切韵考》第三卷。如同永岛荣一郎,花登正宏也说韵谱是一种韵表,共有44个表。为了从反切求出其所表示的字音,熟读韵谱非常重要。花登正宏总结李邺《切韵考》用反切取出读音方法的特点是:其一,李邺《切韵考》是为了说明一个方言,用反切取其方言中的读音而编撰的;其二,李邺认为求出反切所表示的音,最好是在口头上念出来得其音;其三,要想在口头上念出反切,来求出这个反切所表示的音,还需要熟练掌握根据一个方言做成的《七音图》、《韵谱》等。[7]

(八)《黄钟通韵》

《黄钟通韵》,是满族人都四德(字乾文)所著。永岛荣一郎说,书中有乾隆甲子(1744)的自序。可以推定,该书原本是乐书,但是,在书中《声字第九》的一篇里有等韵图,因此可以成为音韵史的资料。耿振生《明清等韵学概论》(1992:184)考证说,自署"长白"人,《四库提要》说他是满洲镶黄旗人。唯有此书带有东北方音特点,都四德有可能是东北人。

都四德事迹见于清代唐鉴(1778—1861)所撰《国朝学案小识》(收在周骏富编《清代传记丛刊》第2册,学林类3,文明书局,1986)第十四卷:"先生讳都四德,字乾文,号秋庄,镶红旗人,撰黄钟通韵二卷,凡十篇:曰律度量衡第一,五音位次第二,六律第三,七均第四,五音六律相生第五,律吕名义第六,律本第七,循环为宫第八,声字第九,律数第十。又附以琴图,共为上下二卷。多本蔡氏律吕新书,而附益以己意。如声字一篇,于国书十二字头,独取第一、第二、第四、第五、第十二章之字,而其余皆不之及,盖未究国书制作之本也。惟所论清字切音之法,皆中窍要,为有益于学者耳。"据陈乔调查,清代李桓《国朝耆献类征》、清代蒙古巴噜特思华咏春辑《八旗艺文编目》二书对都四德也有记载,但是内容与《国朝学案小识》的叙述一致(陈乔,吉林大学硕士学位论文《〈黄钟通韵〉韵图研究》,2001)。中国学者应裕康(1972)、耿振生(1992)、陈雪竹(2000)、陈乔(2001)、邹德文(2009)也都对都四德事迹有所考订。

该书的声类,借用《元音黄钟律咿声字》韵图中的最初名字来表示。大体如图11-15:

喉			属	舌				属	齿			属	唇			上牙	下唇	牙			属
〔歌〕	〔柯〕	〔呵〕	〔哦〕	〔得〕	〔特〕	〔搦〕	〔勒〕	〔勒〕	知	痴	诗	〔日〕	〔白〕	〔拍〕	〔默〕	〔佛〕	〔倭〕	赀	觇	思	〔日〕
[k]	[k‘]	[x]	[o]	[t]	[t‘]	[n]	[l]		[tʂ]	[tʂ‘]	[ʂ]	[ï]	[p]	[p‘]	[m]	[f]	[v]	[ts]	[ts‘]	[s]	

图 11-15

相当于22个字母,若看各韵图,在舌属中有两个"勒"母。后者的"勒"母,由于未见到具体的例字,赵荫棠认为是满洲文字中的颤音。另外,"日"母也是重复的，牙属的日母没有具体例字，在齿属的日母中原来的日母字和喻母字相混。因此，舌属的勒母后者和牙属的日母，实际上都是不必要的。由此可以说该书共有 21 个声类。再有，齿属的日母，现在假定为[ï]，这种现象是在北方语音系统方言中，在日母脱落之际，直接由元音开始的，富于变异性。另外，必须要注意的是在各韵图中，第二的齐齿呼和第四的撮口呼，牙属的成为“本等字同齿属下等”。与“日”母的情况相同是方言的产物。通常认为这种现象意味着[tʂ][tʂ‘][ʂ]和[ts][ts‘][s]相近。

邹德文(2009)《黄钟通韵》声母表如表 11－5：

表 11－5

喉属：歌[k]、柯[k^h]、呵[x]、哦[ø]
舌属：得[t]、特[t^h]、搦[n]、勒[l]、(勒)
齿属：知[ʧ]、痴[$ʧ^h$]、诗[ʂ]、日[j]
唇属：白[p]、拍[p^h]、默[m]、佛[f]、倭[v]
牙属：赀[ts]、[ts^h]、思[s]、(日 r)

其中，尖团音问题，邹德文认为，在 18 世纪中叶，尖团音已经完全合流，但是这种语音现象还没有得到社会的承认、官方的认可。作为《黄钟通韵》的作者都四德，是满族人，必然不敢违背正统的立场，那么在尖团音的处理上则是缩手缩脚，体现了他保守的一面。事实终究是事实，都四德虽然在韵图的安排上竭力将尖音、团音分开，但实际语音上的混同迫使他不可能做得万无一失，还有一些例证，便是都四德“疏忽”的证据。足以说明当时的尖团音已经完全混同，毫无区别了。这是掩盖在表层音系之下的第二音系，它在语音史上具有更为重要的价值。[8]

其韵类，用下面的十二律来表示。在清文十二字配五音六律圆图中用满洲文字注音。该书进一步把这些文字分成轻上(即开口呼)、轻下(即齐齿呼)、重上(即合口呼)、重下(即撮口呼)。其韵类，永岛荣一郎构拟如图 11－16。

	(1) 元音黄钟律咿声字	(2) 极音蕤宝律呜声字	(3) 羽音大吕律唉声字	(4) 羽音应钟律哀声字	(5) 角音太簇律哦声字	(6) 角音无射律阿声字	(7) 宫音夹钟律喑声字	(8) 宫音南吕律唵声字	(9) 商音姑洗律嘤声字	(10) 商音夷则律映声字	(11) 徵音仲吕律呕声字	(12) 徵音林钟律嗷声字
轻上(开)	[ʅ·ɿ]		[ei]	[ai]	[ə]	[a]	[ən]	[an]	[əŋ]	[ɑŋ]	[ou]	[ɑu]
轻下(齐)	[i]		[　] (注一)	[iai] (注三)	[iə]	[ia]	[iən]	[iæn]	[iəŋ]	[iɑŋ]	[iou]	[iɑu]
重上(合)		[u]	[uei]	[uai]	[uə]	[ua]	[uən]	[uɑn]	[uŋ]	[uɑŋ]		
重下(撮)		[y]	[　] (注二)		[yə]		[yən]	[yæn]	[yn]			

图 11－16

永岛荣一郎解释，注一，只有一“尾”字，目前与北京话读“尾巴”时作[i]音的现象相比，是很有趣的。注二，只有一“尉”字。注三，现在作[iə]，实际上应该作[iɛ]，在[yə]方面也同样应该作[yɛ]，由于位置的关系，放在此处。为了方便起见，[ə][iə][uə][yə]韵用[ə]来统一。

该书的韵目共有12个。永岛荣一郎认为，与《三教经书文字根本》、《五音通韵》的不同之处在于[ʅ·ɿ][i]和[u][y]是有区别的。由此，把[iɛ][yɛ]看做[io][yo]或[iə][yə]等，与[o][uo]成为一类，《切韵考》中发现了这样的例子。不过，以往其他文献中还未出现这种情况，特别是齿属的“遮、车、奢”等字被收在与“歌、可、何”等字相同地方的现象与现在的北京话类似。因此，今天把以往的[o]当做[ə]。

邹德文(2009)《黄钟通韵》韵母表构拟如表11－6，还有些不同：

表11－6

	十二律图	开口呼	齐齿呼	合口呼	撮口呼
1	咿声字	[ʅ]/[ɿ]	[i]		
2	呜声字			[u]	[y]
3	唉声字	[ei]	[iei]	[uei]	[yei]
4	哀声字	[ai]	[iai]	[uai]	
5	哦声字	[ə]	[iə]	[uə]	[yə]
6	阿声字	[a]	[ia]	[ua]	
7	喑声字	[ən]	[iən]	[uən]	[yən]
8	唵声字	[an]	[ian]	[uan]	[yan]
9	嚶声字	[əŋ]	[iəŋ]	[uəŋ]	[yəŋ]
10	映声字	[aŋ]	[iaŋ]	[uaŋ]	[yaŋ]
11	呕声字	[əu]	[iəu]		
12	嗷声字	[au]	[iau]		

声调。在各韵图中分成平、平、上、去、入五声。就平声的阴阳两分问题，虽然没有特殊表明，但是该书的各韵图是按照阴平、阳平、上声、去声、入声的顺序来安排的，入声被适当地收在相应的阴声韵。

关于分调的理由和原则，都四德在《声字第九》中说：“韵书以口齿调字，平呼为平，高呼为上，重呼为去，急呼为入。平为平声，上去入为侧声。一字只有平上去入四声，以管弦律字，一字有合、四、上、尺、工、六、五七声，七声方足五音六律，四声不足五音六律。虽有上平下平、纯清次清、全浊半浊之论，不合律数。无凭分晰，细调其声，侧声却有上下，平声惟有长短。如咿宜、呜吾、威微、台臺、奢蛇、花华、申神、天田、通同、汪王、幽由、蒿豪之类，上音俱长，下音俱短。等韵旧例，横用三十六母，长短并例在一层，各有一母。窃谓各有一母，似不能各统平上去入四声，平声有长短，侧声无长短，侧声不敷两用，未免有就长弃短，就短弃长之偏废。是以于右十二律图内，以长平短平，直立为上下两层，共用一母。一母通统长平短平、上去入五声。"

邹德文解释道：结合图中例字考察可知长平就是指阴平、短平就是指阳平，即阴平、阳平、上声、去声，这种分调与现代四声调无异，差异存在于《黄钟通韵》的个别字的归属与现代普通话的四个声调不同。

《黄钟通韵》的入声问题，赵荫棠先生(1957：240)已有论述。该书韵图的入声只配咿、呜、哦、阿四律，因为这四章律图都是阴声韵。应裕康(1973：474)认为："入声与阴声韵相配，可见其韵尾皆为喉塞音[ʔ]矣。实则都氏为北人，其时已无入声之读，故认为入声字只可各随方音，轻呼入等，重呼入侧，以便叶韵耳！"赵、应两位都引用都氏《声字第九》里所说的："入声音少字少，不敌平上去三声音字，似属方音。况五方土音，唯南方有入声，北方无入声。北方呼入声字，俱如短平声字。其余他方，或呼为上，或呼为去，或转为别音者，各有不同。以管弦之声考之，本律重声，如长平声，轻声如短平声，上进一律如上声，下退一律如去声，详细闻听，惟有长短平声，上下侧声，亦无入声。是知入声字，只可各随方音，轻呼入平，重呼入侧，以便叶韵。"既然现实北方话里无入声，那么，北方话里也就不存在入声与阴声韵的相配，当然也就不存在这种配对。

邹德文(2009)认为，仅用"都氏之缺失"或者"遵守旧规的表现"来解释，显然缺少说服力。下述几条理由也许可以对这个问题的解决有所帮助：其一，都氏设立入声，是为了满足他的阴阳律吕之说的需要；其二，他认为满语语音可以涵盖所有的汉语语音，当然也应该涵盖汉语南方方言较为普遍存在着的入声；其三，韵书、韵图大多会犯大而全的毛病，以至于有的韵书里的语音，既包括古今语音又包括各地方音，《黄钟通韵》也犯了其他韵书编撰时常犯的错误；其四，满语里有一些清塞音收尾的词语，例如：tob(正，正直)、cob(山顶)等，与汉语传统的入声以及汉语南方方言里的入声刚好可以产生对应，这种语音事实是重视满汉对音的都四德不会忽略的。至于说都氏守旧，对古代韵书多有承袭，这不是理由，先于《黄钟通韵》的韵书，也多有不列入声之作，都氏为什么不加以继承呢？都氏之作充满革新气息自不待辩，故不可以以守旧责之。存有入声，固有其因。就有入声的咿、呜、哦、阿四律图所收例字来看，全部来自中古入声字，在韵图中列在同声同韵之下，其实，在东北方言里入声字有很多不依常规的分派归并，很能体现出方言面貌，遗憾的是从《黄钟通韵》韵图所列入声字看不到对这种特征的反映。

(九)《大乐元音》

永岛荣一郎考订说，《大乐元音》，潘士权(字龙庵，湖南黔阳人)著。书中有乾隆十年(1745)的自序。

当代中国有一位称为“心照不宣”的学者考订潘士权事迹,可以补永岛荣一郎叙述之不足。潘士权(1701—1772),字龙庵,号三英,康熙四十年(1701),诞生于黔阳县中方荆坪。乾隆五年(1740),皇上为旌表潘士权的婶母李氏,黔阳县政府为建“节孝坊”,全部用红砂岩砌成,两旁大石柱上倒立的蟠龙和石梁上的二十四孝浮雕刻工精湛,形象逼真,坊顶上镌双龙抢宝。左行不远有一被称为“正经坊”的砖石砌大门,原为潘士权读书与接待客人之所。门额上镌“居仁由义”,两旁的方石柱上刻有一副对联:“随处体认天理,出门皆是大宾。”乃是其为人处世、待人接物的格言。

潘士权精象数音律,深研汉儒“天人感应”之说和谶纬神学,所著《洪范九畴补注》与《大乐元音》,《四库全书总目》中有存目提要。乾隆六年(1741),潘士权考补天文生,受署为钦天监博士。呈请纂修《占书》,委署太常寺博士,兼掌选试博士。后被钦定为《律吕正义》。乾隆十年(1745),潘士权刻印《洪范九畴注补》五卷。同治十三年(1874),依据《潘龙庵全书》补刻潘士权著《洪范九畴注补》五卷。

乾隆十一年(1746),潘士权以葬亲,奉旨回籍。黔城人杨景行年十四,即通《易》、《理》。曾删削潘士权所著《大乐元音》,存其要而自著《乐论》,以抒所见。潘士权闻知,造访景行,深谈数昼夜,服其学识,遂引为忘年友。

杨景行,字鲁峰,清黔阳优廪生,黔城人。杨景行生有异征。母孕,梦童子自空下,跽而承之。及生,聪颖异常。杨景行年十四,即通《易》、《理》。邑人潘士权博士以《易象》、《乐律》,负京师重望,所著《大乐元音》,杨景行为其删,存其要而自著《乐论》,以抒所见。杨景行尤留心经济,凡天文、历数、舆图、古今史事,洞悉无遗。杨景行著作丰富,著有《古周易草》、《周易亿》、《诗经添声说》、《春秋纂义》、《左传汇集》、《郡县志编定》、《诗韵提纲》、《愿体集》、《潜溪文集》等书。

乾隆三十四年(1769),潘士权撰《大乐元音》七卷,前五卷据琴定乐,大旨本《管子》“下徵之数一百八,下羽之数九十六”、《白虎通》“弦音离,故首徵”二说而通之。案弦审音,以首弦为下徵,二弦为下羽,三弦为宫,四、五、六、七为商、角、徵、羽,并附以《仪乐谱》十二篇。图说颇繁,然实本钦定《律吕正义》“琴以首弦为下徵”之说,旁为推演。其由琴声而推诸乐,与近时江永《律吕新论》所见略同,但不及永书之精密耳。六卷附以《琴谱》、《曲谱》,七卷附《历学音调》,类例甚详。惟合、四、乙、上、尺、工、凡唐人新法,兹既不取,而又兼以凡字代变宫,乙字代变徵,则矛盾在所不免矣。有乾隆十年(1745)刻本,同治十三年(1874)补刻《潘龙庵全书》本。乾隆三十七年(1772),潘士权殁,终年72岁。乾隆四十七年(1782),黔阳邑令姚文起撰有《潘士权传》。

永岛荣一郎认为,该书虽然属于乐书,不过在第七卷《附字学音韵》,叙述的是与音韵有关系的内容。其中有韵图，应该属于马氏《等音》的系统。如若详细地查看，还是有差异的。再有，该书与璩万鉴的《等音新集》也有不同之处。但是，目前与这些资料进行详细比较并非易事。因此只叙其大略。

通常认为该书的声类字母、排列完全都与马氏的《等音》相同，永岛荣一郎看到，依据该书在韵图内新附加的及其改过的地方，或许疑、影、微三母只用其中的一个字母就可以表示。一方面，该书因袭了原本马氏《等音》，另一方面，又加入了作者的想法。因此，若从整体结构来看，它是一种混合性质的系统，由此该书作为资料的价值降低。再有，即使查看该书的韵类及声调，其结构也完全模仿马氏的《等音》。如果仔细考查该书的内容及其字的排列，也可以发现其自身的问题。永岛荣一郎之后，还很少有人研究《大乐元音》语音系统，它的语音系统还不是很清楚。

（十）《本韵一得》

永岛荣一郎考订说，《本韵一得》，龙为霖著。龙为霖，字雨苍，四川巴郡人。耿振生(1992)说巴郡属重庆，李新魁等(1993)说巴郡属成都。应裕康(1972：462)说，龙氏生平见道光二十三年《重庆府志》。永岛荣一郎认为书中有乾隆十六年(1751)彭端淑的序，成书于 1751 年。耿振生(1992)、李新魁等(1993)说成书于 1750 年。永岛荣一郎是对的。永岛荣一郎称，该书属于韵书，各韵的韵图散在各卷中。虽然本书目前未必是罕见本，不过也是难得的版本之一。《字母新图》中列举如图 11－17 中 24 个字母，显然受到《声位》的影响。

															×						×		×
公	空	烘	翁	东	通	笼	齈	终	充	艟	戎	骢	聪	松	○恿松切	绷	夆	峰	○巫峰切	濛	○如宗切	蜺	○
[k]	[k‘]	[x]	[o]	[t]	[t‘]	[l]	[n]	[tʂ]	[tʂ‘]	[ʂ]	[z]	[ts]	[ts‘]	[s]		[p]	[p‘]	[f]	[v]	[m]		[ŋ]	

图 11－17

永岛荣一郎考订说，24 个字母中附了×的 3 个字母，在下面十二律的各韵图中，没有发现具体的例字，因此结果只有 21 个声类。另外，附了○的情况，似乎意味着需要注意它的方言性。也就是“笼[l]”、“齈[n]”在长江一带是同一音素。再有，有的地方通常认为“戎”字作[z]，由此才有○恿松切。○巫峰切，“濛”、“蜺”即[v][m][ŋ]母也同样存在方言性质的问题。总之，不要忘了该书的撰者是个四川人。耿振生(1992：198)也认为实有 21 个声母，但应裕康(1972：456)、李新魁等(1993：376)说有 20 个声母，原因是“巫峰切”的微母字已经变为零声母了。

关于韵类。永岛荣一郎说，平、上、去各声分散在下面的十二律中，入声分七音。平声的韵类和入声的韵类如图 11－18 所示，每一个韵类，都给予一个相应的假定音，不过，由于入声拟音特别困难，因此想依据自己的心得来表示其大体情况。

（平声）	(1) 黄钟 公	(2) 大吕 孤	(3) 太簇 光	(4) 夹钟 关	(5) 姑洗 高	(6) 中吕 锅	(7) 夷则 乖	(8) 林钟 规	(9) 无射 钩	(10) 南吕 居	(11) 蕤宾 瓜	(12) 应钟 昆
（开）	[əŋ]		[ɑŋ]	[an]	[ɑu]	[o]	[ai]	[ɿ・ʅ]	[ou]	[i]	[a]	[ən]
（齐）	[iəŋ]		[iɑŋ]	[iæn]	[iɑu]	[io]	[iai]	[i]	[iou]	[iɥ]	[ia]	[iən]
（合）	[uŋ]	[u]	[uɑŋ]	[uɑn]		（注一）[uo]	[uai]	[uei]	[uou]（注三）		[ua]	[uən]
（撮）	[yŋ]	[y]		[yæn]		[yo]（注二）				[ɥ]		[yən]

（入声）	(1) 宫音 縠	(2) 商音 虢	(3) 角音 各	(4) 徵音 吉	(5) 羽音 橘	(6) 变徵 刮	(7) 变宫 诀
（注四）（开）		[ə]	[o]	[e]	[ɥ]	[a]	

图 11－18

永岛荣一郎进一步推论，该书的韵母，针对[u][y]韵设立一个韵目。另外，针对[i][iɥ][ɥ]韵设立一个韵目。与其他的十二韵目相比较，发现该书类似于《五方元音》。不过，在《五方元音》里假定的[u][ɥ]韵中的[ɥ]韵，特殊的入声是少数，相比之下该书的[u][y]和[ɥ][iɥ]韵，其差别的源流能够在《广韵》中找到。可以发现[iɥ][ɥ]韵从《广韵》中的鱼韵而来，[ï]韵也只是从《广韵》的齐韵而来，与[i]韵对立。因此，由于[ï][iɥ][ɥ]而特别增加了居韵，这是在其他资料中不存在的，结果削减了由[iɛ][yɛ]（又[ɛ]）韵组成的一韵。[iɛ][yɛ]（又[ɛ]）韵，平、上、去方面本来是从麻韵（广韵）中分出来的，由此而产生了入声。不过，在本书中用于入声的，在入声韵中有[iɛ][yɛ]韵；用于平、上、去的[iɛ]（又作[ɛ]）韵作为[ia]收在瓜韵中。此外，规韵也是应该注意的一个韵，但是目前无暇详述。另外，入声韵分韵细致是该书的特色，在此从略。

李新魁等（1993：375）解释说，《本韵一得》有 34 韵，因为 12 韵又分四呼。另外，其韵母系统无闭口韵。入声七韵，龙氏特别强调入声兼配各韵，使无入者皆有入。

对于声调。永岛荣一郎强调，共分平、上、去、入四声。不过在本书中，对于平声来说，特别用○和●这样的符号来区别阴阳。●表示阴平，○表示阳平，所以实际上共五个声调。入声方面，如上所示完全独立出来，带有入声特有的韵母。

（十一）《杉亨集》（《五声反切正均》）

《杉亨集》也称《五声反切正均》，吴烺著。永岛荣一郎说，吴烺，字荀叔，安徽全椒人。耿振生（1992：192）说是文学家吴敬梓的儿子。在卷首有程筠榭的乾隆时癸未年（1763）所写的序。《杉亨集》内容由辨五声第一、论字母第二、审纵音第三、定正韵第四、详反切第五和立切脚第六，共六部分组成。定正韵四声中有韵图，对我们的研究很有益处。永岛荣一郎所收藏的本子，收在《安徽丛书第一集》中的南陵徐乃昌藏本的影印本中。后来，他又发现了有徐乃昌藏书印的原刊本，加以收藏。该书至永岛荣一郎之前尚未被学术界所了解，亦无这方面的研究。

永岛荣一郎谈它的声类，在论字母第二中说："按上三十六字母细分之，只用十九母足矣。"即，全部列举出 36 个字母，每一行用 1 个声母表示，共有 19 个声类。韵图上可以看到 20 个声类，不过事实上有一个是空字，按照如图 11－19 中 19 个声母顺序来排列，即：

见	溪 群	疑 影 喻 微	端 定	透	泥 娘	帮 並	滂	明	精	清 从	心 邪	知 照	彻 澄 穿 床 禅	审	晓 匣	非 敷 奉	来	日
[k]	[kʻ]	[o]	[t]	[tʻ]	[n]	[p]	[pʻ]	[m]	[ts]	[tsʻ]	[s]	[tʂ]	[tʂʻ]	[ʂ]	[x]	[f]	[l]	[ʐ]

图 11－19

耿振生（1992：192）也认为声母是 19 个，比李登《便考私编》少影、微二母，这二母合并于疑母。

永岛荣一郎谈它的韵类。在定正韵第四中作为"提要"表示出来。因为这些韵类是在各韵图中第一次看到的，所以拿来作为代表。最终显示该书共有 32 个韵目。该表的上半部就是"提要"中的 32 个韵字，这些韵字大体上是依照《韵略汇通》的韵目来排列的，如图 11－20 所示：

公	穹	冈	姜	光	兹	基	归	居
[uŋ]	[yŋ]	[ɑŋ]	[iɑŋ]	[uɑŋ]	[ʅ·ɿ]	[i]	[uei]	[y]
孤	皆	该	乖	根	斤	昆	君	干
[u]	[iai]	[ai]	[uai]	[əŋ]	[iəŋ]	[uəŋ]	[yəŋ]	[an]
关	坚	捐	交	高	歌	锅	瓜	家
[uɑn]	[iæn]	[yæn]	[iɑu]	[ɑu]	[o]	[uo]	[ua]	[ia]
他	耶	嗟	鸠	钩				
[a]	[iɛ]	[yɛ]	[iou]	[ou]				

	(1)	(2)	(3)	(4)	(5)	(6)	(7)	(8)	(9)	(10)	(11)	(12)	(13)
(开)		[ɑŋ]	[əŋ]	[an]	[ʅ·ɿ]			[ai]	[ɑu]	[o]	[a]		[ou]
(齐)		[iɑŋ]	[iəŋ]	[iæn]	[i]			[iai]	[iɑu]		[ia]	[iɛ]	[iou]
(合)	[uŋ]	[uɑŋ]	[uəŋ]	[uɑn]		[uei]	[u]	[uai]		[uo]	[ua]		
(撮)	[yŋ]		[yəŋ]	[yæn]			[y]					[yɛ]	

图 11－20

永岛荣一郎提请特别注意的是在根、斤、君三韵中[-n]尾韵和[-ŋ]尾韵相混的现象。目前在这行的位置全部用[əŋ]来统一，最好地表现了方言的特色。另外，想象一下实际情况，通常认为第一列或许发生了特殊的变化，暂不论及。[4] 总之，在此出现了韵母减少的现象。

耿振生（1992：192）参照现代全椒方言各韵读音加以拟测，有许多不一样，比如构拟为舌面后高不圆唇元音。还认为较早地记录了江淮方言特征。

声调在韵图中分为阴、阳、上、去、入五声，入声只依附在阴声韵中。

(十二)《渊若韵辨》

《渊若韵辨》，纪淴著。永岛荣一郎说，纪淴，山东章丘人。书中有乾隆三十年(1765)自序，该书是一部韵书，在卷首附有韵图。该书可称之为罕见本，以往学术界尚无人研究。

声类，据卷首韵图所见，18 列声母依照柔律开口(即合口)，柔律合口(即撮口)、刚律开口(即开口)、刚律合口(即齐口)顺序，分为四段，列举了不同的字母。该书字母如图 11-21 所示，与乔中和《元韵谱》所举的示例几乎相同，乔氏列声类为 19 列，而此书为 18 列。

	牙			喉	舌			半舌	上齿			下齿			半齿	唇		
	清	半	浊		清	半	浊		清	半	浊	清	半	浊		清	半	浊
柔律开口	光	孔	外	怀	端	退	农	雷	钻	存	孙	中	揣	谁	戎	帮	滂	门
柔律合口	倦	群	元	训	冬	彤	奴	伦	遵	从	雪	追	穿	训	润	帮	非	微
刚律开口	庚	慨	咢	寒	德	透	能	来	臧	仓	三	臻	产	沙	仍	帮	滂	门
刚律合口	见	奇	疑	晓	定	剔	泥	林	精	清	心	知	彻	审	日	並	皮	明
	[k]	[k']	[o]	[x]	[t]	[t']	[n]	[l]	[ts]	[ts']	[s]	[tʂ]	[tʂ']	[ʂ]	[ʐ]	[p]	[p'] [f]	[m]

图 11-21

永岛认为在此所举的字母几乎与《元韵谱》的字母相同，只有两个不同。不过该书没有《元韵谱》中的翁、喻、恩、影这一列，是因为在本书中没有[ŋ]母，因为包含在元、鄂、疑韵中，所以就没有必要了。字母依照等呼，使用特定字母的已在前边讲过，不再赘述。18 个韵类中，只有[f]母是必须出现的。按照其他的例子，该书有 19 个声类。微母作为字母出现，事实上无此例字，因此[v]母是不存在的。另外，非母属半(即次清)的现象也在前边讲过，是一个饶有趣味的现象。

韵类。该书共有 14 个韵目。这些韵目依照柔律开口(合)、柔律合口(撮)、刚律开口(开)、刚律合口(齐)顺序而分。现在，将该书的 14 个韵目和内容表示如图 11-22：

	(1)宫韵	(2)光韵	(3)高韵	(4)瓜韵	(5)官韵	(6)乖韵	(7)孤韵	(8)居韵	(9)勾韵	(10)金韵	(11)归韵	(12)鸡韵	(13)戈韵	(14)竭韵
柔律开口	[uŋ]	[uɑŋ]		[ua]	[uɑn]	[uai]	[u]			[uən]	[uei]		[uo] (注一)	
柔律合口	[yŋ]	× [yɑŋ]		× [ya]	[yæn]			[y]		[yən]	× [yei] [ei]			[yɛ] (注二)
刚律开口	[əŋ]	[ɑŋ]	[ɑu]	[a]	[an]	[ˌi]			[ou]	[ən]	[ɿ·ʅ] (注三)			
刚律合口	[iəŋ]	[iɑŋ]	[iɑu]	[ia]	[iæn]	[iai]			[iou]	[iən]		[i]		[iɛ]

图 11-22

永岛荣一郎解释：注一，只有[uo]韵，此韵包含[o]韵。注二，依据韵图，必须存在于戈韵的柔律合口中，今移到竭韵。注三，现在依据原本将[ʅ·ɿ]韵与[ei]置于同一位置。×号是非母只存于柔律合口中的产物，是只针对非母存在的韵母。

《元韵谱》把所有的韵母都归纳在十二佸中。不过，该书显示有14个韵母，与《元韵谱》相比，增加了两个韵目。这两个韵目分别是居韵从孤韵中分离出来；鸡韵从归韵中独立出来。与《万韵书》相比较，减少了子韵。其他特色是戈韵中没有[o]韵，用[uo]韵表示，另外，非母比较特殊，在韵图中与二三个特殊韵母相配。

声调，平声需要两分。凡例中说："清平浊平，但以乡音而定，不知有当否。"这提高了其资料价值。另外，入声独立，恰当地收入在阴声中，因此该书有五声。

自永岛荣一郎始，65年过去了，中日两国仍然很少有学者再研究《渊若韵辨》，永岛荣一郎的研究是奠基之作。

（十三）《等韵精要》

《等韵精要》，贾存仁著。永岛荣一郎说，贾存仁，字木斋，山西河东人。耿振生（1992：198）认为是山西永济人。应裕康（1972：503）说他是浮山县人，其生平可见鹿学典《浮山县志》（清光绪年间）。《等韵精要》书中有乾隆四十年（1775）的自序。作为贾氏家塾定本刊刻。内容由述原、总论、图说、别传和备考组成，是音韵史、音韵学史研究的重要资料。该书目前，几近于罕见本，以往学术界未曾论及。现在来叙述一下图说中的韵图。

依据《音头总图》，该书的声类有30个，如图11－23所示：

	影	晓	见	溪	疑	○	来	端	透	泥	日	审	照	穿	○	○	心	精
	喉音					舌音					腭音					齿音		
	一	二	三	四	五	一	二	三	四	五	一	二	三	四	五	一	二	三
开口呼	馂	黑	祴	刻	殪	馂	勒	得	忑	蟹	○	式	汁	尺	○	○	思	咨
齐齿呼	衣	希	基	溪	疑	衣	力	低	梯	泥	日	尸	之	厕	○	○	西	即
合口呼	乌	乎	古	苦	午	乌	六	都	土	奴	○	书	主	出	○	○	速	租
撮口呼	于	吁	巨	去	玉	于	吕	○	○	女	如	疏	阻	初	○	○	须	沮
	[O]	[x]	[k]	[kʻ]	[ŋ]	（注二）	[l]	[t]	[tʻ]	[n]	[ʐ]	[ʂ]	[tʂ]	[tʂʻ]	（注三）	（注四）	[s]	[ts]

	清	○	微	非	◉	◉	◉	◉	◉	邦	滂	明
					（注一）							
			轻唇					重唇				
	四	五	一	二	三	四	五	一	二	三	四	五
开口呼	此	○	勿	夫	◉	◉	◉	◉	◉	不	普	木
齐齿呼	七	○	○	○	◉	◉	◉	◉	◉	比	皮	米
合口呼	粗	○	勿	夫	◉	◉	◉	◉	◉	不	普	木
撮口呼	取	○	○	○	◉	◉	◉	◉	◉	比	皮	米
	[tsʻ]	（注五）	[v]	[f]						[p]	[pʻ]	[m]

图11－23

永岛荣一郎解释，注一，带◉符号的声类在韵图中省略。注二，该行在韵图中，再次出现在喉音一的一行。注三、注四、注五在各韵图中是空白，没有出现具体的例字。

耿振生(1992：198)认为，声母列 25 位，除去虚位和重复，实有 21 母，与《元韵谱》声母相等。李新魁(1993：332)述及该书对等韵学理的看法。其中，主张声母分喉舌腭齿唇五音，不必牵涉七音、九音及宫商等名称；声母以影母为首。

永岛荣一郎证实，该书依据《元韵谱》、《渊若韵辨》中的等呼来表示每个特定的字母，在《音头总图》中排成 30 列。各韵图中，◉的地方被省略。再有，舌音一和喉音一有重复的例字，在腭音五、齿音一和齿音五处呈现出一片空白。结果若按照其他的例子，就有 21 声类。[f][v]母不接续撮口呼，而与[p][p‘][m]母同时接续于合口呼，这是该书的特色。

该书的韵类，可用《韵头总图》(如图 11－24)表示。

	一	二	三	四	五	六	七	八	九	十	十一	十二
	狮	马	蛇	驼	牛	獒	豺	龟	龙	羊	猿 (注二)	麟 (注三)
开口	馋 [ɿ·ʅ·ə] (注一)	遏 [a]	戹 [ɛ]	阿 [o]	欧 [ou]	鏖 [ɑu]	哀 [ai]	○ [ei]	○ [əŋ]	坱 [ɑŋ]	安 [an]	恩 [ən]
齐齿	衣 [i]	鸦 [ia]	也 [iɛ]	约 [io]	尤 [iou]	夭 [iɑu]	挨 [iai]		英 [iəŋ]	央 [iɑŋ]	烟 [iæn]	因 [iən]
合口	乌 [u]	窊 [ua]	曤 [uɛ]	涡 [uo]			歪 [uai]	威 [uei]	翁 [uŋ]	汪 [uɑŋ]	剜 [uɑn]	温 [uən]
撮口	于 [y]	○ [ya]	悦 [ye]	○ [yo]					雍 [yŋ]		渊 [yæn]	云 [yən]

图 11－24

永岛荣一郎进一步说明，注一，因为出现精系、照系及入声字，因此拟作[ɿ·ʅ·ə]。注二，十一猿中另有称为“又猿”的韵类，所以有[am][iæn]二音。注三，十二麟中另有称为“又麟”的韵类，所以有[əm][iəm]二音。有○并且在其下方表音的，在《韵头总图》中没有，但是在韵表中出现了具体例字，这一现象很有趣。

《韵头总图》中没有“又猿”[am][iæn]和“又麟”[əm][iəm]之说，却出现在分韵图中。与相类似的其他 12 韵目相比较，《五方元音》存在[u]韵和[uei]韵互换现象，这一点上与《三教经书文字根本》、《五音通韵》一致。观察各韵图中每个字的配置，则更有趣。尤其是龟韵的开口(即[ei])有唇音声母字。另外，来、开二字用[lei][kei]表示，清楚地表示了实际的口语音。

耿振生(1992：198)认为，《等韵精要》仿《五方元音》例，以动物名称作为韵目。李新魁(1993：332)说《等韵精要》反对“闭口呼”，与开齐合撮并列，专主四呼之说。在曲家“头腹尾”合为一音节说法的基础上，指出，“项”即介音的存在。他的“头项腹尾”之说，是汉语音节分析上的一个进步。赞同《韵法直图》、《韵法横图》不分等的做法，是“善正前人之失者”。他认为旧等韵门法纷繁，皆因分等。从这里也可以看出他缺乏古今语音发展的观点。认为，前代韵图，其音“极多重出”，应当归并为 12 韵。

声调共分中、平、上、去、入五类。中表示阴平，平表示阳平，入声只归属于阴声韵。耿振生与李新魁均指出，这里的“中”就是阴平，而“平”是阳平。但“入”的性质就都没有说明，这是一个缺憾。

（十四）《音韵集注》

《音韵集注》，高明直著。高明直，山西浮山人。永岛荣一郎说，在卷首有嘉庆四年(1799)的自序，同年刊刻此书。该书向来不为人所知，其结构、内容几乎完全因袭《五方元音》。不过，若仔细研究发现也稍有一些不同。通常认为该书的资料价值与《五方元音》等同。永岛荣一郎说的是实情，直至今天，仍然很少有学者关注。永岛荣一郎研究《音韵集注》的基本方法是和《五方元音》进行对比，以期找到共性和个性的东西。

依据卷首韵图有 20 个字母，与《五方元音》相同，20 个声母，如图 11－25 所示：

邦	匏	木	风	斗	土	鸟	雷	竹	虫	石	日	剪	鹊	系	雲(云)	金	桥	火	蛙
[p]	[p‘]	[m]	[f]	[t]	[t‘]	[n]	[l]	[tʂ]	[tʂ‘]	[ʂ]	[ʐ]	[ts]	[ts‘]	[s]	[O]	[ĸ]	[k‘]	[x]	[O]

图 11－25

该书的韵目及其内容如图 11－26 所示：

	（一）天	（二）人	（三）龙	（四）羊	（五）牛	（六）獒	（七）虎	（八）驼	（九）蛇	（十）马	（十一）豺	（十二）地
（开）	[an]	[ən]	[əŋ]	[ɑŋ]	[ou]	[ɑu]		[o]		[a]	[ai]	[ɩ・ɿ・ei]（注三）
（齐）	[iæn]	[iən]	[iəŋ]	[iɑŋ]	[iou]	[iɑu]		[io]	[iɛ]		[iai]	[i]
（合）	[uɑn]	[uən]	[uŋ]	[uɑŋ]			[u]	[uo]		[ua]	[uai]	[uei]
（撮）	[yæn]	[yən]	[yŋ]	[yɑŋ]（注一）			[ɥ]	[yo]（注二）	[yɛ]			[y]

图 11－26

永岛荣一郎解释：注一，《五方元音》韵图中无该韵，有犷、诳、恇等字。注二，《五方元音》的韵图中无该韵，有矍、攫等字。注三，[ei]韵在《五方元音》中无特殊必要出现，但是在此是必要的，或许可拟作[ə]音，裓、刻、黑等字相当此音。不过与《五方元音》的差异，不仅仅在作了注的地方，而且其内容也有更大的差异。

声调。分上平、下平、上、去、入五类，入声只入阴声韵。

（十五）《音鉴》

《音鉴》，又称《李氏音鉴》，李汝珍著。李汝珍，字松石，河北大兴人。成书于嘉庆十年（1805），该书流传广泛。作者李汝珍还著有著名的小说《镜花缘》。

永岛荣一郎考证《音鉴》音系，有自己的特点。他看到李汝珍在该书中作《松石三十三字母行香子词》，其中使用了 33 个字母。并示举如图 11－27：

（一）（二）（三）（四）（五）（六）（七）（八）（九）（十）（十一）（十二）（十三）（十四）（十五）
春　满　尧　天。溪　水　清　涟。嫩　红　飘　粉　蝶　惊　眠。
（十六）（十七）（十八）（十九）（二十）（廿一）（廿二）（廿三）（廿四）（廿五）（廿六）（廿七）
松　蛮　空　翠。欧　鸟　盘　翾。对　酒　陶　然
（廿八）（廿九）（三十）（卅一）（卅二）（卅三）
便　博　箇　醉　中　仙。

图 11－27

如将上面的词按下面排列，就成为二类如图 11－28 所示：

（一）（二）（三）（四）（五）（六）（七）（八）（九）（十）（十一）（十二）（十三）
（1）博　盘　满　粉　对　陶　嫩　蛮　箇　空　红　鸥　中
[p] [p'] [m] [f] [t] [tu] [t'] [t'u] [n] [nu] [l] [lu] [k] [ku] [k'] [k'u] [x] [xu] [O] [tʂ]
（十四）（十五）（十六）（十七）（十八）（十九）
春　木　然　醉　翠　松
[tʂu][tʂ'] [tʂ'u][ʂ][ʂu] [ʐ][ʐu][ts] [tsu][ts'][ts'u][s][su]（开合）
（2）便　飘　眠　蝶　天　鸟　涟　惊　溪　翾　尧
[pi][p'i][mi] [ti] [t'i] [ni] [li] [ki][ky][k'i][k'y][xi][xy][o]
酒　清　仙
[tsi] [tsy][ts'i][ts'y][si] [sy]（齐撮）

图 11－28

永岛荣一郎解释说，字母的设定与《元韵谱》、《渊若韵辨》、《等韵精要》等韵书相比，有更进一步的想法，达到了与那些韵书同样的目的，而且变得既简单又实用。这些字母对开口呼、齐齿呼、合口呼、撮口呼声母的影响，以齐齿呼和撮口呼最大。在此意义上，为齐、撮两呼制定了特殊字母，这不是为了玩游戏，是由实际需要做的。在今天的北京话中，[k][k'][x]与[ts][ts'][s]后续齐齿呼、

撮口呼则都变为[tɕ][tɕʻ][ɕ]，大概这种现象在很早以前就存在，不过，到目前为止，永岛所举的资料中，明确地接受这种处理方式的还没有一个。然而，见系、晓系的声母在接续齐齿呼、撮口呼时，虽然很少却不能否定其一定是受到某种影响而出现了与开口呼、合口呼不同的情况。因此，该书中把字母分为两类，或许是有其他的原因。不过，其主要的理由，通常认为是由于[i][y]介音而被腭音化。即，如果依据普通的例子，该书应该有 19 个声类，但是若使腭音化的声母独立，声母的数量就会增加。

耿振生(1992：252)也认为可把 33 个字母洪细音合并，归纳为 19 个声母音位，即见溪影晓、端透泥来、帮滂明非、精清心、照穿审日。李新魁(1993：519)也是这个意见。

韵目共有 22 个，在《初学入门总论》中显示有 22 个韵母，如图 11－29。

(一)	(二)	(三)	(四)	(五)	(六)	(七)	(八)	(九)	(十)	(十一)
张遮秧切	真张因切	中珠翁切	珠中污切	招张妖切	斋真皆切	知真诗切	遮张赊切	诂真衫切	毡真羶切	专中渊切
[ɑŋ]	[ən]	[uŋ]	[u]	[ɑu]	[ai]	[i]	[ɛ]	[an]	[ɛn]	[uan] (注一)
[iɑŋ]	[iən]	[yŋ]	[y]	[iɑu]	[iai]	[ɿ·ʅ]	[iɛ]	[ian]	[iɛn]	[yæn]

(十二)	(十三)	(十四)	(十五)	(十六)	(十七)	(十八)	(十九)	(二十)	(廿一)	(廿二)
周张鸥切	○真婀切	渣弱雅切	追中逶切	谆庄春切	蒸张升切	○珠弯切	○珠窝切	楇中洼切	○珠歪切	○中汪切
[ou]	[o]	[a]	[uei]	[uən]	[əŋ]	[uɑn] (注一)	[uo]	[ua]	[uai]	[uɑŋ]
[iou]		[ia]			[iəŋ]					

图 11－29

永岛荣一郎补充道，注一，专韵与珠弯切的韵其区别，现在难以确定，所以假定分成[uan]和[uɑn]。

永岛荣一郎也看到，在以上的韵目下面列举了在实际中存在的韵母。不过，该书在其结构方面与以往的韵书相比有很大不同，是一部应该注意的资料。

耿振生(1992：252)以韵中字代表韵母，则 22 韵为：1. 昂泱；2. 恩因；3. 翁雍；4. 乌鱼；5. 敖腰；6. 哀崖；7. 迟医；8. 车爷；9. 安颜；10. 缠烟；11. 完渊；12. 鸥幽；13. 娥；14. 麻鸦；15. 威；16. 温云；17. 衡英；18. 弯；19. 窝靴；20. 娃；21. 歪；22. 王。

声调分为阴平、阳平、上声、去声、入声五个声调，入声只依附在阳声韵中。

中国学者杨亦鸣《李氏音鉴音系研究》(陕西人民教育出版社，1992)与永岛荣一郎的研究思路、方法有很大的不同。他根据《李氏音鉴》的内证及方言材料，认为此书的语音基础是北京音，同时兼采了处于下江官话地域的海州音。因此，突破了前人在《李氏音鉴》音系性质问题上的认识，力图解决此书中的“南北兼列”问题。对《李氏音鉴》性质的确定，进一步明确了此书在研究普通话语音史上的重要意义。对此书的粗细理论和反切进行了比较深入的讨论，明确了声母、韵母的“粗”和“细”，总结了介音选择的两个规则，同时概括了反切的特点“切异粗细”，即反切上字决定介音。归纳《李氏音鉴》的声、韵、调系统，根据其音系性质的分析和现代汉语方言材料，构拟两套音系，即“南北兼列”。北音反映的是北京音，南音则主要反映了海州板浦音。采用“透视分离法”，把“南音”成分从共同的音系中分离出来，同时补充《凡例》及正文中有关北音的材料，构拟了一个比较完整的18世纪末的北京音系，并与现代北京语音进行比较。采用列表的形式展现18世纪末的北京音系及声韵调相互配合的情况。[9]

（十六）《说音》

《说音》，许桂林著。许桂林，字月南，江苏海州人（今连云港市）。永岛荣一郎考证说，书中有嘉庆丁卯年（1807）的自序，其稿本被藏在东莞的伦氏续书楼，不过最近作为《声韵要刊》之一，以铅印的形式出版。在《韵学蠡言举要》的《韵学丛书三十四种目录》中载有许桂林的《传声谱》，可是尚未见到原本。该书由卷一音谱、卷二音谱丛说、卷三说古音说方言说叶音和卷四切音等组成。作为资料过于简单，从该书的整体来看其价值不容忽视。由于该书没有完整的、具体的韵图，在此简单地叙述其要点。

声类。在《十九音统一切音》中，揭示了以下声母。在《六十四音统一切音》中，其十九音也关系到等呼的问题，进而发展成为六十四音，如图11－30。

（喉音）	（舌音）		（齿音）	（唇音）
昂 杭 冈 康	当汤郎	张 昌 商若冈	姜 恙 香 央	方 忙 旁 帮
[O][x][k][k‘]	[t][t][l]	[ts][ts‘][s][z]	[tɕ][tɕ‘][ɕ][O]	[f][m][p‘][p]

图11－30

永岛荣一郎说，据此，没有[n]母、没有以往的照系声母，另外，见系、晓系声母腭音化等等，表示的是方言特色。在长江一带，[n]和[l]作同一音素。在很多方言中，照系精系化。通常认为也有依据精系的[i][y]而被腭音化的现象。

耿振生（1992：193）认为声母19个，但有张[tʂ]昌[tʂ‘]商[ʂ]臧[ts]仓[ts‘]桑[s]构拟的不同。

韵类。永岛荣一郎说，在《十六音统一切音》中可以看到下面所表示的十六韵。这十六韵被分成正粗（即开口）、正细（即齐齿）、散粗（即合口）、散细（即撮口）。特别是在姜母的位置分为混正混散；在方母的地方分为独粗独细。上述情况因为没有完整的韵图，所以在此简单介绍一下，只开列其假定的共同韵母。

另外，在其韵母的下面开列入声韵。如图 11－31。

(一)	(二)	(三)	(四)	(五)	(六)	(七)	(八)	(九)	(十)	(十一)	(十二)	(十三)	(十四)	(十五)	(十六)
昂	昂成	昂同	模	敖	埃	昂雷	昂时	安	欧	俄	昂拿	而	完	昂神	菴
			鼻音					阳平	阳平			北音	淮音		阳平
[ɑŋ]	[əŋ]	[uŋ]	[u]	[ɑu]	[ai]	[ei]	[i]	[an]	[ou]	[o]	[a]	[ɛ]	[uœn]	[ən]	[ɛn]
(入声)	(一)	(二)	(三)	(四)	(五)	(六)									
	屋	屋答	恶	兀	屋叶	屋立									
	[u]	[a]	[o]	[ə]	[ɛ]	[i]									

图 11－31

耿振生(1992：193)认为韵部有 16 个，依现代连云港方言的读音构拟音值。敖[ɔ]、埃[æ]、昂时[ʅ]、安[æ̃]、欧[ɤɯ]、昂拿[ɑ]、而[ər]、完[õ]、庵[æ̃]。

声调。在《五音统一切音》中，分为阴平、阳平、上、去、入五个声调。入声当然是作为独立的声调来处理的。

(十七)《等韵简明指掌图》

《等韵简明指掌图》，张象津著。张象津，字汉渡，山东济南人，著有《白云山房集》。《白云山房集》有张绳武等拜经堂清道光十六年(1836)刻本。《等韵简明指掌图》收于《白云山房集》中，有嘉庆乙亥(1815)自序，说明完成于 1815 年。永岛荣一郎说，《等韵简明指掌图》向来没被注意过。该书如其书名所示，是以韵图为主的。

张树铮《清代山东方言语音研究》(2005)认为，作者张象津(1738—1824)，山东新城(桓台)人，字汉渡，又号雪岚，一生主要活动于家乡。《等韵简明指掌图》反映的是 18 世纪末 19 世纪初的新城方言。

该书没有特别标明声母，永岛荣一郎从韵图中推测其声母相当于传统的三十六字母，所示如图 11－32：

(牙　音)			(舌头音)			(重唇音)			(齐　音)			(舌上音)			(轻唇)	(喉音)	(半齿)	(半舌)
见	溪	影	端	透	泥	帮	滂	明	精	清	心	照	穿	审	非	晓	来	日
[k]	[k']	[O]	[t]	[t']	[n]	[p]	[p']	[m]	[ts]	[ts']	[s]	[tʂ]	[tʂ']	[ʂ]	[f]	[x]	[l]	[ʐ]

图 11－32

如图 11－32 所示，在韵图中只记载着牙音、舌头音、重唇音、齿音、舌上音、轻音、喉音、半齿、半舌，结果该书只有 19 个声类。耿振生(1992：187)认为声母体系与《万韵新书》相同。张树铮(2005)也认为是 19 个声母。

韵类，先以十二摄为表示，进而，依照开口正韵、合口副韵、合口正韵、合口副韵把各摄四分。开口正韵相当于开口呼、开口副韵相当于齐齿呼、合口正韵相当于合口呼、合口副韵相当于撮口呼，这一点与《三教经书文字根本》相同。下面把该书的十二摄及其内容表示如图 11－33：

	迦摄第一	歌摄第二	冈摄第三	庚摄第四	裓摄第五	高摄第六	该摄第七	傀摄第八	根摄第九	干摄第十	钩摄第十一	歌摄第十二
		（注二）										（注三）
开口正韵	[a]	[o]	[ɑŋ]	[əŋ]	[ɿ·ʅ]	[ɑu]	[ai]	[ei]	[ən]	[an]	[ou]	[o]
开口副韵	[ia]	[iɛ]	[iɑŋ]	[iəŋ]	[i]	[iɑu]	[iai]		[iən]	[iæn]	[iou]	[iɛ]
						×					×	
合口正韵	[ua]	[uo]	[uɑŋ]	[uŋ]	[u]	[uɑu]	[uai]	[uei]	[uen]	[uɑn]	[uou]	[uo]
合口副韵	[ya]（注一）	[yɛ]		[yŋ]	[y]	[yɑu]			[yən]	[yæn]		[yɛ]

图 11－33

永岛荣一郎解释，注一，只有一“嗟”字。注二，该书的特色在于本摄，不过，假定音值现在从古。注三，“与第二摄同”，其内容完全与歌摄第二相同。×是只对于重唇音而设的。

永岛荣一郎考证，共有十二摄。不过，实际上由于歌摄第十二与歌摄第二完全相同，事实上只有十一摄。另外，用于这十二摄的文字及其他排列，只有歌摄第二与结摄不同，其他的与《康熙字典》卷首的《四声等韵图》完全相同。从该书[uei]韵独立，[u][y]韵与[i][ɿ·ʅ]韵构成一摄这一点上来看，属于《三教经书文字根本》的系统。但是，此书的特色在歌摄第二，把[o][uo]韵和[iɛ][yɛ]韵合并。这样一来，结果减少了一摄。现在可以把歌摄第二假定为[ə][uə][iə][yə]，不过，目前从古。若仔细考察该书的每一个字，其作为资料的价值还是很大的。耿振生（1992：187）说，《等韵简明指掌图》合并韵摄，形式上保留十二摄，其实把结摄、歌摄合而为一，重列为两图而已。

声调。在韵图中按照平、上、去、入、下平这样的五个声调顺序来排列。下平相当于阳平，除去平声的少数字例外，全浊、次浊声母都归于下平，入声被适当地收到阴声韵。

中国台湾学者宋韵珊（2006）认为，《等韵简明指掌图》是刊行于清乾隆时期的一部韵图，作者张象津。从其语音系统观之，《等韵简明指掌图》应该反映了当时山东桓台的方音。其声韵调如下：声母有 19 个，显然已完成浊音清化、唇齿音化、知庄章合流以及零声母化等现象。韵目分为十二摄，除了[m]韵尾已并入[n]韵尾中外，入声韵尾亦已消失，所以该图以入声韵配阴声韵形态出现。声调分为五，依次是阴平、上、去、入、阳平。宋韵珊研究的目的在于观察此图语音系统的特点，并取现今方音加以对当，由此除可得悉当时山东方音的面貌外，同时也可进而显示此图在编排体例上的保守与创新形式特征。[10]

日本学者金文京还有《张象津〈等韵简明指掌图〉译注》（高田时雄主编《明清时代の音韵学》，京都大学人文科学研究所研究报告，2001）。

(十八)《音泭》

《音泭》,徐鉴著。徐鉴,字香垞,河北大兴(今属北京)人。应裕康(1972：558)说:“与兄铨(字藕船)皆为李汝珍氏至友,可见,徐氏生卒时代,大略与汝珍相近。”永岛荣一郎考证,在卷首有赵由忠于嘉庆二十二年(1817)写的序。据李氏《音鉴》所说:“徐鉴还著有《韵略补遗》一书。”该书以韵图为主,全系赵荫棠先生的发现和介绍。永岛荣一郎称,自己也得到了一个本子,和赵荫棠先生的本子是两种不同的版本。赵荫棠《等韵源流》和《〈李氏音鉴〉的周围》(《国语周刊》第 55 卷、第 56 卷,1932)有所说明。

永岛荣一郎认为,该书没有特别地设定字母,不过,字母项中提到:“辨唇、齿、牙、舌、喉各音法。公空翁喉音也。东通哝舌音。○酊○唇音也。宗聪松牙音也。中充搐齿音也。烘喉音也。风轻唇音也。○○半舌半齿也。余仿此。”在此,它以具有[uŋ]韵母的字母为例,现在就把相当于三十六字母的声母开列如表 11－7:

表 11－7

见	溪	影	端	透	泥	帮	滂	明	精	清	心	照	穿	审	晓	非	来	日
[k]	[k‘]	[o]	[t]	[t‘]	[n]	[p]	[p‘]	[m]	[ts]	[ts‘]	[s]	[tʂ]	[tʂ‘]	[ʂ]	[x]	[f]	[l]	[ʐ]

在各韵图中也是按照这个顺序来排列的,结果该书有 19 个声类。

中国台湾学者应裕康(1972：568)和大陆学者周赛华(《近代北音音韵文献〈音泭〉述要》,《古汉语研究》2004 年 3 期)认为该书还有应该有舌面音[tɕ][tɕ‘][ɕ],反映了尖团合流、知庄章合而为一等现象。

韵类。作为《标韵》,开列了以下的韵目,据此创制了 36 个韵图,如图 11－34。

一 松公 [uŋ]	五 椿昆 [uən]	九 桓官 [uɑn]					廿一 梧姑 [u]	廿三 梅归 [uei]	廿五 桄光 [uɑŋ]	廿八 槐乖 [uai]	卅一 桦瓜 [ua]	卅四 椤锅 [uo]
二 榕穹 [yŋ]	六 桾君 [yən]	十 橼捐 [yæn]			十七 橛撅 [yɛ]		廿二 樗拘 [y]					卅五 柯歌 [o]
三 橙更 [əŋ]	七 榛根 [ən]	十一 柑干 [an]	十三 桃高 [ɑu]	十五 楱钩 [ou]		十九 栀兹 [ʅ·ɿ]		廿四 栭而 [ər]	廿六 枫冈 [ɑŋ]	廿九 柰该 [ai]	卅二 樝渣 [a]	卅六 栎约 [yo]
四 樱京 [iəŋ]	八 檎斤 [iən]	十二 棉奸 [iæn]	十四 椒炎 [iɑu]	十六 榴鸠 [iou]	十八 栵接 [iɛ]	二十 椑基 [i]			廿七 杨姜 [iɑŋ]	三十 楷皆 [iai]	卅三 柙家 [ia]	

图 11－34

永岛荣一郎认为,作为“标韵”,采用的文字都是与树木有关系的,这一点非常有趣。在各“标韵”上,标示了数字的顺序,没有特别地表示“标韵”间的相互关系。不过现在,按照上面的排列整理为 13 列。另外,把[ɿ.ʅ][i]韵和[u][y]韵合并为一列,变成 12 列,与《三教经书文字根本》的排列相似。主要差异是:该书没有[ei]韵以及在该书中增加了[ər]韵,[ər]韵的独立,是按照情况处理的,很有意义。

应裕康(1972:577)说:“可知入声字北音读入何声调者,徐氏于图中皆表出之,统计其改读之现象,大略与《李氏音鉴》相同。徐氏与李氏时代既同,又为同乡,故于入声改读他调,表现亦无二致也。”

周赛华(2004)则认为,为[io]向[yɛ]、[ɛ]向[ə]、[iai]向[iɛ]、儿化韵等韵母演变线索提供了有力的证据。

声调分为阴、阳、上、去、入五个。入声同时被派入阴声韵和阳声韵中,那么被派入阳声中的要多一些,但是,也有只为入声而设置的韵目。

(十九)《翻切简可篇》

《翻切简可篇》,永岛荣一郎认为由张燮承(字师筠,安徽含山人)著。应裕康(1972:580)说,张燮承生于 1810 年。书中有道光十七年(1837)的自序,另外还有道光十八年(1838)及咸丰四年(1854)的重刊序言和识语。该书上卷有《翻切入门简易篇》,下卷有《音鉴节要》、《思商琐言》,上卷以韵图为主。耿振生(1992:199)认为,原作者不详,道光年间由含山(安徽)人张燮承修订,并序于道光十八年(1837)。李新魁(1993:295)也是这个观点。

永岛荣一郎谈该书的声类。在《思商琐言》中的《简易篇母韵明显图》开列了下面的 21 个字母,不过,实际上与《简易篇十九字母》的 19 个字母是相同的。每个韵图中虽然有 21 栏,但是在第十七、第十九栏都是影母,与第三栏的影母完全一致。其结果就是只有唯一的一个影母就可以了,因此该书只有 19 个声类,如表 11-8。

表 11-8

见	溪	影	端	透	泥	帮	滂	明	精	清	心	知	穿	审	晓	影	非	影	来	日
[k]	[k‘]	[o]	[t]	[t‘]	[n]	[p]	[p‘]	[m]	[ts]	[ts‘]	[s]	[tʂ]	[tʂ‘]	[ʂ]	[x]		[f]		[l]	[ʐ]

耿振生(1992:199)认为它的 19 个声母,与《等韵图经》相等。

永岛荣一郎研究该书的韵类,认为,在《三十三韵首便读图》中,用图 11-35 中的 33 韵来表示,依此,创制了 33 个韵图。

开口呼正韵	高	该	钩	歌	冈	干	根	庚	迦
合口呼正韵	光	官	工	昆	傀	乖	锅	孤	瓜
开口呼副韵	江	经	交	鸠	加	坚	金	皆	饥	结
合口呼副韵	弓	涓	君	居	诀

图 11-35

上面的图表是经过整理、排列后的结果。看到这个图表可知该书的韵母减少很多。把该书与《音泭》相比较，没有了[yo]韵和[ər]韵。另外，在该书的饥韵中包含有[ʅ.ɿ]韵。因此，我们可以看到减少了三个韵。

李新魁(1993：296)说它，列图，以条为纲，条下统韵，每韵一图。依中原音而又兼顾南北方音撰作。

永岛荣一郎谈它的声调，分为阴、阳、上、去、入五个声调。入声可以在各韵图中看到。同一字也有在各处重复出现的情况，不过，最适当的地方只有一个字，其他的字均被收在○中，以派入阴声为主，同时也有被派入阳声韵中的入声。

(二十)《音韵逢源》

《音韵逢源》，满族人裕恩著。裕恩，号容斋。在《音韵逢源》卷首有禧恩的道光庚子(1840)序。李新魁(1993：300)介绍了该序叙述裕恩《音韵逢源》的两个宗旨：一是“五方之音，清浊高下各有不同，当以京师为正”，所以不列入声。可见此书反映的是北京音，而北京音入声已经消失。但从禧恩的提问中可以知道，当时北京以外的许多地方还存在着入声。二是“此谱只为传声射字之用，固音韵之游戏耳，故多收俗字而略僻字”。永岛荣一郎强调说，该书的特色是用满洲文字来注音，把所有的字都制成韵图，与只用一个字作为例字的韵图不同，于是乎在韵图中就记载了许多同音字。并且入声不独立被派入平、上、去各声等，特别是入声被派入平、上、去三声(实际上平声被两分，所以是四声)中的资料历来很少。所以，其资料价值是不容忽视的。

声类在目录中用“廿一母”表示如图 11 - 36：

角	亢	氐	房	心	尾	箕	斗	牛	女	虚	危	室	壁	奎	娄	胃	昴	毕	觜	参
一	二	三	四	五	六	七	八	九	十	十一	十二	十三	十四	十五	十六	十七	十八	十九	二十	廿一
噶	佉	啊	搭	他	那	巴	葩	妈	咂	擦	萨	渣	义	沙	哈	阿	发	斡	拉	髩
[k]	[k‘]	[ŋ]	[t]	[t‘]	[n]	[p]	[p‘]	[m]	[ts]	[ts‘]	[s]	[tʂ]	[tʂ‘]	[ʂ]	[x]	[O]	[f]	[v]	[l]	[ʐ]

图 11 - 36

永岛荣一郎说，其中的“氐三啊”有一些问题，不过，通常认为作为[ŋ]母是可以独立的，因此该书有 21 个声母。李新魁(1993：301)则强调，有相当于疑微两母的声母，而没有舌面音声母。

韵类。“十二摄”，依据“四部”排列，即按照第一乾部(合口呼)、第二坎部(开口呼)、第三艮部(齐齿呼)、第四震部(撮口呼)的顺序排列，表示如图 11 - 37：

	子 一	丑 二	寅 三	卯 四	辰 五	巳 六	午 七	未 八	申 九	酉 十	戌 十一	亥 十二
乾一(合口呼)	光	官	公	昆	姑切 鏖	乖	姑切 欧	规	锅	姑切 曰	姑	瓜
	[uɑŋ]	[uɑn]	[uŋ]	[uən]		[uai]		[uei]	[uo]		[u]	[ua]
坎二(开口呼)	冈	干	庚	根	高	该	钩	歌切 厄伊	歌	歌切 噎	歌切 诗	噶
	[ɑŋ]	[an]	[əŋ]	[ən]	[ɑn]	[ai]	[ou]	[ei]	[ə]		[ʅ·ɿ]	[a]
艮三(齐齿呼)	江	坚	京	金	交	皆	鸠	基切 衣伊	基切 婴	皆	基	嘉
	[iɑŋ]	[iæn]	[iəŋ]	[iən]	[iɑu]	[iai]	[iou]			[iɛ]	[i]	[ia]
震四(撮口呼)	居切 汪	涓	扃	君	居切 鹿	居切 挨	居切 欧	居切 威	居切 哟	居切 曰	居	居切 洼
		[yæn]	[yŋ]	[yən]					[yo]	[yɛ]	[y]	

图 11－37

永岛荣一郎说，韵类，其结构与以往的韵书相比没有什么变化。唯一应该注意的就是申九的歌韵与以往的[ɛ]韵(又作[iɛ])同时存在，今拟作[ə]。这种现象在《黄钟通韵》中已经见到，通常认为这一行全部作[ə]为好，现在只作为歌韵处理。另外，[ei]韵的独立也应注意，该韵多次出现，其中也包含着“耳”、“二”、“儿”等字。李新魁(1993：301)补充说，耳、二、儿等字在未部开口，而声母是[ŋ]，可能实际上是[ər]。

永岛荣一郎说，声调，在目录中分为“四声”，即巽部第一上平声、离部第二上声、坤部第三去声、兑部第四下平声。巽部第一上平声是阴平、兑部第四下平声是阳平。如上所述，入声不独立，恰当地置于以上的四声中。观其入声的所属，能够看出与今天的北京话非常类似。对于入声的处理方式，大概应作为该书的第一特色看待。耿振生(1992：177)认为，入声字派入四声，接近于现代北京音而与《等韵图经》差异较大，在《图经》中，凡有异读的古入声字均为去声与非去声的对立，读书音为去声；在《音韵逢源》中，有异读的字多为阳平与非阳平的对立，读书音为阳平，部分为去声。

日本学者赞井唯允《〈音韵逢源〉和〈等音〉》(《东京都立大学人文学报》第140号，1979)从《音韵逢源》和《等音》有着明显的承继关系的角度，解释《音韵逢源》复古的缘由。尽管如此，作者认为，还有许多难以解释清楚的问题。比如《音韵逢源》与《等音》之外韵图的关系。

日本学者岩田宪幸《〈音韵逢源〉音系与现代北京音的比较》(上、中、下)(《近畿大学教养部研究纪要》第19卷第3号、第20卷第2号—第3号，1988)全面研究《音韵逢源》音系，并与现代北京音进行比较。比较的前提是，《音韵逢源》与现代北京音有直接的关系。其结果是：《音韵逢源》存在文白两读，其白读与北京音相合者很多，其文读则存在着不小的差异。[11]

（二十一）《同音字辨》

《同音字辨》，刘维坊著。刘维坊，字言可，号乐山山人，山东渤海人。该书自序写于道光二十九年（1849），李新魁（1993：158）说，重订于同治十二年（1873）。有京师琉璃厂益成堂刊本。永岛荣一郎强调，该书属于韵书，普遍用于辨音识字，因此这一点体现了该书的价值。此书收字于《佩文诗韵》，一字不遗。注音则参用《中州音韵辑要》、《经韵集字》、《佩文诗韵》。

声类。其中没有出现特殊字母。不过，从各卷开头的全韵图来推断，可知该书共有 20 个声类。现用三十六字母的代表字表示如表 11－9：

表 11－9

见	溪	影	端	透	泥	帮	滂	明	精	清	心	照	穿	审	晓	非	○	来	日
[k]	[k']	[o]	[t]	[t']	[n]	[p]	[p']	[m]	[ts]	[ts']	[s]	[tʂ]	[tʂ']	[ʂ]	[x]	[f]		[l]	[ʐ]

永岛荣一郎说，在这里，用○所表示的声母与影母的性质是相同的。尤其是在合口韵中无法排列影母字时，就被加入到这里。实际上可以不予认可，如此，该书共有 19 个声类。耿振生（1992：200）说，与《等韵图经》声母相等。

韵类。《总韵首歌》中，列出了如下韵类：

　　姜公庚高居钩干　京姑涓巾歌扃官　交鸠皆光规该钧　裩瓜家岗根基坚

永岛荣一郎说，在此，列出 28 韵，作者认为以此为准，可以查找文字。不过这仅仅提供了一个标准，实际上还有一些韵部要分开，其韵类如图 11－38 所示：

冈 [ɑŋ]	庚 [əŋ]	高 [ɑu]	钩 [ou]		干 [an]	根 [ən]	歌 [o]	该 [ai]			瓜 [a]	基 [ɿ·ʅ]
姜 [iɑŋ]	京 [iəŋ]	交 [iɑu]	鸠 [iou]		坚 [iæn]	巾 [iən]		皆 [iai]		家 [ia]	家 [iɛ]	基 [i]
光 [uɑŋ]	公 [uŋ]			姑 [u]	官 [uɑn]	裩 [uən]		皆 [uai]	规 [uei]	瓜 [ua]		
	扃 [yŋ]			居 [y]	涓 [yæn]	钧 [yən]						

图 11－38

图 11－38 中的粗体字，该书没有列出相当于《总韵首歌》的韵类，而是借用了其他的韵。因而可以看出，没有[uo]韵。事实上，是[o]和[uo]韵不分。

声调，平声两分，入声独立，结果该书共有五个声调，入声被分别派入阴声韵和阳声韵中。迄今，永岛荣一郎的分析仍然是具有代表性的重要观点。

(二十二)《字学备要》

《字学备要》,刘履贞著。刘履贞,湖北嵩阳人。在卷首有咸丰元年自序,说明刊刻于1851年。该书是一部韵书,其韵图另出。永岛荣一郎说,他只看到赵荫棠先生所藏的一个本子,所以拜借赵先生藏书,在此作一介绍。

声类。永岛荣一郎说,依据《字学备要》卷首的《韵首》图,分清浊,平、入二声中有32种声母,上、去二声中有21种声母。现将平声与上声的《韵首》及其关系表示如图11－39:其中○表示清、●表示浊。在上、去二声中作为(同)的部分,构成○-●的声母,后边的浊母没有必要,只在平声中有必要区别。

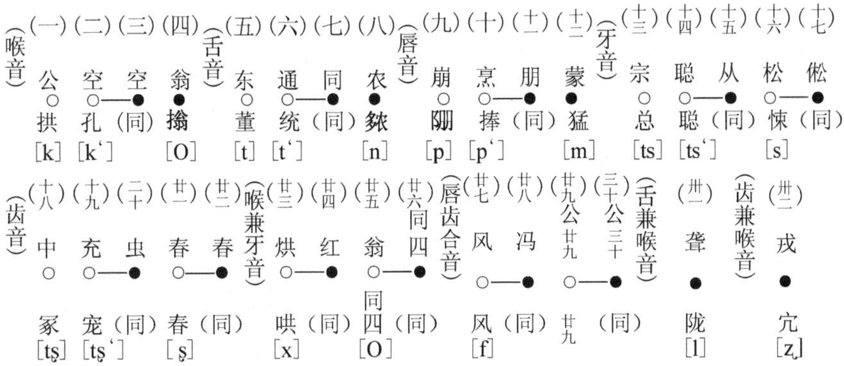

图 11－39

永岛荣一郎解释道,入声暂且不论,出现在○-●的地方都是同音,不过是表示声调的差异。还表示与《书文音义便考私编》书中列举的现象是同样关系。因此,在平声方面,○-●声母的字是同音的,●母字与其他单独的●母字在声调上是一致的,因此,实际上的声母类就是在下面作了注音的声母。并且,第二十五的翁母与第四的翁母不过是同一个声母,所以该书共有19个声类。

至于韵类,永岛荣一郎提醒说,该书卷首的《摄韵合母》图可以反映出韵类的情况。为了表示韵类,撮口▷、合口○、开口×、齐齿丶这样的符号附在旁边。该书的平声和入声韵母如图11－40所示。

对于《字学备要》的结构,永岛荣一郎认为是,入声附属在廿一乖韵以后的各韵中。应该特别注意的韵类是第廿五的○,这意味着不承认[a]韵的存在。不过,此韵又在整个三十五韵中占据一个位置,这是一种很有趣的处理方式。此外,从其内容来看,很好地表现了方言的特色,通常认为这是一部应该注意的资料。

《字学备要》声调有平、上、去、入四声。不过,平声两分,但依声母的清浊而分。入声只附在第二十一乖韵以后的各韵中。入声有清、浊声母,在这一点上,疑问颇多。该书有五声之别(五个声调)。

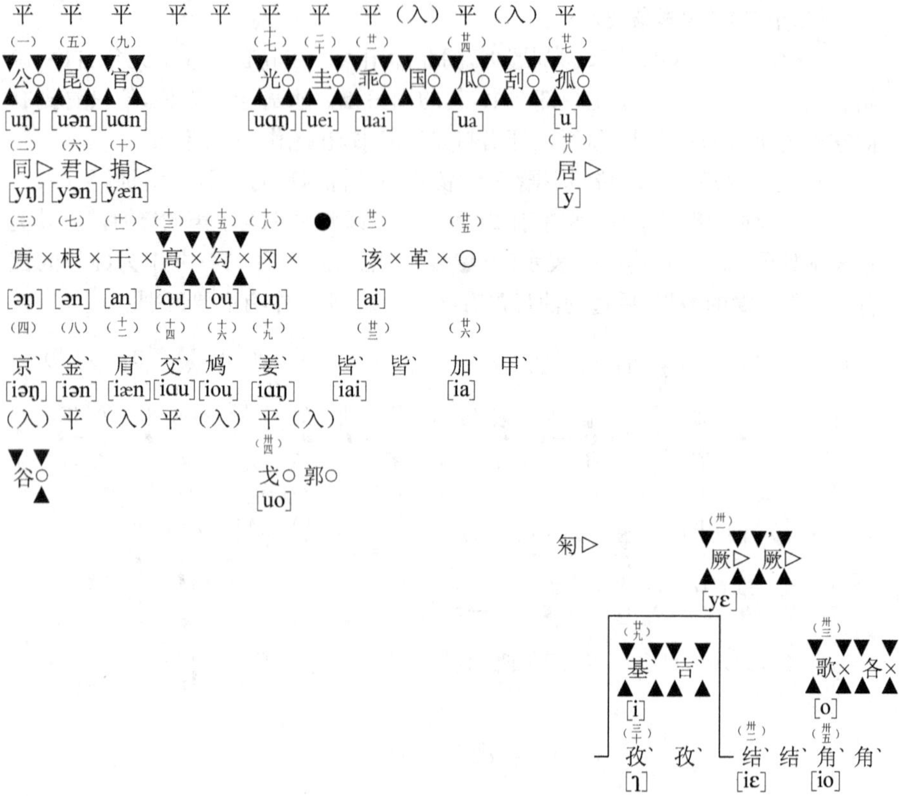

图 11－40

（二十三）《正音切韵指掌》

《正音切韵指掌》，莎彝尊著。莎彝尊，字秬芗，满洲人。耿振生（1992：201）补充，自署长白人。实际上，莎彝尊还著有《正音咀华》。李新魁（1993：394）提到，莎彝尊在序例中说："此书以《中州韵》为底本，而参之以《中原韵》、《洪武正韵》，更探讨于《诗韵辑略》、《五车韵瑞》、《韵府群玉》、《五音篇海》、《南北音辨》、《康熙字典》、《音韵阐微》诸书。"反映的是北方音系。永岛荣一郎强调，该书有梁次楠咸丰十年（1860）的序，于同年秋被刊刻。该书现已少见，当时也未见学界研究。成书目的通过其序便可以明白，是为了学习正音而编写的。在《新订切字捷法》中表示了应该用反切表示"字音"（即反切上字）、"字韵"（即反切下字）。按照特殊的反切法，并且又用满洲文字来注音，全书都是韵图，不过同《音韵逢源》一样，所表示的文字多数都是同音字。

声类。作为"字音"，开列了图 11－41 中的字母：

戛	喀	哈	阿	搭	他	拿	巴	葩	妈	拉	髫	渣	义	沙	帀	擦	萨	发	袜
歌	轲	诃	婀	德	忑	诺	波	坡	摩	勒	热	昃	测	瑟	则	堿	塞	佛	䙅
基	欺	希	衣	低	梯	呢	篦	披	弥	离	儿	知	痴	师	赍	妻	西	非	微
姑	枯	呼	乌	都	稌	奴	逋	铺	模	卢	儒	朱	初	书	租	粗	苏	夫	乌(注一)
[k]	[k‘]	[x]	[O]	[t]	[t‘]	[n]	[p]	[p‘]	[m]	[l]	[ʐ]	[tʂ]	[tʂ‘]	[ʂ]	[ts]	[ts‘]	[s]	[f]	[v]

图 11-41

永岛荣一郎解释说，注一，“乌”字在实际中已不被使用，“无”字仍在使用。据此可知，该书共有 20 个声母。一个声母具有四种反切上字。这种形式，在《元韵谱》以及所列举的资料中有同样的例子。不过，该书的意图与那些资料稍有不同，这是此书的第一个特色，或许是受到了《音韵阐微》等韵书的影响。

第一段的字母与在后边所表示的《音韵》中的(1)[ɑŋ](4)[an](17)[o](18)[i](19)[ai](27)[au]韵母相结合；第二段的 20 个字母与(2)[əŋ](5)[ən](16)[a](20)[ei](26)[u](27)[ou]的韵母相结合；第三段的 20 个字母与(9)[iɑŋ](10)[iəŋ](11)[yŋ](12)[yæn](13)[yən](14)[iæn](15)[iən](23)[iai](29)[iɑu](30)[iou](31)[ia](32)[iɛ](33)[y](34)[io](35)[yɛ]韵母相结合；第四段的 20 个字母与(3)[uŋ](6)[uɑn](7)[uən](8)[uɑŋ](21)[uai](22)[uei](24)[ua](25)[uo]韵母相结合。各段字母的韵母，只有与它的韵类相一致时，可以使用其他的一段。即第一段的字母原则上与以[a][ɑ]开头的韵母相结合；第二段的字母与以[ə]为开头的韵母结合；第三段的字母与以[i][y]为开头的韵母相结合；第四段的字母与以[u]为开头的韵母相结合。总之，该书声母的种类可以说共有 20 种。耿振生(1992：201)说，与《早梅诗》相等。

韵类。永岛荣一郎说，《字韵》可以代表韵，每个“字韵”形成各自的韵图。韵图整理、排列如图 11-42：

一	二	四	五	十六	十七		十九	二十		廿七	廿八	
否	占	安	恩	阿	婀		哀	馁		熝	欧	
[ɑŋ]	[əŋ]	[an]	[ən]	[a]	[o]		[ai]	[ei]		[ɑu]	[ou]	
九	十	十四	十五	卅一		十八	卅三			廿九	三十	卅三
央	英	烟	因	呀		衣	挨			夭	幽	爷
[iɑŋ]	[iəŋ]	[iæn]	[iən]	[ia]		[i・ʅ]	[iai]			[iɑu]	[iou]	[iɛ]
八	三	六	七	廿四	卅五		廿一	廿二	廿六			
汪	翁	湾	温	窊	窝		歪	威	乌			
[uɑŋ]	[uŋ]	[uɑn]	[uən]	[ua]	[uo]		[uai]	[uei]	[u]			
十一	十二	十三		卅四					卅三			卅五
	雍	渊	滃		约				于			曰
	[yŋ]	[yæn]	[yən]		[yo]				[y]			[yɛ]

图 11-42

此外，还有“宏”和“曳”作为字韵，不过，没有创制韵图，因此略去。耿振生(1992：201)说，韵母分三十四韵。

永岛荣一郎确定，声调分为上平、下平、上声、去声、入声五个声调。上平相当于阴声、下平相当于阳声。入声只归属在阴声韵中。三十四约和三十五曰这样的韵只入入声韵。

在永岛荣一郎的基础上，后来岩田宪幸更加深入地研究了《正音切韵指掌》。如岩田宪幸《音韵资料をあつかうことのむづかしさ——〈正音切韵指掌〉を例にして》(2001)；《论〈正音切韵指掌〉音系》(2005)。此前，岩田宪幸《清代后期的官话音》(1994)也涉及了《正音撮要》和《正音咀华》语音。《正音撮要》主要是依据《千字文切字》注音，而《正音咀华》根据卷一的“同音汇注”，声母21个，韵母45个，声调五个(阴平、阳平、上声、去声、入声)。认为，官话音是一种规范的语音。关于“既为官话，何以有南北之别”问题，实际上南北之别的表现是“同者十之五六，不同者十之三四”。思考更为精密。岩田宪幸《〈正音通俗表〉の韵母体系》(1994)、《〈正音通俗表〉の声母体系》(1994)《〈正音通俗表〉音系特征》(1995)，也与此相应，意在研究当时官话正音的实质。[12]《〈正音通俗表〉音系特征》的结论是：

> 本书音系是一种混合的产物，这就是说，《正音通俗表》的音系，即“正音”音系，部分来说是实录，总体来说是虚构。

这种说法，很显然是不同意中国学者应裕康、侯精一、李新魁、耿振生的看法的，非常引人注目。

石奇博志《〈正音咀华〉音韵体系的二重性》(《中国语学》，1999)则通过它的“同音汇注”和“旁注”的分析，指出它内含着两种语音系统，即前者是继承传统的“正音”系统，后者是与现实语音相近的“北音”读书音系统。研究的结果和其他学者有所不同。

(二十四)《山门新语》

《山门新语》，周赟著。周赟，字子美，号山门山人，安徽宛陵人(李新魁(1993：534)说，安徽宁国人，曾任青阳县训导)。高永安《明清皖南方音研究》(2007)说，他于1827年出生，是宁国县胡乐乡人。《山门新语》作于1863年，但直至1893年才刊刻。[13]永岛荣一郎说，同书名的刊本有两种：一是二册本，一是四册本。两种版本比较来看，在内容上稍有不同。还有，在二册本中，有同治癸亥年(1863)的黄容保之序。在四册本中，有光绪丁未年(1907)序。在该书中的《周氏琴律切音》部分，有关于音韵的叙述。这些地方可以成为我们参考的内容。另外，永岛荣一郎还收藏了《周氏琴律切音》的抄本。不过，该抄本亦与前两种本子稍有不同。现在，按照常见的二册本来叙述其中的韵图。三个版本的韵图之间好像没有太大的差异。

《山门新语》声类。从书中《序》和韵图均可看出该书共有19个声类，作者把声类分成五正四变，现在借用书中韵图第一图的呱韵第一字目表示如图11－43：

五
正　呱　枯　乌　　都　苋　鸄　　逋　铺　模　　租　粗　苏　　朱　初　踈
　　[k] [kʻ] [O]　　[t] [tʻ] [n]　　[p] [pʻ] [m]　　[ts] [tsʻ] [s]　　[tʂ] [tʂʻ] [ʂ]
四
变　呼　掳　敷　濡
　　[x] [l] [f] [ʐ]

图 11－43

据此，所谓的“正”，就是每三个声类为一组的声类；所谓的“变”，就是特殊的声类。李新魁(1993：534)解释，变音的产生为：喉齿相合得呼，舌腭相合得卢，唇齿相合得敷，齿腭相合得濡，两音相合而成，故曰两合。

《山门新语》韵类。永岛荣一郎说，共有30个韵目，不过把这30个韵目分为“开音”和“合音”两种。所谓的“开音”意味着开口呼、齐齿呼的韵目；所谓“合音”意味着合口呼、撮口呼的韵目。倘若看其内容疑问很多，通常认为或许体现了方言的特色。该书至此所看到的韵母不过30个，然而，这是因为没有把入声考虑进去的缘故(例如：[iɛ][yɛ][yo]等)，这些入声收在阳声中(例如：[iɛ]收在[iəŋ][iæn]中，[yɛ]收在[yæn][yən]中)。若是详细地考察该书的内容，存在多种问题，但其资料的价值是不容忽视的。

《山门新语》声调。永岛荣一郎强调，分为阴平、阳平、上声、阴去、阳去和入声六个声调，此处是该书的特色。关于去声分阴、阳，目前在所介绍的资料中尚未出现，不过，以范善溱的《中州全韵》为开端，在曲韵系统韵书中屡次发现了这种现象。《山门新语》这部书究竟依据什么理由把去声两分是一个问题。不问阴声、阳声都将入声添加到各韵图中去了。不过在适当范围以外的入声则被收在书中。

耿振生(1992：253)说，《山门新语》韵图音系是徽州音和官话音相互夹杂。应裕康、竺家宁、高永安对《山门新语》韵图音系的研究也很精细，进一步提升了它的语音史价值。高永安(2007)把它作为清代徽州方音的代表性著作，据以研究其语音特点。

(二十五)《丁氏声鉴》

《丁氏声鉴》，丁显著。丁显，字韵渔，江苏淮安山阳人。永岛荣一郎说，《丁氏声鉴》书中有同治甲子年(1864)的自序。该书收录了《韵学蠡言举要》(光绪二十六年(1900)刻)。《举要》卷一中的《双声叠韵一贯图》值得一提。另外，附在

《韵学蠡言举要》的《韵学丛书三十四种目录》中，收录了许桂林的《传声谱》以及洪榜的《示儿切语》跋，在跋语里可以看到关于该书的简单介绍。不过，这两种本子都是20个字母，通常认为这是个有兴趣的现象，实属未见。

《丁氏声鉴》声类，有21个，体现在韵图的横行(1)中。在实际的韵图中，所揭示的声类如图11－44中的(2)。

(1)	岗	康	安切秧	当	汤	奈切秧	帮	铺切方	扪切汪	臧	仓	桑	张	昌	商	酣切冈	安切冈	方	汪	烂切秧	认切秧
(2)	见	溪 群	疑	端	透 定	泥	帮	滂 並	明	精	清 从	心 邪	照 知	穿 彻床澄	审 禅	晓 匣	影 喻	非 敷奉	微	来	日
	[k]	[k‘]	[ŋ]	[t]	[t‘]	[n]	[p]	[p‘]	[m]	[ts]	[ts‘]	[s]	[tʂ]	[tʂ‘]	[ʂ]	[x]	[o]	[f]	[v]	[l]	[ʐ]

图 11－44

疑母字较多，所以，通常认为[ŋ]母是独立的。其次，微母被认为是[v]，结果成为21个声类。

《丁氏声鉴》韵类。现在把其原来的形式稍作变化，整理成便于理解的形式，所示如图11－45：

	×[ɿ·ʅ]			[ai]	[ən]			[ɑu]	[o]	[a]		[ɑŋ]	[əŋ]	[ou]	[am]
	×[i·ʅ]			[iai]	[iən]		[iæn]	[iɑu]	[uo]	[ia]	[iɛ]	[iɑŋ]	[iəŋ]	[iou]	[iæm]
[uŋ]		[uei]	[u]	[uai]	[uən]	×[uɑn]	×[uan]			[ua]		[uɑŋ]			
[yŋ]		[yei]	[y]	[yai]	[yən]	×[yɑn]	×[yæn]					[yɑŋ]			

× 疑问のあるもので决定しにくいが、今假に定めたものである。

图 11－45

永岛荣一郎说明道，有几个地方现在还难以肯定。其中的某些现象，恐怕是以方言为根据的。再有，声母是照、穿、审的字只存在于齐齿呼、撮口呼的韵类中，因此在撮口呼的韵类中出现了二三个特异的韵母。

《丁氏声鉴》的声调共有五种，入声在阴声韵和阳声韵中都可见到。就目前来说，无论是日本，还是中国，还很少有人注意到《丁氏声鉴》语音的情况，当然也就难以突破永岛荣一郎的研究水准。

(二十六)《等韵学》

《等韵学》，许惠著。许惠，字慧轩，安徽桐城人。永岛荣一郎称，书中有光绪四年(1878)赵光祖序、光绪壬午年(1882)郑辉朝序以及光绪四年龙良举的跋，均被收在《择雅堂初集》中。从《等韵学》结构、内容两方面来看，都有其特异性，不过在学术界中还未曾被关注。该书主要是以韵图构成。韵图共两种：一个是以韵母为中心来归纳的；一个是以声母为中心来归纳的。

《等韵学》字母没有明确地表示出来，不过，据该书的第二韵图，可知其声母如图 11－46：

(1) (2) (3)	(4) (5) (6)	(7) (8) (9)	(10) (11) (12)	(13) (14) (15)
[ku][kʻu][xu]	[t][tʻ][n]	[ts][tsʻ][s]	[tʂ] [tʂʻ] [ʂ]	[pi] [pʻi] [mi]
(19)(20)(21)	(23)(24)(25)			(16) (17) (18)
[k][kʻ][k]	[ti][tʻi][ni]			[p] [pʻ] [m]
[k][k][x]	[t][tʻ][n]	[ts][tsʻ][s]	[tʂ] [tʂʻ] [s]	[p] [pʻ] [m]

(22)	(26)	(27) (28) (29)	(35)	(38)
[开]	[li]	[tɕi][tɕʻi][ɕi]	[f]	[ʐ]
(30)	(37)	(31) (32) (33)		
[齐]	[l]	[tɕ][tɕʻy] [ɕy]		
(34)				
[撮]				
(36)				
[合]				
[O]	[l]	[tɕ] [tɕʻ] [ɕ]	[f]	[ʐ]

图 11－46

永岛荣一郎考证说，依据以上的每一个声母分别创制了 38 个韵图。其中成为问题的是(10)(11)(12)的[tʂ][tʂʻ][ʂ]，或许已经近似于[ts][tsʻ][s]。不过，现在暂且依据旧例。再有，可以看到(27)(28)(29)的[tɕi][tɕʻi][ɕ]与[ki][kiʻ][xi]、[tsi][tsʻi][si]相混。在这里首次清楚地记录了因[i]而腭音化的现象(金井青琴、将讲强抢、先贤、心行等)。(31)(32)(33)的[tɕy][tɕʻy][ɕy]，与以往的[tʂy][tʂʻy][ʂy]和[ky][kʻy][xy]相混合，现在当为[tɕy][tɕʻy][ɕy]。另外，每一个字的声母与现在的北京话完全不同的很少，充分地表现了它的方言特色。总之，在上面所开列的相当于声母的声母，现在要想给予它们一个确切的音值是很困难的。有些声母依照旧例与新声母一起加入到这个图里。按照其他的例子，如果看纯粹的声母，在该图的下段能够显示出该书共有 22 个声类。

耿振生(1992：194)考订与此基本一致。李新魁(1993：306)则说，如不计介音，则可得声母 22 个，包括零声母，与现代北京音毫无二致。

《等韵学》韵类，永岛荣一郎说，通过第一韵图可以看到。由于有的声母伴着[u]、有的声母伴着[i]，用作韵母的只有 12 个。该书用这 12 个韵母创制了 12 个韵图。现在开列该书的 12 个韵母，在它的下面附加给声母开、合、齐、撮的等呼，附在这 12 个韵目中。按照其他的例子排列如图 11－47：

第一东韵母	第二支韵母	第三虞韵母	第四灰韵母	第五真韵母	第六删韵母	第七先韵母	第八萧韵母	第九歌韵母	第十麻韵母	第十一阳韵母	第十二尤韵母
	[ei·ɿ]		[ai]	[əŋ]	[an]		[ɑu]	[o]	[a]	[ɑŋ]	[ou]
	[i]	[iu]	[iai]	[iəŋ]	[ian]	[iæn]	[iɑu]	[io]	[ia]	[iɑŋ]	[iou]
[uŋ]	[uei]	[u]	[uai]	[uəŋ]	[uɑn]				[ua]	[uɑŋ]	
[yŋ]	[yei]	[y]	[yai]	[yəŋ]	[yan]	[yæn]		[yo]	[ya]	[yɑŋ]	

图 11－47

永岛荣一郎强调，一旦加入入声，还要增加很多。不仅仅是该书，很多韵书对于入声的处理方式都是极其暧昧的。另外，由于不统一的现象也很多，因此在这里没有加入。由于[tɕy][tɕ'y][ɕy]的关系，撮口呼的韵母变得多了。此外必须特别注意的是在第五韵母中，[-n]尾韵和[-ŋ]尾韵有相混的现象。其他存在问题的地方还有二三处，不过，现在不触及到那些问题，只论其大概。总之，该书因多种意义而需要注意，尤其是在方言色彩很浓厚这一点确实引起我们极大的兴趣。耿振生(1992：194)研究《等韵学》韵类，参考桐城方言拟音。他说，表中真韵包含古臻、深、梗、曾四摄阳声韵字，是江淮方言特征。歌韵中有"而儿"一系字，与现代桐城方言一致。

《等韵学》声调分为阴平声、阳平声、上声、去声、入声五个声调。入声方面不论阴声、阳声，也有同一个字被安置在几个地方的现象。

(二十七)《重订空谷传声》

永岛荣一郎考证说，《重订空谷传声》，依据光绪七年(1881)的薛时雨的序云："该书为同邑(即安徽全椒县)的汪金门和吴杉亭所著。"在光绪八年(1882)以《重订空谷传声》为书名。该书也是以韵图为主的韵书。耿振生(1992：200)认为，作者是汪鎏，字金门，安徽全椒人。《空谷传声》编成于 1860 年之前，刊于 1882 年。

《重订空谷传声》声类，永岛荣一郎说，未做特别标明，但是书中说："等韵见溪群疑等音三十六，此减为二十。"查看各韵图，也是二十栏，不过第十八栏只用"○"来表示，没有体现具体的声类。因此可以把这个声母看做是不必要的，即共有 19 个声类。现在用相当于三十六字母的声母表示如表 11－10：

表 11－10

见	溪	影	端	透	泥	帮	滂	明	精	清	心	照	穿	审	晓	非	○	来	日
[k]	[k']	[o]	[t]	[t']	[n]	[p]	[p']	[m]	[ts]	[ts']	[s]	[tʂ]	[tʂ']	[ʂ]	[x]	[f]		[l]	[ʐ]

耿振生(1992：200)认为与《等韵图经》声母相等。

永岛荣一郎说，韵类，用“三十二字母”代表。由此创制了32个韵图。把这“三十二字母”以便于观看的形式排列如图11－48。

	(3) 冈 [ɑŋ]	(6) 赀 [ʅ·ɿ]			(12) 该 [ai]	(14) 根 [ən]	(18) 干 [an]	(23) 高 [ɑu]	(24) 歌 [o]	(27) 嘉 [a]		(29) 庚 [əŋ]	(32) 钩 [ou]
	(4) 姜 [iɑŋ]	(7) 饥 [i]			(11) 皆 [iai]	(15) 巾 [iən]	(20) 坚 [iæn]	(22) 骄 [iɑu]			(28) 迦 [iɛ]	(30) 经 [iəŋ]	(31) 鸠 [iou]
(1) 公 [uŋ]	(5) 光 [uɑŋ]		(8) 圭 [uei]	(10) 孤 [u]	(13) 乖 [uai]	(16) 昆 [uən]	(19) 官 [uɑn]		(25) 锅 [uo]	(26) 瓜 [ua]			
(2) 弓 [yŋ]				(9) 居 [y]		(17) 君 [yən]	(21) 涓 [yæn]						

图11－48

《重订空谷传声》声调。永岛荣一郎考证，作为“平仄五声”，分成阴平、阳平、上、去、入五个声调。入声被适当地收在各韵中的阴声与阳声韵中。

(二十八)《古今中外音韵通例》

《古今中外音韵通例》，胡垣著。胡垣，字紫庭，江苏浦口人。书中有光绪丁亥年(1887)的孙锵鸣之序和光绪丙戌年(1886)的自序，该书刊行于光绪戊子年(1888)。涉及了一些有关韵学方面的知识，范围很广。不过在此只对其中的韵图来加以介绍。耿振生(1992：194)认为，书成于光绪丙戌年(1886)。李新魁(1993：537)说，胡垣作韵图很重视方音，但又很强调综合性，说“是编音呼声韵总谱不拘何方字书韵书，皆得以辨其异，会其通”。不但“古韵、今韵、等韵三家皆得通”，而且“以全音而衡各方之偏音”，如此，则“明古人之等法，证今人之方音，两存其实，有裨等韵之学”。应裕康(1972：661)强调了本书对各地方音调查和研究所具有的参考价值，但“惜乎以时代所限，方音读法，仅限于说明而已，未能用音标注音也。至于所举方音之地名，共有下列二十五”。

依据《古今中外音韵通例》韵图，永岛荣一郎认为其声类表示如表11－11：

表11－11

见	溪	晓	影	端	透	来	穰	照	穿	审	日	精	清	心	耶邦	滂	明	微	非喻
[k]	[k‘]	[x]	[o]	[t]	[t‘]	[l]	[n]	[tʂ]	[tʂ‘]	[ʂ]	[ʐ]	[ts]	[ts‘]	[s]	[p]	[p‘]	[m]	[v]	[f]

永岛荣一郎说，22个字母代表了该书的声类。从韵图内字的归属情况来看，来母[l]和穰母[n]在长江一带似乎确实已经视为同一音素。即使在本韵图中，[n]母字几乎成为[l]母字。在穰母中，有“仍”、“迎”、“睨”、“疑”、“若”、“肉”、

“如”等特殊的字;耶母、喻母亦有二音,充分地表现出方言特色。关于耶母和喻母问题,现在解决起来确实很难,今暂且搁置。应裕康(1972:669)则认定为有18个声母。

《古今中外音韵通例》韵类,通过图11-49中的十五韵及其开、齐、合、撮就能够了解到。

	(一)	(二)	(三)	(四)	(五)	(六)	(七)	(八)	(九)	(十)	(十一)	(十二)	(十三)	(十四)	(十五)
	根韵舌向上	公韵舌向上而笼口	冈韵舌向上而张口	甘韵舌穿牙而张口	坚韵舌穿牙	官韵舌穿牙而笼口	支韵舌抵牙而笼口咬齿	基韵舌抵牙	该韵舌抵牙而张口	家韵舌搜牙而张口	孑韵舌搜牙	歌韵舌搜牙而笼口	钩韵舌向下	高韵舌向下而张口	孤韵舌向下而笼口
开口呼	[ən](注一)	[ ](注二)	[ɑŋ]	[an]		[ɑn]	[ɿ·ʅ]		[ai]	[a]	[ɛ]	[o]	[ou]	[ɑu]	[ö](注十)
齐口呼	[iən](注一)	[ ](注三)	[iɑŋ]	[ian]	[iɛn]		[ ](注七)	[i]	[iai]	[ia]	[iɛ]	[io]	[iou]	[iɑu]	[iö](注十)
合口呼	[uən](注一)	[uŋ]	[uɑŋ]	[uan]		[uɑn](注五)		[uei]	[uai]	[ua]	[uɛ]	[uo]	[uou](注九)	[uɑu](注九)	[u]
撮口乎	[yən](注一)	[yŋ]		[ ](注四)	[yɛn]	[ ](注六)		[ü](注八)			[yɛ]		[you](注九)	[you](注九)	[y]

图11-49

永岛荣一郎解释说,注一,这些韵母,在实际中有可能成为[ŋ]。特别是在开口呼、齐齿呼的,该书中由于有[-n]尾韵和[-ŋ]尾韵相混的情况,因此拟作[ŋ]也是可以的,不过现在依其韵目作[n]。注二,只有一入声字“鹄”。注三,只有一入声字“局”。注四,只有入声字“玦”、“轫”等。注五,原来有[uœn]韵。注六,只有两个入声字“掘”、“菀”。注七,只有一入声字“蜺”。注八,现在用[ü]。依据“下[i]读基,撮口呼似姑韵”。注九,皆与唇音对应存在。注十,暂且用[ö],只存于入声。

永岛荣一郎强调,《古今中外音韵通例》声母表现出浓厚的方言特色,同样,在韵母方面应该注意的地方也很多。永岛荣一郎举例说,在韵尾方面,不仅[-n]尾和[-ŋ]尾相混,而且,“丙”、“品”、“贫”、“名”、“命”等字存在于撮口呼的现象十分值得注意。唇音字存在于撮口呼的现象很多,在全书中都可以看到,在开口呼、齐齿呼中却未出现。在这里可以看到唇音的特殊性,同时也确实暗示着什么。另外,关于甘韵、坚韵的[ian]、[iɛn]之间的区别,甘韵、官韵的[an][ɑn]及[uan][uɑn]之间的区别等等,还存在很多问题。再者,查看一下每个字的配置,的确是饶有趣味的。李新魁(1993：538)说,韵母系统没有闭口韵,甘韵、官韵二韵并非韵尾的对立,而是“张口”与“笼口”的对立。另外,每一韵目之下注上各方音读法,如根韵就有扬州、福建、沔阳等地读音,可作方音史研究的参考。

《古今中外音韵通例》声调,分为阴平、阳平、上仄、去仄、入仄五个声调。入声不论阴声、阳声,其韵母收到最为适当的位置。

中国台湾学者陈贵麟、大陆学者方环海、王为民等,对《古今中外音韵通例》又有更深入的研究,涉及了更为广泛的问题。比如,陈贵麟《韵图与方言——清代胡垣〈古今中外音韵通例〉音系之研究》(1996)研究《古今中外音韵通例》提出“主体音系”、“核心音系”、“基础音系”、“双核方言”的概念,把《古今中外音韵通例》语音音系特征挖掘出来,为研究该书提供一个新的思路,由此可以解决永岛荣一郎所提出的一些让人感到困惑的问题。[14]

(二十九)《韵籁》

《韵籁》,华长忠著。华长忠,河北天津人。耿振生(1992：183)说他生于1805年,卒于1858年,字葵生。永岛荣一郎说,《韵籁》卷首有光绪十五年(1889)李鸿藻之序,是书于同年刊行。在卷首附有简单的韵图。据此所见,相当于声母的字母有50个,韵目有20个,与许惠的《等韵学》有非常相似的地方。一般认为这是一部试图改革旧韵书或韵图与实际语音相矛盾的韵书。

《韵籁》声类。没有特别表示字母。不过,通过作者所说《总衍五十章》中使用的标志就可以了解。现在将其列在下面。不过,这是在纯粹声母的基础上,又考虑到了等呼关系因素。

把这些声母按照便于观看的顺序排列,如图11－50：

各	客	赫	额	德	特	诺	勒	伯	迫	莫	弗	角	阙	雪	月	责	测	瑟
[k]	[kʻ]	[x]	[开]	[t]	[tʻ]	[n]	[l]	[p]	[pʻ]	[m]	[f]	[tɕy]	[tɕʻy]	[ɕy]	[撮]	[ts]	[tsʻ]	[s]
国	郭	或	渥	狄	惕	匿	力	必	僻	觅		节	妾	挈	叶	作	错	索
[ku]	[kʻu]	[xu]	[合]	[ti]	[tʻi]	[ni]	[li]	[pi]	[pʻi]	[mi]		[tɕi]	[tɕʻi]	[ɕi]	[齐]	[tsu]	[tsʻu]	[su]
			额	独	秃	讷	鹿											
			[ ](注一)	[tu]	[tʻu]	[nu]	[lu]											
[k]	[kʻ]	[x]	[o]	[t]	[tʻ]	[n]	[l]	[p]	[pʻ]	[m]	[f]	[tɕ]	[tɕʻ]	[ɕ]	[o]	[ts]	[tsʻ]	[s]

浙	彻	涉	日
[tʂ]	[tʂʻ]	[ʂ]	[ʐ]
卓	绰	说	弱
[tʂu]	[tʂʻu]	[ʂu]	[ʐu]
[tʂ]	[tʂʻ]	[ʂ]	[ʐ]

图11－50

永岛荣一郎解释说,注一,“儿”、“尔”、“二”等字属于此。与一般的韵书、韵图不同,《韵籁》把开、合、齐、撮的等呼与声母结合起来。[k][k‘][x][开]只被用于开口呼中、[ku][ku‘][x][合]只被用于合口呼中,其他的齐齿呼、撮口呼在该书不存在。它们在[tɕi][tɕ‘][ɕi][齐]及[tɕy][tɕ‘y][ɕy][撮]方面,与精系的齐、撮合流。[t][t‘][n][l]四个声母,由于齐齿呼、合口呼的原因,具有了相当于特殊字母的身份,之所以没有撮口呼是因为事实上也不可能存在。其他亦然,因实际上可能存在,故也被省略。不过,将可能有的全部列出,这就比许惠的《等韵学》更进一步。

永岛荣一郎强调,在《总衍五十章》中,表示出声母 50 个,韵母 12 个。作为该书的特色,必须要注意的是以往的[ki][k‘i][xi]、[tsi][ts‘i][si]和[ky][k‘y][xy]、[tsy][ts‘y][sy],每一组都有与[tɕi][tɕ‘i][ɕi]、[tɕy][tɕ‘y][ɕy]合流的现象,这种腭音化的现象相当早就出现了,但以往的韵书、韵图中却几乎未如此明确地涉及过。许多方言中有着清楚的区别。《元韵谱》在字母的设计方法上,比以往的资料更加合理,但以《元韵谱》为代表的一派的字母,还难以看到。在《等韵学》中第一次看到,但《等韵学》用的是安徽桐城的方言。[ki][k‘i][xi]和[ts][ts‘i][si]相混,还因为[ky][k‘y][x]与以前照系([tʂ][tʂ‘][ʂ])相混,所以该书自身就有与其他资料不同的地方。原本关于见系、晓系与精系的齐、撮口呼的腭音化资料也极少。在乾隆癸亥(1743)有存之堂原序的《圆音正考》中,分辨了这种相混的现象。因为该资料表示了在当时的实际情况中,两者的齐、撮相混,所以在很早以前一定也存在这种现象。然而,遗憾的是,中国人自己对这种现象的反省却很少,毋宁说是依据外国人的观察、记录才了解的。或者说,在《红楼梦》那样的小说中,有意就之玩弄技巧一分为二,通过这一现象或可了解一些情况,除此之外就没有堪称资料的东西了。特别是见系、晓系腭音化的现象,一般认为从非常久远的年代起在方言中就出现了。由中国人自己挖掘的资料绝对不多。

永岛荣一郎称,他在徐葆光撰写的《中山传信录》(1721)卷二中看到,有康熙元年(1662)赐给琉球国王的“琉球国王印”把“琉球”写作[liutɕiu],用满族文字注音,可以看做是[ki]被腭音化的很好的例子。是一个官方收藏的,就更不能忽视。《韵籁》既是韵书,又是韵图,却几乎没有采用过这种处理方式,一方面令人不可思议,另一方面可以看出中国人尊重传统的特性。不过,在该书能够看到这种现象实在是一件很令人高兴的事情。

《韵籁》新出现的[tɕ][tɕ‘][ɕ],成为被附加的纯粹声母,一共有 23 个。去掉第十六[O]母(即由于齐、撮两呼的原因),变为 22 个声类。另外,“额”母有两个,一个“额”是在衍第五章,收入了“俺”及“儿”、“耳”、“二”等特殊的字。耿振生(1992:183)也考订为 23 个声母,不包括零声母。

《韵籁》韵类。如卷首所示,分为 12 个韵。依从等呼,与特殊的声母相结合。现在把等呼附在12韵中，按照其他的例子来排列，如图11－51。

(一)	(二)	(三)	(四)	(五)	(六)	(七)	(八)	(九)	(十)	(十一)	(十二)
江 阳 韵	真青 文侵 元韵 庚	东蒸 冬韵 庚 青	尤 韵	萧豪 肴韵	佳韵 灰 支 麻	歌 麻 韵 (注二)	元覃 寒监 删咸 先韵	麻 佳 韵	支韵 微 齐 灰	支 齐 微 韵	鱼 虞 韵
[ɑŋ]	[ən]	[əŋ]	[ou]	[ɑu]	[ai]	[ə]	[an]	[a]	[ei]	[ʅ·ɿ]	
[iɑŋ]	[iən]	[iəŋ]	[iou]	[iɑu]	[iæ] [iai] (注一)	[iə]	[iæn]	[ia]		[i]	
[uɑŋ]	[uən] [yən]	[uŋ] [yŋ]			[uai]	[uə] [yə]	[uɑn] [yæn]	[ua]	[uei]		[u] [y]

图11－51

永岛荣一郎解释说，注一，该韵母有两种，分别为[iæ][iai]。有“介”、“楷”等字和“茄”、“爷”等字。注二，本韵目把共同韵母似作[ə]，是因为该韵包含有“遮”、“车”、“奢”等字。

《韵籁》韵目很复杂，但实际语音当中的每个韵母没有太大的问题，只是第六韵的齐齿呼分为两类，这是非常有意义的。在第七韵，以[ə]作为共同的韵母，通常认为作为实际问题，开、合、齐齿、撮四呼全部通用的话，或许是不妥当的。入声也是独立存在的，声调独立，入声的发音本身是最具近代性，大体适合上面所表示的各韵母。耿振生(1992：183)认为本书共有38个韵母。有个别的韵母，比如[iai][yə]为现代天津话所无。

《韵籁》声调。永岛荣一郎自信地说，该书分为夽平(即阴平)、易平(即阳平)、上、去、入五个声调。入声在各章的末尾开列一、二、三类别，其音值绝不是难以推测的。耿振生(1992：183)则说，入声字低一格排列，表示虽把入声字独立出来，但不能与另外四声同等对待，因为在实际语音中已经不存在入声调了。

(三十)《空谷传声》

永岛荣一郎考证，《空谷传声》在序末只有“华胥主人自识”的字样，实际作者不详，刊行年代也不清楚，只有庚子字样，大致推断是光绪二十六年(1900)的作品。所谓空谷传声法，在以前经常被说起，因此在永岛荣一郎论文中的37页举了一本《重订空谷传声》，两者在内容上没有什么关系。在赵荫棠先生所有的藏书中，该书的部头最小，小到放在一只手上还绰绰有余。将该书作为三十种资料中的最后一本来处理，在本稿中是最合适的。

《空谷传声》声类，在卷首用图11－52中的字母来表示：

谷	哭	物	独	秃	六	不	仆	木	足	促	速	竹	出	束	勿	伏	畜	六	入
[k]	[k']	[o]	[t]	[t']	[l]	[p]	[p']	[m]	[ts]	[ts']	[s]	[tʂ]	[tʂ']	[ʂ]	[x]	[f]	[ɕ]	[n]	[ʐ]
															（注一）			（注二）	

图 11－52

永岛荣一郎解释，注一，“勿”似“忽”之误。注二，[n]母与[l]母相混，依据方言，在应该是[n]母的地方，又把“六”作为字母来用，作为例字非常少，只有“泥”、“你”、“腻”、“逆”等字。

永岛荣一郎强调，20个字母代表了20个声类，其特色首先是畜[ɕ]母，意味着[xi][xy]被腭音化，作为一个声母而被承认。[n]和[l]母相混的地方依据的是方言。两次使用“六”字作为字母，一次是代表[l]母，一次是代表[n]母。在这一点上，实在是一种很有趣的处理方式。然而，不能嘲笑这种处理方式，这也是该书的优点。还有，在应该代表[n]母的六母中只见到“泥”、“你”、“腻”、“逆”这些很少的几个例字。不知理解为是由其他的[n]母与[l]母相混为好，还是[l]母与[n]母相混为好。永岛荣一郎说，自己在北京给中国人讲授日语及其音声学时，感到矫正起来最困难的事情就是，让少数出生在长江流域的学生清楚地区别[l]母字和[n]母字。其注一，近代西洋人所写的中国语方言辞书，后接[i]介音时，多保存[n]母、[ŋ]母。

《空谷传声》韵类。永岛荣一郎考证道，在卷首作为字母，揭示了图11－53中的三十六韵。通过详细地观察，可以明白这或许依据了是方言。在根、金、滚、君诸韵中，有[-n]尾和[-ŋ]相混的现象。庚韵独立。根据注释，锅韵与歌韵合为一韵；在兹韵中出现了特殊的例字等，所有这些现象都是值得关注的。该书的声母、韵母都具有很浓厚的方言特色。

	(3) 冈 [ɑŋ]	(6) 兹 [ə]	（注一）	(12) 该 [ai]	(14) 根 [əŋ]	(18) 甘 [an]	(23) 高 [ɑu]	(24) 歌 [o]	(28) 家 [a]	(29) 庚 [əŋ]	(34) 革 [ɛ]	(32) 钩 [ou]	(33) 锅 [o]	(36) 乾 [ər]
	(4) 江 [iɑŋ]	(7) 基 [i]		(11) 皆 [iai]	(15) 金 [iəŋ]	(20) 奸 [iæn]	(22) 交 [iɑu]	(25) 角 [io]	(27) 佳 [ia]		(30) 结 [iɛ]	(31) 纠 [iou]	（注二）	（注三）
(1) 宫 [uŋ]	(5) 光 [uɑŋ]	(8) 圭 [uei]	(10) 姑 [u]	(13) 乖 [uai]	(16) 滚 [uəŋ]	(19) 官 [uɑn]			(26) 瓜 [ua]		(35) 厥 [yɛ]			
(2) 迥 [yŋ]			(9) 居 [y]		(17) 君 [yəŋ]	(21) 捐 [yæn]								

图 11－53

永岛荣一郎解释，注一，因为现在难以确定，所以用[ə]代表。注二，本韵与歌韵相同。注三，只有“而”、“耳”、“二”字。

《空谷传声》声调，分为上平、下平、上、去、入五个声调。入声派入阴声韵。

除了永岛荣一郎所提及的等韵图之外，还有一些日本学者也研究了明清时代其他的表现近代汉语语音系统的韵图著作。比如，冈岛昭浩《江户期韵学における〈音韵日月灯〉》（高田时雄主编《明清时代の音韵学》，京都大学人文科学研究所研究报告，2001），等等，也都很有特点。

中国台湾学者应裕康《清代韵图之研究》（弘道文化事业有限公司，1972.8）将清代韵图分为三类：袭古系统之韵图；存浊系统之韵图；北音系统之韵图。而清代韵图的特质则为：废除门法；注重时音；变等为呼；改良反切；韵书韵图互为表里。研究的思路和方法和永岛荣一郎存在着明显的差别。

三、结语

就明清等韵学研究的情况来看，永岛荣一郎应该代表日本1945年以前学者研究明清等韵学的最高学术水准：

其一，文献考订和韵图结构分析结合进行，带有明显的现代学者的学术功力。比如，对韵图版本、编撰、校勘交替进行。

其二，内证与外证互为补充。比如研究《韵籁》，就与许惠的《等韵学》联系起来考虑，认定它们非常相似，所以，认定它是一部试图改革以往的韵书或者韵图与实际相矛盾的韵书。

其三，构拟音值，从实际出发。比如对《空谷传声》“六”的[n]母认定。还有，《同音字辨》没有[uo]韵，以及[o]和[uo]韵不分问题。

其四，吸取中国学者，比如赵荫棠先生明清等韵图研究的最新成果，精心考订，富于创新性。

但由于永岛荣一郎过分强调明清韵图和明清北方官话语音相一致的考虑，对各个韵图自身方音特点注意不够，由此也就降低了一些具有独特意义韵图的学术价值。

后来的学者，比如岩田宪幸，虽然没有像永岛荣一郎那样广泛涉猎明清韵图，但就自己所考订的个体的韵图来看，是相当精细的，当然“后来者居上”，显示了当代学者认识问题的科学性。不过，我们看到，在日本，仍然有许多韵图还是悬之高阁，也留下了许多难以和永岛荣一郎相比肩的缺憾。

如何研究明清等韵图著作？耿振生《明清等韵学通论》提出一个思路，即要充分认识“等韵音系的复合性”，他是这样看的：

> 明清等韵著作里的音系构成情况比较复杂，它们往往不是一种单纯的音系，而包含着从不同的语音系统里取来的材料，以兼顾不同的方言和古今音为特色。这种方式是中古以来音韵学中的传统，例如《切韵》音系就不

> 是一时一地之音。这种特色在明清等韵学中尤为显著,大部分等韵音系在不同程度上具有这种特色。这种特点早已为人所知。我们常常看到学者们在讨论一部韵图或韵书音系的时候,说它以某地方言为基础,或者说它基本上代表某地的方音,这同时就是说它不是完全如实地描写那个方言,而夹杂了另外的成分。从前对这种音系有种种称呼,如"拼凑"、"杂凑"、"综合性"、"总合性"等等。我们不用以上的说法,而把这种非单一来源的书面音系称之为"复合性"音系。"复合性"是研究明清等韵音系时必须注意的一个方面。(1992:126—127)

按照这个标准,永岛荣一郎的研究或多或少也有对明清等韵图著作"复合性"注意不够的情况。

此外,如果我们仅仅把明清韵图作为研究明清北方官话语音的主要依据,未免存在着明显的视野上的局限性。鲁国尧教授《明清官话音系序》有一段话很富于启发性:

> 迄今为止所知的近代音的代表性材料的研究,当然是重要的,而且还需要向纵深发展,这是毫无疑义的。但是,可不可以开辟第二战场?即广泛地甚至力图穷尽式地阅读元明清别集、政书、史书、方志、笔记、小说、戏曲等等,甚至域外文献,爬罗剔抉,从这些大量典籍中收集语音史资料,披沙拣金,我想,皇天不负有心人,从这些宝贵的材料中得出的结论必然具有原始的创新性,也许可以使明清音的研究提高到一个新层面。

他以日本学者平田昌司《清代鸿胪寺正音考》(2000)为例,说明开辟第二战场的重要性。[15]相对于明清等韵图研究,不仅仅是日本,就是中国学者,也是应当在开辟第二战场上下功夫,才会有新的见解。

附　注

[1] 永岛荣一郎《近世支那语特に北方语系统に与ける音韵研究资に就いて》,《言语研究》第8号,147—161页;第9号,17—79页;1941。本文引用永岛原文,系李无未、董冰华、傅羽弘译文,未刊稿,2006。应裕康《清代韵图之研究》,弘道文化事业有限公司,1972.8。

[2] 耿振生《明清等韵学概论》,语文出版社,1992。

[3] 李新魁《韵学古籍述要》,陕西人民出版社,1993。

[4] 李无未、秦曰龙《〈五音通韵〉的音系拟订问题》,《陕西师范大学学报》2009年第2期。

[5] 张鸿魁《〈万韵书〉述略》,《中国语文》2001年第6期。

[6] 张树铮《清代山东方言语音研究》,126—168页,山东大学出版社,2005。

[7] 花登正宏《关于李邺〈切韵考〉反切理解》,《中国音韵学研究会十一届学术讨论会汉语音韵学第六届国际学术研讨会论文集》,95—102页,香港文化教育出版社有限公司,2000.8。

[8] 邹德文《清代东北方言语音研究》,吉林大学博士学位论文,2009。

[9] 杨亦鸣《李氏音鉴音系研究》,陕西人民教育出版社,1992。

[10] 宋韵珊《清代的一种山东方音——〈等韵简明指掌图〉》,《兴大中文学报》第 20 期,63—76 页,2006. 12。

[11] 赞井唯允《〈音韵逢源〉和〈等音〉》,《东京都立大学人文学报》第 140 号,1979;岩田宪幸《〈音韵逢源〉音系——与现代北京音的比较》(上、中、下),《近畿大学教养部研究纪要》第 19 卷第 3 号、第 20 卷第 2 号—第 3 号,1988。

[12] 岩田宪幸《音韵资料をあつかうことのむづかしさ——〈正音切韵指掌〉を例にして》,高田时雄主编《明清时代の音韵学》,京都大学人文科学研究所研究报告,2001;《论〈正音切韵指掌〉音系》,《龙谷纪要》第 27 卷第 1 号,2005;《清代后期的官话音》,高田时雄主编《中国语史的资料和方法》,1994;《〈正音通俗表〉の韵母体系》,《龙谷纪要》第 15 卷第 2 号,1994;《〈正音通俗表〉の声母体系》,《龙谷纪要》第 16 卷第 1 号,1994;《〈正音通俗表〉音系特征》,《龙谷纪要》第 16 卷第 2 号,1995。

[13] 高永安《明清皖南方音研究》,商务印书馆,2007。

[14] 陈贵麟《韵图与方言——清代胡垣〈古今中外音韵通例〉音系之研究》,沛革企业有限公司,1996. 9。

[15] 平田昌司《清代鸿胪寺正音考》,《中国语文》2000 年第 6 期。

第十二章　日本学者佛教“声明”与汉语声调关系的研究

【本章内容提要】本章主要论述“声明”及与日语汉字音、汉语语音声调关系的论著；赖惟勤“声明”及与日语汉字音、汉语语音声调的关系的研究；樱井茂治、金田一春彦等“声明”及与日语汉字音、汉语语音声调关系的研究三个方面问题。

【关键词语】日本佛教　声明　汉语声调　学术贡献

一、“声明”及与日语汉字音、汉语语音声调相关的论著

日本学者研究日语汉字音与汉语声调，长期以来比较注意利用一种传统音乐资料——声明。

声明是怎样的一种音乐资料？它是佛教音乐资料。与梵汉对音译音相似的是，它最初也是用梵语而作“梵语赞”记录，后来又发展为用汉语、日语等作的“汉语赞”、“和语赞”。日本学者对声明的研究著作，比较著名的有岩原谛信《声明の研究》(1997(1932))、大山公淳《佛教音乐と声明》(1989(1962))等。[1]

岩原谛信所讨论的内容主要有：一、预备知识：声明小史；对声明师传口传的态度；声明理论的必要解释；声明是音乐吗？理解声明理论的必要音乐知识。二、声明理论的根底：中国的音节；日本的音节。三、声明的理论：声明的音节；有关声明的移调、转调问题；男声范围和五调子；本调子、空调子；一越调标准或双调标准；五种拍子等。四、声明的实际：声明歌词、实际变化；辅助记号的种类、内容；吕旋法——双调诸曲、一越调诸曲；律旋法——盘涉调诸曲、平调诸曲；中曲旋法——黄钟调诸曲；四座讲式等。

大山公淳讨论的内容主要是：一、佛教音乐。包括声明的种类与流行；释尊的音乐禁制与奖励；佛塔供养和佛传音乐；密教乐和乐器；中国的声明和舞蹈；流传到日本的外国音乐佛教音乐的展望。二、声明的历史。源流——印度及中国；梵曲《鱼山》及《鱼山私钞》；弘法、慈觉大师等所传声明；其他包括比叡山、密家、乞戒、真言、高野山、醍醐、大原等声明；音谱的名称和五音谱等。三、声明的音律。关于《进流鱼山集》“附录”和声明音律原理；其他包括十二律和五音、吕律、中曲、四种反音曲、五章反音、诸种声明吕律和甲乙吕律、拍子和曲节、声明博士、讲式、四声等。其中“四声”一节已经涉及声明与日本汉字音声调、汉语语音声调考订关系的内容。比如研究声调的资料，有《补忘记》、《四座讲式》、《妙法莲

华经》和《净土宗用法事赞》等。四声的调值考订与墨谱的关系以及清浊、声点形式等也有比较细致的说明。

有关“声明”与日语汉字音、汉语语音声调关系的研究论著，水谷真成《声明本展观目录》(1994)列举了 140 种研究“声明”的佛教原始著作，比如《鱼山显密声明集略本》、《礼赞声明音谱》、《声明集》、《僧赞、画赞、文殊赞》、《声明源流记》等，是研究“声明”与日语汉字音、汉语声调关系的必备资料。

与此同时，他又列举了一些现代学者的研究论著，主要有：金泽庄三郎《四声轻重考》(《东洋学研究》创刊号)；近藤亮雅《支那に於ける声明道》(《六条学报》第 204 号、第 205 号，1918)；东条隆哲《五音五调に就て》(《密教研究》第 1 号，1919)；东条隆哲《ンの音调》(《密教研究》第 4 号，1920)；水原尧荣《野山四声考》(《密教研究》第 21 号，1926)；小田慈舟《京都诸山の真言宗声明に就て》(《密宗学报》第 180、182、184 号，1928)；渡边英明《四声及五声考》(《密宗学报》第 198 号、第 199 号，1930)；桥本进吉《国语史研究资料としての声明》(《密教研究》第 32 号，1939)；朝山信弥《古代汉音に於ける四声の轻重に就て》(《国语国文》第 11 卷第 11 号，1941)；草野忠实《真言宗の诵经に传来せる唐代长安の古音》(上)(《密教研究》第 86 号，1944)；小西甚一《文镜秘府论考》(《中国语学》第 20 号，1948)；饭田利行《佛教の影响下に於ける支那音韵学》(《佛教研究》第 3 卷第 1 号)；大山公淳《四声の研究》(《山家学报》第 18 号)；服部四郎《〈补忘记〉の研究》(《国语のアクセント论丛》，寺川喜四男等编，法政大学出版局，1951)；金田一春彦《〈补忘记〉の续貂》(同上)；有坂秀世《悉昙藏所传の四声について》(《国语音韵史的研究》，三省堂，1957)；内记龙舟《和赞に於ける吴音の四声に就て》(《无尽灯》第 18 卷第 5 号)；金田一春彦《〈类聚名义抄〉の和训に施された声符に就て》(《桥本博士还历纪念国语学论集》)。[2]

我们需要补充的论著主要是赖惟勤《中国音韵学论集》(汲古书院，1989)所收的 5 篇论文：《汉音の声明とその声调》、《诸天汉语赞について》、《〈九方便〉〈五悔〉について》、《中国语声调史资料としての佛教音乐》、《天台大师画赞の构造》。

另外，还应该提到樱井茂治《〈佛遗教经〉の旋律に反映した国语のアクセント》(《国语学》第 27 辑，1956)；《〈四座讲式〉所载のアクセント——史的位置、文节结合の法则など》(《国学院杂志》4 月号，1960)；《アクセント史资料としての声明——真言宗所传の“表白”を中心として(1)》(《国语学》第 44 辑，1961)；《アクセント史资料としての声明——真言宗所传の“表白”を中心として(2)》(《国语学》第 45 辑，1961)；《真言宗“声明”の墨谱の系谱とアクセント》(《国语学》第 51 辑，1962)；金田一春彦《日本语音韵音调史の研究》(作于 1959 年，吉川弘文馆，2001)所收有《音韵史资料としての真言声明》等 6 篇论文。专著是金田

一春彦《四座讲式の研究》(三省堂,1963)。[3]

其他,则有奥村三雄《声明史料〈圣宝印理趣经〉について》(《国语国文》第32卷第2号,1963);沼本克明《训点资料に於ける节博士に就いて》(《训点语与训点资料》第86辑,1991);《日本汉字音の历史的研究》(汲古书院,1997)第四章"关于训点资料中的节博士",第五章"促音'小写'标记'ッ'历史的展开";浅田健太郎《声明资料における"ずらし表记"の机能を巡つて》(《训点语与训点资料》第101辑,1998);《声明资料における入声音》(《国语学》第53卷第3号,2000)等论文。

二、赖惟勤"声明"及与日语汉字音、汉语语音声调关系的研究

赖惟勤《中国语声调史资料としての佛教音乐》谈到天台宗所传声明《天台大师画赞》是由颜真卿作于大历年间(766—779)。画赞的文辞曾刻于天台县石上,王象之《舆地碑记目》等有记载。

日本人把画赞带到日本来,从圆珍和尚的《行历抄》(785—804)能够见到相关记载,说明画赞已经在日本存在。在最澄《将来目录》"台州录"也可以见到画赞叙述,这是公元805年的事。与日本天台大师画赞同系统的主要有:《叡山大师(传教)庙赞》、《慈觉大师德行赞》、《智证大师画赞》、《慈惠和尚德行赞》、《惠心赞》等。赖惟勤在此文《补记》中对画赞构造形式、具体内容都有比较详细的考订。

1. 赖惟勤《汉音の声明とその声调》一文很有代表性。关于研究"汉音声明"的目的,赖惟勤说,即是通过声明资料明确日语汉字音、汉语声调的调值与调类。以往的声调研究往往能够得到调类,但调值情况却很难知晓,声明资料却可以在某种程度上弥补这一缺憾。

关于声明。赖惟勤强调说,作为佛教音乐资料,其分类主要有:利用梵语而作的梵语赞;利用中国语(包括汉音、吴音)而作的汉语赞;利用日本语而作的和语赞。"汉音声明"是汉语赞中用汉音而作的汉音赞。

声明显示乐曲的特点与一般乐曲有很大的不同,《序曲》没有节拍,《定曲》有节拍。《序曲》是把一个字一个字拖长地唱,《定曲》是按照一定的节拍把一个字一个字变短唱。节拍的种类也有各种各样,怎样区别也存在一定问题。比如有本节拍与半节拍,半节拍就是本节拍的1/2节拍。汉音声明《序曲》部分也有《定曲》部分。

声明所用的是宫商角徵羽五音。五音的曲调形式(律、吕等),需要指定主音的绝对高度(十二律)而成为实际的乐曲。显示乐曲的五音变化要由"博士"来实现。"博士"就是声明的乐谱(墨谱)。有人称为"节博士"。博士用文字符号

把乐曲的各个曲调分开来表示。声明可以是一支曲调独用，也可以是几支曲调配合编曲而用。与此相应，律、吕、十二律种种灵活运用，构成一个完整的大乐曲曲谱。作为音乐理论的主体五音是构成音乐体系最重要的因素。

研究方法：

(1) 调值和博士。博士记录的五音的变化内容是寻求汉字调值的依据。在此之前，先要找到调类。

(2) 调值与博士不同。由博士的记录而寻求声调并不那么简单。为什么？

其一，调值与音乐的性质不同。一般的调值分为开始高度、高度变化的调型、持续时间三要素。这三个要素对于博士各自发音，即博士最初的音，和博士调型，上升下降等成为节拍。可是，调值开始高度不受音乐的音阶什么制约，博士发音一定在音阶上。接下来，调值高度变化改变调形，进行变化的全过程不受音乐的音阶什么制约。博士的音型，即是高度变化(定曲的情况)阶段，进行全过程变化的音一定在音阶上。还有调值持续时间，能够依据调类长短而得到。博士的节拍，即持续时间，不一定拉长。调值因人因时而浮动变化，博士这方面是不许浮动的。

调值对于博士怎样发生转移的呢？比较相近的两个调类的调值博士没有区别，大概是一般的调值细微的语音高低升降变化很多，作为视力所及五音节粗略的变化表现难以得到的情况也有。一个调类对于两个博士转移。例如，细微的上升调值能够对上升型博士或者平板型博士发生转移。大概五音阶只表现音程宽广高度变化，原因在于，细微的高度变化决不适合博士。

其二，调值与音乐的技巧不同。例如调值能够与相近的博士转移，作为音乐就不行，必须加上音乐的技巧。原因在于，“出音”一方面移向各种音阶，另一方面需要把博士的唱法加上装饰。博士要使乐曲形式整齐决不拘于调值。追求乐曲的统一是为了主题化旋律，与一定要考虑调值没有关系。

(3) 缩小调值与博士存在差异的对策。受音乐技巧的制约调值姿态遭到破坏，原则上分析乐曲音乐构造就能够知道。但是，像上述反映调值的情况如何处理？一是把博士不能区别的调值细微区别，一并考虑为“群的调值”。归纳这些韵为摄，把音首辅音归类为唇舌牙发音部位。二是一个群的调值，理应转移所有博士。怎样理解转换反映调值的博士？即一个群的调值未必与一定种类的博士对应。“一个群的调值拥有固定的博士分布，所以等于博士分布文字拥有相同群的调值，从而属于相同群的调值。而且可以从博士分布捕捉到群的调值实体。”这样，增加发现拥有细微区别调值可能性，起到发现未知音乐制约规则的作用。

(4) 由博士分布而产生的问题与对策。博士分布则因同一文字不能充分出现而难以正确捕捉。例如，文字甲出现很多，显示博士分布 a，b，c(a，b 等表示博士)，文字乙出现很多，显示博士分布 a，b，c。但还是或甲或乙不能出现很多的情况，哪一个只显示博士分布 a，b？对于有不同博士分布结果的甲和乙，由现实的博士分布还很难看出差别。

适当的办法是，拼合文字组，组中文字，无论哪个方言一定是调类相同，考虑哪个组的博士分布的话，博士分布就可以在哪个组中正确取得。但文字组等同于方言调类文字的汇集。

(5) 考察程序构成。A.本文。包括资料与博士种类。B.统计。包括资料字数、音乐构造和关联的问题。统计表。提出博士分布。等等。C.声调。调类，比如群的调类。调值，即由群的调类固有博士分布，捕捉到群的调值实体。D.博士的转写法。

研究结果。比如《戒品》，调类有阴平、阳平、上声、去声、阴入、阳入六个。调值包括发端高度、高度变化类型、持续时间三个方面。

《戒品》调值发端高度：根据博士分布，阴平群是出音羽征，阳平群是出音征›羽，上声群是出音征≒羽，去声群是出音征，阴入群是出音羽，阳入群是出音羽›征，但比起阴平群大小之差较小。

高度变化类型：根据博士分布，阴平群是很强的下降型；阳平群是带有下降性的平板型；上声群是平板和上升之间，即微上升型；去声群是很强的上升型；阴入群像是带有下降性的平板型；阳入群是带有上升性的平板型。

持续时间：持续时间的长短由资料局限还不能判定。大概阴入群和阳入群比起其他声调持续时间要短。

2.《诸天汉语赞について》与《〈九方便〉〈五悔〉について》是对《汉音の声明とその声调》一文的补充与扩展。比如《诸天汉语赞について》的内容包括曲调的构成、五音的特征、文字的声调、音曲化的条件、决定曲调的构成的要素、律吕的关系等。

樱井茂治之前，金田一春彦对表现《佛遗教经》旋律的音谱有所注意，并肯定《佛遗教经》音谱在日语声调史上的可贵价值(《古代アクセントから近代アクセントへ》，《国语学》第 23 辑，1955)。樱井茂治(1956)一方面继续就《佛遗教经》旋律的音谱反映的声调进行研究，另一方面又就“异例”的旋律变化进行考察，更进一步强调《佛遗教经》旋律音谱在日语声调研究历史中的地位与作用。因为表现《佛遗教经》旋律的“节博士”(音谱)汉语内容较多，日语内容较少，所以，我们认为，从某种程度上来说，《佛遗教经》旋律音谱在汉语声调研究历史中也应该具有一定的地位并会发挥很大的作用，只是中国音韵学者对表现《佛遗教经》旋律的节博士注意不够罢了。

三、樱井茂治、金田一春彦等“声明”及与日语汉字音、汉语语音声调关系的研究

《四座讲式》是真言宗所传的声明讲式的一种，明惠上人作。原本珍藏在日本冈山县和气郡伊里村的正乐寺。岩原谛信《南山进流声明の研究》(1932)有记载：舍利讲式，建保二年正月廿七日；遗迹讲式，建保三年正月廿二日；罗汉讲式，建保三年正月廿四日；涅槃讲式，建保三年正月廿九日；分别作于1214年与1215年，时间当在所谓镰仓初期。金田一春彦1959年《音韵史资料としての真言声明》一文也进行了比较细致的研究。樱井茂治(1960)所关心的是《四座讲式》节博士反映的声调的时代及性质。分析《四座讲式》节博士音谱，主要采用金田一春彦《补忘记の研究、续貂》(《日本语のアクセント》,1942)的方法，同时，结合归纳《四讲座式》文献材料而得出结论。《四讲座式》“型别所属”比较复杂，有徵徵型、徵徵角型、角角型、角徵型、角角德型、角德德型、角徵徵角型、德德德型等。它反映的是日本院政、南北朝两时代中间，即镰仓时代的汉音声调体系。又将《四讲座式》文献声调体系与现代京都方言声调比较，发现了它们之间的相承性，认为是镰仓初期京都方言的声调。大友信一在《音声、音韵——国语史》(《国语学》第49辑，1962)一文中评价此文说，“基于缜密的调查，益处很多”。不过，从我们看来，樱井茂治对与汉语声调研究价值的关系注意不够，片面强调了日本汉音的性质。

樱井茂治(1961)称他讨论真言宗所传的“表白”对审视汉语与日语汉音声调的作用，还是在金田一春彦(1959)注意基础上作更为细致的研究。真言宗声明表现旋律节博士资料有三种，即：

歌的声明＝三礼	呗	散化	梵音	
	锡杖	佛名	对扬	五悔
	赞	教化		
读的声明	祭文	表白……等		
讲颂的声明	讲式	和赞……等		

这个分类把表白和祭文并列，都属于“读的声明”。这个“表白”、“旋律”与“佛名”、“对扬”等比较，更近于口头语言。文本汉字用片假名注音，左侧表现旋律，加注节博士音谱。表白分为三种：御影供表白、仁王经表白、大般若表白。樱井茂治说，他将《表白集》所收表白制作的年代进行了调查，其中最早的是天永三年(1112)，最新的是建久四年(1193)。反映旋律的声调的时代也是这前后。表白的节博士音谱，属于二重宫、商、角、徵。樱井茂治主要注意的是节博

士反映的“和语”的声调与“汉语”声调的情况。如此，他研究和语声调的程式是：节博士“型”的记述方法、“型”的记述与整理、声调体系的考察、异例的考察。对汉语声调的考察，主要有：声点的种类和整理方法、用例的记述、异例的考察。最后是声明研究的方法——旋律变化的方向。

在对表白反映的汉语声调情况考察中，他了解到，表白声点体系用的是上声、平声(重)、平声(轻)、去声、入声(重)、入声(轻)的六声识别系统。表白上所注声点六声声调调值，依据金田一春彦的结论(《日本四声古义》)而定，即：

上声＝高平调　●又●●
平声(重)＝低平调　○又○○
平声(轻)＝下降调　◓又●○
去声＝上声调　◒又○●
入声(重)＝低平调　○▽(▽表示促音)
入声(轻)＝高平调　●●

对异例的考察，可以看到，节博士之型和声点的关系，有两个方面，一是节博士和四声声点的型相一致。二是节博士和四声声点的型不相一致。追寻不相一致而变化的原因在于，节博士字音声调传来的途中，旋律相互影响；后世发生某种体系的旋律变化带来了表白旋律的变化，内外部因素均有。无疑，樱井茂治的这个研究学术意义是很大的。已经不仅仅是通过声明表白节博士求得汉语声调调值，而是对形成异例的原因进行了科学的解释，思考更加细密。

樱井茂治(1961)发表后，也有学者提出不同意见，比如大友信一在《音声、音韵——国语史》(1962)一文中认为，樱井茂治的研究不重视节博士“制作者”高野山金刚三昧院觉意的表白节博士材料，因此，有些结论是让人怀疑的。樱井茂治1962年的论文是对此的回应批评。主要内容是：觉意制作表白节博士的证据不充分；觉意以前表白唱法不清楚；另外，从觉意以前的墨谱和其系谱情况、觉意以前的墨谱和节博士的关系来说明未提及觉意的原因。实际上，作者对墨谱和节博士的关系历史提出了自己的看法。也汲取了岩原谛信《声明の研究》与大山公淳《佛教音乐と声明》两种著作的一些观点，其论证具有一定的说服力。

金田一春彦(2001)文作于1959年，后又有补充。作者称，其研究是受桥本进吉教授《国语史研究资料としての声明》(《密教研究》第32号，1939)、筧五百里教授《声明の“読みくせ”》(《岐阜大学纪要》，1958)等论著的影响而作。至于音韵史价值，也强调了水谷真成、赖惟勤的挖掘贡献。金田一春彦研究声明，探讨了声明的佛教音乐特性；对学者们关于声明的分类进行说明，辨析其合理性，比如认定岩原谛信僧正分类的特点，岩原谛信僧正将声明分为歌的声明、读的声明、讲颂的声明三类；对真言宗声明的流派以及他们流传的声明与音韵的关系有所叙述。论文的主要内容还论及声明文献的音韵史价值，当然也包括对汉语音韵学研究所发挥的作用。如曲《舍利赞叹》、《散华》、《对扬》、《五悔》、《中曲理趣经》、《御影供祭文》、《涅槃讲式》、《传法会论译》等。

金田一春彦《四座讲式の研究》(1964)，副题是《邦乐古曲の旋律による国语アクセント史の研究》。作者在《序》中说，《四座讲式の研究》只是他《邦乐古曲の旋律による国语アクセント史の研究》系列研究的一部分，还有《平曲の研究》，以及《朗咏、催马乐研究》等。他给自己的研究定性为：根据“四座讲式”材料，推定镰仓时代的日本汉字音声调体系。

奥村三雄《声明史料〈圣宝印理趣经〉について》(1963)对京都大学国文研究室所藏古写本《般若理趣经》所附真言宗《声明谱》进行研究。认为成书年代下限在1258年以前。作为字音资料，表现的是入声韵尾弱化；有ン、ム的区别，但和[-m][-n]尾相混没有关系；更为重要的是谈到了音谱与声调的关系。可以初步确认的是平声及入声，清音与浊音的对立是相当清楚的，但上声及去声难以认可，等等。

沼本克明(1991)调查的是节博士的存在形态。注意区分节博士的种类，辨析现存节博士训点资料以及它们之间的关系。他所列资料有的见于水谷真成《声明本展观目录》(1994)列举的140种研究声明的佛教原始著作中，有的则是新近发现的，对于研究汉语语音声调也很重要。沼本克明(1997)是作为研究语音标记史而论及节博士的。有的内容与1991年的调查相重合。第五章“促音‘小写’标记‘ッ’历史的展开”涉及汉字音舌内入声韵尾和和语促音在日语音韵体系的定位问题，与声调不能说没有关系。

浅田健太郎(1998、2000)的研究与沼本克明相照应。1998年谈到节博士假名标记和入声音音值问题。2000年研究声明资料中促音“小写”标记表现的入声音的存在形态，入声音包括舌内入声音与喉内入声音、唇内入声音等。其形态内容有入声音小写标记在浊辅音或清辅音前等的描写，也十分细致。随着时间的推移，日本汉字音中入声音的消退倾向越来越明显，对声调调值的影响应该是很突出的问题，非常值得研究。

其他学者，如播磨照浩《天台声明と净土真宗本愿寺派声明に於ける旋律の比较研究》(《东洋音乐研究》第45号，1981)、长谷川慎《汉译佛教和呗赞音乐》(大谷大学文艺学会《河内昭圆教授退休纪念中国文学论丛》，2004)，也是应该提及的论文，它涉及声明与汉语声调研究相关的音乐问题。

从日本学者的汉音声明研究来看，利用汉语赞节博士研究汉音或者吴音声调，确实较一般的不表明调值的汉语语音资料具有一定的优越性，尤其是调值高度变化类型的拟订，所建立的理论方法模式比较成熟，但作为声明材料的画赞的最初来源，有许多学者还不是很清楚，因此，就给研究画赞所反映的语音时代与地域带来了很大的困难，所以，有许多结论只能是推测，这一点赖惟勤《中国语声调史资料としての佛教音乐》一文已经有所流露，显得很无奈。此外，如何将汉音声明资料与其他汉语语音声调资料结合研究，也是日本音韵学界没能解决好的问题。

附　注

[1] 岩原谛信《声明の研究》，1932 年初版，东方，1997 年 12 月再版；大山公淳《佛教音乐と声明》，1962 年初版，东方，1989 年再版。

[2] 水谷真成《声明本展观目录》，《中国语史研究》，11 页，三省堂，1994。

[3] 赖惟勤《中国音韵学论集》（汲古书院，1989）所收的 5 篇论文：《汉音の声明とその声调》、《诸天汉语赞について》、《〈九方便〉〈五悔〉について》、《中国语声调史资料としての佛教音乐》、《天台大师画赞の构造》。其中《汉音の声明とその声调》，水谷诚、梁晓虹译，《南大语言学》（第一编），商务印书馆，2004.5。另外，樱井茂治《〈佛遗教经〉の旋律に反映した国语のアクセント》（《国语学》第 27 辑，1956）；《〈四座讲式〉所载のアクセント——史的位置、文节结合の法则など》（《国学院杂志》4 月号，1960）；《アクセント史资料としての声明——真言宗所传の“表白”を中心として(1)》（《国语学》第 44 辑，1961）；《アクセント史资料としての声明——真言宗所传の“表白”を中心として(2)》（《国语学》第 45 辑，1961）；《真言宗“声明”の墨谱の系谱とアクセント》（《国语学》第 51 辑，1962）；金田一春彦《日本语音韵音调史の研究》（作于 1959 年，吉川弘文馆，2001）所收有《音韵史资料としての真言声明》等 6 篇论文。专著是金田一春彦《四座讲式の研究》（三省堂，1963）。

第十三章　日本学者对《中原音韵》及相关韵书的研究

【本章内容提要】100 余年来，日本学者对《中原音韵》及相关韵书研究取得了卓越的成就。笔者从作者与成书、研究理论与方法、音系及性质、学术价值、与相关韵书的关系等方面总结了研究成果，力图比较全面地反映日本学者对《中原音韵》及相关韵书的研究面貌，从而使人们对日本学者研究《中原音韵》的情况有一个总体认识，并正确估计其研究价值。

【关键词语】《中原音韵》及相关韵书　日本学者　研究价值

20 世纪二三十年代以来，中国学者对《中原音韵》及相关韵书研究取得了国内外公认的学术成就，形成了具有自足理论体系与学术流派的"《中原音韵》学"。关于这一点，已经开始有学者进行了系统的研究，比如黎新第、张鸿魁、方环海等，他们已经就《中原音韵》学术史上的许多问题理出了一些比较清楚的头绪，得出了一些比较可信的结论。我们相信，这种研究今后还会有学者继续下去。

如果我们把《中原音韵》研究的视野进一步扩展，就会发现，《中原音韵》不仅是属于中国的，也是属于世界的。100 多年来，日本学者对《中原音韵》及相关韵书的研究取得了卓越的成就便是明证。我们力图在本章中从作者与成书、研究理论与方法、音系及性质、学术价值、与相关韵书的关系等方面加以总结，以求得比较全面地反映日本学者对《中原音韵》及相关韵书的研究面貌，从而使人们对日本学者研究《中原音韵》的情况有一个总体认识，并正确估计其研究价值。

一、《中原音韵》的作者与成书

在日本学者中较早关注《中原音韵》的，金井保三认为当属冈本况齐(保孝)(1797—1878)。冈本况齐写过一本叫《詩痴府》的书(1825)，其中提到周德清的《中原音韵》，并第一次进行了真正的语言学研究，但很多内容一般学者并不清楚。[1]

1913 年 9 月，日本《东洋学报》第 3 卷发表金井保三的《中原音韵につきて》一文，是迄今为止一般学者所能见到的 20 世纪日本最早系统研究《中原音韵》的论文。

(一) 关于《中原音韵》作者周德清的生平情况

金井保三谈了几点看法：其一，《录鬼簿》记载过于简略，有些情况不可信从。其二，依据虞集为周德清《中原音韵》作序与周德清自序等材料，周德清应该出生在元世祖至元十三、十四年之间(1276—1277)。虞集与周德清年齿相当。如果是这样的话，《中原音韵》成书时，他已经四十八九岁了。其三，周德清滞留江南知音者稀，但有吉安萧存存、罗宗信、张汉英，以及西域琐扉复初、亳州孙德卿等好友相伴。

对周德清的生卒年时间，远藤光晓(1995)赞同中国学者宁继福先生的看法，即周德清生卒年时间应该在 1277 年至 1365 年之间。

宁继福先生(1979)以《暇堂周氏宗谱》的记载为依据，确定周德清的生卒年。大岛正二(1997)也表明了这个意见。[2]

大岛正二(1997)还说，周德清在 34 岁的时候离开家乡，游历了庐山、浔阳、大都、吉安等地，进行乐府的创作。周德清到过大都的具体依据是什么他没有提及。大岛正二的观点显然受宁继福先生的《中原音韵表稿》(吉林文史出版社，1985)观点的影响。宁先生说："从传下来的诗文上能依稀辨认他盘桓于庐山、浔阳、大都、吉安等地的足迹。"只不过宁先生在周德清去庐山等地的年龄上的说法与他不同，即"大约十七八岁的时候"。

在大岛正二之前，针对宁继福先生说周德清到过大都的观点，日本学者佐佐木猛(1994)提出质疑：周德清到过大都吗？佐佐木猛先生提出几条有力的反面证据：[3]

其一，《中原音韵》流传在以吉安为中心的江西文人中间。这和李新魁的观点相似。李新魁说：《中原音韵》撰作"事实上正可能是在江西家乡中进行的"(《中原音韵音系研究》，中州书画社，1983)。

其二，《中原音韵》真文韵上声有"不"字小韵。"不"与江西景德镇的陶土有关，而且，不见于通常的韵书与字书，这说明了《中原音韵》产生的地理特点。

其三，为《中原音韵》写序文的人全部与江西有关。比如虞集、欧阳玄、周德清、罗宗信、琐扉复初(住在吉安)。

其四，在《中原音韵》中能够见到的人物和地名，基本限于江西以及周边地域。

其五，周德清散曲歌咏的地名，基本与江南地域相关。

其六，种种迹象表明，周德清没有到过大都。

(二)《中原音韵》产生时间

金井保三确认是元泰定甲子年(1324)。藤堂明保(1979)及许多学者同意这个看法。但大岛正二(1997)则认为中国学者宁继福、姜聿华(1992)的观点有道理,即应该在至正元年(1341)。[4]

(三)《中原音韵》的成书过程

对《中原音韵》的成书,在周德清《自序》、《正语作词起例》与罗宗信等人的《序》中已经有写本、未定稿与刊本之分说。现存的《中原音韵》本,哪一个是写本,哪一个是刊本(即定稿本)后人难以定夺,无疑给后人了解这方面情况带来了许多困难。

金井保三(1913)谈到,明人程明善"啸余谱本"中收有《中州音韵》一书,检点内容,分韵法与《中原音韵》相同,平声不分阴阳,文字列举之法"纷然杂然",没有一定秩序。每一个同音"头字"记有反切,而且,给每一个字注上意义。《中原音韵》"起例"所说,逐一解字,为《中州音韵》加注,大概指的是此书。但又认为字数大大增加,失去了韵书原形。并推测与卓从之有关。这算是与《中原音韵》成书相关的内容。不过,后人认为,这个《中州音韵》,很像明人王文璧《中州音韵》(见赵荫棠《中原音韵研究》)。

中国学者赵荫棠在《中原音韵研究》(《国学季刊》第3卷第3号,1932;《国学小丛书》1936;商务印书馆,1956)中比较了元至正十年(1350)出现的卓从之《中州乐府音韵类编》与《中原音韵》文本。《中州乐府音韵类编》确实是如周德清《正语作词起例》所说的有"阴阳平"一类,与"墨本"一致,而且,相对于周本5876字,卓本不过4094字。由此,他认为,卓从之《中州乐府音韵类编》依据的是周氏《中原音韵》某一种"未定稿"。这也引发了《中原音韵》的成书过程的讨论,比如,厉啸桐《宋元之间北音平声转变之公例——〈中州乐府音韵类编〉之研究》(《东方杂志》第35卷第12号,1938)就认为赵荫棠的观点没有根据。[5]

服部四郎、藤堂明保(1958)认为,如果从铁琴铜剑楼藏元刊影印本和内藤湖南旧藏元刊本存在明显差异角度来看的话,两者同是元刊本,依据周氏原稿的准确率很高。两者之间也有所不同,其实,并不限于字体的歧异,也有完全不同的字音。可以看到,在《正语作词起例》里有"逐一字解注《中原音韵》见行刊雕"句,表达的内涵并不十分清楚。虽然如此,还是回到《中原音韵》解注本的意思上来了。服部四郎与赵荫棠的看法存在着一定的差别。

佐佐木猛《〈中州乐府音韵类编〉によつて〈中原音韵〉に含まれる誤りを正しうるか?》(1981),把《中州乐府音韵类编》作为《中原音韵》的一个稿本材料,引用周氏自己的语言,即成为《中原音韵》后半部分的《正语作词起例》而谈到本书特点,并指出周德清的错误。[6]

佐佐木猛从三个方面谈道:

其一,"平声阴阳如此"的情况。《起例》(《正语作词起例》简称)说:"平声阴如此字，阳如此字，阴阳如此字。”这里“阴”，即同一声母的对应小韵是不拥有平声阳的平声阴小韵；“阳”，即同一声母的对应小韵是不拥有平声阴的平声阳小韵。而“阴阳”，即同一声母小韵无论如何同时存在平声阴与平声阳，“阴阳”成对。比如《中州音韵》(《中州乐府音韵类编》简称)齐微韵“平声”：“椎”和“颓魋”阴阳成对。前者平声阴，后者平声阳。这个“椎”字不是“推”字之误吗？周德清《中原音韵》“齐微韵”平声阴“堆𩞀”，是把“推”字误读为“堆”。《中州音韵》七真文“平声阴阳”：“吞暾”与“肫屯饨”阴阳成对。周德清《中原音韵》“齐微韵”平声阴有“吞 0 暾 0 谆迍”。“吞”与“暾”分成两个小韵。不是周德清《中原音韵》原本，恐怕是后世加上的“0”。这种情况应该是传写之误。“吞”与“暾”应该合为一个小韵。

其二，“每空是一音”的情况。如周德清《中原音韵》的《起例》所说，《中原音韵》与《中州音韵》相同，本来小韵间的区分不加“0”，只是用字与字之间空白表示。传写之间，这个空白的前后字移动，把有的不鲜明的字当做本来空白对待而误认。如三支思，去声。《中原音韵》“翅 0 厕”发生同音冲突。《词林韵释》把“厕”字收到“次”小韵。《中州音韵》“次　字　翅　厕　志”平列。中间相隔小韵，“次”、“厕”二小韵不能合并。这里“翅”、“厕”两字在《中州音韵》连续配列，因为产生中间传写之误，《中原音韵》踏袭这个传写之误，把从一字而成的小韵一同移向韵末，然后，把“0”附在上边，成为“翅 0 厕”的情况。这种例证不少。

其三，一字小韵的情况。《中州音韵》与《中原音韵》在小韵配列顺序上差别较大，原因在于《中州音韵》平声把阴阳一项独立。《中原音韵》在《中州音韵》所收的字基础上再加上增补的字，于是就有了一字小韵的情况。《中原音韵》往往把这个小韵移动到韵末。对于这个例外，《中原音韵》计有 25 处，大部分具有音系整体性问题。比如，《中原音韵》十先天韵，平声阳：“贤絃弦舷悬 0 玄 0 延筵鋋埏蜒缘妍言研焉沿”。“玄”，一字小韵。《中州音韵》十先天韵阴阳：“贤絃弦舷悬玄 烟燕 胭蔫嫣 延筵缘 妍言研焉。”《中原音韵》将“玄”移动位置加“0”，再行编制小韵。这仍然属于传写之误的情况。

远藤光晓(1995)研究《中原音韵》的成书在佐佐木猛的基础上另辟蹊径。首先是以“东钟韵”为例，进行周本与卓本的比较。卓本用中华书局影印本，并且主要参照佐佐木猛《卓从之〈中州乐府音韵类编〉考订本》(《均社论丛》第 10 辑，1981)，《中原音韵》用中华书局 1978 年影印讷菴本，参照服部四郎等《中原音韵の研究》“校本编”。具体来看，把卓本按小韵顺序及字序编号。周本小韵顺序与字序编号以卓本为准。与卓本相异的就打上 abcd……记号。另一种版本见到的字就划上波纹号表示。结果看到，卓本立有“阴阳”，周本没有，周本收录字多，有不同点。收录字及字序完全相同的小韵也相当多，小韵配列顺序关联平声阴阳部分对应关系很复杂，此外，两本之间存在相当的共同性，从大局上可以看到的两者的一致性，很难考虑存在着偶然性。陆志韦关于可以追溯两书相同来源的观点应该是有道理的(《释〈中原音韵〉——附说周氏〈中原音韵〉跟卓氏〈中州乐府音韵类编〉的关系》，《燕京学报》第31期，1946)。

但有两个问题需要解决：一是祖本的情况如何，二是周本与卓本的不同点是怎样产生的。从检讨收录字看，小韵内的字序，周本按相同声符排列，与卓本不同。小韵的配列次序，以平声为例，周本的"阴"、"阳"二分是相对于卓本的"阴"、"阳"、"阴阳"三分。推想这种情况，卓本是本来之形，而周本是再次配列而成的。当然也有散见于其他的小韵的，小韵顺序不同，只是从周本与卓本的比较来谈哪一个是本来的本子大概很困难。基于以上比较，可以考虑的是，大概卓本相当于《中原音韵》的墨本。由此，肯定赵荫棠、佐佐木猛的判断是妥当的。

其次，探讨相当于《中原音韵》墨本的卓本成书过程。《中原音韵》韵目用字与《广韵》韵目基本一致，说明《中原音韵》的编撰基于《广韵》等传统韵书。仍以"东钟韵"为例，卓本各韵目小韵用字配列顺序与《广韵》(周祖谟校本)小韵用字配列顺序基本一致。

最后，周本与卓本的音韵体系存在着差别。比如，止摄舌齿音的反映。《中原音韵》舌上音在齐微韵，齿上正齿音在支思韵很多。周本还有一些在支思韵的舌音字，齐微韵的齿音字，而成了音系的例外。这些字卓本不见，由周德清增加。还有效摄唇音一等、二等的反映。一等、二等的区别应该是人为的。入声的处理，佐佐木猛观察到周本收舒声字"入声作三声"项增加字相当少，但还有失误。比如宕摄入声字处理周本与卓本就有相当大的差别，很明显的是在萧豪韵和歌戈韵重出。卓本也有显示入声和舒声同音的特征。

远藤光晓的结论是，卓从之不是《中州音韵》的原本编者，不过是祖述者。现在能够见到的卓本是周德清所说的《中原音韵》的墨本。

中国学者宁继福曾发表过《论〈中州乐府音韵类编〉与〈中原音韵〉的关系》论文(《吉林大学社会科学学报》1982年第3期)，虽然也将两书进行比较，但得出了不同的结论：卓本是周本的修订本。宁先生指出《中州乐府音韵类编》的三条显著特征，都是完全可以用来说明"卓本是周本的修订本"的看法的。应该说，这一认识的前提，与中国学者赵荫棠《中原音韵研究》所说《中州乐府音韵类编》是"《中原音韵》的继述"观点没有太大的差别。

(四)《中原音韵》的版本

金井保三(1913)提到，他曾使用"啸余谱本"，不过，这不是周德清自己所称的版本。此外，还有叶本。他说："余别藏有一部，由王文璧增注，叶以震校订。其顺序与啸余谱本相同，而且将增加的文字特地施加符号，一目了然。不题《中州》，而题《中原》。"第三种见于《小学考》的记载，但他本人没有见到。

石山福治《考订中原音韵》(1925)第二章《〈中原音韵〉及其异本》提到"常熟瞿氏"铁琴铜剑楼藏元刊《中原音韵》、京都大学内藤湖南旧藏元刊本《中原音韵》。前者有影印,后者作者已看到。他对两种本进行了系统的比较。

此外,还提到,叶德辉藏书目录记载《中原音韵》,有明刻本,应该是后出异本。《四库全书》及"啸余谱"中也收录有《中原音韵》版本。并对王文璧增注本与叶以震校正本进行了考订。在"诸本的异同"一节中,对比所用本、王文璧增注本、叶以震校正本所录字,并加以列表,以便显示三本异同的详细情况。[7]

服部四郎、藤堂明保(1958)对所能见到的八种《中原音韵》的版本进行校订,并列出系列表,达266页。在表的后边附上"常熟瞿氏"铁琴铜剑楼藏元刊影印本。这八种《中原音韵》的版本是:1."常熟瞿氏"铁琴铜剑楼藏元刊影印本。服部四郎藏。2.依据内藤湖南旧藏元刊本校订铁本。吉川幸次郎藏。3.陈乃乾题影印小字本。服部四郎藏。4.谢天瑞校刊本。仓石武四郎藏。5.啸余谱本。服部四郎藏。6.赵荫棠校本。7.叶以震重订《中原音韵》版本。东京大学、仓石武四郎、服部四郎三种藏本并用。8.石山福治《考订中原音韵》。在《解题》中,对八种版本的情况进行了非常详细地说明。

中国学者李新魁、麦耘在《韵学古籍述要》(1993)中,除列"常熟瞿氏"铁琴铜剑楼藏元刊本、啸余谱本之外,还列有中华书局影印明正统辛酉年(1441)讷菴跋本、万历四十七年(1619)初刻本和清康熙元年(1662)复刻本、《古今图书集成》本、《四库全书》本、《重订曲苑》本、海宁陈氏影印本、《中国古典戏曲论著集成》本等。[8]

二、《中原音韵》的研究理论与方法

日本学者研究《中原音韵》,在理论与方法上应该总结的内容不少,但有四个方面是必须注意到的:

(一)较早地注意用北京官话对《中原音韵》音系音值进行拟订,尽力找出二者之间的对应关系。

金井保三(1913)用罗马字母依据当时的北京官话对《中原音韵》十九韵部音值加以拟订:

a) 东钟:ung(通共),èng(风峰),iαng(兄凶)

b) 江阳:iang(相降),uang(晃圹),ang(王亡)

c) 支思:ih(时史),u(糸此),êrh(二耳)

d) 齐微:ih(耻赤),i(西几),ei(杯威),ui(吹推)

e) 鱼模:u(书如),ü(须雨)

f) 皆来:ai(该财),o(客刻),ê(策则),ua(画划),uai(快块)

g) 真文:in(新斤),ên(分人),un(春孙),üu(君巡)

h) 寒山:an(看伞),uan(关还),un(纶),ien(艰捡),en(颜宴)

i) 桓欢:uan(官团),an(般完)

j) 先天:ie-n(边连),en(烟燕),uan(专川),uan(宣泉)

k) 萧豪:ao(刀高),iao(消聊),u(缚覆),uo(镬)

l) 歌戈:o(科么),uo(过货),a(他那)

m) 家麻:ia(家匣),a(巴马),ua(夸话)

n) 车遮:ê(设舌),eh(爷夜),ieh(切姐),üeh(月雪)

o) 庚青:êng(生曾),ing(京平)

p) 尤侯:u(右由),iu(秋求),ou(头沟)

q) 侵寻:ên(针甚),in(金林)

r) 监咸:an(探南),ien(舰陷),uan(赚)

s) 廉纤:an(占瞻),ên(盐验),ien(险欠)

（q—s）闭口音

在说明中,金井保三与今天北京官话有一个比较。比如后三部原来显示的是闭口[-m]尾。在金井保三(1913)所处的时代已经变成[-n]尾了。今天看来,这个拟音问题很多,比如后三韵部,明明知道是闭口音,却还是拟成[-n]尾,其实,是迁就现代官话,不伦不类。但历史地看,难能可贵的是,第一次拟音就具有了如此系统的历史语音意识。

石山福治在《中国现代音源流考》(1923)中从现代北京官话音的来源出发,对北京官话音与《中原音韵》音的差别进行了非常详尽地论述。

鸳渊一《〈中原音韵〉中の八思巴字にて写されたる汉字音に就いて》(1931)一文除了运用八思巴字译音外,还把现代北京官话作为重要拟音参照对象,也是强调北京官话语音对《中原音韵》音系研究的作用。[9]

(二) 使用元明两朝对音材料,开拓《中原音韵》研究的新途径。

满田新造《〈中原音韵〉分韵の概说》(1918)研究《中原音韵》方法有所不同。我们看到,他尽量用整个元代以及明代初期语音材料,而且往往是难得的对音材料:日本汉字音、朝鲜韵书《四声通解》与朝鲜典籍《华音启蒙》、蒙古文《元朝秘史》等,视野相当开阔。都是为自己给《中原音韵》十九韵部拟音服务的。具体构拟,如:

(一) 东钟韵　[正韵](ung)　[现今音] ung　【[广韵]　东(韵镜 1 转)冬钟(2)】

对这种表示还有比较详尽的说明:“正韵”,指的是“蒙古字韵”的音。括号内的罗马字母是朝鲜谚文的译写。“现今音”,指的是与谚文音相合与不合的方言字音。中国语音主要有南京音或北京音的证据,语音上的对比可见一斑,已经相当科学化了。可以看出,满田新造在研究方法上比起金井保三来向前迈进了一大步。[10]

针对石山福治考订《中原音韵》在方法上出现的问题,鸳渊一(1931)认为,《中原音韵》原刻本反切与音注不能见到,如果依据明代的材料,至少有两点不合理的地方:一是元明两个时代相差较远,二是明代与《中原音韵》相关文献有许多是掺杂了南方方音,与大都语音不同,因此有必要回到元代语音视野上来。元代八思巴字译音音系与《中原音韵》语音系统关系密切,更能接近《中原音韵》音系音值,所以,成为《中原音韵》音系音值拟订的重要材料。鸳渊一的研究在材料的选择上力图有明确的针对性,所以,八思巴字字音、现代北京官话字音成为构拟的主要依据。

他的具体做法是:收集八思巴字汉字音资料,有 950 个。另有《蒙古字韵》为依据,参照藏文字音。然后完全按《中原音韵》十九韵原有文字排列顺序给《中原音韵》中汉字加记上八思巴字汉字音。版本力求可靠,所以,用元代《中原音韵》初刻本,并参考元再刻本,以及明代的补刻本。

不过,亦有学者认为,元代八思巴字译音的来源比较复杂,许多汉字音材料性质还有待于弄清楚,对转写方式的理解也还存在着不同的意见。所以,鸳渊一《中原音韵》音系的音值的价值仍然有必要重新评估。

(三)传统考据与现代理论阐释交相递用,对《中原音韵》进行综合性研究。

石山福治《考订中原音韵》(1925)是国内外第一部研究《中原音韵》的专著。在“音类的考订方法”一节中谈了七点构拟理论与方法:

(1) 依据能够见到的日本汉字音及佛经传入中国后的汉字译音,假设它是传到唐宋时代的一种中古音;同时,另一方面,用现代方音把要追溯的古代语音接续上。

(2) 把散见在诸唐宋语录、“乐府”里的俚歌俗谣,还有“宣和遗事”、“京本通俗小说”、“五代史平话”,以及元代俗曲、诏令,明代以后的诸种小说等和口语音关系密切的内容与现代口语音读相对比,判断它们之间的语音关系。

(3) 参照《汉书》、《后汉书》以后表现各个时代外国地名的汉字译音。

(4) 参考散见在“西人”记录中的,并能够和汉字相对应的当时地名、人名字音。

(5) 判断《方言》、《新方言》,以及相关诸书中记录各地方言的字音,并找到和它们相对应的现代各地方音。

(6) 把《元朝秘史》中用蒙古语音译写的汉字音与《中原音韵》所录字音相对照，看这些汉字当时的语音情况。

(7) 利用朝鲜韵书《四声通解》(崔世珍著)及《三音声汇》(洪纯甫编)索考所要知道的汉字当时字音。

在"诸本记录的记音法"一节中，比较《中原音韵》与《洪武正韵》语音的异同。将《中原音韵》小空同音字组代表字列上，比如："卧"。《中原音韵》语音用王文璧《中州音韵》反切。个别有异议的，王(文璧增注)本反切与叶(以震校本)本反切相参照。即"王过切[wo]"。《洪武正韵》反切"五个切[wu]"。"异同"结论是"异"。在同一章第十三节"由韵母区别而观察音切"中，对《中原音韵》十九韵部涉及的每一个韵母进行了构拟，并说明依据。相应在同一章第十四节"由首音而观察音切"中对《中原音韵》涉及的每一个声母进行了构拟，并说明依据。第四章是"《中原音韵》和《元曲选》音释"异同比较。著作的第二大部分是《考订〈中原音韵〉本文》，在全书 501 页内容中占了 196 页的分量。考订《中原音韵》的方法，如前所述，是一种综合性的研究，举凡能证明拟音根据的材料都加以简略介绍，显示了石山福治考订《中原音韵》不同于以往研究的理论创新意识。

不过，亦有日本学者指出了石山福治考订《中原音韵》方法的缺憾。鸳渊一(1931)之外，小川环树《赵荫棠氏の〈中原音韵研究〉を读みて》(1937)就说石山福治用王(文璧增注)本反切与叶(以震校)本反切作依据考订《中原音韵》语音，在年代上迟了一些，颇感遗憾。

平山久雄《中古唇音重纽在〈中原音韵〉齐微韵里的反映》(2005)不局限于对《切韵》音系韵书重纽问题的探讨，还延展到《中原音韵》所反映的重纽现象。藤堂明保(《中国语音韵论》1957：187—188 页)曾指出，止摄等唇音重纽在《中原音韵》里有所反映，即《中原音韵》齐微韵里，中古止摄、蟹摄和臻摄入声的唇音三等字多作[-wəj]韵母，唇音四等字则多作[-jəj]韵母。这反映着中古汉语重纽的区别。但他同时也承认，这条规律例外相当多。平山久雄的考察思路和藤堂明保有所不同。[11]

平山久雄把藤堂明保所指出的《中原音韵》例外分为甲乙两种：甲种例外，三等字而作[-jəj]；乙种例外，四等字而作[-wəj]。他所观察的止摄唇音字甲乙两种例外出现的情况，反映了语言层次的不同。以所作的历时论的假定话，《中原音韵》的基础方言至少是由两个层次构成的。一个为口语层次，在那里中古止摄唇音重纽三等(B 类)作为[-ei]，唇音重纽四等(A 类)作[-i]；另一个为文言文层次，从别的方言借过来的，在那里，中古止摄唇音重纽三等四等一样，都作[-i]。

蟹摄祭部唇音只有 A 类，没有 B 类。这些 A 类字出现在《中原音韵》齐微韵去声里。祭部唇音A类的对应情况和齐部显然不同。臻摄入声质韵唇音A、B两类字在《中原音韵》齐微韵里的音值也有B类[-ei]和A类[-i]的差别，反映了中古重纽的区别。藤堂明保强调中古唇音重纽的区别在现代北京话里也有一些迹象，但平山久雄认为不如《中原音韵》齐微韵更清楚。就此问题的研究来看，平山久雄对藤堂明保的解释更加深化，体现了传统考据与现代理论阐释的结合效应。

（四）文献比较分析与文献内部分析相互参证。

20余年来，日本学者研究《中原音韵》形成了一种趋势，即研究《中原音韵》，但不局限于《中原音韵》，而是把它放到《中原音韵》一系韵书系统中去考察，就使得《中原音韵》的研究视野更加扩大。比如佐佐木猛、远藤光晓研究《中州乐府音韵类编》与《中原音韵》的关系，就着眼于文献比较分析与文献内部分析，这样两者遥相呼应，得出令人十分关注的结论。

其实，日本老一辈学者早就在这方面有所贡献。比如永岛荣一郎《近世支那语特に北方语系统に与ける音韵史研究资料に就いて》(1941)，推重《中原音韵》的价值，但不局限于《中原音韵》，从音韵史的角度，比较分析大量与《中原音韵》相关的资料，仅原始资料著作分析，据赖惟勤等统计达40余种，所涉及的典籍，迄今仍有一些无人涉足。

再如长田夏树《〈蒙古韵略〉と〈中原音韵〉》(1978)一文列有“南曲与周韵”、“《中原音韵》与《洪武正韵》”、“《洪武正韵》与《中原雅音》”、“《四声通解》与《洪武正韵译训》”、“《通解》俗音与《蒙古韵略》”、“《通解》的今俗音与《中原音韵》”等研究内容，很显然，用比较分析与内部分析方法研究《中原音韵》，确实已经突破了传统研究视野的束缚。舟部淑子《〈中原音韵〉“作词十法”的“定格四十首”》(2003)从另一个角度探讨《中原音韵》的曲体意义。[12]

三、《中原音韵》的音系及性质

（一）《中原音韵》音系研究

金井保三(1913)用罗马字母依据当时的北京官话对《中原音韵》十九韵部音值加以拟订已如前所述。但没有对《中原音韵》声母作拟订。对声调的研究，简略谈到了“入声分派之法”与“上平与下平”现象的理解。有些理解是不正确的。

满田新造(1918)对《中原音韵》声母涉及的很少，十九韵部音值的拟订：(1)东钟：[ung]；(2)江阳：[ang]；(3)支思：[Uˉ]；(4)齐微：[I]；(5)鱼模：[u]；(6)皆来：[ai]；(7)真文：[in][ên][un]；(8)寒山：[an]；(9)桓欢：[on]；(10)先天：[ien]；

(11)萧豪：[ieo][iao]；(12)歌戈：[o]；(13)家麻：[a]；(14)车遮：[ie]；(15)庚青：[ing][êng]；(16)尤侯：[iu][uo]；(17)侵寻：[im][êm]；(18)监咸：[am]；19)廉纤：[iem]。

石山福治(1925)对《中原音韵》十九韵部音值的拟订：(1)东钟：[ung][iung]；(2)江阳：[ang][iang][uang]；(3)支思：[ŭ][ih]；(4)齐微：[i][ei][uei]；(5)鱼模：[u][ü]；(6)皆来：[ɑi][iɑi][üɑi]；(7)真文：[in][ên][un][ün]；(8)寒山：[ɑn][iɑn][uɑn]；(9)桓欢：[ɑn][uɑn]；(10)先天：[en][i en][uen][üen]；(11)萧豪：[ɑo][iɑo]；(12)歌戈：[o][uo]；(13)家麻：[ɑ][iɑ][uɑ]；(14)车遮：[eh][ieh][ueh][üeh]；(15)庚青：[êng][ing]；(16)尤侯：[iu][ou]；(17)侵寻：[im][êm]；(18)监咸：[ɑm][iɑm]；(19)廉纤：[em][iem]。

《中原音韵》声母的拟订：[ch][ch’][f][h][j][k][k’][l][m][n][p][p’][s][sh][t][t’][ts][ts’][o][w]。

其中声母第十九，他解释说："声母发音很轻，作为主要的韵母能够听到的声音。"比如属于影母及喻母的，属于疑母的，属于微母的。影喻疑三母实际上说的是零声母。而微母还用[w]表示。

声调还是按《中原音韵》阴平、阳平、上声、去声分四个调类。在考订《中原音韵》本文之后，还有"补考"，涉及了一些《中原音韵》声调与《元曲选音释》声调不同的情况。但没有对调值进行构拟。

在他的另一部专著《中国现代音源流考》(1923)中还可以见到上述构拟，基本一致。在此基础上，对现代北京官话音与《中原音韵》音声母韵母的差别进行了非常详尽的论述。

鸳渊一(1931)对《中原音韵》音系拟订，是基于八思巴字汉字音反映元代标准音的考虑。他相信，《中原音韵》音系代表了元代大都音，二者的合拍，给拟订音系提供了材料基础。

对《中原音韵》声母的拟订。称为"子音"，大体参照陶宗仪《书史会要》所记，为 32 个辅音。即：[k][k’][g][ii][ng][c][h][c̲h̲’][j][ñ][t][t’][d][n][p][p’][b][m][t̲s̲][t̲s̲’][d̲s̲][y̥w][z̲h̲][z][‘h][y][r][l][š][s][h][f][h’][w]。这当中，[ii]与[ng]的区别在于用在"语头"、"语尾"。[‘h]是无声的[h]，等等，都有区别意义。

对《中原音韵》韵母的拟订，称为"元音"，参酌诸说，主要元音是 10 个。即：[a][ɩ][u][ū][ɛ][e:][o][Ů][o′][i_a]。在"别表备考"中，说明到：[ɛ]是普通的[e]，而[e:]则是[e]的长音。[ɛ]则是弱音。鸳渊一称[Ů][o′]是自己新定的，可看做[u][o]的弱音，等等。对十九韵目的构拟，完全按照《中原音韵》体例顺序进行。鸳渊一对此有举例说明，比如：

东冬(1)　多龙切(2)tung　东(3)　dung(4)　tong(5)

(1)东冬是《中原音韵》每一空的小韵字。在具体标注时,加上顺序号。(2)多龙切[tung]是石山福治《考订中原音韵》所录反切以及考订的字音。(3)东,是鸳渊一收集的八思巴字转写的汉字。(4)[dung]是八思巴字字音。(5)[tong]参考的现代北京官话字音。

鸳渊一对声母的构拟局限于八思巴字字音体系,所以有一些不合理的地方,比如,浊声母的存在,[ii]与[ng][y̥w]的区别,等等,反而比石山福治的系统更为复杂化。韵母的拟订也有一些问题。比如支思韵,有[ih][ŭ]两类,八思巴字字音则是[i][ɩ]两类。应该说,八思巴字字音的拟订接近后来王力等学者的看法。不取八思巴字字音,反而取他拟订的不正确的北京官话字音,肯定是不确切的。对韵母的拟订还有的韵目字漏拟以及缺拟,比如支思韵,上声"死0齿"两音漏拟。"入声作上声""瑟涩0塞"缺拟。缺拟的原因可能是找不到对应的八思巴字字音。

可以看出,鸳渊一对入声字的构拟,考虑的是"入声消失"的原则。由此,声调调类还是阴平、阳平、上声、去声四个。

永岛荣一郎(1941)列"《中原音韵》的构成和北方语系统的特质"一节以中国学者罗常培的研究(《〈中原音韵〉声类考》,《历史语言研究所集刊》第2本第4分)为基础对《中原音韵》音系专门论述。比如声母有20个,列表与36字母对比。

永岛荣一郎认为,《中原音韵》音系声母第一重要的原则是"化浊入清"。其次,入声派入平上去三声与声母的关系。

关于韵母问题。以罗常培考订为准。牵涉到的是,一是与《广韵》比较,韵目明显减少。二是与《中原音韵》之后韵书比较可见:[-m]尾是否存在;"支思韵"问题;还有,作为假定音,二等[ai][an][a][am]还不能确认有无[i]介音。

声调问题。全浊声母的消失对声调的影响。"平分阴阳"、"浊上归去"、"入派三声"规律与《中原音韵》之后韵书,以及在今北京话的表现。比如入声派入上声,大部分是全清声母、次清声母,与今北京话不同。关于入声消失,《中原音韵》之后的材料非常少,白涤洲的研究属于北音系统的资料仅举《李氏音鉴》,还有深入的必要。

藤堂明保《中国语概论》(1979)212页《中原音韵》音系声母24个:唇音:[p][p‘][Φ][m][w];舌音:[t][t‘][l][n];齿头音:[ts][ts‘][s];齿上音:[tʂ][tʂ‘][r];舌叶音:[tʃ][tʃ‘][ʃ][r];牙喉音:[k][k‘][h][ŋ]。

韵母体系:家麻:[a][ia][ua];皆来:[ai][iai][üai];萧豪(1/2):[au][iau][uau];寒山:[an][ian][uan];江阳:[aŋ][iaŋ][uaŋ][iuaŋ];监咸:[am][iam];歌戈:[o][uo][iuo];桓欢:[uon];东钟:[oŋ][ioŋ];齐微:[əi][uəi][iəi];尤侯:[əu] [iəu];真文:[ən][uən][iən][iuən];庚青:[əŋ][uəŋ][iəŋ][iuəŋ];侵寻:[əm][iəm];车遮:[ie][iue];萧豪(1/2):[ieu];先天:[ien][iuen];廉纤:[iem];鱼模:[u][iu];支思:[ɿ]。

《中原音韵》声调调值没有拟订,还只是说明调类,原则上与北京音相同。

佐藤昭《中国语语音史——中古音から现代音まで》(2002)一书对《中原音韵》声母的拟订参照王力《汉语史稿》"上册"的《中原音韵》"声母表"。王力是24个,包括零声母,而佐藤昭不包括零声母。王力不承认有[ŋ]声母,而佐藤昭认为有[ŋ]声母,也是24个。另外,王力说:"在《中原音韵》里,只有支思韵里的照系字和日母字才变了卷舌音[tʂ][tʂ'][ʂ][ʐ],其余各韵的知照系字和日母字还只念[tʃ][tʃ'][ʃ][ʒ]。"佐藤昭的意见还有所不同。推测一般韵母在[i]介音或包含[i]介音的前面发[tʃ][tʃ'][ʃ][ʒ]。在那之外的韵母前发[tʂ][tʂ'][ʂ][ʐ],即卷舌音声母在支思韵之外也有几个韵存在。

对《中原音韵》韵母的拟订,佐藤昭主要依据中国学者杨耐思《中原音韵音系》(中国社会科学出版社,1981)。杨耐思《中原音韵音系》韵母的拟订总数有46个,佐藤昭是48个。佐藤昭在四个方面有所变动:(1)桓欢韵的韵母从[on]变到[uon];(2)把萧豪韵的韵母[au]变为[au]和[ɑu];(3)增加萧豪韵的韵母[uau];(4)齐微韵的韵母变为[əi]和[uəi](或者[ui])。

对《中原音韵》声调,按一般的理解,平分阴阳、浊上归去、入派三声。调值仍然没有拟订。[13]

其他学者对《中原音韵》音系也有涉及,比如望月真澄,有《〈中原音韵〉音韵论》(《山梨女子短期大学纪要》第4—6号,1972—1973)、《〈中原音韵〉中"庄"等合口音》(《东京教育大学汉文学会会报》第31号,1972)等论文。

《中原音韵》音系拟订主要问题:

一是声母拟订问题。声母研究涉及的问题主要有:一是声母数量。石山福治(1925)是20个,中国学者罗常培20个,赵荫棠24个。后来,陆志韦、王力也是24个,宁继福《中原音韵表稿》是25个。日本学者藤堂明保《中国语音韵论》(光生馆,1980)26个。

二是声母合流与分化问题。石山福治(1925)影喻疑三母是零声母。微母[w]存在。小川环树(1937)提到,罗常培20声母中知彻澄的舌上音和照穿床的正齿音没有区别,泥母和娘母合并,喉音的影母、喻母和牙音的疑母读音相同。微母作为一个声母保存着。赵荫棠疑母独立,一等、二等和三等、四等分离。又认为见母、溪母各自一等、二等和三等、四等分离。后来中国学者陆志韦(1946)提出反对意见,说:"见溪群三等在今国语早已腭化,[ki]>[tɕi],然而有的方言还保存[ki]等音(例如胶东话)在闽粤话更不用说了。金尼阁所记的山西官话方言里'机'等字还是[ki]。在《五方元音》属于金不属于竹。所以,《中原音韵》的见溪群三等很不宜作[tɕi]等,或是作[c]等。"

藤堂明保(1979)说明的《中原音韵》声母特点主要是:齿音二等(舌音)和三等(舌叶音)还有区别。"儿二耳"还不是[ər]和[r]。[u]和[w]还有区别。影母、喻母合流。疑母大部分消失,但在拟音中还保留着。佐藤昭也认为有[ŋ]声母,即疑母独立。

三是韵母拟订问题。前面已经对几位日本学者的拟订情况有所涉及,这里主要列出富于代表性的藤堂明保(1979)的观点。

藤堂明保在解释他的《中原音韵》韵母体系时说明的八点情况,与日本学者及中国几个时期学者的拟订不完全一样:(1)支思韵[i],歌戈韵[o],桓欢韵[uon],鱼模韵[u];[iu]的音值推定,依据《蒙古字韵》八思巴字注音,日本唐宋音等作旁证。(2)[-m]韵尾还残存。(3)[əŋ]的合口,尚且有[uəŋ]和[oŋ]两读。(4)入声字,作为原则,有文言音与白话音两种,文言音残留声门闭锁音韵尾。(5)二等字和三等字严格区分。(6)官(一等合口)和关(二等合口)还能区别。(7)[l]声母和[ts]系声母还有一等和三等、四等区别,三等、四等还残留介音。(8)汪(一等合口)和往(三等合口)还有区别,三等残留[i]介音。

四是声调问题。中古四声中的平声到了宋元时代,依据声母的清浊而分化为阴阳二类。在韵书中最早明确记载的是《中原音韵》。但这并不等于"平分阴阳"是从元代开始,南宋即已完成这种变化,比如南宋孙奕俗读(李无未《南宋已见"平分阴阳"证》,北京大学《语言学论丛》第二十一辑,1998;《南宋孙奕俗读"平分阴阳"的基础》,《声韵论丛》第 10 辑,2001)。日本学者在元代《中原音韵》"平分阴阳"成因这个问题上谈得不够多,讨论还有待于深入进行。

中古上声全浊音字变为去声,其他声母字仍保留上声。中古去声是单纯的一个调类延续下来。这在日本学者看来仍然是没有什么异议的。

《中原音韵》声调问题的关键是入声。《中原音韵》没有把入声作为独立的声调,并且列有"入声作平声"、"入声作上声"、"入声作去声"项目,这被称作"入派三声"。庆谷寿信《"北音入声演变考"附说》(1966)也涉及《中原音韵》"入派三声"问题,即"入派三声"有广狭之分;仓石武四郎《三たび去声について》(1969)认为入声消失是以方音为标准;平山久雄《〈中原音韵〉"入派三声"の音韵史背景》(1978)推定"入派三声"的音值与调值,还是认为入声存在。藤堂明保《中国语音韵论》(1980)依从入声消失说。[14]

20 世纪中后期,在中国,陆志韦、王力、李新魁、杨耐思、宁继福、赵遐秋等关于"入派三声"的论争十分激烈,一直延续到现在。我们赞同王力先生的看法,并进一步认为南宋时代"入派三声"已经完成,与《中原音韵》遥相呼应,《中原音韵》记录的是"入派三声"完成以后的情况,这与许多学者的看法有些不同(见宁继福《古今韵会举要及相关韵书》,中华书局,1997;李无未《南宋孙奕俗读"清入作去"考》,《中国语文》1998 年第 4 期;《从几组数据看南宋孙奕俗读声调的变化》,《语言文字学论坛》第 1 辑,中国社会科学出版社,2002.12)。

(二)《中原音韵》音系性质

金井保三(1913)从私韵角度判定《中原音韵》自由地使用口语语音,由于受到共同语的约束,以当时标准音为依据。他认为,《中原音韵》音系绝不是北音的标准音,他所期待的是《中原音韵》音系成为四海的标准音,东西南北的"共通音",虽然如此,金井保三还是把《中原音韵》音系看做是元代的正音,以中州正音为基础。但在为《中原音韵》十九韵部拟音时,还是用了当时的北京音作为参照。可以看到,金井保三对《中原音韵》音系性质的讨论还是带有明显的矛盾性。

满田新造发表的《中原音と南京音》一文(《艺文》第 9 年第 7 号,1918),对《中原音韵》音系性质第一次作了明确的专门阐述。比如"中原音指的是什么?"他先是确定"《中原音韵》就是北方音"。《中原音韵》表现了北曲用韵法。他调查了存世北曲作者乡里情况。45 人中,杭州等地南方人有 7 人。在北方人中,直隶、山西人占了 30 人以上。应该特别注意的是,那其中元代大都人,即今北京人也有 14 或 15 个。所以,《中原音韵》是北方音就可以明确了。其次,认定《西儒耳目资》语音也是北方音。再次,否定了《洪武正韵》"序文"所"壹以中原雅音为定"的说法,认为《洪武正韵》用的是南京音。又次,《中原音韵》北方音实际上还参考了南京音(元代的北京音)。今日的南京音和元代的北京音大体是同一的。今日的南京音保存了更古的音。说明《洪武正韵》也一定参考了当时的北京音。以此证明当时的北京音与《中原音韵》音系的关系。

在《〈词韵〉即晚唐音は近世音也》一文(《艺文》第 10 年第 2 号,1919)中,满田新造还提出了一个论点:《中原音韵》表现的是南宋时代的语音。因为周德清所处的时代已经是北曲衰微的时代。周德清只能追溯南宋和元代初期作家用韵法,所谓《起例》"欲正言语,必宗中原之音"。周所提到的关郑白马中,除郑光祖之外,大都是元代初期之前的作家。由此证明,《中原音韵》主要依据南宋时代作家用韵。但这和《中原音と南京音》一文所说的"北京音"是什么关系还没有交代清楚。

在《近世支那音の发生》一文中(《艺文》第 10 年第 12 号,1919),满田新造进一步补充例证说明《中原音韵》语音系统形成的过程,在更广阔的视野上认识《中原音韵》语音系统的近代北方语音基础。

石山福治(1925)在"《中原音韵》和现代中国的国音"一节中,对《中原音韵》音系性质有所说明:《中原音韵》依据当时的北音,主要是盛行的北曲音韵,并参照江南一带的实际语音而完成。其内容大概与今日中国国语统一大方针相一致。元朝的中心势力在北方,统一以来,为了推广制度风俗,就要传播标准音,对后来的标准音影响很大。石山福治用了"标准音"、"北音"、"中原音"三个词语,名称似乎比较混乱,但内在联系是明显的。

在《中国现代音源流考》(1923)中,石山福治比较了北方官话音与北京官话音、北京官话音与《中原音韵》音的异同。认为元代北方官话音以北京官话音为中心,《中原音韵》音是代表,但《中原音韵》音还是不能完全等同于当时的北京官话音。对比《中原音韵》音与现代北京官话音,可以找到很多不同点。还有南方官话音,与北方官话音有不小的差别。有人认为《琼林雅韵》代表了元明时代的南方官话音系统,作者表示了不同意见。

永岛荣一郎(1941)认为《中原音韵》是为词曲创作而作,因为以当时北方语音为基础,所以是中国语音韵史研究方面非常重要的资料。

佐佐木猛《周德清は大都を见たか?》一文(1994),从表面上看,是对中国学者宁继福等先生关于周德清到过大都一事的回应,否认周德清到过大都的说法。实际上,这等于间接参与了有关《中原音韵》音系性质的讨论。文章的结尾部分引用日本学者青木正儿的说法,即元"一统后",杂剧的中心移向南方,依据《录鬼簿》所见,中期以后,北方几乎一个作家也没有。周德清活动的时代正是从中期到后期这段时间,当时重要的作家已经没有住在大都的,而是住在南方。那样的话,作家依据北方汉语实际字音创作会形成散曲与杂剧韵脚的差异,而且应该有字音规范的必要。这个"规范音",实际上不应该是大都音,而是"中原雅音"。佐佐木猛在第六届汉语音韵学国际学术研讨会上(2000.8,中国徐州)发言表示赞同中国学者李无未关于研究《中原音韵》基础音系要和《中原音韵》问世之地吉安方音联系起来考虑的观点。李无未认为南宋移民是中原之音"南下"的主要原因,研究《中原音韵》应该着眼于这一点,周德清不能无视这个事实。他与吉安的关系,包括学者与语音系统的关系最为引人注目(李无未《〈中原音韵〉与吉安方音》,《第六届汉语音韵学国际学术研讨会论文集》,香港文化教育出版社,2000)。

与佐佐木猛先生的思考不谋而合,也正表明了我们认识《中原音韵》音系性质的基点是一致的。

四、《中原音韵》的学术价值

(一) 金井保三(1913)是从语言科学角度揭示《中原音韵》学术价值的最早学者之一。

1. 他认为《中原音韵》的价值在于完全按当时口语语音的标准编写。从这个角度看,《中原音韵》一书实在应该是元代唯一珍贵的韵书文献。他批评说,中国人自己从所说的音韵方面加以注意的非常少。所重视的往往是"度曲"的价值。所以,他以一个“外邦人”身份力图在600年以后扭转这种局面。

其次,周德清在韵书的编撰结构安排上有超越前人的卓见。金井保三谈到《中原音韵》结构时强调了十九部中闭口韵三部的安排以及“入声分派之法”的独特性。今天看来,有些观点不一定正确,但难能可贵。比如,他说,如用今北京音韵尾,把同一韵尾的韵归到一处时,九桓欢韵完全并入到八寒山韵。十八监咸和十九廉纤也派入十七侵寻,应该不存在。但是最后的三部显示原来当时的闭口音,即[-m]尾,由此,十九兼纳入十七和十八中,减少两部,总计十七部本音。还有,从四声发展状态来看,周德清发现“平声有阴阳之分”,“入声变为阳平”,还有九个韵部都是“阴阳入相配”,入声的“闭口音”派入“开口音”,等等。《中原音韵》的一些语音规律在金井保三的笔下开始清晰呈现。

2.《中原音韵》对后世韵书编撰的影响巨大。比如《洪武正韵》参考“中原雅音”,其分部法就主要以《中原音韵》为基础。《洪武正韵》之后,《韵学集成》和《韵学大成》都不同程度地直接或间接受《中原音韵》的影响。他还提到《中原音韵》和《中州音韵》、《音韵须知》、《太和正音谱》的关系。

(二)满田新造看《中原音韵》主要着眼于它对研究元代北京音的价值。

《中原音と南京音》一文(1918)在比较中确定《中原音韵》的语音性质。今天的南京音与元代的北京音音系“相似”,那么,今天的南京音还有记载北方音的《西儒耳目资》,都成了印证《中原音韵》音系是代表元代北京音的重要材料。他列了南京音的优点与缺点,均与《中原音韵》有关。

在《〈中原音韵〉分韵の概说》(1918)中认为,今天的北京音可以直接上溯到《中原音韵》,用元代音、明初音说明《中原音韵》与北京音的“同一”关系,正可以揭示出《中原音韵》的应用价值。

(三)石山福治《考订中原音韵》(1925)列有“《中原音韵》研究的必要”一章。

谈到《中原音韵》的价值,一是从韵书发展的历史进程看它的地位。《中原音韵》是一种以当时实际语音为中心的口语音字典,奠定了《洪武正韵》以后韵书编撰面向活的语音的基础。另一方面,《中原音韵》对研究元代标准音、20世纪20年代标准音,乃至于将来的标准音都很有意义,它提供了最为全面的标准音资料。

从《中原音韵》与日本语的关系出发,石山福治在“《中原音韵》与日本语”一节中认为,《中原音韵》是弄清楚日本语音源流关系的非常有价值的参照资料。比如日语汉字音,里面有汉音、吴音、唐音,哪一个是日本化的变音,哪一个是原音?几经辗转相传,后人很难理清。借助《中原音韵》,正可以摸索到正音讹变的线索。《中原音韵》在这方面应该发挥自己的作用。

（四）永岛荣一郎《近世支那语特に北方语系统に与ける音韵史研究资料に就いて》(1941)一文特别设"《中原音韵》在近世中国语音韵史的地位"一节，从三个方面谈了《中原音韵》对后世韵书的影响。

其一，对元卓从之《中州乐府音韵类编》及其相关韵书的影响；其二，对《洪武正韵》一派韵书的影响；其三，对兰茂《韵略易通》一派韵书的影响。

（五）服部四郎在《〈元朝秘史〉の蒙古语を表はす汉字の研究》(36 页，1946)一书中说：《中原音韵》忠实地表现中国当时北方语系统的音韵体系，但是否代表当时的北京音还有研究的余地。[15]

服部四郎、藤堂明保(1958)认为，周德清编写《中原音韵》以元曲与散曲为主要材料，元曲与散曲作家中，元大都人(今北京)居多。从而可以考虑 14 世纪"中原之音"，大体上显现了今日北京语音系的祖型。

（六）大岛正二(1997)说《中原音韵》因为完全从旧的韵书束缚中解放出来，从而成为自《切韵》以来具有划时代意义的韵书著作，而且应该和《切韵》并称为个性突出的中国两大韵书。

日本学者从多重角度探讨《中原音韵》的学术价值，亦见其不同于中国学者研究《中原音韵》的思考方式。

五、《中原音韵》与相关韵书的关系

中国学者罗常培在《京剧中的几个音韵问题》(1935)里列了一个"曲韵派"的"系统表"，把《中原音韵》一系韵书以图表的形式展示出来，如表 13－1：

表 13－1　罗常培的"曲韵派韵书系统表"

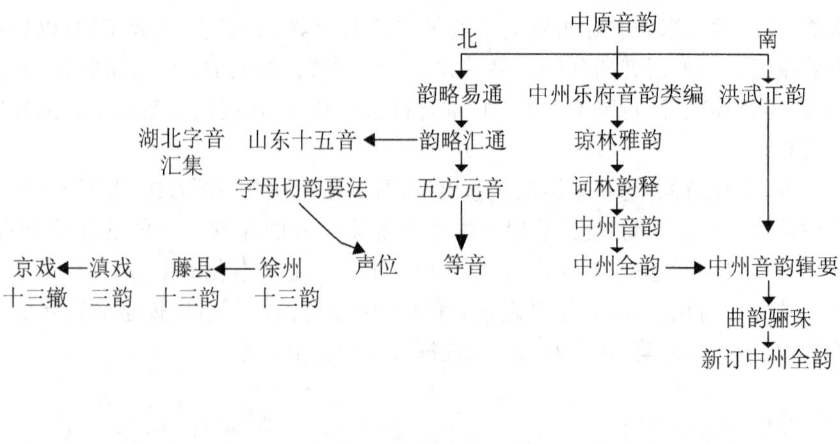

按照这个系统表，《中原音韵》在后来的发展过程中，分为南北两系，但又有交叉。日本学者对这个系统表持有异议的不多，进行部分修订的却还是有的，比如铃木胜则，写有《明末清初の论曲书における〈中州音韵〉及び重订〈中原音韵〉音注の利用》(1981)一文，强调王文璧《中州音韵》在明代中叶到清代中叶的曲韵书关系中的作用。[16]所列表如表13-2：

表13-2　铃木胜则的"中州音韵系曲韵书表"

王文璧《中州音韵》(1503—1508)

↓

叶以震《中原音韵》(1601)

↓

范善周《中州全韵》(1631序)

↓

周昂《新订中州全韵》(1791)

日本学者论述《中原音韵》与《中州乐府音韵类编》关系的情况已经在前面作了介绍，这里不再说明。《中原音韵》与其他韵书的关系，日本学者论述得也比较多。

(一)《中原音韵》与《洪武正韵》的关系

金井保三(1913)在谈到《中原音韵》的影响时，首先说道《洪武正韵》。明太祖对旧韵书多出于"江左"失去"音之正"而感到遗憾，命廷臣参考中原雅声而正之。经过多次反复修订，最终完成《洪武正韵》。其分韵法主要依据《中原音韵》，其韵部在《中原音韵》的基础上加以扩大。

满田新造(1918)也强调《洪武正韵》分韵法与《中原音韵》大体一致的特点，不过也指出其不同之处。《洪武正韵》虽然主要依据当时的北京音，但也参考了其他区域的方音。谈到《中原音韵》分韵，还说到深受《洪武正韵》影响的朝鲜韵书《四声通解》。考订《中原音韵》韵母音值，《四声通解》则是主要依据之一。

石山福治(1925)在比较《广韵》、《平水韵》、《中原音韵》、《洪武正韵》韵部，以及当时北京官话韵母后，认定《洪武正韵》与《中原音韵》的密切关系。《洪武正韵》与《中原音韵》一样也有一大部分以口语音为标准。

永岛荣一郎(1941)认为《中原音韵》对《洪武正韵》的影响很深。《洪武正韵》分韵七十六，把入声十韵附在相当的阳声韵后，二十二列，恰与《中原音韵》十九韵相接近。从《洪武正韵》保留全浊声母这一点上看，它属于南方语音系统韵书。

辻本春彦《〈洪武正韵〉反切用字考——切上字について》(1957)与《〈洪武正韵〉反切用字考——切下字について》(1979)，虽然认为《洪武正韵》编修的意

图在于改订《礼部韵略》,但还是注意到它与《中原音韵》的关系,比如《洪武正韵》群母和溪母混用问题,他考虑到了《中原音韵》"浊音平声变为次清音"原则。在说明《洪武正韵》语音基准时,自然要谈到"中原雅音",他认定"中原雅音"是一部书,并且和《中原音韵》音系一致。[17]

长田夏树《〈蒙古韵略〉と〈中原音韵〉》(《神户外大论丛》第 29 卷第 3 号,1978)第 3 节"《蒙古韵略》与《中原音韵》"对《洪武正韵》价值"下落",而《中原音韵》的地位上升现象进行说明。认为,《洪武正韵》不是依据《中原音韵》而是依据《中原雅音》。

《洪武正韵》价值"下落"也另有原因,不是仅仅依赖它与《中原音韵》一系韵书关系所能得出的结论。平田昌司另觅途径,认定《洪武正韵》的史料价值,可见于《胡蓝党案、靖难之变与〈洪武正韵〉》(2005)一文。平田昌司提到,《洪武正韵》一向以"书竟不行"而著称,清代考据学兴起以后,它更不受人关注。宁继福先生根据 1997 年在中国国家图书馆发现的新资料,即《洪武正韵》八十韵本撰写出版(宁继福,2003),取得了《洪武正韵》研究的新突破。只是宁著尚未解释后来八十韵本销声匿迹的原因。从元明学术史的视角观察,《洪武正韵》背后存在的浙江道学传统,并应该讨论以下问题:元代南北两派韵书的差异;《洪武正韵》在洪武年间之"废"和"胡蓝党案"的关系;《洪武正韵》八十韵本在建文年间的"复兴"和《永乐大典》的编撰;"靖难之变"、"解缙入狱"和《洪武正韵》的"复废";江南明遗民的抗清意识和《洪武正韵》关系;《四库提要》对《洪武正韵》的严厉批评及其思想背景。平田昌司强调,韵书不仅仅是汉语史研究的重要资料,还可以当做其他文献不可替代的"史料"来解读。[18]

(二)《中原音韵》与《琼林雅韵》的关系

早在 20 世纪 30 年代,中国学者赵荫棠与罗常培在研究《中原音韵》一系韵书时,把《琼林雅韵》作为北音系统韵书进行初步研究,亦见其对《中原音韵》与《琼林雅韵》的直接关系的认识。日本学者比较早谈到《琼林雅韵》与《中原音韵》存在密切关系的是小川环树。在《读赵荫棠氏〈中原音韵研究〉》一文(1937)中,小川环树提到中国学者叶恭绰研究《琼林雅韵》与《中原音韵》一系韵书关系的情况。

永岛荣一郎(1941)把《琼林雅韵》与《词林韵释》、《中州音韵》、《中州全韵》、《音韵须知》、《中州音韵辑要》等韵书归在《中州乐府音韵类编》一派中。主要是韵目、"入派三声"等项目与《中原音韵》基本一致。受《中原音韵》影响很深。

较早专门研究《琼林雅韵》的论文是铃木胜则的《〈琼林雅韵〉について》(上)(1988)。把《琼林雅韵》音系与《中原音韵》音系进行了初步的对比。

全面而系统地研究《琼林雅韵》的是佐佐木猛。他的《朱权の〈琼林雅韵〉》

(上、下)(1991、1992)一文，从体例到音系，把《琼林雅韵》与《中原音韵》及《中州乐府音韵类编》作了非常详细的比较，认定三者之间的渊源关系。结论是《琼林雅韵》根据《中州乐府音韵类编》勘谬补缺而成。在另一篇文章中考订《中州乐府音韵类编》是《中原音韵》的"墨本"，更说明它们之间的内在联系。他还发表《〈琼林雅韵〉二本》(2003)一文。[19]

(三)《中原音韵》与《中原雅音》的关系

服部四郎《〈元朝秘史〉中の蒙古语を表はす汉字の研究》(63 页，1946)引用朝鲜韵书《四声通解》"凡例"第 9 条，这当中的内容证明《中原雅音》是一本书：

> 诸字于一母之下，《洪武韵》与《蒙古韵》同音者，入载于下而不著蒙音，其异者则随载于下而各著所异之蒙音，故今撰字序不依《通考》之次也。至于《韵会》、《集韵》、《中原雅音》、《中原音韵》、《韵学集成》及古韵之音，则取其似或可从而著之，非必使之勉从也。

辻本春彦《〈洪武正韵〉反切用字考——切上字について》(1957)赞同服部四郎的观点，否认赵荫棠的看法，并在《韵学集成》中发现《中原雅音》的材料，证明了《中原雅音》的存在。更为重要的是，他还第一次提出《中原雅音》"与《中原音韵》音系一致"的观点。1976 年又发表《〈韵学集成〉と〈中原雅音〉》一文专门论述。在这篇论文中，辻本春彦先生第一次对《中原雅音》音系进行构拟。所列"直音表"，认为声母有 31 个，存在浊音声母；构拟韵母显著特点是存在[-m]尾，有入声[-p][-t][-k]尾。声调调类是平上去入四个。所列"反切表"，情况与"直音表"基本一致。很显然与他在 1957 年发表的《中原雅音》"与《中原音韵》音系一致"的观点不同，有所改变，拟音可能是受《洪武正韵》音系的影响。比如"说明"提到：拟音用罗马字母而"依据姜信沆《四声通解研究》"。赞井唯允(1981)通过《中州音韵》和《韵学集成》所见《中原雅音》对比，进行关于《中州音韵》底本问题的讨论(《〈韵学集成〉所传〈中原雅音〉考辨——与冀伏先生商榷》,《东京都立大学人文学报》第 156 号，1982)。岩田宪幸继此之后又在清代《同声千字文》中发现《中原雅音》材料(《声韵论丛》第 6 辑，1997)，与《韵学集成》所发现的《中原雅音》材料基本一致，还是没有确切韵目材料，对一些问题讨论得很深刻。

自 1978 年开始，中国学者通过挖掘《韵学集成》中《中原雅音》的资料而展开了全面的研究，蒋希文、杨耐思、龙晦、邵荣芬、宁继福、何九盈、许德宝、曾晓渝、龙庄伟等先生相继发表了很有价值的观点，对深入探讨《中原雅音》起到了极大的推动作用。这些学者有一个共同之处是，承认《中原雅音》韵书的存在，由此，近人钱玄同、赵荫棠两先生所断定的"中原雅音"非书名，而是当时官话名称的说法基本无人信从了。

由于对现有的《中原雅音》材料理解存在着差异,学者们认识《中原雅音》体例还有不同意见。中国学者宁继福先生(1980)则力排众议,坚持《中原雅音》"与《中原音韵》音系一致"的观点,在互不通学术信息的情况下,与辻本春彦看法遥相呼应。2002年,中国学者李无未则在明抄本《辨音纂要》中发现《中原雅音》十九韵目材料,与《中原音韵》完全一样,更为直接证明《中原音韵》与《中原雅音》的密切关系,由此,转换思维方式,对《中原雅音》体例问题重新作进一步的思考。[20]

(四)《中原音韵》与《词林韵释》的关系

金井保三(1913)提到,冈本况齐曾对《词林韵释》进行了研究。他说:《词林韵释》虽然也是十九韵,但与《中原音韵》的韵目名称不一样,阴阳相分,和《中州音韵》大略相同。冈本况齐否认清人秦恩复的观点,认为舌音与唇音相混,已与《中原音韵》有别,宋代更不可能是如此。可以肯定,《词林韵释》是后出的俗本。

小川环树《赵荫棠氏の〈中原音韵研究〉を读みて》(1937)认为《中原音韵研究》打破了流行比较广泛的南宋时代《词林韵释》是《中原音韵》原型的说法。还提到中国学者叶恭绰的研究。叶恭绰对照《琼林雅韵》抄本,看到与《词林韵释》韵目相合,不分阴阳,以及注解根据《洪武正韵》等为证据,断定《词林韵释》以明代成化时的书假冒宋代的书,同意赵荫棠关于《词林韵释》由陈铎在明成化十九年编的观点。

佐佐木猛《最后の北曲韵书——〈詞林韵释〉あるいは〈詞林要韵〉》(《汉语史の资料と方法》,京都大学人文科学研究所,1994)是全面研究《词林韵释》的论著。论文对《词林韵释》的作者、版本、体例、音系等问题详加讨论。值得注意的是,作者将《词林韵释》与《琼林雅韵》、《中州乐府音韵类编》的体例进行比较,认定《词林韵释》承袭《琼林雅韵》小韵的配列顺序。而《琼林雅韵》承袭《中州乐府音韵类编》。在平声声调上,没有分阴、阳二类,这是个假象,与《琼林雅韵》一样,实际上是分阴、阳二类的,与《中原音韵》没有本质上的区别。

(五)《中原音韵》与《中州音韵》的关系

金井保三(1913)在论及《中原音韵》的流传时,谈到明代王文璧《中州音韵》(1506)对《中原音韵》进行增注等情况。《中原音韵》流传到弘治末年,"残缺失次"的地方很多,王文璧则考校、修订、补缺、正讹、增加音切注释。如果视为旧本的话,则可以说尤详之至。但是,金井保三认为,当时能见到的王文璧考订补正的内阁本,绝不是原本。他另藏有一部《中州音韵》,王文璧增注,叶以震订正,逼近原貌。金井保三在这里实际上肯定了《中原音韵》与《中州音韵》的源流关系。

石山福治(1925)十分推重王文璧增注本《中州音韵》对研究《中原音韵》的作用,把它作为《中原音韵》异本来对待。在"王文璧的增注本"一节中说:"王文璧增本名为《中州音韵》,卷首载虞集的序文一篇。其分韵自东钟至廉纤共十九部,与底本(《中原音韵》)无异。其他诸起例以下,关于作词法、词论的诸记述一概未收。他不承认有阴阳之别。所录之字数较底本增加三千七十二字。"

服部四郎对石山福治的研究评价说,考订《中原音韵》音系"由依据王文璧的增注本和叶以震校正本反切为主,作为结果,因为妥当点很少,很难期待这种方法完全解决问题。"(36 页,1946)

服部四郎、藤堂明保《中原音韵の校本》(1958)把石山福治的考订作为参考校本之一,并说明王文璧增注本在其中的作用。

还有一些学者的研究从不同角度推重《中原音韵》与《中州音韵》的关系。佐佐木猛《明王文璧〈中州音韵〉の性格》(《均社论丛》,第 4 卷第 1 号,1977.6);赞井唯允《〈中州音韵〉小考——王本の底本をめぐつて》(《中国语学》第 228 号,1981. 11);铃木胜则《明末清初の论曲书における〈中州音韵〉及び重订〈中原音韵〉音注の利用》(《中国语学》第 228 号,1981. 11),《明叶以震〈中原音韵〉考》(《日中学院教学》第 10 号,1987),等等,都是比较重要的论文。

铃木胜则(1981)阐明王文璧所创作的音切和叶以震所继承的音切,在明末清初间刊出的五部论曲书利用的情况。王本为南曲利用,叶本为北曲利用,两者态度是不一样的。

研究《中州音韵》最应该提及的是东京都立大学以庆谷寿信为首的《中州音韵》研究群体。主要成果是:1. 庆谷寿信《〈中州音韵〉校勘上の一方法——毛晃〈增韵〉との比较》(东京外国语大学《辞典编纂课题丛刊》第 3 号,1991),主要是进行"义注"的比较。认为 82.4%是一致的,有继承关系。2. 大桥由美《许德宝氏によつて绍介された上海图书馆藏〈中州音韵〉について内阁文库藏王文璧〈中州音韵〉との比较を中心に》(同上),比较了两本反切完全不同的七例;部分不同的反切,或下字或上字;上海本或内阁本脱小韵的情况。3. 吉田雅子《王文璧〈中州音韵〉校勘上の一问题——〈洪武正韵〉との比较》(同上),王本与《正韵》义注比较(东钟韵)的结果可以发现,王本取之于《正韵》的相当多,关系很密切,一致率达到 95%。4. 加护谷春江等《〈中州音韵〉の义注について》(同上),比较《中州音韵》与三书(《增韵》、《韵学集成》、《洪武正韵》)的义注,从其一致率可见《洪武正韵》是最高的。又比较了《中州音韵》义注与《韵会》、《集韵》义注的关系。其研究价值也是不可忽视的。

(六)《中州全韵》、《新订中州全韵》与《中原音韵》的关系

铃木胜则对《中州全韵》、《新订中州全韵》两书均有研究。对范善溱《中州全韵》一书的研究,铃木胜则《明范善溱〈中州全韵〉考》(《中国语学》第 233 号,1986.10)一文考订很详细。其结论:《中州全韵》的底本不是王文璧《中州音韵》,

而是继《中州音韵》而作的叶以震校《中原音韵》。范善溱编《中州全韵》时，很可能用《韵学集成》来增加所收录的字，并且附加注解和又音。对范善溱《中州全韵》的音韵体系探讨，可见，《中州全韵》分十九韵部，韵目名称与《中原音韵》不同，去声分阴、阳两类。铃木胜则认为，它的音韵体系也与叶以震校《中原音韵》关系更为密切。いしゐのぞむ《〈中州全韵〉图稿》(《长崎综合科学大学纪要》第45卷第2号，2005)则以图表的形式表现《中州全韵》的音系；绪方哲也《〈中州全韵〉音注研究——为作音韵表而进行的音韵考察》(《东北大学中国语学文学论集》第9号，2004)也是值得注意的研究。

铃木胜则《清周昂〈新订中州全韵〉考》(驹泽大学外国语部《论集》第25号，1987.3)认为，周昂《新订中州全韵》直接继承范善溱《中州全韵》。从字数来看，达到19000字，是《中州音韵》8165字的2.3倍。比《中州全韵》还增加3000字(除去残缺部分)。其体例，平声区分阴阳，基于周德清《中原音韵》。去声分阴阳则参照范善溱《中州全韵》。上声分阴阳是周昂《新订中州全韵》自己设计的。分韵22个，与《中州全韵》19个相比多出3个。值得注意的是周昂《新订中州全韵》还利用《韵学集成》所传《中原雅音》音注扩大篇幅。还能见到引用叶以震校正本《中原音韵》音注。周昂《新订中州全韵》作为中州音韵系曲韵书最终形态，彻底南音化了。

绪方哲也《周昂〈新订中州全韵〉的编纂和吴方言》(《东北大学中国语学文学论集》第13号，2008)可以说是铃木胜则研究的继续，对以范本《全韵》为底本周本《全韵》进行更为细致的考察，一方面，就周本如何改变范本《全韵》的线索进行探讨；另一方面，对周本《全韵》编撰的音韵背景和它的实际思考方式进行论述，从而确定它作为南曲韵书的语音性质，还有它依据的吴方言的区域特点。经过研究，绪方哲也认定，它的方言和吴方言中苏州方言的关系十分密切。所以，它是利用了《中原音韵》韵书模式而使之"南音化"比较典型的一部韵书著作。

(七)《韵略易通》与《中原音韵》的关系

对《韵略易通》(1442)的研究，日本学者中主要有永岛荣一郎、藤堂明保与长田夏树。永岛荣一郎(1941)把它作为《中原音韵》之后北方语音系统资料中必须第一个说明的著作。他对《韵略易通》音系的二十声母、二十韵目进行了构拟。与《中原音韵》一样，[-m]尾韵目仍然独立。还有"平分阴阳"问题。

藤堂明保《中国语概论》(1979)认为《韵略易通》与《中原音韵》音韵体系相同。不过，也有不同点：比如，《韵略易通》虽然也没有入声，但和《中原音韵》不同，只记载文言式的发音。把"弘"和"洪"，"倾"和"穷"等加以区别，比《中原音韵》保守。[-n]尾和[-m]尾合流的迹象更为明显，代表了[-m]尾消失的趋势，等等。

长田夏树在《〈皇极经世书〉声音图の的音价と〈韵略易通〉の音韵体系について》(《神户外大论丛》第30卷第3号,1979)一文中认为,解释《皇极经世书》声音图音值问题《鸡林类事》和《韵略易通》是非常重要的材料。《鸡林类事》的借音特征有四个,《韵略易通》具备对应的解释条件,而《中原音韵》只具备一个对应的解释条件。《韵略易通》年代虽然迟了一个世纪,但音系比《中原音韵》更古,拥有宋代的语音特征。他对《韵略易通》音系进行了音值构拟。

大岛正二《中国言语学史》(1997)239页注引用王骥德《曲律》"论韵第七"的观点,即与《中原音韵》韵有"五十步百步"关系的是《琼林雅韵》和《韵略易通》。并参照陆志韦《记兰茂〈韵略易通〉》一文的内容说明《韵略易通》与《中原音韵》的渊源关系。

(八)《韵略汇通》与《中原音韵》的关系

永岛荣一郎(1941)认为《韵略汇通》声类与《韵略易通》完全一致,韵类有区别。在构拟十六韵目之后,说明[-m][-n]尾合并,声调分为五声。

藤堂明保《中国语概论》(1979)认为《韵略汇通》音韵体系与《中原音韵》相同。大岛正二《中国言语学史》(1997)239页注引用王骥德《曲律》"论韵第七"的观点,即与《中原音韵》韵有"五十步百步"关系的是《琼林雅韵》和《韵略易通》后,依据陆志韦《记毕拱宸〈韵略汇通〉》一文的内容说明《韵略汇通》(1642)与《韵略易通》的直接继承关系,以及与《中原音韵》音系不同特点。比如废止[-m]尾韵,齐、撮两呼相区别,保存入声,等等。但还是肯定它在北方官话研究中的地位与作用。

(九)《五方元音》与《中原音韵》的关系

樊腾凤《五方元音》(1654—1673年之间)在清代非常流行。关于它的音系,中国学者赵荫棠、陆志韦与日本学者永岛荣一郎在二十世纪三四十年代均有考订。

永岛荣一郎(1941)构拟《五方元音》二十字母,认为[v]母消失,两个[o]。构拟十二韵目。与《韵略汇通》相比,五先全韵与六山寒韵合为一天韵,一东洪韵与四庚晴韵合为三龙韵,等等。声调五个,其中上平下平的区别与周德清阴阳之别相当。全浊次浊声母字作为原则归在下平,只有少数字例外。入声独立,配阴声韵。

赞井唯允考订它的音系,则从与之关系极其密切的《蒙汉合璧五方元音》(1917)入手。这本书依据蒙古字母为《五方元音》加注音注和蒙古语译。用的是年希尧的康熙本。《蒙汉合璧五方元音》音注的字音特征明显,齐齿呼、撮口呼韵母与剪母、鹊母等系声母拼合。很显然，声母颚化。不过，还是与樊腾凤《五方元音》有区别。《五方元音》与《中原音韵》，从大的方面来说，都属于北方语音系统。但两者之间由于时代不同，变化不小(《东京都立大学人文学报》第91号，1973)。《〈音韵集注〉と〈五方元音〉》(1978)则通过《音韵集注》看原本《五方元音》的语音与结构特点，发现，它与《韵略易通》还有一些语音上的联系。[21]

藤堂明保《中国语概论》将《五方元音》(认为产生在1624—1672年之间)与《中原音韵》、《韵略易通》、现代北京话比较。认为，《五方元音》二十声母与《韵略易通》“早梅诗”二十声母比较，基本相同，只是前者没有[w]声母，后者有。值得注意的是，微母[w]和疑母[ŋ]完全消失，现代北京话则彻底消失。“讼”和“宋”、“遵”和“尊”、“轮”和“崙”等变为同音。“官”和“关”、“桓”和“还”没有区别。属于《中原音韵》鱼模韵的字，如“古”、“卢”、“苏”、“居”、“吕”、“须”等在《五方元音》中开始分化。

《韵学大成》不在中国学者罗常培“曲韵派”的“系统表”之列，但有一些学者还是把它与《中原音韵》或《中原音韵》一系韵书联系起来研究。

金井保三(1913)在谈到《中原音韵》的影响时提到《韵学大成》，说它“大抵本之于《中原音韵》，而不取其入声隶三声之说”。这其实源于《四库全书》的评价。

庆谷寿信《濮阳涞〈韵学大成〉と王文璧〈中州音韵〉》(1982)是研究《韵学大成》最为详细的论文。比较《韵学大成》与《中原音韵》的关系发现，一方面继承《中原音韵》的语音传统，另一方面，又对《中原音韵》的语音系统有所改造。比如分韵远较《中原音韵》与《洪武正韵》为多。声母标目有30类，保存全浊音。《韵学大成》与《中原音韵》关系不如与王文璧《中州音韵》为近。如“义注”，有一半以上和《中州音韵》一样。所以，庆谷寿信认为，《韵学大成》直接继承了王文璧《中州音韵》编撰体例与语音体系。庆谷寿信还发表《明代韵书编纂上的一个特色——以内阁文库藏濮阳涞〈韵学大成〉为前提》(1984)一文，从文献学角度进行研究。[22]

其他，《蒙古韵略》、《四声通解》等与《中原音韵》的关系，虽然，未被罗常培列入“系统表”，但日本学者也有认为与《中原音韵》的关系密切的，所以进行探讨，比如长田夏树《〈蒙古韵略〉と〈中原音韵〉》(《神户外大论丛》第29卷第3号，1978)一文等。

六、余论

综观日本学者对《中原音韵》及与《中原音韵》相关韵书的研究，特色是非常突出的。在笔者看来，有这样几点需要说明：

1. 对《中原音韵》及与《中原音韵》相关韵书的研究开展得非常早。以《中原音韵》为例，无论是冈本保孝、金井保三，还是满田新造、石山福治、永岛荣一郎开拓之功不可没。《中原雅音》的研究也是如此，从服部四郎通过《四声通解》确定是一部韵书开始，到辻本春彦发现《韵学集成》所见《中原雅音》材料进而加以系统研究为止，为后人深入探讨奠定了雄厚的基础。

2. 理论与方法呈现多样化。金井保三对《中原音韵》的拟音显现了比较自觉的历史比较语音意识，但不失传统考据风格。满田新造充分挖掘对音材料与方音材料在《中原音韵》研究中的作用，视野一开始就非常开阔。石山福治实证意识很强，注意《中原音韵》与相关韵书的关系。服部四郎以研究元代蒙古语汉字标记为突破口，在更深层次上思考《中原音韵》音系问题。辻本春彦开一代研究风气，不尚空论，以文献本身为依据，逐一考实《洪武正韵》与《中原音韵》及相关韵书的关系就是明证。他的弟子们更是突出文献"优势"，往往发前人所未发。

3. 研究思路前期与后期大不一致。如果说，可以将日本学者《中原音韵》及与《中原音韵》相关韵书的研究进程分期的话，从冈本保孝、金井保三到服部四郎为前期，而服部四郎之后为后期。前期与后期研究的思路是有区别的。前期研究思路开阔，思维敏捷，后期研究思路趋于稳健而细密，更为深刻。

4. 基本工作扎实。索引编制、译注、资料的汇集等，都是研究的最为基础性的工作，是得出正确研究结论的前提。比如庆谷寿信、赞井唯允等《〈中州音韵〉音注索引》(东京都立大学近世音研究会，1981)；庆谷寿信、赞井唯允等《〈词林韵释〉索引》(采华书林，1982)；庆谷寿信等《内阁文库藏王文璧〈中州音韵〉校本校勘记试稿》(《东京都立大学人文学报》第 273 号，1996)；中原健二《〈中原音韵作词十法〉译注》(二)(《均社论丛》第 10 辑，1981)；佐佐木猛《卓从之〈中州乐府音韵类编〉考订本》(《均社论丛》第 10 辑，1981)；《中原音韵序译注》(《均社论丛》第 6 辑，1978)；《〈中原音韵正语作词起例〉译注》(《均社论丛》第 8 辑，1979)等等。

5. 几乎所有主要"同系"韵书都有学者涉及，而且系统化程度很高。罗常培所提出的《中原音韵》韵书"系统表"上的韵书大多都有人研究，由点到面，整体推进。然后再从系统出发分别看各个韵书在整个系统上的位置。永岛荣一郎可以说是日本学者在这方面的先驱，他在 60 多年前提出的研究思路，至今仍有非常重要的实际指导意义。

总之，日本学者《中原音韵》及与《中原音韵》相关韵书的研究成绩卓著，可供各国学者借鉴的地方很多，在《中原音韵》及与《中原音韵》相关韵书的研究历史上留下了光彩夺目的一页，是特别值得书写的。

附　注

[1] 金井保三《中原音韵につきて》，《东洋学报》第 3 卷，1913.9。冈本况齐《詩痴府》，成书在

文政八年，即1825年，日本国会图书馆藏稿本。

[2] 远藤光晓《〈中原音韵〉の成书过程》，《东洋学报》第76卷，1995。宁继福《周德清生卒年与〈中原音韵〉初刻时间及版本》，《吉林大学社会科学学报》1979年第2期。大岛正二《中国言语学史》，229页，汲古书院，1997。

[3] 佐佐木猛《周德清は大都を见たか?》，《大阪外国语大学论集》，1994. 11。

[4] 藤堂明保《中国语概论》，212页，大修馆，1979。姜聿华《中国传统语言学要籍述论》，书目文献出版社，1992。

[5] 赵荫棠《中原音韵研究》，《国学季刊》第3卷第3号，1932；《国学小丛书》1936年；商务印书馆，1956。厉啸桐《宋元之间北音平声转变之公例——〈中州乐府音韵类编〉之研究》，《东方杂志》第35卷第12号，1938。

[6] 服部四郎、藤堂明保《中原音韵の研究》“校本编”解题，江南书院，1958。佐佐木猛《〈中州乐府音韵类编〉によつて〈中原音韵〉に含まれる误りを正しうるか?》，《福冈大学人文论丛》第12卷第4号，1981。

[7] 石山福治《考订中原音韵》，《东洋文库论丛》第1辑，1925. 7。

[8] 李新魁、麦耘《韵学古籍述要》，陕西人民出版社，1993. 2。

[9] 石山福治《中国现代音源流考》，中国研究社，1923。鸳渊一《〈中原音韵〉中の八思巴字にて写されたる汉字音に就いて》，《小川博士还历纪念史学地理学论丛》，1931. 10。

[10] 满田新造《〈中原音韵〉分韵の概说》，《艺文》第9年第12号，1918. 12。

[11] 小川环树《赵荫棠氏の〈中原音韵研究〉を读みて》，《支那学》第9卷第1号，1937；后收于《中国语学研究》，创文社，1977。平山久雄《中古唇音重纽在〈中原音韵〉齐微韵里的反映》，《平山久雄语言学论文集》，51—58页，商务印书馆，2005。

[12] 永岛荣一郎《近世支那语特に北方语系统に与ける音韵史研究资料に就いて》，《言语研究》第8号、第9号，1941；长田夏树《〈蒙古韵略〉と〈中原音韵〉》，《神户外大论丛》第29卷第3号，1978. 8。舟部淑子《〈中原音韵〉“作词十法”的“定格四十首”》，中国文化学会《中国文化》第61期，2003。

[13] 藤堂明保《中国语概论》，大修馆，1979；佐藤昭《中国语语音史——中古音から现代音まで》，白帝社，2002. 3。

[14] 庆谷寿信《“北音入声演变考”附说》，《名古屋大学文学部研究论集》“文学卷”第14辑，1966；仓石武四郎《三たび去声について》，《中国语学》第187号，1969；平山久雄《〈中原音韵〉“入派三声”の音韵史背景》，《东洋文化》第58号，1978。

[15] 服部四郎《〈元朝秘史〉の蒙古语を表はす汉字の研究》，龙文书局，1946. 9。

[16] 罗常培《京剧中的几个音韵问题》，《东方杂志》第32卷第1号，1935；铃木胜则《明末清初の论曲书における〈中州音韵〉及び重订〈中原音韵〉音注の利用》，《中国语学》第228号，1981. 11。

[17] 辻本春彦《〈洪武正韵〉反切用字考——切上字について》，《东方学》第13辑，1957；《〈洪武正韵〉反切用字考——切下字について》，《森三树三郎颂寿纪念集》，《东洋学论丛》，1979。

[18] 平田昌司《胡蓝党案、靖难之变与〈洪武正韵〉》，《南大语言学》(第二编)，商务印书馆，

2005。

[19] 铃木胜则《〈琼林雅韵〉について》(上),《中国语学》第 235 号,1988。佐佐木猛《朱权の〈琼林雅韵〉》(上、下),分别刊载在《大阪外国语大学论集》第 6 号(1991)、第 7 号(1992)上。《〈琼林雅韵〉二本》,《大阪外国语大学言语社会学会》第 9 号,2003。

[20] 辻本春彦《〈洪武正韵〉反切用字考——切上字について》,1957;《〈韵学集成〉と〈中原雅音〉》,《中国哲学史的展望和探索》,创文社,1976。赞井唯允《〈韵学集成〉所传〈中原雅音〉考辨——与冀伏先生商榷》,《东京都立大学人文学报》第 156 号,1982。岩田宪幸继此之后又在清代《同声千字文》中发现《中原雅音》材料,见《声韵论丛》第 6 辑,1997。宁继福《〈中原雅音〉考辨》,《吉林大学社会科学学报》,1980 年第 2 期。李无未《〈辨音纂要〉所见〈中原雅音〉》,《中国语言学报》第 1 期,商务印书馆,2003. 8;《明抄本〈辨音纂要〉初探》,《文献》第 1 期,中国国家图书馆,2003;《〈中原雅音〉的体例问题》,《汉语音韵学第七届国际学术研讨会论文集》,河北教育出版社,2003. 9。

[21] 赞井唯允《〈音韵集注〉と〈五方元音〉》,《东京都立大学人文学报》第 128 号,1978。

[22] 庆谷寿信《濮阳涞〈韵学大成〉と王文璧〈中州音韵〉》,《东京都立大学人文学报》第 156 号,1982;《明代韵书编纂上的一个特色——以内阁文库藏濮阳涞〈韵学大成〉为前提》,《现代方言学的课题》第 3 卷,明治书院,1984。

第十四章　日本明治时期北京官话语音课本和工具书

【本章内容提要】研究清末北京官话语音的材料很多,日本明治时期的北京官话语音课本及工具书是值得注意的文献之一。本章从编撰类型、音系、标记符号、教学内容安排等方面介绍了日本明治时期的北京官话语音课本和工具书,力图较为全面地展现它们的面貌,同时,对它们的汉语语音史等方面的价值与影响进行了比较客观地评估,也指出其明显的历史局限性。
【关键词语】日本明治时期　北京官话语音　课本及工具书　价值与影响

日本明治时期的北京官话语音课本及工具书编撰涉及中国清末北京官话语音的许多方面内容,是北京官话语音研究的集中体现,并且代表了当时日本学者北京官话语音研究的学术水平,因而受到一些学者的重视。在这里就我们所能见到的一些当时北京官话语音课本及工具书谈一下自己的看法。

一、日本明治时期北京官话语音课本及工具书的编撰

(一) 日本明治时期专门的北京官话语音课本及工具书记载情况

通过六角恒广《中国语关系书书目》以及其他典籍我们可以看到专门的北京官话语音课本及工具书有16种,列举如下:[1]

1. 福岛安正《自迩集平仄编四声联珠》,陆军文库,1885. 4。
2. 伊泽修二、大矢透《日清字音鉴》,大日本图书株式会社,1896. 6。
3. 张廷彦《支那音速知》,善邻书院,1898. 6。
4. 牧相爱《燕音集》,写本,1899. 12。
5. 冈本正文《支那声音字汇》,文求堂,1901. 7。
6. 西岛良尔、牧相爱《四声标注支那官话字典》,青木嵩山堂,1901. 7。
7. 西岛良尔、牧相爱《支那官话字音鉴》,石冢猪男发行,1901. 7。
8. 冈本正文《支那语教科书发音篇》,文求堂,1902. 12。
9. 郑永邦《北京正音反切表附发音心得》,文求堂,1903. 5。
10. 伊泽修二《视话应用清国官话韵镜》,自印,1903. 7。
11. 伊泽修二《视话应用清国官话韵镜附清国官话韵镜音字解说书》,乐石社,1903. 7。
12. 清语速成会《支那语发音法》,清语速成会,1903. 12。

13. 市河三阳《北京官话音韵经纬图》,自印,1904. 7。

14. 高桥正二《北京官话声音谱》,编者印,1904。

15. 伊泽修二《视话应用音韵新论》,大日本图书 KK,1905. 9。

16. 江口良吉《清语参考发音及会话》,编者印,1907. 6。

还有一些北京官话课本及工具书安排了与语音相关的内容,成为学习者必须关注的知识体系,比如:

1.广部精《亚细亚言语支那语官话部》,青山堂书房,1880. 3。《凡例》讲述北京官话语音内容。[2]

2. 足立忠八郎《实用日清会话》,金刺芳流堂,1903. 8。《凡例》的十一则说明中,有十则解释北京官话语音的内容。[3]

3. 清语学堂速成科编撰《清语正规》,文求堂,1905. 4。该书分为四编,其中第一编《官话声音解》专门讲述北京官话发音方法等内容。[4]

(二) 日本明治时期北京官话语音课本与工具书类型、编撰

1. 日本明治时期北京官话语音课本及工具书类型。主要有:一是讲述发音原理与发音方法的,如张廷彦《支那音速知》、冈本正文《支那语教科书发音篇》、清语速成会《支那语发音法》等;二是制成的北京官话语音图表,如伊泽修二、大矢透《日清字音鉴》、郑永邦《北京正音反切表附发音心得》、伊泽修二《视话应用清国官话韵镜》、市河三阳《北京官话音韵经纬图》等;三是北京官话语音词汇、字典,如福岛安正《自迩集平仄编四声联珠》、冈本正文《支那声音字汇》、西岛良尔、牧相爱《四声标注支那官话字典》等。

2. 日本明治时期北京官话语音课本及工具书编撰。一是讲述发音原理与发音方法的课本编撰。比如冈本正文《支那语教科书发音篇》。[5] 在《凡例》中冈本正文谈到:本书作为初步的中国语研究,为着四声发音的精确而进行练习说明,主要依据威妥玛《语言自迩集》"平仄篇"编撰;按照威妥玛《语言自迩集》发音练习的次序,用威妥玛式标记符号系统地表明"母韵"(韵母)和"子韵"(声母)结合关系,也就是我们现在所说的声母与韵母配合的"音节"。同一个音节还依照四声次序编排。作者在课文中,先列了"母韵"表与"子韵"表。然后,按"母韵"表的次序排列字音,并列举每一个音节所涉及的词语。例如表 14－1:

表 14－1

a	
啊○阿阿	
ch 扎劄拃诈	p 八拔把罢
f 发罚发法	s 撒潵洒○

h 哈虾〇哈	sh 杀〇傻厦
k 嘎嘎嘎〇	t 答达打大
l 拉剌喇蜡	ts 咂杂〇〇
m 妈麻马骂	w 挖娃瓦袜
n 哪拿那那	y 丫牙亚讶
ch 差茶〇诧	t‘他〇塔榻
k‘卡〇〇〇	ts‘擦〇〇〇
p‘琶爬〇怕	
阿哥　奸诈	头发　虾蟆
嘎嘎　蜡灯	马车　那儿
八个　洒扫	杀死　大人

清语学堂速成科编撰《清语正规》中《官话声音解》一编主要由“四声之别”、“语音之别”、“四声的变化”、“语音的变化”、“一个有两个或两个以上字音的字”、“无意义的加字”、“音调”等方面内容构成。其中“四声之别”，谈到中国语一个字有一个字的声音，声音按照长短缓急的差异分为上平、下平、上声、去声之别。“语音之别”则是根据发音方法来加以区别的，比如“有气音与无气音”、“舌尖音与卷舌音”、“宽音与窄音”。“四声的变化”主要是谈连读变调规律：比如上声字连用，其第一个上声字变读为“下平”；在去声字之前的字变读为下平；“儿”或“子”附加在名词上没有意义，变读为“上平”，我们现在则认为是轻声。“语音的变化”，主要谈“儿”化音。“一个有两个或两个以上字音的字”，举例：“法”有下平、上声、去声三读，意义不同。“无意义的加字”举例主要是“子”、“儿”、“头”以及字的重叠、形容词附加成分的读音问题，其实还是轻声问题。“音调”主要讲的是语调重音问题。

二是北京官话语音图表。伊泽修二、大矢透《日清字音鉴》的体例为：正文之前有《绪言》。《绪言》包括“音韵”与“四声”两部分。[6]作者在《绪言》中称：按照北京官话语音注解，无论是罗马字母还是日语假名都是如此。他强调说，中国语最重视声调之别，依照通例应该注平上去入四声，但北京官话是上平、下平、上声、去声，没有入声，所以，与通例不同。

正文是汉字字音的图表。第一横行按日语假名各行第一个字母顺序排列，依次是各行第二个字母、第三个字母等等排列。第二、第三、第四、第五横行分别是四声，即上平、下平、上声、去声的安排。每一个声调横行在日语假名字母下分类，竖行又按日语假名注音、汉字、罗马字母拼读字音由右向左排列。同音字与音近字一目了然，比如表 14－2：

表 14－2

	上平	下平	上声	去声
ア	アォヤア		アヤア	ワアヤア
	阿阿鸦		阿哑痖	洼亚
	a o ya		a ya	wa ya

伊泽修二《视话应用清国官话韵镜》。[7]在《自序》中，作者讲，他是比较研究了当时先进的标音方法后，既考虑世界共同的记音法，又充分注意中国语的实际而创制的“新式记音法”，目的是更科学地阐明中国音韵的基本原理。

其体例为：《韵镜》全称《视话应用清国官话韵镜》，是北京官话汉语声韵调配合表。有“表一”和“表二”两部分。表的纵行以字母总括，横行分唇音、舌头音、舌上音、舌本音、喉音、拗音六种。每一种又按开、闭、鼻，以及复合、分割名目相区别。在图的最上方横行列“韵尾”十类，分别与字母纵行相配合。作者称，北京官话有字音三百八十有余，加上“单韵”，近四百个。表一与表二的区别是表一是汉字，表二是音标，可以两相对照。《解说》全称《视话应用清国官话韵镜音字解说书》，分自序、凡例、首音之部、韵尾及单韵之部几部分，都是对《韵镜》理论安排的说明。

三是北京官话语音词汇、字典。如福岛安正《自迩集平仄编四声联珠》[8]《凡例》称：这本书根据威妥玛《语言自迩集》“平仄编”而作，并分为 417 章；每一章的第一行标出同字异声以及“一音殊声”者，目的是区别“音声之起源变化”。所标出的同字异声以及“一音殊声”的办法就是将这些字“嵌入”文中。各章叙及的内容主要是“人情风俗”、“国体兵制”。文中有不容易理解的事情，就在章末加上注释。另外，还编《俗语注释》一卷，对常用的俗语加以解释。比如：第一章“联珠本意”“阿”字三个读音：

（阿）　是阿　〇　阿甚么　阿哥

听说你学官话呢么？/是学哪？/念甚么官话书哪？/念《自迩集》哪！/官话里分四声你会分么？/平仄编都念完了可以分了。/我考一考你？/可以。您请考！/头一个字是甚么？/是阿。/不错真念过。/也是念完了不大几天儿。/……阿甚么你不肯学就是了，一点儿不难说。……这位阿哥怕人笑话。

冈本正文《支那声音字汇》(1901)[9]的“例言”说，全书辑录了当时“清国”对话之际以及普通文章上使用的文字 7500 个，附上北京官话的声母韵母发音与四声；全书分为三部分：第一部分，按照发音及四声顺序排列文字；第二部分，按照惯用的笔画顺序排列；第三部分，百家姓记载的中国人名检字。四声发音依照《语言自迩集》威妥玛式标记法表示，威妥玛发音种类有420个，其中有19个不必要，所以仅剩下401个。比如，第一部分“1. A”：

1. 阿(3. 4. ê1)啊(3)腌(ang1)
2. 阿
3. 阿(1.4.ê1)啊(1)
4. 阿(1.3.ê1)

1. 2. 3. 4. 表示声调四声，括号里面的数字也是四声，但表示变读。强调四声在学习北京官话中的作用。

二、日本明治时期北京官话语音课本及工具书音系、标记符号

(一) 日本明治时期北京官话语音音系。

日本明治时期北京官话语音课本及工具书音系是清楚的，以北京官话语音为标准音系。清语学堂速成科编撰《清语正规》的“绪言”中说：“官话之官即公用之义，官话即一般公共通用的语言。”“官话有北京官话与南京官话等的区别，比较起来，其中北京官话声音正确、文法完备，而且清国的官吏都一定惯用这个官话。其通行的区域尤其广大，外国人所说的支那语大概都指的是这个北京官话。所以，打算学习支那语的人最好依据北京官话。”

但北京官话语音的内涵尚存争议。《官话指南》(1880)“凡例”云：“京话有二，一为俗话，一为官话。”[10]《日清会话辞典》(池田常太郎编，丸善株式会社，1903)的“绪言”称：把北京话称为官话，是“清国上流人士的用语”，也属于“俗话”范围。北京官话完全以北京话的发音为依据。“中国语”发音上“微妙的变化很多”。池田常太郎认为，在已经刊发的中国语书中，发音上最正确的是英国人威妥玛的《语言自迩集》，但也有不恰当的字音。所以，他并不盲从，而是按照北京人的发音习惯注音。按照《官话指南》的理解，“官话”与“俗话”并不是一回事，虽然都属于“京话”之列，而《日清会话辞典》则把“官话”与“俗话”基本等同。我们理解两方面的意见后则认为，“官话”与“俗话”虽然不能等同，但有比较密切的联系，官话完全以北京话的发音与文法、词汇为依据，但因为是“清国上流人士的用语”，所以，还要规范些，与北京的“土语”、“土音”有一定的区别。

综合日本明治时期北京官话语音课本及工具书对北京音系的描写，其基本情况，以冈本正文《支那语教科书发音篇》(1902)为依据转换为国际音标是：

1. 声母：[p][pʻ][m][f][t][tʻ][n][l][k][kʻ][x][tɕ][tɕʻ][ɕ][ts][tsʻ][s][tʂ][tʂʻ][ʂ][ʐ][w][y]。作者没有设零声母，但设了[w][y]两个声母，计23

个。

2. 韵母：[a][iə][ə][ər][i][ʅ][o][u][y][ɿ][an][ən][iən][yən][ɑŋ][əŋ][iŋ][uŋ][ia][ua][iə][yə][ai][ei][uei][ɑu][iɑu][uo][yə][iou][ou][uɑn][yan][iɑŋ][uɑŋ][ian][iuŋ][ai][uai][iau][uei]。在 41 个韵母中，出现了两个[iə]、[ai]、[uei]、[ye]，可以合并为一个[iə]、[ai]、[uei]、[ye]，应该是 37 个韵母。

3. 声调：上平、下平、上声、去声。

(二) 日本明治时期北京官话语音课本及工具书音系标记符号。

广部精《亚细亚言语支那语官话部》(1880)被认为是模仿威妥玛《语言自迩集》的北京官话教科书，它标记北京官话语音用日本语假名语音标记符号，适应的是日本学习者的需要而创制，而不是直接运用“威妥玛式”符号。标注首先考虑的是如何准确标音。为此，他在“凡例”之前列有“五音拗直五位图”，横行分“开开合开开”五行，纵行分喉、牙、齿、舌、舌而说明读法。比如图 14－1 所示：喉音：

开	开	合	开	开
アイャ	イイレ	ウイエ	エイエ	オィョ
ウウ	ゥヰ	ゥ于	ゥヱ	ゥヲ

图 14－1

具体标记，在“凡例”称：“以国字记支那音于其右，并附小圈点于该字端，以分四声。其圈在左下为上平，在左上为下平，在右上则上声，而在右下则去声。”“字音有出气入气之别，即俗云之有气无气也。而初学恐难别，故出气之字，悉于四声圈内更加小点以别之。”

伊泽修二、大矢透《日清字音鉴》(1895)在北京官话语音标记符号上很有特点。六角恒广《日本中国语教学书志》谈到，此书按照日本 50 音图ア段イ段ウ段エ段オ段顺序进行排列，四声分为上平、下平、上声、去声，分别用威妥玛式标记符号表示发音。[11]作者伊泽修二是个善于思考的人，从日本汉字音与北京官话语音的比较入手，在用假名标记北京官话语音上想了些办法，四声符号也作了些新的设计，但对威妥玛式标记符号却原样沿袭了。

在《日清字音鉴》问世之前，日本人对中国语发音的标记，主要是用假名，而且在写法上没有统一的规定。威妥玛式标记符号的使用，给日本标记中国语带来了新的思路，但还是没有改变中国语标记不适应日本人学习需要的状况。伊泽修二后来设计了独特的发音标记符号，在《支那语正音发微》(1915)书中还可以见到，比如伊泽发明的声调符号：一声(阴平)用“¹”，二声(阳平)用“ˊ”，三声(上声)用“‹”，四声(去声)用“ˋ”。这与我们现在用的声调符号十分接近。涉及变调也是用他发明的符号标注，确与传统的符号标调法有所不同。伊泽修二标记符号也有一部分与中国王照的官话合声字母相似，所以伊泽修二、王照并称为中国语标记符号研究的先驱。关于这一点，可以参见埋桥德良《日中言语文化交流的先驱者》一书。[12]

三、日本明治时期北京官话语音课本及工具书的教学安排

结合教学上的需要，日本明治时期北京官话语音课本及工具书的作者，有意对教学内容进行了合理安排，尽力体现在当时行之有效的语音教学理论与方法，主要有：

（一）将北京官话语音与不同国家语音或中国国内不同区域语音相比较而达到教学目的。

郑永邦、吴大五郎的《日汉英语言合璧》（1887）“凡例”中“汉语切音略例”[13]，为了强调记音的准确性，对汉字的英语记音与日语假名记音加以对照，比如撮口呼，“加符号[¨]者即是撮口呼”。如表 14－3：

表 14－3

于	句	女	须	吕	圆	卷	悬	恋
ü	chü	nü	hsü	lü	yüan	chüan	hsüan	lüan
∷	¨	¨	¨	¨	¨	¨	¨	¨
イ	チ	ニ	ツ	レ	イ	チ	シ	レ

青砥头夫《支那语讲义》（1911）“发音编”[14]，其中有“北京音和满洲音的比较”内容。作者的用意在于纠正日本人带有“满洲音”（东北音）的中国语音发音习惯。作者认为，因为中国东北距离日本比较近，而且日本人往来于东北与日本之间的比较多，所以，学习中国语语音时难免浸染上了东北音。在正式的交际场合，说着带有浓重的东北音的中国语往往让人感到语音低俗，很像乡下人。作者将北京音和东北音进行比较，从中找出语音差异，强调北京音的纯正性。这种教学上的考虑比较实际，所面对的是学生学习过程中的“正音标准”偏误问题。

但作者的比较也有让人不可理解的地方，比如，作者名为“北京音和满洲音（东北音）的比较”，实际上是“北京音和山东音的比较”。为什么会是把“北京音和山东音的比较”当做“北京音和满洲音（东北音）的比较”呢？作者认为，东北人中绝大部分是从山东、山西、直隶来的移民，而这当中，尤其以山东移民为最多。

山东人就等于东北人，因此，山东语音就等于东北语音。把山东语音作为东北语音的代表，去和北京语音进行比较，不就等于“北京音和东北音的比较”吗？按现在学者的看法，这肯定是一种误解。山东方音内部差异也很大，与东北方音交叉的语音就是胶辽官话，代表东北方音的还是通行长春、哈尔滨一带的语音，称为东北官话。东北官话与胶辽官话相接近，但并不等于胶辽官话就是东北官话，况且胶辽官话语音也不能代表山东语音，研究的思路不对头。

青砥头夫进行“北京音和满洲音（东北音）的比较”，得出的“区别”结论有 7 条：1. 舌尖音チ变为キ；2. 卷舌音チ变为ツ；3. 卷舌音シ变为サスセソ；4. 卷舌音ラリルレロ变为ヤイュエヨ；5. ツ近于ヅ的发音；6. 有促发音；7. 把卷舌音发为舌尖音。通过比较而掌握了这些规律，就能很好地达到学习北京官话语音的目的。

（二）突出重点，学习按次序进行。

清语学堂速成科编撰《清语正规》第一编“官话声音解”[15]，把“四声之别”作为最重要的语音教学内容安排在第一节，然后才在第二节中安排讲述字音发音方法区别的内容，比如送气音与不送气音的不同；四声的变化讲的是语流中的连读变调规律；还有语调重音等内容。我们看到，作者名义上是讲北京官话语音整体上的教学问题，但实际上突出了声调教学上的一些疑难问题，以声调教学为重点。声调教学也是循序渐进的，按照“四声之别”、“连读变调”、“语调重音”的次序进行讲解。

（三）强调学生实践环节与教师讲解环节的“交互式”教学方法。

冈本正文《支那语教科书发音篇》（1902）“凡例”4、5 谈到了具体的教学方法，即，每一章字音“段”发音终了，就让学生利用已经掌握的字音“段”文字，进行简单的字与字的组合。然后将这些已经组合成的词语作为发音的对象，反复练习；那些还未曾学习的字，就由教师组合成词语，选择合适的词语作为教学材料向学生讲授发音要领。教师对学生讲解，注意利用实例区别卷舌音、舌尖音、开口音、合口音、撮口音、喉头音、唇音、宽音、窄音、出气音等发音的种类；还要讲清楚语调的轻重抑扬问题。

日本明治时期北京官话语音课本及工具书表现的教学理论与方法还有很多，这里虽然不能一一列举，但很有必要加以认真总结。

四、日本明治时期北京官话语音课本及工具书的价值及影响

从清末北京官话语音系统研究的历史看日本明治时期北京官话语音课本

及工具书的价值，我们认为，至少应该认识到两方面：

1. 明治时期北京官话语音课本及工具书的编写自然带动了日本学者对清末及以后的北京官话语音研究，十分有益于科学的北京官话语音史的建立。日本学者通过《语言自迩集》了解了北京官话语音，在此基础上，又亲自到中国北京调查研究获取了比威妥玛更为丰富的历史与现实的资料，并在研究思路与方法上加以改进。比如金井保三曾编写《支那语自在》（劝学会发行，1902.9），在推行北京官话语音教育的同时，还对历史上的北京官话语音也投入了很大的热情，他是第一个系统研究《中原音韵》的学者。他认为《中原音韵》反映的是14世纪的“大都音”，肯定与早期北京语音有关系，于是，就将《中原音韵》音系与清末民初北京官话语音相比较，得出了令人关注的结论。[16]再比如伊泽修二，他写《支那语正音发微》（1915）基本放弃过去学者们经常使用的威妥玛式记号和郑永宁使用的假名式发音符号，而使用自己设计的400个标音符号，这就朝着科学标记北京官话语音方面迈进了一大步。宫越健太郎则更勇于探索，在《华语发音提要》（1926）中使用国际音标符号记音，表示四声则利用声音波动记录装置所画的曲线图，直接或间接地促进了日本北京官话语音研究的科学进程。

2. 清末北京官话语音材料之不足，尤其是科学的记音文献少之又少，已经成为制约清末北京官话语音研究的瓶颈。许多学者为此殚精竭虑。从某种意义上说，日本明治时期北京官话语音课本及工具书可以弥补许多缺憾。过去，我们对它们注意不够，今后，应当予以重视。这是一笔丰富的北京官话语音资源，只要深入挖掘，应该获得很大的收获。

从日本北京官话语音教学历史上看明治时期北京官话语音课本及工具书的价值，我们认为应该把握住这样三点：

1. 明治时期北京官话语音课本及工具书的编写奠定了日本大正时期以后至1945年之前北京官话语音教学的基础。日本大正时期以后至1945年之前这段时间内又出现了许多很有特色的北京官话语音课本及工具书，比如伊泽修二《支那语正音发微》（1915）、伊泽修二《视话应用支那语正音韵镜》（1916）、宫越健太郎《华语发音提要》（1926）、仓石五四郎《支那语发音篇》（1938）、鱼返善雄《华语基础读本》（1941）等，它们对北京官话语音课本及工具书编写体例又提出了新的构架，但大体上还没有超出明治时期的范围。

2. 明治时期北京官话语音课本及工具书编写由于受到前所未有的重视，所以，形成了比其他区域语音课本与工具书完备的系统，无论是课本与工具书本身的体例，还是体现的教学与语音分析理论、方法，都对其他区域语音课本与工具书的编写产生了相当大的影响。日本明治时期还出现了一批针对台湾地区语音学习的课本及工具书，比如：“台湾总督府”编《台湾十五音及字母表》（1896）、兼松义雄《台湾发音学》（1899）、林久三《台湾语发音须知》（1903）等，在编写体例与语音分析方法等方面都能看到北京官话语音课本及工具书的“思维方式”,这是值得注意的现象。

3. 明治时期北京官话语音课本及工具书编写极大地推动了日本人学习北京官话语音的活动,加深了日本人对中国清末政治、经济、社会、文化的了解,直接促进了中日政治、经济、社会、文化等方面的交流。当时日本人学习北京官话,其目的不外乎三个方面:一是军用,为侵略中国作准备;二是商贸活动之用,实用性强;三是致力于中日文化交流。无论哪种目的,都是通过学习北京官话语音课本及工具书来实现的。

当然,明治时期北京官话语音课本及工具书编写也存在着明显的历史局限性,比如编写方式与方法还不够完善;教学理论与方法相对单一化;记音手段落后,存在明显的缺憾,等等。这些都是我们应该认识到的。

附 注

[1] 六角恒广《中国语关系书书目》,不二出版,2001. 12。

[2] 六角恒广《中国语教本类集成》第二集第二卷,219—322 页,不二出版,1992. 4。

[3] 六角恒广《中国语教本类集成》第六集第一卷,1—66 页,不二出版,1996. 5。

[4] 六角恒广《中国语教本类集成》第二集第二卷,1—68 页,不二出版,1992. 4。

[5] 六角恒广《中国语教本类集成》第四集第二卷,1—10 页,不二出版,1994. 4。

[6] 六角恒广《中国语教本类集成》第四集第二卷,233—259 页,不二出版,1994. 4。

[7] 波多野太郎《中国语文资料汇刊》第四篇,不二出版,1994。

[8] 六角恒广《中国语教本类集成》第一集第三卷,1—357 页,不二出版,1991. 4。

[9] 六角恒广《中国语教本类集成》第四集第二卷,261—323 页,不二出版,1994. 4。这里刊印的是 1930 年的修订版。

[10] 六角恒广《中国语教本类集成》第一集第二卷,80 页,不二出版,1991. 4。

[11] 六角恒广《日本中国语教学书志》,32—33 页,北京语言文化大学出版社,2000. 3。

[12] 埋桥德良《日中言语文化交流的先驱者》,白帝社,1999。

[13] 见郑永邦、吴大五郎《日汉英语言合璧》(1887)“凡例”中“汉语切音略例”。六角恒广《中国语教本类集成》第一集第二卷,237—238 页,不二出版,1991. 4。

[14] 青砥头夫《支那语讲义》(1911),六角恒广《中国语教本类集成》第二集第二卷,133—186 页,不二出版,1992. 4。

[15] 清语学堂速成科编撰《清语正规》,六角恒广《中国语教本类集成》第二集第二卷,不二出版,1992. 4。

[16] 金井保三的《中原音韵につきて》,日本《东洋学报》第 3 卷,1913. 9;分析见李无未《日本学者〈中原音韵〉及其相关韵书研究》一文,《语言学论丛》第三十辑,商务印书馆,2004. 12。

第十五章　日本学者对清末北京官话“四声之辨”

【本章内容提要】以清末日本学者所编四种汉语工具书与教科书为依据，对当时人们认识汉语声调情况进行调查，有研究北京官话声调的理论与方法，研究北京官话声调的实绩，研究北京官话声调的局限，目的是使我们对当时汉语声调研究有一个总括的了解，同时，通过与今天普通话声调研究相比较，又可以知道从清末到现在人们认识汉语声调的意识所发生的变化。
【关键词语】清末日本学者　北京官话声调　研究理论与方法　实绩与局限

一、清末日本学者所编四种汉语工具书与教科书

现代汉语普通话语音声调系统应该包括调类、调值、本调、变调等几部分，已经构成比较完备的认识机制。应该说，这种认识机制的形成还是有一个过程的。研究这个认识过程，对于汉语声调探讨学术史来看是十分必要的。对我们来说，它最起码可以有助于我们总结汉语声调认识历史，并科学地把握汉语声调发展的未来，去揭示我们至今还未曾认识清楚的声调变化的谜底。

以清末日本学者所编四种汉语工具书与教科书为依据，对当时人们认识汉语声调情况进行调查，目的是使我们对当时汉语声调研究有一个总括的了解，同时，通过与今天普通话声调相比较，又可以知道清末到现在人们认识汉语声调的意识所发生的变化。

从另一个方面来讲，日本学者与中国学者认识汉语声调的角度是不同的。日本学者为着日本人学习汉语声调，无论是从理论上，还是从实践上，都进行了艰苦的探索，从中又可以看出中国清末时期日本学者对日中国语声调教学与研究的模式。用对外汉语声调教学与研究演变的历史眼光去审视这些教材，我们会发现这其中蕴涵着的许多规律性的东西。抓住这些规律，以史为鉴，是为了更好地进行今天的对外汉语声调教学与研究。只要是对我们进行对外汉语声调教学与研究有益的经验，我们都应该汲取，这才是一个对外汉语教学与研究工作者应抱有的科学态度。

我们选取的比较有代表性的日本学者所编的四种汉语工具书、教科书为[1]：

（一）《日清字音鉴》（后文简称《音鉴》）

伊泽修二、大矢透著。明治二十八年六月（1896）由东京大日本图书株式会

社发行。

其体例为:正文之前有"绪言"。"绪言"包括"音韵"与"四声"两部分。正文是汉字字音的图表。第一横行按日语假名各行第一个字母顺序排列,依次是各行第二个字母、第三个字母等等。第二、第三、第四、第五横行分别是四声,即上平、下平、上声、去声。每一个声调横行在日语假名字母下分类,竖行又按日语假名注音、汉字、罗马字母拼读字音由右向左排列。同音字与音近字一目了然。

作者在"绪言"中称:按照北京官话语音注解,无论是罗马字母还是日语假名都是如此。他强调说,中国语最重视声调之别,依照通例应该注平上去入四声,但北京官话是上平、下平、上声、去声,没有入声,所以,与通例不同。

(二)《日清会话辞典》(后文简称《会话》)

池田常太郎编。明治三十六年(1903)由东京丸善株式会社发行。

体例为:第一大部分是"绪言"。在"绪言"中,分《四声略说》和《发音法》对标音方法进行说明。第二大部分是正文辞典。第一纵行是按英文字母次序排列的英语词语。这些英语词语与日语、汉语相对应。第二纵行是对应的日本语词语,尽量用汉字表示,以片假名注音。第三纵行是对应的汉语词语,用片假名注音。汉字声调用"四角圈点法"表示。第四纵行是罗马字母标音,主要以威妥玛的标注为准,不过也有修订。第三大部分是附录各表,包括数字、月名、日数、一周日、时、四季、方角、货币、度制、斗量、衡制、官名、地名、缔盟各国词语的日语、汉语、罗马字母标音。第四大部分是附录日用会话。会话有汉语句子与对应日语句子两纵行。汉语句子加标罗马字母标音,包括会话文典摘要、命令词、疑问词、断定词、接续其他杂词、会话六种内容。

著者在"绪言"中称:把北京话称为官话,是"清国上流人士的用语",也属于"俗话"范围内。北京官话完全以北京话的发音为依据。"中国语"发音上"微妙的变化很多"。他认为,在已经刊发的中国语书中,发音上最正确的是英国人威妥玛《语言自迩集》。但也有不恰当的字音,所以,他并不盲从,而是按照北京人的发音习惯注音。

(三)《视话应用清国官话韵镜》与《视话应用清国官话韵镜音字解说书》(后文简称《韵镜》与《解说》)

伊泽修二著。明治三十七年十二月(1904)由东京帝国印刷株式会社发行,《韵镜》是北京官话汉语声韵调配合表。其体例为:分表一、表二两部分。表的纵行以字母总括,横行分唇音、舌头音、舌上音、舌本音、喉音、拗音六种。每一种又按开、闭、鼻,以及复合、分割名目相区别。在图的最上方横行列"韵尾"十类,分别与字母纵行相配合。作者称,北京官话有字音380有余,加上"单韵",近

400 个。表一与表二的区别是表一是汉字，表二是音标，可以两相对照。《解说》分自序、凡例、首音之部、韵尾及单韵之部四部分，是对《韵镜》理论安排的说明。

在“自序”中，作者讲，他在比较、研究了当时先进的标音方法后，既考虑世界共同的记音法，又充分注意中国语的实际而创制的“新式记音法”，目的是更科学地阐明中国音韵的基本原理。

（四）《清国风俗会话篇》（后文简称《风俗》）

日本人野村幸太郎与冯世杰合著，明治三十九年（1906）夏刊行于东京文求堂书店。

其体例为：分自序、凡例、正文、附录四大部分。正文按旧历十二个月顺序排列。每个月也有一定的名称：比如孟春寅月（正）、仲春卯月（二）、季春辰月（三）、孟夏巳月（四），等等。每个月下又分会话类目，比如“孟春寅月（正）”下，又有“喜”、“乐”、“欢”、“唱”四类；“仲春卯月（二）”又有“酒”、“色”、“财”、“气”四类。十二个月下计有四十八类。每一个小类以甲乙两个角色（或刘李、主友、主仆等）或三、四个角色对话形式出现。对话句子中的每个汉字均用片假名注音，并在汉字四角标上声调。每一个中国北京官话对话句子下都有相应的日语译文。附录有十二章。每一章有一个主题。如第一章“介绍”，第二章“诀别”。具体对话形式与注音形式，与正文一致，是对正文内容的补充。

日本学者花冈伊之作为此书写“序”。花冈伊之作在“序”中称，中日甲午战争与 1900 年八国联军侵略中国后，日本各界人士对中国政治、经济等方面的“热心”日见高涨，客观上迫切需要改变汉语教育现状。在这种情况下，野村幸太郎创立东方书院，致力于培养日本“对清人才”，所以编写了这本教科书。可见，《清国风俗会话篇》的问世与当时的各种形势紧密相关，是当时时代催生的产物。

二、清末日本学者研究北京官话声调的理论与方法

这四种书在说明声调研究理论与方法时，解释角度各有所不同，尽管如此，我们还是可以从中归纳出它们研究北京官话声调理论与方法的基本思路来的。

（一）对北京官话声调标记符号的采纳与制订。

《音鉴》的语音标记法，据后来伊泽修二所编《支那语正音发微》序文，说：“余于明治二十七年著《日清字音鉴》，多袭威、郑二子之法。”“威”，指的是英国人威妥玛（1816—1896）。威妥玛《语言自迩集》（1867 年刊行）用的是罗马字母标记语音的方法，被称为“威妥玛式罗马字标记法”。“郑”，指的是郑永宁，明治前期日本外务省汉语学所督长，采用“假名式标记法”。对这两种方法的结合使用，

在声调标记符号使用上,《音鉴》亦有说明。比如四声,上平声是一竖划,中间略粗,表示叹息;下平声是一竖划,下头略粗,表示惊叹;上声是一竖划,然后向左边直弯,形成一个面朝左的直角,表示痛苦与失望;去声是一竖划,上头略粗,表示反对。这些符号写在片假名音节的右边。用“罗马字母式”表示,四声分别用阿拉伯数字表示,即上平声、下平声、上声、去声分别是1、2、3、4。写在罗马字音节的右上角。两相对比,汉字声调一目了然。

《会话》在“序言”中明确表示,威妥玛《语言自迩集》是研究汉语语音发音最为正确的著作。所以,语音标记法也要用“威妥玛式罗马字标记法”。但同时,考虑到日本人学习的便捷性,也采用“假名式标记法”。不过,在声调的标记上,采用“四角圈点法”表示。圆圈点里边是空的。表示上平,圈点在汉字的左下角;下平,圈点在汉字的左上角;上声,圈点在汉字的右上角;去声,圈点在汉字的右下角。也有对声调调值的描写:上声,平音,其音声前后一样,没有抑扬,但急而促;下平,音高,语尾小而轻,一直向上;上声,音强,长而浊,音势强,经过左方,回旋到右肩;去声,“下而重”,语音音尾逐渐降低而消失。更为重要的是,在表示声调异读时,可以在汉字四角同时标出。

《韵镜》是《视话应用音韵新论》所附内容。与《音鉴》不同的是,《韵镜》的语音标记法有很大的改进。伊泽修二对“威、郑二子之法”并不满意,在近10年的时间里潜心研究中国语音的标记法,走自己创制之路,《韵镜》是其成果之一。在其“序言”里有明确说明。埋桥德良认为,《韵镜》的语音标记法不都是伊泽修二的独创,也利用了中国王照《官话合声字母》的一些成果。王照也是受日本的片假名的启发省略汉字的笔画,而创制《官话和声字母》。但伊泽修二能够尽力避开王照弊端,使标音科学化。[2]对“四声符号”的解说,着眼于描写声调音势状态。很显然,他并不满意四角圆点标调法。他的新式“四声符号”,很像后来的汉语拼音的标调法:一、/、V、\,分别表示上平、下平、上声、去声。考虑到汉语还有重音与普通字音之别,又将四个符号每个都制作了大小两种符号,普通字音用小符号,重音用大符号。他所谓的重音的作用比较复杂,有的是相对于轻音而言,加重音是为了区别;有的加重音却让人琢磨不透,比如,“评论人”之“评”字,本来是上平,加重音,就让今天的人难以明白其中的原因。虽然如此,能够考虑到汉语声调的复杂性,是难能可贵的。

《风俗》作者在《凡例》中只简略地说明了自己的编写目的,即着眼于让学习者了解当时中国的风俗,语言表达方式,在对话中学习惯用语。语音标记法不复杂,音节主要是用片假名注音。至于声调,虽然也认为威妥玛的符号比较科学,但为了能够与编写宗旨相适应,标调力求变通,“依从自然发声”。传统的“四角圈点法”成了唯一的选择。

（二）面向实际研究北京官话声调。

四本书的作者对声调研究的态度，总的来讲，都是面向北京官话实际。具体处理起来，各有各的角度。

《音鉴》不拘于旧四声束缚，而是按北京官话实际调类标记。在“序言”中强调，“四声之别，每一个由张滋昉先生校订”。这样，以中国人北京官话声调发音为依据，就使声调标记最大程度地减少谬误。

《会话》作者曾在北京生活了很长时间，对北京人的官话语音相当熟悉。在“序言”中说，撰写《会话》还有一个基础是，他与“清国”教师一起用了几个月的时间编写过《日本辞书》、《和英辞书》、《英清辞书》等。对如何处理北京官话语音声调积累了相当丰富的经验。撰写《会话》用时前后4年，可见，他是比较审慎的。

作者强调指出，“清国上流人士”的“言文之间”距离不小。写作时用的是书面语，平时进行的“言论谈话”用的是“俗话”，并不像日本人使用的“文话”汉语。涉及声调，就应该注意的是：北京官话一字两调，比如，“那”，有上声，还有去声。这种情况在《会话》中有所反映。

《韵镜》的“清国官话”“视听法”，着眼于阐发官话语音原理，在语音的描写上较《音鉴》更为细致，也更为科学化。用伊泽修二的话说，历经10年，反复比较，才得以“升堂入室”。如果没有深入实际进行调查，哪有这样超越前人的成果？为北京官话声调设计重音与非重音符号，就是想科学地表现北京官话现实声调的存在形态。

《风俗》的情况有所不同。汇集社交必须懂得的“风俗”词语与表达句型。由此，声调是否细致标注就不是那么的重要了。即便如此，他还是以遵循“自然的发声”为原则。冯世杰的作用就是为“自然的发声”把关，不能超出北京官话实际声调之外。表面上的简单描写其实掩盖不了实际声调标注的复杂性。

（三）描写北京官话声调与描写北京官话声母、韵母有机结合，不是孤立地看待北京官话语音现象。

《音鉴》以声调为纬，以日语五十片假名顺序排列，加上片假名汉字注音，还有汉字、罗马字母拼切汉字音为经，列出字音表，能使学习者很容易准确掌握汉字读音。这就考虑到了北京官话语音的系统性。《会话》具有词典性质。用英语字母标注上意义对应词，用罗马字母标注词语的声母韵母。被释北京官话词语与对应的注释北京官话词语都加上日语片假名注音。对应的注释北京官话词语在四角加上声调符号，也构成了注音各种形式的和谐统一。《韵镜》，顾名思义，袭用中国中古时期代表性的等韵图著作《韵镜》的名称。无论作怎样的符号、图表格式改进与创制，都按照一定的声韵调配合模式进行。这其中所蕴涵的系统语音思想，与古代《韵镜》如出一辙。《风俗》把声调的标注放在具体的语境中去考虑，声调与声母、韵母的结合更能显现其灵活运用形态。在汉字旁边，有声调标注，有汉文原语言，加上片假名注音，还有汉文的日文翻译。与其他语音分析图表不同的是，它着眼于语言的实际应用。

另外，在研究北京官话声调的理论与方法上，对当时东西方先进的声调理论与方法的汲取是十分明显的，由此，我们可以抓住东西方语音声调学术理论在日本学者研究北京官话声调时所受影响的线索。比如威妥玛语音分析思想、传统等韵图《韵镜》对语音结构的认识等，都不同于以往研究北京官话声调的理论与方法。

三、清末日本学者研究北京官话声调的实绩

四部书除了在北京官话声调理论与方法上显现了不凡特色外，在具体的北京官话声调研究上也都取得了相当大的进展：

（一）对北京官话声调调类构成规律的揭示。

由上面的说明还可以看出，各家研究方法侧重点有所不同，所得出的结论也不大一样。他们对声调规律的揭示与总结却是我们今天研究的基础。北京官话调类构成，四种书一致认为是上平、下平、上声、去声四个，今天名称是阴平、阳平、上声、去声。这种认定从汉语近代音北方官话声调演变史的角度上看似乎不算什么，因为元代周德清《中原音韵》就曾明确标示“平分阴阳”、“浊上归去”、“入派三声”。但从对“正音”声调的认识史来说，问题却不那么简单。比如，元代《中原音韵》是不是当时的大都“正音”？“入派三声”是指入声消失还是入声“广其押韵”？音韵学界直到现在还在争论不已。由此，学术界许多学者怀疑《中原音韵》与清末北京官话声调、甚至与今普通话声调的对应关系，中国学者陆志韦就是如此。学者们如此一致的看法，从某种程度上说，就是肯定了北京官话声调正音调类构成的这种特性。这是长期以来学者们不懈努力的结果。

相对于日本学者来说，还具有另一种深刻含义，即对日中国语声调教学，日本学者广部精《亚细亚言语集》刊行（1879）之后的二十几年间，真正完成了其正音音系声调由以南京官话声调为标准音声调进而向北京官话声调为标准音声调的观念的彻底转变，标志着日本自明治维新以后近代中国语北京官话声调教学体系的形成。

（二）对北京官话声调调值的拟订。

我们在前面已经谈到这些著作对声调调值的描写，比如《会话》：上声，平音，其音声前后一样，没有抑扬，但急而促；下平，音高，语尾小而轻，一直向上；上

声，音强，长而浊，音势强，经过左方，回旋到右肩；去声，“下而重”，语音音尾逐渐降低而消失。以今天人的眼光来认识，过于模糊，定性与定量分析做得都不够，但要是从普通话声调调值研究的历史来看，必定会经过这么一个阶段。注意到了北京官话调值的拟订，就是一个很了不起的进步。将难题摆出来，就给后来人研究北京官话调值提供了参考思路。中国学者赵元任在20世纪20年代就提出了五度标调法的雏形，就是从描写北京官话声调音高的高低升降开始，后来加以改进，把声调音高的高低升降调级用1、2、3、4、5来表示，最终形成五度标调法。很显然，比位置标调法更科学与实用。日本学者对北京官话声调调值的拟订充分反映了当时所能达到的水准。[3]

（三）对活的北京官话字音声调本调与词的变调的确认。

标注字的本调，不标注词的变调，似乎成了标注汉字字音的一种定势。清末一些学者包括日本学者打破这个界限，从活的声调应用出发，确认字音本调与词的变调。威妥玛《语言自迩集》自不必说，我们选取的四种书性质不同，有的就十分注意这一点。比如《风俗》（为了便于说明，下列各句只在括号里标出对应的变调与不变调字音）：

1. 42页，仆：大概了罢！便宜坊苏盘落钱了，六吊四一（下平）个。

主：就手儿烧一（去声）只鸭子。

2. 73页：乙：他已然有了八个儿子（上平）了。

108页：小：念到《孟子》（上声）了。

3. 105页：乙：那么，我也（上声）快种吧！赶明儿个也（上平）许有人请我作皇上。

4. 140页：旅客：没有。除（下平处加实心点）了行李，就是使唤的家具。

税官吏：我要看（去声处加实心点）看（去声处加实心点）。

旅客：你就看（去声处加实心点）吧！

5. 159页：客：是，以后我也借一本戴醇士的（去声）册页临临吧！

161页：客：哼！您的（上平）书论比画论高的（上平）多。

6. 172页：客：有（上声）甚么车呀？

主：有（下平）马车、轿车和东洋车。

7. 169页：主：我早（下平）起来来两碗桂圆汤，一碗人参汤，还喝杏仁茶什么的（去声）。

188页：甲：呟，不（下平）是疯子，若是疯子，不（去声）能有这么一句。

乙：您瞧我说他不（下平）是。

甲：真的，心里不(去声)明白的人，不(去声)能占这个便宜。

8. 208页：丁：那也许是手底下不方便(去声兼加实心点)。

9. 附录16页“寻人”：您知(上平)道(去声)不知(上平)道(去声处加实心点)？若是知(上平)道(去声)，可(下平处加实心点)以请(上声处加实心点)您告诉我。

在应该标声调的地方加实心黑点表明是重音或轻声，其辨别“变调”的效果是一样的。《会话》是词典，但在标音时，也十分注意词语的声调变化(词例按原页码标出，为了便于说明，下列各词例只在括号里标出对应的变调与不变调字音)：

78页：今儿(上平)，早起(上平)；77页：一(上平)点儿(上平)；86页：告(上声)诉，呼吸(上平)；88页：孔子(上平)；100页：迷糊(上平)；102页：希罕(上声)；106页：蒙古(上平)；109页：姑娘(上平)；110页：安慰(上声)；120页：大爷(上平)；121页：想(下平)起；121页：想(上声)；130页：老(下平)爷(去声)；131页：姥(上声)姥(上平)；134页：老(下平)板；143页：收拾(上平)；145页：早(下平)起(去声)；146页：算盘(上平)；150页：洗一(去声)洗；168页：我们(上平)；155页：扯(下平)手；174页：石榴(上平)；162页：指(上平)甲(去声)；171页：胡同(去声)，便宜(上平)。

有一些词语的标注按我们今天的认识应该是轻声，他却标注了四声，这一定是在他们的听觉上有那种声调的意识，词语的变调造成了认识上的误解。变调理论研究在当时还不可能上升到汉语语音科学的系统认识上。

(四) 清末北京官话声调的规范。

按一些学者的认识，如果《中原音韵》是清代北京官话的直接源头的话，那么，从《中原音韵》音系声调到清末北京官话声调发生了哪些变化，清末日本学者在研究这些变化时，又是如何加以规范的，这些规范对后来人们进行普通话声调规范的影响如何，确实是一个有待于回答的问题。

我们拿《中原音韵》音系声调与清末北京官话声调比较，如以入声字为例，可看出日本学者所做的工作。

《中原音韵》声调入声派入三声的规律，即入声派入阳平、入声派入上声、入声派入去声。从声母的角度来看，规律性也很强，全浊声母变阳平，次浊声母变去声，清声母变上声。[4]

清末北京官话声调入声字情况，可以从《音鉴》看出。以入声派入平声为例，比如《中原音韵》鱼模韵“入声派入平声”是派入阳平。清末北京官话声调入声字派入平声的还有派入上平(阴平)的，比如，“曲(72)”、“屈(85)”、“哭(70)”、

"窟(85)"、"出(84)"、"督(71)"、"秃(71)"、"屋(69)",都是《中原音韵》鱼模韵"入声派入上声"的字。《中原音韵》"入声派入平声(阳平)",在《音鉴》中也有派入阴平的,如:鱼模韵的"独(71)",齐微韵的"逼(73)"。还有在《中原音韵》家麻韵是"入声派入去声"的,在《音鉴》中却派入阴平,如"压(81)"、"拉(83)"、"刷(81)"。可以看出,原来在《中原音韵》"入声派入上声"的变化比较大,其中,清声母的字更为复杂。《音鉴》作者的记录,既有对当时复杂的入声字音变为平声(阴平与阳平)的比较分析,又有明确的规范性质。很显然,带有一定的权威性,为后来的入声字音变为平声(阴平与阳平)的规范打下了基础。

清末北京官话声调入声派入平声情况仅仅是当时声调规范的一项内容,整个清末北京官话声调的规范又是一项系统性非常强的工作,试想,如果作者不作深入细致的调查,就难以掌握第一手资料,没有第一手资料做基础,声调的规范工作进行到如此地步是不可想象的。《音鉴》之外的其他三本书,与此异曲同工,都是在声调规范方面富有实绩的。比如变调与本调,本调是字的应有声调,不管是否有异读,读音是固定的。变调的情况比较复杂,有词语读音变调,还有语流变调,日本学者都注意到了,应该说抓住了基本规律,有意区分,并理清其中头绪,改变了声调描写混乱的局面。强化规范意识,是日本学者研究北京官话声调取得的又一项硕果。从为了日本人学习中国语声调来讲,当然是非常必要的。

(五)强调了北京官话声调独有的区别性特征。

对北京官话声调符号的创制与使用,目的还是强调北京官话声调独有的区别性特征。日本学者所强调的北京官话的声调区别性特征,主要有:北京官话声调的调类有四个,它不同于传统的四声,更不同于南京官话声调;北京官话调值描写尽管模糊,但还是强调它的不同于其他方音语音声调调值的特点;本调与变调情况复杂,在描写时,要遵从自然之音。所以,声调符号的创制与使用显得格外重要,几乎每一个学者都把这一点放在十分重要的位置上加以强调。把北京官话声调纳入到学习中国语音的难点来认识,与日本语音进行对比,也是从强调北京官话声调独有的区别性特征开始的。比如《音鉴》序言"四声"的第一句话就是"对于学习中国语来说,声调应该放在最重要位置上"。《会话》"四声略说"的第一句话也说:"四声的变化是中国语研究上最重要的一个项目。"从某种意义上说,此时的中国语声调,其实就是北京官话声调。这无疑讲出了日本人学习中国语最实在的心声。

四、清末日本学者研究北京官话声调的局限

清末日本学者心目中的北京官话声调模式与今天我们已经认识到的北京官话声调情况当然还有些差别，但毕竟它向科学研究北京官话声调迈出了最坚实的一步，这是我们今天研究北京官话声调学者最不应该忘记的。这些中日语言文化交流的先驱者，重视研究北京官话声调，认识北京官话声调的内在机制，已经完成了他们那个时代所应肩负的使命。

站在今天——21世纪初，谈清末日本学者研究北京官话声调的局限，似乎大有苛求前人的意思，其实则不然。我们认识清末日本学者研究北京官话声调的过去，并与今天研究北京官话声调情况相比较，目的是为了更好地认识北京官话声调研究的未来，同时也是为着对外汉语声调教学的需要而检讨并总结过去。

清末日本学者研究北京官话声调的局限性有：

1. 仅仅从日本人学习中国语音角度认识北京官话声调，强调了对日汉语教学的实用性一面，也就忽视了声调理论性建树一面。我们看到，四部书对北京官话声调理论探讨不够，直接导致了对北京官话声调规律认识有嫌模糊。比如四声的调值只有一般性的描述，而缺乏定性与定量的概括。承认变调事实的存在，却未对变调的规律进行全面探索，更勿论进行前因与后果的解释。也不可能区别字的本调与词语的变调等项内容。

2. 有的著作难逃《语言自迩集》的思维模式。对于有的著作来说，《语言自迩集》的印迹随处可见，生硬的模仿所带来的是自身创造性不够。其中所蕴涵的矛盾非常明显。比如，《会话》对北京官话语音一方面要用罗马字母标注，另一方面考虑到日本人学习北京官话的需要，要用日语片假名注音。罗马字母标注北京官话语音已经暴露了它的弱点，即难以准确记音，而用日语片假名注音更是与北京官话语音实际音值存在着距离，两者有时记音并不一致，对于学习者来说，以哪一个为标准读音呢？无所适从。《会话》声调局限于《语言自迩集》，必然缺乏灵活性。《音鉴》的情况要好一些，声调调类的描写力求保持一致，但却陷入了机械标调模式，活的语音声调情况往往被淹没掉了，降低了它的科学研究价值。

3. 与标音手段落后相对的是对声调的标注还没有脱离传统的模式。研究汉语历史语音学，最为遗憾的是我们对汉语历史语音的构拟缺乏有效的实际音值材料，其中调值的材料更是难以觅寻。原因在于汉语历史语音学文献的制作之初就还没有一套行之有效的音标工具。所以，构拟汉语历代语音，只好以假设来代替有真实根据的推理。声调的研究也是如此。比如中古四声，我们知道

是平声、上声、去声、入声四个调类，却不知道它的实际高低升降形式，这是受调值材料的局限而出现的必然结果。清末，西方历史比较语言学已经传入日本。对北京官话调值的把握应该有更现代的描写方法，却为什么还是用传统的标调手段？这就让人不可理解了。它留下的直接后遗症就是，我们仍然对当时的北京官话声调的调值不清楚，导致我们对北京官话四声调值从清末到今天的变化线索难以触摸。另外，对当时的日本人学习北京官话声调来说，由于没有四声调值的准确描写，掌握北京官话声调调值就非常困难，学习标准的北京官话声调变得可能性不大。因为工具书、教科书内容与理论方法的局限决定了学习者的接受也相应受到影响，而只能靠经验模式进行学习。

清末日本学者研究北京官话声调的局限性当然不止这些。

虽然如此，我们仍然认为清末日本学者研究北京官话声调的实绩不可低估，可以说，已经基本上达到了当时所能达到的高度，这是必须加以肯定的。今天的学者要充分审视清末日本学者研究北京官话声调的成果，挖掘它应有的学术价值，并给予正确评价。就当前来看，这还是一项有待于进一步重视的工作，因为汉语语音史与对外汉语教学研究同行对这方面的注意不够。我们认为，随着研究的深入，清末日本学者研究北京官话声调的潜在的具有更大价值的学术信息将会被逐渐揭示出来，这是一定的。[5]

附　注

[1] 伊泽修二、大矢透《日清字音鉴》，明治二十八年(1896)六月由大日本图书株式会社发行；池田常太郎《日清会话辞典》，明治三十六年(1903)由丸善株式会社发行；伊泽修二《清国官话韵镜》与《清国官话韵镜音字解说书》，明治三十七年(1904)十二月由帝国印刷株式会社发行；野村幸太郎与冯世杰合著《清国风俗会话篇》，明治三十九年(1906)夏，刊行于文求堂书店。又分别见于波多野太郎《中国语文资料汇刊》第三篇，不二出版，1993；波多野太郎《中国语文资料汇刊》第四篇，不二出版，1994；波多野太郎《中国语文资料汇刊》第五篇，不二出版，1995。

[2] 埋桥德良《日中言语文化交流的先驱者》，白帝社，1999。

[3] 李无未、岳辉《对外汉语教学课本中"变调"的标记符号问题》，《汉语学习》2003 年第 6 期。

[4] 李无未《南宋孙奕俗读"清入作去"考》，《中国语文》1998 年第 4 期。李无未《南宋孙奕俗读"平分阴阳"存在的基础》，《声韵论丛》第 10 辑，学生书局，2001。

[5] 日本学者对此有一些深刻认识，见六角恒广《中国语教育史研究》，东方书店，1988；安藤彦太郎《中国语与近代日本》，岩波书店，1988。

下　篇

译音对音文献与汉语语音史研究

第一章　日本汉字音的时间层次及其确认的证据和方法

【本章内容提要】以沼本克明为代表的日本学者汲取有坂秀世等各家观点，认为日本汉字音存在古音、吴音、汉音、新汉音、宋音、唐音六类，并提出了具体的确认证据和方法。中国六朝之前的祖系音“吴音”属于“古音”阶段，镰仓时代“吴音”与平安时代“吴音”有承续关系。天台汉音有别于汉音，是一种“新汉音”。临济宗、曹洞宗文献训点“唐音”与中国宋代中原音系具有相当的一致性，可以称为“宋音”。《黄檗唐音》等被认定是江户“唐音”的代表，和“宋音”属于不同时间层次。

【关键词语】日本学者　日本汉字音　时间层次　证据和方法

过去，一些学者习惯于将日本的汉字音分为吴音、汉音、唐音三大系统。沼本克明《日本汉字音历史的研究》(1997)与《日本汉音》(2003)两种著作汲取各家意见，认为更为科学的汉字音分类应该考虑分为六项，即“古音”、“吴音”、“汉音”、“新汉音”、“宋音”、“唐音”。这代表了现在许多日本汉字音学者的新看法。[1]

一、吴音与古音

日本“吴音”与汉语《切韵》音系不能规则对应，引发了许多学者的思考。河野六郎《关于日本吴音》(1976)、高松政雄《吴音研究的一个问题》(1986)指出，日本吴音具有语音上的“多重性”。其中，高松政雄举例，从与汉语中古音对应来看，“村”、“惑”、“软”等个别异形字应确认为是上古音与初期中古音，不过从方音上解释也有可能。小仓肇《日语吴音研究》(1995)对《法华经音义》假名注音进行全面研究，兼及《大般若经音义》、《新译华严经音义》假名注音等材料，并与汉语中古音对比，考订日本吴音的音系基础。2003 年 10 月 25 日在早稻田大学召开的日本中国语学会第 53 届全国大会上，他又作了大会发言，题目是《日本吴音:吴音系字音声母——围绕清音和浊音而论》(小仓肇，2003)。又以《法华经音义》读颂音为根据，进一步强调日本吴音忠实于南方原音 “清音”、“浊音”的典型特征(日本中国语学会，2003)。小仓肇博士也是注意区别吴音的“多重性”与“复杂性”的。[2]

沼本克明(1997)认为，作为研究的前提，应该首先做“非吴音形(汉音与音译字音)的排除”程序，但吴音具有怎样的语音体系呢？学术界研究还不够明确。他的做法是把吴音系字音中加点与有标记资料实际形态加以归纳，排除“非吴音形”。比如，收集假名书“音形”资料，可用排除法确认侯部字吴音形态。森博达在《古代音韵和〈日本书纪〉的成立》中的“关于日本汉音”一章中提到，侯韵明母字与模韵合流现象属于汉音层次(1991：359—362)。大矢透《隋唐音图》(1915)与水谷真成《慧苑音义音韵考》(1994)已经有研究，可补沼本克明先生叙述的不足。确认侯部字吴音形态后，再联系高本汉(1940)、李荣(1956)等学者们研究的汉语中古语音实际，可以看出，日本吴音具有中国六朝时期的方言特征。[3]

蟹摄诸韵是《切韵》韵目咍、灰、泰、皆、佳、夬、废、祭、齐各韵，包含[a][e]类主要元音和[i]韵尾，具有二合元音音节构造特征。蟹摄诸韵的吴音“音形”考订，以平安时代(794—1192)以后佛典读诵音资料为主，比如平安后期至院政初期的《慈光寺本大般若经》等，当然仍要注意排除“非吴音形”的汉音。河野六郎(1976)、高松政雄(1986)等站在各自立场对蟹摄诸韵吴音假名书写“音形”「エ」进行了种种解释，大体上承认蟹摄一等、二等是出现的条件。和日本“上代语”音韵体系有比较密切的对应关系。一等合口韵灰韵「(ウ)イ」形，河野六郎的解释是汉语“中古音之前阶段-wəi 的反映”。(1976：34—37)沼本克明(1997)则认为是吴音祖系音内在方言中的反映。他指出，一方面唐代《经典释文》音注灰韵和脂韵合口字音并存(坂井健一，1975)是方言现象，另一方面灰韵和脂韵合口字，还有支韵合口字并属上古音微部(董同龢，1948)，是古音现象，可证一等合口韵灰韵「(ウ)イ」形的时代性与方言性非常明显。[4]

金田一春彦《日本四声古义》(1949)认为“汉音”与“吴音”的声调调值是不同的，同样是“四声”，比如去声，“吴音”调值表现的是发音“从低到高”；而“汉音”调值则是“从高到低”，高低关系刚好相反，这可由《法华经音义》与《梵字口传》等佛经文献证明。[5]马渊和夫《吴音の四声说》认为，平安初期文献表现的吴音是当时中国吴地方的方言(1996：316—332)。他考察“吴音”，以与“吴音”存在密切关系，又早于“吴音”的“和音”四声为基点。看到“吴音”四声与“对马音”四声相同，都是后来借用“汉音”四声而具有的，尽管“对马音”与“吴音”来源不同。“对马音”属于朝鲜汉字音一系(马渊和夫，1996：333—346)。他的意思很明显，就是“吴音”之前经历过了没有声调的“和音”过程。这个“和音”过程略等于沼本克明所说的“古音”过程。[6]

研究镰仓时代(1192—1333)吴音读汉语声调，沼本克明(1997)将《九条本法华经音》反切与《妙一纪念馆本法华经》的汉字加点声调对照，可以看出：去声字的上声化；平声字与入声字有差异；平上去声之间相通。加上《妙一纪念馆本法华经》二字汉语声调的实际情况，由此，镰仓时代初期继承平安时代吴音声调是可能的。

沼本克明等学者所证明的日本吴音具有语音上的“多重性”，从时间层次上看，中国六朝时期之前的祖系音“吴音”，属于“古音”阶段。镰仓时代(1192—1333)“吴音”与平安时代(794—1192)“吴音”有承续关系，但与六朝时期毕竟还是有一定时间距离的。但如何证明“古音”的存在形态，日本学者还存在很多争议，看来，日本“古音”还是一个有待进一步探讨的棘手问题。

二、汉音与新汉音

日本汉音具有自足体系，与日本吴音系统不同，这在日本学术界是没有争议的。日本汉音语音体系与中国中古音体系是不是相等的关系？学者们一般的认识是，日本汉音脱胎于唐代长安音，与《切韵》音系有一些差别，但是很小，由此，可以认为，《切韵》音系与日本汉音语音体系基本是相等的。

研究日本汉音，一定要考虑它的“正音”特性。唐代长安音，又称所谓“秦音”，被认为是“正音”的代表。许多学者认为，《慧琳音义》反切音系能够代表唐代长安方音音韵体系。研究《慧琳音义》的学者比较多，中国主要有黄淬伯(1930)。日本学者对《慧琳音义》反切音系非常关注，比如河野六郎(1964—1967)、三根谷彻(1993)、上田正(1983)等，对黄淬伯的研究有补充，还有订正。[7]

把《慧琳音义》反切音系所代表的唐代长安方音音韵体系与日本汉音进行比较，可以看到，有相当的一致性。除了《慧琳音义》外，《玄应音义》(650)与《慧苑音义》(720)也是人们重视的材料(大岛正二，1981；水谷真成，1994)。[8]

日本平安时代后期，长承三年(1134)本《蒙求》(筑岛裕，1990)被认为是日本传承汉音的非常典型的材料，已有学者对这个材料的中古音情况整理成了分组分韵表(筑岛裕，1995)。[9]沼本克明(1997)把长承本《蒙求》分组分韵表与“秦音”比照，总结日本汉音体系。日本汉字音的声母(头子音)：轻唇音独立；全浊声母清音化；鼻音声母非鼻音化。韵母：东韵唇音字和钟韵唇音字合流；侯韵明母字与模韵合流；尤韵唇音字与虞韵字合流；佳韵(开)的与麻韵一部分合流；佳韵(合)的与麻韵(合)一部分合流；元(合)阳(开)凡韵的唇音字合流；尤韵明母字与侯韵合流。声调的特点也很突出：黄淬伯(1930)认为，《慧琳音义》反切表现的是上声全浊字去声化。沼本克明(1997)拿《慧琳音义》反切与中古音(《广韵》)声调对比，结果如表1-1：

表1-1

《广韵》	平				上				去			
	清	次清	浊	次浊	清	次清	浊	次浊	清	次清	浊	次浊
《慧琳》												
平	857	279	579	476	15	3	9	2	13	5	2	6
上	19	10	8	15	473	138	239	262	24	12	28	10
去	11	5	5	5	20	8	61	10	493	170	322	272

全浊上声字有61例读为去声，与黄淬伯的研究大体吻合。沼本克明对日本汉音材料的调查，希望通过比较得出一些明确结论。比较的结果是，几种日本汉音资料和《慧琳音义》反切文献上的情况不同，上声全浊字去声化的比率较低，反映了日本汉音接受中古汉语语音影响时多重化的特点。他使用平安后期《蒙求》朱点材料，并与《广韵》声调对比，见表1-2(括号中是超过例数)：

表1-2

广韵＼蒙求	上声			
	清	次清	浊	次浊
上声	95(148)	24(35)	34(55)	61(109)
去声	3	0	31(49)	2

《慧琳音义》反切全浊上声字保持上声的和变移为去声的大体上是各占一半，反映了汉语中古音过渡时期声调的状况。《蒙求》全浊字上声字与变为去声的全浊上声字各占一半。全清、次清、次浊基本未变。这是汉音体系性的一面。

汉音非体系性的一面，比如《图书寮本保延四年点》有这样的音例："耕韵合口，泓(ワイ)澄"、"庚韵直音开口，泓澄(タイ)"。"-イ"尾与汉语字书注音对应韵尾是[-ŋ]，用混入吴音以及形声音符类推方法解释都不可能。沼本克明(1997)的认识是，它限定在空海及与空海相关的训点本著述中，表现为特殊的语汇语音形式，可以看做是日本平安时代初期以前表音的字音标记。

关于新汉音。江户时代(1603—1867)的本居宣长《汉字三音考》(1978(1785))已经条理出"一种汉音"。桥本进吉执笔《字音》(1931)首先提到，在平安时代初期，从中国传来的天台宗以及真言宗日常诵读法文和经典上用"一种汉音"。它的发音，比起普通的汉音更接近中国语音。当时是唐代末期，中国语音处于渐渐发生变化的时代，与韵书音存在一些不同，比如"胜、乘、称、升をシ；亿、臆 をイクと読むなど"。读"シ"、"イク"就不同于汉音。[10]

有坂秀世《メイ(明)ネイ(宁)の类は果して汉音ならざるか》(1957(1940))指出，"メイ(明)"、"ネイ(宁)"汉音与所谓天台汉音"ベイ(明)"、"デイ(宁)"有区别。"所谓天台汉音，无疑是第九世纪前后中国有教养阶层的语音。"那么，对"天台汉音"中 "ベイ(明)"、"デイ(宁)"语音形式就有重新思考的必要。[11]

赖惟勤《汉音声明和它的声调》(1989(1951))提到了上述"一种汉音"、"天台汉音"资料。《关于〈九方便〉〈五悔〉》(1989)一文是赖惟勤对前文的补充说明。奥村三雄《日本汉字音体系》(1956)把天台汉音作为汉音体系的代表。[12]

饭田利行《日本に残存せる中国近世音の研究》(1955)第一次提出"新汉音"这个概念。并认为这个"新汉音"作为汉语中古音与近代音之间的过渡语音，是汉语中古音与近代音之间的联结“纽带”。[13]

基于以上学者的研究，沼本克明(1997)认为还存在着种种未曾解决的问题，主要有：一是日本汉字音“新汉音”与“汉音”的区别是否应该作为一个重要的问题提出来？利用“天台汉音”资料研究“汉音”难道不用站在区别的立场上看待吗？二是把“新汉音”作为天台宗专属语音是否合适？由此引出“天台汉音”和“真言汉音”存在怎样的关系问题。三是站在解释“新汉音”的立场，“新汉音”体系与“汉音”体系相比较会存在怎样的问题？而且从“天台汉音”等于“新汉音”这个立场上讨论的话，它和“汉音”的区别正是需要说明的。四是“新汉音”的资料还存在可信性问题，因为“天台汉音”资料经过长期的传承，已经发生了很大变化，以它为依据，语音的体系性肯定失真，因此，学者们期望发现更古老的“天台汉音”原形态资料。

考订新汉音的古训点材料。在《大正新修大藏经》第八十四卷收有天台宗和真言宗所用“声明”集成二点资料。涉及新汉音，天台宗《九方便》及《五悔》与真言宗《胎藏界》及《五悔》“声明”文本。还有真言宗专用的新汉音读颂经典，即《八名普密陀罗尼经》。《八名普密陀罗尼经》训点传承了很多入唐真言宗僧读诵音，有镰仓时代(1192)写本。一些学者根据这些新汉音资料，整理出《新汉音分纽分韵表》(沼本克明，1997)。《新汉音分纽分韵表》列中古音体系、秦音体系，在比较中看新汉音的体系特点。

依据许多学者的研究，沼本克明(1997、2003)总结新汉音的体系特征主要有：声调上突破平上去入四声框架，发生了较多的变化，比如全浊上声字完全去声化。声母与韵母的变化有：(1)入声韵尾弱化。比如有坂与饭田两先生举出的“天台汉音”“白(ハイ)”、“释(セ)”、“极(キ)”、“十(シ)”、“佛(フ)”、“萨(サ)”等，是原音入声韵尾向消失变化的一种反映。(2)蒸韵所属的“胜”、“僧”等转写假名为“シイ”。那个“イ”至少到平安时代末期，由原来发音之前保存“调音”(由声门向上发音)喉内拨音韵尾伴有鼻音。这个鼻音对应的假名“一イ”有省略标记的情况。这个省略形后来作为新汉音的一般标记形式而固定下来。(3)有坂秀世所说“天台汉音”舌音泥母、娘母“宁”等字合并。还有“明(ベイ)”、“名(ベイ)”、“命(ベイ)”、“猛(バイ)”、“门(ボン)”、“民(ビン)”、“难(ダン)”、“念(デム)”也是新汉音。(4)三等介音[-ĭ]消失，反映[kĭuŋ]→[kuŋ]的变化。等等。

三、宋音与唐音

作为日本汉字音构成的一部分，有所谓“唐音”的说法。马渊和夫(1962：403—481)提到：“唐音”是“唐人之音，不是汉音”。在日本僧人明觉的著作中，看到“去入通用”、“入声消失”的记载。这是“唐音”的语音特征之一。许多学者又把“唐音”细分为“宋音”与“唐音”。在镰仓时代被移入的“唐音”称为“宋音”；在江户时代(1603—1867)被移入的“唐音”还称作“唐音”。[14]

关于“宋音”、“唐音”。研究得比较早的是有坂秀世《讽经の唐音に反映した镰仓时代の音韵状态》(1957(1939))、《江户时代中顷に於けるハの头音について》(1957(1938))。后来，又有饭田利行《日本に残存せる中国近世音の研究》(1955)；高松政雄《日本汉字音研究》(1982)与《日本汉字音概论》(1986)；汤泽质幸《唐音研究》(1987)；等等。[15]

有坂秀世研究临济宗、曹洞宗文献训点“唐音”，一是认定时限在镰仓时代(1192—1335)；二是与“原音”传入地中国浙江的“讽经之音”有关。有坂秀世强调说，浙江各地方音不同，并存在着“文言音”与“白话音”之别。文言音可能是受宋室南迁带来的北方中原音影响，与浙江吴方言系统不同。比较“唐音”音系与中国宋代中原音系特点，具有相当的一致性。“宋音”之名在有坂秀世的文章中已经出现(1957(1939))。

有坂秀世(1957(1939))讨论的“唐音”时代已经与镰仓时代(1192—1335)不同，是江户时代(1603—1867)的“唐音”。冈岛璞(冠山)(长泽规矩也，1974)所著《唐话纂要》(享保三年刊，1718)、《唐译便览》(享保十一年，1726)、《唐音雅俗语类》(享保十一年，1726)、《唐语便用》(享保二十年，1735)涉及“唐音”资料很多。其他学者如文雄(1981(1744))等也有许多关于“唐音”著述。有坂秀世(1957(1938))以“ハの头音”为例证。比如，中国“原音”[-fa] 的转写，《黄檗唐音》“返繁烦饭防方芳房放(フワン)”、“发髪法(フワ、フワッ、フワ、フワ)”等全部用“フワ”假名。但中国“原音”[-hua]的转写却有两派：《禅林课颂》和《黄檗清规》用“フワ”，像“欢幻皇黄(フワン)豁(フワッ)化花华(フワ)”。《慈悲水忏法》用“ハ”，像“欢缓还患况(ハン、ハアン)”、“化花华(ハ)”等。如何解释这种不同转写现象？如果说与日本长崎有关系，那是当时唐通事的汉语语音正音意识在起作用。但这个“正音”是以中国福州话、漳州话为准呢？还是浙江话，尤其是杭州话为准？抑或以南京话为准？有坂秀世并没有确定。尽管如此，可以断定，这个“唐音”已经与明清时代的南方官话音与方音结下了不解之缘。它和镰仓时代“唐音”属于不同时间层次。

高松政雄《日本汉字音概论》(1986)把“唐音”分为“中世唐音”与“近世唐音”两类。其“中世唐音”不用“宋音”一词，但相当于“宋音”。他与《中原音韵》相比较看“中世唐音”的语音特点。对“近世唐音”材料的分析较有坂秀世更为明确。比如《黄檗唐音》，他说是以明代南京话为中心，兼有几许福建语音成分。

汤泽质幸《唐音研究》(1987)分“中世唐音”与“在江户时期的韵学唐音”两类。“中世唐音”也有两类：“宋音”与“唐音”。“宋音”又有所谓“中世宋音”与“现存宋音”之说。“中世宋音”的材料与“现存宋音”的材料是不同的。“中世宋音”

材料出现“宋音”称呼主要有《玉尘抄》(帷高妙安(1480—1567)讲述),如:“泉涌寺ハ宋音ニ律部ノ书ヲヨマルヽソ。”其他,如《南北相违抄》、《韵镜珪玷集》等也有“宋音”的记载。《韵镜珪玷集》记述“竹”字用为齿音,“现存宋音”。佐藤哲英(1966)等介绍了在泉涌寺现存的加点《弥陀忏法》与《金光明忏法》两书,语音特点比较突出。“中世唐音”中的“唐音”,以《法华经音义》为代表。

“在江户时期的韵学唐音”是由文雄开始重视记载的。所谓韵学唐音,即是在日本江户时代汉语音韵学研究著作中记录的当时汉字音。比如《韵镜》研究书,有关于汉字音的种种记载,涉及“唐音”内容很多。像文雄《磨光韵镜余论》(1981(1744))屡次提到“和音”、“华音”与“中原雅音”的关系,其实,“华音”,即是指“韵学唐音”。太田全斋《汉吴音征》(1978(1815))记载的“汉音”与《中原雅音》相印证,与汉语中古音体系差别很大,可以认定是当时的“唐音”。[16]

根据“唐音”语音变化的实际情况,汤泽质幸又分为江户前期与江户中后期。沼本克明(1997)虽然也区分“宋音”与“唐音”,不过,重点却在强调镰仓“宋音”与江户“唐音”的“多重性”特点。

考订镰仓“宋音”,沼本克明(1997)认为“讽经之音”作为直接材料也有后代“移植”的情况存在,因此,使用时不能不谨慎。他使用的是《小丛林略清规》训点资料。《小丛林略清规》三卷(1684),由临济宗花园妙心寺龙华院第二世无着道忠(1653—1744)撰述,对于研究镰仓“宋音”具有相对的可靠性,但江户时代语音的渗入也是不能不考虑的。

考察江户“唐音”材料,有坂秀世《江户时代中顷に於けるハの头音について》,分为三类,即《黄檗唐音》、《心越系唐音》、《译官系唐音》。

沼本克明(1997)在整理的基础上,制成《宋音、唐音统合分纽分韵表》,表现宋音、唐音在语音系统上的联系与区别。总结《镰仓“宋音”标记体系》与《江户“唐音” 标记体系》,可以显示镰仓“宋音”和 江户“唐音”的各自标记体系特点。比如镰仓“宋音”,《小丛林略清规》等材料,有 “イヤ”、“イヨ”,“ ヤ”、“ヨ”并存。江户“唐音”与现代外来语,特别是和欧美语接触,出现了一些与以往不同的标记,把假名符号运用得更加精密化。比如表现浊音音节、半浊音音节,制作了浊音假名、半浊音假名,这就完成了由文字上独立的“时点”到音韵上独立的“时点”的过程。

总之,作为区别“宋音”与“唐音”的研究,到了沼本克明《日本汉字音历史的研究》(1997)一书与《日本汉音》(2003)一文中,已经进入到更加精细化的阶段,从而引起了日本汉字音学者和中国音韵学研究者的极大注意。

附 注

[1] 沼本克明《日本汉字音の历史的研究》,汲古书院,1997。沼本克明《日本汉音》,日本中国

语学会《汉字音研究の现在》,9—24 页,好文出版,2003。

[2] 河野六郎《日本吴音に就いて》,《言语学论丛》最终号,34—37 页,1976。高松政雄《吴音研究の一问题》,《训点语と训点资料》第 66 辑,88—96 页,1986。小仓肇《日语吴音研究》,日本国学院大学博士学位论文,新典社,1995。小仓肇《日本吴音:吴音系字音の声母——清音と浊音をめぐつて》,《汉字音研究の现在》,1—8 页,好文出版,2003。

[3] 森博达《古代の音韵と日本书纪の成立》第七章"关于日本汉音",359—362 页,大修馆,1991。坂井健一《魏晋南北朝字音研究》,汲古书院,1975。大矢透《隋唐音图》,见《韵图考、隋唐音图》,235—343 页,勉诚社,1978(1915)。水谷真成《慧苑音义音韵考——资料分析》,《中国语史研究》,95—162 页,三省堂,1994。高本汉《中国音韵学研究》,商务印书馆,1940。李荣《切韵音系》,科学出版社,1956。

[4] 董同龢《上古音韵表稿》,《历史语言研究所集刊》第 18 本,1—249 页,1948。

[5] 金田一春彦《日本四声古义》,《日本语音韵音调史の研究》,166—241 页,吉川弘文馆,2001(1949)。

[6] 马渊和夫《吴音の四声说》、《对马音について》,《国语史丛考》,316—332 页、333—346 页,笠间书院,1996。

[7] 河野六郎《朝鲜汉字音の研究》,《河野六郎著作集》第 2 辑,295—512 页,平凡社,1964—1967。平山久雄《中古汉语の音韵》,中国文化丛书《言语》,89 页,大修馆,1967。三根谷彻《越南汉字音の研究》(《中古汉语和越南汉字音》,211—536 页,汲古书院,1993)、《唐代の标准音について》、(《中古汉语和越南汉字音》,115—130 页,汲古书院,1993)。黄淬伯《慧琳一切经音义考反切声类考》,《历史语言研究所集刊》第 1 本第 2 分册,165—182 页,1930。上田正《慧琳音论考》,《日本中国学会报》第 35 集,167—176 页,1983。

[8] 大岛正二《唐代字音的研究》,350—359 页,汲古书院,1981。水谷真成《慧苑音义音韵考——资料分析》,《中国语史研究》,95—162 页,三省堂,1994。

[9] 筑岛裕《长承本蒙求》,汲古书院,1995。筑岛裕编《日本汉字音史论辑》,附录"长承本蒙求分韵表",187—244 页,汲古书院,1995。

[10] 本居宣长《汉字三音考》,勉诚社,1978(1785)。桥本进吉《字音》,《日本文学大辞典》,985 页,宝文馆,1931。

[11] 有坂秀世《メイ(明)ネイ(宁)の类は果して汉音ならざるか》,《国语音韵史の研究》,369—374 页,三省堂,1957(1940)。

[12] 赖惟勤《汉音の声明とその声调》,《中国音韵论集》,383—439 页,汲古书院,1989(1951)。赖惟勤《〈九方便〉〈五悔〉について》,《中国音韵论集》,473—483 页,汲古书院,1989(1961)。奥村三雄《日本汉字音の体系》,《训点语与训点资料》第 6 辑,99—126 页,1956。

[13] 饭田利行《日本に残存せる中国近世音の研究》"自序",3 页,驹泽大学中国文学研究室发行,1955。

[14] 马渊和夫《日本韵学史研究》,403—481 页,日本学术振兴会,1962。

[15] 有坂秀世《讽经の唐音に反映した镰仓时代の音韵状态》,《国语音韵史の研究》,185—220 页,三省堂,1939。有坂秀世《江户时代中顷に於けるハの头音について》,《国语音韵史の研究》,221—243 页,三省堂,1938。高松政雄《日本汉字音の研究》,风间书房,1982。

高松政雄《日本汉字音概论》,风间书房,1986。长泽规矩也《唐话辞书类集》,汲古书院,1974。汤泽质幸《唐音の研究》,勉诚社,1987。

[16] 佐藤哲英《关于泉涌寺所传宋音弥陀忏法》,《龙谷史论》第56辑、第57辑合刊,66—78页,1966。文雄《磨光韵镜余论》,勉诚社,1981(1744)。太田全斋《汉吴音征》,勉诚社,1978(1815)。

第二章　日本学者对朝鲜汉字音的研究

【本章内容提要】日本学者历来对朝鲜汉字音的研究十分重视，取得了丰硕而精到的成果，并形成了具有自足体系的“朝鲜汉字音学”。本章从日本学者研究朝鲜汉字音的历史述要、日本学者对朝鲜汉字音研究资料的考订与整理、日本学者对朝鲜汉字音有关理论问题的探讨，以及日本学者对朝鲜汉字音研究的特点等方面进行论述，力图揭示日本学者对朝鲜汉字音研究的真实情况。

【关键词语】日本学者　朝鲜汉字音　历史与现实　研究特点

由于历史与地缘等多种复杂关系，日本学者历来对朝鲜汉字音的研究十分重视，取得了丰硕而精到的成果，并形成了具有自足体系的“朝鲜汉字音学”。与此同时，各国学者也对朝鲜汉字音与汉语语音、朝鲜汉字音与日本汉字音等“近亲缘”语言语音关系诸问题进行了深入思考。我们总结日本学者对朝鲜汉字音的研究情况，目的是引起各国学者对日本学者朝鲜汉字音研究情况的注意，并充分认识日本学者对朝鲜汉字音研究工作的价值与作用。

一、日本学者研究朝鲜汉字音的历史述要

（一）对日本学者朝鲜汉字音研究的历史回顾，日本学者已经有所注意。

比如小仓进平《增订朝鲜语学史》与河野六郎《增订朝鲜语学史补注》。河野六郎《增订朝鲜语学史补注》所列研究文献补充小仓进平的材料不足，但收罗文献也只是截止到1963年4月。河野六郎还有《日本に於ける朝鲜语研究史概观》一文，总结1964年之前日本学者有关朝鲜语学研究情况，虽然简略，但比较全面，评价又中肯。对1964年以后的情况，笔者又参考了相关文献进行了调查，也获得了一些新的信息。[1]

小仓进平《朝鲜语学史》(1940)与河野六郎《日本に於ける朝鲜语研究史概观》(1964)谈到，日本德川时代就有学者对朝鲜汉字音进行研究。[2]比较引人注目的是新井白石与其同门雨森芳洲。新井白石《东雅》(1717)就利用朝鲜语对日本语语源进行考察，很自然要涉及汉字音。雨森芳洲苦于无朝鲜语学习书，就编写了《韵略谚文》、《酬酢雅言》、《全一道人》、《交邻须知》等书，也提及汉字音。其实，《东雅》之前，契冲《圆珠庵杂记》(1699)已经涉及朝鲜语，当然也避不开语音问题。贝原益轩《日本释名》(1700)、寺岛良安《和汉三才图会》(1713)也与朝

鲜汉字音探讨有关。藤井贞干《冲口发》(天明元年,1781)对很多日本词语中上古朝鲜语“音转”词加以讨论,但受到本居宣长等人的批评。译官小田营作《象胥纪闻拾遗》(天保十二年,1794)也言及谚文、发音、方言、字音等。引用朝鲜汉字音考证日本汉字音的还有太田全斋《汉吴音征》(1815)和《音征不尽》(1815)。比如《汉吴音征》第十七转开“珍”字下注音:“(汉原音)知以奴。(朝鲜谚文字母)tin 畛珍尘(愚按)‘ハチハイ’ハン也。”(1978 年影印《汉吴音图》所附《汉吴音征》,146 页)[3]还有黑川春树《音韵考证》(文久二年,1862),引用《类合》、《千字文》、《训蒙字会》等朝鲜汉字音材料。

进入明治时代,在朝鲜语,尤其是汉字音研究上起着开拓者作用的是大矢透、高桥三郎、白鸟库吉、上田万年、金泽庄三郎、鲇贝房之进、前间恭作、小仓进平等学者。比如大矢透《日本语と朝鲜语の类似》(《东京人类学杂志》第 4 卷第 34 号,1889)也谈到日语与朝鲜语在语音上的相似点;高桥三郎《朝鲜言语考》(《如兰社话》第 13 号,1889)已经具有一定的学科意识;白鸟库吉《〈日本书纪〉に见えたる韩语の解释》进行的《日本书纪》与中国史书表现的古代朝鲜语的研究(《史学杂志》第 8 卷第 46 期、第 47 期,1898);小藤文次郎、金泽庄三郎合编的《罗马字索引朝鲜地名字汇》(1904)对朝鲜地名实际应用汉字语音调查;宫崎道三郎《日韩两国语の比较研究》(1906)也有汉字音的比较内容;金泽庄三郎《日韩两国语同系论》(1910)与《朝鲜书籍目录》(1911)的比较研究与文献研究;前间恭作《韩语通》(1910)朝鲜语语音历史的研究,《古鲜册谱》(1957 年后出版)进行的朝鲜文献解题,鲇贝房之进《杂考》(1931)对古朝鲜语俗字、俗音的研究;等等。这些都是导夫先路的著作。

受白鸟库吉、上田万年、金泽庄三郎的直接影响,小仓进平走上了研究朝鲜语学的道路。从 1912 年到 1920 年九年间,小仓进平在“朝鲜总督府”的资助下,到朝鲜全力搜集与调查朝鲜语学资料,收获颇丰。他所发挥的开拓作用更是不凡,而且成果最为丰厚,影响更大。他在 1913 年和 1914 年就发表了《朝鲜に於ける辞书の沿革》(一、二、三,《国学院杂志》第 19 卷第 12 号、第 20 卷第 2 号、第 20 卷第 3 号)一文。1914 年 6 月、7 月相继发表了《朝鲜に於ける日汉满蒙语辞书》(《朝鲜及び满洲》第 83 号)与《朝鲜に於ける日汉满蒙语读本》(《东洋学报》第 4 卷第 2 号)两篇重要论文。1916 年 9 月发表《朝鲜に於ける支那语学》(《朝鲜及满洲》第 110 号),对朝鲜汉字音与汉语语音关系问题提出自己的看法(安田敏朗《言语的构筑——小仓进平和殖民地朝鲜》,三元社,1999 年 1 月)。

小仓进平的代表作《朝鲜语学史》发表于 1920 年 11 月(大阪屋号书店)。此书后又在 1940 年 5 月出版《增订朝鲜语学史》(刀江书院)。刀江书院又在 1963 年出版《增订朝鲜语学史》。其中“补注”由河野六郎作。《朝鲜语学史》涉及朝鲜汉字音内容的主要是第五章“中国语学”。比如朝鲜中国语学研究历史、对中国语的观察、有关中国语的辞书、中国语读本、中国语学者等。虽然没有刻意强调朝鲜汉字音，但朝鲜汉字音与汉语语音史关系的意识已经很明显。

小仓进平的另外两部与朝鲜汉字音相关的重要著作是《国语及び朝鲜语のため》(1920)、《国语及朝鲜语发音概说》(1923)。其中《国语及び朝鲜语のため》第 6 节“汉、吴、唐音及朝鲜语の字音”、第 7 节“国语字音と朝鲜语字音との比较”则集中了他的有关朝鲜汉字音的许多看法。[4]

（二）在 20 世纪 20 年代前后，满田新造发表论文研究朝鲜汉字音。

比如他的《〈中原音韵〉分韵の概说》(1918)，利用《四声通解》谚文注音研究《中原音韵》韵系，表明了朝鲜汉字音的应用价值；《〈汉吴音图〉的解剖批判——关于音韵研究法》(上、下)(1921)虽然是对《汉吴音图》研究方法的批判，并且也指出“误读朝鲜汉字音情况”，但由此牵涉到的区别朝鲜汉字音“原音”与“转音”问题，也引发人们对朝鲜汉字音与汉语古代字音关系的思考。他的《朝鲜字音と日本吴音と类似点に就いて——朝鲜に於ける字音传来の经路》(1926)一文，从朝鲜字音和日本吴音相似点入手，谈朝鲜汉字音的起源问题。大矢透也利用朝鲜汉字音研究日本汉字音，取得了一些成果。小仓进平《欧米人の朝鲜语研究の资料となつた和汉书》(1926)视野广阔，其中介绍的欧米人利用和籍、汉籍、朝鲜书籍研究朝鲜汉字音的内容值得注意，比如《类合》、《三国通览图说》、《鸡林类事》、《朝鲜物语》、《倭语类解》等，尤其是《倭语类解》，欧米人更是重视。[5]

进入 20 世纪 30 年代以后，小仓进平发表《朝鲜语における外来语》(上、中、下)(1933、1934)一文。其中上篇全是“汉语”外来语部分，涉及大量的汉字音词语，考订十分精审。有坂秀世发表《汉字の朝鲜音について》(上、下)(1936)、《カールグレン氏の拗音说を评す》(1937—1939)。[6]有坂秀世的基本观点是认为朝鲜汉字音脱胎于中国宋代开封音。另外，“重纽”理论的阐释蜚声国内外音韵学界。河野六郎是小仓进平的学生，更是专注于朝鲜汉字音研究。他的《朝鲜汉字音の一特质》(1939)、《新发见の〈训民正音〉に就いて》(1946)、《中国音韵学と朝鲜》(1949)也言及了朝鲜汉字音研究中的一些十分重要的理论与实际问题。[7]

（三）1950 年开始，其他一些学者也有成果问世。

比如斋藤辰雄《朝鲜汉字音と现用表记考》(《天理大学学报》第 2 卷第 1 号、第 2 号，1950)；金泽庄三郎《朝鲜の字音》(《国语学》第 21 辑，1955)；藤堂明保《中国语音韵论》(江南书院，1956)第四章“资料的解说”涉及“朝鲜汉字音”；赖惟勤《朝鲜の汉字音》(中国语学研究会编《中国语比较研究》之《中国语学事典》第

2卷，江南书院，1957）；浜田敦《朝鲜资料による日本语研究》（岩波书店，1970）；桥本万太郎《韩国汉字音と中古中国高口盖韵尾》（《语学研究》第9卷第1号，ソウル大学校语学研究所，1973）。

河野六郎除了继续发表有关朝鲜汉字音论文外，比如，《谚文古文献の声点に就いて》（1950）、《汉字音とその传承》（1958）、《中国语の朝鲜语に及ぼした影响》（1961）、《日本に於ける朝鲜语研究史概观》（1964）、《朝鲜语の系统と历史》（1971）等，更为重要的是发表了他的博士学位论文《朝鲜汉字音の研究》（1964—1967）。[8]

《朝鲜汉字音の研究》分绪论、资料、总论、声类、韵类、结论六部分，涉及朝鲜汉字音研究的许多方面的理论与实际问题，全面而系统，代表了当时日本学者研究朝鲜汉字音问题的最高水准。

日本学者还翻译出版韩国学者著作，比如李基文《韩国语历史》，由藤本幸夫翻译，村山七郎监修，后于1975年6月大修馆出版，共有九章，多处涉及朝鲜汉字音问题。

（四）1980年以后，日本学者对朝鲜汉字音材料的挖掘与研究角度有所转变。

主要有：藤井茂利《〈日本书纪〉に见える朝鲜人名表记の汉字——朝鲜汉字音渡来との关联に於いて》（《鹿儿岛大学法文学部纪要》（人文学科论集）第16卷，1981）；佐藤进《李朝の韵书と汉诗押韵变革——文字使用政策の一例として》（《国立民族学博物馆研究报告》第9卷第3号，1984）；鹌殿伦次《〈华音启蒙谚解〉の汉字音注の特质》（爱知县立大学外国语学部《纪要》（言语文学编）第18号，1985），《〈华音启蒙〉千字文の汉字音注》（《爱知县立大学创立二十周年纪念论集》，1985），《〈华音启蒙〉入声字音注（1）ieとieiの书き分け》（爱知县立大学外国语学部《纪要》（言语文学编）第24号，1992），《〈华音启蒙〉入声字音注（2）iとɯの书き分け》（爱知县立大学外国语学部《纪要》（言语文学编）第26号，1994），《〈华音启蒙〉入声字音注（3）u、iu、iui（ui）の书き分け》（爱知县立大学外国语学部《纪要》（言语文学编）第27号，1995）；古藤友子《现代汉字音の对照——日本、朝鲜、韩国、中国における》（《姬路独协大学外国语学部纪要》，1990）；伊藤智ゆき《中期朝鲜语の汉字语アクセント体系》（《言语研究》第116号，1999）；小林芳规、西村浩子《韩国遗存の角笔文献调查报告》（日本训点学会《训点语训点资料》第107辑，2001）；石塚晴通《汉字文化圈の加点史から见た高丽口诀と日本语初期训点资料》（口诀学会《口诀研究》第8缉，2002）；小林芳规《韩国の角笔点と日本の古训点との关系》（口诀学会《口诀研究》第8辑，2002），《新罗经典に记入された角笔文字と符号》（口诀学会《口诀研究》第10辑，2003）；中村雅之《〈四声通

解〉所引〈蒙古韵略〉》(《KOTONOHA》第9号,2003);山村敏江《〈训蒙字会〉音韵体系》(神奈川大学大学院《言语和文化论集》第10号,2003);更科慎一《19世纪末朝鲜北方汉语资料〈华音撮要〉研究——以谚文音注为中心》(山口大学《亚洲历史和文化》第9号,2005);锄田智彦《〈重刊老乞大谚解〉所表现的上声连读变调》(早稻田大学《中国语学》(开篇)第24辑,2005),《〈四声通解〉所见崔世珍"按"》(早稻田大学《中国语学》(开篇)第25辑,2006);竹越孝《前间本〈象院题语〉韩语音注》(《KOTONOHA》第38号、第39号,2006);中村雅之《〈翻译老乞大朴通事〉左侧音入声标记》(《KOTONOHA》第41号,2006),《〈翻译老乞大朴通事〉右侧音》(《KOTONOHA》第42号,2006),《〈翻译老乞大朴通事〉的轻声》(《KOTONOHA》第43号,2006);伊藤智ゆき《朝鲜汉字音研究(本文篇、资料篇)》(汲古书院,2007);锄田智彦《〈重刊老乞大谚解〉三种所见表现声调旁点》(早稻田大学中国文学会《中国文学研究》第33号,2007)等。可以看到,现在日本学者朝鲜汉字音研究情况和以前的小仓进平、河野六郎等学者研究相比,虽然系统性、影响力难与之匹敌,但理论与方法上的突破则是十分明显的。

与此同时,还翻译韩国学者音韵学著作,比如李敦柱《汉字音韵学的理解》,就由藤井茂利翻译(风间书房,2004.12)。展示韩国学者对朝鲜汉字音研究的相应成果,以便使日本学者及时了解韩国同行朝鲜汉字音研究的学术新信息。

二、日本学者对朝鲜汉字音研究资料的考订与整理

小仓进平《增订朝鲜语学史》(1940)第五章"中国语学"第三节"与中国语有关的辞书",以及第四节"中国语读本"涉及了许多朝鲜汉字音研究资料。他对朝鲜汉字音研究资料进行了比较翔实的考订,因为十分重要,所以,在这里作简略介绍。

(一) 与中国语有关的辞书。

分四类:1.韵书。2."画引"部首查检字典。3.类别辞书。4.近代中国语辞书。

1.韵书。小仓进平列举了中国韵书《礼部韵略》等。其他主要是朝鲜韵书:(1)《三韵通考》和《增补三韵通考》。该书的产生有日本说与朝鲜说两种。它是古代朝鲜科举考试必须备有的韵书。(2)《东国正韵》(正统十二年,1447)。小仓进平说此书已散佚不传。也缺乏有关该书的记载,作者也有争议。(3)申叔舟《四声通考》。业已失传,但从《四声通解》"序文"中可以考知一些情况,取于《洪武正韵》的可能性比较大。(4)申叔舟等《洪武正韵译训》(景泰六年,1455)。译者与《东国正韵》编者相同,而且,不止译训一次。(5)崔泼《约韵图》。已失传。

(6)崔世珍《四声通解》(正德二年)。对《四声通考》有所增补订正。汉字音分为正音、俗音两类,俗音还分俗音、今俗音。(6)朴斗世《三韵补遗》(康熙四十一年,1702)。增补并订正《三韵通考》。在排列方式上也与《三韵通考》不同。(7)朴性源《华东正音通释韵考》(乾隆十二年,1747)。体例依《三韵通考》,记入中国俗音。(8)朴性源《华东叶音通释》(一卷)。写本。完成时间不明,当在《华东正音通释韵考》之后。(9)洪纯甫《三韵声汇》(乾隆十六年,1751)。以《三韵通考》、《洪武正韵》为基础,取《四声通解》之说,兼参考当时时音。(10)《御定奎章全韵》(一卷,嘉庆元年,1796)。小仓进平认为是正祖命群臣,如李德懋等撰,以章黼《韵学集成》为依据。

2."画引"部首查检字典。小仓进平列举了中国韵学古籍《龙龛手镜》、《大广益会玉篇》、《玉篇直音》等。其他主要是朝鲜韵学古籍:(1)崔世珍《韵会玉篇》(嘉靖十五年,1536)。依据《古今韵会》重新排列。(2)洪纯甫《三韵声汇补玉篇》(一卷,乾隆十六年,1751)。是《三韵声汇》的补篇。(3)《校订玉篇》。编者、刊行年不详。以《全韵玉篇》为底本,在栏外头注朝鲜俗音。(4)池锡永《字典释要》(一卷,隆熙三年,1909)。虽据《康熙字典》、《奎章全韵》,兼录俗音与朝鲜、日本、中国俗字。(5)郑益鲁《国汉文新玉篇》(明治四十四年,1911)。卷末"音韵字汇"亦有同音汉字、谚文字汇集。(6)朝鲜光文会《新字典》(大正四年,1915)。据《康熙字典》、《奎章全韵》等,列举朝鲜、日本俗字,新字新义。

3.类别辞书。郑允容《字类注释》(咸丰六年,1856)。敷衍《训蒙字会》,考校字典、韵书,比较朝鲜音与中国音。

4.近代中国语辞书。(1)李克培等《译语指南》(成化十四年)。据其序,内容为"集中国名物等语,译以本国谚字"。已散佚。(2)《语录解》。有数种,作者分别为郑瀁(永历十一年,1657)、南二星(康熙八年,1669)、宋浚吉(作者与成书时间不详)、白斗镛(又称《注解语录总览》,大正八年,1919)。间或涉及字音。(3)慎以行《译语类解》(康熙二十九年,1690)。列天文、时令等六十类,每个词语注以谚文。(4)金弘喆《译语类解补》(乾隆四十年,1775)。补《译语类解》。(5)洪命福《方言集释》(乾隆四十三年,1778)。在汉语之下列满语、蒙古语、日本语,对近代中国语词语注以谚文。(6)李义凤《古今释林》(乾隆五十四年,1789)。写本四十卷,引用书名达一千四五百种,也采录近代中国语、朝鲜语、日本语、安南语、蒙古语、暹罗语等,分十一类,达几万条之多。(7)《华语类抄》。作者与年代不详,对中国语用谚文注正俗两音。与《华音启蒙》关系密切。(8)崔世珍《老朴集览》。对《老乞大》、《朴通事》主要词语注解。

(二)中国语读本。

1.《老乞大》。小仓进平认为作者不是崔世珍。2.边宪《老乞大新释》(乾隆二十六年，1761）。以原版《老乞大》为基础，内容有所变更。3. 李洙等《重刊老乞大》（乾隆六十年，1795）。内容、结构等与《老乞大新释》基本相同。4.《老乞大谚解》（1670）。体例同于《重刊老乞大谚解》。5. 边宪《新释老乞大谚解》。与《老乞大新释》可能同时印行。6.《重刊老乞大谚解》。著者年代不详。可能在《重刊老乞大》之后。新的表音方法与谚文并书。7.《朴通事》。小仓进平认为作者不是崔世珍。世宗五年（1422）前后印行。8.《朴通事新释》。边宪等参与修订，但又有金昌祚修订之说。9. 边暹、朴世华等《朴通事谚解》（康熙十六年，1677）。体例与《重刊老乞大谚解》一样。10. 金昌祚《朴通事新释谚解》（乾隆三十年，1765）。11. 偰长寿《直解小学》。"以华语解释小学名曰直解"。12.《五伦全备记》。署名赤峰道人。南北戏文，劝化风俗。13. 教诲厅《五伦全备记谚解》（康熙六十年，1722）。汉字之下，缀以两种谚文表示发音。14. 李边《训世评话》。"纂集古今名贤节妇事实，译以汉语，名曰《训世评话》"。15.《经书正音》。在经书各字之旁用谚文注上中国语音。16. 李应宪《华音启蒙》（光绪九年，1883）。问答体，用谚文注以中国语音。17.《华音启蒙谚解》。著者年代不详。

（三）在第三章"朝鲜语学"中，介绍了大量的研究朝鲜语学的著作，或多或少与朝鲜汉字音研究有联系。

其类别主要有：

1. 研究朝鲜语学的著作。又分 14 小类：（1）朝鲜语普通辞书。（2）百科辞书。（3）特殊辞书。（4）音韵、语法、语系。（5）文体、方言、俗语。（6）语源。（7）俚谚。（8）文字。（9）谚文的研究。（10）谚文的起源。（11）谚解。（12）吏读及"谚吐"的研究。（13）吏文。（14）保存于外国的记录的朝鲜语。

2. 与朝鲜汉字音研究有直接关系的著作。主要有：（1）《华音方言字易解》（见黄胤锡《颐斋遗稿》）。以汉语探求朝鲜语语源，涉及音转与汉字音。但牵强附会之处很多。（2）申景濬《训民正音韵解》（乾隆十五年，1750），论说谚文的起源。（3）柳僖《谚文志》（道光四年，1824）。论及谚文语音原理与汉语语音的关系。（4）行智《丽本》（天保五年，1834）。梵字与谚文对照，以及汉音问题。（5）崔世珍《训蒙字会》（嘉靖六年，1527）。将 3360 个汉字注以谚文字音。文字排列分天文、地理等项。（6）宋孙穆《鸡林类事》。"朝鲜方言"条记录高丽时代词语。前间恭作《鸡林类事丽言考》（1925）有详考。（7）火源洁、马沙亦黑等《华夷译语》中《朝鲜馆译语》（洪武十五年，1382）。收录 600 左右朝鲜词语，许多是汉字音词语。另外还有《孝经谚解》、《经书谚解》，等等。

（四）藤堂明保《中国语音韵论》（1956）第四章"资料的解说"也提到《东国正韵》、《洪武正韵译训》、《四声通解》等与朝鲜汉字音研究相关资料，但比较简略。

河野六郎发表《〈东国正韵〉及び〈洪武正韵译训〉に就いて》(1940),《新发现の〈训民正音〉に就いて》(1946),《再び〈东国正韵〉に就いて》(1959)对《训民正音》、《东国正韵》、《洪武正韵译训》进行了非常深入的研究,比如《训民正音》的形制特点。《东国正韵》的哲学思想来源,与朱子学有关。《东国正韵》的编撰意图在于统一朝鲜字音形式。《洪武正韵译训》"用训民正音以代反切";"且以世宗所定《四声通考》,别附之头面,复著凡例为之指南"。亦见其与《训民正音》、《四声通考》的关系。[9]

河野六郎《朝鲜汉字音研究》(1964—1967)"资料"部分很能体现出他对研究朝鲜汉字音资料选择及运用的缜密思考。

对于古代字音资料。河野六郎的认识是:把握古代朝鲜语资料体系很困难,字音资料更是如此。比如,与后代朝鲜语的发展有很大关系的新罗语借用汉字表达的情况很多,因为用汉字表示,进行新罗语即古代朝鲜语的形态的研究,不能作直接判断,那样很容易陷入恶性循环论证。正因为这样,他的朝鲜汉字音研究不用这类资料。

《东国正韵》是在《训民正音》公布的第二年完成的韵书。河野六郎认为,《东国正韵》的编撰比较简单化,人为的成分比较重。《东国正韵》的构成与"谚译"《古今韵会举要》很有关系。这样做的结果,变更了制作独特的朝鲜韵书的计划。比如 91 韵,就是《古今韵会举要》的体系。人为整理的痕迹非常明显,从而降低了韵书的资料价值。因此,在研究朝鲜汉字音时也不采用《东国正韵》资料。

这些文献难以作为研究朝鲜汉字音资料,那么哪些资料可以信赖呢？河野六郎把目光投向了所谓的"传来字音资料"。他认为"传来字音资料"是呈现"自然姿态"的语音资料,最古老,而且最可信,确实有探讨的必要。他所说的"传来字音资料",经过选择,包括:一类是谚解等,如《孝经谚解》、《训蒙字会》、《千字文》、《新增类合》、《经书谚解》。另一类是韵书,如《华东正音通释韵考》、《三韵声汇》、《御定奎章全韵》、《全韵玉篇》。具体如何整理资料,以汉语中古音体系为基准,汉语中古音体系的基准还是《切韵》音系。从《切韵》音系看朝鲜语的音韵构造与语音变化轨迹。

伊藤智ゆき(2007)研究所依据的文献,与河野六郎(1964)相比要更为广泛,以中期朝鲜语下限即 1592 年为基本期限,也排除了包含人工要素很多的《东国正韵》。主要有:《六祖法宝坛经谚解》(1496 年译)、《真言劝供・三坛施食文谚解》(1496 年刊)、《翻译小学》(1518 年原刊)、《训蒙字会》(叡山文库本、东大本之外六种版本)、《小学谚解》(1588 年刊),以及基本上可以认定的 15 世纪或 16 世纪刊本的《大学谚解》、《中庸谚解》、《论语谚解》和《孝经谚解》(1590 年刊)、《分门瘟疫易解方》(1542 年原刊,16 世纪刊)、《简易辟瘟方》(1525 年原刊,1578 年重刊)、《诫初心学人文・发心修行章・野云自警序》(1577 年刊,1583 年刊)、《蒙山法语谚解》(1577 年重刊)、《四法语谚解》(1467 年原刊,1577 年重刊)、改刊《法华经谚解》(1500 年刊)、《长寿经谚解》(16 世纪半叶刊)等,由汉学学习书、儒学书为主,扩大到以佛典、医药书等为对象。

(五) 与朝鲜汉字音资料的整理有关的还可以见到

比如陶山信男《朴通事谚解、老乞大谚解语汇索引》(采华书林,1973),庆谷寿信等《朴通事谚解索引》(采华书林,1976),远藤光晓《〈翻译老乞大・朴通事〉汉字音注索引》(《中国语语学研究・开篇》单刊第 3 号,好文出版,1990)。不过,还需要提及的是:

1. 标记符号文献也是研究朝鲜汉字音的资料。河野六郎《谚文古文献の声点に就いて》(1950)挖掘《训民正音》、《洪武正韵译训》、《四声通考凡例》、《东国正韵》等文献中"声点"资料进行研究。由此对朝鲜汉字音的声调性质、形态、形式问题进行探讨。[10]

2. "角笔文献"作为研究朝鲜汉字音的资料受到重视是近年来的事。"角笔文献"指的是用兽角做成的笔在纸木上利用文字间隙加上书写文字或符号表示语音、语意、词义等的一种方式。小林芳规、西村浩子《韩国遗存の角笔文献调查报告》(2002)涉及朝鲜汉字音的部分主要是注音。比如《妙法莲华经卷》第一(15 世纪后半叶刊):"或无价(注"加"音于上角)衣"。表明"价"的读音是"加"。符号形式也很多。"角笔文献"作为研究朝鲜汉字音的价值正在不断地被人们认识到。可参见小林芳规著《角笔文献的国语学研究》(1987)和《角笔文献研究导论》(2004—2005)。[11]

三、日本学者对朝鲜汉字音有关理论问题的探讨

日本学者对朝鲜汉字音理论问题的关注由来已久,这里就主要论点加以总结与评述。

(一) 朝鲜汉字音的起源

1. 传统的看法有两说:一是箕子封于朝鲜而带来汉音说;二是秦人入韩而带来汉音说。满田新造《朝鲜字音と日本吴音と类似点に就いて——朝鲜に於ける字音传来の经路》(1926)认为前者在《史记》和《汉书》中未见记载,却出现在后世的《魏略》与《魏志》中,不得不让人怀疑。后者见于《三国志》,所记"秦人"非秦时代的人,是秦地方的人。也存在着许多疑点,当然不可信。

满田新造的看法是:汉武帝灭朝鲜,置乐浪四郡,而由此汉文化传入朝鲜应该是确然的事实。比如平壤附近乐浪郡治旧迹考古发掘可以证明,乐浪四郡使

用汉字影响了百济、新罗等朝鲜半岛南部文化，汉字音的初期传入路线就比较明确了。

谈到高句丽字音，他认为属于北方音系统，时限应该相当于东晋中叶。而百济的字音属于南方音系统，理由是，据日本古史记载，西晋时，汉灵帝后代阿知使主迁移带方郡（今朝鲜凤山附近）居住，后到百济、高句丽，最后率十七县之民移居日本。还有，把从百济传来日本字音称为吴音，百济与中国南方频繁交往也是一个重要原因。新罗上代字音最初也是从北方传来。对现代朝鲜字音来源的认识是，新罗统一朝鲜半岛，输入初唐语音，形成现代朝鲜汉字音体系的基础。

2. 后来，能够引起日本学者注意的朝鲜汉字音起源的说法主要有 Maspero 说（Henri Maspero 著作 Le dialecte de Tch‘ang-ngan sous les T‘ang（B.E.F.O. XX，1920））与有坂秀世说（《国语音韵史の研究》，295—318 页；增补版，303—326 页）两种。Maspero 说的观点是：（1）在 5 世纪前后新罗传来南方字音（吴方音）。（2）高句丽传来北方字音。高句丽被唐灭后采用唐代字音。（3）到高句丽被唐灭后，南方字音（新罗字音）与北方字音（高丽字音）并存。（4）到李朝时代，新罗字音占据统治地位。现在的字音基础是南方字音。（5）但北方字音也有影响。（6）后来官话音的影响也存在。

河野六郎《朝鲜汉字音の研究》（1964—1967）认为新罗与南方中国密切交往是事实，但和北朝的接触也不是没有。新罗又是通过高句丽输入北方文化。传到新罗的南方字音是否就是当时的吴方音还不清楚。新罗的字音大概是中原音，而不是江东音系统。高句丽被唐灭后采用唐代字音，适用于高句丽故地不一定正确，唐灭高句丽后不久就放弃朝鲜。新罗统一朝鲜。新罗采用唐代正式的字音是可能的。到高句丽被唐灭后，南方字音（新罗字音）与北方字音（高丽字音）并存有可能，要分哪一个时期，新罗统一朝鲜时应该是这样。

有坂秀世说的观点是：（1）赞成满田新造关于朝鲜字音是隋唐以后音的看法（《支那音韵の历史的研究》，1923）。（2）朝鲜字音属于中古音范畴，不表现近代中国音（北音）特点。[12]

河野六郎指出，作为朝鲜音基础的汉语原音如果是唐代长安标准音的话，需要注意：一是唐代中叶以后西北中国音如前鼻音[m-][n´-][ng-]成为[mb-][nd-][n´d´-][ngg-]。这依据日本汉音、梵汉对音或藏汉对音资料可以知道。但是朝鲜音呈现了[m][n][ng]（[ng]现代音消失）形态。二是唐代中叶左右西北汉语语音以慧琳《一切经音义》反切为依据，代韵与泰韵完全同音。日本汉音以及吐蕃人转写例显示也是一致的。然而，朝鲜音代韵[ai]、队韵[oi]、泰韵[ai][uai]相互之间有区别。这种特点与有坂秀世说显然不符。

有坂秀世总结了朝鲜汉字音近代音三个特点很有代表性。三个近代音特点是:(1)朝鲜字音斯[sɐ]、子[cɐ],不用[i],后来[ɐ][a]合流。所以,现代朝鲜字音是斯[sa]、子[ca]。现代汉语[-i],是唐以后事。(2)朝鲜字音入声韵尾是[-p][-l][-k]。大概是模仿[-b][-r][-g]阶段。藏语转写唐代后半期西北方音入声韵尾是[-b][-r(d)][-g]。处于弱化并向消失过渡的状态(罗常培说)。(3)朝鲜字音鱼韵,如居[kə]、余[yə]与疎[so]、初[cʻo]相区别。河野六郎予以质疑:如果朝鲜音在唐初被借入的话,这些近代音的特点存在如何说明呢?其中(1)、(3)在唐代音韵史料中未出现。(2)与唐代初期及中后期也不同。

有坂秀世调和各种语音因素,认为朝鲜汉字音是宋代输入的开封音,但也难以得到河野六郎等学者的认同。

(二)朝鲜语史与朝鲜汉字音的时间层次

1. 河野六郎《朝鲜汉字音の研究》"资料"篇以"谚文"发明为标准,对朝鲜语史的时期进行划分。理由是15世纪以前的朝鲜语言极为不明确,难以作出明确的判断。他的划分如下:

古代朝鲜语 "谚文"发明(1443)以前。
中期朝鲜语 "谚文"发明(1443)以后,到壬辰兵乱,即文禄之役(1592),即从15世纪中叶到16世纪末。
近代朝鲜语 从壬辰日本侵略至现代,即从17世纪到现代,现代朝鲜语形成过程时期。
现代朝鲜语 1895年以后。

河野六郎说明,这个朝鲜语史时期的划分几乎完全是基于文献的传承工作,而没有对朝鲜语的变迁进行区分,尤其是古代朝鲜语时期,包括新罗、高丽两朝,时间很长。其实,河野六郎这样做也是无奈之举。如果从朝鲜汉字音衍生、形成、发展角度上看,确实是不合理的,完全依赖汉字并不等于没有自己的语言体系,河野六郎也是清楚这一点的。

2. 韩国学者金思烨《古代朝鲜语和日本语》(1973)对朝鲜语史时代的划分与河野六郎的着眼点不同,以自己民族语言发展的历史实际来划分:[13]

上代朝鲜语(三国时代和新罗统一时代918之前)——古代
高丽时代朝鲜语(918—1391)——中世
李朝时代朝鲜语(1392—1894甲午革新)——近代
甲午革新以后(1895—)——现代

可以看出,与河野六郎的划分大不一样。虽然也面临着资料不足的境遇,但金思烨尽力勾画古代、中世，乃至于谚文发明(1443)以前的李朝时代的朝鲜语状态。涉及朝鲜汉字音的地方也不少。比如，利用《鸡林类事》、《朝鲜馆译语》高丽语资料研究。

3. 韩国学者郑光《朝鲜汉字音的成立和变迁》(2003)没有着意划分朝鲜汉字音演变的明确时代，但对朝鲜汉字音的形成与演进过程作了描述。[14]所谓“东音”(朝鲜汉字音)在统一新罗时代的200年间形成。与金思烨的分期一致，属于古代朝鲜语时期。高丽建国，是“东音”变迁的开始。经过中国宋代、元代，形成近代“东音”。朝鲜时代“东音”区别正音、俗音，奠定现代朝鲜汉字音的基础。郑光的研究比较能够代表当代韩国学者对朝鲜汉字音演进时代划分的看法，对日本朝鲜汉字音学者还很难说一点影响力也没有。不过，郑光的研究与河野六郎对朝鲜汉字音的认识差别确实很大。

4. 伊藤智ゆき(2007)的研究不同于河野六郎，他取消中期朝鲜语“层次”的区别，以中期朝鲜语语音系统探讨为背景。比如，蟹摄一等、二等韵，河野六郎从一等合口[ai][ɐi]对立的例外，有新层覆盖旧层的不平衡性考虑，即有咍韵唇音字断层。伊藤智ゆき根据“语音法则”来判断。所谓的“语音法则”，以同系属语言内部音韵变化而言，严格要求借用语“同一性”的话，就很难做到语音一一对应，而且音韵分化条件并不明确，如此，由于时代差异带来方言层次的不同，依据类推等理论，允许存在个别的例外。

朝鲜汉字音有争议的问题是，其音韵特征表现为声母是否送气。河野六郎(1964)认为，朝鲜汉字音相对于中国原音的全清(不送气)、次清(送气)，舌、齿音就有平声(不送气)、激音(送气)的区别的倾向，唇音与原音的送气无关，对应于音节变成平音变成激音的倾向更强；至于牙音几乎一律变成平音，由此，朝鲜语没有送气不送气的对立。而伊藤智ゆき(2007)的研究结果是，唇、舌、齿送气性的音节偏向，也包含着全浊音。能够确认的是，中国原音不送气成为激音音节有很多相伴着[i]介音。上声很多，倾向性明显，所以，把不送气、送气作为朝鲜汉字音明确分化的条件是不充分的。

(三) 朝鲜汉字音体系的古今变化

1. 朝鲜汉字音体系不等于中国汉字音体系，有自己的运行轨迹，并与中国汉字音体系不同步，这是许多朝鲜汉字音学者的共识。小仓进平《增订朝鲜语学史》(1940)在区别“朝鲜语学”与“中国语学”上意识是很清楚的。比如汇集研究资料，他把“经书谚解”、“小学谚解”，以及“教化类”，诸如《千字文谚解》、《类合》、《训蒙字会》、《训蒙辑要》等作为“朝鲜语学”研究资料考订，而《东国正韵》、《四声通考》、《御定奎章全韵》等则主要作为“中国语学”研究资料考订。“朝鲜语学”研究资料与“中国语学”研究资料有重合的，但大体界限是比较清楚的。我们认为，小仓进平这样安排，主要还是出于对“朝鲜语学”研究与“中国语学”研究各有所侧重的认识而进行的。朝鲜汉字音体系研究与中国汉字音体系研究有关系，但研究着眼点不同，也应该是如此。

2. 河野六郎作为小仓进平的学生，在材料的使用上，继承老师的这种思想，但更加审慎，有意严格区分朝鲜汉字音体系研究与中国汉字音体系研究。他的朝鲜汉字音体系研究脉络是，把“传来的字音”资料加以整理而系统化，然后再纳入到中国中古音体系中加以考察。中国中古音体系的代表是《切韵》音系，与《切韵》音系对比的目的，一是看朝鲜汉字音体系与《切韵》音系的关系；二是观察朝鲜汉字音体系自身情况；三是以此为基点勾勒朝鲜汉字音变化轨迹，回答一些需要科学解释的理论问题。

比如声类，经过考察，可以看到，朝鲜汉字音体系与《切韵》音系基本一致而又存在自身特点，以及语音历史层次变化的轨迹。河野六郎总结了七点：(1)“牙音”、“喉音”，以及成为“清浊”的鼻音、流音规则相当对应；“舌音”以及“齿音”声母“有气”、“无气”呈现混而不分状态。唇音“无气”、“有气”对立与汉语的全清、次清对立几乎没有关系。(2)齿音精庄照三个系列用[c-][c‘-]表示；唇音也有重唇与轻唇的区别，但缺少[f-]音。(3)属于浊声母的以相当于“次清”来表示。比如匣母晓母同为[h-]，邪母心母同为[s-]；神母禅母为一类，作[s-]，与慧琳音一致；等等。(4)“无气(不送气)”、“有气(送气)”对立呈现各种状态。一个可能的假说是：可能是曾经存在一个“无气”、“有气”不对立的时期。“有气”音由中国传入。(5)朝鲜字音也有变迁。时期不同发生对应也不同。比如日母。旧的时期用[△z]表示。伴随着[△z]的消亡，新的时期出现[o’-]。(6)床母有[c-][c‘-][s-]三个显示，是语音发生历史变化的结果。本来和神母相同是[s-]，但现在，因为受近代音的影响，被[c-][c‘-]所覆盖。(7)舌上音[t-][t‘-]是旧的资料，新的资料是[c-][c‘-]。舌上音和旧的舌头音相同，[t-]或[t‘-]。现在的变迁结果，二等、三等实现不同的变化。俗音中保留着旧的[t-]或[t‘-]，而因为中国近代音舌上音“破擦音化”，影响了二等音向[c-][c‘-]的变化。

3. 自《训民正音》颁布以后，朝鲜语言学界兴起“正音”与“俗音”的比较研究。比如在音韵文献中加注“正音”与“俗音”，像《四声通考》就是如此。后来还进一步发展为加注“正音”、“俗音”之外，又区别“俗音”与“今俗音”，比如《四声通解》。这些文献有的是对比中国韵书音与中国时音不同体系的，当然对研究当时汉语时音音系具有非常重要的资料价值，但还有一些文献则是寻求中国标准汉字音系统与朝鲜汉字音系统整体差异的。郑光认为(2003)，这种表现朝鲜汉字音的“俗音”登场，意味着朝鲜时代新的“东音”的形成。如果这个论点成立的话，那么，我们就可以认为，新的“东音”与河野六郎所考订的旧的“东音”差异，与中国标准汉字音系统与朝鲜汉字音系统的整体差异还不一样，是朝鲜汉字音体系的两个时代变迁轨迹的最直接反映，二者比较的性质完全不同。

4. 郑光(2003)以《华东正音通释韵考》为例。据李敦柱《〈训蒙字会〉汉字音研究》(弘文阁，1990)调查，《华东正音通释韵考》并记"正音"、"俗音"的有456个汉字。其中"茶"字音很有代表性。"茶"，"正音"是[tʃʻa]，"俗音"是[ta]。《洪武正韵译训》是[ʤa]。郑光认为，《洪武正韵译训》"茶"[ʤa]是平声全浊初声，由上声次清音[tʃʻa]变来。"茶"的"俗音"[tʃʻa]符合朝鲜语音韵体系发音的变化规则。在解释《华东正音通释韵考》"正音"是[tʃʻa]时，作为正齿音二等床母字在中国韵书中"正音"是[za]，与此很有关系，现代朝鲜汉字音则是[sa]。有变化也有继承。

5. 上代、高丽时代朝鲜语汉字音体系的考订与上代、高丽时代朝鲜语音体系考订一样都比较困难。尽管如此，人们还是努力挖掘。上代、高丽时代朝鲜语音体系的考订应该给上代、高丽时代朝鲜语汉字音体系的考订带来许多启示。韩国学者金思烨《古代朝鲜语和日本语》(1973)"古代音韵体系"研究，推定"上代"三个时期声类体系情况(144—147页)。比如第一期，新罗统一三国以前(668)，通过中世语音逆推，加上"乡歌"等材料。第一期声类体系是：[x][ɣ][k][g(ŋ)][s][z][r][t][d][n][l][p][b][m]。第二期(新罗统一三国)声类体系是：[h][k][ŋ][č][s][z][t][n][l][p][m]。第三期(1391年前)声类体系是：[h][k][kʻ][ŋ][č][čʻ][s][z][t][tʻ][n][r][p][pʻ][m][β]。这个"逆推"没有对韵类系统作全面推断，我们还很难说有其合理性，但毕竟这是一种有益的尝试。其实，对于上代朝鲜语汉字音体系的考订也可以作如此的尝试。通过上代朝鲜语汉字音体系构建，确立一个可资参照的语音系统，以之为基础，对后来朝鲜汉字音体系的变化就能够作出比较有益的判断。

(四) 朝鲜汉字音与汉语语音研究的关系

1. 20世纪30年代，有坂秀世发表了在汉语音韵学史上十分重要的论文《汉字的朝鲜音》(1935)，就朝鲜汉字音与汉语语音研究的关系作了深入研究，对很多基本理论问题提出了非常精辟的见解。河野六郎《中国音韵学和朝鲜》(1948)继续论述朝鲜汉字音与汉语语音研究的关系。概括地说，有两方面内容，一个是朝鲜汉字音对研究汉语语音的作用，另一方面是汉语语音研究对朝鲜汉字音的重要性。认定两方面都不可或缺，是互相依存、互相推动、互相促进的关系。在另一篇文章《中国语对朝鲜语施加的影响》(1961)中，河野六郎进一步强调汉语语音对朝鲜汉字音形成所起到的重要推动作用。河野六郎这两篇文章应该是讨论一个中心议题的姊妹篇。[15]

2. 朝鲜汉字音对研究汉语语音的作用。

(1) 研究汉语上古音可以对朝鲜汉字音研究提供比较有益的线索。比如

《鸡林类事》有高丽音"风曰孛缆"的记载。"孛缆[pərəm]",一些学者,如郑仁甲等认为是中国上古音复辅声母[pl]在朝鲜汉字音中的遗存。证以古谐声字、异文及方音,这个说法不能说没有道理。类似的例证,河野六郎(1948)也举了"笔"([put]→[p'ir])、"佛"([put'ie])字,寻找朝鲜汉字音保留中国上古音残迹的线索。

河野六郎承认,谚文以前时期的材料,比如《三国遗事》以及《释均如传》所传25首新罗古歌谣;《三国史记》、《三国遗事》等散见的人名、地名、官名;还有在若干金石文中用汉字写的朝鲜语;另外,古吏读,特别是经书汉籍训读所用的"吐",其朝鲜语的汉字转写方法非常复杂。截至目前,解读这些材料还没有更为有效的手段,所以,利用这些汉字使用方法复原中国古音还难以做到。尽管如此,追寻中国上古音的残迹还是可以行得通的。可以看出,河野六郎对谚文以前时期材料的使用持非常谨慎的态度。现在中国少数民族语音调查材料越来越丰富,不同系属语言的"同一性"研究在理论与方法上日趋成熟,实际上,提供了综合利用谚文以前时期朝鲜汉字音材料的有利契机,能够找到的朝鲜汉字音保留中国上古音残迹的线索肯定会更多。

(2) 朝鲜汉字音是研究汉语中古语音非常重要的证据,这是人所共知的。满田新造《支那音韵の历史的研究》(1923)第二章谈到,朝鲜汉字音韵类与唐代汉语语音韵类存在密切关系。他总结的朝鲜汉字音韵类特点是:(1)佳皆灰咍四韵的朝鲜音是[e],与日本吴音一致,与中国吴音类似。(2)萧宵肴豪四韵的发音共为[o],与中国上海吴音、日本吴音一致。(3) 庚耕清青四韵都是[öng]音,日本吴音均为"ヤウ"。(4)侯尤韵同为[u],与日本吴音类似。此外,还有,东韵和钟韵区别清楚;模韵音和虞韵不同,是[o];江韵音不是[ung],而是[ang],与唐代传入日本汉音一致。他又强调说,现今朝鲜字音不出《广韵》范围,也不会在晋代以前。

有坂秀世(1935)所述"近代朝鲜汉字音"的三个特点,即:(1)止摄诸韵(开口)朝鲜音一般是[i][ï]韵,齿音四等规则地表现[a]韵。(2)入声韵尾[-p][-l][-k],大概处于模仿[-b][-r][-g]阶段。(3)朝鲜汉字音鱼韵一般是[yö][ö],只是齿音二等为[o],与模韵一样。曾受到河野六郎的质疑。其他的几点,如歌韵、戈韵不是[o][uo]而是[a];假摄三四等不是[ie],而是[ia];庚韵二等、耕韵和登韵相区别;庚韵三等,以及清、青韵和蒸韵的区别;二等韵大部分已经拗音化;江、阳开口的舌上、正齿二等却没有合口化;等等。也不同程度地遭到河野六郎的批评。河野六郎的批评有的是正确的,有的则是还需要经过事实验证,对于有的结论来说,有坂秀世的看法未必是错误的。虽然如此,河野六郎还是认为,有坂秀世的出发点是正确的。朝鲜字音原音传达汉语中古音形态,与日本汉音原音的功能是相似的。另外,从文化上看,把朝鲜汉字音借入的年代定在唐代不是没有道理的。由此，还是肯定了有坂秀世利用朝鲜汉字音研究汉语中古音的功绩，这是应该看到的。

与朝鲜汉字音有直接关系的是，有坂秀世还利用朝鲜汉字音等资料研究中国中古汉语语音一个难点，即“重纽”音值。“重纽”，实际上牵涉到《切韵》系韵书反切下字的分类问题。按唐作藩师的认识，即“从现象上来看，是指支、脂、宵、真、谆、仙、侵、盐、祭等一些所谓三等韵，它的唇牙喉音字有分为两类的趋势，韵图也把它们分别排在三、四等上，所以，实际上是三、四等同韵”(《音韵学教程》，2001)。高本汉的处理是同音。有坂秀世根据朝鲜汉字音与越南汉字音等材料，推断重纽是介音[i](四等)和[ï](三等)的对立，如《万叶假名杂考》(1935)、《关于汉字的朝鲜音》(1936)、《上代音韵考》(1955)、《国语音韵史的研究》(1957)。河野六郎《朝鲜汉字音的特质》(1979(1939))，以及后来三根谷彻《关于〈韵镜〉的三、四等》(1953)、藤堂明保《中国语史的音韵论》(1954)、《中国语音韵论》(1957)，又提出了新的音位解释，认为在音位的层次上重纽是声母包含腭化成分(四等)与不腭化成分(三等)的对立。平山久雄则认为在语音层次上重纽的表现要视声母、声调及方言等条件而有所不同，等等。都是在有坂秀世基础上进一步补充、修订、完善。朝鲜汉字音确实对汉语中古音“重纽”音值拟订发挥了重要作用。[16]

(3) 汉语近代语音研究也同样离不开朝鲜汉字音材料的帮助。日本江户后期学者太田全斋的《汉吴音征》(1815)，引用了几十例朝鲜汉字音考证日本汉音、吴音，以及汉语中古音，曾引发日本学者满田新造(1921)的强烈批评，说他“误读”朝鲜汉字音。如果从汉语《韵镜》中古音这个角度来说，不无道理，但以研究汉语近代语音来看，太田全斋的“引用”有其合理的成分，即朝鲜汉字音确实也反映近代语音情况。满田新造本人研究《中原音韵》韵类系统就引用了崔世珍的《四声通解》所载“正音”与“俗音”，还提及《华音启蒙》等朝鲜汉字音材料。[17]

稍后于满田新造不久的石山福治，在他的《考订中原音韵》(1925)第三章“《中原音韵》的音类”中明确说明“音类考订方法”，其中就有“依据当时传入中国字音的朝鲜音书《四声通解》、《三音声汇》索考所要的字音”一点。并列举了50个《四声通解》、《三音声汇》转写字音与《中原音韵》拟音对照。认定这些朝鲜汉字音是研究《中原音韵》音值最重要的参考资料。在“由首音(声母)而观察音切”一节中，对每一个声母的考订都一定列上朝鲜汉字音转写字音。可见，在石山福治心目中，朝鲜汉字音对研究《中原音韵》音值何等重要！[18]

当代日本学者长田夏树《〈蒙古韵略〉和〈中原音韵〉》(1978)一文列有“南曲与周韵”、“《中原音韵》与《洪武正韵》”、“《洪武正韵》与《中原雅音》”、“《四声通解》与《洪武正韵译训》”、“《通解》俗音与《蒙古韵略》”、“《通解》的今俗音与《中原音韵》"等研究内容，很显然，用比较分析与内部分析方法研究《中原音韵》，朝鲜汉字音仍然发挥着不可替代的作用，而且较前人对朝鲜汉字音的使用方式更为精密。[19]

朝鲜汉字音材料对汉语近代语音研究的重要性已经为事实所证明，但我们认为，朝鲜汉字音材料自身体系的复杂性与多层次性决定了我们在使用时必须慎之又慎。最令人思考的问题是，《四声通解》、《三音声汇》的"正音"、"俗音"、"今俗音"一定就都是当时朝鲜汉字音？有没有转写当时汉语语音"时音"的情况？应该是有的。而有些"正音"、"俗音"、"今俗音"在当时实际朝鲜汉字音体系中是不是并不存在？也应该不存在。看来，对朝鲜汉字音自身体系的认识还需要走相当长的路，它不仅关系到朝鲜汉字音研究的科学性问题，而且也对利用朝鲜汉字音材料研究汉语语音的效果产生直接的影响，这是万不可忽视的。

3. 汉语语音对朝鲜汉字音研究的重要性。汉语语音对朝鲜汉字音的形成与发展变化产生过极其重要的影响，由此，也造成了朝鲜汉字音与汉语语音多重复杂的关系，有联系有区别。这就决定了要科学研究朝鲜汉字音系统，必须借助于汉语语音研究成果的学术导向。

(1) 河野六郎等学者已经意识到，谚文以前的朝鲜汉字音状态由于资料匮乏等因素，难以系统勾勒，而汉语传统古音学研究自清代以来非常发达，加上现代音韵学理论指导，以及考古资料的不断发现，民族语言资料的开掘，给朝鲜汉字音研究提供了十分有利的条件。追寻汉字"原音"与朝鲜汉字音的萌生、成长、形成过程的关系，从汉语语音研究方面来说更能给予有益的启示。"重建"与"模拟"朝鲜汉字音萌生、成长、形成过程，难度很大，但又不是不可能。多学科的导入，包括汉语音韵学成果的介入，将是一条可行之路。

(2) 河野六郎等学者谈到，谚文产生以后，朝鲜汉字音研究材料非常丰富，给朝鲜汉字音研究提供了非常广阔的空间。但亦如河野六郎所说，朝鲜汉字音史的建立确有一段很长的路要走。对谚文材料的使用与辨析，显得尤为重要。河野六郎研究中古朝鲜汉字音，不用《东国正韵》材料，原因在于它是人为的汉字音系统，具有明显的朝鲜汉字音假象，所以，他一定要以"传来的字音"为依据。那么，考订"传来的字音"的标准是什么？还是以汉语中古音的代表《切韵》音系为参照。由此，通过《切韵》音系检验是不是"传来的字音"就有了理论依据。

(3) 朝鲜汉字音对汉语近代语音的研究，比如说对《中原音韵》音系音值的考订发挥过非常大的作用。但借助于《中原音韵》音系也检验了朝鲜汉字音系统内质状态的情况，应该说对朝鲜汉字音内在语音时间层次的区分是尤为必需的。金东昭《韩国语变迁史》确认"吞"[tʻən]、"僭"[tsem]、"资"[tsii]、"私"[sii]、"根"[kən]字等语音性质，就与《中原音韵》记载进行比较，从而得出谚文制订时，这些字音就已经与中国近代音"相近"，朝鲜中世音系统内质发生了变异(金东昭著,栗田英二译,183—187 页,明石书店,2003.5)。

(五) 朝鲜汉字音与日本汉字音的区别与联系

1. 比较朝鲜汉字音与日本汉字音的关系,首先要考虑到朝鲜语系统与日本语系统的关系。在日本学者中,比较早认为朝鲜语系统与日本语系统属于同一系属关系的是德川时代的藤井贞干。他的《冲口发》(天明元年,1781)认定二者来源相同。新井白石《东雅》也进行日朝词语的比较。从理论上论述二者同源的是アストン《日鲜两语比较研究》(1879)。アストン假定两种语言同属一个原始语言,后来,原始语言消失,却保留在朝鲜语之中。后来,一部分人渡海来到日本,他们使用的语言成了日本语的祖语。其后,大矢透、白鸟库吉、宫崎道三郎、金泽庄三郎又相继提出了非常富于创见的看法。

2. 小仓进平《国语及び朝鲜语のため》(1920)就学术界讨论的朝鲜语与日本语、乌拉尔·阿尔泰语系的特质问题进行了说明。他从所谓元音和谐、辅音法则、尾音规则、语句组合规则等方面证明。这些论证内容在当时已经为许多学者所接受。

与"汉字音"相关的是第 6 节"汉、吴、唐音及朝鲜语の字音"和第 7 节"国语字音と朝鲜语字音との比较"。所涉及的问题主要是:

(1) 日本汉字音的来源、种类与朝鲜汉字音关系、区别。日本汉字音的来源与汉字传到日本关系密切。汉字与汉音传到日本的时代,比较通行的说法是日本应神天皇十五年(284)百济皇子阿直歧来到日本,第二年,王仁又来日本,并献上《论语》、《千字文》等汉籍。但种种出土材料表明,在这之前日本已经与中国有了许多来往。和朝鲜的关系,有记载的比如孝灵天皇朝,新罗王子天日枪渡海来到日本。当时,朝鲜已经传入汉字。其实,和朝鲜的关系也应该更早一些,只是没有文字记载罢了。和朝鲜的往来关系必然要考虑到汉字与汉音传入日本的问题。

日本汉字音分汉音、吴音、唐音。雨森芳洲认为,难以确定汉音就是中国中古北方音,吴音就是中国中古南方音。由此,小仓进平从日本人使用汉音、吴音情况来探讨,比如,阿直歧、王仁来到日本,读书音是用了汉音呢,还是用了吴音呢? 另外,汉音、吴音是中国固有的音呢,还是朝鲜化了的音呢? 都不知道。

在日本,有意区别汉音、吴音的时间可以找到历史痕迹。如延历十七年(798)"格太政官"宣曰:"诸读书出身等,令读吴音,勿用汉音。"同年颁布诏书说:"用汉音读五经、明经之徒,从之读十三经也。如诗文杂书,吴汉杂用,佛书仍旧以吴音读焉。"吴音、汉音并存。

关于唐音、宋音,小仓进平认为镰仓时代传入唐音。"唐音"一词,较早见于源弘贤《汉音考》。《三音正讹》不区别"唐音"、"宋音"。小仓进平也是这个观点。

对于只有一种朝鲜汉字音的观点，小仓进平并不同意，他认为：这样归类主要还是学者们对朝鲜汉字音历史变迁研究得不够造成的。他举例说明朝鲜汉字音的读音差别很大，分类趋势明显。但朝鲜汉字音分类与日本汉字音各个类别的关系，以及同中国"原音"的异同还没有谈。他的基本认识很清楚：表面上的分类不同，并不意味着朝鲜汉字音没有类别的区分。

(2) 朝鲜汉字音与日本汉字音"辅音"、"尾音"的区别。按三十六字母的分类，对日本汉字音、朝鲜汉字音的"辅音"声母系统加以简单对比，分为 14 类，与日本汉字音还是有区别的。"尾音"的异同，其实是进行韵尾元音与辅音的比较。小仓进平看到，朝鲜汉字音也有"ウ"的"长音符"，比如"江"[kang]；也有"イ"的长音符，如[ei]；入声韵尾，日本汉字音有"ク"、"キ"，朝鲜汉字音成了[-k]，"チ"、"ツ"成了[-l]，"フ"、"ツ"成了[-p]；拨音尾，日本汉字音"ン"，朝鲜汉字音有[-ŋ][-n][-m]对应。

(3) 其他，有关朝鲜语"汉字、汉文的训读"，以及"重箱读"、"汤桶读"，与日本汉字音的读音不同，也都构成了差异。

河野六郎《朝鲜语の系统と历史》(1970)比较日本语与朝鲜语，认为日本语与朝鲜语同属于阿尔泰语系的证据还不是很充分。就是日语与朝鲜语作为同一系属还有许多难以解释的问题。简单比较并不能说明问题。

在《朝鲜语》(1954)中，阐述"朝鲜语的特征"，其中"音韵"一节，比较日语与朝鲜语语音系统，可见：朝鲜语辅音系统破裂音及"破擦音"有三个系列，"有气音"、"无气音"、"浓音"；日语"有气音"、"无气音"没有对立；日语也没有"浓音"；鼻音有[-ŋ][-n][-m]三类，与日语不同；流音一种；等等。元音系统比日语更为复杂。认为现代朝鲜语"元音和谐"只在极为有限的情况下发生，等等。[20]

《朝鲜汉字音の研究》等论著也认为，由语音体系决定，朝鲜汉字音音系与日本汉字音音系差别仍然很大。但与汉语"原音"比较，仍能够找出规律性比较强的对应关系。从这一点上来看，它们存在着比较多的共同点，因为它们毕竟源于汉语"原音"。

四、余论

日本学者研究朝鲜汉字音所触及到的问题还有很多，比如朝鲜汉字音标记理论，有小仓进平《朝鲜语母音の记号标记法に就いて》(《音声の研究》第 4 号，1930. 12)、《谚文のロ-マ字表记法》(《小田先生颂寿纪念朝鲜论集》，1933. 11)，河野六郎《朝鲜语ノ罗马字转写案》(*Tôyôgo Kenkyû* 第 2 号，1946)等论著，限于篇幅，我们就暂时不讨论了。

就我们所见来看，日本学者研究朝鲜汉字音特点主要是：一是开拓性成果多。比如小仓进平《朝鲜语学史》与河野六郎《朝鲜汉字音の研究》。二是理论思考深刻。比如朝鲜汉字音音系与中国“原音”的源流关系问题。三是比较意识很强。中国“原音”音系、朝鲜汉字音音系、日本汉字音音系多重关系，有同有异。四是视野广阔，立论谨慎。河野六郎不拘于朝鲜汉字音本身，但对材料的处理十分谨慎，不轻易下结论，立论可靠。

日本学者对朝鲜汉字音研究所做出的突出贡献，已为世界同行学者所公认。作为我们来说，更关心与汉语音韵学研究相关的内容，因此，总结与吸取他们的有益成果，应该是我们义不容辞的责任，但愿我们不负众望，也期待着“后出转精”之作问世。

附　注

[1] 小仓进平《增订朝鲜语学史》，刀江书院，1963. 10。河野六郎《增订朝鲜语学史补注》，见小仓进平《增订朝鲜语学史》后附 1—206 页。河野六郎《增订朝鲜语学史补注》所列研究文献截止 1963 年 4 月，刀江书院，1963. 10。

[2] 河野六郎《日本に於ける朝鲜语研究史概观》，《アジア・アフリカ文献调查委员会の报告》第 65 册，1964.7；又见《河野六郎著作集》第 1 辑，576—589 页，平凡社，1979. 10。

[3] 补充材料见韩国学者柳尚熙《江户时代と明治时代の日本における朝鲜语の研究》，成甲书房，1980.1。太田全斋《汉吴音征》(1815)、《音征不尽》(1815)，勉诚社，1978 年影印《汉吴音图》所附《汉吴音征》，146 页。

[4] 小仓进平《国语及び朝鲜语のため》，ウツボヤ书籍店，1920. 12；小仓进平《国语及朝鲜语发音概说》，近泽印刷所出版部，1923. 12。

[5] 满田新造《〈中原音韵〉分韵の概说》，《艺文》第 9 年第 12 号，1918. 12；满田新造《〈汉吴音图〉的解剖批判——关于音韵研究法》(上、下)，《东洋学报》第 11 卷第 2 号、第 4 号，1921. 4，1921. 11；满田新造《朝鲜字音と日本吴音と类似点に就いて——朝鲜に於ける字音传来の经路》，《东洋学报》第 15 卷第 3 号，384—410 页，1926.6。小仓进平《欧米人の朝鲜语研究の资料となつた和汉书》，《民族》第 3 卷第 1 号，1926. 11。

[6] 小仓进平《朝鲜语における外来语》(上、中、下)，季刊《外来语研究》第 2 卷第 2 号、第 3 卷第 4 号、第 3 卷第 1 号，1933、1934；有坂秀世《汉字の朝鲜音について》(上、下)，《方言》第 6 卷第 4 号、第 5 号，1936. 4、1936. 5；有坂秀世《カールグレン氏の拗音说を评す》，《音声学协会会报》第 49—58 期，1937. 11—1939. 7。

[7] 河野六郎《朝鲜汉字音の一特质》，《言语研究》第 3 号，1939. 9；河野六郎《新发见の〈训民正音〉に就いて》，《东洋学报》第 31 卷第 2 号，1946. 10；河野六郎《中国音韵学と朝鲜》，《中国语学》第 33 号，1949. 12 月。

[8] 河野六郎《谚文古文献の声点に就いて》，《朝鲜学报》第 1 辑，1950. 5；河野六郎《汉字音とその传承》，《言语学论丛》第 3 号，1958.12；河野六郎《中国语の朝鲜语に及ぼした影响》，《言语生活》第 129 号，1961. 6；河野六郎《日本に於ける朝鲜语研究史概观》，《アジア・ア

フリカ文献调查委员会の报告》第65册,1964.7;河野六郎《朝鲜语の系统と历史》,收入服部四郎编《言语の系统と历史》,岩波书店,1971.2。河野六郎博士学位论文《朝鲜汉字音の研究》,《朝鲜学报》第31—34辑、第41—44辑,1964.4—1967.1,天理时报社1968年9月刊单行本,又收入《河野六郎著作集》第2辑,平凡社,1979.11。

[9] 河野六郎《〈东国正韵〉及び〈洪武正韵译训〉に就いて》,《东洋学报》第27卷第4号,1940;河野六郎《新发现の〈训民正音〉に就いて》,《东洋学报》第31卷第2号,1946.10);河野六郎《再び〈东国正韵〉に就いて》,《朝鲜学报》第14辑,1959.10。伊藤智ゆき《朝鲜汉字音研究(本文篇、资料篇)》,汲古书院,2007。

[10] 河野六郎《谚文古文献の声点に就いて》,《朝鲜学报》第1辑,1950.5。

[11] 小林芳规、西村浩子《韩国遗存の角笔文献调查报告》,日本训点语学会《训点语と训点资料》第109辑,汲古书院,2002.9。也可参见小林芳规《角笔文献的国语学研究》,汲古书院,1987;小林芳规《角笔文献研究导论》,汲古书院,2005。

[12] 满田新造《支那音韵の历史的研究》,1923年博士学位论文,见《中国音韵史论考》,1—133页,武藏野书院,1963.9。

[13] 金思烨《古代朝鲜语と日本语》,15页,讲谈社,1973.10。

[14] 郑光《朝鲜汉字音の成立と变迁》,日本中国语学会第53届全国学术大会《汉字音研究の现在》,25—38页,好文出版社,2003.10。

[15] 有坂秀世《汉字の朝鲜音について》,《方言》1935年1月号。河野六郎《中国音韵学と朝鲜》,《中国语学》第33号,1948.12;河野六郎《中国语の朝鲜语に及ぼした影响》,《言语生活》第129号,1961.6。

[16] 唐作藩《音韵学教程》,130页,北京大学出版社,2001.7。有坂秀世根据朝鲜汉字音与越南汉字音等材料,推断重纽是介音[i](四等)和[ï](三等)的对立,见有坂秀世《万叶假名杂考》,《国语研究》第3卷第7号,1935;有坂秀世《关于汉字的朝鲜音》,《方言》第6卷第4号,1936;有坂秀世《上代音韵考》,三省堂,1955;有坂秀世《国语音韵史的研究》,三省堂,1957。河野六郎《朝鲜汉字音的特质》,《言语研究》第3号,1939;河野六郎《河野六郎著作集》第2辑《中国音韵史论文集》,平凡社,1979;以及后来三根谷彻《关于〈韵镜〉的三、四等》,《言语研究》第22号、第23号,1953.3;藤堂明保《中国语史的音韵论》,《日本中国学会报》第6集,1954;藤堂明保《中国语音韵论》,江南书院,1957;这些论文或专著也涉及这个问题。

[17] 太田全斋的《汉吴音征》,1815年印,日本勉诚社于1978年2月影印筑波大学藏本《汉吴音图》。《汉吴音征》是《汉吴音图》续作,又是全书第二部分内容。满田新造《〈汉吴音图〉的解剖批判——关于音韵研究法》(上、下),分别刊于日本《东洋学报》第11卷第2号(1921.4)与《东洋学报》第11卷第4号(1921.11)。又载于满田新造《中国音韵史论考》,300—374页,武藏野书院,1963.9。满田新造《〈中原音韵〉分韵の概说》,《艺文》第9卷第12号,1918.12。

[18] 石山福治《考订中原音韵》,东洋文库刊行,1925.7。

[19] 长田夏树《〈蒙古韵略〉と〈中原音韵〉》,《神户外大论丛》第29卷第3号,1978.8。

[20] 河野六郎《朝鲜语》,发表于1954年,又见《河野六郎著作集》第1辑,平凡社,1979.10。

第三章　日本学者的越南汉字音研究

【本章内容提要】介绍了中国学者对越南汉字音的研究，日本学者近代和现代、当代对越南汉字音的研究，突出了三根谷彻、和田正彦、清水正明等学者的成就，同时，也总结了日本越南汉字音研究的特点。

【关键词语】近现代当代　日本学者　越南汉字音研究

马伯乐(H.Maspero)《越语音韵史》(1912)与《唐代长安方言》(1920)把越南汉字音作为唐代长安方言的构拟材料而加以使用，引起了各国中国音韵学研究者的极大注意，从而开启了越南汉字音研究的新途径。高本汉(B.Karlgren)在《中国音韵学研究》(1915—1926)中，把越南汉字音称为“安南译音”。安南译音与日本、朝鲜译音一道作为推定中国语中古音音值的重要语音材料，而与中国诸方言进行比较，凸显了它的实际应用价值。这些成果都对中国、日本等国学者产生了非常深远的影响，这是我们必须首先提到的。

一、中国学者对越南汉字音的研究

中国学者比较早涉及越南汉字音的著作是南宋周去非《岭外代答》(1178)卷二“外国门”上“安南国”条。“安南国”条涉及几个安南语词语，有的应该与汉字音考订有关，见和田正彦《东南アジア史料としての〈岭外代答〉——安南国の条を中心として》(1985)一文。[1]比较著名的是作于15世纪的《华夷译语》中的《安南译语》。20世纪学者则是闻宥，他有《论字喃(Chǔ，NÔm)之组织及其与汉字之关涉》(1933)一文。[2]在这篇文章中，闻宥主要强调了字喃构成及与汉字的密切关系。比如追述字喃体系的成型是在14世纪；字喃构成则有表意字、表音字、半音半意字之分；并认为字喃的发展是汉字发展史上的一个组成部分，即所谓“一段”；还分析了字喃与汉字相关的形声字与“自有形声字”；又注意到了补充高本汉有关越南汉字音研究的缺憾。

王力先生于1948年发表了著名的《汉越语研究》论著。[3]《汉越语研究》的主要内容是：汉越语来源及其在越语中的地位；汉越语的声母；汉越语的韵母；汉越语的声调；古汉越语及汉语越化；仿照汉字造成的越字等。在“汉越语来源及其在越语中的地位”中，交代得比较清楚，即文章研究的主要对象是汉越语，其次是古汉越语，再次是字喃。涉及越语与汉语的关系，最让读者感兴趣的是越南汉字音理论。王力先生关于越南汉字音的研究成果发表后，在国内外产生了比较大的学术冲击力。

二、日本学者对越南汉字音的研究

日本学者对越南汉字音注意较早的可见近藤守重《安南记略稿》(1900前)。[4]近藤守重《安南记略稿》"方言"部分收录中国《华夷译语》中的《安南译语》。1903年南条文雄、高楠顺次郎述，泽井常四郎编《佛领印度支那》(又名《佛国曰南の新领土》)一书，其中关于数词、代名词部分，说明安南文字与中国语的区别，也提到了越南汉字音。

小仓进平《朝鲜语学史》(1920)在第十章"对其他语言的观察"中，他论述了朝鲜学者对安南语的研究情况。[5]比如李先达《漂舟录》的记述，以及李义凤《古今释林》中"四夷译语"列举的安南语词语，也涉及语音问题。

高畑彦次郎《支那语の言语学的研究》(一)(1928)在"音声史研究材料概略"一节中，强调了越南语译音对研究中古汉语语音的作用。《支那语の言语学的研究》(二)(1928)对"安南汉字音"时间特性的确定是在唐末。其论述明显是受高本汉的影响。[6]

山本达郎有《闻宥氏〈论字喃(Chữ，NÔm)之组织及其与汉字之关涉〉》(1935)一文。山本达郎既介绍了闻宥的研究内容，又对闻宥研究的不足作了较好的补充与说明，也很有价值。比如：在肯定闻宥所作出的开拓性贡献的同时，对字喃的性质也作了很好的说明：字喃是应用于安南的中国式俗字；在汉字文化圈内所造字与汉字构造一致性很强，超过了其他国家或民族文字。依据闻宥的研究，也把字喃分为表意文字、表音文字、半音半意字三类，对内涵与特点，包括谐声字、假借字分别加以阐释，比闻宥原文更为通俗深刻。山本达郎补充的是：谐声字声符与字的语音关系，往往是和汉字不同，已经发生了很大的历史性变化，元音、辅音，甚至声调都是如此。闻宥使用的资料也还有限，山本达郎列出了一些不见于闻宥论文中的字喃资料。此外，还提出了闻宥解释字喃欠妥的地方。[7]

有坂秀世《カールグレン氏の拗音说を评す》(《音声学协会会报》第49、51、53、58、期，1937—1939)对高本汉越南汉字音资料使用也进行了评述。并且指出了一些使用不合适的地方。

日本学者中较早从汉语语音科学角度系统认识越南汉字音价值的是三根谷彻。三根谷彻于1943年完成了名为《〈安南译语〉研究》的东京帝国大学文学部毕业学位论文。可惜的是，《〈安南译语〉研究》一直没有公开发表。

三根谷彻之后是藤堂明保。藤堂明保在1947年就发表了《由越南语而见影、喻两字母的发生》(1987)一文。论文考虑到中国汉魏音在越南语中的残存情况,论述了喻母浊辅音消失及半元音[y]的产生过程。对进行汉语越南语对比研究具有重要的理论指导意义。[8]

此后不久,三根谷彻相继发表《汉字的安南音》(1948)、《有关汉字安南音的研究》(1951)、《安南语声调体系》(1953)等论文,使越南汉字音研究真正进入了系统研究阶段,这在日本汉语音韵学界与越南语学界产生了很大的影响。[9]比如《安南语声调体系》一文,针对学术界有关安南语河内方言声调研究中的一些问题,比如声调的名称、排列顺序、调值等混乱情况提出了自己的独特看法。像声调的名称,参照《越南字典》、《越南文范》、《大南国音字汇》、《安南语入门》、《基础安南语》等文献,比较合理与不合理的地方,作出这样的选择,即:(1)高平声调,(2)低平声调,(3)高上升声调,(4)低降声调,(5)低降上升声调,(6)低平上升声调。像声调排列顺序,则认为如下排列比较合适:第一声、阴平声;第二声、阳平声;第三声、阴上声;第四声、阳上声;第五声、阴入声;第六声、阳入声。后来常常被作为十分重要的权威观点选录或引用。比如全文就曾被《日本の言语学》(大修馆,1980.3)第2卷"音韵"收录。

在三根谷彻研究的同时,山本达郎《杂录巴黎国民图书馆所藏安南本目录》(《东洋学报》第36卷第1号,1953.6)的工作应该提及,它涉及了一些越南汉字音文献。比如《千字文鲜音》、《佛像量度经》、《明心宝鉴释义》、《三千字鲜音》、《阳节演义》、《天南四字经》、《三字经解音演歌》等,都是研究越南汉字音的有益资料。三根谷彻在《安南语》(《世界言语概说》(下),研究社,1955)书末也附有一些参考书目,有一些与越南汉字音相关。

进入20世纪60年代以后,桥本万太郎发表了《安南汉字音的一个特质》(1960)一文,研究了浊声母塞音喉音化的语音性质。几年以后,三根谷彻发表了一部比较引人注目的越南汉字音研究论著:《〈韵镜〉和越南汉字音》(1965)。1972年又出版了越南汉字音研究史上具有划时代意义的非常重要的《越南汉字音研究》一书。[10]它代表了当时日本越南汉字音研究的最高水准,由此奠定了三根谷彻在日本越南汉字音研究史上的显赫地位。

《韵镜》研究在日本具有700年的悠久历史,出现了众多的以研究《韵镜》而知名的学者,就其成果来说,也是层出不穷,新思想、新意识令人眼花缭乱。日本学者中将《韵镜》与各类汉字音进行比较的,以日本汉字音为最多,其次是朝鲜汉字音。1934年财津爱象又将敦煌出土汉藏对音与《韵镜》比较,也很引人注目。三根谷彻《〈韵镜〉和越南汉字音》将越南汉字音与《韵镜》进行有意识比较研究在日本学者中是第一次。

三根谷彻认为《韵镜》"清浊"标记对研究汉语声调的分化具有相当的解释力,也适用于越南汉字音声调的研究。比如越南语河内方言声调区别为6声。分为高低两个系列:

（高）1.b`ăng　　3.hỏi　　5.s´ăc

（低）2.huyên　　4.ngã　　6.n ăng

这个系列之别，可以确认的是根据双声叠韵造语而形成了对立，与声母辅音清浊之别没有关系。但是，越南汉字音和中古汉语声调之间存在如下的对应原则：

清：1　　清：3　　清：5　　清：5

（平声）　（上声）　（去声）　（入声）

浊：2　　浊：6(4)　浊：6　　浊：6

在这里，"清"、"浊"是等韵学所说"全清"、"全浊"的情况。上声浊的大部分对应6声，在中国语上声浊反映了向去声变化的情况。越南汉字音声调没有因声母辅音清浊的对立而加以区分，只是声调因高低而有对立之别。

"次清"、"清浊"。"次清"的字音和"清"具有同样的声调，"清浊"，即等韵学上的"次浊"。属于"清浊"汉字的字音不一定和"浊"的声调一致。比如平声，和"清"具有同样的声调，而与"浊"就不同，如表3－1：

表3－1

	清	次清	浊	清浊	
平声	1	1	2	1	（平）
上声	3	3	6(4)	4	
去声	5	5	6	6	（仄）
入声	5	5	6	6	

这里的"清浊"，在越南汉字音的声调转变为"清"和"浊"。这样的事实王力先生等早已揭示，但为什么存在这样的对应关系？问题还是没有得到解决。三根谷彻列举了平声在中国方言清、次清与浊、次浊对立的ABC三种形式：

(1) 高系列（阴调）：A. 清，次清；B. 清，次清，清浊（平）；C. 清，次清。

(2) 低系列（阳调）：A. 浊，清浊；B. 浊，清浊（仄）；C. 浊，清浊。

在越南汉字音声调体系中所反映的是B形式特征。可以考虑到，《韵镜》"清，次清，浊，清浊"不单是显示声母之别，也有表示声调特色的功能。《韵镜》"清浊"特征在越南汉字音平声第1声，仄声第4、6声分布反映，可以推定，可能根据的是汉语传承音。

《越南汉字音研究》是日本越南汉字音研究史上第一部最科学而系统的专著。它分为五部分：第一部分"序说"；第二部分"越南汉字音资料"；第三部分"中古汉语"；第四部分"中古汉语和越南汉字音"；第五部分"越南汉字音的形成"。

第一部分"序说"。主要内容是：界定越南汉字音的基本内涵，评述越南汉字音研究历史，其中重点是对马伯乐、高本汉、王力越南汉字音研究的贡献与缺憾加以论定。也介绍了越语史研究资料，比如《越葡罗辞典》、《安南译语》、《字喃杂考》等。

第二部分“越南汉字音资料”。以介绍越南汉字音资料为主，兼而说明越南语的音韵体系。越南汉字音研究资料主要有：除马伯乐、高本汉所利用的资料之外，J.Bonet《越佛辞典》(1899—1900)、《三千字解译国语》(1908 年重印)、《四书不二字音义撮要》(香港，1910 年二版)、陶惟英《汉越词典》(旧版 1932、1936，再版 1957)、传道师《汉越法》(1932)、佛僧 Thieu -chuu 编《汉越字典》(1942)、《五千字》(1939、1940)等，成为作者研究的材料基础。不过，可以明显看出，早期的材料并不多见，大多局限于 20 世纪以来的资料。与汉语中古音时间次序不对应。

第三部分“中古汉语”。综合陈澧、高本汉、陆志韦、李荣等学者的成果，再加上自己的研究，确定以《切韵》为代表的中古声母系统；综合陈澧、高本汉、赵元任、平山久雄、大岛正二等的研究成果，确定以《切韵》为代表的中古汉语韵母系统以及声调四个调类。

第四部分“中古汉语和越南汉字音”。这是论著的主要部分。研究越南汉字音，基本方法是利用直接而年代清楚的越南汉字音资料，把它和中古汉语体系对照，确认规则的、对应的基本汉字音体系。对那些“异例”，另外说明。

1. 声母。三根谷彻假定的越南汉字音音系声母主要如表 3－2：

表 3－2

P	T.	TS	T.S	Ń	J`	K	
(P‘)	T‘	TS‘	TS‘	C		K‘	
F		S		Ş	Ś		H
M	N				N′	Ṅ	
W	L				J		

其特点，可以举例说明：比如重唇音与轻唇音，可以用如图 3－1 表示：

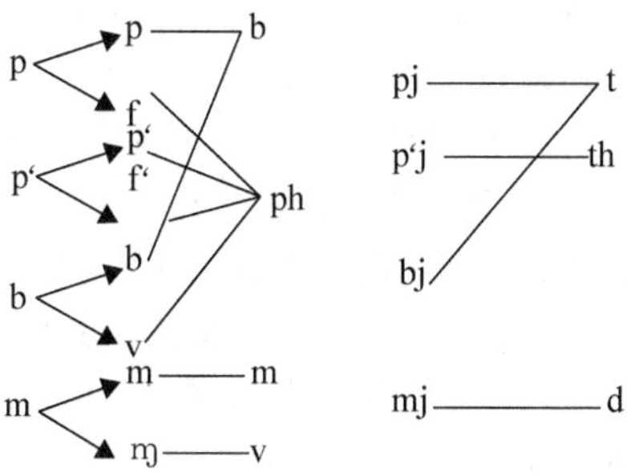

图 3－1

重唇音与轻唇音分化后，一部分与[b][ph][m][v]对应，另一部分与[t][th][d]对应。[Pj]系声母和重纽有很大关系。

2. 韵母。三根谷彻寻找到的对应关系，是将越南汉字音韵母系统与中古汉语语音韵母系统对比后得出结论。其特点可以举例说明：比如[-ɑ]系。中古汉语[-ɑ]对应越南汉字音[-a]；[-uɑ]→[-wa][oa]；[-ɑi]→[-aj][ai]；[-ɑu]→[-aw][ao]；[-ɑm]→[-am]；[-ɑp]→[-ap]；[-ɑn]→[-an]；[-ɑt]→[-at]；[-uɑn]→[wan][oan]；[-uɑt]→[-wat][oat]等，非常接近。

他所列[-ɑ]系对应的情况则是：

-ɑ→-a	-uɑ→-wa
-ɑi→-aj	-uɑi→-waj
-ɑu→-aw(-iəw)	
-ɑm→-am	
-ɑp→-ap	
-ɑn→-an	-uɑn→-wan
-ɑt→-at	-uɑt→-wat
-ɑŋ→-aŋ	-uɑŋ→-waŋ
-ɑk→-ac	-uɑk→-wac
-ɑuŋ→-aŋ,-ɔŋ	
-ɑuk→-aŋ,-ɔk	

可以看出，越南汉字音[-a]系与汉语中古音[-ɑ]对应比较整齐，比如相应主要元音及其入声韵尾都是如此。其他元音系列也是这样，由此，可以体现出越南汉字音对考订中古汉语语音的实际应用价值。

3. 声调。主要特点是：越南汉字音声调依照《韵镜》声母“清浊”分类，见前所述。与中国语声调对应关系，上声浊反映了中国语变为去声后的状态，平对应1、2，上对应3、4，去入对应5、6。汉语声调调值并不是很清楚，越南汉字音声调调值也是如此，可分为高系列1、3、5，低系列2、4、6。

第五部分“越南汉字音的形成”。三根谷彻认为，越南汉字音的形成因素，很重要的是：其一，历史上“北属中国”，使越南文化受中国儒家文化影响很深、很自然，儒家文化的盛行，必然是通过汉字媒介而完成，汉字音进入了越南语音体系，是儒家文化传入越南的结果。其二，与中国儒家文化相伴的是，佛教文化传入中国，经过改造，后又传入越南。汉字音与佛教文化共存，保留在越南语音体系中是完全可以理解的。比如越南汉字音与《韵镜》的关系。《韵镜》的产生就是佛教文化传入中国的结果。

探讨越南汉字音的由来，必须注意它与唐代慧琳《一切经音义》反切音系的关系（主要依据中国学者黄淬伯《慧琳一切经音义反切考》，历史语言研究所专刊，1931）。对比二者，发现，音系极其相近。说明，越南汉字音是以中国中古规范的标准字音为基础的。

三根谷彻与越南汉字音有关的论著还有：《ヴエトナム语における中国语および汉字の影响》（《言语生活》第31号，1962）一文，谈到汉语与汉字对越南文学的影响，对汉文与汉诗的影响，更有对越南语音体系，以及越南汉字音体系的影响；《ベトナム語の十二支》（《国语研究》第33卷，1972）一文论及十二支汉字音与汉语中古音的有规则对应关系，力图寻找出越南汉字音形成时的语音痕迹；《汉字からロ-マ字へ—ベトナムの文字》（《月刊百科》70辑，1968）谈到越南由使用汉字到使用罗马字母过程，以及所涉及的一系列问题，比如，用假名书写外国地名、人名，越南语的“六声调”，标记法，音节构造，音声和文字，传教士劳德的标记法，字喃，创制新字，采用罗马字后汉字的地位，国字问题，如不用汉字改用罗马字而取得成功的原因，等等，触及问题面比较广泛。《汉字からクォク・グゥヘ》（《朝日アジアレビュー》第19卷《特集2・汉字文化圈文字とこころ》，1974.9）介绍了越南的民族与语言，汉字普及和它的背景，字喃与汉字音，罗马越南字的普及及问题等，与《汉字からロ-マ字へ—ベトナムの文字》所叙及的内容互为补充，属同一问题的姊妹篇。

藤堂明保《中国语音韵论——その历史的研究》（1956）在“资料的解说”一章“方言及其借用汉字音”一节谈到“越南汉语”。一是讨论了“与古官话的相似点”；二是讨论了“与中古汉语的相似点”。主要汲取了马伯乐与三根谷彻的相关研究成果。“与古官话的相似点”谈了四点：（1）反映了牙音、喉音二等字腭化；（2）正齿音与舌上音一起变成为翘舌音；（3）唇音的一部，即中古清唇音变成[f]；（4）止摄齿头音“子紫思”之类成为“直音式”发音为[tɯ]。“与中古汉语的相似点”谈了两点：（1）中古汉语“于母”和“喻母”在古官话混同，越南汉语“于母”字“羽于雨”[vu]，“喻母”字“喻裕”为[zu]。（2）中古汉语喉牙唇音三等、四等的区别，在古官话中已经消失。在越南语中，存在的区别只限于唇音三等字，唇音四等字已经舌音化。[11]

三、三十多年来日本越南汉字音研究

30多年来，日本越南汉字音研究有了一定的进展，出现了一些有价值的研究成果。比较重要的有：和田正彦《字喃 chữ nôm 中の会意文字について》（《庆应义塾大学言语文化研究所纪要》第11号，1979），《〈东京异词相言集解〉について——锁国时代のヴエトナム语学习》（《庆应义塾大学言语文化研究所纪要》

第12号，1980)，《江户时代に知られたヴエトナム语(一)——〈安南国漂流物语〉中の〈安南语〉を中心として》(《庆应义塾大学言语文化研究所纪要》第11号，1981)，《〈安南译语〉内容に关二三问题》(《庆应义塾大学言语文化研究所纪要》第15号，1983)；川本邦卫《〈黎朝言语资料の解音〉について——字喃の转写に关する觉书》(《〈传奇漫录〉研究ノ-ト五》)(《庆应义塾大学言语文化研究所纪要》第19号，1987)；椿正美《越南汉字音初探》(神户外大《汉学研究》第29卷，1991)；清水正明《汉文＝字喃文对译〈佛说大报父母恩重经〉に见る字喃について》(京都大学人间・环境学研究科《人间・环境学研究》第5号，1996)；清水正明、桃木至朗《护城山碑文见る字喃について》(京都大学《东南アジア研究》第36卷第2号，1998)，《AlexandredeRhodesの辞书に见るベトナム汉字音について》(东南アジア史学会《东南アジア—历史と文化—》第28号，1999)，《ベトナム汉字音研究の现在—ベトナム汉字音とベトナム语音节构造の变迁》(日本中国语学会第53回全国大会《汉字音研究の现在》，好文出版，2003)，《ベトナム语の子音连读——その变化过程への汉字音音素配列の影响》(《东ユ-ラシア言语研究》第1号，2006)；等等。

和田正彦(1979)研究字喃会意字，发现并不是如闻宥、陈荆和、王力、Dào Duy Anh四人所说的那样多，而是数量很少。追寻原因，在于字喃借助汉字音书写民族语，即所谓运用假借的方式表现。从汉字音上理解更为妥帖。在字喃分类上，也借鉴了富天健次的一些意见(《ベトナムの"民族俗字"の研究方法とその意义——Dào Duy Any氏の论文をめぐつて》，大阪外国语大学タイ・ベトナム语学研究室，1978;《ベトナムの"民族俗字"字喃の构造とその渊源》，《东南アジア研究》第17卷第1号，1979)。

《东京异词相言集解》是日本东京通事魏五左卫门喜辉(安南人)在1781年至1843年间所作的会话语汇集，与其《译词长短话》(见武藤长平《东京通事魏五左遗写本〈译词长短话〉に就いて》，《艺文》第6年下卷，1915)一样，是研究越南汉字音的重要资料。和田正彦(1980)所进行的介绍，目的是强调《东京异词相言集解》作为越南汉字音研究资料是不可忽视的。

《安南国漂流物语》是作者长久保赤水漂流到越南后的见闻记录，作于1767年。和田正彦曾在1973年以《安南国漂流物语の研究》为题目发表了研究论文摘要(《史学》第45卷第3号，1973.5)。《安南国漂流物语》所涉及的"安南语"的性质，和田正彦(1981)又进行了研究。越南人陈荆和《〈安南译语〉研究》(1969)未对这个材料校订。[12] 和田正彦将已知的33种写本、9种刊本中的存有"安南语"材料进行了研究。可贵的是，该书记录了有关日本江户时代已知"安南语"文献资料169个。和田正彦将它们分别列表加以比较考订，确定音值，发现属于南部方言语音。为进一步研究汉字音提供了语音前提。

和田正彦所谈有关《安南译语》的问题:一是《安南译语》传本。对过去学者所谓《安南译语》传本的旧藏和新藏区别不清的问题加以阐明,补充陈荆和《〈安南译语〉研究》(博士学位论文)第一章叙述之不足。二是引证陈荆和《〈安南译语〉研究》,讨论近藤守重《安南记略稿》音注性质,以及刊印近藤守重《安南记略稿》的校勘等问题。三是对《安南译语》编者有关越南语掌握情况提出的疑问,比如音注的不恰当等。四是《安南译语》的内容问题。和田正彦一反许多学者对《安南译语》的推崇,而在陈荆和研究基础上生发出更多的具有挑战性的对《安南译语》的疑点,非常引人深思。因为不拘于前人结论的束缚,显得尤其重要。

《传奇漫录》是成书于1714年的中国语教科书对译越文的文献。川本邦卫(1987)对其进行研究,主要是关注字喃转写内容,很自然涉及汉字音问题。从他的考订结果可见,对字喃文献的转写,已经提出了许多独到的见解。

椿正美(1991)研究《安南译语》,既继承前人的成果,又有自己的一些见解。其研究方法是利用中国学者杨耐思《中原音韵音系》作为发音资料,对照现代越南语,寻求对应关系,然后总结越南汉字音的特点。

清水正明的越南汉字音研究成果也很突出,大有后来者居上之势。《越南汉字音研究的现在》一文,既有对自己从前研究的总结,也有对今后研究课题的坚实把握。应该提及的主要有:

其一,对新材料的挖掘。清水正明看到,以往利用的越南语汉字音研究资料,主要是20世纪初叶以后出版的汉越字典。从这一点上说,资料的时间性有点过晚,与所研究的中古、上古汉语语音年代上不相称,挖掘新的资料难题当然摆在现在学者面前。清水正明考虑的新资料,一是基于从17世纪罗马字资料抽出可能的汉字音要素,希望根据这些资料发现越南语汉字音新的特征。二是依据字喃标记而进行的14、15世纪资料内部分析,希望明确越南语汉字音借用当时汉字音的音韵特征。字喃资料,比如汉文=字喃文对译《佛说大报父母恩重经》以及护城山碑文,都是过去不曾注意的资料。

其二,越南语音节构造历史变迁的新视点。比如17世纪到20世纪之间字音的差异;17世纪到20世纪之间音韵体系的差异与汉字音的分布。还有,在14、15世纪字喃资料内部观察到"心母字音的音值"、复合辅音、双音节构造的标记,以及地名、人名情况。

其三,今后越南汉字音研究面临的新课题。比如:一是"ベト"、"ムオン"等语言比较音韵论和字喃研究的有机结合,包括以碑文、对译佛典等为重点进行字喃资料的调查,Viet-Muong语派Chut集团诸语言的调查;二是以音节构造变化为重点的汉语对越南语音韵构造变化的影响,包括与汉语相关的单音节化,介元音[w]的发展过程。

从清水正明的研究可以看到，新一代学者的语言视野更加开阔，对越南语汉字音研究的理论思考也更加细密化。

四、余论

日本学者对越南语汉字音研究经历了20世纪五六十年代与20世纪80年代到21世纪初叶两个发展阶段，分别以三根谷彻与和田正彦、清水正明为主要代表。三根谷彻是对日本越南汉字音研究体系构建的阶段，而和田正彦、清水正明则是对日本越南汉字音研究体系进一步完善的阶段。无论是研究理论还是研究方法都带有明显的各自时代特征，差异比较大。虽然如此，我们认为，他们的出发点是共同的，即通过对越南语汉字音研究体系的确立与调整，不断深化对汉语语音演变历史与越南语汉字音形成、发展历史近亲缘"互动"关系的认识。这样的研究，究其实质，仍然是在传统历史比较语言学框架内的探讨，有待拓展的空间余地还很大，比如早期越南汉字音资料的匮乏情况还没有根本性的改变，以及研究理论与研究方法相对滞后等，这也就是我们所说的其研究存在着明显历史局限性的一个直接证明。

附　注

[1] 和田正彦《东南アジア史料としての〈岭外代答〉——安南国の条を中心として》，《庆应义塾大学言语文化研究所纪要》第17号，1985.12。

[2] 闻宥《论字喃(Chữ，NÔm)之组织及其与汉字之关涉》，《燕京学报》第14期，1933.12。

[3] 王力《汉越语研究》，《岭南学报》第9卷1期，1948。又见《龙虫并雕斋文集》第二册，1980。

[4] 近藤守重《安南记略稿》，东京大学图书馆藏写本上、中、下三册。1905年日本国书刊行会编《近藤正斋全集》卷一又可见。

[5] 小仓进平《朝鲜语学史》，大阪屋号书店，1920.11。此书后又以《增订朝鲜语学史》为名由刀江书院于1940年5月出版。刀江书院又在1963年出版《增订朝鲜语学史》。其中《补注》由河野六郎作。

[6] 高畑彦次郎《支那语の言语学的研究》(一)、(二)，分别为《艺文》第19年第8号、第9号，1928。

[7] 山本达郎《闻宥氏〈论字喃(Chữ，NÔm)之组织及其与汉字之关涉〉》，《东洋学报》第22卷第2号，1935.2。

[8] 藤堂明保在1947年就发表了《越南语より见たる影、喻两字母の发生について》，后收于《藤堂明保中国语学论集》中，汲古书院，1987.2。

[9] 三根谷彻《汉字の安南音について》(《人文》第2卷第2号，1948.9)、《汉字の安南音に关する研究》(《文部省科学研究费研究报告集录》，1951.11)、《安南语の声调の体系について》(《金田一博士古稀纪念言语、民俗论丛》，1953.6)。

[10] 桥本万太郎《安南汉字音の一特质》(《中国语学》第 100 号,1960);三根谷彻《〈韵镜〉と越南汉字音》(《言语研究》第 48 号,1965)、《越南汉字音の研究》(《东洋文库论丛》第 53 辑,1972)。

[11] 藤堂明保《中国语音韵论——その历史的研究》,旧版刊于 1956 年,光生馆,1980. 5。

[12] 陈荆和《〈安南译语〉研究》,博士学位论文,《史学》合刊本,1969。

第四章　日本学者汉满(女真)对音译音研究

【本章内容提要】论述日本学者对汉满对音译音研究历史，主要从两方面来看，一是对女真语研究，二是对满语的研究。通过论述，展示日本学者对汉满对音译音研究的贡献和尚待解决的一些基本问题。

【关键词语】汉满对音译音研究 日本学者 贡献 尚待解决问题

关于日本学者对汉满对音译音的研究，我们应该从两方面来看，一是对女真语的研究，二是对满语的研究。无论是女真语的研究也好，还是满语的研究也好，前提是研究的方式是否与汉语对比，是否属于汉满对音译音研究范畴。如果不是这样，那么，就超出了我们关注的范围，与汉语音韵学也就无关了。

一、日本学者汉语与女真语的对比研究

20世纪日本学者研究女真语的论著主要有：第一个应该提到的是内藤湖南《日本满洲交通略说》(1907)的演讲词。里边引用了《吾妻镜》女真文字与《华夷译语》中《女真馆译语》的材料。[1]小仓进平在《朝鲜语学史》(1963(1920))第六章"女真语学"中，论述了朝鲜学者的"女真语研究史"、"女真语读本"和"女真语学者"。[2]

其他则有：渡部薰太郎《满洲语、女真语と汉字音との关系》(1925)、石田干之助《女真语研究の新资料》(1930)、今西龙《满洲语のはなし》(1931)、稻叶岩吉《〈吾妻镜〉女真字の新研究》(1931)、长田夏树《满洲语と女真语》(1949)、长田夏树《奴儿干永宁寺碑蒙古女真文译稿》(1958)、山本守《〈女真译语〉の研究》(1951)、丰田五郎《契丹隶字考——女真文字の源流》(1963)、长田夏树《女真文字と现存资料》(1970)、西田龙雄《西番馆译语の研究——チベット言语学序说》(1970)、清濑义三郎则府《女真音再构成考》(1973)、长田夏树《契丹语解读方法论序说》(1984)、《契丹文字、女真文字および西夏文字の关连性についての一考察——成吉思汗圣旨碑里面の番字を足掛かりとして》(2001)等。[3]

(一)汉语与女真语对比研究主要问题

1. 考订女真文字与语音的材料。研究得比较早的日本学者有白鸟库吉《契丹女真西夏文字考》(1898)、田村实造《契丹女真西夏の文字》(1954)、山路广

明《女真文字の制字に关する研究》(1957)等。小仓进平(1920)列出的"女真语读本"主要有《千字文》、《兵书》、《三岁儿》、《自侍卫》、《七岁儿》、《十二诸国》等。清濑义三郎则府(1973)也谈到,女真文字资料主要有:(1)金石文字。比如金代篆刻《大金皇弟都统经略郎君行记碑》(1134)、《大金得胜陀颂碑》(1185)、《女真进士题名碑》(1224),明代《永宁寺碑》(1413)。在此之前,长田夏树(1949)"女真金石文字资料"等的考订也已经很详细。(2)元人脱脱《金史》卷百三十五附有《金国语解》。(3)《华夷译语》中的《女真馆译语》,等。[4]

2. 女真文字源流。小仓进平(1920)、丰田五郎(1963)对女真文字的源流考订非常详细。在总结前人的研究成果基础上进行研究,所采用的材料主要是传世典籍文献与 1939 年到 1951 年之间在中国发现的契丹隶字等档案文献。关于女真文字来源,《金史》卷七十三"列传"第十一《完颜希尹传》云:"金人始无文字,国势日强,与邻国交好,乃用契丹字。后太祖命希尹撰本国字,备制度。希尹乃依汉人楷字,因契丹字制度,合本国语,制女真字。天辅三年八月字书成。太祖大悦,命颁行之。"复原女真文字形态,契丹文字是非常重要的材料,也能看出契丹文字对女真文字的重要影响。丰田五郎用汉字"大"、"天"、"年"、"月"、"日"、"牛"、"马"、"鸡"八字与契丹隶字、女真文字对比,明显看出它们之间的密切关系。长田夏树(1949)虽然也涉及满洲语和女真语之间的关系,但更多的是说明女真文字的源流。比如,完颜希尹 1121 年制作的是女真大字,后金熙宗天眷元年(1138)制作的是新字,皇统五年(1145)推广使用的是女真小字。

3. 女真语音的构拟。长田夏树(1949)也涉及了女真文字的构造与音值,但很简略。清濑义三郎则府(1973)谈到,研究女真语音,要注意到金代与明代是不同的。金代金石文字和《金国语解》固然应该是可资依据的文献,但因为不成系统,数量又少,整理起来很不容易。由此,金代女真语音的构拟十分困难。明代可资利用的是《女真馆译语》,加上其他文献资料,明代女真语音的构拟便成为可能。

在清濑义三郎则府(1973)之前,山本守(1951)研究《女真馆译语》,把丙种本、乙种本《女真译语》与满洲语相同词语加以对比。能够看出每一个词语汉语词形所反映的语音与满语词语语音之间的相关关系。可惜的是,山本守没有进一步归纳与构拟《女真馆译语》语音系统。

清濑义三郎则府(1973)的定位是先以无女真文字译语为研究基础,然后再上溯金代女真语音。有意思的是,女真金石文字资料很可靠,但研究金代女真语音却不得不借助无女真文字《女真馆译语》和满语的帮助。清濑义三郎则府有关明代女真语音的结论:辅音"塞音"和"塞擦音"有清浊之别;不存在双唇送气清塞音;有舌尖中浊边音;有[ha][ka][ga]辅音,这是由满语存在着三个相近后软腭音而推断出来的;至于元音,比如后元音[u]和前元音[ü]是否对立,在明代

《女真馆译语》中表现的是不对立，合而为一，等等。其研究明显超越前人。

4. 女真语与汉语语音的研究。汉语语音在清濑义三郎则府（1973）所研究的女真语过程中的作用，能够见到的是，作为推断明代女真语语音存在的一个语音尺度，与满语一样发挥着直接衡量的作用。比如，"塞音"和"塞擦音"是否有清浊之别，以汉语来看，《中原音韵》的记载可以作为依据，那就是"塞音"和"塞擦音"在元代就已经失去了清浊之别，而明代女真语语音则不是这样。明代女真语语音[l]和[r]是否有区别，明代北京话语音也是可以引证的依据。明代北京话语音没有[l]和[r]的区别，与此相对的是，明代女真语语音[l]和[r]则有区别。

（二）元明汉语语音研究

明代《女真馆译语》借用汉字为记载词语外形的标记，而这种借用难以避免汉字不能准确表音的问题。由汉字标记回归到"原音"的过程，就是消除标记音与"原音"转写关系障碍的过程。

清濑义三郎则府等学者不是以汉语语音为研究目的，自然没有充分考虑如何借助女真语语音资料研究汉语语音的问题。女真金石文字与《女真馆译语》资料对研究汉语语音是否有价值？从学者们的研究来看，应该是有的。既然已经把汉语语音作为推断女真语语音存在的尺度，那么，这个尺度本身是否符合标准就显得格外重要。清濑义三郎把《中原音韵》作为元代汉语语音的尺度是清楚的，但明代汉语语音的尺度就很含糊。比如他提到明代北京语音，但明代北京语音的依据是什么却没有告诉读者。由此，明代汉语语音尺度出现了空缺，很明显，明代女真语语音研究的汉语语音参照问题没有解决，就带来了研究的根基不牢靠，结论的可信度就要大打折扣了。

从借助女真语语音资料研究汉语语音的角度，一方面要弥补明代汉语语音尺度的缺憾，另一方面，寻求借助女真语语音资料研究汉语语音的方式与方法。比如《女真馆译语》借用汉字作为标记，这个汉字标记语音系统的考订，就可以为研究明代汉语语音提供有力的证据。我们期待着将来女真语语音研究学者能在这方面有所作为。

中国学者孙伯君《金代女真语》（2004）在前人研究的基础上，又广泛收集资料，取得了很大的收获，对金代女真语语音的研究更为深入，有所突破。[5]

二、日本学者汉满对音译音的研究

据新村出《高桥景保の满洲语学》（1915），日本学者对满语的研究比较早的可以追溯到江户时代后期，比如18世纪初叶徂徕著《满文考》，这是日本学者第一部收集满语材料的著作。19世纪初叶，高桥景保著有《北夷考证》（1810）、《满文辑韵》(1817),以及《满文鉴名物语抄》(1828)等,涉及汉语、满语、荷兰语、日语对比研究情况,开创了日本学者真正进行满语研究的先河。亀井高孝《高桥景保の满洲语学に就いて》(1917)也曾撰文加以介绍。高桥景保之后的 1849 年,长崎唐通事编就《翻译满语纂要》,也很重要。[6]

20 世纪伊始,日本学者研究满语,比较重视满语与其他相关语言的关系典籍调查与研究。比如朝鲜学者研究满语与汉语关系等典籍情况,有小仓进平《朝鲜における日汉满蒙语辞书》(1914)、《朝鲜における日汉满蒙语读本》(1914)、《朝鲜における蒙古及び满洲语学》(1916)、新村出《朝鲜司译院日满蒙语学书断简解说》(1919)等。其中,新村出考订的《满清文鉴》、《新释清语老乞大》、《新释三译总解》可以与小仓进平的一些说法相参照。[7]

汇集当时朝鲜学者研究满语与汉语关系最新考订成果的是小仓进平《朝鲜语学史》(1920)。在第六章"满洲语学"中小仓进平用较大篇幅论述朝鲜学者的"满洲语研究史"、"与满洲语相关的辞书"、"满洲语读本"和"满洲语学者"。

朝鲜的满语研究,应该从 1667 年司译院设置清学开始,出现了玄文恒、金振夏等一批研究者。所编写的与满洲语相关的辞书主要有:《同文类集》(1691)、玄文恒《同文类解》(1748)、李湛等《汉清文鉴》(1771 年前后)、《方言集释》、李义凤《三学译语》(乾隆五十四年,1789)等。满洲语读本主要有:《小儿论》(约 1703)、《八岁儿》(1777 改刊)、《去化》、《仇难》、《太公尚书》、《三译总解》(康熙四十二年,1703)、金振夏《三译总解》(乾隆三十九年,1774)、金振夏《新释小儿论》(乾隆四十二年,1777)、朴昌裕等刊《清语老乞大》(1703)等。这些书,既可以作为研究朝鲜语与满语关系的材料,又可以用于对汉语与满语关系的研究。渡部薰太郎编《满洲语图书目录》(《亚细亚研究》第 3 号,大阪东洋学会,1925)也很重要,提及了一些小仓进平未曾说明的书目。

今西春秋《清三朝实录纂修》(上)(1935)与《清三朝实录纂修》(下)(1935),主要是对小仓进平与新村出考订的《满清文鉴》作进一步的细致研究。其中有关"凡例释读"与"满语谚文化"涉及了许多满、朝、汉语音对比问题。今西春秋后来发表的《〈满清文鉴〉解说》(1957),可以与此互为补充。池上二良《满洲语の谚文文献に关する一报告》(1950)、《满洲语の谚文文献に关する一报告》(承前)(1954)调查了清乾隆时代在朝鲜刊行的满语学习书存佚情况。其中,有关汉语词语的满语转写、朝鲜语谚文的转写的语音问题占了大多篇幅。[8]

《通古斯语》(收于市河三喜、服部四郎编《世界言语概说》(下),研究社,1955.5)和藤堂明保《ki-と tsi-の混同は18 世纪に始まる》(《中国语学》第 94 号,1960)则涉及了满汉对音研究的一些理论问题。

进入 20 世纪 80 年代,有关满汉对音译音的研究更趋于精密化,利用满汉对音译音材料对汉语语音历史的考订更加科学。主要有:赞井唯允《〈音韵逢源〉と〈等音〉》(1980)利用等韵图《音韵逢源》有满语文字注音的优势，考订《音韵逢源》的音系与《等音》的关系；岩田宪幸《〈音韵逢源〉の音系——现代北京语音との比较》(上)(1988)、《〈音韵逢源〉の音系——现代北京语音との比较》(中)(1988)、《〈音韵逢源〉の音系——现代北京语音との比较》(下の1)(1988)、《〈音韵逢源〉の音系——现代北京语音との比较》(下の2)(1989)，更是后出转精，也利用满汉译音材料与现代北京语音比较，更凸显《音韵逢源》的学术价值；还有池上二良《〈满汉字清文启蒙〉に於ける满洲语音韵の考察(1)—(3)》(1986，1987)、《语学资料としての旧满洲档——汉语音の表记について》(1997)、《满语研究》(汲古书院，1999)；中村雅之《〈新刻清书全集〉所收〈满汉切要杂言〉》(2004)、《尖音团音的满洲文字标记》(2007)，以及中村雅之2008年有关满汉对音研究系列；日比野高宏《〈兼满汉语满洲套话清文启蒙〉的尖团区别》(2006)；锄田智彦《由〈满文金瓶梅〉而归纳的汉字音体系》(2007)、《〈满文金瓶梅〉汉字音表》(2007)；竹越孝《清代满洲语文法书三种》(2007)等。[9]

落合守和的汉满对音译音研究系列论文很引人注目：《〈西域同文志〉三合切音の性格》(《静冈大学教养部研究报告》，1984)、《〈增订清文鉴〉十二字头の三合切音》(1985)、《〈汉清对音字式〉に反映した18世纪北京方言の音节体系》(1985)、《〈满汉字清文启蒙〉に反映された18世纪北京方言の音节体系》(1986)，有对十二字头“三合切音”特点的阐释，更有对满语音译汉语所反映的18世纪北京方言の音节体系的揭示。[10]

清濑义三郎则府《满洲语の口盖化音/Š/と[Š]と》(1985)；山崎雅人《〈大清太宗文皇帝实录〉の满洲语音译汉字から见た汉语の牙音喉音の舌面音化について》(1990)、《〈(满文)大清太祖武皇帝实录〉借用语表记から见た汉语の牙音、喉音の舌面化について》(《言语研究》第98号，1990)，都是利用满语音译汉字资料对汉语语音史上的“尖团音”是否有区别问题进行讨论。[11]

阎崇年《20世纪世界满学著作提要》(2003)收录岸田文隆的文章(316—317页)，对池上二良《满语研究》进行了介绍，23篇论文的主要内容是：满语谚文文献的报告；满语研究中朝文文献的重要性；对满汉文《清文启蒙》中满语音韵的考察；满汉文《清文启蒙》及其表音汉字、罗马字转写一览表；满语中两个元音的变化；满语书面语表示[U]的元音；满文字母[dz]；作为语言学资料《旧满洲档》汉语语音的书写法；满语方言研究中穆晔骏所采集的有关资料；满语和通古斯语构造上的不同及蒙古语的影响；满语史概略等。被认为代表了日本学术界研究的最高水平。[12]

服部四郎《满洲语音韵史のための一资料》(1986)，高田时雄《清代官话の资料について》(1997)，竹越孝《〈宁古塔纪略〉に见られる汉字音写、满洲语语汇》(1999)等，也都对满汉对音译音的一些问题，比如对资料所反映汉语语音的性质作了深入研究。[13]

三、日本学者汉满对音译音研究涉及的主要问题

(一) 满语转写问题。

包括汉语转写满语、朝鲜语转写满语与汉语。满语文字的创制，一是清太祖时，即1599年2月由精通蒙古文字的额尔德尼巴克什与大臣噶盖札尔固齐在蒙古文字的基础上创作了满语的书写方法，所谓无圈点文字；二是在1632年3月，清太宗命达海巴克什制定新满语文字，即通行的加圈点文字。

小仓进平(1920)所谈朝鲜语译写满语与汉语问题。比如《小儿论》有汉语词汇、满语语句、谚文注解。每一页分为五行，各行正中是满语语句，右侧用谚文表示发音。每一句或者一个词语，还用朝鲜谚文对其意义加以翻译。如此，转写与翻译均进行。服部四郎《现代语の研究と土尔古诸方言》(《帝国学士院东亚诸民族调查室报告会记录》第3号，1941)举了一些涉及满语的例证。比如：[juwe]与相对的通古斯语诸方言比较，看其根词关系以及转写情况。在《吉林省に满洲语を探る》(《言语研究》第7号、第8号，1941)提出了满族人说汉语时的[r]的发音情况，也给转写提供了理论依据。

池上二良(1950、1954)对小仓进平与服部四郎的理论与方法加以吸取，也具体总结了朝鲜语转写满语的一些问题。他谈到，谚文本来是用来拼写单音节文字，适用于每一个音节的转写。这一点与满语有很大的不同。满语每一个文字只用一种谚文转写，有的则根据满语字情况不同使用谚文转写。比如满语[ūwa][owa]，连接用谚文[ua]和[owe]转写为[ue]([owa][owe]，只用于[i]之后)。[owa]转写[ua]或[uʻua]，[uwe]转写[ue]或[uʻue]，这一点有两三语例外。[owa][owe]各自转写[ua][ue]或[uʻua][uʻue]，除了例外，一定包含连接这些文字各语。现在从转写谚文一字或两字一点区别，把[ua][ue]转写[uwa][ūwa][owa][uwe][owe]的作为第一类，把转写[uʻua][uʻue]的作为第二类。必须指出的是，这当中[w]还有表示汉语借用语的作用。即[w]处于前后元音之间，恰好发音成为一个音节，可以转写汉语词。等等。

满语转写汉语语音。落合守和(1985)在"凡例"中说明了确定满汉对音的一些基本认识角度，比如，汉译文书的发音，不合正音的情况；有对一个汉字注上满语语音，还有对两个汉字注上满语语音的情况。连字(表示复音节的文字结合)书写时，音声读音必须改变。

汉语与满语音节构造以及音韵体系都不同，把一个汉字或两个汉字与满语某些音节对应时，从满语方面来看，对音汉字不能充分表现满语音节，只好采取一些相应的办法。《汉清对音字式》的音声注记有11种，主要是：(1)平声读；

(2)入声;(3)重读;(4)轻读;(5)应读;(6)借用;(7)通用;(8)对音;(9)按语;(10)读若;(11)音见。除了最后两种,全部应该是9种。前两种,平声读与入声读,是汉语声调的变更;重读、轻读以及应读,是满语音节头位音的变更;借用、对音从二字对音变为一字对音;通用是把对音汉字的字类变换;按语是对皇帝、圣君有关避讳的标记。这些音声注记,都表现了作者对满语音节以及对应的对音汉字规律细致而周到的观察。

落合守和重点说明了《对音字式》十二字头“二字对音”转写原则与方法。《对音字式》转写满语单音节语时,拥有明示对音标准的官吏实务指南的特点。十二字头对满语单音节使一字汉语对音(一字对音)对应的原则,作为对音汉字,安排两字记音。比如:[-ii]伊依、[nii]尼依、[mii]密依(平声读)、[fii]废依(平声读)、[jii]济依(平声读)等。还有另一种形式,比如:[ten]特恩、[tin]题恩、[fing]费英等。此外,落合守和(1984)还研究了《增订清文鉴》十二字头“三合切音”转写问题。

岩田宪幸(1988)谈到《音韵逢源》体例,可以看到,满文与反切并用,四部、十二摄、四声、二十一母大都看见满文标记的影子。由此,对《音韵逢源》声母、韵母音值的考订,满文标记是非常重要的依据。

(二)汉满对音译音资料与汉语语音研究。

日本学者利用汉满对音译音资料研究汉语语音,成就突出的是北京官话方音的研究。比如山崎雅人(1990)利用的是满语音译汉字实录材料对17世纪汉语的“尖团音”是否有区别的问题进行了讨论。确认牙音、喉音在当时更广大的区域内舌面化的同时,还提出了“尖团音”变化过程中的不平衡现象。

落合守和利用《满汉字清文启蒙》和《汉清对音字式》材料对18世纪北京方言语音系统的研究的结论,主要是18世纪的北京方言存在“尖音与团音的区别”。

岩田宪幸利用《音韵逢源》对19世纪前半段北京方言的研究可见,声母体例上是21类,实际上是19类。在说明具体情况时,他提到了“微母”是否独立的问题,理论上是存在的,但还是归到零声母中。对于精系是否舌面化,他主张还是采取慎重的态度。韵母37个。需要讨论的是:(1)舌尖前元音与舌尖后元音是否有区别,满语对音有区别;(2)舌面央半高元音与舌面前半高元音是否有区别,满语对音有区别;(3)还有[ər]是否独立的问题,止摄开口呼日母诸字,比如“儿”、“耳”、“二”列入“未八”、“氐三”栏,满语对音是ei[əi],所以,推测已经独立。这些讨论是基于岩田宪幸对满语记录读书音的考虑,实际当时北京口语语音未必是这样,汉语语音的复杂性也在于此。

(三)汉满对音译音资料对汉语语音研究的影响,以及应该拓展的研究空间。

松村润《顺治初纂清太宗实录について》(《日本大学文理学部创立70周年纪念论文集》,1972)曾谈到:顺治十二年完成的《太宗实录》不完备,满汉本的卷数不一致。即使不多的汉文本也近于满文的直译,作为汉文的表现,有着很多的问题点。与康熙重修之际变动的地方比较的话,就能看得很清楚了。世祖再一次命郑亲王济尔哈朗重修。山崎雅人(1990)引述这段话的目的是很明确的,即对汉满对音译音资料选择,也影响到汉语语音变化结论的考订,所以,对所采用资料性质的确定非常重要。

稻叶岩吉《涂改本清太祖实录残卷及び其年代》(《青丘学丛》第10号,1932)列出三种时期《实录》音译汉字对照表,也可以说明这个问题,这里略作引述:

《武皇帝实录》	《康熙修改实录》	《乾隆修定实录》
石宝奇	锡宝齐篇古	锡宝齐篇古
弩儿哈奇	努尔哈齐	(讳欠)
黍儿哈奇	舒尔哈齐	舒尔哈齐
牙儿哈奇	雅尔哈齐	雅尔哈齐
木儿哈奇	穆尔哈齐	穆尔哈齐
阿吉格	阿济格	阿济格

稻叶岩吉认为,第一段用字很粗野,第二段有修改,第三段沿袭康熙修改做法。大概开国之初,满人中间懂得汉文的很少,译音只取近似音。

从考订汉语语音的角度上看,早期《实录》可信度就不大。而中期材料就比较接近实际。看来,汉满对音译音资料对汉语语音史研究的影响是不可低估的,有必要加深对其重要性的认识。

日本学者受小仓进平等学者影响,20世纪50年代偏重于朝满对音译音的研究,后来,一些学者才逐步转移到汉满对音译音的研究上来,取得了相当大的成就。我们认为,如果需要拓展满语对汉语的研究空间的话,汉满朝对音译音结合研究,则是一条可行途径。一方面,可以继承小仓进平等学者的研究传统;另一方面,可以具有多重证据,使汉满对音译音资料发挥更大的作用。

日本学者虽然对汉满对音译音研究取得了很大成绩,但我们认为还未真正进入系统化研究满语阶段,仍然还有许多工作要做,比如以"清代汉满对音译音研究"为题,涉及基本资料,包括中国、日本、朝鲜同时代的资料收集与考订之外,研究的主要理论与方法问题有:汉满对音译音与清代时音研究;汉满对音译音与清代正音,包括正音制度研究;汉满对音译音与清代汉语方音研究;以及汉满对音译音与清代语音历史变化模式研究等内容，都是必需的。由此，我们感到，研究的局限性是存在的，应该在不久的将来会有所突破。

附 注

[1] 内藤湖南《日本满洲交通略说》，大阪朝日新闻社，1907. 8。

[2] 小仓进平《朝鲜语学史》，大阪屋号书店，1920. 11。此书后又以《增订朝鲜语学史》为名由刀江书院于1940年5月出版。刀江书院又在1963年出版《增订朝鲜语学史》。其中《补注》由河野六郎作。

[3] 渡部薰太郎《满洲语、女真语と汉字音との关系》(《亚细亚研究》第2号，1925. 2)；石田干之助《女真语研究の新资料》(《桑原博士还历纪念东洋史论丛》，1930，京都)；今西龙《满洲语のはなし》(《青丘说丛》卷二，1931. 1)；稻叶岩吉《〈吾妻镜〉女真字の新研究》(《青丘学丛》第9号，1931)；长田夏树《满洲语と女真语》(《神户言语学会报》，1949. 7)；长田夏树《奴儿干永宁寺碑蒙古女真文译稿》(《石浜纯太郎先生古稀纪念论丛》，1958. 11)；山本守《〈女真译语〉の研究》(《神户外大论丛》第2卷第2号，1951. 7)；丰田五郎《契丹隶字考——女真文字の源流》(《东洋学报》XLVI：第1号，1963)；长田夏树《女真文字と现存资料》(《历史教育》第18卷7号，1970. 9)；西田龙雄《西番馆译语の研究——チベット言语学序说》(松香堂，1970)；清濑义三郎则府《女真音再构成考》(《言语研究》第64号，1973. 11)；长田夏树《契丹语解读方法论序说》(《神户市外国语大学外国学研究"内陆アジア言语の研究"》第1号，1984. 3)；长田夏树《契丹文字、女真文字および西夏文字の关联性についての一考察——成吉思汗圣旨碑里面の番字を足掛かりとして》(《长田夏树论述集》(下)，ナカニシヤ出版，2001. 1)等。

[4] 白鸟库吉《契丹女真西夏文字考》，《史学杂志》第9卷第11期、第12期，1898；田村实造《契丹女真西夏の文字》，平凡社《书道全集》第15卷，1954。

[5] 孙伯君《金代女真语》，辽宁民族出版社，2004. 11。

[6] 新村出《高桥景保の满洲语学》，《艺文》第5年第6号，1915；亀井高孝《高桥景保の满洲语学に就いて》，《艺文》第7年第10号，1917。

[7] 小仓进平《朝鲜における日汉满蒙语辞书》(《朝鲜及满洲》，1914)、《朝鲜における日汉满蒙语读本》(《东洋学报》，1914)、《朝鲜における蒙古及び满洲语学》(《东亚之光》第12卷第11号，1916. 11)；新村出《朝鲜司译院日满蒙语学书断简解说》(《艺文》第9年第8号，1919)。

[8] 今西春秋《清三朝实录の纂修》(上)(《史林》第20卷第4号，1935)与《清三朝实录の纂修》(下)(《史林》第20卷第3号，1935)。今西春秋后来发表的《〈满清文鉴〉解说》(《朝鲜学报》第12辑，1957)，可以与此互为补充。池上二良《满洲语の谚文文献に关する一报告》(《东洋学报》第33卷第2号，1950. 12)；《满洲语の谚文文献に关する一报告》(承前)(《东洋学报》第36卷第4号，1954. 3)。

[9] 赞井唯允《〈音韵逢源〉と〈等音〉》(《东京都立大学人文学报》第140号，1980. 3)；岩田宪幸《〈音韵逢源〉の音系——现代北京语音との比较》(上)(《近畿大学教养部研究纪要》第19卷第3号，1988)；《〈音韵逢源〉の音系——现代北京语音との比较》(中)(《近畿大学教养部

研究纪要》第20卷第1号,1988);《〈音韵逢源〉の音系——现代北京语音との比较》(下の1)(《近畿大学教养部研究纪要》第20卷第2号,1988);《〈音韵逢源〉の音系——现代北京语音との比较》(下の2)(《近畿大学教养部研究纪要》第20卷第3号,1989);池上二良《〈满汉字清文启蒙〉に於ける满洲语音韵の考察(1)—(3)》(《札幌大学女子短期大学部纪要》第8号,1986、1987)、《语学资料としての旧满洲档——汉语音の表记について》(《东方学会创立五十周年纪念东方学论集》,东方学会印,1997)、《满语研究》(汲古书院,1999);中村雅之《〈新刻清书全集〉所收〈满汉切要杂言〉》(《KOTONOHA》第25号,2004)、《尖音团音的满洲文字标记》(《KOTONOHA》第55号,2007),以及中村雅之2008年系列论文,见《KOTONOHA》第64—69号;日比野高宏《〈兼满汉语满洲套话清文启蒙〉的尖团区别》(《KOTONOHA》第39号,2006);锄田智彦《由〈满文金瓶梅〉而归纳的汉字音体系》(早稻田大学大学院《文学研究科纪要》第52卷第2号,2007)、《〈满文金瓶梅〉汉字音表》(早稻田大学《开篇》第26辑,好文出版,2007);竹越孝《清代满洲语文法书三种》(古代文字资料馆,2007)等。

[10] 落合守和《〈西域同文志〉三合切音の性格》(《静冈大学教养部研究报告》(人文社会科学篇)第19卷第2号,1984)、《〈增订清文鉴〉十二字头の三合切音》(《静冈大学教养部研究报告》(人文社会科学篇)第20卷第2号,1985)、《〈汉清对音字式〉に反映した18世纪北京方言の音节体系》(《静冈大学教养部研究报告》(人文社会科学篇)第21卷第2号,1985)、《〈满汉字清文启蒙〉に反映された18世纪北京方言の音节体系》(《静冈大学教养部研究报告》(人文社会科学篇)第22卷第2号,1986)等。

[11] 清濑义三郎则府《满洲语の口盖化音/Š/と[Š]と》(《言语研究》第87号,1985.3);山崎雅人《〈大清太宗文皇帝实录〉の满洲语音译汉字から见た汉语の牙音喉音の舌面音化について》(《文化》第53卷第3、4号,1990)、《〈(满文)大清太祖武皇帝实录〉借用语表记から见た汉语の牙音、喉音の舌面化について》(《言语研究》第98号,1990)等。

[12] 阎崇年《20世纪世界满学著作提要》,316—317页,收录岸田文隆的文章,民族出版社,2003。

[13] 服部四郎《满洲语音韵史のための一资料》(《服部四郎论文集》第1卷,《アルタイ诸语言研究》三省堂,1986);高田时雄《清代官话の资料について》(《东方学会创立五十周年纪念东方学论集》,东方学会印,1997);竹越孝《〈宁古塔纪略〉に见られる汉字音写、满洲语语汇》(鹿儿岛大学《鹿大史学》第45辑,1999)等。

第五章　日本学者汉梵对音译音研究

【本章内容提要】回顾日本学者的汉梵对音译音研究历史；介绍日本学者有关汉梵对音译音资料的考订与整理成果；评述日本学者汉梵对音译音研究的基本理论问题，如梵汉对音译音的转写与标记、梵汉对音译音语音系统研究的时间、空间特征、梵汉对音译音研究的具体方式、梵汉对音译音研究对中国音韵学的影响、日本学者研究梵汉对音译音的新倾向等。

【关键词语】汉梵对音译音　中国音韵学　影响及特点　21世纪新倾向

利用梵汉对音译音材料“构拟”、“重建”汉语语音历史，已经成为汉语音韵学研究领域一个十分有效的重要理论与方法。在这方面，中国老一辈学者罗常培、俞敏等付出过十分艰辛的努力，取得了学术界公认的开拓性成就。20世纪80年代以来，又有一些后继者，比如尉迟治平、施向东、刘广和、聂鸿音、储泰松等不懈耕耘，成绩斐然，并形成了一个汉梵对音译音的研究群体。

国外学者在这方面的研究也应受到重视与关注。罗常培在20世纪30年代就提到过：“对于佛典译名的华梵对音的研究，西洋学者很早就注意到这个问题。像雷梅萨（1811）、卡尔诺夫（1852）、芮利安（1861）、艾德尔（1904）、高本汉（1920）等前后都有所探讨。但是，他们所注意的只是华译梵音的拼法，还没有直接应用华梵对音来考订中国古音。就是高本汉也不过拿他考订《切韵》音的结果把前人对于华译梵音的拼法加以改订罢了。马伯乐（1920）的唐代长安古音里算是引用了一部分不空学派的密咒对音，直到1923年钢和泰发表了《音译梵书和中国古音》（北京大学《国学季刊》第1卷，1923）之后，在中国音韵学的研究上才起了一种新的变化。”[1]俄国钢和泰的贡献自不必说，已有定评。其他国家的学者，比如日本学者情况如何，中国学者也是很想了解的。这里仅对日本学者在梵汉对音译音研究上的贡献进行简要回顾与评述。

一、日本学者汉梵对音译音研究的历史

日本学者的汉梵对音译音研究是与“悉昙学”传入日本分不开的。“悉昙学”传入日本，不是直接传入的，而是经过传入中国阶段之后，再传入日本。“悉昙学”传入日本后，又进一步日本化，形成特色鲜明的日本式汉梵对音译音研究学术领域。马渊和夫《日本音韵史の研究》（3大卷，1962—1965）对此作过详细考证。[2]

传入中国的"悉昙学"有六种途径：原典、"陀罗尼"、由天竺僧与胡僧传授、字母本教、悉昙章类、"渡天"诸师的记录。代表印度"悉昙学"重要典籍是：《普曜经》、《字母本经》、《悉昙章》等。代表中国的"悉昙学"重要典籍有：《梵字次第记》、《涅盘经悉昙章》、《悉昙字记》、《一行禅师字母表》、《天竺字源》、梵唐辞书等。中国传统音韵学的发生，反切的发明与"悉昙学"很有关系。关于反切的产生，有几种说法，其中之一就是受梵语学的影响而创制（赵荫棠《等韵源流》"序"10 页）。可见，传统音韵学与梵语学的紧密结合，构建了中国传统音韵学的最初理论框架。

"悉昙学"传入日本是与空海、最澄、常晓、圆行、圆仁、慧莲、圆珍、宗叡等"佛哲"们的辛勤努力分不开的。"佛哲"们不仅带来了"悉昙学"典籍，还对"悉昙学"进行了各个角度的研究，从而奠定了日本"悉昙学"的基础，同时，也成为后来学者汉梵对音译音研究的基本前提。比如安然《悉昙藏》（880）研究，涉及梵文本源、悉昙韵纽等问题；《悉昙十二例》也有"十六转韵有无例"、"梵字汉注异呼例"、"梵字汉音出没例"、"梵字形音不正例"、"昂低难定例"等内容。都是汉梵对音译音研究的基本条例。

"悉昙学"在日本的生命力如何，决定于它与日本文化的融入是否彻底。"悉昙学"的日本化就给"悉昙学"注入了新的活力。作为"悉昙学"的日本化首先应该提到的是明觉（1055—1106）。对明觉生平的考证，可见松本文三郎《贺州隐者明觉と我邦悉昙の传来》（1917）一文。[3] 明觉的重要著作有《悉昙大底》（1084）、《反音作法》（1091）、《梵字形音义》（1098）、《悉昙要诀》（1101）。《悉昙大底》"出异音"谈到，与汉音"正音"关系密切的问题主要是"汉字本音"，即"中天音"。而与日本汉字音有关的是"南天音"。马渊和夫认为"所注反音"，依据吴音或和音发音可能性很大。但还是未得到学术界的广泛认可。在《反音作法》中明觉谈到日本汉字音假名"反音法"的制作问题。《梵字形音义》"明梵字音"说明"梵音有中天、南天之异"，"汉字有汉音、吴音之异"。《悉昙要诀》内容中，涉及悉昙对注汉字"六声"、"八声"、轻重以及"连声"、"音便"、"反音法"等问题。明觉对日本汉字音理论的建树成就十分突出。

明觉之后光明山重誉《悉昙字纪抄》是 1160 年前后的著作，引用《宋韵》、《东宫切韵》。《宋韵》与《广韵》不同。其他，论述"相传音"、"反音作法"等，明显受明觉的影响。

兴福寺兼朝《悉昙反音略译》（1166）持与明觉不同的看法，有所谓"标反音"、"纲要"学说。其中"初明五音、半音"图，被认为在五十音图结构形成的历史研究上具有重要地位。其他如东禅院心莲《东禅院悉昙抄》和《悉昙口传》有关吴音、汉音"四声不同"的研究，等等，也十分重要。

日本中世时代。作为过渡期的著作是东禅院"流"的《悉昙小双纸》、《悉昙秘传东禅院》、《五音生起十地房未再治》。有所谓"能生图"、"五十音图"、"反音"、"纽声"、"双声"、"十二点"、"本音"、"五音"等内容。

承澄被认为是中世时代日本音韵学的开山祖，树立起中世时代音韵学的个性特征。研究安然《悉昙藏》，配合入唐僧了心学习《四声五音九弄反纽图》的操作方法。有《反音抄》，《字记正决》、《全真次第记料简》等著作。比如《反音抄》的"四声韵纲目"分"平上去入"四段，列《广韵》韵目，但与《刊谬补缺切韵》一致。又依《唐韵》五十韵韵目字与"天竺悉昙"十二元音相配合，推定音值。

信范(1223—1287)承袭其师承澄而又有所发展。有《悉昙私抄》、《调声调决抄》、《全真和尚次第记文释》、《悉昙字记闻书》、《九弄十纽图私释》、《悉昙秘传记》等著作。其著作内容，比如《悉昙私抄》"梵汉反切配合事"的《九弄十纽图》理论性很强。在我们看来，更为重要的是，在音韵学史上最早把《韵镜》纳入到研究视野。《悉昙字记闻书》、《九弄十纽图私释》多次引用《韵镜》，也注意用"悉昙学"阐释《韵镜》构成原理。

这一时期还应该提到的是了尊《悉昙轮略图抄》，像"八声事"、"反切事"和日本汉字音有关。东寺"三宝"中贤宝的研究，比如《悉昙字记创学抄》卷七以后部分，涉及梵音与《指微韵镜》的关系、汉音的"轻重清浊"、"八声事"等内容。

东禅院"流"的长觉《悉昙决择抄》有关"十四音说"，阐发信范说；"音近南天事"区别"原音"与"汉音"。宥快《悉昙字记抄》比较梵语的清浊与《韵镜》汉字音的清浊。印融关于"清浊分别"、"汉字反音"、"梵汉反切配合"、"六声分别"、"十四音"的学说被认为超出了前人的识见。

进入江户时代，学者们的视野与研究汉梵对音译音的方式在发生变化。出现的重要著作是慧晃(1656—1737)《梵语字典》(本名《枳桔易土集》，1716)。全书把所收集的4443项梵语语汇按五十音顺序排列。有不少是与汉字音相关的。小岛文保《日本悉昙史の一出——慧晃律师の梵语字典〈枳桔易土集〉》(1955)、水谷真成《中国语史研究》(1994)均有专文介绍。[4]

文雄(1700—1763)《悉昙字记训蒙》用唐音注记转译梵音汉字的价值已被日本学术界有所认识。[5]这就说明，文雄不仅仅注意正统的"华音"与梵音汉字的关系，也注意俗音与梵音汉字的关系，对后代学者的探讨提供了重要研究思路。

本居宣长的《汉字三音考》(1785)、太田全斋《汉吴音征》(1815)以不同方式引证汉梵对音译音。比如《汉吴音征》第二十三转开"殿"字"转音"就引《悉昙密抄》梵语音注说明(159页)。

他们之后的行智(1778—1841)《梵汉对译字类编》(1934)，以慧晃《梵语字典》为基础，汇集音译汉字资料，根据对应关系加以整理。无论是编写内容还是编写形式，都对后来日本的梵汉对译字典的编写影响很大，因而受到现代学者的高度评价。中里龙雄、渡边英明、水谷真成等都撰文进行了评介。[6]

水谷真成《〈大唐西域记译注〉解说》(《大唐西域记》,平凡社,1999.5)提到:19世纪末叶以来,西方学者研究佛经典籍与佛教文化,在理论与方法上对日本语言学界的影响是很大的。比如荷兰学者 T'oung -Pao1900 年对汉字音转写方法的研究等。

20世纪日本汉梵对音译音的研究成果,主要有:满田新造《支那音韵の历史的研究》(1915年刊,1923年博士学位论文,见《中国音韵史论考》,1—133页,武藏野书院,1963);荻原云来《梵汉对译佛教辞典》(丙午出版社,1927);高畑彦次郎《支那语の言语学的研究》(七)(《艺文》第20年第3号,1929);大岛正健《汉音吴音の研究》中"《韵镜》と《梵汉字汇》"一节(第一书房,1931);赤沼智善《印度佛教固有名词辞典》(破尘阁,1931);松本文三郎《支那に於ける印度音译字の二三に就て》(《怀德》第12号,1934);冈田希雄《梵语辞书史概说》(《立命馆文学》第2卷第8号,1935);荻原云来《汉译对照梵和大辞典》(铃木学术财团,1940);辻直四郎《〈西天馆译书〉调查报告》"序言"(《东洋学报》第31卷第1号,1947);小西甚一《文镜秘府论考》(《中国语学》第20号,1948);金田一春彦《日本四声古义》(1949年完成,《中国语学》第19、22、31号,《言语研究》第17号发表。又载于寺川喜四男等编《国语アクセント论丛》,法政大学出版局,1951);水谷真成《佛典音义书目》(《大谷学报》第28卷第2号,1949);桥本进吉《国语音韵の研究》(1950);辻直四郎《世界言语概述》(上)"梵语"(研究社辞书部,1952);宇井伯寿《〈佛国记〉存音译语字音》(《名大文学部研究论集》第9卷哲学第3号,1954);有坂秀世《悉昙藏所传の四声について》(《国语音韵史の研究》,三省堂,1957);堀内宽仁《佛典の音译语について》(《密教文化》第40号,1957);水谷真成《慧琳の言语系谱——北天系转写汉字の对音》(《佛教文化研究》第5号,1955)、《瑠璃音声考——梵汉对音の问题》(《大谷学报》第34卷第4号,1955)、《唐代における中国语语头鼻音のDenasalization进行过程》(《东洋学报》第39卷第4号,1957)、《晓、匣两声母の对音——〈大唐西域记〉夷语音释稿》(《东洋学报》第40卷第4号,1958)、《慧苑音义音韵考——资料の分析》(《大谷大学研究年报》第11辑,1959)、《Bra¯hmi¯文字转写〈罗什译金刚经〉の汉字音》(《名古屋大学文学部十周年纪念论集》,1959)、《梵语"ソリ舌"母音を表わす汉字——二等重韵と三四等重纽》(《言语研究》第37号,1960);堀内宽仁《〈韵镜〉の二百六韵と音译字の关系について》(《密教文化》第48—50合并号,1960;第52号,1961);森山隆《〈在唐记〉梵字注の构成とその解释》(《国语国文》第29卷第10号,1960);马渊和夫《日本音韵史の研究》(3大卷,日本学术振兴会,1962—1965)、《圆仁〈在唐记〉梵字对注の解释について》(《国语学》第43辑,1961);堀内宽仁《音译字杂考(一)(二)》(《密教文化》第58号、第61号,1962);水谷真成《上中古の间における音韵史上の诸问题》(中国文化丛书《言语》,大修馆,1967)、《永明期における新体

诗の成立と去声の推移》(《吉川博士退休纪念论文集》,1968.3)、《梵语音を表ゎす汉字における声调の机能——声调史研究の一资料》(《名古屋大学文学部二十周年纪念论集》,1968);尾崎雄二郎《汉语史における梵语学》(《东方学》第40辑,1970);马渊和夫《国语音韵论》(1971);水谷真成《音译汉字に对する音注の诸相——〈大唐西域记〉を例として》(《入矢教授、小川教授退休纪念中国文学语学论集》,1974);金田一春彦《国语アクセントの史的研究原理と方法》(塙书房,1974);松本丁俊《佛教经典汉译の中国音韵学に及ぼせる影响》(驹泽大学外国语学部《论集》第5号,1976);小岛通正《日本梵语学史の研究——寂严の阿弥陀经研究について》(《印度学佛教学研究》第27卷第2号,1979)、《近世日本梵语学史の研究——阿满得闻》(《印度学佛教学研究》第28卷第1号,1979)。

1980年以后,日本汉梵对音译音研究的语言学意识与前略有不同。比如梵字贵重资料刊行会编著《梵字贵重资料集成》"图版篇"、"解说篇"(东京美术,1980)的出版给研究者提供了很大的便利。其他学者的研究也卓有成效,如川胜政太郎《梵字讲话》(河原书店,1980);尾崎雄二郎《圆仁〈在唐记〉の梵音解说とサ行头音》(《立命馆文学》第430—432号,1981);松本丁俊《佛典から见た中国音韵と梵音の关系》(《饭田利行博士古稀纪念东洋学论丛》,1981);小林明美《圆仁の记述するサンスクリット音节caの音价——九世纪日本语音推定の试み》(《大阪外国语大学学报》第52号,1981)、《醍醐三宝院に传わる小册子本〈孔雀经音义の周边〉——五十音图史研究の准备のために(A)》(《密教文化》第144号,1983)、《〈悉昙相传〉に记述される/ハ/の发音方法》(《大阪外国语大学学报》第56期,1982)、《圆仁の"本乡(字)音"》(《大阪外国语大学学报》"言语"第66辑,1984)、《3册本〈孔雀经音义〉の写本系谱》(《大阪外国语大学学报》第69期,"文化编",1985);马渊和夫《三内说について》(《中川善教先生颂德纪念论集——佛教と文化》,1983)、《大矢博士の写された〈梵字口传〉について》(醍醐寺文化财研究所《研究纪要》第8号,1986);平山久雄《日僧安然〈悉昙藏〉里关于唐代声调的记载》(《王力先生纪念论文集中文分册》,香港中国语文学会编,1987);远藤光晓《〈悉昙藏〉の中国语声调》(尾崎雄二郎、平田昌司编《汉语史の诸问题》,京都大学人文科学研究所,1988);赖惟勤《中国音韵论集》(汲古书院,1989);铃木一郎《パ-ニニのサンスクリット文法と"五十音图"の形成について》(《惠泉女学园大学人文学部纪要》第1号,1989);平田昌司《梵赞与四声论(上)——科举制度与汉语史》(第2届国际暨第10届全国《声韵学学术研讨会论文集》(一),1992);马渊和夫《五十音图の基底にあるもの》(《国语教室》第49号,1993);肥爪周二《悉昙学行とワ》(《国语と国文学》第70卷第2号,1993);水谷真成《梵语字典〈梵汉对译字类编〉〈枳桔易土集〉解题》(《中国语史研究》245—252页,三省堂,1994);辛岛静志《〈长阿含经〉原语研究——以音写语分析为中心》(平河出版

社,1994);马渊和夫《影印注解悉昙学书选集》(勉诚社,1985—1992);沼本克明《日本汉字音の历史的研究》(汲古书院,1997);林史典《音韵资料として圆仁〈在唐记〉》(东京大学国语研究室创设百周年纪念《国语研究论集》,汲古书院,1998);肥爪周二《行智の悉昙学とその发达段阶》(《茨城大学人文学部人文学科论集》第30号,1997)、《唐音による悉昙学——文雄〈悉昙字记训蒙〉を中心に》(上、下)(《茨城大学人文学部人文学科论集》第31辑、第32辑,1999);马渊和夫《悉昙章研究》(勉诚出版,2006);沼本克明《由日本梵字音史为构筑基础的研究》(研究报告书,2007);辛岛静志《早期汉译佛教经典所依据的语言》(徐文堪译《汉语史研究集刊》,第10辑,巴蜀书社,2007),以及辛岛静志在《佛教大学综合研究所纪要》(1999—2007)系列论文:《早期汉译佛典的语言研究》(未刊稿,2010)、《正法华经词典》(创价大学,1998)、《妙法莲华经词典》(创价大学,2001)、《道行般若经词典》(创价大学,2010)等;平田昌司《略论唐以前的佛经对音》(原稿发表于1994年,见朱庆之《佛教汉语研究》,211—222页,商务印书馆,2009);等等。

可以明显看出,这其中桥本进吉对日语汉字音与梵语、汉语语音关系的梳理;水谷真成对汉梵对音译音资料的分析与理论建树;马渊和夫对汉梵对音译音资料的考订与整理;平山久雄对《悉昙藏》里唐代声调资料的利用;沼本克明有关"梵语音"的汉字标记与假名标记的理论研究等方面非常突出,并作出了很大的贡献。其他学者的功绩也不可没,比如金田一春彦等学者的汉语声调研究,也借助于汉梵对音译音等资料,构拟有一定的科学性;小岛通正日本梵语学史,以及小林明美的圆仁语音理论、五十音图原理;平田昌司的"印汉对音说";辛岛静志的"汉梵对音忠实印度原语说"等研究,与桥本进吉、水谷真成、马渊和夫等学者的研究一道构成了日本20世纪及21世纪初汉梵对音译音研究的鲜明特色。

二、日本学者有关汉梵对音译音资料的考订与整理

汉梵对音译音资料是以"悉昙学"研究为基础的。日本学者"悉昙学"资料的考订与整理成就很大。比较重要的如高楠顺次郎《悉昙撰书目录》(《大日本佛教全书》"悉昙具书"收,1922)、涉谷亮泰《昭和现存天台书籍综合目录》、赤堀又次郎《悉昙并声明等目录》(《日本文学者年表》附载,1926)、渡边英明《大须文库悉昙关系书写本解题》(《密教研究》第83号,1942)、小西甚一《文镜秘府论考》"研究篇"、金泽庄三郎《濯足庵藏书六十一种》、京都大学言语学研究室藏《东寺观智院金刚藏悉昙书目录附〈韵镜〉书目》,等等。

(一) 从辞书的语言学视角专门对汉梵对音资料进行考订与整理,应该提

及的是冈田希雄的《梵语辞书史概说》(1935)。

这本书，以史带论，颇有见地，比如对《类聚唐梵文字》、《梵汉相对抄》、《梵语集》、《梵语勘文》等日本平安朝末期以前的梵语辞书典籍考订，成为后来学者研究的基础。辛岛静志《正法华经词典》(创价大学，1998)、《妙法莲华经词典》(创价大学，2001)、《道行般若经词典》(创价大学，2010)的编撰，力图以词语为中心，从文献源流上说明各个时代译本之间的关系，其中涉及了汉梵对音忠实印度原语的许多方面的内容。辛岛教授诠释汉梵对音材料的工作假设是：对音材料是忠实反映印度原语的，如果汉语形式与梵语有差别，就是因为印度原典使用俗语(prakrit)，包括不见于文献(unattested)的形式。因此对于一些有问题的对音，辛岛教授径自构拟俗语形式，这在柯蔚南等学者的文章中是看不到的。

(二)其次是水谷真成的《佛典音义书目》(1949)。

《佛典音义书目》是水谷将他涉猎的佛典音义材料编成的书目。他说明编写书目的原则：一是收能够判明内容的书；二是《龙龛手鉴》、《类聚名义抄》等一般佛教辞书、字书不作介绍；三是悉昙、声明音义之外文献不作为收录对象。此书目与作者研究的领域有关，作者主要是把它作为语音研究的参考资料来编写的。

《佛典音义书目》把234种书分为12部：第一，众经部；第二，华严部；第三，方等部；第四，般若部；第五，法华部；第六，涅盘部；第七，律部；第八，印度论部；第九，秘密部；第十，诸宗部；第十一，杂部；第十二，音义书目部。

这个书目的特点是，说明藏书地点、时代、刊本或抄本等，非常精审。比如第一"众经部"45《五大部直音二卷》，同治十二年(1873)刊本，龙谷大学藏；光绪元年(1875)刊本，京都大学图书馆藏。像第二"华严部"49《新译大方广佛华严经音义》二卷，唐慧苑撰。有"丽藏，疑帙"、"宋藏，並帙"、"元藏，並帙"、"明藏，南藏，塞帙；北藏，並帙"、"檗藏，並帙"、"缩藏，为帙，四卷、二卷"之分。

庆谷寿信《水谷真成先生の横颜》(1994)除了推崇水谷真成"音义史的研究"贡献之外，还以相当的篇幅介绍他在整理《大唐西域记》上的成就。在水谷真成之前已有足立喜六《大唐西域记の研究》(1942)等学者的成果，但遗留许多难题，大多与汉梵对音有关。水谷真成很好地解决了一系列难题，写出《大唐西域记译注》(1971)，受到了学术界的高度评价。比如中国学者季羡林就对《大唐西域记译注》的学术价值予以充分肯定。[7]

(三)马渊和夫的《日本音韵史の研究》第三部是全书的"第五篇"，题为"日本韵学书籍集录"。

其写作涉及的"引用、参考书目，所载写真目录"分为"悉昙书籍目录"、"悉昙目录”、“悉昙血脉”、“悉昙传授、表白”、“梵字文献”、“悉昙章、悉昙字母”、“梵语辞书”、“悉昙字记及其注释书”、“悉昙十八章”、“悉昙研究书”、“连声”、“相通”、“汉字音研究书”、“悉昙反音”、“五音”、“九弄十纽图”、“梵字次第记”、“梵语文法”、“字义”、“杂、补遗”二十章。既有对前人成果的继承,又有作者自己的研究所得。语言学倾向也是比较明显的。

考订与汉梵对音译音研究相关文献,马渊和夫做了大量的工作。比如“梵语辞书”,冈田希雄《梵语辞书史概说》(1935)已经有所论及。他不仅对《梵语辞书史概说》文献又作了许多补充,比如对《梵语千字文》,又提到高野山大学所藏元禄十四年(1701)写本。而且,还注意吸取学术界其他学者的成果。比如《对译字类集》,就引用了金泽庄三郎《濯足庵藏书六十一种》。

《日本音韵史の研究》第一部虽然以论述日本音韵学形成历史为主,但也涉及许多与汉梵对音译音研究相关文献考订内容。比如第一章第三节“中国悉昙学”,考证在中国撰述的悉昙学书,主要有《梵字次第记》、《涅盘经悉昙章》、《悉昙字记》、《一行禅师字母表》、《天竺字源》、《八家秘录》等。对《梵字次第记》(816)形成的研究,在以著者全真《跋语》之外,又与慧琳《一切经音义》(824)次序相比较,找出相承关系痕迹。关于《涅盘经悉昙章》,与小西甚一《文镜秘府论考》“研究篇”的结论不同,认为,《梵字次第记》有引《涅盘经悉昙章》的内容,成书年代当比《梵字次第记》要早。《悉昙字记》作者、时代问题,研究悉昙对注汉字,与《庄严经》、义净《南海寄归传》大体同时代(676—691)。《一行禅师字母表》产生在8世纪,《天竺字源》作为宋代悉昙学的代表作。《八家秘录》中有的是梵唐对译书,有的是与《梵语千字文》有关系,《翻译名义集》是宋人所作。由此,在中国撰述的悉昙学书的情况就比较清楚了。

日本悉昙学典籍的考订是马渊和夫研究的重点。悉昙学日本化之前,空海、最澄、常晓、圆行、圆仁等学者的著作有一些疑点:比如《大悉昙章》、《八家秘录》也收录。比较“空海和上云”、“大悉昙章”、“梵字悉昙字母并释义”,内容显著不同。空海作《大悉昙章》是有证据的。中国语学与悉昙学之间有时难以划清界限,你中有我,我中有你,空海的著作也难免受其影响。

关于安然,桥本进吉《安然和尚事迹考》(1918)、稻田祖贤《五大院先德考》(1936)等均有考述。[8]马渊和夫在他们研究的基础上,对其著书《悉昙藏》、《悉昙十二例》进行了研究。比如《悉昙藏》第一卷“梵文本源”,存在着不同的说法,因此有进行“定本源”、“定相承”、“定字数”的考证,肯定了安然思考问题方式的稳妥性。

悉昙学日本化后,日本中世音韵学的信范学说与道范学说的关系一直是学术界未能澄清的问题。马渊和夫从《道范记》“反音”记事心莲系统、八声及清浊与明觉八声体系关系、“五十字男声女声分别事”等内容看,信范学说与道范学说关系并不密切。比如,"五十字男声女声分别事",信范《悉昙秘传记》这项内容根据的是《一行禅师字母表》,仅此一点与《道范记》一样,其他则没有相同之处。马渊和夫强调了信范学说与道范学说关系上的区别点,目的是使人们对一些汉梵对音译音研究文献的认识更加深化,在进行汉梵对音译音研究时,有意识地注意悉昙学文献的来源与相承关系的复杂性,这是很重要的研究环节。

(四)梵字贵重资料刊行会编著《梵字贵重资料集成》"图版篇"、"解说篇"(东京美术,1980)的出版给研究梵汉对音的学者带来了很大的便利。对照原文与译经,使研究具有了更可靠的依据。

马渊和夫编《影印注解悉昙学书选集》(1985—1992),主要是从研究日本音韵学史的角度出发而编选,但对梵汉对音研究学者来说也是应该参考的重要书籍和一些珍稀文献。比如,第一卷,平安前期,有《梵字悉昙字母并释义》、《在唐记》、《悉昙私记》等;第二卷,平安后期,有《悉昙要集记》(宽智)、《悉昙密要》(宽智)、《悉昙大底》(明觉)、《梵字形音义》(明觉)等;第三卷,镰仓前期,有《五音生起》、《反音抄》、《悉昙私抄》等;第四卷,镰仓后期,有《悉昙轮略图抄》卷第一至卷第十、《悉昙灭罪抄》第一卷上至卷下;第五卷,南北朝期,有《悉昙纲要抄》等;第六卷,室町前期,有补遗、全卷索引,还有《悉昙字纪抄》(上)、(下)等。[9]

沼本克明《日本汉字音の历史的研究》(1997)"附录"有"汉字音关系资料解说集成"的内容,涉及许多梵汉对音资料,比如六地藏寺藏韵学资料中的《梵字形音义》、《梵字书》、《字母离分》等资料,与汉字音、汉语语音的考订有很密切的关系。

三、日本学者汉梵对音译音研究的基本理论问题

(一)梵汉对音译音的转写与标记

1. 梵汉对音译音的转写,对汉语音韵体系的研究影响很大。中国学者在这方面的探索起步很早,研究中古汉语语音的有罗常培《知彻澄娘音值考》(1931)等。比如罗常培《知彻澄娘音值考》所列《〈圆明字轮〉中舌音五母译音表》与《"四十九根本字"中舌音五母译音表》,以及对表中译音规律、例外现象的解释,都与梵汉对音译音的转写问题有关。日本学者考察梵汉对音译音的转写方式,比较早的是高畑彦次郎。在《支那语の言语学的研究》(七)(1929)中,探讨了梵语送气浊音、不送气浊音和汉语不送气清音、鼻音等的对译转写问题,明显受西方学者的影响。不过,因为引入日本汉字音与朝鲜汉字音材料,使得研究具有了一定的东方意识。辻直四郎《〈西天馆译书〉调查报告》"序言"(1947)则对《华夷译语》中《西天馆译书》对应梵文词语的转写存在的问题进行了说明,《西天

馆译书》中混用梵语长短元音、辅音重复与简略化,以及误读、误记等可以明显看出。

20世纪中期有代表性的研究论著是水谷真成《慧琳の言语系谱——北天系转写汉字の对音》(1955)。[10]

对慧琳用汉字转写的梵语,水谷真成分为"软腭音"、"硬腭音"、"反转音"、"齿音"、"唇音"、"半元音"、"摩擦音"七部分说明。比如"唇音",他的解释是:中天系与南天系近似,智广"余国音",具有北天系音意味。原文是:"婆,摆下反,轻音,余国有音么。"摆下反,轻音,在《广韵》中,並母马韵开口二等字,[°bɑ]。余国音,么,《广韵》亡果反,微母果韵合口一等,[°ɱuɑ]。与此相对的,不空、慧琳:么,(亡果反),微母果韵合口一等,[°ɱuɑ]。么,莫我反,明母哿韵开口一等,[°m^ɑ]([°b^ɑ])。么,莫可反,明母哿韵开口一等,[°m^ɑ]([°b^ɑ])。通过《广韵》音,已经看出发生双唇音和唇齿音的严密区别,时代很清楚。不空、慧琳,关系密切,智广"余国音",北天系音特点显露出来。关于[m],"兼有鼻音"[-ng],智广"余国音"与不空、慧琳音也有相通的地方。

水谷真成强调了中国唐代西北方音与印度西北方音的关系。慧琳音是唐代西北方音,梵语音译以"北天音"为依据。北天音系(余国音)的特征是,汇集了"不送气浊音"与"鼻音"两类。例如齿音:"d :dh :n=定(轻):定(重):泥"的对比,显示"d:dh:n=泥(无鼻音):定:泥(有鼻音)"关系,汉字母的浊字母与梵语送气字母相当。智广音有"轻,重"的区别,把定母分为"d:dh"。慧琳音没有这种用法的原因在于,对于慧琳"送气浊音",这种"轻重"的标记作为适当的感觉是"泥(无鼻音)"母,即没有"泥"母 Final 没有鼻音文字。慧琳的(有的是北天音)[d-]比起"定"母(轻)发音更进一层。与此相对,表现[n]的汉字母"泥"母 Final,使它拥有鼻音成分了。并不是[na]依据慧琳音发音为[nɑŋ]。"娜,此字梵音有鼻音,应书曩字,取上声即是。"由此知道,有鼻音[n-]的字"泥"母 Final 是属于鼻音的字,即:泥母(Final 无鼻音)[d-],泥母(Final 有鼻音)[n-]。关系很明确。

尽管如此,对于 Final,鼻音有无的判定,还是依据梵语近似音的描述。为什么?音质和音量完全一致。智广音注有"余国音"的记述,"余国音"涉及了梵语音的区别。智广音注"余国音"存在方音的差异。对汉字音考订,以梵语音方面的要求为准,推断为,Final 鼻音,在浊音前有轻微的鼻音,而纯粹的鼻音在音节之尾有轻微的鼻音。

2. 水谷真成《慧苑音义音韵考——资料の分析》(1959)"音义汉字篇"有"反切をもつ梵语音表记汉字"内容。唐实叉难陀译八十卷《华严经》第七十六卷《入法界》第十七中所谓"四十二字母",与《慧苑音义》相对的是若干注音。比如:梵语[ya],唐实叉难陀译:"也,以可反";《慧苑音义》:"也,夷我反"。梵语[bha],唐实叉难陀译:"婆,蒲饿反";《慧苑音义》:"婆,婆之上声"。《慧苑音义》音注与唐实叉难陀译的差异是明显的。从梵语字母和汉字之间关系可见，第一种情况，是梵语字母的调音法和汉字上声之间对应关系例证很多；第二种情况，是汉字的浊声母与梵语浊音送气字母存在对应关系。属于第二种情况的例证如：梵语[ga]，《慧苑音义》："伽，伽之上声清呼"，梵语[gha]，《慧苑音义》："伽，伽之上声"。即是梵语字母有无送气音与汉字"轻呼"注记有无对应，可以解释为"汉字浊音与梵语音浊声送气音对应"。

《慧苑音义》音注汉字音节位置、声调与梵语对照可见：其一，梵语长元音与汉字去声对应；其二，梵语尾数第二音节与汉字上声对应。但水谷真成又指出，这种梵汉对应关系也有很多的例外。

水谷真成《梵语"ソリ舌"母音を表わす汉字——二等重韵と三四等重纽》(1960)对表现翘舌元音汉字标记的考察，主要从包含翘舌元音语汇入手。比如[a]元音，[sɑ]音节，《添品法华》作"杀"，《杂咒经》作"沙，疎我反"，《玄应音义》作"杀"，《法华仪轨》作"洒"。在《韵镜》属于二等韵。其他，像包含翘舌[e][i][ɹ]元音的情况，汉字标记有的是一个汉字，有的是反切，有的是二合汉字。分属于牙音三等、牙喉音三等、齿音三等，以及牙喉音四等。音译汉字对应原梵语的体、尾音完全相同或近似。检讨与梵语翘舌元音对应的汉字标记的结果，明确了汉语二等"重韵"和三四等重纽存在情况，尤其是取得了"舌音三等"的特征。

3. 马渊和夫《日本音韵史の研究》第二部第三章"从对注汉字看梵语及汉语的音韵"讨论更加系统化。材料的应用很广泛，有所谓"华严经系"、"涅盘经系"、"别系书"、"盛唐代译经"。比如[a]元音，转写汉字非常复杂，大的区别有"阿"、"恶"、"裀"三种。"阿"是基本用字，"短阿"与"长阿"对立。再如[i]及与[i]相关的元音也是如此，有"短伊"、"长伊"、"缢入"、"伊上"、"梵音以伊字上声稍短呼之"的汉字标记。由此，各类典籍的汉字标记与原梵语的关系理解就容易出现分歧。

马渊和夫《悉昙章の研究》(2006)"悉昙文字的罗马字转写"一节也说："悉昙文字(梵字)的字体依据流派的不同而存在着笔法的差异。"所以，转写要区别对待。

4. 沼本克明《日本汉字音の历史的研究》(1997)第六部"标记史论"第一章"梵语音的假名标记"专门谈了日本梵汉对音特有的"假名标记"问题。主要有"梵语多重辅音的假名标记"、"悉昙章的对注汉字系统"、"梵语音和汉字音的假名标记"问题。有一些与汉语语音研究存在直接密切关系。

"梵语多重辅音的假名标记"可以从三个方面认识：一是以《悉昙章》为中心的梵语音假名转写。沼本克明以圆行(798—852)研究《悉昙章》假名字体表为例，说明二重辅音(如[kri]キリ)、三重辅音(如[kṣmu]クスホ)的转写情况。对于这种多重辅音嵌入的假名转写，称为"元音调和式"。二是汉译陀罗尼的假名转写。比如属于平安初期天台宗《金刚界仪轨宽平元年点》："囊野，怛摩(トハ)二合南"，把[tba][tva]作为"トハ"陀罗尼从汉译读。其他还有所谓"元音消去式"。三是《法华经陀罗尼》假名转写。高山寺《法华经陀罗尼》(1126)。这个资料是梵字本文和汉译拼记之间加假名。与醍醐寺《诸经中陀罗尼》、仁和寺《真言集》(1171)还不一样。

"悉昙章的对注汉字系统"。东寺藏《大悉昙章》平安中期写本，东寺《悉昙章》(贤宝转写)本文不加对注汉字，而东寺藏《悉昙章》(灵岩寺本)、石山寺藏《悉昙章》等横书梵字本文之下加对注汉字。

"梵语音和汉字音的假名标记"。涉及日本汉字音与梵语音标记开拗音、促音、拨音问题。比如开拗音"イア"是ア行假名，梵语音却是"イ"、"ヤ"行假名。外来语标记中区别清浊，从梵语音开始，波及汉字音，四声点的使用也是很重要的。还有梵语音"连声"与汉字音的标记问题，沼本克明承认，现在这方面的研究并不充分。

沼本克明的研究完全从梵语音、汉字、汉字音比较角度诠释，与水谷真成完全从梵语音与汉语语音的对音译音的出发点还不一样。

(二) 梵汉对音译音语音系统研究的时间、空间特征

1. 梵汉对音译音语音系统研究的时间性特征。其时间性要求是很严格的，如果不遵守这样的原则，研究的结果会出现漏洞。20 世纪 20 年代中国学者汪荣宝《歌戈鱼虞模古读考》(1923)一文问世后，在中国音韵学界引发了能不能根据译音、对音考订古音的理论与方法的讨论。以今天的眼光看来，汪荣宝的探讨无疑是有重大历史意义的，但也不是无懈可击。徐通锵、陈保亚(1998)回顾这段历史时指出："译音、对音只能适用于所译时代的语音拟测，而不能广泛运用于其他时代的语言史的研究。"汪荣宝的明显弱点恰恰在这里。推测上中古音，译音、对音材料的时间跨度过长，容易混淆不同时代的语音特征，这是研究梵汉对音译音语音系统的大忌。[11]

早期的一些日本学者，在对音译音材料的使用上也或多或少存在着这样的问题。比如满田新造《支那音韵の历史的研究》(1963(1923))划分中国音韵学史为三个时期：第一期先秦时代，第二期汉唐时代，第三期宋元以后。他特别强调，第二期区分为四段，即汉魏、晋代、南北朝、唐代。在使用资料上，以韵文为主。表现中古音的韵部 206 韵的通押情况，比如对音值的推定，就利用汉译佛典中的音译汉字，以及《古事记》、《日本书纪》、《万叶集》假名注音等材料，力图视野范围广阔、材料种类丰富，但却忽略了一些材料研究的时间性特征，因而可待弥补的缺憾很多。[12]

基于这种情况，许多日本学者对梵汉对音译音语音系统研究的时间性特征

的考虑有意体现在汉语语音系统研究的时间变化上，而不是静止地，不加区分时代地看待语音现象，这就在研究观念上向前跨进了一大步。水谷真成《上中古の间における音韵史上の诸问题》(1967)是这方面的力作。

水谷真成利用梵汉对音译音材料主要研究的是上古音向中古音过渡时期语音变化的情况。比如"上古音去声韵尾的消失"、"舌上音音值"、"正齿音音值"、"浊声母弱化和鼻音弱化"、"轻唇音的产生"等问题。

关于"上古音去声韵尾的消失"。上古音去入通押的韵尾拟订如[-t][-d]类的解释被认为是合理的。上古到中古之间逐渐消失，最终去声独立为一类。对变化的解释，塞音韵尾弱化乃至于消失的同时，主要元音也在发生变化。诗文押韵之外，佛经音译字可以证明。

关于"舌上音音值"。一是汉译经初期表现的特征，梵语翘舌音对应往往是来母汉字。二是6世纪后半期到7世纪初叶，梵语翘舌音的汉字标记用了特定的韵类文字。三是7世纪中叶梵语翘舌音几乎无例外是用舌上音汉字。反切上字仍然舌头舌上不分，下字限定在特定的范围。四是8世纪后半期梵语翘舌音和舌上音汉字无例外地等值。

关于"正齿音音值"。汉字音的齿音与舌音的关系，从汉唐间的情况来看，齿音三等已经从舌音完全分离。作为音译汉字使用齿音汉字，从后汉到8世纪中叶几乎没有很大的变化。齿音一等字和四等字，作为反切用字在《切韵》时还不能见到区别。7世纪后半叶则各自独立。一等字和四等字不是问题，讨论限于二等、三等字。齿音二等、三等区别比较典型是的是审母字。审母二等：[ṣ]翘舌音；审母三等：[ś]上腭。另外，床三母和禅母区别，音译汉字传译者之间传来"破擦音"的可能性很大。后汉时，禅母已经是[z´]。

关于"浊声母弱化和鼻音弱化"。作为唐五代西北方音的特征，浊声母逐渐弱化而与清声母无别。其中禅母更容易发生变化。音译资料中禅母与日母混用，日母摩擦音化；语头鼻音弱化现象，都发生在8世纪初。

关于"轻唇音的产生"。音译汉字唇音轻重在慧苑、慧琳语音中判然有别。

水谷真成《梵语音を表ゎす汉字における声调の机能——声调史研究の一资料》(1968)讨论汉语声调史，永明以前、永明期间、6世纪后半期、7世纪(唐初)、8世纪等时期，梵语音所发挥的作用是很大的。比如永明期间，如果把陀罗尼僧伽婆罗用字与梵汉对照，梵语与四声搭配情况是，梵语长元音与汉字平声对应；梵语短元音与汉字平仄两声对应。6世纪后半期，四声，从元音长短的观点，包括"平仄"二元的对立要素。7世纪(唐初)，单元音，梵语的长对短关系恰好是汉字的平对上；复元音，梵语长对短关系恰好是汉字的去对平。8世纪前半期，与梵字母对应的上声汉字很多；汉字的浊音与梵语送气浊声母对应。梵语尾部数第二音节对应汉字上声很多。梵语长元音与汉字去声对应的很多。8 世纪后半期，梵字母的短元音和清、次清、次浊、浊诸辅音对应汉字上声；梵字母的长元音和全浊送气的辅音对应汉字去声。声调史的时间意识很清楚。

平田昌司(2009(1994))也认为："佛教各部派使用的语言、文字并不一致，而且随着时代发生一些变化。"

2. 梵汉对音译音语音系统研究的空间性特征。水谷真成《慧琳の言语系谱——北天系转写汉字の对音》(1955)介绍了与印度地理历史相关的方言三分法，即中天竺系、北天竺系、南天竺系。与此相应，汉字转写梵语音资料，也有所谓中天系、北天系、南天系之分。《慧琳音义》中北天系转写汉字对音情况在"软口盖音"、"硬口盖音"、"反转音"、"齿音"、"唇音"、"半元音"、"摩擦音"上反映非常明显，慧琳的汉字音是唐代西北方音，而梵语音是北天系音，方音的对应关系逐渐明晰，由此而推定音值，这考虑到对音译音研究语音系统的空间性特征。

肥爪周二《悉昙学书にられるインド见の诸方言について——"吴音"、"汉音" を理解するために》(1995)谈到，从梵语的发音和汉字音的对应可见，分为两大类型：A 类型，比如后秦鸠摩罗什译《摩诃般若波罗蜜经广乘品第十九》；B 类型，唐不空译《瑜伽金刚顶经译字母品》。[13] 情况如图 5－1：

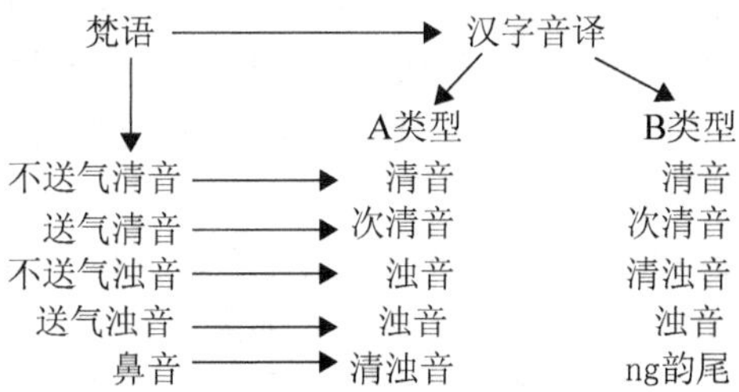

图 5－1

关于日本悉昙学对印度方言的传承，安然《悉昙藏》有记述："其中天音并以汉音得呼梵音；若以吴音不得梵音。其南天音并以吴音得呼梵音，若以汉音不得梵音，唯有如 da 娜字等或依汉音者。然而检诸翻音，中天多用汉音少用吴音，若呼五句各第五字如空点响。北天多用汉音少用吴音，若呼五句各第五字如阿字响。南天多用吴音少用汉音，若呼五句各第五字如阿字响。"这种情况，就把南天音与 A 类型对应、把中天音与 B 类型对应更合适，即将 A 类型看做是吴音，B 类型看做是汉音作为原则。

有关历来学者对这方面的问题争论主要有：其一，译者反映印度哪个地域方言很难确定。其二，译者所依据的中国语音系很难确定。其三，智广记录的"余国音"果真是印度的方言吗？其四，关于《悉昙字记》序文的印度方言记述，记述的是梵字发音吗？其五，印度方言差异不能参考其他的资料研究吗？

肥爪周二认为，关于印度梵字发音的地域差异问题。实际上，《悉昙字记》的记述日本悉昙学的传承之外，像这样的"方言差异"积极的证据还不存在。存在这样问题，不是印度诸言语的问题，而是印度各地梵语发音的问题。印度语学专家并不存在因地域不同而发音产生差异是前提。但在梵汉对音材料中，中国方面发音不同难以说明，显示用字上的对立，存在两个方面问题：一是[va]的辅音的音写法；二是[cacha]的系统音音写法。通过分析，可以见到，印度方面的"方言差异"、中国方面的音系、译者的母语问题等不确定因素很多，仅此，应该像是用联合方程式之一的方程式解决问题一样，从《悉昙字记》的序文能够见到的印度方言的记述，是不是记述了真正的梵字的发音地方差别呢？印度文字史学者存在完全不同的理解，解释不同，由此，从《悉昙字记》的序文中考虑梵字发音的方言差别也是不可能的。

还有"余国音"问题。无视日本悉昙学传承情况的话，智广向南天竺般若菩提学习悉昙、学习"中天音韵"，从序文能够得到直观的理解。"余国音"的正体是什么呢？智广向般若菩提学习"余国音"时，是否是直接听到了"余国音"？很难判断。实际上，像《悉昙字记》"ka 伽 居下反，音近姜可反"的"音近"，显示的是中国语发音微妙不同的音注，几乎像是注上字母，与"余国音"相关的一例也没有，智广不只是耳朵听到"余国音"，还用眼睛看见写在文字上的"余国音"。

日本悉昙学，从《悉昙字记》的记述可以知道，A 类型是南天音；B 类型是由中天音或者是北天音传承的。

平田昌司(2009(1994))认为，印(梵)汉对音研究应该留心的几项原则是：(1)要确定某部经典的原本形成的地域、所属的部派、原文使用的语言。(2)不能只列每个汉字单独的对音，要观察整个音译词的对应情形。(3)有些印度的文字形体相似，抄写、读字上的错误是难免的，这样，就会出现"不规则的语音对应"。(4)印度文字的拼写并不等于实际音值。(5)不宜根据梵语词典校改原文、译文的"错误"。中亚出土佛教文献是最重要的第一手材料，应该重视。

(三) 梵汉对音译音研究的具体方式

罗常培《知彻澄娘音值考》的具体研究方式从其研究步骤就可以看出：确定知彻澄娘音值"从梵文字母的译音证明"；"从佛典译名的华梵对音证明"；"从藏译梵音证明"；"从现代方音证明"；"从韵图的排列证明"；"对前人审辨知等音值的批评"等。梵汉对音译音是主要研究资料，但不是唯一的资料。由此，其研究的具体方式就具有了非常重要的理论指导意义。

水谷真成《唐代における中国语语头鼻音のDenasalization 进行过程》(1957)主要是对"明"、"泥"、"疑"、"日"诸母在唐代发生语音变化情况进行考察。

前提是，音节韵尾没有鼻音，但是在声母还是"明"、"泥"、"疑"、"日"的情况下，在听觉上没有鼻音要素存在，几乎像纯粹的口腔音现象。

对这种现象的观察，HenriMaspero 早就推论："能够在八世纪的不空(Amoghavajra)音译字见到，大概是七世纪在长安发生的现象吧！"但有怎样的一个进行过程还是不清楚。水谷真成的解释方式是：对智通、窦思惟、菩提流志、义净等 7 世纪中叶到 8 世纪初译经材料进行调查，确定"鼻音弱化"大体时限。分析资料可知，"鼻音弱化"有时间因素，还有地理因素。比如智通，主要是在洛阳译经馆学习，这种经历决定了他的译经"鼻音弱化"倾向性存在的地理因素。对"明"、"泥"、"疑"、"日"诸母在唐代发生语音变化的解释：主要是"浊音清化"的影响。比如摩擦浊音禅母等发生清音化变动，等等。

《晓、匣两声母の对音——〈大唐西域记〉夷语音释稿》(1958)，考虑到晓、匣两声母对音的多种情况。同一发音部位"软腭"或"声门"，存在不同发音方法问题；还有，相对于中国语的梵语字母发音，有中天系、南天系、北天系之分。而此时，汉语语音全浊声母清音化。对于这个语音变化，悉昙学者的反应敏捷与否也是必须注意的。比如，玄奘、义净用晓母，不空、慧琳用匣母。汉语语音虽然变化了，但对应的梵语原音不变。印度等文字语音"深部摩擦音"方言因素的存在，以及《大唐西域记》对译汉字词语语音具体地域"原音"的调查，都可以为晓、匣两声母对音复杂情况的阐释作有益的佐证。

尾崎雄二郎《汉语史における梵语学》(1970)的研究方式也有一定的代表性。一是从汉语等韵学的产生与形成出发，看与梵语学的关系。二是以精密的梵语学知识分析汉语等韵图的构成。三是对社会发展过程中的语音规范方式进行研究，突出标准语的社会功能。四是梵汉对音译音与研究汉语谐声系语音、齿头音系列等发音部位与发音方法拟订的关系等。视野非常开阔。

日本汉字音、梵语音、汉语语音之间关系的互证方式更是复杂。桥本进吉《波行子音の变迁について》(《冈仓先生纪念论文集》，1928)讨论ハ行辅音音值，对 Johann J.Hoffmann(1805—1878)1868 年提出是双唇摩擦音[φ]，上田万年(1867—1935)则认为[φ]之前是双唇闭塞音[p]的假说论证，所用材料就是圆仁《在唐记》(840)译音记述。在这里，日本汉音"婆"相当于梵语音[ba]，"波"则读为[pa]。由此，引起了ハ行辅音音值新的推断。桥本进吉又引用中国资料，比如 8 世纪长安方音等。又区别汉音、吴音，认为 13、14 世纪ハ行辅音音值是双唇摩擦音[φ]。在日本典籍心莲《悉昙口传》有"以唇内分ヲ上下合之呼 a，而终开之则成ハノ音"的记载。小林明美《〈悉昙相传〉に记述される/ハ/の发音方法》(1982)没有像马渊和夫那样轻易否定桥本进吉的论证(《国语音韵论》，1971)，而是在心莲《悉昙口传》另寻证据。可以推定的是，有[φ][β][u]三个辅音音值成为可能。以清音条件排除，则[φ]是最可信的。

马渊和夫《悉昙章の研究》(2006)“和中国汉字音史的关系”一章就“送气和不送气”、“唇音的轻重”、“鼻音消失”、“入声音消失”、“浊音和鼻音”、“吴音和汉音”等音值对应译写问题进行了详细的讨论。比如“鼻音消失”(171页),“鼻音消失是日本汉字音汉音、吴音很大的区别性特征,大约是从唐代开始的”。关于[d]和[n]音,在《安国寺本》,给[i][u][o][au]元音加注的时候,分别使用了表现[d]和[n]音的别字,无论是[d]还是[n]汉字没有了区别。在《全雅本》,明确看到了[na]和[da]不同,但它是“别音”。所举例字,除了两个字属于二等或三等外,一概是一等、四等。不是拗音性的,而是属于梵语的一种类断音(ceredral)。

(四)梵汉对音译音研究对中国音韵学的影响

1. 梵汉对音译音的研究是伴随着佛教经典汉译而逐渐展开的。这种研究对汉语音韵学的产生、形成、发展过程发挥着怎样的作用,又居于怎样的位置,日本学者是很关心的,也凝结了不少思考的心血。松本丁俊《佛教经典汉译の中国音韵学に及ぼせる影响》(1976)一文从佛教传入中国,佛典汉译入手,探讨梵汉对音译音研究对中国音韵学的影响问题。

关于反切法的兴起。主张受梵汉对音译音研究的影响而产生的学者,除了赵荫棠(《等韵源流》“序”)之外,董同龢《汉语语音史》也说:“有意利用两个字来拼注另一个字的音,据现在所知,是导源于东汉,盛行于六朝以后的。那时,正当佛经传入中国,一般文士受印度拼音文化的影响,知道了分析文字的门径,于是,逐渐用反切来代替直音。”松本丁俊同意这种看法,并认为,它是客观的、合理的。

关于字母问题。松本丁俊提到,魏晋以后,印度的拼音字母传入中国,比如《隋书·经籍志》云:“自后汉佛法行于中国,又得西域胡书,能以十四字贯一切音,文省而义广,谓之《婆罗门书》,与八体六文殊别。”《高僧传·宋释慧叡传》:“陈郡谢灵运笃好佛理,殊俗之音,多所达解,乃咨叡以经中诸字,并众音异旨,于是著《十四音训叙》,条例梵汉,昭然可了,使文字有据焉。”谢灵运十四音,见于《隋书·经籍志》。与《一切经音义》所述《大般涅槃经》十四类音类似。十四类音是:

> 第一类:哀·阿。第二类:壱·伊。第三类:坞·乌。第四类:黳·蔼。第五类:污·奥。第六类:庵·恶。第七类:迦·呿·伽·咺·俄。第八类:遮·车·阇·膳·若。第九类:咤·咃·茶·咤·拏。第十类:多·他·陀·驮·那。第十一类:波·颇·婆·娑·摩。第十二类:虵·逻·罗。第十三类:缚·奢·沙。第十四类:婆·呵。

在十四类音中,一、二、三、四、五、六、十二类属于韵母,其他七类属于声母。

按发音部位区分，有牙音、舌音、齿音、唇音、上颚音五音。松本丁俊说，由唐末三十字母到宋初三十六字母，都是从这十四类音发展而来的。

马渊和夫《日本音韵史の研究》第二卷（1962—1965）以“关于《大般涅槃经》十四音”为题，力图依据梵语原典对纷繁复杂的“十四音”记载作出合理的解释。因为从 4 世纪的谢灵运到 9 世纪的安然，都没有定说。后来学者的阐发偏离了梵语原典。马渊和夫的研究存在着双重因素，既从日本音韵学形成的角度，又有汉语音韵学史的考虑。

平田昌司《谢灵运〈十四音训叙〉の系谱》（1994）从科举制度与中国语史的关系去看谢灵运《十四音训叙》的价值，涉及的内容非常广泛，其中中国梵学史、等韵的形成等视角，很显然，凸显梵语“十四音”对中国音韵学的影响。[14]

2. 关于汉语等韵学和梵语学的关系。大岛正健《汉音吴音の研究》“《韵镜》と《梵汉字汇》”一节（1931）将《韵镜》汉字音与《梵汉字汇》进行对比，表面上是探讨《韵镜》声母与梵语译音的清浊关系问题，实际上，带有韵图构成与梵语语音形式对比意图，由此可以进一步认识等韵图来源问题。尾崎雄二郎《汉语史における梵语学》（1970）谈到，汉语等韵图的产生也和梵语学有着十分密切的关系。比如郑樵《七音略》序说到“胡僧”。但是，韵图有四等之别，与梵语学有直接关系，并不是汉语学界熟知的事。根据 Allen, W.S《古代インドの音声学》（*Phonetics in Ancient India*, Oxford, 1953。pp.25—26），梵语学有“口腔内闭锁度之差”的音声四分法。比如：1.Contact；2.Slight contact；3.Slight openness；4.Openness。或者 1. Contact；2. Slight contact；3. Half contact；4. Non-contact。等韵学韵图四等之分，是从梵语学四分法得到直接要领而创造的，大概没有可怀疑的。梵语学精密的语音分析理论当然影响了汉语等韵学的形成。尾崎先生以罗常培命名的《守温韵学残卷》三十字母为例加以说明，很有说服力。

3. 关于汉语声调。有坂秀世《悉昙藏所传の四声について》（1936）把《悉昙藏》所传四声与所推定的“北音”声调比较，轻重之别与清浊相伴，而有声调的差别，规律性很强。金田一春彦《日本四声古义》（1949）认为，汉语声调音值的确定，《悉昙藏》等文献的记载非常重要，无论是“六声”，还是“八声”，都要具体分析。比如“六声”，依据明觉的解释，“平声之重”，即低平调；“平声之轻”，即下降调；“上声”，高平调；“去声”则是上升调；“入声之重”，即是低平调；“入声之轻”，即是高平调；等等。平山久雄《日僧安然〈悉昙藏〉里关于唐代声调的记载》（1987）结合汉语声调演进时空特点研究。远藤光晓《〈悉昙藏〉の中国语声调》（1988）后出转精，清理各家学者对《悉昙藏》声调记载的解释，然后，作出评判。比如，日本学者汉字音意识对汉语声调研究的影响也不可小视。

平田昌司《梵赞与四声论（上）——科举制度与汉语史》（1992）对陈寅恪 1934 年“四声外来说”进行补充与修订，反驳一些学者对陈氏的批评。其内容主要有:一是谈到印度西北部佛教吸收婆罗门教朗诵法的过程;二是梵文诗律学著作《诗律考辨》在中国音韵、诗律学史上的意义;三是鸠摩罗什对永明四声论的影响。[15]

(五) 原写语的音写语复杂性与中国音韵学研究的关系

辛岛静志《〈长阿含经〉原语研究——以音写语分析为中心》(平河出版社,1994)认为,《长阿含经》音写语包含了魏晋南北朝汉语语音许多成分,所以,是研究《切韵》之前中国音韵学的重要资料。但是,考虑到资料的性质,比如牵涉到古汉语、巴利语、中亚语、藏语等诸多语种语言,研究起来,就必须以这些语言为基本知识储备,否则,就难以分清哪些是汉语语音成分,哪些是"原语"语音成分等特征,由此,必须慎之又慎。辛岛氏从分析《长阿含经》原语音写语,以及反映翻译语的情况入手,找出一些和汉语语音关联的内容,比如羊母的音值、第一"口盖化"、韵尾[-S]、鱼部音值等现象,很有意义。[16]

可以看到,日本学者有关汉梵对音译音的基本理论问题思考方式与中国学者还有很大的差别,以他们的眼光审视与比较,大多数问题的讨论都很细致而深入,产生了尤其积极的学术效应,在海内外汉梵对音译音研究领域居于十分重要的地位。

四、余论

日本学者梵汉对音译音研究所涉及的问题范围很广泛,无论是理论还是实际,都非常深刻,而且富于很明显的自身特点。

其一,许多学者把梵汉对音译音研究当做日本国语学研究的一部分来对待,因此,往往结合日本汉字音的发展历史看待梵汉对音译音,给汉语语音研究带上多重比较色彩。比如马渊和夫《日本音韵史の研究》就是如此。

其二,也有一些学者跳出"国学"视野以梵汉对音译音为门径,专注于汉语语音历史的研究,广泛吸取中国学者的研究成果,进而丰富自己的研究内涵。水谷真成等学者这种特点比较突出。

其三,文献的丰厚积累往往是研究的基础,亲自调查,辨别来龙去脉,由材料而提炼观点,不发空论,又不为材料所局限,使得研究游刃有余。水谷真成、马渊和夫都具有这样的学术品格。

其四,梵汉对音译音研究与历史文化研究相结合,凸显了它的实际应用功能,不单纯为研究而研究,水谷真成《〈大唐西域记〉译注》就是这方面的典范。

其五,由中日语音视野,进而到汉梵对音忠实于印度原语音视野,以及中亚出土佛教文献视野,研究的理论与方法发生了很大的转变,辛岛静志、平田昌司等学者的研究代表了21世纪初日本学者研究汉梵对音译音新的学术倾向。

我们的总结与评述并不足以概括日本学者梵汉对音译音研究成就的全部，但如果读者可以借此窥见一些日本学者梵汉对音译音研究的基本面貌，这也就达到了我们的目的。

附　注

[1] 罗常培《知彻澄娘音值考》,《历史语言研究所集刊》第3本第1分,1931年。

[2] 马渊和夫《日本音韵史の研究》,3大卷,日本学术振兴会,1962—1965。

[3] 松本文三郎《贺州隐者明觉と我邦悉昙の传来》,《艺文》第8年第5号,1917.5。

[4] 小岛文保《日本悉昙史の一出——慧晃律师の梵语字典〈枳桔易土集〉》,《图书馆界》第7卷第3号,1955;水谷真成《中国语史研究》,245—252页,三省堂,1994.8。

[5] 肥爪周二《唐音による悉昙学——文雄〈悉昙字记训蒙〉を中心に》(上)、(下),《茨城大学人文学部人文学科论集》第31辑、第32辑,1999。

[6] 中里龙雄《梵学验者行智を忆ふ——帝大池畔の碑を见て》,《宗教研究》新9卷第1号,1932.1;渡边英明《行智师の音韵研究概说——音韵学的述作中に於けるものを中心として》,《密教研究》第6卷第62号,1937;水谷真成《中国语史研究》,245—252页,三省堂,1994.8。

[7] 庆谷寿信《水谷真成先生の横颜》,《中国语史研究》,474—481页,三省堂,1994。足立喜六《大唐西域记の研究》,法藏馆,1942。水谷真成《大唐西域记译注》,平凡社,1971.11。

[8] 桥本进吉《安然和尚事迹考》,《史学杂志》第29卷第8期,1918;稻田祖贤《五大院先德考》,《叡山学报》第11辑,1936。

[9] 马渊和夫编《影印注解悉昙学书选集》(全六卷),勉诚社,1985—1992。

[10] 水谷真成《慧琳の言语系谱——北天系转写汉字の对音》,《佛教文化研究》第5号,1955.11。

[11] 汪荣宝《歌戈鱼虞模古读考》,《国学季刊》第1卷第2号,1923。徐通锵、陈保亚《二十世纪的中国历史语言学》,见刘坚主编《二十世纪的中国语言学》一书,北京大学出版社,1998.6。

[12] 满田新造《支那音韵の历史的研究》,1923年博士学位论文,见《中国音韵史论考》,1—133页,武藏野书院,1963.9。

[13] 肥爪周二《悉昙学书にられるインド见の诸方言について——"吴音"、"汉音"を理解するために》,《筑岛裕博士古稀纪念国语学论集》,汲古书院,1995.10。

[14] 平田昌司《谢灵运〈十四音训叙〉の系谱》,高田时雄主编《中国语史の资料と方法》,33—58页,京都大学人文科学研究所报告,1994年。

[15] 陈寅恪"四声外来说",见《四声三问》,《清华学报》第9卷第2号,1934。另见《金明馆丛稿初编》,上海古籍出版社,1980。

[16] 辛岛静志《〈长阿含经〉原语研究——以音写语分析为中心》,平河出版社,1994。

第六章　日本学者汉藏对音译音研究

——以唐五代及明清通语语音为重心

【本章内容提要】论述日本学者唐五代汉藏对音译音研究的历史，其中重点介绍高田时雄的专著；日本学者唐五代汉藏对音译音研究所涉及的主要问题，论及唐五代汉藏对音译音转写、语音系统、方音性质；冈本勋有关唐五代西北方音与日本汉字音的研究；对其他时期汉藏对音译音资料研究，主要介绍西田龙雄的成果。

【关键词语】唐五代及其他时期汉藏对音译音　唐五代汉语语音　日本汉字音

唐五代汉藏对音译音资料是日本学者汉藏对音译音研究关注的重点，而且这方面研究的成果在汉语音韵学领域影响也是很大的，所以，应当成为我们首先关注的主要对象。

一、日本学者唐五代汉藏对音译音研究的历史

日本学者唐五代汉藏对音译音研究历史的总结，在高田时雄的《敦煌资料による中国语史の研究》(1988)“河西方言研究小史”中有所涉及。在“附录”中又列有“引用文献目录”。[1]

比较重要的有：羽田亨《汉番对音千字文の断简》(《东洋学报》第 13 卷第 3 号，390—410 页，1923)；宫本正尊《敦煌出土大乘中宗见解及びその研究》(《宗教研究》新 6 卷第 4 号 501—526 页，1929)；财津爱象《敦煌出土汉藏对音の材料と〈韵镜〉との比较》(《东洋学丛编》第 1 卷，105—153 页，1934；もと《怀德》第 10 卷第 6 号，1932)；金山正好《大乘中宗见解とその汉藏对音》(《大正大学学报》第 30 号、第 31 号，335—370 页，1940)；大岛正二《敦煌出土藏语语汇资料について——唐代西北方言口语音の特征のいくつか》(《早稻田大学语学教育研究所纪要》第 6 号，16—59 页，1968)；金子良太《敦煌出土未解明文书一、二について》(《丰山学报》第 17 号、第 18 号，142—150 页，1973)；佐藤长《唐蕃会盟碑の研究》(京都东洋史研究会《古代チベット史研究》下卷の附录第二，874—939 页，1959)；高田时雄《チベット文字转写阿弥陀经の奥书——汉藏对音资料の年代についての考え》(《小樽商科大学人文研究》第 65 号，1—13 页，1981)；《チベット文字で书かれた寒食诗の断片》(《均社论丛》第 10 辑，66—86 页，1983)；西冈祖秀《チベット译〈佛说天地八阳神咒经〉の敦煌写本》(《印度学佛教学研究》第

30卷第1号,465—471页,1981);汤山明《妙法莲华经の藏字音写による敦煌出土写本断简二点觉书》(云井昭善博士古稀纪念《佛教と异文化》,法藏馆,233—247页,1985);吉田丰《汉译マニ教文献における汉字音写された中世イラン语について》(上),(《外国学研究》第12号,1—15页,附表6,1987);等等。

这其中,羽田亨对敦煌千佛洞《汉番对音千字文断简》的释读具有重要的语言学史意义。不仅仅因为他是日本学者中较早注意敦煌藏汉对音资料并对汉藏对音进行转写的人,更值得推崇的是,他能有意确定对音《千字文》的性质及其与研究唐代西北方音的关系。

关于财津爱象《敦煌出土汉藏对音の材料と〈韵镜〉との比较》,罗常培与高田时雄均有评述。财津爱象将敦煌出土《千字文》、《金刚经》、《阿弥陀经》三种汉藏对音材料与《韵镜》加以比较。罗常培认为财津爱象的研究存在四点不足:一是没有用《大乘中宗见解》材料。二是与《韵镜》比较,只是比较声母,没有涉及韵母。三是羽田亨和托马斯(Thomas)藏语音文字转写方式不同,财津爱象不但不能认识到,而且,还不能将两者统一起来使用。四是藏语音文字转写错误很多。高田时雄补充说,财津仅仅列了比较表,但没有得出有意义的结论。在我们看来,财津爱象固然存在着缺欠,但在语音研究视角上还是很新颖的。比如,在《韵镜》研究史上,就突破了原有的研究理论框架,不能不说是时代色彩很浓。问题是,财津爱象没有真正理解把《韵镜》作为研究对象时藏汉对音资料所应发挥的作用是什么,《韵镜》音系与藏汉对音资料所反映的音系到底是一种什么样的对应关系,以及建立理论模型的实际意义还不清楚。

金山正好《大乘中宗见解とその汉藏对音》(1940)虽然用了《大乘中宗见解》材料,并且也采用了与财津爱象相同办法进行《大乘中宗见解》对音与《韵镜》的比较研究,但高田时雄认为,金山研究也存在与财津爱象几乎相同的缺欠,在学术界没有产生什么影响。

大岛正二(1968)使用了不见于罗常培《唐五代西北方音》的《金刚般若波罗蜜经》以及《妙法莲华经卷第六法师功德品第》材料。归纳的结果与罗常培研究相比较,大部分结论是一致的。有问题的是,还局限于罗常培使用的高本汉时代调查的中国方言材料,新的方言成果还是采纳不多。

高田时雄未提到的论著还有山本达郎《Drug-gu(Dru-gu,Drug)に就いて》(1938),虽然是对Drug-gu的探讨,但涉及唐代西域史许多重要问题,比如"吐谷浑说",《唐蕃会盟碑》对Drug-gu的记载,自然也就牵涉到与藏汉对音相关的史料考订。还有饭田利行《日本に残存せる中国近世音の研究》(1955)一书,在"资料篇"中重点介绍了罗常培《唐五代西北方音》,又在"研究篇"中多次引证藏汉对音研究资料,并作为构拟的依据。[2]

在日本唐五代汉藏对音译音研究历史上占有十分重要地位的当然是高田时雄《敦煌资料による中国语史の研究》(以下简称《敦煌语史》,1988)。

《敦煌语史》之前,中国学者罗常培《唐五代西北方音》作为历史语言研究所单刊甲种之十二于1933年发表。所用汉藏对音资料五种,即:汉藏对音《千字文》残卷、汉藏对音《大乘中宗见解》残卷、藏文译音《阿弥陀经》残卷、藏文译音《金刚经》残卷、《唐蕃会盟碑》拓本。第一种已有羽田亨等使用;财津爱象使用的是第一、第三、第四种;第五种B.Laufer、P.pelliot等有研究;第二种F.W.Thomas、宫本正尊、金山正好等也有研究。此外,还有注音本《开蒙要训》,以及现代西北方音六种(兰州、平凉、西安、三水、文水、兴县)加以比较,被学术界公认为是现代学者全面而系统研究唐五代西北方音的奠基之作。

《敦煌语史》所使用的材料主要有:

第一类是汉藏对音资料。有:(1)《千字文》;(2)《金刚经》;(3)《阿弥陀经》;(4)《大乘中宗见解》;(5)《天地八阳神咒经》;(6)《法华经普门品》(《观音经》);(7)《南天竺国菩提达摩禅师观门》;(8)《道安法师念佛赞》;(9)《般若波罗蜜多心经》;(10)《寒食篇》;(11)《杂抄》;(12)《九九表》;(13)《唐蕃会盟碑》。后八种材料,除了《唐蕃会盟碑》之外,作为语音材料罗常培等学者还没有使用。就是前四种材料,比如《千字文》,作者也对罗常培等学者的误读有所订正。

第二类是コ-タン(哥特)文字转写资料。

第三类是音注资料。比如有《开蒙要训》、《诸杂难字》、《难字音注》、《佛书音注》等。罗常培使用《开蒙要训》材料,主要依据刘复《敦煌掇琐》录文,但有一些字迹并不清晰,作者也作了更正。还有在敦煌写本中的别字、异文;用ソゲド文字所写的汉语数词等。把敦煌写本中的别字、异文作为语音资料利用,中国学者邵荣芬《敦煌俗文学中的别字、异文和唐五代西北方音》(《中国语文》,1963年第3期)已经进行,不过也有个别需要校勘的地方,作者也有所注意。

应该说,《敦煌语史》所使用的材料非常丰富,已经远远超过了罗常培《唐五代西北方音》所依据材料范围,考订也非常精审,当然为进一步研究奠定了良好的基础。

《敦煌语史》的研究内容主要有音韵与语法两大部分,其中语法是罗常培著作没有专门研究的。音韵方面的结论也与罗常培存在着不小的差别,被学术界公认为是现代学者研究唐五代西北方音方面继罗常培之后的"后出转精"之作,代表了当代学者应有的高水准。

高田时雄《敦煌语史》完成之后,一些学者对汉藏对音译音的研究继续进行。吉田雅子《敦煌写本〈开蒙要训〉音韵体系——押韵、异文、音注をとして》(1987)虽然没有出现汉藏对音研究资料,但作为罗常培等学者唐五代西北方音研究的补充论著也很重要。冈本勋《注音本〈开蒙要训〉と日本汉字音——清浊のゆれをめぐつて》(1987)、《〈唐五代西北方音〉と日本汉字音》(1988)、《チベット资料による汉字音の音价推定——唐代の声母について》(1988)结合日本汉字音研究实际，进一步延展罗常培等唐五代西北方音汉藏对音研究的作用；池田巧《汉藏对音资料 P・T・1238 所见的中古汉语河西方言韵尾的对音》(1989)也是运用汉藏对音资料检讨罗常培中古汉语河西方言研究的可行性。当然，最为重要的还是冈本勋《日本汉字音の比较音韵史的研究》(1991)。该书基本由作者的博士学位论文内容构成。它不但继续发展罗常培唐五代西北方音学说，而且，又部分汲取高田时雄《敦煌语史》研究成果，提出了藏中日比较研究的构想，进一步拓展汉藏对音译音的研究空间，代表了唐五代汉藏对音译音研究的新视点。[3]

二、日本学者唐五代汉藏对音译音研究所涉及的主要问题

(一) 唐五代汉藏对音译音转写

羽田亨(1923)面对的是汉番对音《千字文》断简。在没有书写年月，文字缺失等情况下，如何做汉藏对音译音转写工作，确实困难重重。“音译に关する注意”一节谈到，他的音译藏文文字主要参照达斯(ダスSarat Chandra Das)，但根据当时记音实际有所变动。比如西藏字音头、韵尾，达斯用[h]，而羽田亨用□表示。达斯用[ˆn]，而羽田亨用[n·]。其他文字依从达斯。表示西藏字元音的[ρ]记号，在拉萨《唐蕃会盟碑》中能够见到。

转写的具体分类，主要是：(1)韵尾[ang](包含[iang][uang])与[o](包含[yo])对应，等等。(2)韵尾[ing]与[e](包含[ye])对应，等等。(3)韵尾[eˆng]与[e](包含[e'e])对应。(4)韵尾[ung]与[on·]的对应，等等。(5)入声字都保存末尾的音，而且[-k][-t][-p]各自与[-g][-r][-b]对应转写。[-t]用[-r]转写也很有趣味。[-t]和[-r]不能说两音相近。(6)属于盐侵咸覃等韵的文字韵尾都保存[-m]尾。(7)把韵尾[-k][-p]用[-g][-b]表示前面已经看到。音头[k-][t-][p-][f-]等各自用浊音[g][d][b]表示很多。但今音音头[k-]用[g]表示很少。由[k-]而变今天是[ch]。(8)今天的[ch]应该分为喉音系统与舌音系统。

可以见到，羽田亨的研究把主要着眼点放在了“韵母”的转写分类上，而声母的转写虽然也有，但做得还明显不够细致。另外，作者一定要把转写的音与今天的北京官话语音对照，很显然，在研究方法上还存在着严重不对应问题，与文章前面所说的汉番对音《千字文》“方音”性质相矛盾。

高田时雄《敦煌语史》转写情况在第三章“音韵”部分说明较多。“音韵”分“声母”、“韵母”、“声调”、“河西方言的特点与现代西北方言”四节。“河西方言的特点与现代西北方言”一节与“转写”关系不大。

“声母”一节。比如对不送气清音见、端、帮、知、精、章、庄的转写，相当多的情况是与藏语浊音转写对应。古代藏语和中古汉语有音节相同“初头”破裂音，破裂音拥有三项对立系统，即是不送气清音、送气清音、浊音。一般汉语不送气清音应该转写为藏语不送气清音，但在这里不一定是如此，为什么呢？

关于这个问题，罗常培考虑到藏语浊音字母转写的文字大部分是上、去声字，藏人根据藏语文字转写汉语时浊音声母和低音声调之间听觉发生了混淆。古代藏语浊音声母音节在现代藏语方言是低调。藏语声母音节[b][d][j][dz][g]，古今方言发音均为低调就能够假定相关转写汉字汉语方音上声、去声是低调或者低降调。为什么转写汉字和藏语声调类似，原因在于浊与清两声母混同。

验证罗氏假说，首先是汉语清声破裂音、破擦音与藏语文字清音、浊音，用哪一个字母对应转写？区分平、上、去、入四声分别进行观察。根据观察的结果来看，罗氏假说大体上是正确的。但说汉语方音和藏语音声调值类似作为说明是不十分准确的。了解藏语音声变化，即浊音声母无声化作为补偿而声调对立外显化很有必要。汉语不送气清音与藏语文字清声送气音转写，还有一个汉字与藏语文字两种或三种字母转写，以及藏语文字以外的文字转写问题，也很复杂。

其他，对送气清音系列：溪、透、滂、彻、清、昌、初母；浊音系列：群、定、並、澄、从、船、崇母等转写也有非常精到的论述。

“韵母”一节。比如“果假摄”，歌韵、麻韵二等除了一部分字例外，藏语文字用[a]转写不能区别。但在藏语文字中确实存在，也就认定在河西方言中同音非常可能那样的话，很难说在今天诸方言清楚表现一等、二等之别。还看不到圆唇元音变化的苗头。歌韵和麻韵二等区别由音注资料观察尤为必要。比如《开蒙要训》，歌韵字、麻韵二等字在音注材料中没有混同。歌韵文字用[-an]形转写，根据梵语阿耨多罗([an-nog-ta-la])“初头字”而定，受后续音节[-nu]的影响也很明显。与合口戈韵[*-^{w}â]、麻韵二等合口[*-^{w}a]对应没有例外。用[-wa]转写。为唇音开口，不用[-w-]。在歌韵三等的位置上是迦、佉、伽三字，是转写梵语音[ka][kha][ga]而用的文字，这里所用的转写梵语音资料概莫能外。这些文字表现了三等介音脱落，用[-a]作标记，不能作为汉字音的音读，特别不可思议。应该是[Kha]的佉字成为了[khu]，因此，说明是有难度的。麻韵三等[*-ia]，属于这个韵母的文字在当时用[-ya]转写，但当时也用[-a]转写。这样两种情况，根据藏语文字的辅音种类来确定。

其他，对遇摄、蟹摄、止摄、效摄、流摄、咸摄、深摄、山摄、臻摄、宕摄、江摄、曾摄、梗摄、通摄汉藏对音译音转写也进行了非常细致的说明。这当中，在止摄一节附有“重纽的反映”的讨论。

在《敦煌语史》之前，日本学者有坂秀世等曾利用日本汉字音、朝鲜汉字音、越南汉字音等资料研究中国中古汉语语音的一个难点，即“重纽”音值。“重纽”，实际上牵涉到《切韵》系韵书反切下字的分类问题。按唐作藩师（2001）的认识，即“从现象上来看，是指支、脂、宵、真、谆、仙、侵、盐、祭等一些所谓三等韵，它的唇牙喉音字有分为两类的趋势，韵图也把它们分别排在三、四等上，所以，实际上是三、四等同韵”。高本汉的处理是同音。有坂秀世根据朝鲜汉字音等材料，推断重纽是介音[i]（四等）和[ï]（三等）的对立。河野六郎《朝鲜汉字音の一特质》（1939），以及后来三根谷彻《〈韵镜〉の三、四等について》（1953）、藤堂明保《中国语史の音韵论》（1954、1957），又提出了新的音位解释，认为在音位的层次上重纽是声母包含腭化成分（四等）与不腭化成分（三等）的对立。平山久雄则认为在语音层次上重纽的表现要视声母、声调及方言等条件而有所不同，等等。都是在有坂秀世基础上进一步补充、修订、完善。[4]

高田时雄《敦煌语史》利用汉藏对音译音资料研究重纽转写字音，结果，可以看到三种情况：一是在《金刚经》、《阿弥陀经》等材料中，除一部分以外，总是保存着重纽两类的区别。二是在《南天竺国菩提达摩禅师观门》、《般若波罗蜜多心经》等资料中重纽两类的区别消失。三是不能说完全消失，只能说是存在着一种混乱倾向，比如《法华经普门品》、《千字文》等资料。比如第一种情况：

支韵	a：-iě	b：-ïě
	祇 gyi	义’gi’，’gi
		议’gi，’gi’
	祇 gi	义’gi
		议’gi

至于合口韵，为了表示合口，一定用[-w-]，不过，以 ya -btags 的有无表现 a、b 两类区别，在标记上有困难。例外有一些，把 a 类用[-yw-]表示的也很多。关于每个资料 a、b 两类有无的区别，把开口调查的情况适用于合口也没有什么障碍。

声调一节。关于对音，转写汉语全清音声母用藏语浊音声母，声调则是上去声。另外，转写心母情况也用相同的做法检验，无疑，与藏语浊辅音清化相伴，反映声调阴阳分裂。上去声常常对应于藏语浊辅音。考虑到清音上声和清音去声之间通用情况，可以得出结论，清上声和清去声一样，也拥有低音调调值。

（二）唐五代汉藏对音译音的方音性质

羽田亨《汉番对音千字文の断简》（1923）指出：断简《千字文》，出于唐代中期以前的敦煌地方。敦煌在西方边塞之地，如果以方音区别的话，应该称作“西方音”。在它的字音中存在着特殊的以讹传讹的内容，这是事实，不过，也有可能传入了中原正音。当时所谓西域地方流行的汉字音与在这里看到的大多一致，或者非常相似。从这一点上看，决定了其研究可信实性，它具有非常重要的学术价值。

财津爱象(1934)没有羽田亨那样的敏锐眼光，虽然在《千字文》之外，又增加了《金刚经》、《阿弥陀经》两种汉藏对音材料，但还是只作能够见到“时代的地方的差异”的一般判断，却没有“西方音”这样的语音意识。

中国学者罗常培(1933)认为汉藏对音《千字文》残卷、汉藏对音《大乘中宗见解》残卷、藏文译音《阿弥陀经》残卷、藏文译音《金刚经》残卷材料大概是吐蕃占据陇西时代，从便利吐蕃人学习汉语的角度所作，时间当是763—851年之间。并进一步考虑到：他们所译写的语言似乎就是当时沙洲或沙洲附近流行的方言。因为《开蒙要训》注文有“天成四年(929)敦煌郡学士□□”字样，所以，可以确定是当时的敦煌一带的方音材料。在具体研究时，又引用了六种西北方音材料，力图更为有力地确认这些汉藏对音资料的方音性质。

高田时雄《敦煌语史》所处的时代比起罗常培来已经大不相同，学术研究已经有了雄厚的前人铺垫基础。除了罗常培之外，他还比较推崇伦敦大学的 W. Simon 的 *A Note on Chinese Texts in Tibetan Transcription* (1957)的研究。W. Simon 所利用的都是在伦敦与巴黎所藏的、并未公布的汉藏对音资料。资料非常丰富，又进行了罗马字转写。W.Simon 研究的最大贡献就是更加强化了人们对这些汉藏对音资料河西方音特性的认识。

《敦煌语史》引用汉藏对音、コ-タン文字转写、音注、敦煌写本中的别字与异文等资料要比罗常培、W. Simon 还要完备且不说，中国现代西北方言的利用也与前有所不同。比如罗常培引用的六种西北方音材料出自于高本汉《中国音韵学研究》，局限性是明显的。而《敦煌语史》利用《汉语方音字汇》等当代学者调查的更为科学的西北方言资料自不必讲，其他的研究，比如有关河西移民历史研究成果的吸纳，以及语言学研究理论与方法的使用，也是前人所无可比拟的，这样，对唐五代西北方音性质的认识更加深入也就顺理成章。

在《河西方言的性质和现代西北方言》一节中，高田时雄对唐五代汉藏对音译音的方音性质理解代表了当代人不同于此前学者的观察眼光。

对于所利用的汉藏对音译音资料，他认为存在两种不同的性质：一类是《金刚经》、《阿弥陀经》等材料与在《唐蕃会盟碑》见到的对音基本一致；与此相对，另外一类以《南天竺国菩提达摩禅师观门》等为代表，这类资料与《开蒙要训》等的对音资料、敦煌写本别字异文资料，特别是ブラ-フミ-文字转写资料有着相同的音韵特征。第二类汉藏对音资料，明确说属于10世纪，资料、证据不充分。与此音韵特征相同的其他材料，以 10 世纪的敦煌为中心，反映了在归义军治下流行的汉语方言。称为 10 世纪河西方言，正是这个第二类汉藏对音资料所反映的方言。在河西归义军实质性独立王国里，这个方言最为通行。

第一类汉藏对音资料反映的方言，可以说，不能完全排除河西方言的影响，基本上是以首都长安方言为基础的唐代标准音。与《唐蕃会盟碑》这类当时政治条约中所用的语音一致是最有力的证据。

还有资料的时代。第一类资料可以追溯到吐蕃统治期间，就已经存在，一般比第二类资料年代特征更早。吐蕃统治期间，唐王朝把官话规范作为标准语，其强化的力度是可以想象的。但是，大概在吐蕃时期以后，张氏归义军，以及曹氏归义军时期，唐王朝标准语的影响力确实衰落了，取而代之的是原来的方言代替官话而获得权威地位。

第一类资料和第二类资料，一方面反映了时代的差异，与其由此考虑为"标准语"对"河西音"不同，不如考虑为单一的河西方言所显示时代变化状态。对这个说法，当然还存在许多疑问，罗常培大概也是这样认为的。但是，第一类资料和第二类资料语音差别很大，用它们对一百年的语音变迁情况进行说明还存在着一定的难度。比如声母彻底清化，微母完全脱离鼻音化，韵母三等重纽二类区别消失等等变化，完全是在这一时期发生的。第二类资料表现的这些特征，把它当做河西方言的语音特征，不仅是 10 世纪，就是追溯到 8、9 世纪即已存在，也接近事实。可以说，在 8、9 世纪时候，进步的"河西音"和保守的"标准音"并存。

对于罗常培六种现代方言材料的使用，高田时雄认为，罗常培的想法是把唐五代西北方音系统与六种现代方言看做是有直接继承关系，因而进行比较。但问题是，10 世纪的河西方言与今日的敦煌方言之间具有直接联系的证据没能见到。现代敦煌方言，则把贯穿南北的党河之东流行的方言称作"河东话"，把党河之西流行的方言称作"河西话"，这是基于清朝以后屯田移民的出生地不同而加以区分的。今天的敦煌方音，其音韵特征的主要点与今日西北方言一般所能见到的音韵特征没有太大的差异。这就意味着，罗常培的比较难以奏效，即西北方言的特性并不突出。

很显然，高田时雄思考唐五代汉藏对音译音方音性质的角度与罗常培存在着很大的差异。不论怎么说，高田时雄的分析要更为精密一些。

（三）汉藏对音译音反映的唐五代西北方音系统

罗常培利用汉藏对音译音等资料归纳的唐五代西北方音系统主要是：

声母：计 6 组 29 类，特点有七个：(1)轻唇音"非敷奉"大多数与滂母同音，写作送气的[p‘]，轻唇与重唇分化迹象明显。(2)明母在收声[-n]或-ń[ŋ] 的前面读[m],其余的变['b];泥母在收声[-m]或[-ń]的前面读[n],其余的变['d]。(3)舌上音混入正齿音。(4)正齿音的二三等不分。(5)“床”大部分由“禅”变“审”,但“澄”却变成“照”的全浊。(6)摩擦音的浊母“禅”、“邪”、“匣”变同清母“审”、“心”、“晓”。(7)[y]化的声母并不专以三等、四等为限。

韵母:有 23 摄 55 韵,特点也有七个:(1)宕梗两摄的鼻收声[ŋ]的一部分开始消变。(2)鱼韵字的大部分发生变化,转入止摄。(3)通摄一等、三等的元音不同。(4)同韵字往往受声母的影响变成不同的韵。(5)一等[ɑ]元音及二等[a]元音相同,藏文写法没有分别。(6)合口洪音、合口细音相同,藏文在写法上没有区别。(7)入声的收声[-p][-t][-k],用藏文的写法成为[-b]、[-r](或[-d])、[-g]。

声调:根据《开蒙要训》音注,确认次浊上声与去声合流,即所谓“浊上归去”。

邵荣芬(1963)对罗常培的结论有一些补充与修订。比如声母,反对“知庄章”合一;主张喻三、喻四不分;见系字并未腭化。韵母:鱼韵字既与虞韵字代用,也和止摄字代用;[-m]尾、[-n]尾没有混合的趋势等,引起了学术界的极大注意。

高田时雄《敦煌语史》归纳的河西方言的声母体系是:

1. 破裂音、破擦音:

(1) 清音:见群[k]端定[t]帮並[p]精从[ts]知澄章[tś]庄[tṣ]

(2) 送气清音:溪[kʻ] 透[tʻ]滂[pʻ]清[tsʻ]彻昌[tśʻ]初[tṣʻ]

1. 摩擦音:

(1) 清音:晓匣[x]心邪[s]书禅船[ś]生崇[ṣ]非敷奉[f]

(2) 浊音:日[ź]微[v]以云[j]

2. 鼻音:明[^{n}b]泥[^{n}d]娘[^{n}dz]疑[ŋg]

3. 边音:来[l]

4. 声门闭锁音:影[ʔ]

河西方言的韵母体系是:

1. 果假摄:歌[â]麻二开[a]麻三[ia]戈[^{w}â]麻二合[^{w}a]戈三合[i^{w}â][ya]

2. 遇摄:模[u]虞[iu]鱼[y]

3. 蟹摄:哈泰开[âi]佳开夬开皆开[ai]祭开废开齐开[iäi]灰泰合[^{w}âi]佳合夬合皆合[^{w}ai]祭合废合齐合[i^{w}äi][yɛ]

4. 止摄:支开脂开之微开[i]支合脂合之微合[^{w}i]

5. 效摄:豪[âu]肴[au]宵萧[iäu]

6. 流摄:侯[əu]尤幽[iəu]

7. 咸摄：覃谈[âm]咸衔[am]盐添严凡[iäm]合盍[âp]洽狎[ap]叶帖业乏[iäp]

8. 深摄：侵[iəm][im]辑[iəp][ip]

9. 山摄：寒[ân]删开山开[an]仙开先开元开[iän]桓[ʷân]删合山合[ʷan]仙合先合元合[iʷän][yɛn]曷[âr]黠开辖开[ar]薛开屑开月开[iär]末[ʷâr]黠合辖合[ʷar]薛合屑合月合[iʷär][yɛr]

10. 臻摄：痕[ən][ɨn]真欣[iən][in]魂[ʷən][un]谆文[iʷən][iun]没开[ər][ɨr]质迄[iər][ir]没合[ʷər][ur]术物[ʷər][iur]

11. 宕摄：唐开[ɔ˜]阳开[iɔ˜]唐合[ʷɔ˜]阳合[iʷɔ̃]铎开[âk]药开[iâk]铎合[ʷâk]药合[iʷâk]

12. 江摄：江[aŋ]觉[ak]

13. 曾摄：登开[əŋ]蒸开[iəŋ]登合[ʷəŋ]德开[ək]职开[iək]德合[ʷək]职合[iʷək]

14. 梗摄：庚二开耕开[äi˜]庚三开清开青开[iäi˜]庚二合耕合[ʷäi˜]庚三合清合青合[iʷ äi˜][yɛi˜]陌二开麦开[äk]陌三开昔开锡开[iäk]陌二合麦合[ʷäk]昔合锡合[iʷäk][yɛk]

15. 通摄：东一冬[uŋ]东三钟[iuŋ]屋一沃[uk]屋三[iuk]烛[iok]

关于河西方言的声调体系。根据《诸杂难字》、《难字音注》两种、《佛书音注》几种音注资料声调间通用情况可见，清上和清去之间通用 18 例，最多。比起全浊上声和浊去声通用 7 例要多一些。由此，在确认全浊上声和全浊去声合流的同时，对清上和清去之间合流的观点也是应该肯定的。至于合流的性质，大概与调类无关，而是与调值关系很大。在对音中，转写汉语的全清音声母，声调上去声的情况，与藏语浊音字母对应。转写心母也用相同的方法观察，无疑，与藏语浊辅音清化相伴反映了声调区分阴阳的情况。上去声常常对应于藏语浊辅音，在此处可以考虑到，清音上声和清去声之间通用。结论是，清上声和清去声一起，其调值具有低降音调性质。

三、唐五代西北方音与日本汉字音

饭田利行《日本に残存せる中国近世音の研究》(1955)介绍罗常培的《唐五代西北方音》。又在“研究篇”中多次引证藏汉对音研究资料，并作为构拟的依据，对研究汉语“近世音”提出了一种新的思路。但也要看到，他的另一个目的主要还是为研究日语“新汉音”服务。在“自序”中，他提到，自己的研究是以桥本进吉学说为基础的，即桥本进吉所说的日本汉字音存在着“一种汉音”。这“一种汉音”成为中国音韵史上中世音和近世音联结的纽带。其研究结果，尝试确定"新汉音"的音值、"新汉音"语音系统的源流,以及展开必要的探讨。在对这种"新汉音"语音系统的研究过程中,藏汉对音所扮演的角色与其他语音材料是一样的。

冈本勋有关唐五代西北方音与日本汉字音关系的研究,是从分析《切韵》系韵书,把《韵镜》作为研究日本汉字音种种问题点而生发的一种研究思路,即汉字之外,表音的文字转写汉字资料能够在研究日本汉字音时发挥重要的作用。

冈本勋的《〈唐五代西北方音〉と日本汉字音》(1988)以罗常培《唐五代西北方音》为主要参照对象,力图寻求通过唐五代西北方音研究日本汉字音的途径。

其一,韵母。侯韵字在日本汉字音中通常'是"侯(コウ)"、"厚(コウ)"、"走(ソウ)"、"豆(トウ)"、"楼(ロウ)"等"オウ"韵。另外,在吴音形中是"後(ゴ)"、"母(モ)"、"口(ク)"、"豆(ッ)"等"オ"韵、"ウ"韵。很少"オ段"长音之形而成为合音。可是,在"オ段"长音开合混同以前的资料,杂合"オウ"韵呈现"アオ"韵字也是散见。比如在《色叶字类抄》(前田家本)中是"帿カウ",在观智院本《类聚名义抄》中是"厚禾カウ子厚(コウ)反",在《法华经单字》(依据岛田友启《古字书索引丛刊》)中是"厚(平)カウ"。把这个侯韵的音值与《唐五代西北方音》所整理的梵汉对音比较,可见,侯韵和豪宵肴萧诸韵没有共同的韵母,只呈现相近的音值。而且,"口"、"後"等应该成为用日本汉字音 "カウ"、"コウ"转写的音值,其系列字在唐五代西北方音与现代中国语方言音中残存。

其二,声母。考察罗常培(1933)声母特点与日本汉字音"声母辅音"的清浊关系。比如,摩擦音的浊母"禅"、"邪"、"匣"变同清母"审"、"心"、"晓"。日本汉音和已经失去清浊区别的中国语音韵体系对应,原则上是相符合的。"床"大部分由"禅"变"审",但"澄"却变成"照"的全浊声母,"床"母一样,但"澄"母不一定。全浊声母"定(テイ)/(ヂャウ)"、"成(セイ)/(ジヤウ)"、"行(カウ)/(ギヤウ)"、"神(シン)/(ジン)"、"弟(テイ)/(ダイ)"、"烦(ハン)/(ボン)",符合日本汉音是清、日本吴音是浊的模式确实很多,不符合的情况也有。比如"浊"字汉音"ダク",吴音"ヂヨク",但从汉音规范意识标示"タク"、"ダク"作为惯用音的是《汉和字典》,考虑是错误的。澄母在唐五代西北方音有浊的倾向,在日本汉音可以见到投影。

这个倾向不限于日本汉音,在吴音中也有全浊声母成为清音的字,比如"竞(ケイ)/(キヤウ)"、"平(ヘイ)/(ヒヤウ)"等。"平"的吴音有"ヒヤウ"和" ビヤウ"情况,摇摆于清浊之间,这是吴音多重性的一面。

冈本勋的《チベット资料による汉字音の音价推定——唐代の声母について》(1988)进一步利用罗常培(1933)声母的研究成果对日本汉字音的音值进行推断。比如舌上音混入正齿音。作为投影,在日本汉字音,不限于去声,就是平上声照母成为"ザ行"音现象也存在。其他,像轻唇音"非敷奉"大多数与滂母同

音，写作送气的[p']，轻唇与重唇分化；明母在收声[-n]或[-ń][ŋ] 的前面读[m]，其余的变['b]；泥母在收声[-m]或[-ń]的前面读[n]，其余的变['d]等问题也可以在日本汉字音中寻找到痕迹。

冈本勋《日本汉字音の比较音韵史的研究》(1991)虽然也有与前面论文内容重合的地方，但大多是新近思考而系统化的结果。主要内容是：

其一，藏语资料在汉字音研究中的位置，以及藏中日比较音韵史的构想。强调藏语资料在记录中国"原音"音值上的可信性，还有对研究日本汉字音的重要作用。构想藏中日比较音韵史，主要涉及问题点、《广韵》音系、研究方法、藏语资料的学术意义等。其中问题点主要是日本汉音与日本吴音的来源，及与唐五代西北方音的关系；汉字标记缺乏表音性，藏语资料可以弥补缺憾，问题是如何把汉字标记与藏语资料结合起来。研究方法是考察日本汉音、日本吴音与"原音"关系时，引入罗常培唐五代西北方言的研究，再加上与其他现代方言材料(如厦门、福州、汕头、客家方言)的比较。

其二，藏语资料的特点和以之为中心而确立的唐代中国语音韵体系。包括依据藏语资料推定汉字音的音值；吴音和唐代西北方言音；日本汉字音和"オ"段长音的开合；唐代咸深山臻摄的音值；注音本《开蒙要训》和日本汉字音——围绕着清浊波动变化的展开。

其三，唐代中国语音韵体系和日本汉字音。包括日本汉字音的规范和事实；日本汉字音声母辅音的清浊；日本汉字音止摄长音标记——《韵镜》的开合，开、合分类基准和与之相关的问题；作为江韵字的汉吴音"オ"段长音的开合；作为侯韵字的汉吴音"オ"段长音的开合；"バ"、"ダ"行鼻浊音和明泥母。

其四，日本汉字音和它的外围情况。包括汉字的互用与日本字音；日本汉字音合拗音直音化的一个断面；厦门方言和合口介母(附抄录罗常培著《厦门音系》)；《汉和字典》和字音分类——围绕惯用音来谈。

冈本勋的研究拓展了罗常培(1933)汉藏对音译音研究的应用领域，其意义当然不仅仅局限于对汉藏对音译音研究所具有的价值了。但需要指出的是，这种研究还只是一种尝试。日本汉字音的种类与系统情况非常复杂，就是日本汉字音学者也是争议不休。所以，究竟怎样与反映唐五代汉藏对音译音资料有机结合，还是一个不小的难题，这种研究仍然需要走很长的路才能出现一定的结果。另外，高田时雄《敦煌语史》与冈本勋的博士论文发表的时间相差几年，后者如果充分参照高田时雄《敦煌语史》研究，所得出的结论可能会是另一种模样，而且，一定会有更多的发现。

四、日本学者对其他时期汉藏对音译音资料研究

因为《敦煌语史》主要以唐五代敦煌资料为研究依据，所以，高田时雄对其他时期研究资料提到的比较少。

日本学者对其他时期汉藏对音译音研究，比较重要的还有西田龙雄的《十六世纪における西康省チベット语天全方言について——汉语・チベット语单语集いわゆる丙种本〈西番馆译语〉の研究》(1963)与《西番馆译语の研究》(1970)，更科慎一《现代アムドチベット语による〈(乙种本)西番馆杂字〉の朗读に対する音声的分析》(《山口大学文学会志》第56号，2006)等。因为西田龙雄有一定代表性，这里就以他为例加以说明。[5]

石田干之助《女真语研究の新资料》(1930)谈到《华夷译语》有三个种类：[6]

> 甲、明末洪武十五年，翰林侍火源洁、同编修马沙亦黑奉明太祖之命而编纂。洪武二十二年附有翰林学士刘三吾序。
>
> 乙、明永乐五年置四夷馆，其馆员编纂。清顺治元年改四夷馆为四译馆，又陆续编纂几种。
>
> 丙、明末茅瑞徵(伯符)所辑。卷首附有朱之蕃序。

石田干之助的分类在日本影响很大，已经成为权威标准，经常被引用。《西番馆译语》，或者称为《西番馆(译语)杂字》，是《华夷译语》的一种。编纂内容为从15到17世纪汉语和藏语对译单词集。它记载了分布于当时中国境内主要地域有代表性的藏语语言基本词汇和发音。西田龙雄列举了能够见到的八种抄本与刊本：(1)巴黎亚洲协会本《西番馆译语》；(2)京大文学部言语学教室藏本《西番译语》；(3)天理图书馆藏本《西番译语》；(4)龙威秘书中所包含《西番译语》；(5)东洋文库所藏《西番馆译语杂字》；(6)今西田龙雄旧藏第一种《松潘属象鼻高山西番译语》；(7)今西田龙雄旧藏第二种《松潘属瓦沃杂梭大小金川各西番译语》；(8)阿波国文库本《西番馆译语》。八种之外，在注解中，还列了一些他所知道的。比如，ベルリン国立图书馆所藏抄本等六种。

在所见到八种《西番馆译语》中，西田龙雄谈到第(1)至(7)，属于石田干之助所说的乙种本《华夷译语》，第(8)被称为丙种本《华夷译语》。

其中，第(1)(2)(3)(4)种除了有几处误记之外，内容基本相同。第(5)种是以补足前者内容为目的而作的续添本。对这些教本所记录的藏语分析结果可见，这些《西番馆译语》大概是アムド地方的一种共同语，书写语记述了读书音，保存了非常接近藏语书面语旧形式，能够代表从现代回溯4个世纪以前即15世纪藏语，为了方便起见，称为“西番语A”。

与此相对,第(6)(7)种体裁不同。事先印刷了汉语基本单词742个,调查员拿着它,到各地,把与汉语对应的土语形式与固有文字记载下来,再用汉字记录发音或者口语形式。这个体裁和乙种本一样,很像今天的《方言调查表》。称为"西番语C"。西田龙雄认为"西番语C"代表的是16世纪四川省松藩镇松茂道的藏语方言。

第(8)丙种本《华夷译语》,是供会同馆通译官和藏语使节翻译时参考的汉语与藏语对译单词集。它用汉字作标记,为藏语史研究提供重要资料。可以推定,它表现的是16世纪中期西康天全藏语方言口语形式,可以称为"西番语B"。

西田龙雄研究"西番语B"的音韵体系。对西番语音节标记方式原则进行确定,涉及汉字音节的标记与西番语音节的对应问题。这是研究"西番语B"音韵体系的前提。

尽管西田龙雄主要着眼于勾勒16世纪西康省藏语天全方言面貌,但也对标记西番语的汉字本身所具有的音韵体系进行了系统说明,这也是汉语音韵研究者必须关注的内容。在"用于标记西番语的汉字音韵体系"一节中谈到,它几乎是代表明末北京音徐孝《司马温公等韵图经》的再现。由此,西田龙雄将陆志韦《司马温公等韵图经》构拟与"西番语B"音系的研究结合起来。比如研究"西番语B初头辅音的种类",西田龙雄把陆志韦的构拟作为重要依据。像推定"软腭喉塞音"音值,如:(1)星:噶[k-]儿麻/脚:冈[k-]巴;(2)飞舞:噶[k-]儿革占/月圆:冈[k-];(3)城市:渴[kh-]儿/家:康[kh]。其中,(1)藏语书面语不送气清音[k-];(2)不送气浊音[g-];(3)送气清音[kh]。

西田龙雄研究汉藏对音译音资料与高田时雄所站位置不一样,当然诠释的重点也就有区别。

太田斋《尖团小论》(1980)在西田龙雄研究的基础上,利用"西番语B"资料,研究汉语"尖团音"问题。"西番语"资料反映的语音"尖团"情况有三种可能:一是"西番语"中完成[kj]>[ts(i)]过程。但根据西田龙雄等研究结果被否定。二是汉语呈现尖音[tɕ]:团音[kj]的对立状态。从对音实际推论,也没有可能。三是尖团音区别消失。"西番语B"材料的显示与《圆音正考》相证,结论十分妥当。[7]

西田龙雄还提到了《五体清文鉴》中的藏语。《五体清文鉴》编撰于18世纪末叶,中国的民族出版社于1957年出版,上、中、下三册。日本学者今西春秋《〈五体清文鉴〉解题》有说明(1966)。[8]对照西番语A、西番语B、《五体清文鉴》藏语,由于反映时代与地域的不同,同一语干单语语音形式、同一语根单语形式有所不同;表现同一事物也用不同语根形式。与汉语语音的关系当然也就变得复杂起来,只是日本学者对这方面的研究关注程度还是很有限的,所以,在这方面的研究还有相当多的问题亟须展开讨论。

附　注

[1] 高田时雄《敦煌资料による中国语史の研究》，创文社，1988。

[2] 山本达郎《Drug -gu(Dru -gu，Drug)に就いて》，《东洋学报》第 26 卷第 1 号，1938. 11；饭田利行《日本に残存せる中国近世音の研究》，驹泽大学中国文学研究室，1955. 11。

[3] 吉田雅子《敦煌写本〈开蒙要训〉音韵体系——押韵、异文、音注をとして》(《东洋大学大学院纪要》第 23 号，1987)；冈本勋《注音本〈开蒙要训〉と日本汉字音——清浊のゆれをめぐつて》(《训点语と训点资料》第 78 辑，1987)、《〈唐五代西北方音〉と日本汉字音》(《中京大学文学部纪要》第 22 卷第 2 号，1988)、《チベット资料による汉字音の音价推定——唐代の声母について》(《中京大学文学部纪要》第 22 卷第 3 号，1988)；池田巧《汉藏对音资料P・T・1238 所见的中古汉语河西方言韵尾的对音》(《中国语学》第 236 号，1989)；冈本勋《日本汉字音の比较音韵史的研究》(樱枫社，1991. 2)。

[4] 唐作藩《音韵学教程》，130 页，北京大学出版社，2001。有坂秀世《万叶假名杂考》(《国语研究》第 3 卷第 7 号，1935)、《汉字の朝鲜音について》(《方言》第 6 卷第 4 号，1936 年)、《上代音韵考》(三省堂，1955 年)、《国语音韵史の研究》(三省堂，1957)。河野六郎《朝鲜汉字音の一特质》(《言语研究》第 3 号，1939)、《河野六郎著作集》第 2 辑《中国音韵史论文集》(平凡社，1979)，以及后来三根谷彻《〈韵镜〉の三、四等について》(《言语研究》，第 22 号、第 23 号，1953. 3)；藤堂明保《中国语史の音韵论》，(《日本中国学会报》第 6 集，1954)、《中国语音韵论》(江南书院，1957)又提出了新的音位解释。

[5] 西田龙雄《十六世纪にける西康省チベット语天全方言について——汉语・チベット语单语集いわゆる丙种本〈西番馆译语〉の研究》(《京都大学文学部研究纪要》第 7 号，1963)、《西番馆译语の研究》(松香堂，1970)。

[6] 石田干之助《女真语研究の新资料》，《桑原博士还历纪念东洋史论丛》，1930。

[7] 太田斋《尖团小论》，《东京都立大学人文学报》第 140 号，1980. 3。

[8]《五体清文鉴》编撰于 18 世纪末叶，上、中、下三册，民族出版社，1957。今西春秋《〈五体清文鉴〉解题》，京都大学文学部《内陆アジア》，1966. 9。

第七章　日本学者汉蒙及其他对音译音研究

【本章内容提要】论述日本学者汉蒙对音译音研究历史与现状，兼及汉语与其他语言语音对比研究情况。汉蒙对音译音研究之前叙述了八思巴字与汉语语音关系研究，以《蒙古字韵》为重点。汉蒙对音译音研究，集中谈了《至元译语》和《元朝秘史》的研究。此外，还涉及汉语与契丹语、维吾尔语、波斯语、琉球语等中外语言对音译音关系。

【关键词语】日本学者　八思巴字　汉蒙　契丹语、维吾尔语、波斯语　对音译音研究　历史与现状

这里主要论述日本学者汉蒙对音译音研究历史与现状，兼及汉语与其他语言语音对比研究情况。

一、日本学者汉蒙对音译音研究

(一) 八思巴字与汉语语音研究

1260 年，元世祖忽必烈即位，命国师八思巴创制文字。八思巴创制了四角表音文字，即所谓八思巴字。苏联学者龙果夫(A.A.Dragunov)较早对八思巴字与汉语语音关系进行考订，出版有《八思巴字与古汉语》(1959(1930))。1941 年，苏联尼·波普(N. Poppo)教授《方体字》出版，收录八思巴字蒙古语文献 13 件，对八思巴字及其文献进行了较为系统的研究。中国学者罗常培与蔡美彪于 1957 年出版了《八思巴字与元代汉语》(资料汇编)。那之后，中国学者照那斯图、杨耐思等的研究成果尤为显著。照那斯图出版了《八思巴字与蒙古语文献 1·文献汇集》(1990—1991)一书，收录文献 40 件。杨耐思还对中外八思巴字研究情况进行了总结，见《八思巴字研究概述》(1981)。2004 年，呼格吉勒图等编《八思巴字蒙古语文献汇编》则达到 59 件，是研究八思巴字蒙古语文献的最重要材料。[1]

日本学者研究八思巴文字比较早的是鸳渊一。鸳渊一《〈中原音韵〉中の八思巴字にて写されたる汉字音に就いて》(1931)一文运用八思巴字译音研究《中原音韵》音系。八思巴字是当世语音资料，很有说服力。八思巴字译音之外，还把现代北京官话作为重要的拟音参照对象，强调北京官话语音对《中原音韵》音系研究的作用。服部四郎《元朝秘史の蒙古语を表はす汉字の研究》(1946)认为鸳渊一的研究可以和ドラダ—ノフ的研究相提并论，也取得了突

出的成绩。[2]

其他研究，如山崎忠《1318年の八思巴字蒙古语碑文解读》(1954)、神田喜一郎《八思巴文字の新资料》(1969)主要是对八思巴字新材料的挖掘，也有对汉字音内容的说明。[3]

利用八思巴文字材料研究汉语语音的还有桥本万太郎《中世中国语子音パスパ文字转写》(1966)、《八思巴文母音转写の一问题》(1968)、《梗摄字的八思巴对音》(1971)；服部四郎《パクパ字(八思巴字)について——特にeの字とéの字に关して(一)》(1984)、《パクパ字(八思巴字)について——特にeの字とéの字に关して(二)》(1984)、《パクパ字(八思巴字)について——再论》(1985)。[4]这些论著涉及八思巴字的来源、语音转写、与汉语语音研究关系等问题。比如桥本万太郎(1968)，讨论天城体梵文腭音三母与八思巴前舌半广元音的来源与转写关系等问题，所拟音值与包培、龙果夫、服部四郎、荷普、李盖特诸学者明显不同。不局限于梵文，基于藏文字母的考虑也成为一种可能。

与中国语的关系，《蒙古字韵》有八思巴字注音，因而也成为研究的重点，日本学者发表了一批重要研究论著。如尾崎雄二郎《大英博物馆本〈蒙古字韵〉札记》(1962)；中野美代子《〈蒙古字韵〉の研究——音韵史的考察》(1964)；庆谷寿信《入声韵尾消失の过程についての一假说——〈蒙古字韵〉からのアプ-ロチ》(1965)；花登正宏《〈蒙古字韵〉ノ-ト——とくに开口二等の牙音舌面化について》(1979)、《〈古今韵会举要〉研究》(1997)；长田夏树《〈蒙古韵略〉と〈中原音韵〉——〈四声通解〉の俗音と今俗音》(1988)；中村雅之《〈蒙古字韵〉と〈五音集韵〉》(1993)、《〈蒙古字韵〉と〈古今韵会举要〉》(1994)；吉池孝一《〈蒙古字韵〉の增补部分について》(1993)、《〈蒙古字韵〉の元刊本と乾隆写本》(1993)；壶井义正《影印大英博物馆藏旧抄本〈蒙古字韵〉二卷》(1956)；吉池孝一《〈蒙古字韵〉特殊的パスパ文字》(2004)，以及他的2008年有关《蒙古字韵》系列论文等。[5]

对《蒙古字韵》的研究，归结起来，主要有两方面内容：

一是版本与文献上的考订。尾崎雄二郎认为，大英博物馆本《蒙古字韵》是清乾隆时期(1736—1795)的抄本。刘更序与朱宗文序记至1308年，由此，依据元刊本可能性很大。吉池孝一对《蒙古字韵》元刊本和乾隆写本的比较，以及《蒙古字韵》的增补部分说明也很重要。关于《蒙古字韵》和当时的韵书关系，比如与《五音集韵》、《古今韵会举要》的关系，服部四郎、中村雅之等的考订很细致。对于郑再发(《〈蒙古字韵〉跟八思巴字有关的韵书》，台湾大学文学院，1965)有关《古今韵会举要》体系完全承袭《蒙古韵略》的观点提出疑问，认为没有证据。也认为杨耐思所说《古今韵会举要》体系依据《蒙古韵略》理由不充分。长田夏树(1988)依据《四声通解》"凡例"说明《古今韵会》亦依据《蒙古韵略》，《四声通解》注解亦依据《古今韵会》的情况。花登正宏(1997)专门论述了《古今韵会举要》和

《礼部韵略七音三十六母通考》、《蒙古字韵》音韵体系的密切关系。其中提到，《古今韵会举要》“音例”对《蒙古字韵》的引证，比如麻韵“牙”字注有“《蒙古韵》音入喻母”的记载。

二是汉语语音史的研究。通过朱宗文序，尾崎雄二郎还推测，牙音舌面化在《蒙古字韵》时代已经发生。对藤堂明保“ki 和 tsi 混同始于 18 世纪”(《中国语学》第 94 号)的观点的理解，认为他依据的是京剧尖团音的理论。长田夏树(1988)则依据八思巴字注音标记，论定《蒙古韵略》与《中原音韵》是对立的两个音韵体系。中村雅之(1994)认为，服部四郎说《蒙古字韵》显示南方音体系(1946)没有根据，《蒙古字韵》的语音基础还是北方语音体系。

冯蒸教授《1965—1979 年国外汉语音韵学研究述评》(172 页，1991)认为，日本学者中野美代子《八思巴字和蒙古字韵语音研究》(1971)一书是日本研究该问题的最重要的一部著作。1971 年出版于澳大利亚首都堪培拉，是亚洲研究院和国立澳洲大学出版社联合出版的“东方学研究专刊”(Oriental Monograph Series)第七种。现根据冯蒸教授的介绍作一说明。[6]

《八思巴字和蒙古字韵语音研究》一书除了序、略语表、导言之外，共分四章十五节。第一章，八思巴喇嘛传。分三节：第一节，资料解说，包括有关的汉文资料、藏文史料、蒙古文史料等 16 种；第二节，萨迦派的始祖八思巴；第三节，八思巴喇嘛传。第二章，八思巴字母。分两节：第一节，八思巴字的创制；第二节，字母的音值，分下列各组讨论：牙音、重唇音、轻唇音、舌音、舌上音、齿上音和正齿音、齿擦音、喉音、半舌音、元音、杂类。第三章，八思巴字对译的汉语资料。包括浊声母和清声母之间的交替；特有的[n̠]元音化；喉音的分化。第四章，《蒙古字韵》音系。分六节：第一节，关于《蒙古字韵》；第二节，声母辅音系统，有五个问题：浊音声母、疑母[ŋ]的变化、娘母[ñ]的变化、轻唇音的处理、卷舌音声母的分布；第三节，韵母系统，主要讨论：《蒙古字韵》十五韵、[-eu-]与[-ïu-][-ùeng][-uɛ-][-ǔin]、主要元音与介音；第四节，入声的分布；第五节，结论；第六节，《蒙古字韵》原文。此后是附录：八思巴字资料目录及参考文献目录。

冯蒸教授认为，作者在前人未能解决的一些关键性的问题上提出了自己的看法，主要有：一是《蒙古字韵》音系性质。一般学者认为它是古官话音系，她认为代表的是宋代的两京(汴京、临安)音，而不是元代大都音，在服部四郎基础上有所深化。二是总结了一个多世纪以来的有关研究成果，对八思巴字字母音值作了比较合理构拟和解释。三是某些具体的问题的讨论和构拟值得重视，比如声母舌上音、齿上音、正齿音，韵母九先和十二覃。四是运用了一些国内未能见到的资料。当然，也有不足之处，比如对某些二等韵出现的介音、浊声母性质未能作出明确的说明，对中国传统音韵学不甚熟悉，等等。

(二) 蒙古语与汉语语音研究

朝鲜学者研究蒙古语著作的考订，前期主要见于小仓进平《朝鲜における日汉满蒙语辞书》(1914)、《朝鲜における日汉满蒙语读本》(1914)、《朝鲜における蒙古及び满洲语学》(1916)；新村出《朝鲜司译院日满蒙语学书断简解说》(1919)；小仓进平《朝鲜语学史》(1963(1920))等。[7]小仓进平、新村出所论及的朝鲜学者研究蒙古语的著作主要有：(1)尹子云《蒙汉韵要》(1477)。"此书具载蒙古、汉语，而译以谚文。"(2)李亿成《蒙语类解》(1768)。各词语先是汉字，然后用谚文记朝鲜语，再用谚文记蒙古语。(3)《方言集释》。作者与年代不详。以汉语为主体，其下用谚文记有汉语近代语、满语、蒙语、倭语(日本语)。(4)李义凤《三学译语》(1789)。包括日、满、蒙三语，语汇主要采自《蒙语类解》。(5)方孝彦《蒙语类解补篇》(1790)。与《蒙语类解》体裁相同。(6)李最大刊《蒙语老乞大》(1741)。(7)方孝彦《捷解蒙语》(1790)。蒙古语与朝鲜语对译。

其他日本学者，如小泽重男《中韩蒙对译集〈蒙语类解〉の研究——朝鲜语と蒙古语との若干の音韵对应にもふれて》(《东京外国语大学论集》第 8 号，1961)；菅野裕臣《〈捷解蒙语〉のモンゴルについて》(《朝鲜学报》第 27 辑，1963)、《〈捷解蒙语〉について》(《朝鲜学报》第 175 辑，2000)等，对《蒙语类解》、《捷解蒙语》都有很细致的研究。菅野裕臣(2000)还详细介绍了韩国《蒙语类解》、《捷解蒙语》等研究的进展情况。

对《至元译语》的研究主要有：石田干之助《〈至元译语〉に就いて》(1934)；竹内几之助《〈至元译语〉に表はれたる支那语音》(1936)；岩村忍、藤枝晃《蒙古研究文献目录》(1953)；长田夏树《元代の中蒙对译语汇〈至元译语〉》(1953)等。[8]长田夏树对《至元译语》的考订比较详细。《事林广记》等元明刊本问题不少，需要加以校勘。比如和刻本(1325)的汉译蒙古语误记误刻之处较多。《至元译语》的汉字音与《元朝秘史》汉字音不同，表现了元代汉语语音音系特征。

《元朝秘史》与汉语语音的关系很密切。最为重要的研究著作是服部四郎《元朝秘史の蒙古语を表はす汉字の研究》。这本书的主体部分分上篇、下篇，有两个附录，即音译汉字顺序表、引用欧文书略称表。上篇有三章，即关于不同版本，表现蒙古语汉字音素文字转写的种类和根本方针，《元朝秘史》音译记录当时中国语音的资料。下篇有十三章，第一章是序说，从第二章到十二章缺失(部分原稿在印刷厂因战火烧毁)，第十三章是结论。本书正如服部四郎在"序"中所说："一定要强调的是，(《元朝秘史》)作为中国语史资料是相当珍贵的。对蒙古语音译使用的汉字进行研究，是中国语音韵史有力的旁证。""对这本书的蒙古语进行翻译所使用的中国语，明显地反映了白话成分，作为特殊的语汇史材料对白话史研究十分重要。"

在"《元朝秘史》音译记录当时中国语音的资料"一章中，作者认为，从南宋末到明代洪武年间中国语音音韵体系研究的资料重要的有三类：一是《中原音韵》、《韵略易通》；二是《蒙古字韵》、《古今韵会举要》；三是《洪武正韵》、《四声通解》、《西儒耳目资》。

关于第一类资料的研究（36 页），除了论及石山福治、满田新造等日本学者的成果外，还重点介绍了中国学者赵荫棠《中原音韵研究》（1936）、罗常培《中原音韵声类考》；关于第二类资料的研究（37—58 页），重点引用鸳渊一和ドラダーノフ的论著之外，还十分重视中国学者王力《中国音韵学研究》（1936）中有关《古今韵会》的研究，并以《四库全书》所收《在轩集》记述黄公绍资料为线索，结合熊忠《古今韵会举要》，以及与《蒙古字韵》比较研究，确定它们记载临安标准音的可能性。

关于第三类资料的研究（58—75 页），批评日本学者满田新造《中原音韵和南京音》（《艺文》第 7 年第 9 号，1918）一文，认为《中原音韵》和南京音系区别很大，不足以联系考虑，但赞同满田新造《〈中原音韵〉分韵概说》（《艺文》第 9 年第 12 号，1918）把朝鲜《四声通解》按照《洪武正韵》语音标示谚文以及《洪武正韵》和"中原雅音"和南京音一致的观点。其实，《四声通解》"凡例"第二条已经说："字之取舍，音之正俗，专以《洪武正韵》为准。"小仓进平《增订朝鲜语学史》（1940）已经指出这一点。中国学者研究《洪武正韵》引起了服部四郎的高度注意，比如刘文锦的《洪武正韵声类考》（《历史语言研究所集刊》第 3 本第 2 分，1931）分《洪武正韵》31 声类，保存浊音，还有清音、次清音的区别，由此，下结论："沿袭前人之说，未能悉以时音为据也。"服部四郎看到，王力《中国音韵学研究》（下册，224 页）大体赞同刘文锦意见，并有所发挥。服部四郎又特别提出了赵荫棠《中原音韵研究》（26 页）和《等韵源流》（1940）的观点，如《等韵源流》第三编：

> 《洪武正韵》并非纯正的北音，它不过只受些《中原音韵》的分类的影响而已。它是乐绍凤等奉诏编纂的。它的内容，恐怕就是宋末元初的人所说的中原雅音。

服部四郎又指出，断定"中原雅音"就是北京音的观点是错误的。对于《西儒耳目资》，重点引用了罗常培《耶稣会士在音韵学上的贡献》（《历史语言研究所集刊》第 1 本第 3 分，1930）中有关这本韵图的研究。《西儒耳目资》"一遵《洪武正韵》"，如同《蒙古字韵》依据《古今韵会》、《四声通解》按照《洪武正韵》一样，可以进行比较研究。《西儒耳目资》是当时北方官话音的真实写照，也和《洪武正韵》存在着很大程度上的语音对应关系。

作者认为，这些韵书的研究在当时还没有得到充分"开拓"，今后如果进行细致的研究，对中国语音韵史来说，将放射出耀眼的光芒。此外，本章还有一个特点，就是研究这些韵书，要十分重视藏文、八思巴文、朝鲜谚文等译音对音资料在语音系统研究音值构拟时的重要作用。

服部四郎《〈元朝秘史〉音译记录当时中国语音的资料》一章的研究，代表了作者对宋元语音研究的基本观点，但这并不是本书的唯一目的，它实际上是为研究《元朝秘史》蒙古语音译汉字语音所做的铺垫。《元朝秘史》蒙古语音译汉字语音研究在"本论篇"中尤其详细，也是最大篇幅，可惜的是，第二章到第十二章我们已经看不到了，只能从第一章"序说"和第十三章"结论"中窥见大概。

作者在"序说"中谈到，对《元朝秘史》蒙古语音译汉字语音研究必须进行有效的调查。第一阶段的工作，应该注意的是：书中的音译是如何使用汉字的？汉字是如何表达蒙古语的？对各卷中的用例进行研究，完成"音译汉字索引"。比如声母，作者看到，音译的清音字和次清音字和蒙古语的有声音、半有声音以及无声音或者无声送气音的区别大体对应。调查音译浊音字的用法，入声字有不规则变化现象，其他则有一些规律性的东西。

第二阶段的工作，需要确定：音译者如何根据中国语方音用汉字表现蒙古语音？而且，阐明中国方言音韵体系全貌，特别是一定要究明每一个音译汉字如何表现中国语音？

而"结论"一章，则以音译汉字使用频度的"多"、"中"、"少"、"稀"来分析，像"阿安巴"就属于"多"的。此外，同一语形相互交替的例子也不少，有的用在语头、语中，有的用在语末或语尾。倾向性比较显著的几对是"巴"和"罢"、"必"和"毕"、"都"和"突"等，都体现了音译汉字的选择原则。

其他研究《元朝秘史》的论文有：村山七郎《元朝秘史の汉字转写の原典に対する诸见解》(《アジア言语研究》第 1 号，1951. 7)；榎一雄《增订元朝秘史关系文献简目》(《东洋学报》第 33 卷第 3 号，1951. 10)；中村雅之《汉字音译本〈元朝秘史〉的成立》(《KOTONOHA》第 4 号，2003)、《服部四郎氏〈元朝秘史〉八思巴字本原典说》(《KOTONOHA》第 5 号，2003)；吉池孝一《〈元朝秘史〉的区分和音译汉字的分布》(《KOTONOHA》第 6 号，2003)。

中期蒙古语文献研究的论文还有斋藤纯男的《中期モンゴル语汉字音音译文献における子音重复现象》(《日本モンゴル学会纪要》第 20 号，1990)也很重要。

另外，赞井唯允《〈蒙汉合璧五方元音〉と〈五方元音〉》(1973)一文谈到，据赵荫棠推定，樊腾凤《五方元音》成书于 1654—1673 年之间。1917 年，流行的韵书《五方元音》又出现了一种在书上增加蒙古字音注和蒙古语译的《蒙汉合璧五方元音》，但作者不详。赞井唯允的研究结果显示：《蒙汉合璧五方元音》并没有忠实于《五方元音》，主要是，无视于与《五方元音》韵目、声母、等呼等的区别，事实上，已经与《五方元音》没有关系了。很可能是反映当时东北地区通用语的语音系统。[9]

二、日本学者对与汉语相关的其他对音译音研究

小仓进平《朝鲜语学史》(1920)第十章“对其他语言的观察”,对朝鲜学者研究扶余等语言成果进行介绍,也简单地涉及汉语与其他语言语音对比问题。

小仓进平之后,日本学者发表了一些研究其他语音与汉语对音译音相关的论著,主要有:长田夏树《契丹文字解读の可能性》(《神户外大论丛》第2卷4号,1951.12)、《契丹语解读方法论序说》(神户市外国语大学《内陆アジア言语の研究 I》,1984)、《契丹汉字音探源——契丹小字によつて表记された汉字音の音价とその体系について》(1991年5月发表于“羽田纪念馆日中合同契丹文字国际シンポジウム”上);田坂兴道《〈回回馆译语〉语释》(一、二、三)(《东洋学报》第30卷第1—3号,1943—1944)、《〈回回馆译语〉语释补正》(《东洋学报》第33卷第3号、第4号,1951);石田干之助《所谓丙种本〈华夷译语〉の〈韃靼馆译语〉》(《北亚细亚学报》第2号,1944);泉井久之助《〈百夷馆译语〉に於ける百夷の言语の声调について》(《言语研究》第19号、第20号,1951.12);三田村太助《暹罗译语に就いて》(《立命馆文学》第81卷第2号,1952);山崎忠《〈华夷译语〉研究小史》(《朝鲜学会会报》第14辑,1952.5);本田实信《我が国に於ける〈华夷译语研究小史〉同补遗》(《朝鲜学报》第5号、第6号,1953.11);西田龙雄《十六世纪におけるパイ・イ语——汉语,汉语——パイ・イ语单语集の研究》(《东洋学报》第43卷第3号,1960);本田实信《〈回回馆译语〉に就いて》(《北海道大学文学部纪要》第11辑,1963);北村甫、西义郎《〈华夷译语〉のテキストと研究书》(东洋文库,1969);西田龙雄《〈缅甸馆译语〉の研究》(松香堂,1972)、《〈多续译语〉の研究》(松香堂,1973);庄垣内正弘《〈五体清文鉴〉18世纪新ウイグル语の性格について》(《言语研究》第75号,1979)、《〈畏兀儿馆译语〉の研究——明代ウイグル口语の再构》(神户市外国语大学外国学研究所《内陆アジア言语の研究》,1982);太田斋《(资料)丙种本〈西地馆译语〉校本(稿)》(神户市外国语大学《内陆アジア言语の研究 II》,1987);高田时雄《ウイグル字音史大概》(《东方学报》第62册、第63册,1990);庄垣内正弘《ウイグル文字音写された汉语仏典断片について——ウイグル汉字音の研究》(京都大学言语学研究室《言语学研究》第14号,1995)、《ウイグル文字音写された汉语仏典断片について——ウイグル汉字音の研究》(续编)(《西南アジア研究》第46号,1997)、《ロシア所藏ウイグル语断片の研究 2》(京都大学言语学研究室《言语学研究》第19号,2000)、《ロシア所藏ウイグル语断片の研究 3》(京都大学言语学研究室《言语学研究》第20号,2001);更科慎一《〈高昌馆译语〉音译汉字における声调选择の倾向》(《东京都立

大学人文学报》第 311 号，2000）、《〈高昌馆译语〉音译汉字の声调体系》（《中国语学》，2002）；庄垣内正弘《文献研究と言语学》（《言语研究》第 124 号，2003）；吉池孝一《表现汉语精母系字的契丹小字》（《KOTONOHA》第 13 号，2003）；更科慎一《所谓甲种本〈华夷译语〉汉字音音译手法之一端》（《东京都立大学人文学报》第 341 号，2003）；庄垣内正弘《中央亚洲古文献言语学的文献学研究——俄罗斯所藏未发表文献解释》（平成 14—17 年度科学研究费补助金（基础研究 A）研究成果报告书，2006）；西村多惠《〈汉回合璧〉用新维吾尔语标记的汉字音》（《京都大学言语学研究》第 24 号，2005）；中村雅之《〈华夷译语〉甲种本汉字音音译的基础方言》（《KOTONOHA》第 53 号，2007）等。

可以明显看出，涉及汉语与契丹语、维吾尔语、波斯语等中外语言对音译音关系。这里我们就部分研究进行说明。

（一）契丹语与汉语语音关系的研究。

契丹语研究较早的是俄国学者 Nikolai Jadrincev（1889）。后来，中国学者王静如（见《历史语言研究所集刊》第 3 本 4 分、第 5 本 4 分（1932、1935））、日本学者山路广明（《契丹大字考》，《浮田和民博士纪念史学论文集》，1943）等也倾注了很大热情。长田夏树（1951）谈到，契丹语与蒙古语类型接近，因而关系密切，但不能仅仅通过与蒙古语对比来解读。解读契丹文字，有汉字标记的契丹语汇是重要依据，结合 12 世纪中国语音研究，汉字标记才有发挥作用的可能，尤其是一些固有名词。

长田夏树（1991）对契丹汉字音研究引人注目。他首先肯定了中国学者清格尔泰等（1978）学者研究契丹汉字音的成绩。[10]不过，对清格尔泰等《契丹原字音值构拟表》所根据的资料的时代提出疑问，因为它是《切韵》系统拟音、宋代拟音、《中原音韵》拟音的拼记，就显得时间层次不清楚。长田夏树选择 13 世纪前后的韵书《中原音韵》、《蒙古字韵》，以及等韵图《切韵指掌图》与契丹小字汉字标记比较研究，确定契丹汉字音音值。可以看到，契丹汉字音音值的特点是：入声字和平声、仄声字相同，入声发生变化；全浊声母和全清声母混同，意味着契丹汉字音没有全浊音、疑母消失、牙音次清溪母成为喉音晓母等。

（二）维吾尔语与汉语语音的关系。

庄垣内正弘（1982、1979）涉及维吾尔语与明清两个时代汉语语音的关系研究有一定的代表性。研究明代维吾尔口语语音，《畏兀儿馆译语》、《高昌馆译语》是他所采用的主要材料。《畏兀儿馆译语》作为《华夷译语》丙种之一的教科书，是研究明代维吾尔语的重要材料。丙种《畏兀儿馆译语》用汉字拟写畏兀儿口语译音词语。《高昌馆译语》属于《华夷译语》乙种之一的教科书，也是研究明代维吾尔语的重要材料。乙种《高昌馆译语》用汉字拟写畏兀儿书面语词语，即读书音译音。利用这两种材料对明代维吾尔语口语音韵体系的建构，需要明代汉语语音的帮助。作者认为徐孝的《重订司马温公等韵图经》能够代表明代北京语音，所以，就用它来作为构拟的依据与比较的对象。中国学者陆志韦（1947）与日本西田龙雄（1963）曾经对徐孝的《重订司马温公等韵图经》进行过拟音，庄垣内正弘略作修正而使用。在具体的研究上，可以显示明代汉语语音的作用。比如鼻音，明代北京语音有[m-][-n-][-ŋ]三种鼻音。维吾尔语文语也有这三种鼻音，但[-ŋ]不出现在单词的“初头”（词头）。再如舌尖中浊边音[l]，明代北京语音有这个声母，维吾尔语文语则有[l]和[r]两个声母。经过考订，明代维吾尔语口语音韵体系与维吾尔语文语一样也有[l]和[r]两个。更科慎一（2000、2002）对乙种《高昌馆译语》音译汉字的声调选择倾向与声调体系的研究则可以弥补庄垣内正弘研究的不足。庄垣内正弘（1979）又利用《五体清文鉴》材料探讨 18 世纪新维吾尔语语音特点。与前有所不同的是，不再局限于汉字标记，而是利用满语文字标记研究，强调了满语文字标记的口语性，以及与明代维吾尔语口语音韵体系不同的新维吾尔语语音所反映北方语语音的特点。

我们看到，庄垣内正弘等学者 20 世纪 80 年代前后的研究着眼点在于明清两个时代维吾尔口语语音体系建构，却没有就对音译音材料对明清两个时代汉语语音研究潜在价值提出看法，从汉维对音译音研究的角度上看，是有欠缺的。

庄垣内正弘（2003）以吐鲁番出土的元代印刷的《增阿含经》断片中汉维对音译音材料进行研究。所考虑到的是如何对当时维吾尔语汉字音再构的问题。由此，对维吾尔语汉字音再构方法、再构例、再构的结果，比如声母与韵母以及再构音的特征等加以探讨。尤其，还涉及汉字音的时代特点与汉字音的西北方音的性质，非常难能可贵。

（三）波斯语与汉语语音的关系。

作为《华夷译语》之一的《回回馆译语》是汉语与波斯语对译字书，有乙、丙两种。最早研究《回回馆译语》“杂字”的学者据说是一位 18 世纪的法国学者，其手稿在巴黎国民图书馆收藏。另一位是 20 世纪初英国学者罗斯。罗斯根据伦敦大学所藏《回回馆译语》1549 年抄本进行研究。日本学者中，对《回回馆译语》进行研究的是田坂兴道（1943）与本田实信（1963）等。田坂兴道从 20 世纪 40 年代到 50 年代初的八年间，先后发表了《〈回回馆译语〉语释》的四篇文章，从语言角度研究《回回馆译语》，田坂兴道是日本的第一人。但遗憾的是，田坂兴道只研究《回回馆译语》中的一部分词语。

本田实信取《回回馆译语》中的“杂字”与“来文”部分作为研究对象。“杂字"有 18 门,777 个语句,"来文"26 封。对"杂字"研究,对比是重要的方法。汉语词语意义、音译波斯语汉字、波斯语文字的罗马字转写、波斯语文字的英语意译。对"来文"的研究,则是汉语"来文"原文与波斯语文字的罗马字转写对比,"来文"原文中有一些音译波斯语汉字,有的在"杂字"中出现,有的没有,但可以在转写中出现。本田实信的操作程序,如果依照庄垣内正弘(1982、1979)研究《畏兀儿馆译语》与《高昌馆译语》的工作标准衡量的话,还缺少用徐孝的《重订司马温公等韵图经》这样的能够代表明代北京语音等韵图来作为构拟的依据与比较对象的环节。更勿论谈到与汉语语音研究的关系了,所以,从我们着眼于汉语语音史价值上看,他的研究还存在着很多遗憾。

中国学者刘迎胜《〈回回馆杂字〉与〈回回馆译语〉研究》(2008)对本田实信的研究也有一些评价。[11] 他认为,本田实信的研究成就是突出的。本田取德国杜宾根大学图书馆所藏明抄本、日本东洋文库所藏明抄本、法国巴黎国民图书馆收藏清抄本、巴黎亚洲协会所藏清康熙年抄本、英国不列颠博物馆所藏明刊本、日本内阁文库所藏清抄本六种海外图书馆藏本互校,尽力恢复《回回馆译语》"乙种本",即永乐本的原貌。又取英国伦敦大学亚非学院所藏明抄本、日本阿波国文库所藏抄本(已毁于火)、日本静嘉堂文库所藏本等校勘,基本上恢复了《回回馆译语》最古老的"会同馆本"的原貌。其缺陷是:未见到中国北图所藏本;对《回回馆译语》"杂字"总的若干难点解决得不理想;未进行"乙种本"的波斯文的校勘工作,也未对词汇作注释,未引起同行学者的广泛注意。因此,刘迎胜力图弥补缺憾。刘以北京图书馆本、柏林国立图书馆本、北京图书馆所藏袁氏抄本为底本,校以其他善本,并采用波斯文原文、汉译与汉字音译之间互校的方法更正单靠不同刊本、抄本之间比对而不能解决的讹误,还将波斯文原文逐字进行拉丁文转写,还作了比较详尽的诠释和考证。刘迎胜的研究可以说是后来者更为精确、细致,全书已经达到了 62 万字的篇幅。

(四)泰语与汉语语音关系。

西田龙雄(1960)考察《百夷馆译语》语音,在方法上很独特,即比较泰语各方言的关系,又注意与汉语的语音联系,被称为泰语比较研究的创新之作。[12] 在此之前的三田村泰助对《暹罗译语》的研究,涉及泰语与汉语语音关系的内容不多,主要是考订与暹罗馆史料相关,比如《暹罗译语》编撰的几个问题。

(五)琉球对音与官话语音研究。

丁锋《日汉、琉汉对音与明清官话音研究》(中华书局,2008,38—39 页)提到:[13]

琉球语虽然属于日语的一支，但其历史进程与日语大相径庭。日语、琉球语同源说早已成为学界和世人的常识。关于日语与琉球语的历史渊源，服部四郎的连载论文《关于日本祖语》(1978、1979)利用语言年代学的计算方法，推测古代日本天皇所在地京都方言与琉球王府所在地首里方言的分离年代是在1453年前(526)到1700年前(279)，相当于日本古坟时代(270—710)的前期。1980年代的语言年代学方法虽然有缺陷，但服部假说完全可以作为日、琉语同祖分离的一个有效的认识尺度。琉球国的文明开化很晚，以服部假说为前提计算，琉球到与本岛日语分离约一千年后的1265年，本岛僧人禅鉴来到琉球，建立寺庙，向岛民传授日语假名和汉字知识，琉球才开始有了文字文明。禅鉴及其弟子们持续不断的文字传授导致16世纪初琉球出现了一批以平假名、汉字混合书写的琉球碑文。稍后则有琉球王府的辞令文书(即下达地方之公文)《田名文书》和1543年王府编纂的琉球歌谣集《おもろさうし》(第一卷)等文献问世。期间正值明琉外交开创和发展期，自1372年(洪武五年)杨载宣谕到1500年，明朝廷已经遣使十二批赴琉，琉球则已朝贡一百三十八次，派出九批二十八人赴中国留学，可以说，琉球的文字文明是在中日两种文化复合交流氛围中孕育形成的。

琉球官话文献所反映的汉语官话资源非常丰富，因而成为日本和中国学者，以及其他国家学者研究的焦点之一。石奇博志《依据外国语研究琉球语资料以及与琉球相关的官话文献目录》(2001)提供了非常详细的线索。[14]根据实际，文献可以分为：第一种是用外国语记述的琉球语资料，比如明代人编的《琉球馆译语》；第二种是与琉球相关的汉语英语资料，比如《琉球官话集》、《官话问答便语》、《学官话》；第三种是混合假名、汉语，以及依据假名标记的琉球语资料，比如《金石碑文》、《琉球国碑文记》、《琉球国由来记》等。石奇博志以第一种和第二种为重点，编写文献目录。第一种最早可见申叔舟《海东诸国记》(1471)，日本较早的是东条操《南岛方言资料》(1923)，小仓进平《增订朝鲜语学史》(1940)也有整理。

专门研究琉球对音与官话语音的，近些年来也不少，比如，旅日中国学者丁锋著有《琉汉对音与明代官话音研究》(中国社会科学出版社，1995)，以及《日汉、琉汉对音与明清官话音研究》(中华书局，2008)，涉及的琉汉对音材料非常丰富。日本学者濑户口律子《琉球官话课本研究》(香港中文大学，1994)有琉汉对音的内容。李新魁教授为此书作序。濑户口律子认为，几种琉球人学官话的课本语言表明，琉球官话与通行于中国南方的官话的关系十分密切，虽然以民族共同语为基础。但必须指出的是，琉球官话也带有闽方言的一些特点，这和所教授的口语语音存在着十分密切的关系。

（六）中国学者较早研究西夏语语音的是王静如，比如《西夏文汉藏译音释略》(1930)，后来，李范文、龚煌城等学者也建树非凡。

日本学者对西夏学的关注最早可见石滨纯太郎《西夏学小记》(《支那学》第1卷第4号，1920)。他在文中首先提到俄国科兹洛夫对西夏文典籍的收集整理工作，比如《番汉合时掌中珠》。后来，石滨纯太郎又专门对《番汉合时掌中珠》进行了研究(《史林》第15卷第1号，1930)；西田龙雄《西夏语的研究》(上册、下册)则是最为重要的学术成果，于1964—1966年在东京出版。1968年作者以该书获日本学士院恩赐奖。

西田龙雄《西夏语韵图〈五音切韵〉研究》(上)(中)(下)(1978、1979、1980)。是迄今所能见到的研究西夏语韵图《五音切韵》最为详尽的论著。[15]比如，在《西夏语韵图〈五音切韵〉研究》(上)中，西田龙雄对西夏语韵书的形成过程与系统进行了细致考证，涉及其中唯一韵图资料《五音切韵》，先是考察了与之相关的韵表《九音显门》。在《西夏语韵图〈五音切韵〉研究》(中)(下)中，又对《五音切韵》主要韵图《众漂海入门》进行了分析。《众漂海入门》虽然模仿汉语韵图，但在编撰结构与方法上与传统等韵图《七音略》与《韵镜》存在着不小的差别。作者将《众漂海入门》韵图与西夏语韵书《文海》进行比较，揭示出西夏语音节形式的构成。

其他研究西夏语音的论文有：西田龙雄《西夏语音再构成的方法》(《言语研究》第31号，1957)；桥本万太郎《〈掌中珠〉西夏语汉语对音研究方法》(《中国语学》第109号，1961)、《〈文海〉韵母的音韵组织：西夏语音韵论(1)》(《言语研究》第41号，1962)、《西夏国书字典同音的同居韵》(《言语研究》第43号，1963)、《西夏语的韵组织》(《东方学》第25号，1963)、《〈文海〉的韵组织》(《东方学》第30号，1965)等。

日本学者研究西夏语以文献研究为主，涉及语音方面还有进一步拓展的空间。比如中国学者龚煌城《西夏语的浊塞音与浊塞擦音》(1981)一文针对西田龙雄和索孚洛诺夫(Sofronov)所拟测的西夏语音韵系统里有鼻冠浊塞擦音，而无普通的浊塞音与浊塞擦音，检讨他们的拟测的鼻冠音的各种依据，认为都不足以证明西夏语的浊塞音与浊塞擦音是鼻冠音。相反，藏夏对音和梵夏对音都显示西夏语的浊塞音与浊塞擦音不是鼻冠音。此外，根据西夏语里的汉语借词及《掌中珠》里的汉夏对音，证明西夏语里有[ɣ]音，认为，索孚洛诺夫归纳反切上字所得喉音类反切第一连锁即代表[ɣ]音，修正了索氏所拟喉塞音观点。[16]

三、余论

除了这几方面内容，还有其他一些成果，限于篇幅难以尽述。我们认为，日本学者汉蒙对音译音,以及其他与汉语相关的对音译音研究非常值得重视,它们应该是汉语语音历史研究的一个十分重要的组成部分。从日本学者的研究来看,有一些已经相当深入,比如服部四郎《元朝秘史の蒙古语を表はす汉字の研究》,[17]迄今为止,在许多方面的开掘至今仍然是后来的一些学者必须重视的,结论的可靠性与经典性都堪称模范。我们要注意挖掘这些具有重大学术意义的汉语语音研究成果,并以之为借鉴。

附　注

[1] 龙果夫(A.A.Dragunov)《八思巴字与古汉语》,1930,唐虞译,科学出版社,1959。照那斯图《八思巴字与蒙古语文献 1・文献汇集》,日本东京外国语大学亚非语言文化研究所,1990—1991。杨耐思《八思巴字研究概述》,《民族语文》1981 年第 1 期。呼格吉勒图等编《八思巴字蒙古语文献汇编》,内蒙古教育出版社,2004。

[2] 鸳渊一《〈中原音韵〉中の八思巴字にて写されたる汉字音に就いて》,《小川博士还历纪念史学地理学论丛》,1931. 10;服部四郎《元朝秘史の蒙古语を表はす汉字の研究》,东京文求堂,1946。

[3] 山崎忠《1318 年の八思巴字蒙古语碑文解读》,《言语研究》第 26 号、第 27 号,1954;神田喜一郎《八思巴文字の新资料》,《东洋学文献丛说》,二玄社,1969. 3。

[4] 桥本万太郎《中世中国语子音パスパ文字转写》(大阪市立大学《中研谈话会报》第 8 号,1966)、《八思巴文母音转写の一问题》(大阪市立大学《人文研究》第 19 卷第 10 分册,1968)、《梗摄字的八思巴对音》(Mantaro J. Hahimoto:The hṕ ags-pa Transcription of Gongs-h Syllables. Unicorn,No,7,33—83 页,1971);服部四郎《パクパ字(八思巴字)について——特にeの字とéの字に关して(一)》(《言语》Vol.13,No.8,1984)、《パクパ字(八思巴字)について——特にeの字とéの字に关して(二)》(《言语》Vol. 13,No. 8,1984)、《パクパ字(八思巴字)について——再论》(《言语》Vol. 14,No. 1,1985)等。

[5] 尾崎雄二郎《大英博物馆本〈蒙古字韵〉札记》(京都大学《人文》第 8 辑,1962);中野美代子《〈蒙古字韵〉の研究——音韵史的考察》(《外国语外国文学研究》第 11 号,1964);庆谷寿信《入声韵尾消失の过程についての一假说——〈蒙古字韵〉からのアプ-ロチ》(《名古屋大学文学部研究论集》(XXXVII),1965);花登正宏《〈蒙古字韵〉ノ-ト——とくに开口二等の牙音舌面化について》(《中国语学》第 226 号,1979)、《〈古今韵会举要〉研究》(汲古书院,1997. 10);长田夏树《〈蒙古韵略〉と〈中原音韵〉——〈四声通解〉の俗音と今俗音》(《神户外大论丛》第 29 卷第 3 号,1988. 8);中村雅之《〈蒙古字韵〉と〈五音集韵〉》(《中国语学》第 240 号,1993)、《〈蒙古字韵〉と〈古今韵会举要〉》(《富山大学人文学部纪要》第 20 号,1994);吉池孝一《〈蒙古字韵〉の增补部分について》(拓殖大学外语学部《语学研究》第 72 号,1993)、《〈蒙古字韵〉の元刊本と乾隆写本》(《中国语学》第 240 号,1993);壶井义正《影印大英博物馆藏旧抄本〈蒙古字韵〉二卷》(关西大学东西学术研究所,1956);吉池孝一《〈蒙古字韵〉特殊的パスパ文字》(《KOTONOHA》第 17 号,2004)系列等。

[6] 冯蒸教授《1965—1979 年国外汉语音韵学研究述评》(《汉字汉语学术研讨会论文集》,袁

晓园主编，吉林教育出版社，1991)。中野美代子《八思巴字和蒙古字韵语音研究》(Miypko Nakano：A Phonological Study in the Phags-pa Script and the Meng-ku Tzu-yün.Faculty of Asian Studies in Association with Australian National University Press，1971)。

[7] 小仓进平《朝鲜における日汉满蒙语辞书》(《朝鲜及满洲》，1914)、《朝鲜における日汉满蒙语读本》(《东洋学报》第 4 卷第 2 号，1914)、《朝鲜における蒙古及び满洲语学》(《东亚之光》第 12 卷第 11 号，1916. 11)；新村出《朝鲜司译院日满蒙语学书断简解说》(《艺文》第 9 年 8 号，1919)；小仓进平《朝鲜语学史》(大阪屋号书店，1920. 11。刀江书院又在 1963 年出版《增订朝鲜语学史》，其中《补注》由河野六郎作)等。

[8] 石田干之助《〈至元译语〉に就いて》(《东洋学丛》第 1 号，1934)；竹内几之助《〈至元译语〉に表はれたる支那语音》(《支那语学报》第 3 号，1936)；岩村忍、藤枝晃《蒙古研究文献目录》(京都大学人文科学研究所，1953)；长田夏树《元代の中蒙对译语汇〈至元译语〉》(《神户外大论丛》第 4 卷第 2 号、第 3 号，1953. 10)等。

[9] 赞井唯允《〈蒙汉合璧五方元音〉と〈五方元音〉》，《东京都立大学人文学报》第 91 号，1973。

[10] 清格尔泰等《契丹小字解读新探》，《考古学报》1978 年第 3 期。

[11] 刘迎胜《〈回回馆杂字〉与〈回回馆译语〉研究》，7—8 页，中国人民大学出版社，2008。

[12] 三谷恭之《タイ诸语比较研究の展望》，《东南アジア研究》第 2 号，1963. 11。

[13] 丁锋《日汉、琉汉对音与明清官话音研究》，中华书局，2008。

[14] 石奇博志《依据外国语研究琉球语资料以及与琉球相关的官话文献目录》，琉球大学法文学部纪要《日本东洋文化论集》，2001. 3。

[15] 西田龙雄《西夏语韵图〈五音切韵〉研究》(上)(中)(下)，发表于《京都大学文学部研究纪要》第 20—22 号，1978—1980、1983 年。

[16] 龚煌城《西夏语的浊塞音与浊塞擦音》，《历史语言研究所集刊》第 52 本，1981。又见龚煌城《西夏语言文字研究论集》，民族出版社，2005。

[17] 服部四郎《元朝秘史の蒙古语を表はす汉字の研究》，东京文求堂，1946。

第八章　日本学者对欧美中国语课本语音的研究

【本章内容提要】日本学者研究欧美中国语课本语音是从模仿与解读威妥玛《语言自迩集》(1867)拟音开始的，进而获得启示，直接促进了近代日本北京官话等区域语言课本的编写，实现了由南京官话语音向北京官话语音的转变。近几十年来，日本学者利用欧美中国语课本研究语音也取得了不小的成绩，这当中，古屋昭弘、内田庆市、佐藤昭等学者尤为突出，本文就他们的研究情况进行介绍，对其重要论著加以说明，彰显他们的研究特点，从而了解日本学者研究欧美中国语课本语音的理论和方法。

【关键词语】欧美　中国语课本　语音研究　日本论著特点

日本学者对欧美等国学者所编写的中国语课本语音的研究，应该是日本汉语音韵学研究史的重要组成部分。

早期欧美学者对汉语的研究，有许多是因到中国进行传教活动的需要而开始编写汉语学习书的，比如金尼阁《西儒耳目资》，是汉语语音的学习书，以等韵图表形式表现当时汉语的音节配合情况，其注音方式的独特性，引起了中外学者的很大兴趣。中国学者罗常培《耶稣会士在音韵学上的贡献》一文较早论述金尼阁《西儒耳目资》音系(1930)，肯定了金尼阁的重要贡献。日本学者中关注《西儒耳目资》较早的是永岛荣一郎。永岛荣一郎在《近世支那语特に北方语系统に与ける音韵史研究资料に就いて》(1941)一文中称，他看过赵荫棠秘藏原刊本《西儒耳目资》。他在罗常培研究的基础上对《西儒耳目资》音系也进行了构拟，后来学者研究《西儒耳目资》音系，永岛荣一郎的成果是万不可忽视的。[1]

明治维新之后，日本学者明显重视中国语学习书的编写。就当时来看，对日本汉语教科书编写思想影响最大的莫过于英国人威妥玛《语言自迩集》(1867)。对《语言自迩集》内容及形式的模仿成了当时日本汉语教科书的一种模式，出现了一批带有浓重《语言自迩集》色彩的“教本”。日本学者受威妥玛《语言自迩集》等欧美学者影响编写汉语教科书书目，可参见六角恒广《中国语书志》(1998(1994))与《日本中国语关系书目》(2002)。[2]

日本学者又由于编写中国语教科书的需要，进而对《语言自迩集》作各个方面，当然包括汉语语音的本体与汉语语音教育的研究，从而汲取《语言自迩集》的先进语音理念与先进汉语语音教育模式。关于这一点，可见尾崎实《〈语言自迩集〉解说》(《〈语言自迩集〉语汇索引(初稿)》，明清文学言语研究会会报单刊第9号，1965)。日本当代著名日本中国语教育史研究家六角恒广《日本中国语教

育史研究》(东方书店,1988),以及其他一些学者,如安藤彦太郎《中国语与近代日本》(岩波书店,1988)、高田时雄《トマス.・ウエイドと北京语の胜利》(京都大学人文科学研究所创立70周年纪念国际シンポジューム,京大会馆,1999.11)、埋桥德良《日中言语文化交流的先驱者》(白帝社,1999)等都有详细的说明。李无未《清末日本学者北京官话声调意识》一文也有所论及。

近几十年来,日本学者对欧美等中国语学习书课本语音的关注明显增强,出现了一些重要成果,很引人注目。这些成果应该是属于日本汉语对音译音研究范畴的。这里择要加以说明。主要有:古屋昭弘《〈宾主问答私拟〉の音系》(1988)、《明代官话の一资料——リッチ・ルッジューリの〈宾主问答私拟〉》(1989)、《万济国〈官话语法〉中的罗马字拼音》(1998);吉池孝一《カールグレン〈方言字汇〉に於ける上海语部分の音注[aʔ][Aʔ][ɑʔ]をめぐつて》(1988);内田庆市《〈华语拼字妙法〉の音系》(1991);《〈官话〉研究における〈汉译圣书〉の位置付け》(1992);佐藤昭《清末民国の初期官话方言の音韵——欧文の字典资料を対象として(1)》(1988)、《VOCABULARIUM SINIC-LATINUMがあらわす19世纪の中国语音》(1997);后藤秀幸《在〈语言自迩集〉登场的io、uo》(2003)、《第二版〈语言自迩集〉第三章(散语)"还"的发音》(2003);吉川雅之《作为言语史资料,特别是研究史资料——中国语:西洋初期文献集成华英、英华辞书集成第一期》(2003);千叶谦悟、熊进、高桥庆太编《一百年前的四川方言——〈华英联珠分类集成〉和〈西蜀方言〉》(2005);中村雅之《威妥玛的北京语标记/-0/-e》(2006);《艾约瑟(Edkins)所记19世纪的北京音》(2006)、《艾约瑟(Edkins)记述旧入声的北京语声调》(2006)、《艾约瑟(Edkins)汉语音韵史研究》(2006)等。[3]

(一)《宾主问答私拟》是耶稣会宣教师利玛窦于1580年编写的中国语会话课本。

由于用罗马字标注,所以,可以借以研究它所表现的音系。古屋昭弘(1989)从文献角度考证了《宾主问答私拟》的结构,比如有会话资料(有罗马字标记)、教义(包括地理、气候等)、葡汉辞书(罗马字和汉字)、补遗(罗马字和汉字)几部分。完成于1584—1588年之间。古屋昭弘列举了与之有关联的历史事件,还有参照明代戏曲小说表现的语言与书中词汇的关系,以及语音和《西儒耳目资》的相似性,确定其语言基础。可以和古屋昭弘(1988)相互辅助阅读。

古屋昭弘(1988)从研究罗马字标记法入手,整理出音值,并归纳出音系。考虑到当时耶稣会宣教师几乎全是葡萄牙、西班牙等罗曼斯语(拉丁语)圈出身,当然和诸语言的正书法有关系。这样,列出国际音标、拉丁语、意大利语、罗马尼亚语、法语、西班牙语、葡萄牙语、卡塔兰语等辅音相对照。

关于16世纪正书法和音值，古屋认为，透彻理解罗曼斯语史十分重要。《宾主问答私拟》作者米给列·路慈利，以及马迪奥·利玛窦是意大利人，所以对一些字音的转写，用意大利语做标记，就是出于这个考虑。

古屋昭弘(1988)研究的结果是：表现中国语的辅音声母有20个，韵母有63个，声调有5个。声母的构拟，比如送气不送气，参考了罗常培、杨福绵等的研究，也有《葡汉辞书》、《西儒耳目资》的标记。像疑母字，《问答》"ng"就不使用《西儒耳目资》，而使用《西字奇迹》；再比如知照母二等系，《问答》一贯使用舌尖音的"z"[ts]、"s"[s]，《西儒》则使用舌尖音"ç"[ts]、"c"[tsʻ]、"s"[s]和舌叶音"ch"[tʃ]、"ch"[tʃʻ]、"x"[ʃ]拼记字音的时候比较多。还有影母，《问答》和《西儒》一样，有一部分字是《西儒耳目资》"g"，罗常培则除了后续"i"、"e"之外，仍然构拟成[g]，杨福绵构拟成[ɣ]，古屋昭弘认为杨福绵的构拟是自然的。

其韵母，比如鼻音韵尾的构拟，《问答》并不区别[m][n]，但有标记，当时的意大利语中[m][n]是同一音素。罗常培《西儒耳目资》和《西字奇迹》的研究，把"m"作[ŋ]，把"n"作[n]。其他，《问答》和《西儒》、《西字奇迹》中有一些韵母还不能加以细致区别，比如，"i"、"e"、"ie"、"o"、"u"等。还有止摄开口日母字音，《问答》为"gi"(耳尔)，《西字奇迹》为"lh"，《西儒》为"ul"，联系利玛窦从广东北上活动区域的关系，《问答》已经表现和16世纪初初刊本《老乞大谚解》和《朴通事谚解》类似的语音变化情况。蟹摄一等开口字《问答》不是"ai"，而表现为"oi"。效摄三四等、宕摄三等来母的介音不是"i"，而是"e"，和《西儒》、《西字奇迹》的特征一样。流摄三等字《西儒》"leu"，《问答》"iu"与之对应。

至于声调，《西儒》有五个符号表现声调，即"—Λ\/V"，和中古音对应的是平声——全清、次清；平声——全浊、次浊；上声——全清、次清、次浊；上声——全浊、去声；入声。但《问答》没有按规律地使用这种符号，但也有"\—/"等符号，规律性不强。

为了便于读者理解，古屋昭弘还制作了《问答》声韵配合表，按十六摄次序排列。

(二) 对于《官话语法》语音，古屋昭弘(1998)主要分为《官话语法》声母、韵母、声调、官话和方言几个方面加以论述。还附有《同音字表》。

《官话语法》(*Arte de la lengua mandarina*)，由西班牙人万济国(F. Varo)于1682年作。万济国是天主教多明我会会士。古屋昭弘介绍说，方济各会会士石铎琭(P. Pinuela)对此书略加修订后，于1703年在广州刊行。这是欧洲人编写并出版的第一部语法书。此书后边附载方济各会会士叶宗贤(B. Glemona)所作《解罪条问》，这是神父让信徒解罪时所用的例句集。《条问》用拉丁文，全书用西班牙文，汉语部分全用罗马字。古屋昭弘把全书中表示官话汉字的罗马字拼音字母加以整理，拟进一步对这些罗马字拼音字母表现的音系加以分析。

万氏的罗马字在拼法上跟金尼阁《西儒耳目资》中的注音非常相似，非常细致，研究《官话语法》语音许多地方参照《西儒耳目资》。另外，杨福绵 1995 构拟利玛窦所记官话的声调时曾利用《官话语法》对官话声调的描写。

《官话语法》的声母。万氏说，官话有 363 个"词"(音节)，再加上声调一共有 1525 个"词"(音节)，经过整理，除零声母外，可归纳出 20 种表示声母的罗马字：

1. p	p‘	m	f	v	
2. t	t‘	n			l
3. çh	çh‘		s		
4. ch	ch‘		x	j	
5. k	k‘		h	g	

其中，1、2、4 在写法上跟《西儒耳目资》完全一样，只是[v][g]和零声母在收字上有一些异同。对于[v]的音值，万氏没有说明，只说有些中国人把[goei]读作[guei]或[vuei]。根据此书中的西班牙文，如 huespede(客人)有时写作 guespede，可见，gu 和 hu 在音值上没有更大区别。

当时西班牙文罗马字中[h-][x-][j]的读法很可能跟现在一样，分别念[Ø][x][x]。因此，万氏特意说明官话的[h]要读若西班牙安达卢西亚地区的音，[x]要读若西班牙乡下的音(葡萄牙语念[ʃ])，[j]要读成加重念两个[i]时的音。

《官话语法》声母的特点：《西儒耳目资》的[ç][ç‘]，万氏拼作[çh][çh‘]。古屋昭弘解释说，万氏为了西班牙人，拼法上一定要加[h]，这可能是因为当时的西班牙文和现在一样，[ç]读作[θ]。序文里说[çh]读若法文的 ts[ts]，但不常用。或意大利文的 z。《西儒耳目资》的[s]，万氏大部分也用[s]，只是《西儒耳目资》的[sụ](私、死等字)万氏却拼作[ç·u]。

《官话语法》的韵母。古屋昭弘根据全书中的拼音，认为可归纳为下列六十多种表示韵母的罗马字：

1.	i	y	u		
2.			ul		
3. u̇[ʅ]			u̇		iū
4. ɑ	iɑ		uɑ	oɑ	
5. e	ie				
6. o			uo		
7. ɑi	iɑi		uɑi	oɑi	

8.			uei	oei	
9.			ui		
10.	ao	iao	eao			
11.	eu	ieu				
12.	an			uan	oan	
13.	en	ien		uen	oen	iuen
14.				uon		
15.		in		un		iun
16.	ang	iang	eang	uang	oang	
17.	eng					
18.		ing		ung		iung
入声						
19.	a	ia				
20.	e	ie		ue	oe	iue
21.	^{e}	i^{e}				
22.	o	io		uo		
23.	in	i		u		iu

古屋昭弘看到，这些罗马字的拼法大部分跟《西儒耳目资》一样，只是《西儒耳目资》的[i]，万氏多用[y]，《西儒耳目资》所谓的中音[u̇]和次音[u]，万氏都用[u̇]，由于搭配的声母不同，所以不相冲突。与[çh]组搭配的[u̇]一定是[ɿ]一类的音。

关于[u]，万氏说，发此音时要把嘴唇稍微撮一撮。关于入声的[ȯ]，万氏认为此音既非[o]又非[u]；序文里说[ȯ]读若法文的 ou[u]。入声和[eė]和[iė]，万氏说，这两种音是既非[e]又非[i]的单元音；序文里说，[iė]读若法文的 i[i]；万氏说，读若西班牙文 chaul 的[ul]；耶稣会写作 lh。

和《西儒耳目资》相比较，古屋昭弘认为，《官话语法》韵母的特点为：《西儒耳目资》的韵尾[-m]，万氏作[-ng]。万氏说："耶稣会所编的词典里有很多词以-m结尾，这是因为葡萄牙的传教士开着嘴唇发音节末是-m，但西班牙人并不那么读，所以要读为并写作-ng。"序文里还有一些跟法文对照的说明，如：[a][e][o][i][u]分别读若法文的 as[ɑː]，ais[ɛː]，os、aus，aux[oː]ys[iː]，ous[uː]。入声的[ă][ĕ][ŏ]分别读若 a[a]，ai[e]，o[o]。[uen]读若 oine[wan]。[ing]读若 ine[in]，就是说，[ing]和[in]同音，这是万氏没有说过的。

《官话语法》的声调。古屋昭弘主要取杨福绵(《罗明坚、利玛窦〈葡汉辞典〉所记录的明代官话》，《中国语言学报》1995 年第 5 期)构拟利玛窦所记官话的声调时利用的《官话语法》对官话声调的描写，结论是：

清平 33　浊平 21　上声 42　去声 45　入声 45

古屋昭弘还注意到连读变调的情况。他说："上声字跟去声字连在一起，如买饼，买字变成类似清平的声调，但上声字跟去声字连在一起，如买卖，买字保持原来的调子。两个去声字连在一起时，第一个去声字变成清平，只是如果第一个去声字是送气的，由于呼气很强，其调子变高一些。"据此描写，可归纳为如下的变调规律：

上声＋上声→ 阴平＋上声
去声＋去声→ 阴平＋去声

古屋昭弘也看到了《官话语法》讨论的声母和声调的搭配关系，规律为：浊平调（阳平）的声母一定是送气的。

《官话语法》官话和方言的关系。古屋昭弘的探讨也很有意义。古屋昭弘根据万济国 1649 年到厦门，然后在福安、福州等地传教的情况，推定他的官话是在福建学的。万氏曾说，南京省（江苏、安徽两省）的居民说官话说得最好。其他地区都有一些弊病，如福建[h-]和[f-]往往相混。他明确指出方言的存在："帝国通行的官话以外，各个城市和乡镇有另外一种语言叫乡谈，由于农民和妇女不懂官话，住在这些地区的传教士应该懂乡谈。"古屋昭弘认为，可以推定，万氏在福建除官话外，一定学会了闽语。

当然，《官话语法》也有一些方言色彩，但作为官话还是相当标准的。古屋昭弘提到，据万氏 1672 年的信得知，有一次福州知府审问他的时候，由于万氏的中文说得非常好，知府简直不能相信万氏竟然不是中国人。一直居住在福建的万济国能学到一口标准的官话，正好可以说明当时官话的同一性和普及的程度。

古屋昭弘对万济国《官话语法》的官话的语音研究提升了《官话语法》语言学价值，为我们探索明代官话语音的基础和性质提供了第一手资料。

（三）内田庆市（1991）主要从材料来源、体裁、编者、写作意图和教学法、使用地域、该书所记述的南京官话语音以及该书音系几方面对《华语拼字妙法》进行研究。

据介绍，1987—1988 年，内田停留在上海期间，偶然于古书店购得《华语拼字妙法》。该书系"洋装本一册"，207 页之后缺页，出版年月日不详。"教授法刍言"1 页，从第一课到第一百课是"课堂用语"。对开左页是汉字《华语拼字妙法》，右页是英文 *ANALYTICAL PRIMER*。左页课文里出现了新的汉字，分析其构造，说明意义和发音；右页课文的英译，称为"EXPLANATORY NOTES"，有文法、词汇等注释说明，等等。正文之后，附有被称为“字目便查”的“汉字索引”。“教授法刍言”最后，记有：“中华民国元年五月美博士万应远口授辛塘居士夏葭塘笔述”字样。

关于万应远，《近代来华外国人名辞典》(中国社会科学出版社，1981)记载：万应远，美国南浸信传道会教士。1886 年来华，在扬州、上海等地传教。他是上海沪上大学(初名“上海浸会大学”)的神学院教师。该书是美国人万应远和中国人夏葭塘合作的产物。出版在 1912 年后不久。

本书基于编者自身学习中国语的经验，以对第一次来中国的宣教师们进行“用两年的时间能够掌握 2000 个汉字”为教学意图而编写。以“一日五个汉字”的速度，可以达到“教授法刍言”所说的“字音要准”、“字义了然”而“烂熟胸中”的目的。本书的应用地域主要是以上海为中心的地区。作者并没有说这里的“中国语”的具体指向，但明确表明是以“北方官话音”为基本依据，也有“酌情改读”的成分。内田庆市认为，可以假定为“南京官音”。如此，参照赵元任《南京音系》(《科学》第 8—13 期，1929)、黄典诚《一百年前汉语官音初探》(中国语言学会第四届年会论文，1987)，以及 Hemeling(1902) *THE NANKING KUANHUA* 等材料归纳和构拟。

《华语拼字妙法》的声调有五个，即上平、下平、上声、去声、入声，用 1、2、3、4、5 分别代表“五声”在每一个字的右上角标记。南京语音的声调也是五个，与此一致。

《华语拼字妙法》的声母有 22 个：

[b][p][m][f][d][t][n][l][g][k][h][g(i)][ch(i)][hs][dz][ts][s][sz(ị)][dj][ch][sh][r]

内田庆市讨论的声母问题：一是[g][ch]的音值问题，比如[g]是[tɕ]还是[k]？后者和细音相拼的是[tɕ]，而和洪音相拼是[k]。本书的[g(i)][ch(i)]是“口盖化”，就是[tɕ][tɕʻ]。二是尖团音的区别问题，即认定和南京音一样，有区别。三是 dj[tʂ]/ ch[tʂʻ]/ sh[ʂ]一部分成为 dz[ts]/ts[tsʻ]/s[s]。四是 sh[ʂ]和 ch[tʂʻ]的混同问题。五是[l]和[n]的区别，南京话语音两者不能区别，而本书则能区别。

《华语拼字妙法》的韵母有 52 个：

[a][e][o][ai][ao][an][ang][ei][eo][en][eng][ou][ong][u(wu)][ui][wei][un][wen][wa][wo][wai][wan][wang][ung][i][ia(ya)][ie(ye)][iu(yu)][iai][iao(yao)][ien(yen)][in(yin)][ing(ying)][iang(yang)][iung(yung)][ụ(yụ)][ụn][ụen(yụen)][ị][er][ah][eh][oh][uh][(wuh)][who][ih][ụh][ịh][ieh][ioh][yụeh]

内田庆市讨论的主要韵母问题：一是[o(oh)]和[e(eh)]的区别；二是[iai]；三是“容”不是[rung]而是[yung]；四是“雷”、“累”成为[lui]；五是南京话[ioh]是入声，北方语音是[ye]；六是“免”是[men]；七是[n][ng]的区别问题；八是“授”标记为[eo]；九是“六”、“数”白话音采用[uh]等。

内田庆市将声母、韵母、声调和南京音进行比较，看到了和南京音大体一致的情况，所以，得出了《华语拼字妙法》语音系统以南京音为基础的结论。这样，就肯定了它对研究当时南京官话语音的价值。

(四) 佐藤昭(1992)利用欧洲语言文字的字典资料讨论清末民国初年的南京官话语音、山东官话语音、四川官话语音，很有代表性。

《清末民国の初期官话方言の音韵——欧文の字典资料を对象として(1)(2)》的结构是：一是引言；二是南京官话音韵；三是山东官话音韵；四是四川官话音韵。

在“引言”中，佐藤昭谈到，自16世纪欧洲人来到中国，尤其是传教士进行基督教传教活动，实际上，他们就已经开始了研究中国语和中国学的进程。比如法国人金尼阁于1626年在杭州完成了著名的《西儒耳目资》一书，对明代后期的北方官话语音的发音用罗马字标记出来，作为欧洲人所编写的中国语字典来说，具有划时代的意义。

但是，面向一般欧洲人，也包括传教士出版的大量各种各样中国语学习书籍还是从19世纪开始的。此时，欧美人在中国各地活动，所编写的学习各地语言的教科书、辞书陆续刊行，数量很多。即使是今天也比较容易找到，就方便了一般学者的阅读。

佐藤昭认为，在19世纪出版的用欧洲语言文字编写的中国语学习字典当中，应该列举的著作主要是：

1. Be Guignes 的 Dictionnaire Chinois，Francais et Latin，1813；

2. R. Morrison 的 A Dictionary of the Chinese Language，1815—1823；

3. J. A. Goncalves 的 Diccionario China-Portuguez，1833；

4. S. Wells Williams 的 A Syllabic Dictionary of the Chinese Language，1874；

5. G. C. Stent 的 A Chinese and English Pocket Dictionary，1874；

6. A. M. Hamelin 的 Dictionnaire Alphabétique Chinois-Français de la langue Man-darine Vulgaire，1877；

7. Bailly 的 Dictionnaire Chinois-Français，1889；

8. LeP. Séraphin Couvreur 的 Dictionnaire Chinois-Français，1890；

9. Chauncey Goodrich 的 Chinese-English Pocket Dictionary and Pekingese Syllabary,1891;

10. H. A. Giles 的 A Chinese-English Dictionary,1892;

11. J. MacWeigh 的 Dictionnaire Phonétique Chinois-Français,1893;

12. P. Polleti 的 A Chinese and English Dictionary,1896。

但是,这些字典称为官话,却不能说是全部根据中国的共同语北京语而作的。能够确认所记为纯粹的北京音的是:G. C. Stent,Ch.Goodrich,H. A. Giles,J. MacWeigh,P. Polleti 的字典。实际上,官话有各种类别,北京语(北京官话)不过是其中的一种,19 世纪的欧美人并没有把北京官话作为官话的唯一代表。

佐藤昭提到,根据 W. Williams(威廉姆斯)的说法,官话有南和北两类,其中"北官话"就是北京官话,为宫廷言语,即使是典雅的、时尚的,比起"南官话"来,一直被广泛地使用,作为天下共同语为全国所理解和接受。这就是威廉姆斯在称为真正的中国语字典中没有采用"南官话"(南京官话)的语音作为正音的原因。有名的中国研究者 Joseph Edkins 在其书 *Grammar of the Chinese Colloquial Language, commonly called the Man-darin Dialect*(1857)中,把当时的官话方言区分为三种:南京官话、北京官话、西部官话。

北京话中也有官话和土话之分,就像有南京官话和南京土话、成都官话和成都土话之别。日本人吴启太、郑永邦《官话指南》(1882)"凡例"说:"京话有二,一为俗话,一为官话,其辞气不容相混,犹泾渭之不容并流。"由此,19 世纪欧美人所称的官话音,实际上不是一般民众日常说话词语的发音,而指的是依据有知识人、读书人所用,限定特定区域的读书音和文言音。按照这个观念,前面所提到的 12 种欧美人所编官话字典,就反映了各种官话的个性特征,因此,自有其检讨的价值。佐藤昭的具体做法是,区分地域,把欧美人所编各个官话字典所收汉字的音和中国中古音加以比较,从而得出结论。

在"南京官话音韵"一节,佐藤昭把 K. Hemeling(1878—1925) 1902 年在上海出版的题为 *THE NANKING KUANHUA*(《南京官话》)文献作为研究对象。

《南京官话》的作者 K. Hemeling 是德国人,1898 年作为税务人员来到中国,他编写此书,以英国人威妥玛《语言自迩集》为模型。全书分为三部分,一是南京话和北京话的差异;二是南京音声韵调音节表,有 347 个音节;三是南京音同音字表,列了 4000 多个字。

《南京官话》声母有 23 个:

[p][p‘][m][f][t][t‘][n][l][ts][ts‘][s][k][k‘][h][ch][ch‘][sh][j][ch][ch‘][hs][w][y]

《南京官话》的罗马字标记法依据的是威妥玛的方式，[ts][ts‘][s]各自写作[tz][tz‘][ss]；声母[n][l]没有区别；[s]和[hs]不混。

其韵母为35个如表8－1：

表8－1

开口	合口	齐齿	撮口
Ih,ú,êrh	u	i	ü
a	ua	ia	
ê		ieh	üeh
o	uo	io	
ai	uai	iai	
ei	ui(uei)		
ao		iao	
ou		iu	
		ien	üen
an(g)	uan(g)	iang	
ên(g)	un	in(g)	ün
	ung	iung	

南京官话第五个声调是入声，和入声有关系的有15个韵母，佐藤昭没有将这些韵母构拟为喉塞尾。佐藤昭列有《南京官话音节表》。这个表分为：第一表，开口呼和合口呼；第二表，齐齿呼和撮口呼。最后是南京话语音和中古音声韵调比较及南京官话的多音字举例。

在"山东官话音韵"一节，佐藤昭把P. Joseph Stangier所著的《华德字典》(1914)文献作为研究对象。关于Stangier的生平人们并不了解。只知道他是德国传教士，曾在费县居住。据其序，他编写《华德字典》的动机是数年前在兖州府印行了《德华字典》(1908)，所以，就感到有必要编纂《华德字典》。和一般字典不同的是，它用罗马字做发音标记记载了当时山东官话语音，十分引人注目，但没有具体指明是否和青岛有关系。本书由三部分构成，序言、凡例、辞典主体。"凡例"中有关于若干发音标记的说明，560页的辞典主体收录4000个汉字，按拉丁字母顺序排列。

《华德字典》声母有23个：

[p][p‘][m][f][t][t‘][n][l][g][k‘][h][ds][ts][s][dsch][tsch][sch][j][dj][tch][h][ng][y]

值得注意的是，没有用送气、不送气的符号；声母[h]有两个发音；声母[ng]

只和开口呼韵母结合。[dj][tch]和齐齿呼、撮口呼结合。

其韵母为35个，如表8-2：

表8-2

开口	合口	齐齿	撮口
e,öl	u	i	ü/iü
a	ua	ia	
o	uo		üo/iüo
ä	uä	iä	
ee	uee(ui)		
au		iau	
ou		iu	
än	uän	iän	üän/iüän
en	uin(uen)	in	üin/iüin
ang	uang	iang	
eng		ing	
	ung	iung	

开口韵母[e]标记为舌尖元音；合口[uee]在声母是[sch]时写为[ui]；撮口呼韵母都有两个标记[ü]或[iü]，前者是在声母[l][dj][tch][y]的后面，后者只是在[n][ds][ts][s][h]后面接续时用；韵母[ä]限于在声母[dsch][tsch][sch]后续时，有两个音值。和入声关系密切的主要是：[e][u][i][ü(iü)][a][ua][ia][o][uo][üo(iüo)][ä][uä][iä][ee][uee]，其他的是个别的。

山东官话有五个声调：上平、下平、上声、去声、入声。用威妥玛式1、2、3、4、5表示。

《山东官话音节表》，是第一表，开口呼和合口呼；第二表，齐齿呼和撮口呼。最后是山东话语音和中古音声韵调比较及山东官话的多音字举例。

在"四川官话音韵"一节，佐藤昭把英国传教士Adam Grainger《西蜀方言》(1900)作为研究四川官话语音的文献。Adam Grainger 1889年来到中国，长期在成都居住，1921年在成都去世。《西蜀方言》语音，中国学者甄尚灵亦有研究，即《〈西蜀方言〉和成都方言》(《方言》1988年第3期)。她将《西蜀方言》和现代成都音(1950年代)进行比较。看其异同，认为，《西蜀方言》的语音是19世纪后期的成都音。

《西蜀方言》主体部分为3786个汉字、191个语汇用例，作者用罗马字注音；后附"音节索引"，按同音节的汉字依照五种声调顺序排列。

佐藤昭与甄尚灵的做法不同，他把香港印制的Dictionnaire Chinois-

Françaisde 作为参考文献。据其序文,该著作也是由几位长期住在四川的传教士记录当时语音而成,时间上要早一些。虽然都用罗马字母,但记录语音的符号系统有区别,《西蜀方言》是英国式系统,Dictionnaire 是法国式系统。尽管如此,可以看到,两者所记录的汉字语音基本一致。

声母有 22 个,如表 8-3:

表 8-3

《西蜀方言》声母				Dictionnaire 声母			
p	p‘	m	f	p	p‘	m	f
t	t‘	n	l	t	t‘	n	l
ts	ts‘	s		ts	ts‘	s	
k	k‘	h		k	k‘	h	
ch($^{i}_{ü}$)	ch‘ ($^{i}_{ü}$)	sh($^{i}_{ü}$)		ch($^{i}_{ü}$)	ch‘ ($^{i}_{ü}$)	sh($^{i}_{ü}$)	
ch	ch‘	sh	r	ch	ch‘	sh	j
ng				g			

可以见到,区别尖团音,声母[n]不和开口呼、合口呼结合;[ng][g]只和开口呼韵母结合;零声母不出现在开口呼韵母前面,但唯一的例外是[o]。

韵母有 33 个,如表 8-4:

表 8-4

《西蜀方言》韵母				Dictionnaire 韵母			
开口	合口	齐齿	撮口	开口	合口	齐齿	撮口
ï	u	i	ü	e,eul	ou	i	u/iu
a	ua	ia		a	oua	ia	
o		io		o		io	
e	ue	ie	üe	e	oue	ie	ue/iue
				ei	oui		
ai	uai	iai		ai	ouai	iai	
ao		iao		ao		iao	
eo		iu		eou		ieou	
an	uan			an	ouan		
en	uen	ien	üen	en	ouen	ien	uen/iuen
ang	uang	iang		ang	ouang	iang	
	ong	iong			ong	iong	
		in	üin			in	un/uin/iun

从韵母数量来看,Dictionnaire 韵母数要比《西蜀方言》多一些;Dictionnaire

“e”和“eu”用两种罗马字表示，还有撮口呼韵母有分别，比如[u]和[n]在零声母的后面写作[iu]，[un]在[k][k']声母后面写作[uin]。

韵调有五个：上平、下平、上声、去声、入声。用威妥玛式 1、2、3、4、5 表示，但 Dictionnaire 却没有。

《四川官话音节表》，是第一表，开口呼和合口呼；第二表，齐齿呼和撮口呼。最后是四川话语音和中古音声韵调比较及四川官话的多音字举例。

此外，吉池孝一(1988)以高本汉 1926 年所作《方言字汇》和赵元任 1928 年所作《现代吴语研究》中上海方言部分语音和 1981 年沈同《上海话老派新派的差别》(1981)，许宝华、汤珍珠、汤志祥《上海方音的共时差异》(1982)，石汝杰硕士研究生学位论文《川沙音系》(1985)，胡明扬《上海话一百年来的若干变化》(1987)进行比较，进一步确认[aʔ][Aʔ][ɑʔ]的记音性质，从中看出高本汉语音判断的处理方法。[4]

综合古屋昭弘、内田庆市、佐藤昭、吉池孝一四位学者的研究可以看到，他们重视欧美学者课本和工具书的语音材料，主要是看到了它们所具有的记音优势，对研究官话语音和方言语音是十分有利的。所沿袭的还是高本汉重视传教士汉语语音研究的学术传统，许多见解是可取的，我们在研究相关汉语语音时，完全可以很好地借鉴。

日本学者也很重视对欧美学者课本和工具书语音材料的编目和调查工作。比如飞田良子、宫田和子《十九世纪英华、华英辞典目录——以翻译语研究资料为中心》(1991、1995)，[5]以日本 100 多个图书馆的藏书作为调查对象，把有关英华、华英辞典的收藏情况基本上搞清楚了，为进一步有计划、有目的语言关系、语言比较等方面的研究奠定了文献基础。

附　注

[1] 永岛荣一郎《近世支那语特に北方语系统に与ける音韵史研究资料に就いて》，《言语研究》第 8 号、第 9 号，1941。

[2] 六角恒广《中国语书志》，不二出版，1994；后由王顺洪译，北京语言大学出版社，1998；《日本中国语关系书目》，不二出版，2002。

[3] 古屋昭弘《〈宾主问答私拟〉の音系》(《中国语学研究》(开篇)第 6 号，1988. 12)、《明代官话の一资料——リッチ・ルッジューリの〈宾主问答私拟〉》(《东洋学报》第 70 卷第 3 号、第 4 号，1989. 3)、《万济国〈官话语法〉中的罗马字拼音》(《语苑撷英——庆祝唐作藩教授七十寿辰学术论文集》，北京语言文化大学出版社，1998. 1)；吉池孝一《カールグレン〈方言字汇〉に於ける上海语部分の音注[aʔ][Aʔ][ɑʔ]をめぐつて》(《东京都立大学人文学报》第 197 号，1988. 3)；内田庆市《〈华语拼字妙法〉の音系》(《中文研究集刊》第 3 号，白帝社，1991)、《〈官话〉研究における〈汉译圣书〉の位置付け》(关西大学《文学论集》第 41 卷第 1—4 号《文学部创设 70 周年纪念特辑》，1992)；佐藤昭《清末民国の初期官话方言の音韵——欧

文の字典资料を对象として(1)》(《北九州大学外国语学部纪要》,第64号,1988.12);《VOCABULARIUM SINIC-LATINUMがあらわす19世纪の中国语音》(《北九州大学外国语学部纪要》,开学五十周年纪念号,1997.3);后藤秀幸《在〈语言自迩集〉登场的io、uo》(《KOTONOHA》第13号,2003)、《第二版〈语言自迩集〉第三章(散语)"还"的发音》(《KOTONOHA》第8号,2003);吉川雅之《作为言语史资料,特别是研究史资料——中国语:西洋初期文献集成华英、英华辞书集成第一期》(《东方》第272号,东方书店,2003);千叶谦悟、熊进、高桥庆太编《一百年前的四川方言——〈华英联珠分类集成〉和〈西蜀方言〉》(中国古籍文化研究所,2005);中村雅之《威妥玛的北京语标记/-0/-e》(《KOTONOHA》第49号,2006)、《艾约瑟(Edkins)所记19世纪的北京音》(《KOTONOHA》第49号,2006)、《艾约瑟(Edkins)记述旧入声的北京语声调》(《KOTONOHA》第44号,2006)、《艾约瑟(Edkins)汉语音韵史研究》(《KOTONOHA》第47号,2006)。

[4] 沈同《上海话老派新派的差别》(《方言》1981年第4期);许宝华、汤珍珠、汤志祥《上海方音的共时差异》(《中国语文》1982年第4期);石汝杰硕士研究生学位论文《川沙音系》(复旦大学,1985年);胡明扬《上海话一百年来的若干变化》(《中国语文》1987年第3期)。

[5] 飞田良子、宫田和子《十九世纪英华、华英辞典目录——以翻译语研究资料为中心》,《日本近代语研究》,第1辑、第2辑,ひつじ书房,1991、1995。

第九章　余论

【本章内容提要】中日两国"虽近实远"。清代学者对日本汉语音韵学史的"发现"是以寻找中国汉语音韵学"原典"为主要目标的，仍然还没有离开中国传统音韵学的视野范围。清末迄今，中国学者对"日本汉语音韵学史"的了解情况与从前相比有了很大的改观，但还是重视不够。本书力图全景式展现日本汉语音韵学史的面貌，并认为中国汉语音韵学和日本汉语音韵学以及国语音韵学就在这个相互创造生成的系统之内。总结的目的在于，使更多的学者把握世界范围内汉语音韵学历史和现实发展格局变化的基本脉络，以便对汉语音韵学未来走向作出一个符合实际的基本判断。

【关键词语】发现日本　汉语音韵学史　相互创造生成　把握脉络

自 1877 年，驻日清朝全权公使何如璋等人来到日本后，中国学者开始了具有近代学术意义的"发现日本"的调查工作。中国学者发现，中日两国"虽近实远"，尤其是中国人，对日本实在是不了解。[1]

中国学者"发现日本"，编写了一系列和日本有关的著作，比如黄遵宪的《日本杂事》、《日本国志》，姚文栋《琉球地理志》、《日本地理兵要》等。更为令人兴奋的是，他们发现了大量的中国亡佚古籍，杨守敬、黎庶昌《古逸丛书》就是其中的重要的成果之一。

《古逸丛书》中就有现存最早的中国等韵图《韵镜》，以及复刻元泰定二年本《广韵》等珍贵音韵学著作。

清代学者对日本汉语音韵学史的"发现"是以寻找中国汉语音韵学"原典"为主要目标的，其实，还是为研究中国音韵学"原典"服务的，仍然还没有离开中国传统音韵学的视野范围，与我们所说的"日本汉语音韵学史"还是存在着一定的距离。清代人似乎对日本式的《磨光韵镜余论》、《汉吴音图》等著作不大感兴趣，因为它们虽然和汉语音韵学研究相关，但毕竟不是出自于中国人之手，以"天朝为中心"的大国心态，于此可见一斑。

清末迄今，130 多年过去，中国学者对"日本汉语音韵学史"的了解情况与从前相比有了很大的改观，我们的学者引用日本学者的汉语音韵学论著也时而可以见到，中日汉语音韵学的学术交流渠道也多了起来，不限于一种。日本学者站在中国汉语音韵学学术研讨会的讲坛上发表着自己的看法，他们所掌握的世界范围内的汉语音韵学的学术信息也不得不使我们称羡，就是引用中国文献之全面，也是常常令我们惊叹不已，而他们引用的日本文献，我们的一些学者却往往感到陌生。我们的学者见此情景，却不能不感到隐隐作痛，存在着某种缺憾：他们对中国学者的研究如此的了解，我们为什么不能做到？

从中国学者的角度上看，我们对日本学者的汉语音韵学论著如雾里看花，且不说“渐行渐远”，就是我们如何借鉴他们的学术成果，对日本学者的汉语音韵学论著作系统而合适的评价，我们目前还能做到吗？

近些年来，中国学者有关日本中国学历史研究的著作很多，诸如，严绍璗《日本中国学史》(1991)、《汉籍在日本的流布研究》(1992)、《日本藏汉籍珍本追踪纪实》(2005)、《日本中国学史稿》(2009)；李庆《日本汉学史》(2002)；王晓平《日本中国学述闻》(2008)；王宝平《中日文化交流史研究》(2008)；王勇《书籍之路与文化交流》(2009)；等等。[2]但奇怪的是，有关系统的日本中国传统“小学”的著作，比如日本汉语文字学史、日本汉语训诂学史、日本汉语音韵学史的研究著作却并不多见。我们不禁要问，为什么呢？是中国学者没有机会接触这些成果吗？肯定不是，因为很多研究传统小学的中国学者都到过日本，而且，有的还对此发表过一些看法，也向国内学者作过一些介绍。

说起来，出现这种沉寂局面，我们以为，还是我们对日本中国传统小学的成果重视不够。仍然有一些学者潜意识里还是以为，传统小学研究学术中心是中国，而日本的传统小学研究毕竟隔了一层。如此，对日本传统小学学术价值的认识不够明确也就理所当然的了。

在中国传统国学中，“小学”之一的汉语音韵学向来是“国学”中的核心学问。懂不懂得汉语音韵学，已经成为衡量是否具有“国学”修养的最重要的标准之一。所谓“由小学到经学、由经学到史学”，这种循序渐进的梯次研究曾经成为几千年来学者的一个行为“模式”，否则会被认为是学无根基。“国学热”的今天，关心汉语音韵学的人越来越多，顺应这种社会的需要，这几年，有关汉语音韵学的著作也发表了很多，呈几何数增长。但我们看到的情况仍然是，“炒冷饭”的汉语音韵学著作不少，而具有创新意识、视野开阔的还是不多见。当然，这其中的原因很多，一些学者不去或不屑了解学术界新动态应该是一个重要因素。汉语音韵学界的新动态、新视野当然不能仅仅局限于大陆，还应该包括港澳台地区，以及国际上许多国家的研究，而日本的汉语音韵学史的研究则是一个十分重要而且需要关注的方面。

可惜的是，我们要了解日本汉语音韵学史，且不说中国，就是在日本，也缺少一本比较系统的日本汉语音韵学史著作，这就给中国学者理解日本汉语音韵学带来了很大的困难。国内外汉语音韵学界的需求，迫切要求有学者在这方面予以充分满足。

由此，我们对日本汉语音韵学研究历史的调查，是把它作为中国学者了解日本中国学的一个窗口来对待的，经过 8 年的调查，我们已经形成一些基本看法，并按照日本汉语音韵学史的各个历史阶段特点、汉语音韵文献与汉语语音史、汉语译音对音文献与汉语语音史三个板块进行论述，由此构成了我们研究日本汉语音韵学史的基本学术框架。

概括起来，主要结论有：

日本汉语音韵学史固然与中国汉语音韵学的研究存在着千丝万缕的联系，以研究汉字音为始，以作汉诗为"雅"而求其韵书为要，但日本学者从一开始就是把"比较"放在头等重要位置上的。"比较"汉语和日语语音的异同，不但衍生了日本汉语音韵学，同时，也衍生了日本国语音韵学，从此，日本汉语音韵学和日本国语音韵学，如孪生兄弟，相生相伴，难分彼此，一直到今天。

日本学者创制假名，和汉字形体相关，但更为记音，作为语音标记符号而在忠实地记录着日语语音的结构和变化，但同时，也在标记着汉语语音的结构和变化。日本学者，把假名作为研究汉语音韵学的锐利标记工具，发挥得淋漓尽致。明治维新之后，西方语言学理论传入日本，日本学者又学会了利用新式音标工具标记和分析汉语语音，较早地开辟了汉语音韵学研究的新天地。

日本学者较早地树立了科学的历史观，注意从历史发展的角度研究汉语音韵学。无论是满田新造的《中国音韵历史的研究》，还是大矢透的《周代古音考》，还是后来的有坂秀世的《上代音韵考》，不但开风气之先，而且认识深刻，给后来的日本汉语音韵学研究以非常大的影响。

日本学者学派意识强烈，但其中还是有相当一部分学者的著作强烈地浸透着中国乾嘉考据学的"学风"。我们读大矢透的《周代古音考》、有坂秀世的《国语音韵史研究》、上田正的《切韵逸文研究》、藤堂明保和服部四郎的《中原音韵研究》和《赖惟勤著作集》、辻本春彦《广韵切韵谱》等，感到他们确实是在"无征不信"，材料丰富，扎实可靠，有"板凳宁坐十年冷，文章不写一字空"的气魄。

日本学者对汉语音韵学研究的历史积淀深厚，也是日本汉语传统"小学"研究中成就最突出的。如何认识日本汉语音韵学研究的这种奇特现象？也是我们应该思考的问题。

但应该注意的是，本书所构成的日本汉语音韵学史的基本学术框架代表了作者个人对日本汉语音韵学史研究的理解，并不能代表所有中国学者对日本汉语音韵学史基本学术框架的理解。尽管中国有关日本汉语音韵学史研究并不充分，但还是有一些中国学者曾经涉足这个领域，而且也形成了各自的一些看法。当然其中也包括对日本汉语音韵学史基本学术框架的设计和构想。他们的设计和构想应该得到尊重，无疑是我们认识的基础。

在本书中，我们就日本汉语音韵学史的许多具体问题阐发了自己的一些观点，有一些观点是从中国学者的角度审视日本汉语音韵学史的，很可能带有明显的中国学者的"思考"特点，不一定切合日本学者的思维方式，由此，构成的一些分歧意见，完全属于学术上的争论，应该不带有任何偏见。

中国学者研究汉语音韵学已经形成了自己的传统，无疑是世界范围内汉语音韵学研究的最为重要的组成部分，其崇高的学术地位和学术价值自有同行学者会作出公正判断。由于历史积淀不同，社会发展的道路有别，中国与日本汉语音韵学之间难以简单比照。为此，我们在研究时很少引用中国学者的成果为自己的观点进行旁证。我们认为，对汉语音韵学领域十分熟识的学者，自有自己的观察方式和角度，无须进行这种比较。

科学地认识日本汉语音韵学史，并不是一件容易的事，也并不可能期待着一朝一夕就能够把具有一千几百年历史的日本汉语音韵学史问题讲清楚，尽管我们力图全景式地展现日本汉语音韵学史面貌，也把所能够找到的文献尽量贡献出来，但充其量，也只不过是如窥神龙，可能只见其首不见尾，或者只见其尾不见首，还没有抓住日本汉语音韵学史的真谛，由此而造成了许多遗憾。这一点，我们有自己的估量，由此，在为"后出转精"之作的出现而进行先期铺垫工作的职责就很明确了。

布罗代尔提出，现代世界是一个由不同国家民族不同力量在不同领域的相互创造生成的系统，离开了这个系统，任何所谓普遍有效的假设，诸如理性或进步、自由，都不足以成为历史的尺度。中国汉语音韵学和日本汉语音韵学以及国语音韵学就在这个相互创造生成的系统之内，我们认识三者之间的关系，同样离不开这个尺度。[3]

很有意义的是，中国汉语音韵学对日本汉语音韵学与国语音韵学的形成与发展产生了巨大的影响，"摄取"中国汉语音韵学的理论与方法成为学者们之必需，而日本汉语音韵学与国语音韵学后来又受到西方语言学的浸染而得到进一步充实提升，具有自足的汉语音韵学与国语音韵学系统。日本汉语音韵学"模式"自有其独特的学术价值，其"中国学"的内涵十分丰富，无疑是海外研究中国问题的值得重视的思维形式。中国汉语音韵学的自足模式的形成从来就是一个开放的系统，而不是一个封闭的系统，它需要来自不同文化区域的思维形式"浸染"，日本传统小学中的汉语音韵学与国语音韵学的思维形式的有效借鉴和"浸染"当然不可在视界之外。世界文明的进程是一个多元发展、相互作用的系统工程，形成创造于跨文化或文明之际的"公共领域"或"公共空间"之中。[4]中国汉语音韵学与日本汉语音韵学以及国语音韵学也不可能例外。

100多年来，如同其他学术领域一样，当西方语言学不断冲击着中国固有的"小学学术体系"，许多人怀疑"东方小学传统"的存在价值，甚至否定业已形成的小学学术思维"范式"，汉语音韵学作为核心学术肯定未能幸免于难。而当高本汉将历史比较语言学理论同中国传统音韵学文献的结合开启了中国现代音韵学的历史新篇章，也很好地解决了由于语言学与语文学分化而带来的历史比较语言学中活的语音材料与文献语音材料相脱节的问题，更是打破了历史比较语言学始终以重建印欧语母语为中心目的的惯势，而顺利地把视野转换到汉藏语系语言领域中来的时候，我们庆幸汉语音韵学在现代获得了新生，并相信“高本汉模式”的持久生命力。同时，我们也看到，现代音韵学在中国牢牢地站稳了脚跟，并形成了新的研究“范式”。

但人们经过了的一段顶礼信奉之后，对“高本汉模式”的一些缺憾，诸如应用“二手资料”等问题，也开始了冷静的反思，并寻求丰富和完善的手段和办法，以期求得中国的汉语音韵学拥有一个新的飞跃。[5] 更有学者认为，重新审视高本汉现代音韵学的价值，认定立足汉语研究，实现中西语言学的有效结合，是中国语言学发展的必由之路。

就目前来看，日本汉语音韵学研究还没有中国汉语音韵学界的这种对有关“高本汉模式”评判的论争，但实际上也在涌动着汉语音韵学研究理论与方法的“探求”激流。中日形成互补的“东方式”汉语音韵学研究传统是否又要面临着新的思维方式的冲击？是否在潜伏着新的“张力”和“活力”？或者说，与西方语言学理论指导下的新的一派“汉语音韵学范式”构成抗争的“角力”？

从这个意义上讲，我们的日本汉语音韵学史研究，不单单是为了总结日本汉语音韵学历史进程，而是为这种思考提供另一个富于参考价值的线索和证据，从而使更多的学者把握世界范围内汉语音韵学历史和现实发展格局变化的基本脉络，以便对汉语音韵学的未来走向作出一个符合实际的基本判断。

附　注

[1] 佐藤保《近代日中文化交流的黎明期——其调查、研究概况综述》，郭万平译，见《日中文史交流论集——佐藤保先生古稀纪念》，1—12 页，上海辞书出版社，2005. 9。

[2] 严绍璗《日本中国学史》第 1 卷（江西人民出版社，1991）、《汉籍在日本的流布研究》（江苏古籍出版社，1992）、《日本藏汉籍珍本追踪纪实》（上海古籍出版社，2005）、《日本中国学史稿》（学苑出版社，2009）；李庆《日本汉学史》（上海外语教育出版社，2002）；王晓平《日本中国学述闻》（中华书局，2008.1）；王宝平《中日文化交流史研究》（上海辞书出版社，2008）；王勇《书籍之路与文化交流》（上海辞书出版社，2009）；等。

[3] [美]伊曼纽尔·沃勒斯坦著，尤来寅、路爱国等译，《现代世界体系》第 1 卷第 2 页，高等教育出版社，1998。

[4] 周宁《探寻世界文明的中华文化资源》，见石源华、胡礼忠主编《东亚汉文化圈与中国关系》，1 页，中国社会科学出版社，2005. 10。

[5] 李无未、秦曰龙《高本汉用“二手资料”构拟〈广韵〉之检讨》，《吉林大学社会科学学报》2008 年第 1 期。

主要参考文献

一、主要参考书目

安藤彦太郎　中国语与近代日本，卞立强译，北京大学出版社，1991 年。

坂井健一　魏晋南北朝字音研究，汲古书院，1975 年。

本居宣长　汉字三音考，勉诚社，1978(1785)年。

编委会　日中文史交流论集——佐藤保先生古稀纪念，上海辞书出版社，2005 年 9 月。

编委会　语苑撷英——庆祝唐作藩教授七十寿辰学术论文集，北京语言文化大学出版社，1998 年 1 月。

波多野太郎　中国语文资料汇刊第三篇，不二出版，1993 年。

波多野太郎　中国语文资料汇刊第四篇，不二出版，1994 年。

波多野太郎　中国语文资料汇刊第五篇，不二出版，1995 年。

长泽规矩也　唐话辞书类集，汲古书院，1974 年。

陈复华、何九盈　古韵通晓，中国社会科学出版社，1987 年。

陈澧　切韵考，罗伟豪点校，广东教育出版社，2004 年。

陈新雄　古音研究，五南图书出版公司，1999 年。

陈新雄　声韵学，文史哲出版社，2005 年。

川濑一马　增订古辞书研究，雄松堂出版，2007 年。

大岛正二　唐代字音の研究，汲古书院，1980 年 2 月。

大岛正二　中国言语学史，汲古书院，2003 年。

大岛正健　支那古韵史，富山房，1929 年。

大山公淳　佛教音乐と声明，1962 年印行，东方出版社，1989 年。

大矢透　《韵镜》考， 勉诚社，1977(1924)年。

大岩本幸次　金代字书の研究，东北大学出版会，2007 年。

丁锋　日汉、琉汉对音与明清官话音研究，中华书局，2008 年。

饭田利行　日本に残存せる支那古韵の研究，富山房，1941 年。

饭田利行　日本に残存せる中国近世音の研究，驹泽大学中国文学研究室，1955 年。

冯蒸　汉语音韵学论文集，首都师范大学出版社，1997 年。

服部四郎　元朝秘史の蒙古语を表はす汉字の研究，文求堂，1946 年。

服部四郎、藤堂明保　中原音韵の研究“校本编”，江南书院，1958 年。

福永静哉　近世《韵镜》研究史，风间书房，1992 年。

冈本勋　日本汉字音の比较音韵史的研究，樱枫社，1991 年 2 月。

冈井慎吾　日本汉字学史，明治书院，1935 年。

高本汉　中国音韵学研究，赵元任、罗常培、李方桂译，商务印书馆，1994 年。

高松政雄　日本汉字音概论，风间书房，1986 年。

高松政雄　日本汉字音の研究，风间书房，1982 年。
高田时雄　敦煌资料による中国语史の研究，创文社，1988 年。
耿振生　明清等韵学概论，语文出版社，1992 年。
龚煌城　西夏语言文字研究论集，民族出版社，2005 年。
古田东朔、筑岛裕　国语学史，东京大学出版会，1997 年。
古屋昭弘　张自烈《正字通》字音研究，好文出版，2009 年 1 月。
何九盈　中国古代语言学史，广东教育出版社，2000 年 6 月。
河野六郎　河野六郎著作集(全 3 辑)，平凡社，1979 年 10 月。
侯精一　现代汉语方言概论，上海教育出版社，2000 年。
花登正宏　《古今韵会举要》研究，汲古书院，1997 年 10 月。
黄典诚　《切韵》综合研究，厦门大学出版社，1994。
黄笑山　《切韵》和中唐五代音位系统，文津出版社，1995 年。
黄耀堃　黄耀堃语言学论文集，凤凰出版社，2004 年。
姜聿华　中国传统语言学要籍述论，书目文献出版社，1992 年。
蒋冀骋　近代汉语音韵研究，湖南师范大学出版社，1997 年。
蒋绍愚　近代汉语研究概况，北京大学出版社，1994 年。
金基石　朝鲜韵书与明清音系，黑龙江民族出版社，2003 年。
金思烨　古代朝鲜语と日本语，讲谈社，1973 年 10 月。
金田一春彦　日本语音韵音调史の研究，吉川弘文馆，2001 年 1 月。
金田一春彦　四座讲式の研究，三省堂，1963 年 3 月。
孔仲温　韵镜研究，学生书局，1987 年。
赖惟勤　中国音韵学论集，汲古书院，1989 年 2 月。
赖惟勤监修、说文会编　中国语音韵研究文献目录，汲古书院，1987 年。
李得春　韩文与中国音韵，黑龙江朝鲜民族出版社，1998 年。
李敦柱　汉字音韵学的理解，藤井茂利译，风间书房，2004 年 12 月。
李方桂　上古音研究，商务印书馆，1980 年。
李基文　韩国语历史，藤本幸夫译，村山七郎监修，大修馆，1975 年 6 月。
李庆　日本汉学史，上海外语教育出版社，2002 年。
李荣　切韵音系，科学出版社，1956 年。
李如龙　汉语方言研究文集，商务印书馆，2009 年 12 月。
李无未　音韵文献与音韵学史，吉林文史出版社，2005 年 6 月。
李无未　音韵学论著指要与总目(上、下)，作家出版社，2007 年 1 月。
李无未等　汉语音韵学通论，高等教育出版社，2006 年。
李无未、李红　宋元吉安方音研究，中华书局，2008 年 11 月。
李新魁　汉语等韵学，中华书局，1983 年。
李新魁、麦耘　韵学古籍述要，陕西人民出版社，1993 年。
林平和　明代等韵学之研究，1975 年 3 月自印本。
林语堂　语言学论丛，上海书店，1989 年。

林忠鹏　和名类聚抄文献学研究,勉诚出版,2002年。
刘坚　二十世纪的中国语言学,北京大学出版社,1998年。
刘元满　汉字在日本的文化意义研究,北京大学出版社,2003年。
六角恒广　日本中国语教学书志,王顺洪译,北京语言文化大学出版社,2000年。
六角恒广　日本中国语教育史研究,王顺洪译,北京语言学院出版社,1992年。
六角恒广　中国语教本类集成,不二出版,1992—1996年。
六角恒广　中国语教育史稿拾遗,不二出版,2002年。
鲁国尧　鲁国尧语言学论文集,江苏教育出版社,2003年。
鲁国尧主编　南大语言学,第一编,商务印书馆,2004年5月。
陆志韦　陆志韦近代汉语音韵论集,商务印书馆,1988年。
罗常培、蔡美彪　八思巴字与元代汉语,中国社会科学出版社,2004年。
马伯乐　唐代长安方言考,聂鸿音译,中华书局,2005年。
马渊和夫　日本韵学史研究,日本学术振兴会,1962—1964年。
马渊和夫　悉昙章研究,勉诚出版,2006年。
马渊和夫　《韵镜》校本と《广韵》索引,学振社,1954年。
马渊和夫、出云朝子　国语学史,笠间书院,1999年。
埋桥德良　日中言语文化交流的先驱者,白帝社,1999年。
满田新造　中国音韵史论考,武藏野书院,1963年。
聂鸿音、孙伯君　黑水城出土音韵学文献研究,文物出版社,2006年。
宁继福　古今韵会举要及相关韵书,中华书局,1997年。
宁继福　中原音韵表稿,吉林文史出版社,1986年。
牛岛德次、香坂顺一、藤堂明保　语言(中国文化丛书),大修馆,1966年11月。
潘耒　类音,影印藏清雍正潘氏遂初堂刻本,续修四库全书,第258册经部小学类,上海辞书出版社,1995年。
潘悟云　汉语历史音韵学,上海教育出版社,2000年。
平山久雄　平山久雄语言学论文集,商务印书馆,2005年。
钱婉约　从汉学到中国学,中华书局,2007年。
日本中国学会　日本中国学会报,第1集—第62集,1949—2010年,"语学"部分。
日本中国语学会第53届全国学术大会　汉字音研究の现在,好文出版社,2003年10月。
三根谷彻　中古汉语和越南汉字音,汲古书院,1993年。
三泽谆治郎　《韵镜》の研究,三宅誊写堂,1960年。
森博达　古代の音韵と日本书纪の成立,大修馆,1991年。
杉本つつとむ、岩渊匡　日本语学辞典,おうふう社,1994年。
上田正　切韵逸文研究,汲古书院,1984年。
上田正　切韵诸本反切总揽,均社,京都大学中文研究室,1975年10月。
邵荣芬　《切韵》研究,中国社会科学出版社,1982年。
邵荣芬　邵荣芬音韵学论集,首都师范大学出版社,1997。
邵荣芬　《中原雅音》研究,山东人民出版社,1981年。

石山福治　考订中原音韵,东洋文库论丛,第1辑,1925年。
石源华、胡礼忠　东亚汉文化圈与中国关系，中国社会科学出版社,2005年10月。
水谷诚　《集韵》系韵书研究,白帝社,2004年。
水谷真成　中国语史研究,三省堂,1994年8月。
孙伯君　解释歌义研究,甘肃文化出版社,2004年。
孙伯君　契丹语研究,中国社会科学出版社,2008年8月。
太田全斋　汉吴音图,勉诚社,1978(1815)年。
汤泽质幸　唐音の研究,勉诚社,1987年。
唐作藩　汉语史学习与研究,商务印书馆,2001年。
唐作藩　音韵学教程,北京大学出版社,2001年。
藤堂明保　中国语概论,大修馆,1979年。
藤堂明保　中国语音韵论,江南书院刊行,1957年。
万献初　《经典释文》音切类目研究,商务印书馆,2004年。
王力　汉语史稿,中华书局,1957年。
王力　汉语语音史,中国社会科学出版社,1985年。
王力　清代古音学,中华书局,1992年。
王晓平　日本中国学述闻,中华书局,2008年1月。
尾崎雄二郎、平田昌司　汉语史の诸问题,京都大学人文科学研究所,1988年。
魏建功　古音系研究,中华书局,1996年。
文雄　磨光韵镜,勉诚社,1981年。
文雄　磨光韵镜余论,勉诚社,1981(1744)年。
西田龙雄　西番馆译语の研究,松香堂,1970年。
肖瑞峰　日本汉诗发展史(第一卷),吉林大学出版社,1992年。
小仓进平　朝鲜语学史,河野六郎增订补注,刀江书院,1963(1940)年。
小仓进平　国语及び朝鲜语のため,ウツボヤ书籍店,1920年12月。
小仓进平　国语及朝鲜语发音概说,近泽印刷所出版部,1923年12月。
小仓肇　日语吴音研究,日本国学院大学博士学位论文,新典社,1995年。
小林芳规　角笔文献的国语学研究,汲古书院,1987年。
小林芳规　角笔文献研究导论,汲古书院,2004—2005年。
辛岛静志　《长阿含经》原语研究——以音写语分析为中心,平河出版社,1994年。
徐通锵　历史语言学，商务印书馆,1991年。
薛凤生　中原音韵音位系统,鲁国尧、侍建国译,北京语言学院出版社,1975年。
严绍璗　汉籍在日本的流布研究,江苏古籍出版社,1992年。
严绍璗　日本中国学史(第1卷),江西人民出版社,1991年。
岩原谛信　声明の研究,1932年印,东方出版社,1997年12月。
杨耐思　中原音韵音系,中国社会科学出版社,1981年。
杨亦鸣　《李氏音鉴》音系研究,陕西人民教育出版社,1992年。
叶宝奎　明清官话音系,厦门大学出版社,2001年。

伊曼纽尔·沃勒斯坦　现代世界体系(第一卷),尤来寅、路爱国等译,高等教育出版社,1998年。
伊藤智ゆき　朝鲜汉字音研究(本文篇、资料篇),汲古书院,2007年。
应裕康　清代韵图之研究,弘道文化事业有限公司,1972年8月。
有坂秀世　国语音韵史の研究,三省堂,1944年初版,1957年10月增补。
有坂秀世　上代音韵考,三省堂,1955年。
袁晓园　汉字汉语学术研讨会论文集,吉林教育出版社,1991年。
张树铮　清代山东方言语音研究,山东大学出版社,2005年。
张玉来　韵略汇通音系研究,山东教育出版社,1995年。
沼本克明　日本汉字音の历史的研究,汲古书院,1997年。
赵荫棠　等韵源流,文史哲出版社,1985年。
赵荫棠　中原音韵研究,国学季刊,第3卷第3号,1932年;国学小丛书,1936年;上海商务印书馆,1956年。
真武直　日华汉语音韵论考,樱枫社,1969年。
郑张尚芳　上古音系,上海教育出版社,2003年。
周祖谟　问学集,中华书局,1966年。
竺家宁　声韵学,五南图书出版公司,2007年。
筑岛裕　长承本蒙求,汲古书院,1990年。
筑岛裕　日本汉字音史论辑,汲古书院,1995年。
佐伯梅友等　国语学,三省堂,1978年。
佐藤喜代治　汉字研究の步み,明治书院,1989年。
佐藤昭　中国语语音史——中古音から现代音まで,白帝社,2002年。

二、主要参考论文

奥村三雄　日本汉字音の体系,训点语与训点资料,第6辑,99—126页,1956年。
本田实信　《回回馆译语》に就いて,北海道大学文学部纪要,第11卷,1963年。
滨田敦　关于明治以后国语音韵史研究,国语学,第9辑,3—12页,1952年。
长田夏树　《蒙古韵略》と《中原音韵》,神户外大论丛,第29卷第3号,1978年8月。
长田夏树　《蒙古韵略》と《中原音韵》——《四声通解》の俗音と今俗音,神户外大论丛,第29卷第3号,1988年8月。
长田夏树　契丹汉字音探源——契丹小字によつて表记された汉字音の音价とその体系について,羽田纪念馆日中合同契丹文字国际シンポジウム,1991年5月。
陈俊英　战后日本大学的课程设置和教育内容改革,外国教育研究,2004年10期。
池田证寿　《玄应音义》と《新撰字镜》,国语学,第130辑,1982年10月。
川濑一马　东宫切韵について,东京文理科大学,国语复刊,第1卷第1号,1951年。
大岩本幸次　关于黑城遗迹出土韵书残叶 TK.5,东北大学中国语文学论集,第13号,2008年。
大岩本幸次　《皇极经世解起数诀》"声音韵谱"校异记,东北大学中国语学文学论集,第8

号,2003 年。

大友信一 韵书の系谱,冈山大学法文学部学术纪要,第 39 号,142—152 页,1978 年。

董冰华 《〈中州音韵〉与〈中原雅音〉关系考论》,吉林大学博士学位论文,2011 年。

董同龢 上古音韵表稿,历史语言研究所集刊,第 18 本,1—249 页,1948 年。

飞田良子、宫田和子 十九世纪英华、华英辞典目录——以翻译语研究资料为中心,日本近代语研究,(1)(2),ひつじ书房,1991 年、1995 年。

肥爪周二 依据唐音的悉昙学——以文雄《悉昙字记训蒙》为中心(上、下),茨城大学人文学部人文学科论集,第 31 辑、第 32 辑,1999 年。

冯蒸 1965—1979 年国外汉语音韵学研究述评,袁晓园主编,汉字汉语学术研讨会论文集,吉林教育出版社,1991 年。

冈田希雄 东宫切韵考,文学,第 2 卷第 5 号,立命馆,1935 年。

高松政雄 吴音研究の一问题,训点语と训点资料,第 66 辑,88—96 页,1986 年。

高畑彦次郎 支那语の言语学的研究(副标题为:音声史的研究),艺文,第 19 年第 8 号,昭和三年(1928)八月第 21 年第 12 号至昭和五年(1930)十二月,第 22 号。

更科慎一 所谓甲种本《华夷译语》汉字音音译手法之一端,东京都立大学人文学报,第 341 号,2003 年。

古屋昭弘 《宾主问答私拟》の音系,中国语学研究(开篇)第 6 号,1988 年 12 月。

古屋昭弘 明代官话の-资料——リッチ・ルッジューリの《宾主问答私拟》,东洋学报,第 70 卷第 3 号、第 4 号,1989 年 3 月。

古屋昭弘 万济国《官话语法》中的罗马字拼音,语苑撷英——庆祝唐作藩教授七十寿辰学术论文集,北京语言文化大学出版社,1998 年 1 月。

龟井高孝 关于高桥景保满洲语学,艺文,第 7 年 10 号,1917 年。

和田正彦 江户时代に知られたヴエトナム语(一)——《安南国漂流物语》中の《安南语》を中心として,庆应义塾大学言语文化研究所纪要,第 11 号,1981 年 12 月。

河野六郎 朝鲜汉字音の研究,博士学位论文,朝鲜学报,第 31、32—34、41—44 辑,1964 年 4 月—1967 年 1 月。天理时报社,1968 年 9 月刊单行本。又收入《河野六郎著作集》第 2 辑,平凡社,1979 年 11 月。

河野六郎 朝鲜汉字音の一特质,言语研究,第 3 号,1939 年 9 月。

河野六郎 朝鲜语の系统と历史,服部四郎编,言语の系统と历史,岩波书店,1971 年 2 月。

河野六郎 《东国正韵》及び《洪武正韵译训》に就いて,东洋学报,第 27 卷第 4 号,1940 年。

河野六郎 汉字音とその传承,言语学论丛,第 3 号,1958 年 12 月。

河野六郎 慧琳众经音义の反切の特色,中国文化研究会会报,第 5 号第 1 期,1955 年 11 月。

河野六郎 日本に於ける朝鲜语研究史概观,アジア・アフリカ文献调查委员会の报告,第 65 册,1964 年 7 月;又见河野六郎著作集,第 1 辑,576—589 页,平凡社,1979 年。

河野六郎 日本吴音に就いて,言语学论丛,最终号,37—34 页,1976 年。

河野六郎 希麟一切经音义反切考——阳韵尾类について,中国文化研究会会报第 5 卷第 1 号,1955 年 11 月。

河野六郎 新发见の《训民正音》に就いて,东洋学报,第31卷第2号,1946年10月。
河野六郎 谚文古文献の声点に就いて,朝鲜学报,第1辑,1950年5月。
河野六郎 再び《东国正韵》に就いて,朝鲜学报,第14辑,1959年10月。
河野六郎 增订朝鲜语学史补注,小仓进平,增订朝鲜语学史,刀江书院,1963年4月。
河野六郎 中国音韵学と朝鲜,中国语学,第33号,1949年12月。
河野六郎 中国语の朝鲜语に及ぼした影响,言语生活,第129号,1961年6月。
洪飏 古文字考释通假关系研究,吉林大学博士学位论文,2006年。福建人民出版社,2008年。
花登正宏 《蒙古字韵》ノ-ト——とくに开口二等の牙音舌面化について,中国语学,第226号,1979年。
黄淬伯 慧琳一切经音义考反切声类考,历史语言研究所集刊,第1本2分册,165—182页,1930年。
黄耀堃 日本所传我国韵目资料,黄耀堃语言学论文集,125—138页,凤凰出版社,2004年。
吉池孝一 表现汉语精母系字的契丹小字,KOTONOHA,第13号,2003年。
今西春秋 《清三朝实录》の纂修(上),史林,第20卷第3号,1935年。
今西春秋 《清三朝实录》の纂修(下),史林,第20卷第4号,1935年。
金井保三 《中原音韵》につきて,东洋学报,第3卷,1913年9月。
金田一春彦 日本四声古义,日本语音韵音调史の研究,166—241页,吉川弘文馆,2001(1949)年。
金田一春彦 有坂秀世《音韵论》私观,东京大学国语研究室创设百年纪念,国语研究论集,1327—1340页,1998年2月。
臼田真佐子 顾炎武的古音学在日本,中国音韵学会学术讨论会论文集(南昌),2008年8月23日。
赖惟勤 关于内转外转,中国语学,第19号,1948年。
赖惟勤 汉音の声明とその声调,中国音韵论集,383—439页,汲古书院,1989(1951)年。汉音之声明及其声调,水谷诚、梁晓虹译,南大语言学,第一编,商务印书馆,2004年5月。
赖惟勤 《九方便》、《五悔》について,中国音韵论集,473—483页,汲古书院,1989(1961)年。
赖惟勤 清朝以前の协韵说について,茶水女子大学人文科学纪要,第8卷,1956年。
赖惟勤、水谷诚 切韵系韵书(二)(三)(四),汉文教室,第177—179号,1994年。
赖惟勤、水谷诚 切韵系韵书(一)——中国古典を读むために(15),汉文教室,第175号,1993年。
李红 《切韵指掌图》研究,吉林大学博士学位论文,2006年。吉林人民出版社,2011年。
李无未 《辨音纂要》所见《中原雅音》,中国语言学报,第11期,商务印书馆,2003年8月。
李无未 明抄本《辨音纂要》初探,文献,2003年第1期。
李无未 南宋孙奕俗读"平分阴阳"存在的基础,声韵论丛,第10辑,学生书局,2001年。
李无未 南宋孙奕俗读"清入作去"考,中国语文,1998年第4期。
李无未 日本汉字音时间层次及其确认的证据和方法,当代语言学,2005年第3期。又见中国人民大学复印资料《语言文字学》,2006年第2期。

李无未　日本学者朝鲜汉字音研究,民族语文,2004 年第 3 期。

李无未　日本学者的《韵镜》研究,古汉语研究,2004 年第 4 期。

李无未　日本学者对日语汉字音与汉语上古音关系的研究,延边大学学报,2004 年 3 期。

李无未　日本学者对《中原音韵》及相关韵书的研究,语言学论丛,第三十辑,商务印书馆,2004 年。

李无未　《中原雅音》的体例问题,汉语音韵学第七届国际学术研讨会论文集,河北教育出版社,2003 年 9 月。

李无未、秦曰龙　高本汉"二手材料"构拟《广韵》之检讨,吉林大学社会科学学报,2008 年第 1 期。

李子君　《礼部韵略》研究,南京大学博士学位论文,2003 年。

厉啸桐　宋元之间北音平声转变之公例——《中州乐府音韵类编》之研究,东方杂志,第 35 期第 12 号,1938 年。

梁晓虹　日本现存佛经音义及其史料价值,佛经音义研究,186—203 页,上海古籍出版社,2006 年。

铃木胜则　《琼林雅韵》について(上),中国语学,235 页,1988 年。

柳尚熙　江户时代と明治时代の日本における朝鲜语の研究,成甲书房,1980 年 1 月。

罗常培　切韵序校释,国立中山大学语言历史学研究所,周刊《切韵》专号,1928 年。

罗常培　唐五代西北方音,历史语言研究所单刊甲种之十二,1933 年。

罗常培　《通志・七音略》研究,历史语言研究所集刊,第 5 本第 4 分,1935 年。

罗常培　知彻澄娘音值考,历史语言研究所集刊,第 3 本第 1 分,1931 年。

落合守和　《满汉字清文启蒙》に反映された18 世纪北京方言の音节体系,静冈大学教养部研究报告(人文社会科学篇),第 22 卷第 2 号,1986 年。

马渊和夫　吴音の四声说、对马音について,国语史丛考,316—332 页,笠间书院,333—346 页,1996 年。

满田新造　朝鲜字音と日本吴音と类似点に就いて——朝鲜に於ける字音传来の经路,东洋学报,第 15 卷第 3 号,384—410 页,1926 年 6 月。

满田新造　《汉吴音图》的解剖批判——关于音韵研究法(上、下),东洋学报,第 11 卷第 2 号、第 4 号,1921 年 4 月、11 月。

满田新造　支那音韵の历史的研究(又名支那音韵断),发表于 1915 年,后整理为 1923 年博士学位论文,中国音韵史论考,武藏野书院,1963 年。

满田新造　《中原音韵》分韵の概说,艺文,第 9 年第 12 号,1918 年 12 月。

满田新造　カールグレン氏古韵研究の根本思想を评す,东洋学报,第 13 卷第 4 号、第 14 卷第 1 号,1924 年。

木岛史雄　《经典释文》著述构想とその变用の构图,东方学报,第 71 册,1999 年 3 月。

内田庆市　《华语拼字妙法》の音系,中文研究集刊,第 3 号,白帝社,1991 年。

宁继福　《中原雅音》考辨,吉林大学社会科学学报,1980 年第 2 期。

宁继福　周德清生卒年与《中原音韵》初刻时间及版本,吉林大学社会科学学报,1979 年第 2 期。

平山久雄 敦煌毛诗音残卷反切の研究(上),北海道大学文学部纪要,第14卷第3号,1966年。
平山久雄 敦煌毛诗音残卷反切の研究(下),东洋文化研究所纪要,第78卷,1979年。
平山久雄 与《韵镜》《七音略》相关的转图的拼合、分离,东洋学报,第84卷,2003年。
平山久雄 《韵镜》二三事,纪念王力九十诞辰文集,山东教育出版社,1992年。
平山久雄 中古汉语の音韵,中国文化丛书:言语,大修馆,1967年。
平山久雄 重纽问题在日本,声韵论丛,第6辑,1995年。
平田昌司 《皇极经世·声音唱和图》与《切韵指掌图》,东方学报,第56册,1984年3月。
桥本进吉 国语史研究资料としての声明,密教研究,第32号,1939年。
秦曰龙 《〈五音通韵〉考论》,吉林大学博士学位论文,2011年。
清格尔泰等 契丹小字解读新探,考古学报,1978年7月。
清濑义三郎则府 满洲语の口盖化音/Š/と[Š]と,言语研究,第87号,1985年3月。
清濑义三郎则府 女真音再构成考,言语研究,第64号,1973年11月。
清水正明 ベトナム字汉音研究の现在—ベトナム汉字音とベトナム语音节构造の变迁,日本中国语学会第53回全国大会,汉字音研究の现在,好文出版,2003年10月25日。
庆谷寿信 敦煌出土の音韵资料(上),东京都立大学人文学报,第78号,1970年3月。
庆谷寿信 敦煌出土の音韵资料(中),东京都立大学人文学报,第91号,1973年2月。
庆谷寿信 敦煌出土の音韵资料(下),东京都立大学人文学报,第98号,1974年3月。
庆谷寿信 明代韵书编纂上的一个特色——以内阁文库藏濮阳涞《韵学大成》为前提,现代方言学的课题,第3卷,明治书院,1984年。
庆谷寿信 濮阳涞《韵学大成》と王文璧《中州音韵》,东京都立大学人文学报,第156号,1982年。
庆谷寿信 有坂秀世《音韵论》——有坂理论の展开,东京都立大学人文学报,第253号,1994年。
三根谷彻 关于《韵镜》的三、四等,言语研究,第22号、第23号,1953年3月。
三根谷彻 宋代等韵图的构成,东洋学报,第60卷第1号、第2号,1978年。
三根谷彻 唐代の标准音について,中古汉语和越南汉字音,211—536页,汲古书院,1993年。
三根谷彻 越南汉字音の研究,东洋文库论丛,第53辑,1972年。
三根谷彻 中古汉语和越南汉字音,汲古书院,115—130页,1993年。
山崎雅人 《大清太宗文皇帝实录》の满洲语音译汉字から见た汉语の牙音喉音の舌面音化について,文化,第53卷第3号、第4号,1990年。
山崎雅人 满文《大清太祖武皇帝实录》借用语表记から见た汉语の牙音、喉音の舌面化について,言语研究,第98号,1990年。
山崎忠 《华夷译语》研究小史,朝鲜学会会报,第14卷,1952年5月。
上田正 《东宫切韵》论考,国语学,第24辑,1956年。
上田正 慧琳音论考,日本中国学会报,第35集,167—176页,1983年。
上田正 新撰字镜の切韵部分について,国语学,第127辑,1981年。

石田干之助　女真语研究の新资料，桑原博士还历纪念东洋史论丛，1930 年。

石田干之助　《诸史夷语音义》について，金田一博士古稀纪念《言语民俗论丛》，三省堂，1952 年 5 月。

辻本春彦　《洪武正韵》反切用字考——关于切上字，东方学，第 13 辑，1957 年 3 月。

辻本春彦　《韵学集成》と《中原雅音》，中国哲学史的展望和探索，创文社，1976 年。

矢放昭文　上田正《慧琳反切总览》(书评)，均社论丛，第 16 辑，1989 年 9 月。

水谷真成　佛典音义书目，大谷学报，第 28 卷第 2 号，1949 年 3 月。

水谷真成　慧琳の言语系谱——北天系转字汉字の对音，佛教文化研究，第 5 期，1955 年。

水谷真成　慧苑音义音韵考——资料分析，中国语史研究，95—162 页，三省堂，1994 年。

汤泽质幸　汉音奖励和大学寮，小松英雄博士退官纪念日本语学论集，609—624 页，三省堂，1993 年。

汤泽质幸　由近世韵学看吴音和汉音的分类——从《韵镜易解》到《磨光韵镜》，训点语和训点资料，第 113 期，2004 年。

汤泽质幸　由近世韵学看吴音和汉音的分类和《韵镜》——徂徕和文雄，筑波大学地域研究，第 27 号，2006 年。

唐作藩、耿振生　二十世纪的汉语音韵学，刘坚主编，二十世纪的中国语言学，北京大学出版社，1998 年。

藤堂明保　中古汉语の音韵论的对立，日本中国学会报，第 1 集，1950 年 3 月。

藤堂明保　中国语史的音韵论，日本中国学会报，第 6 集，1954 年。

鹈殿伦次　《华音启蒙》千字文の汉字音注，爱知县立大学创立二十周年纪念论集，1985 年。

鹈殿伦次　《华音启蒙谚解》の汉字音注の特质，爱知县立大学外国语学部纪要(言语文学编)，第 18 号，1985 年。

汪银峰　明代以来内丘、尧山语音演变研究，吉林大学博士学位论文，2008 年。辽海出版社，2010 年。

尾崎雄二郎　大英博物馆本《蒙古字韵》札记，京都大学《人文》第 8 辑，1962 年。

西村多惠　《汉回合璧》用新维吾尔语标记的汉字音，京都大学言语学研究，第 24 期，2005 年。

西田龙雄　十六世纪におけるパイ・イ语——汉语，汉语——パイ・イ语单语集の研究，东洋学报，第 43 卷第 3 号，1960 年。

西田龙雄　十六世纪にける西康省チベット语天全方言について——汉语・チベット语单语集いわゆる丙种本《西番馆译语》の研究，京都大学文学部研究纪要，第 7 号，1963 年。

西田龙雄　西夏语韵图《五音切韵》研究(上、中、下)，京都大学文学部研究纪要，第 20—22 期，1978、1979、1980、1983 年。

西田龙雄　西夏语韵图《五音切韵》研究，京都大学文学部研究纪要，第 20—22 期，1978、1979、1980 年。

小仓进平　朝鲜语における外来语(上、中、下)，外来语研究，第 2 卷第 2 号、第 3 卷第 1 号、第 3 卷第 4 号，1933、1934 年。

小仓进平　欧米人の朝鲜语研究の资料となつた和汉书，民族，第 3 卷第 1 号，1926 年 11 月。

小仓肇 日本吴音:吴音系字音の声母——清音と浊音をめぐつて,汉字音研究の现在,1—8页,好文出版,2003年。

小仓肇 《韵镜》《七音略》的构造,未刊稿,2002年。

小仓肇 《韵镜》の术语(1),弘前大学,国语国文学,第14号,1992年。

小林芳规、西村浩子 韩国遗存の角笔文献调查报告,日本训点语学会,训点语と训点资料,第109辑,汲古书院,2002年9月。

小林明美 三册本《孔雀经音义》の写本系谱,大阪外国语大学学报,第69期,1985年。

新村出 高桥景保的满洲语学,艺文,第5年6号,1915年。

岩村忍、鱼返善雄 支那学者カールグレンの业绩,日华学报,第56号、第57号,1936年。

岩田宪幸 论《正音切韵指掌》音系,龙谷纪要,第27卷第1号,2005年。

岩田宪幸 清代《同声千字文》所见《中原雅音》,声韵论丛,第6辑,1997年。

岩田宪幸 《音韵逢源》の音系——现代北京语音との比较(上),近畿大学教养部研究纪要,第19卷第3号,1988年。

岩田宪幸 《音韵逢源》の音系——现代北京语音との比较(中),近畿大学教养部研究纪要,第20卷第1号,1988年。

岩田宪幸 《音韵逢源》の音系——现代北京语音との比较(下の1),近畿大学教养部研究纪要,第20卷第2号,1988年。

岩田宪幸 《音韵逢源》の音系——现代北京语音との比较(下の2),近畿大学教养部研究纪要,第20卷第3号,1989年。

岩田宪幸 《正音通俗表》音系特征,龙谷纪要,第15卷第2号,1995年。

樱井智美 《礼部韵略》与元代科举,元史论丛,第9辑,中国广播电视出版社,2004年。

永岛荣一郎 近世支那语特に北方语系统に与ける音韵史研究资料に就いて,言语研究,第8号、第9号,1941年。

有坂秀世 カールグレン氏の拗音说を评す,音声学协会会报,第49—58期,1937年11月—1939年7月。

有坂秀世 讽经の唐音に反映した镰仓时代の音韵状态,国语音韵史の研究,185—220页,三省堂,1939年。

有坂秀世 关于汉字的朝鲜音,方言,第6卷第4号,1936年。

有坂秀世 汉字の朝鲜音について(上、下),方言,第6卷第4号、第5号,1936年4月、5月。

有坂秀世 江户时代中顷に於けるハの头音について,国语音韵史の研究,221—243页,三省堂,1939年。

有坂秀世 菊泽季生著《国语音韵论》,国语和国文学,第13卷第5号,1936年5月。

有坂秀世 万叶假名杂考,国语研究,第3卷第7号,1935年。

远藤光晓 《中原音韵》の成书过程,东洋学报,第76卷,1995年。

远藤由里子 颜师古注《汉书》所采纳的《汉书音义》,庆谷寿信教授纪念——中国语学论集,好文出版,2002年11月。

赞井唯允 《韵学集成》所传《中原雅音》考辨——与冀伏先生商榷,东京都立大学人文学报,第156号,1982年。

赞井唯允　《音韵集注》と《五方元音》，东京都立大学人文学报，第 128 号，1978 年。

藏中进　《令集解》所引《切韵》，神户外大论丛，第 19 卷第 3 号，45—62 页，1968 年。

张鸿魁　《万韵书》述略，中国语文，2001 年第 6 期。

沼本克明　日本汉音，日本中国语学会，汉字音研究の现在，9—24 页，好文出版，2003 年。

郑光　朝鲜汉字音の成立と变迁，日本中国语学会第 53 届全国学术大会，汉字音研究の现在，25—38 页，好文出版，2003 年 10 月。

中村雅之　《华夷译语》甲种本汉字音音译的基础方言，KOTONOHA，第 53 号，2007 年。

中村雅之　《蒙古字韵》と《古今韵会举要》，富山大学人文学部纪要，第 20 辑，1994 年。

中村雅之　《蒙古字韵》と《五音集韵》，中国语学，第 240 号，1993 年。

中村雅之　孙愐《唐韵》について，富山大学人文学部纪要，第 17 号，1991 年。

中泽信幸　《磨光韵镜》和《磨光韵镜字库》，国语学，第 55 卷第 1 号，2004 年。

周宁　探寻世界文明的中华文化资源，石源华、胡礼忠主编，东亚汉文化圈与中国关系，1 页，中国社会科学出版社，2005 年 10 月。

周祖谟　《万象篆隶名义》中之原本玉篇音系，周祖谟，问学集，上册，中华书局，1966 年。

筑岛裕　长承本蒙求分韵表，日本汉字音史论辑，附录，187—244 页，汲古书院，1995 年。

庄垣内正弘　《畏兀儿馆译语》の研究——明代ウイグル口语の再构，神户市外国语大学外国学研究所，内陆アジア言语の研究，1982 年。

庄垣内正弘　文献研究と言语学，言语研究，第 124 号，2003 年。

庄垣内正弘　《五体清文鉴》18 世纪新ウイグル语の性格について，言语研究，第 75 号，1979 年。

庄垣内正弘　中央亚洲古文献言语学的文献学研究——俄罗斯所藏未发表文献解释，日本平成 14—17 年度科学研究费补助金(基础研究 A)研究成果报告书，2006 年。

邹德文　清代东北方言语音研究，吉林大学博士学位论文，2009 年。

佐藤保　近代日中文化交流的黎明期——其调查、研究概况综述，郭万平译，见《日中文史交流论集——佐藤保先生古稀纪念》，1—12 页，上海辞书出版社，2005 年 9 月。

佐藤进　李朝の韵书と汉诗押韵变革——文字使用政策の一例として，国立民族学博物馆研究报告，第 9 卷第 3 号，1984 年。

佐藤昭　清末民国の初期官话方言の音韵——欧文の字典资料を对象として(1)，北九州大学外国语学部纪要，第 64 号，1988 年 12 月。

佐藤昭　VOCABULARIUM SINIC-LATINUMがあらわす19 世纪の中国语音，北九州大学外国语学部纪要，开学五十周年纪念号，1997 年 3 月。

佐藤哲英　关于泉涌寺所传宋音弥陀忏法，龙谷史论，第 56 号、第 57 号合刊，66—78 页，1966 年。

佐佐木猛　《琼林雅韵》二本，大阪外国语大学言语社会学会，第 9 卷，2003 年。

佐佐木猛　《中州乐府音韵类编》によつて《中原音韵》に含まれる误りを正しうるか？ 福冈大学人文论丛，第 12 卷第 4 号，1981 年。

佐佐木猛　周德清は大都を見たか？ 大阪外国语大学论集，1994 年 11 月。

佐佐木猛　朱权の《琼林雅韵》(上、下)，大阪外国语大学论集，1991 年第 6 号、1992 年第 7 号。

本书部分章节发表书刊出处

1. 传统日本汉语音韵学研究的特点,《厦门大学学报》2007 年第 6 期。

2. 近代日本汉语音韵学研究的特点,《厦门大学学报》2006 年第 6 期。

3. 现代日本汉语音韵学研究的特点,《厦门大学学报》2009 年第 2 期。又见《高等学校文科学术文摘》2009 年第 3 期。

4. 当代日本汉语音韵学研究的特点,《厦门大学学报》2010 年第 1 期。又见《高等学校文科学术文摘》2010 年第 2 期。

5. 高畑彦次郎对高本汉《广韵》研究的补充与修订,《当代语言学》2010 年 1 期。

6. 日本学者的《韵镜》研究,《古汉语研究》2004 年第 4 期,商务印书馆。

7. 日本大矢透《韵镜考》"要说"寻绎,《古汉语研究》2008 年第 3 期,商务印书馆。

8. 日本学者佛教"声明"与汉语声调关系的研究,《吉林大学社会科学学报》2005 年第 2 期。又见中国人民大学复印资料《语言文字学》2005 年第 7 期,《高等学校文科学术文摘》2005 年第 3 期。

9. 日本学者对《中原音韵》及相关韵书的研究,《语言学论丛》第三十辑,商务印书馆,2004 年 11 月。

10.《中原雅音》研究的起始时间问题,《中国语文》2004 年第 3 期。

11. 日本明治时期北京官话语音课本和工具书,《汉语学习》2007 年第 6 期。

12. 日本学者对清末北京官话"四声之辨"(日文),日本《日本文艺研究》第 56 卷第 2 号,2004 年 9 月。

13. 日本汉字音的时间层次及其确认的证据和方法,《当代语言学》2005 年第 3 期,又见中国人民大学复印资料《语言文字学》2006 年第 2 期。

14. 日本学者对朝鲜汉字音的研究,《民族语文》2004 年 3 期。

15. 日本学者的越南汉字音研究,《延边大学学报》2006 年第 3 期

16. 日本学者汉梵对音译音研究,《延边大学学报》2006 年第 3 期。

17. 日本学者汉满(女真)对音译音研究,《延边大学学报》2005 年第 2 期。又见中国人民大学复印资料《语言文字学》2005 年第 10 期。

18. 日本学者唐五代汉藏对音译音研究,《民族语文》2010 年第 4 期。

19. 日本汉语上古音研究,《古汉语研究》2010 年第 2 期。

20. 日本学者对《经典释文》等音义书语音的考订,《汉语历史的探讨》,中华书局,2011 年 1 月。

后　记

我在过去何曾想过要研究日本汉语音韵学史,并把它作为一个比较完整的系统奉献给世人?

2002年以前,我对日本汉语音韵学研究所知甚少,只是通过阅读国内文献了解一些很零散的信息。比如鲁国尧教授于1990年在日本国会图书馆发现了中国宋代等韵著作孤本《卢宗迈切韵法》,轰动中日音韵学界,着实让我羡慕不已,心向往之。还有冯蒸教授在《汉字汉语学术研讨会论文集》(吉林教育出版社,1991)一书上发表的《1965—1979年国外汉语音韵学研究述评》,它在介绍欧美学者汉语音韵学研究成果的同时,也介绍了一些日本学者研究汉语音韵学的著述,给我留下了很深刻的印象。

2002年9月,吉林大学派我去日本关西学院大学作客座研究员的事情确定下来,需要我申报项目,经过再三考虑,我觉得有必要结合自己的研究方向调查一下日本汉语音韵学的情况,于是就把"20世纪日本汉语音韵学研究"确定为课题。当时的想法并不复杂,只觉得用一年的时间完成课题足够用了,完全可以对日本汉语音韵学研究了解个大概,这样,草拟了一个提纲交给了学校,学校又转给了日本关西学院大学,获得了双方的认可。

按双方约定的报到时间,我于2003年3月27日到达了位于日本神户以东,京都、大阪以西,属于兵库县西宫市的关西学院大学,被安排在了"关学"公寓9号馆。"关学"指定文学院的小仓肇教授(1947—)做我的合作导师,阪仓笃秀、木村秀海、大鹿熏久三位教授则是具体的学术联系人。

小仓肇教授受业于东京大学著名的汉语音韵学家三根谷彻(1920—)教授。三根谷彻教授是日本东京大学著名语言学家小仓进平教授的学生。小仓进平教授(1882—1944)著有《朝鲜语学史》(1920)。而小仓进平教授又受业于日本东京大学现代语言学之父,由德国、法国留学归国的博士上田万年教授(1867—1937)。

三根谷彻以研究中古汉语和越南汉字音而闻名于学界,尤其是越南汉字音,其专著《越南汉字音研究》(1972)奠定了日本在越南汉字音研究史上的突出地位,获得最显赫的日本学士院奖。小仓肇教授感恩于三根谷彻教授的培养,与清水史等编辑了三根谷彻教授论文集《中古汉语和越南汉字音》一书(汲古书院,1993)。

小仓肇教授曾发表过洋洋200万言的巨著《日本吴音研究》(博士论文,新典社,1995),影响深远,由此,确立了他在日本汉字音学史上的权威地位。他在日本"国语学"和"汉语史"两个领域造诣很深,发表了大量的著述。我在到日本之前就读过他的《日本吴音研究》,所以,就感到由他来指导我调查日本汉语音韵学是最合适不过了,而小仓教授又十分乐意和中国的汉语音韵学同行进行交流,并愿意把日本的汉语音韵学的精髓提示给我知道,构成了我们合作的契合点,这可真的是可遇而不可求,很难用"投缘"二字来概括,后来的事实证明确实如此。

第一次和小仓教授见面是在他的研究室,寒暄几句后,我便直截了当地谈了我的打算。小仓教授人很温和,又深沉,不大会说汉语,只用日语说:"我的研究室的书和资料你尽可以用,需要复印就拿走。"还拿出一个图书馆的复印卡赠送给我,表示支持的诚意。我环视了他的研究室书架,发现有很多的日文、韩文,以及其他文字的音韵著作我以前没有见到过,欣喜异常,已经预感到此番日本之行如入宝山不会空手而归。

我从他那里借走的第一部书就是赖惟勤教授监修、说文会编写的《中国语音韵研究文献目录》(汲古书院,1987)。然后,又到图书馆借来了《日本中国学会报》(第1—55集,有"语学"目录)。从音韵目录入手,我开始了分专题收集资料的旅程。

"关学"是一个具有120年历史的日本著名私立基督教大学,创立于1889年。它拥有日本最美丽的大学校园,所有的建筑物都呈米色墙面,红色瓦顶,是典型的西班牙式设计风格。由于历史积淀深厚,它的图书馆所藏资料很丰富,因此,我最初的收集资料是在这里进行的。"关学"图书馆的信息服务是一流的。有些资料"关学"没有,图书馆的工作人员会在日本全国联网系统中查找,弄清楚资料具体位置后,按读者的意思或者借阅或者复印,最多三天就拿到手了,非常方便,这当然提高了我的工作效率。每天从"9号馆"到图书馆,从图书馆到"9号馆",两点一线式的,看似枯燥寂寞、苦行僧式"查阅资料"的生活,让我变得单纯和快乐。

一些对中国学者友好的日本学者知道我在调查日本汉语音韵学,也以各种形式表示支持。邮寄和赠送学术资料的学者先后有:望月真澄、吉田雅子、水谷诚、阪仓笃秀、木村秀海、大鹿熏久、佐藤昭、古屋昭弘、赞井唯允、佐佐木猛、岩田礼、水谷诚、矢放昭文、岩田宪幸、辛岛静志、太田斋、木津佑子等。应该特别指出的是,我个人的一些设想,曾经受到水谷诚、岩田宪幸、佐佐木猛、高田时雄、木津佑子五位教授的极大关注,并就研究过程中的许多问题提出很中肯的意见。

像水谷诚教授,是赖惟勤教授的高足,他借助自己的学术威望,四处联系;还不辞辛苦,亲自陪同我到东京大学东洋文化研究所、创价大学图书馆、庆应义塾大学图书馆永岛文库、东京都立大学文学院图书馆查阅资料。这当中,最让我兴奋的是，我在庆应义塾大学图书馆永岛文库和东京都立大学文学院图书馆看到了期望已久的永岛藏书。永岛荣一郎教授和中国学者赵荫棠教授20世纪30年代在北京大学共事的佳话音韵学界几乎无人不晓，他俩相携于琉璃厂购书的故事感染了几代中日音韵学者，冯蒸教授就发表过文章记述了这一段有趣的文人逸事，并详细罗列台湾傅斯年图书馆所藏的赵荫棠教授音韵藏书书目，还发出了寻找与之配套的永岛藏书那扣人心扉的呼吁。亲自翻阅他们饱经风霜的藏书，并欣赏到他们在书籍扉页上所写的"知音"心语，仿佛在倾听他们的音韵对话，是一件多么惬意的事！在这个过程中，佐藤进、大木康、高桥智三教授提供了特别的方便，破例让我在书库里自由查阅，心情感到很愉快。

岩田宪幸教授是日本著名语言学家辻本春彦教授的高足，多次与我在他京都的研究室、奈良的家里，甚或在京都岚山的周恩来诗碑旁、奈良唐招提寺的鉴真墓前、东大寺的大佛殿戒坛边进行学术切磋，帮助我解决实际困难，洋溢着十分深厚的友谊和感情。

佐佐木猛也是辻本春彦教授的高足，亲自驾车接我去大阪他的家中论学，一方面交流学术信息，另一方面，也就我的研究领域提供了很好的建议。比如，他认为不可忽视日本学者《中原雅音》的贡献，启迪了我的思路，由此逐渐形成了《〈中原雅音〉研究的起始时间问题》(《中国语文》2004年第3期)一文的主要观点。

高田时雄教授为我在京都大学人文科学研究所图书馆查阅资料提供了全力支持，使我得以有机会获得了很大的收益。

木津佑子教授也是我1990年认识的老朋友，亲自陪同我去京都大学图书馆。由于她的帮助，我看到了有关1815年日本学者冈本保孝研究《中原音韵》及其相关韵书的第一手资料《詅痴府》。

我与佐藤昭教授一直未曾谋面，但他所给予我的支持是令人难忘的。他为了我的调查顺利进行，亲自开列调查必须参考的日文书目，并提出很受启发的建议；他也寄赠了大量的资料，包括他的近作《中国语音史》。多次写信希望我能够到北九州大学去访问，我因为事情太多没有成行。2004年4月我回国后，他有机会到大连进行学术交流，打电话希望与我见面，还没等我们奔赴大连或他来长春，他却突然间生了重病，非常危险，只好匆忙回日本。我们又失去了一次见面切磋的机会。后来，他来信说身体已无大碍，我才略略放心。

此外，由水谷诚教授倡议，古屋昭弘教授具体安排，2004年1月底，我登上了著名的早稻田大学文学院的讲堂，发表了《〈中原雅音〉研究的几个重要问题》的学术报告，这也使得我有机会在中日两国学者十分关心的《中原音韵》一系韵书等重要问题上发表自己的观点，并倾听日本学者的有效回应，增强了深入进行本课题研究的紧迫感。

我的调查工作也得到了国内北京大学唐作藩、蒋绍愚两位教授的鼓励和支持。恩师唐先生多次与我讨论和日本汉语音韵学相关的问题，反复强调理解日本汉语音韵学特点的重要性，并就一些问题提出自己的看法，使我获益不浅。在日本我和国内的蒋先生通过电话，向他报告我的一些设想和收获，他听后非常高兴，希望我把其中的日本《中原音韵》研究情况写成介绍文章邮寄给《语言学论丛》，并破例允许让出25000字的篇幅，成就了这篇文章后来的发表，给国内《中原音韵》研究学者提供了一些必要的学术信息。

2004年春节过后，我把已经完成的30万字调查初稿拿给小仓教授过目，小仓教授似乎比自己的论著"出笼"还高兴，一方面继续指出其中《韵镜》研究材料使用的不足之处，亲自查找，动笔修订；另一方面则建议，补写日本学者利用梵文译音对音材料研究汉语音韵学等成果的章节，我当然欣然接受。

此时我才感到，用一年的时间就想完成系统的"日本汉语音韵学史"设想很显然是不现实的，过于幼稚，当然会留下了许多继续挖掘的空间。所以，回国后，我还是努力寻找日本汉语音韵学课题，可是，材料的收集却成了最大的问题。尽管如此，我还是尽力利用国内的图书期刊资源。北京外国语大学日本研究中心、国家图书馆、北京大学图书馆、吉林大学图书馆、厦门大学图书馆的学者们予以了特别的支持。

日本学者平山久雄、佐佐木猛、岩田宪幸、水谷诚、古屋昭弘、大岩本幸次、臼田真佐子、绀野达也，以及佐藤信弥、桐藤薰等学者或利用到中国参加学术会议的机会，或以邮寄的方式赠送材料，弥补了我研究中的不少缺憾，其对学术认真负责的态度尤其让我感动。

写作本书，还有一个心结，就是中国旅日学者的成果收入很少，这应该是很大的不足，像我的好朋友丁锋教授，为中日汉语音韵学关系研究作出了突出的贡献，在日本出版了国内学者很难见到的《〈同文备考〉音系》(中国书店，2001)，还有，杨春宇博士《社会语言学视点下清代汉语与其他言语的对音研究》(辽宁师大出版社，2007)照理应该有所介绍。实际上，只要稍加留心，就能够发现我国音韵学者在日本的研究足迹。还有，日本学者汉语方音史研究和部分汉语语音史研究的论著还没有集中介绍，比如佐藤昭《民国时代的北京语读书音》(北九州大学《大学院纪要》第4号，1991)和《山西方言音韵和中国语音史》(《北九州大学外国语学部纪要》第91号，1998)等力作，也是一种遗憾。这些方面的缺项，只好留待日后填补了，也敬请与之相关的学者谅解！

本课题申报了中国教育部留学基金、福建省新世纪优秀人才、厦门大学引进人才等项目，也获得了资助。如此，才免去了购买资料和仪器等方面捉襟见肘的困窘。

我也曾存在很多疑问，即以我一人之力完成如此大的项目是不是有点自不量力？由于我国学者对日本汉语音韵学几千年的研究历史知之甚少，包括它的每一个时代、每一个人、每一个学术群体、每一篇学术论著的学术背景都缺乏足够的认识，我所写出来的东西是否会有偏颇？学术价值会不会打折扣？想到这里，我有点儿信心不足，忐忑不安。

但转而又一想，中国毕竟没有人写过一部系统的日本汉语音韵学史，万事开头难，总得有人去"舍身赴难"、"自取其屈"，然后大有"忽如归"的感觉。我没有卓见，还能没有愚见？我认为，如果我的研究有"愚见"的话，那也是有价值的，至少是给后继者以借鉴，避免走弯路。退一步说，"述而不作"，以中国学者的眼光把日本汉语音韵学的研究资料线索奉献给世人，这本身也是一种贡献。因为可以让其他学者沿着线索去挖宝；有勇气提供线索，也不失为一种学术气度、学术风范。"学术，乃天下之公器"，从这个意义上说，我的研究还是有存在的必要性的。

本书的整体构架是：把 2009 年之前日本汉语音韵学发展的线索按阶段特点总结出来，给人以强烈的历史感；以中日音韵原典文献，尤其是中国音韵原典文献为中心，以汉语语音史为框架形式，分专题讲述日本汉语音韵学发展脉络，就能凸显出日本汉语音韵学与中国汉语音韵学的你中有我、我中有你的互为依存的"同一"关系；日本学者自古以来就强调发挥译音对音文献对研究汉语音韵学的重要作用，因此，译音对音文献和汉语语音史研究的结合，就是日本汉语音韵学的一个独到的亮点；结语，归结到与中国汉语音韵学研究的比较上，寻求异同，力求突出了日本汉语音韵学的个性特征。

虽然我力图以专题的形式叙述历史，但没有忘记一个使命，就是写每一个专题都尽力把日本学者的研究论著介绍出来，即使做不到"穷尽式"，也要接近"穷尽式"，所以，我把能够找到的论著出处都罗列上去，有一种给人"眉毛胡子一把抓"的印象。我觉得如果有学者认为本书在这方面还下了一点功夫，而且觉得还有点用途，并理解了我的这番良苦用心，足矣。另外，为了便于统一全书正文的体例，适应中国学者阅读，我们将日文文献中的汉字统一处理为通行的简化汉字。

每一个专题的写作，不是以人物为中心，而是以问题和论著为中心，强调的是问题和论著在汉语音韵学学术史上的价值。因为日本学者研究汉语音韵学的论著浩如烟海，我不可能一一过目细品，所以，力图选重要的论述。当然，我认为重要的，可能有些日本学者认为是不重要的，而且甚至是重复前人或者根本没有价值的，这只能怪我见识浅，或者没有学术眼光。还有，我对日本学者的评价如果明显带有个人偏见，远离了公平的轨道，学者们尽可以批评。有一些论著曾经在日本汉语音韵学史上光彩熠熠，可是，我却没有提及或提及不够，也是该让人"打板子"的，由此，迫切希望学者们，尤其是中日音韵学学者进行抨击，以便将来有机会修订时加以改正,这是我最为盼望的。

何九盈教授曾说:“(写学术史)应遵循这样的一些基本原则,坚持唯物辩证法,充分占有原始资料,秉笔直书,继承实录传统。对重要原著的介绍,力求有血有肉,不只是拿出几根骨头让读者啃啃。”(《中国现代语言学史》,646页,广东教育出版社,2000)我十分赞同这个意见,也尽力去按照这个原则去做。

日本汉语音韵学研究是世界范围内汉语音韵学研究的重要组成部分,日本学者的汉语音韵学研究究竟如何估价?我认为,我们既不能以个人喜好过分拔高,也不能以非学术因素过分贬低。以学术为准绳,排除各种干扰,出于公心,就会得到一种公正的收获。我愿意以这个原则约束自己,尽管实际操作起来又很不容易,我也愿意在这方面与有识之士共同探讨。好在中日两国大多数学者之间存在着友好交往的诚意,不规避日本侵略中国战争的历史,尽力消除隔阂,能够着眼于中日友好的历史与未来,所以,讨论问题的基点是牢靠的。

必须提及的是,中日两国一些重要的学术刊物的编辑老师也予以十分的方便。比如:《中国语文》、《厦门大学学报》、《古汉语研究》、《吉林大学社会科学学报》、《语言学论丛》、《延边大学学报》、《当代语言学》、《民族语文》、《汉语学习》、日本《日本文艺研究》、日本早稻田大学《中国语学研究》(开篇)、《东疆学刊》,以及中国人民大学复印资料《语言文字学》和《高等学校文科学术文摘》等刊物的支持。

还有一些学者以极大的热情关心我的写作进程,也曾提出过很好的意见和建议。比如唐作藩、鲁国尧、宁继福、李如龙、周宁、冯蒸、耿振生、孙玉文、刘钊、胡安顺、孙建元等教授。尤其是鲁国尧教授提出一些修改意见,并亲自撰写序言,积极推荐本书。厦门大学人文学院教授周宁院长对本书的出版予以积极支持,令人感动。还有我在吉林大学和厦门大学指导的亲爱的博士、硕士研究生们,一有机会,就表达他们迫切看到本书的愿望。杨杏红将本书目录译成日文。董冰华博士、傅羽弘教授还致力于翻译永岛荣一郎论著事宜。有了他们的鼓励和批评、帮助,才使我有勇气去完成这样的一个不容易把握,而且难调众口的课题。

父亲李守田教授生前多次教导我要把学术研究的眼光放得远一些,不要斤斤于一时之得失。我懂得他的意思,他是要我千万不要制造学术“垃圾”,如果制造学术“垃圾”肯定会对不起读者们,会浪费他们宝贵的时间和精力的。我不知道自己是不是做到了把眼光放远一些?如果没有做到,应该说,也不是有意忤逆父亲的训导,希望读者们理解。

我在博士研究生学习期间的导师吕绍纲教授已经去世一年零七个月了。他老人家生前十分关心本课题的写作进展情况,每一次去看望他,他就会对我的写作不断地提出一些具体的建议,其对学生的爱护之情至今让我难以忘怀。

本书的出版，无疑是对他的最好纪念。

键盘敲到此，我忽然想起东京神田古色古香的神保町旧书一条街了，它很像咱们北京驰名中外的琉璃厂，历史悠久，是“书虫”们淘书的天堂。我几十次到那里淘书，进了一家又一家书店，足足有180多家。在每一家书店，我都猛劲地呼吸着弥漫在空气中的淡淡书香，面对着排列得整整齐齐或散乱不已的书架上的书，贪婪地一本本翻看着，迟迟不肯放下，好像猛然间遇到了多年不见的知心朋友，总有说不完的话。我所淘到的书，大部分是在中国见不到的，在日本印制的汉文古籍，也有少部分的近现代日文原典著作，精美而大方，自然价钱不菲，常常是让人望而却步。我似乎忘记了自己的经济承受能力，不停地挑选，直至实在拎不动为止，才心满意足地回到住处。我知道，自己平生最大的愿望就是淘到心仪的好书，如同探到地下宝藏。走过无数个城市，每到一地，即使是狂爱绝佳胜迹，也常常是先一头扎进了书店，这就是我的第一喜好。呵，我的淘书之乐，乐在淘书的过程，何以在乎淘到了多少书呢？

徜徉在日本汉语音韵学的世界，是不是也是如此啊？

李无未
2010年5月12日
于厦门大学海滨路寓所

又及：2010年11月19日至2011年5月19日，我以交换教授的身份在东京创价大学从事研究工作。这期间，日本发生了千年不遇的大地震，又引发了大海啸、核泄露，让我经受了一次前所未有的精神磨砺。即便如此，我仍然未放弃研究工作，又有了一些新的发现，更有了对许多问题的新思考、新认识。我期待着在不久的将来，能够把这些新内容融入到本书中，以便使“增订本”更能够满足广大读者们的需要。

李无未
2011年10月8日
于厦门五缘东三里寓所